최신개정판
와우패스

국가공인 세무실무 **2급**

TAT

GUIDE

AT가이드 - 1_ AT자격시험 안내

1 실무중심의 AT 자격시험 개요

- AT(Accounting Technicians)자격시험은 한국공인회계사회 주관의 국가공인 회계전문자격증입니다.
- 기업에서 필요로 하는 회계실무자를 양성하기 위해 기업에서 가장 많이 사용하고 있는 더존 스마트A프로그램을 기반으로 하여 기업회계/실무 능력 및 업무프로세스를 검정합니다.

AT자격시험 개요	
주관처	한국공인회계사회(http://at.kicpa.or.kr)
종목 및 등급	TAT(Tax Accounting Technicians) 1급/2급 FAT(Financial Accounting Technicians) 1급/2급
평가방법	실무이론 30%, 실기수행 70%(실무이론시험과 실기실무수행시험을 동시진행)
합격결정기준	합격기준은 100점을 만점으로 하여, 시험과목 합계 70점 이상
실기검정프로그램	더존 Smart A 실무교육용 프로그램
실기특징	• 실무중심의 회계처리 • 실제 거래증빙을 제시하여 회계처리 요구 • 전자세금계산서 발행 및 관리/자금관리기능 요구

2 종목 및 등급별 검정기준

종목 및 등급	검정기준
FAT 2급	회계기본순환과정 이해와 증빙관리 및 상거래활동에서 발생하는 회계정보활용능력 평가
FAT 1급	재무회계 기본과정을 이해하고 전자세금계산서관리 및 부가가치세신고를 수행할 수 있으며, 상기업의 재고관리 및 매출원가 정보관리 능력을 평가
TAT 2급	재무회계와 부가가치세 수정신고 등의 수행능력과 소득세 원천징수의 전자신고를 통한 세무정보 분석능력을 평가
TAT 1급	제조업과 건설업, 도소매업 등 업종별 세무정보관리의 수행능력을 종합적으로 평가(부가가치세신고, 소득세신고, 법인세신고)

TAT _ 2급

3 TAT 2급 자격시험안내

(1) 출제범위 및 시험(소요)시간

등급	검정방법	시험과목		시험시간
TAT 2급	실무이론 (30%)	재무회계	계정과목별 결산 회계처리, 매출원가 계산	90분
		세무회계	부가가치세법, 소득세법(근로소득 및 종합소득일반)	
	실무수행 (70%)	회계정보관리	• 제조기업의 특수 상황별 회계처리, 결산 • 적격증빙관리 및 관련서류작성 • 어음관리	
		부가가치세관리	• 전자세금계산서 관리 및 부가가치세신고 • 업종별 부가가치세신고 부속서류작성	
		근로소득관리	근로소득의 원천징수 프로세스	

(2) TAT 2급 세부출제범위

구분	과목	시험과목	세부 출제범위	
			주요항목	세부항목
실무 이론	재무회계	재무회계	재무회계	• 재무제표의 작성과 표시 및 내부통제 • 매출원가 계산 • 재무상태표 계정과목별회계처리 • 손익계산서 계정과목별회계처리 • 특수한 상황별 회계처리 • 적격증빙관리 • 결산
	세무회계	부가가치세	부가가치세	• 부가가치세 기본개념 • 과세거래 • 영세율과 면세 • 과세표준과 세액
		소득세 (원천징수)	소득세 (원천징수)	• 소득세 총설 • 종합소득공제
실무 수행	회계정보관리	거래자료 입력	적격증빙의 이해	• 3만원 초과 거래자료 입력 • 3만원 초과 거래자료에 대한 영수증수취명세서, 경비 등 송금명세서작성
			어음관리	• 약속어음 수취거래 • 약속어음의 만기결제, 할인, 배서양도 • 약속어음의 수령등록 • 약속어음 발행거래 • 발행어음의 만기결제
			유형자산 관련	• 정부보조금에 의한 유/무형자산의 구입 • 신규매입자산의 고정자산등록 • 유/무형자산의 매각

GUIDE

구분	과목	시험과목	세부 출제범위	
			주요항목	세부항목
		결산	기타 일반거래	• 단기매매증권구입 및 매각 • 대손의 발생과 설정 • 출장비 정산, 급여 및 퇴직금지급, 임차료지급, 운반비지급, 계약금지급, 계약금입금, 퇴직연금, 리스회계, 잉여금처분 및 중간배당금 지급, 사회보험지급, 자본거래 등
			수동결산	• 손익의 예상과 이연 • 유가증권 및 외화평가 • 가계정 및 유동성대체 • 재고자산감모 및 평가손실 등
			자동결산	• 결산자료입력에 의한 자동결산 → 상품매출원가, 제품매출원가, 감가상각비, 대손상각비, 퇴직금 추계액, 법인세 등
	부가가치세 관리	전표수정	전자세금계산서의 발행	• 과세매출자료 입력 • 과세매출자료의 전자세금계산서 발행 • 수정사유별 수정전자세금계산서 발행
		부가가치세	부속서류작성 및 회계처리	① 부동산임대사업자의 부가가치세신고서 작성 : 전표입력 → 부동산임대공급가액명세서 → 간주임대료 회계처리 → 부가가치세 신고서 반영 ② 의제매입세액공제신고사업자의 부가가치세신고서 작성 : 전표입력 → 의제매입세액공제신고서 작성 → 의제매입세액회계처리 → 부가가치세신고서 반영 ③ 신용카드매출전표발행집계표/작성자의 부가가치세신고서 작성 : 전표입력 → 신용카드매출전표발행집계표 작성 → 부가가치세신고서 반영 ④ 수출실적명세서 작성자의 부가가치세신고서 작성 : 전표입력 → 수출실적명세서 → 부가가치세신고서 반영 ⑤ 매입세액불공제내역 작성자의 부가가치세신고서 작성 : 전표입력 → 매입세액불공제내역 작성 → 부가가치세신고서 반영 ⑥ 대손세액공제신고서 작성자의 부가가치세신고서 작성 : 대손세액공제신고서 작성 → 대손금의 회계처리 → 부가가치세신고서 반영

TAT _ 2급

구분	과목	시험과목	세부 출제범위 주요항목	세부 출제범위 세부항목
				⑦ 건물등감가상각자산취득명세서 작성자의 부가가치세신고서 작성 : 전표입력 → 건물등감가상각자산취득명세서 → 부가가치세신고서 반영
	근로소득 관리	근로소득 원천징수	사원등록	• 주민등록등본, 가족관계증명원, 고용계약서 등에 의한 사원등록
			급여자료입력	• 급여명세에 의한 급여자료 → 수당공제등록 → 급여자료입력 → 원천징수이행상황신고서 반영
			원천징수이행 상황신고서 작성	• 신입사원의 원천징수 → 사원등록 : 입사일자등록 및 기본정보등록 → 급여자료입력 → 원천징수이행상황신고서 반영 • 중도퇴사자의 원천징수 → 사원등록 : 퇴직일자입력 → 급여자료입력 → 연말정산자료입력 → 원천징수이행상황신고서 반영 • 전월미환급세액의 원천징수이행상황신고서 반영
		근로소득 연말정산	연말정산자료 입력	• 국세청연말정산간소화 및 이외의 자료를 기준으로 연말정산 → 사원등록 수정 → 소득명세작성 → 정산명세 항목별 작성 → 의료비명세서 또는 기부금명세서 작성

GUIDE

AT가이드-2_ 데이터 설치

교재 실습 데이터 설치방법을 설치한 후 실습하세요.

1 더존 스마트A 프로그램 다운로드

한국공인회계사회 AT 자격시험 홈페이지(http://at.kicpa.or.kr)로 접속 후 메인화면 하단의 「교육용 프로그램 다운로드」 버튼을 클릭하여 프로그램을 다운로드 후 설치합니다.

2024년 국가공인 AT자격시험일정

구분	제69회	제70회	제71회	제72회	제73회	제74회	제75회	제76회	제77회	제78회
원서접수	2.1~2.7	2.29~3.6	4.4~4.11	5.2~5.8	5.30~6.5	7.4~7.10	8.1~8.7	10.3~10.10	10.31~11.6	12.5~12.11
사전테스트	2.13~2.16	3.12~3.15	4.16~4.19	5.14~5.17	6.11~6.14	7.16~7.19	8.13~8.16	10.15~10.18	11.12~11.15	12.17~12.20
시험일자	2.17(토)	3.16(토)	4.20(토)	5.18(토)	6.15(토)	7.20(토)	8.17(토)	10.19(토)	11.16(토)	12.21(토)
합격자발표	2.23(금)	3.22(금)	4.26(금)	5.24(금)	6.21(금)	7.26(금)	8.23(금)	10.25(금)	11.22(금)	12.27(금)
시험등급	FAT 1,2급 TAT 1,2급	FAT 1급 TAT 2급	FAT 1,2급 TAT 1,2급	FAT 1급 TAT 2급	FAT 1,2급 TAT 1,2급	FAT 1급 TAT 2급	FAT 1,2급 TAT 1,2급	FAT 1,2급 TAT 1,2급	FAT 1급 TAT 2급	FAT 1,2급 TAT 1,2급

구인정보 + 더보기

상호명	마감일
세무특공대	2024-05-17
삼덕회계법	2024-05-31
회계법인	2024-04-30
카카오뱅크	2024-05-07
이촌회계법인	2024-04-30
삼덕회계법인	2024-05-31
안세회계법인	2024-12-30

공지사항 + 더보기

[중요]제71회 AT비대면시험 수험자 공지사항	2024-04-08
AT실무프로그램 더존SmartA 업데이트 안내(2024...	2024-04-08
제71회 국가공인 AT자격시험 시행계획 공고	2024-03-25
2024년도 국가공인 AT자격시험 일정_포스터	2023-12-20
★AT서포터즈 비대면시험 응시후기 하이라이트	2022-08-31
AT자격시험 모바일앱 소개 및 다운로드	2021-04-29
AT자격, 국가평생교육진흥원 학점은행제 자격학점 인정	2018-09-19

자주 찾는 메뉴

 자료실   교육용프로그램 다운로드   원서접수   접수유의 사항안내   FAQ   학원안내   교재안내

2 교재 실습 데이터 설치방법

(1) 와우패스 홈페이지(http://www.wowpass.com) 접속 후 → 「전산세무회계」 → 「TAT 2급」을 클릭합니다.

(2) 학습자료실에서 【TAT2급 실습데이터】를 검색합니다.

(3) 첨부파일을 다운로드 받아 설치합니다.
   (※ 주의 : 기존 실습데이터가 있는 경우 모두 삭제되므로 데이터 백업 후 설치합니다)

(4) 다운받은 실습데이터를 더블클릭하면 자동으로 압축이 풀립니다.

(5) 실습데이터 목록

코드	회사명	구분	사용
4000	(주)재무회계	법인	사용
4001	(주)부가가치세	법인	사용
4002	(주)결산	법인	사용
4003	(주)원천징수	법인	사용

GUIDE

AT가이드-3_ 본 교재의 NCS 적용 가이드

1 NCS 회계·감사 및 세무 분야의 직무능력 Map(http://www.ncs.go.kr)

수준	직종	회계·감사	세무
6수준	전문가	사업결합회계	세무조사 대응 조세불복 청구 절세방안 수립
5수준	책임자	재무분석 회계감사	종합소득세 신고 법인세 신고 지방세 신고 기타세무 신고
4수준	중간 관리자	원가계산 결산관리 비영리회계	결산관리 원천징수 부가가치세 신고
3수준	실무자	전표관리 자금관리 회계정보 시스템 운용	전표관리 세무정보 시스템 운용
-		직업기초능력	

2 능력단위별 AT출제범위

FAT 2급	FAT 1급	TAT 2급	TAT 1급
			지방세신고
			법인세신고
			종합소득세신고
		원천징수	원천징수
	부가가치세신고	부가가치세신고	부가가치세신고
	세무정보시스템운용	세무정보시스템운용	세무정보시스템운용
	원가계산	원가계산	원가계산
재무분석	재무분석	재무분석	재무분석
회계정보시스템운용	회계정보시스템운용	회계정보시스템운용	회계정보시스템운용
결산관리	결산관리	결산관리	결산관리
자금관리	자금관리	자금관리	자금관리
전표관리	전표관리	전표관리	전표관리

3 NCS 능력단위요소와 본 교재의 연계학습 가이드

본 교재는 NCS의 회계·감사 및 세무 분야의 직무에서 요구하는 능력단위를 반영하여 구성되었다. 교재의 구성순서대로 학습하면서 NCS에서 요구하는 능력단위를 자연스럽게 익혀나갈 수 있으며, NCS 능력단위요소와 관련학습페이지는 다음과 같다.

능력단위 (분류번호)	능력단위요소 (학습명)	수행준거 (학습내용)	관련학습 페이지
전표관리 (0203020101_17v3)	전표 작성하기	2.1 회계상 거래를 현금거래 유무에 따라 사용되는 입금 전표, 출금 전표, 대체 전표로 구분할 수 있다. 2.2 현금의 수입 거래를 파악하여 입금 전표를 작성할 수 있다. 2.3 현금의 지출 거래를 파악하여 출금 전표를 작성할 수 있다. 2.4 현금의 수입과 지출이 없는 거래를 파악하여 대체 전표를 작성할 수 있다.	45페이지
자금관리 (0203020102_17v3)	현금시재 관리하기	1.1 회계 관련 규정에 따라 당일 현금 수입금을 수입일보에 기재하고 금융기관에 입금할 수 있다. 1.2 회계 관련 규정에 따라 출금 시 증빙서류의 적정성 여부를 판단할 수 있다. 1.3 출금할 때 정액자금 전도제에 따라 소액현금을 지급·관리할 수 있다. 1.4 회계 관련 규정에 따라 입·출금 전표 및 현금출납부를 작성하고 현금시재를 일치시키는 작업을 할 수 있다.	64페이지
	예금 관리하기	2.1 회계 관련 규정에 따라 예·적금을 구분·관리할 수 있다. 2.2 자금운용을 위한 예·적금 계좌를 예치기관별·종류별로 구분·관리할 수 있다. 2.3 은행업무시간 종료 후 회계 관련 규정에 따라 은행잔고를 대조 확인할 수 있다. 2.4 은행잔고의 차이 발생 시 그 원인을 규명할 수 있다.	64페이지
	어음·수표 관리하기	4.1 관련 규정에 따라 수령한 어음·수표의 진위 여부를 식별할 수 있다. 4.2 관련 규정에 따라 수령한 어음·수표를 금융기관에 입금·예탁할 수 있다. 4.3 관련 규정에 따라 어음·수표를 발행·수령할 때 회계처리하고 어음관리대장에 기록·관리할 수 있다. 4.4 관련 규정에 따라 어음·수표의 분실 및 부도가 발생한 때 대처하여 해결방안을 수립할 수 있다.	76페이지
결산관리 (0203020104_17v3)	결산분개하기	1.1 회계 관련 규정에 따라 제반서류를 준비할 수 있다. 1.2 손익계정에 관한 결산정리사항을 분개할 수 있다. 1.3 자산·부채계정에 관한 결산정리사항을 분개할 수 있다.	516페이지
	재무제표 작성하기	3.1 회계 관련 규정에 따라 재무상태표를 작성할 수 있다. 3.2 회계 관련 규정에 따라 손익계산서를 작성할 수 있다. 3.3 회계 관련 규정에 따라 자본변동표를 작성할 수 있다. 3.4 회계 관련 규정에 따라 현금흐름표를 작성할 수 있다.	547페이지

GUIDE

능력단위 (분류번호)	능력단위요소 (학습명)	수행준거 (학습내용)	관련학습 페이지
		3.5 회계 관련 규정에 따라 이익잉여금처분계산서를 작성할 수 있다. 3.6 회계 관련 규정에 따라 재무제표에 대한 주석사항을 표시할 수 있다.	
회계정보 시스템 운용 (0203020105_17v3)	회계 관련 DB마스터 관리하기	1.1 DB마스터 매뉴얼에 따라 계정과목 및 거래처를 관리할 수 있다. 1.2 DB마스터 매뉴얼에 따라 비유동자산의 변경 내용을 관리할 수 있다. 1.3 DB마스터 매뉴얼에 따라 개정된 회계 관련 규정을 적용하여 관리할 수 있다.	30페이지
	회계프로그램 운용하기	2.1 회계프로그램 매뉴얼에 따라 프로그램 운용에 필요한 기초 정보를 입력·수정할 수 있다. 2.2 회계프로그램 매뉴얼에 따라 정보 산출에 필요한 자료를 입력·수정할 수 있다. 2.3 회계프로그램 매뉴얼에 따라 기간별·시점별로 작성한 각종 장부를 검색·출력할 수 있다. 2.4 회계프로그램 매뉴얼에 따라 결산 작업 후 재무제표를 검색·출력할 수 있다.	26페이지
세무정보 시스템운용 (0203020203_17v3)	세무관련 전표등록하기	1.1 부가가치세법의 규정에 따라 발생한 거래에 대한 전표를 세무정보시스템을 활용하여 종류별로 작성할 수 있다. 1.4 기입력된 자료를 조회하여 세무정보시스템에 수동 혹은 자동으로 세무신고서식에 입력할 수 있다. 1.5 기입력된 자료를 세무정보시스템을 활용하여 전자신고할 수 있다.	392/405 페이지
	보고서 조회·출력하기	2.1 세무신고대상 기간별 관련 서식의 작성을 위하여 필요한 서식을 조회하여 출력할 수 있다. 2.2 세무신고 시 세무정보시스템을 활용하여 작성된 각종 신고서류를 출력할 수 있다. 2.3 기타 필요한 세무정보의 요구가 있을 때 정보요구자가 요구하는 내용에 따라 관련 보고서를 조회하여 출력할 수 있다.	422페이지
부가가치세 신고 (0203020205_17v5)	세금계산서 발급·수취하기	1.1 세금계산서의 발급방법에 따라 세금계산서를 발급하고 발급명세를 국세청에 전송할 수 있다. 1.2 수정세금계산서 발급사유에 따라 세금계산서를 수정 발행할 수 있다. 1.3 부가가치세법에 따라 세금계산서 및 계산서 합계표를 작성할 수 있다.	360페이지
	부가가치세 부속서류 작성하기	2.1 부가가치세법에 따라 수출실적명세서를 작성할 수 있다. 2.2 부가가치세법에 따라 대손세액공제신고서를 작성하여 세액공제를 받을 수 있다.	445페이지

능력단위 (분류번호)	능력단위요소 (학습명)	수행준거 (학습내용)	관련학습 페이지
		2.3 부가가치세법에 따라 매입세액 불공제분에 대한 계산근거서류를 작성할 수 있다. 2.4 부가가치세법에 따라 신용카드매출전표 등 수령금액 합계표를 작성해 매입세액을 공제받을 수 있다. 2.5 부가가치세법에 따라 부동산임대공급가액명세서를 작성하고 간주임대료를 계산할 수 있다. 2.6 부가가치세법에 따라 건물 등 감가상각자산취득명세서를 작성할 수 있다. 2.7 부가가치세법에 따라 의제매입세액공제신고서를 작성하여 의제매입세액공제를 받을 수 있다.	
	부가가치세 신고하기	3.1 부가가치세법에 따른 과세기간을 이해하여 예정·확정 신고를 할 수 있다. 3.2 부가가치세법에 따라 납세지를 결정하여 상황에 맞는 신고를 할 수 있다. 3.3 부가가치세법에 따른 일반과세자의 간이과세자 여부를 판단할 수 있다. 3.4 부가가치세법에 따른 부가가치세의 과세대상인 재화의 공급과 용역의 공급의 범위를 판단할 수 있다. 3.5 부가가치세신고요령에 따른 부가가치세 신고서를 작성할 수 있다. 3.6 세금계산서관련 세법에 따라 발행·수취된 세금계산서와 국세청 이세로 데이터와 상호대조하여 수정할 수 있다. 3.7 홈택스 전자신고 규정에 따라서 전자신고를 할 수 있다.	422페이지
원천징수 (0203020204_17v4)	근로소득 원천징수하기	1.1 임직원의 인적공제사항을 소득세법에 따라 세무정보시스템 또는 급여대장을 작성·관리할 수 있다. 1.2 회사의 급여규정에 따라 임직원 및 일용근로자의 기본급, 수당, 상여금 등의 급여금액을 정확하게 계산할 수 있다. 1.3 세법에 의한 임직원 및 일용근로자의 급여액에 대한 근로소득금액을 과세 근로소득과 비과세 근로소득으로 구분하여 계산할 수 있다. 1.4 간이세액 기준에 따라 급여액에 대한 산출된 세액을 공제 후 지급할 수 있다. 1.5 중도퇴사자에 대한 근로소득 정산에 의한 세액을 환급 또는 추징할 수 있다. 1.6 근로소득에 대한 원천징수 결과에 따라 원천징수이행상황신고서를 작성 및 신고 후 세액을 납부할 수 있다. 1.7 세법이 정한 서식에 따라 근로소득에 대한 원천징수영수증 발급·교부 및 지급명세서를 기한 내 제출할 수 있다. 1.8 원천징수세액 환급받을 환급세액이 있는 경우 납부세액과 상계 및 환급신청할 수 있다. 1.9 기신고한 원천징수 수정 또는 경정요건이 발생할 경우 수정신고 및 경정청구할 수 있다.	573페이지

GUIDE

능력단위 (분류번호)	능력단위요소 (학습명)	수행준거 (학습내용)	관련학습 페이지
	근로소득 연말정산하기	9.1 근로자의 근로소득원천징수부를 확인하여 총 급여 및 원천징수세액을 계산할 수 있다. 9.2 세법에 따라 연말정산대상자의 소득공제신고서와 소득공제증명자료를 접수할 수 있다. 9.3 소득공제 요건에 따라 소득공제신고서가 작성되고 증명서류가 제출되었는지 검토할 수 있다. 9.4 소득공제신고서의 내용에 따라 세액을 계산하고 근로소득지급명세서를 근로자에게 발급할 수 있다. 9.5 연말정산결과에 따라 원천징수이행상황신고서와 지급명세서를 작성하여 전자신고 및 전자제출할 수 있다.	614페이지

제1편 기초정보관리

제1장 TAT 2급 회계기본
제1절 회계의 기본 ... 20
제2절 제조기업 기본이론 ... 22
제3절 회사등록 ... 26
제4절 환경설정 ... 29
제5절 거래처등록 ... 30
제6절 계정과목 및 적요등록 ... 32
제7절 업무용 승용차등록 ... 35

제2장 전기이월 작업
제1절 전기분 재무제표 ... 36
제2절 거래처별 초기이월 ... 42

제2편 거래증빙과 전표입력

제1장 거래자료의 입력
제1절 개요 ... 44

제2장 정규증명서류와 영수증 수취명세서
제1절 정규증명서류의 이해 ... 48
제2절 영수증 수취명세서 및 경비 등의 송금명세서 작성 ... 50
- 실무수행평가 대비 ... 56

CONTENTS

제3편 재무회계이론과 전산실무

제1장 당좌자산
제1절 현금과 예금 · · · · · 64
제2절 단기매매증권 · · · · · 69
제3절 채권과 채무 · · · · · 75
제4절 대손회계 · · · · · 83
■ 실무이론평가 대비 · · · · · 88
■ 실무수행평가 대비 · · · · · 97

제2장 재고자산
제1절 재고자산 일반 · · · · · 110
제2절 기말재고의 특수항목 · · · · · 118
■ 실무이론평가 대비 · · · · · 126
■ 실무수행평가 대비 · · · · · 135

제3장 유형자산과 무형자산
제1절 유형자산의 기본 · · · · · 141
제2절 감가상각 · · · · · 149
제3절 유형자산 손상 및 재평가 · · · · · 152
제4절 무형자산 · · · · · 158
■ 실무이론평가 대비 · · · · · 161
■ 실무수행평가 대비 · · · · · 177

제4장 투자자산과 기타비유동자산
제1절 투자자산 · · · · · 187
제2절 매도가능증권 · · · · · 189
제3절 기타비유동자산 · · · · · 193
■ 실무이론평가 대비 · · · · · 195

■ 실무수행평가 대비 … 199

제5장 부채
제1절 유동부채 … 204
제2절 비유동부채 … 207
　■ 실무이론평가 대비 … 220
　■ 실무수행평가 대비 … 228

제6장 자본
제1절 자본거래 … 238
제2절 이익잉여금 … 246
제3절 배당 … 249
제4절 기타포괄손익누계액 … 251
　■ 실무이론평가 대비 … 253
　■ 실무수행평가 대비 … 261

제7장 수익, 비용 및 회계이론 일반
제1절 수익 및 비용 … 266
제2절 재무제표 일반이론 … 271
제3절 재무회계 개념체계 … 273
제4절 회계변경과 오류수정 … 276
　■ 실무이론평가 대비 … 279

제8장 내부통제제도와 내부회계관리제도
제1절 내부통제제도 … 291
제2절 내부회계관리제도 … 294
　■ 실무이론평가 대비 … 296

CONTENTS

제4편 부가가치세 이론과 전산실무

제1장 부가가치세 이론
- 제1절 부가가치세의 기초 … 302
  - ■ 실무이론평가 대비 … 312
- 제2절 거래증빙 … 316
  - ■ 실무이론평가 대비 … 323
- 제3절 면세와 영세율 … 326
  - ■ 실무이론평가 대비 … 330

제2장 부가가치세 이론(2)
- 제1절 과세대상 … 336
- 제2절 부가가치세 과세표준 … 343
  - ■ 실무이론평가 대비 … 346

제3장 전자세금계산서 발행
- 제1절 전자세금계산서 발행 … 358
- 제2절 수정 전자세금계산서 발행 … 379

제4장 매출세액과 매입세액의 계산
- 제1절 매출세액 … 391
- 제2절 매입세액의 계산 … 402
- 제3절 부가가치세 신고와 납부 … 422
  - ■ 실무이론평가 대비 … 437

제5장 기타의 첨부서류
- 제1절 신용카드매출전표발행집계표 … 445
- 제2절 부동산임대공급가액명세서 … 453

제3절 수출실적명세서	459
제4절 대손세액공제신고서	467
제5절 건물등감가상각취득명세서	473
제6절 신용카드수령금액합계표	478
제7절 의제매입세액공제	483
제8절 매입세액불공제내역	493

제6장 간이과세 508
■ 실무이론평가 대비 511

제5편 결산관리와 전산실무

제1장 결산이론
제1절 회계순환과정과 결산	516
제2절 결산의 예비절차	518
제3절 결산분개	520

제2장 결산자료입력
제1절 수동결산	528
제2절 자동결산	534
제3절 재무제표 확정	547

CONTENTS

제6편 원천징수와 연말정산

제1장 소득세와 원천징수 기초
제1절 소득세의 기초이론 ... 556
제2절 원천징수의 이해 ... 560
- 실무이론평가 대비 ... 568

제2장 근로소득 원천징수
제1절 근로소득 원천징수 기본 ... 573
제2절 근로소득의 범위와 비과세 ... 577
- 실무이론평가 대비 ... 583
제3절 급여자료입력 ... 590

제3장 근로소득 연말정산
제1절 연말정산(1) 과세표준 ... 614
제2절 연말정산(2) 인적공제 ... 617
제3절 연말정산(3) 물적공제 ... 634
제4절 연말정산(4) 세액공제 ... 641
- 실무이론평가 대비 ... 674

제 1 편

기초정보관리

제1장 TAT 2급 회계기본
제2장 전기이월 작업

01 TAT 2급 회계기본

▶ 저자주 : 제1장의 내용은 TAT 2급 학습에 앞서 필요한 기본적인 내용을 FAT 1급과 비교하여 설명한다.

제1절 회계의 기본

1. 회사와 회계

회사는 경영활동을 통해 발생하는 돈의 흐름을 장부를 작성하여 기록하고 관리한다. 그리고 기록된 돈의 흐름을 바탕으로 하여 돈이 어떻게 얼마만큼 쓰였는지, 현재 자금상태는 어떠한지를 평가하게 되는데 이러한 회사의 장부기록을 회계(accounting)라 한다.
또한 회계에서는 회사를 다음과 같이 소유형태와 업종에 따라 구분한다.

(1) 소유형태에 따른 분류

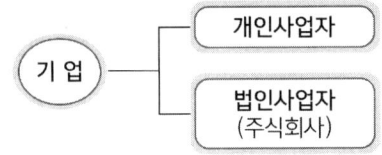

▶ 저자주 : FAT 2급은 개인사업자, FAT 1급 및 TAT 1·2급은 법인사업자(주식회사)가 출제대상이다.

(2) 업종에 따른 분류

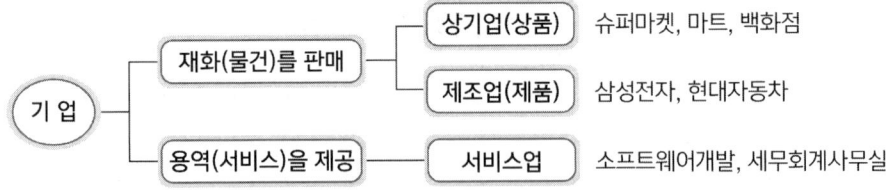

▶ 저자주 : FAT 1급·2급은 상기업을, 그리고 TAT 1·2급은 제조업을 대상으로 한다.

2. 기업의 이해관계자와 회계의 의의

기업에는 많은 이해관계자가 있다. 가장 기본적으로 회사의 경영자와 종업원이 있다. 경영자는 회사의 사업실적이 얼마인지를 파악하여 경영의사결정에 반영하게 되며, 종업원은 회사의 사업실적을 바탕으로 급여인상에 대한 협상을 할 것이다.

주식회사의 경우 회사에 돈을 제공한 사람들이 있는데 하나는 출자를 한 주주(앞으로 투자를 하려는 투자자 포함) 그리고 돈을 빌려준 은행 등의 채권자가 있다.

주주는 회사가 이익을 많이 내서 배당을 받거나, 회사의 주식가치가 크게 올라 비싸게 팔 수 있기를 기대한다. 채권자는 빌려준 돈과 이자를 제대로 받을 수 있는지 관심이 있다.

① **외부이해관계자** : 주주, 채권자, 세무서, 거래처 등
② **내부이해관계자** : 경영자(사장), 종업원 등

이렇게 기업을 둘러싼 수많은 이해관계자는 회사가 좋은 회사인지 그렇지 않은지를 판단하여 의사결정을 할 것이며 그 판단기준은 다음의 두 가지 재무정보가 될 것이다.

① 지금 회사는 돈을 잘 벌고 있는가?
② 지금 회사는 얼마나 많은 재산을 보유하고 있는가?

결국 회계는 기업의 경영활동에 따른 재무정보를 장부에 기록(식별, 측정)하여 다양한 이해관계자(=회계정보이용자)의 의사결정에 유용하고 적정한 정보를 전달(보고)하는 과정이다.

▶ 저자주 : 회계개념에 대한 조금 더 상세한 이론설명은 회계개념체계에서 다룬다.

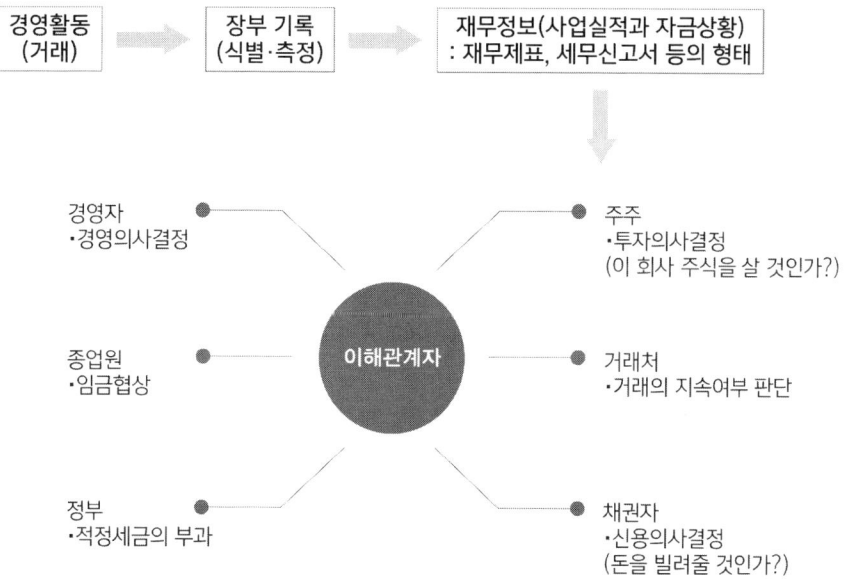

3. 재무회계와 원가회계

회계는 업종에 따라 재무회계(상업부기), 원가회계(공업부기) 등으로 분류할 수 있다.

① 재무회계(상업부기) → 상품매매기업

　상품을 매입하여 매출하는 것이 주된 영업활동인 상기업의 회계를 의미한다.

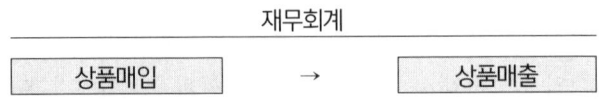

② 원가회계(공업부기) → 제조업의 원가계산

　원재료를 매입하고 제조활동을 통해 제품을 생산하여 매출하는 제조업의 원가계산을 위한 회계를 의미한다.

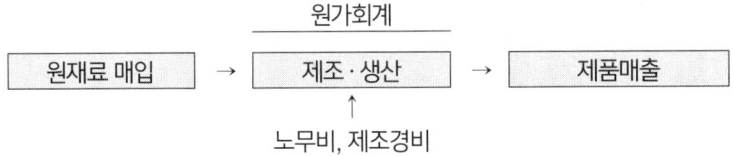

제조업은 원재료 매입단계, 제조·생산단계 및 제품매출단계의 세 단계로 영업활동이 이뤄진다. 여기서 상기업이나 제조기업 모두 매입단계와 매출단계는 공통적인 활동이나, 제조·생산단계는 상기업은 없고 제조업에만 있는 단계에 해당한다. 따라서 이러한 제조업의 제조·생산단계에서 만들어지는 제품의 원가계산을 위한 회계를 특별히 별도로 구분해서 원가회계라 한다.

제2절 제조기업 기본이론

상기업은 상품을 매입하여 매출하는 것이 주된 영업활동인 회사이며, 제조기업은 원재료를 매입하여 제조·생산한 제품을 매출하는 것이 주된 영업활동이다. 즉 상기업과 달리 제조기업의 경우 제조·생산단계가 추가되며 이에 따라 제조과정에서 발생하는 거래와 일반적인 판매·관리활동에서 발생하는 거래를 구분해야 한다. 또한 제조과정에서 생산된 제품의 원가계산을 위한 원가회계가 추가적으로 요구된다.

▶ 저자주 : FAT 시험 실무수행평가의 경우 상기업을 기본으로 하나, TAT 시험 실무수행평가의 경우 제조기업이 출제대상이다. 본절에서는 제조기업의 기본용어만 익히면 된다.

1. 제조기업과 상기업 차이

상기업은 재고자산을 다른 기업에서 매입하여 판매한다. 따라서 재고자산을 상품으로 계상하였다가 팔렸을 때 매출원가로 인식한다. 반면에 제조기업은 직접 재고자산을 만드는 기업이므로 제조공정에 들어간 재료비와 노무비 그 외 직·간접적으로 들어간 원가를 측정하여 제품의 원가를 계산하여 해당 제품매출에 대한 매출원가로 계상한다.

> **참고** **상기업과 제조기업의 흐름**
>
> - **상기업** : 상품매입 → 보관 → 상품매출
> - **제조기업** : 원재료매입 → 노동력과 생산설비를 투입하여 제품제조(생산) → 제품판매

2. 제조기업 손익계산서

제조기업의 매출원가계산도 기본적으로 상기업과 유사하나, 상기업의 경우 상품을 매입하며 판매하므로 당기에 매입한 상품을 「당기상품매입액」으로 표시한다. 반면에 제조기업은 제품을 만들어 판매하므로 당기에 제조 완료한 제품의 제조원가가 「당기제품제조원가」로 표기된다.

상기업의 손익계산서		제조기업의 손익계산서	
Ⅰ. 상품매출	×××	Ⅰ. 제품매출	×××
(-)Ⅱ. 상품매출원가	(-)400	(-)Ⅱ. 제품매출원가	(-)400
1.기초상품재고액 0		1.기초제품재고액 0	
2.당기상품매입액 800		2.당기제품제조원가 800	
3.기말상품재고액 (-)400		3.기말제품재고액 (-)400	
Ⅲ. 매출총이익	×××	Ⅲ. 매출총이익	×××
(-)Ⅳ. 판매비와관리비		(-)Ⅳ. 판매비와관리비	

3. 제조원가 흐름

제조기업의 경우, 제조활동과 관련하여 상기업에서는 볼 수 없는 계정이 추가되는데 원재료, 재공품, 제품계정이 바로 그것이다.

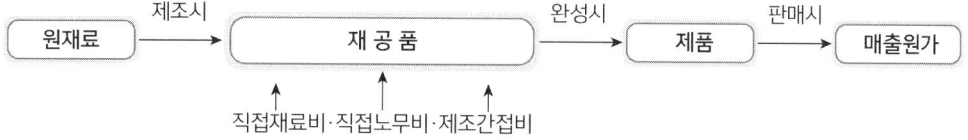

원재료(직접재료비)에 가공비(직접노무비와 제조간접비)를 투입하여 제품을 완성시킨다. 이 때 당기에 소비된 모든 제조원가를 당기총제조원가(직접재료비 + 직접노무비 + 제조간접비)라고 하며 일단 재공품계정에 집계되어 기초재공품과 함께 가공을 받은 후 기말 현재 아직 제조과정 중에 있는 미완성품을 제외한 당기에 완성된 제품은 당기제품제조원가가 되어 제품계정으로 대체된 후 판매된 제품의 원가는 매출원가로 대체된다.

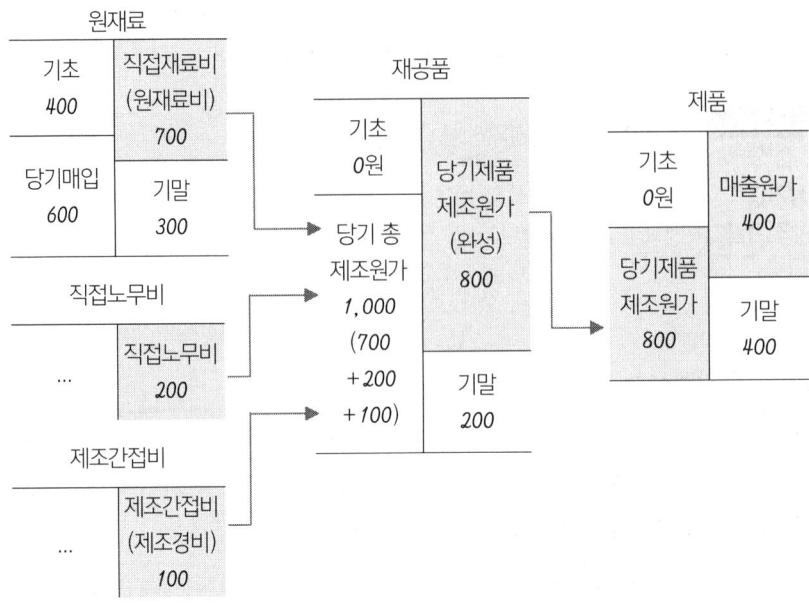

4. 제조원가명세서

제품의 생산요소를 투입해서 제품으로 전환되는 과정까지의 원가흐름은 모두 재공품계정으로 집계되며 당기완성품 원가는 당기제품제조원가로 제품계정에 대체되는데 재공품에서 제품으로 대체되는 과정을 보고식으로 작성한 명세표를 「제조원가명세서」라고 한다.

[제조원가명세서와 손익계산서 관계]

제조원가명세서

과목		당기
1. 직 접 재 료 비(원재료비)		700
기 초 원 재 료 재 고 액	400	
당 기 원 재 료 매 입 액	(+)600	
기 말 원 재 료 재 고 액	(-)300	
2. 직 접 노 무 비		200
3. 제 조 간 접 비(제조경비)		100
4. 당 기 총 제 조 비 용 (1+2+3)		1,000
5. 기 초 재 공 품 재 고 액		0
6. 기 말 재 공 품 재 고 액		(-)200
7. 당 기 제 품 제 조 원 가(4+5-6)		800

손익계산서

과목		당기
		금액
1. 제 품 매 출 액		×××
2. 제 품 매 출 원 가		400
(1) 기 초 제 품 재 고 액	0	
(2) 당 기 제 품 제 조 원 가	800	
(3) 기 말 제 품 재 고 액	(-)400	
3. 매 출 총 이 익		×××

5. 제조원가와 비제조원가

제조원가(제조경비)는 제품의 제조에 소요되는 경비로 쉽게 공장에서 제품생산을 위해 발생한 경비로 이해하면 된다. 따라서 같은 계정과목이라 하더라도 사용하는 용도나 발생된 장소에 따라 제조경비로 구분될 수 있고, 판매비와 일반관리비로 구분할 수도 있다.

공장, 생산, 제조활동 등과 관련하여 발생하면 제조원가로 구분하고, 본사, 사무실, 판매, 영업 등과 관련하여 발생하면 판매비와 일반관리비로 구분한다.

제조원가 – 공장	비제조원가(판매비와 관리비) – 사무실
• 생산에 소요되는 설비의 감가상각비, 수선유지비 • 공장건물의 감가상각비, 보험료 • 공장사무실의 운영비, 소모품비 • 공장의 전력비, 동력비 등	• 판매부서에서 사용하는 비품의 감가상각비, 수선유지비 • 사무실건물의 감가상각비, 보험료 • 본사사무실의 운영비, 소모품비 • 사무실의 전력비, 동력비 등

6. ★전산 프로그램 입력시 주의사항

더존 전산프로그램 작업시 상기업과 제조기업은 아래와 같은 차이점이 있다.

구 분		상기업	제조기업
기본계정	매입	146.상품	153.원재료
	매출	401.상품매출	404.제품매출
재고자산 종류		146.상품	153.원재료/169.재공품/150.제품 등으로 구분
경비 구분		제조경비 없음	다음과 같이 경비를 구분하여 입력해야 함 ① 제조경비 : 500번대 코드 사용 ② 판매·관리비 : 800번대 코드 사용 　예 생산직 급여는「504.임금」으로, 사무·관리직 급여는「801.급여」로 구분하여 입력 　예 공장 복리후생비는「511.복리후생비」로, 사무실 복리후생비는「811.복리후생비」로 구분하여 입력
주요 보고서		• 재무상태표 • 손익계산서 • 이익잉여금처분계산서 • 주석 등	• 재무상태표 • 손익계산서 • 이익잉여금처분계산서 • 제조원가명세서 • 주석 등

TAT 2급

제3절 회사등록

- [NCS연계] 회계정보시스템운용_회계프로그램운용하기
- [학습목표] – 회계프로그램 매뉴얼에 따라 프로그램 운용에 필요한 기초정보를 입력·수정할 수 있다.
  – 회계프로그램 매뉴얼에 따라 정보 산출에 필요한 자료를 입력·수정할 수 있다.

1. 프로그램 설치 및 시작

① 한국공인회계사회 AT 자격시험 홈페이지(http://at.kicpa.or.kr)로 접속 후 메인화면 하단의 「교육용 프로그램 다운로드」 버튼을 클릭하여 프로그램을 다운로드 후 설치한다.

② 프로그램 설치 후 바탕화면 실행아이콘을 더블클릭하면 로그인 화면이 나타난다.

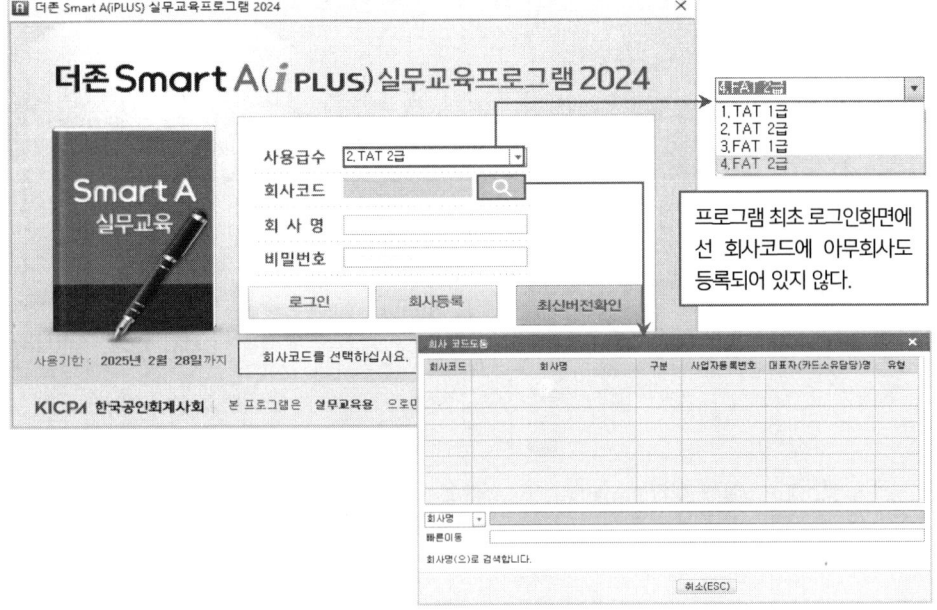

▶ 저자주 : 프로그램의 지속적인 업데이트로 버전에 따라 실행화면이 조금 다를 수 있으나 세부기능에는 차이가 없다.

2. 회사등록하기

(1) 회사등록

회사등록은 회계처리를 하고자 하는 회사를 등록하는 작업으로, 본 프로그램을 사용하기 위해서 가장 기본적으로 하는 작업이다. 특히 회사등록에서 등록된 내용이 각종 장부 및 출력물상의 회사 인적사항에 자동표시된다. 사업자가 세무서에 사업자등록을 신청하면 사업자등록증을 교부받게 되며, 회사의 기본사항은 사업자등록증상에 나타나므로 주어진 사업자등록증을 보고 정확히 입력하여야 한다.

프로그램 로그인 화면에서 사용급수(TAT 2급)를 선택한 후 회사등록 을 클릭하면 다음과 같은 화면이 나타난다.

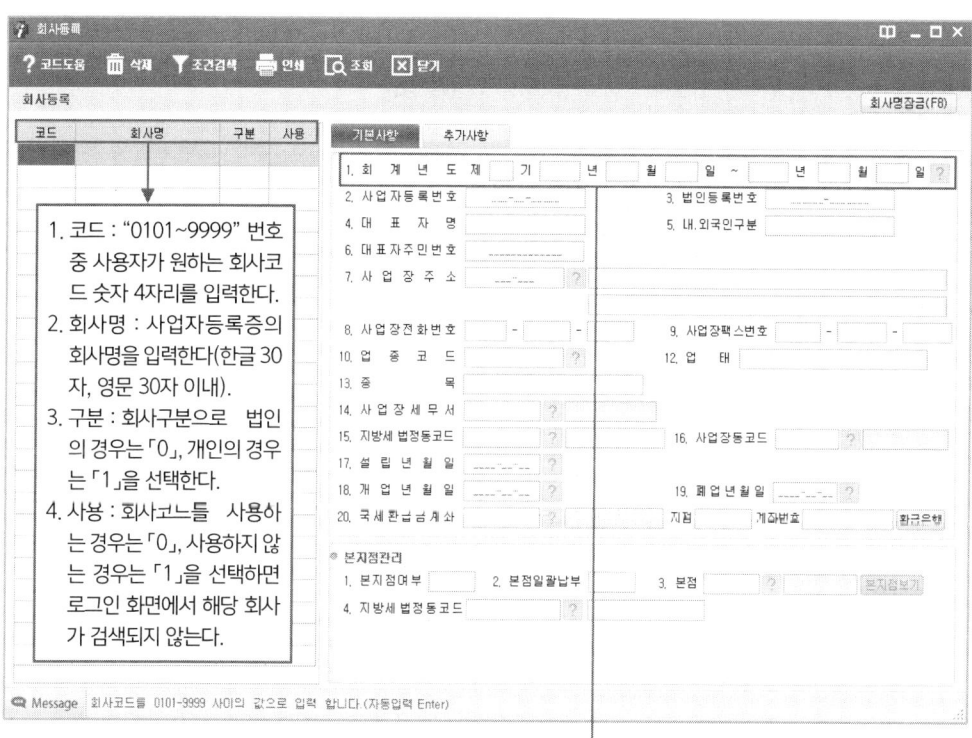

TAT 2급

(2) 회사등록 예시

▶ 저자주 : 제1편 기초정보관리 내용은 FAT 1·2급 자격시험의 범위이다. 따라서 본서에서는 백업받은 데이터를 보고 해당 메뉴를 간단히 설명하기로 하며 실습은 생략한다.

1. 회계연도	회사의 회계연도를 입력한다. 회계연도는 회사를 임의로 등록하여 연습하고자 할 경우 회사등록에 필요한 최소한의 내용이므로 반드시 기수와 회계연도를 입력해야 정상적으로 회사등록이 된다.
2. 사업자등록번호 및 3. 법인등록번호	사업자등록증상의 사업자등록번호 · 법인등록번호를 입력한다. [유의사항] 사업자등록번호를 잘못 기재하는 경우 붉은 배경색이 나타나므로 정확하게 입력한다.
4. 대표자명 및 5. 내·외국인구분	사업자등록증상의 대표자를 입력한다. 구분은 대표자가 내국인인 경우는 "0 내국"을, 외국인인 경우는 "1 외국"을 선택한다.
6. 대표자주민번호	대표자 주민등록번호를 입력하며, 본 문제에선 입력을 생략한다.
7. 사업장주소	[F2 - 코드도움] 또는 ?를 클릭하여 우편번호를 검색하여 입력하거나 직접 키보드로 주소를 입력한다.
8. 사업장전화번호 및 9. 사업장팩스번호	자료에 주어진 전화번호 및 팩스번호를 입력한다.
10. 업종코드 및 11. 업태 / 12. 종목	사업자등록증상에 기재된 업태 및 종목을 입력한다. [F2 - 코드도움] 또는 ?를 클릭하여 업종을 검색하여 선택한다. [참고사항] • 업태 : 사업의 형태를 말하며, 제조업, 도매업, 소매업, 서비스 등으로 분류된다. • 종목 : 업태에 따라 취급하는 주된 품목을 말한다. 　제조업 ⇒ 어떤 제품을 제조하는지, 　도·소매업 ⇒ 어떤 상품을 판매하는지, 　서비스 ⇒ 어떤 종류의 서비스를 제공하는지를 의미한다. • 업종코드는 사업자등록신청시 선택한 업태와 종목에 따라 부여받게 되며 시험에선 해당코드를 직접 제시한다.

13. 사업장세무서	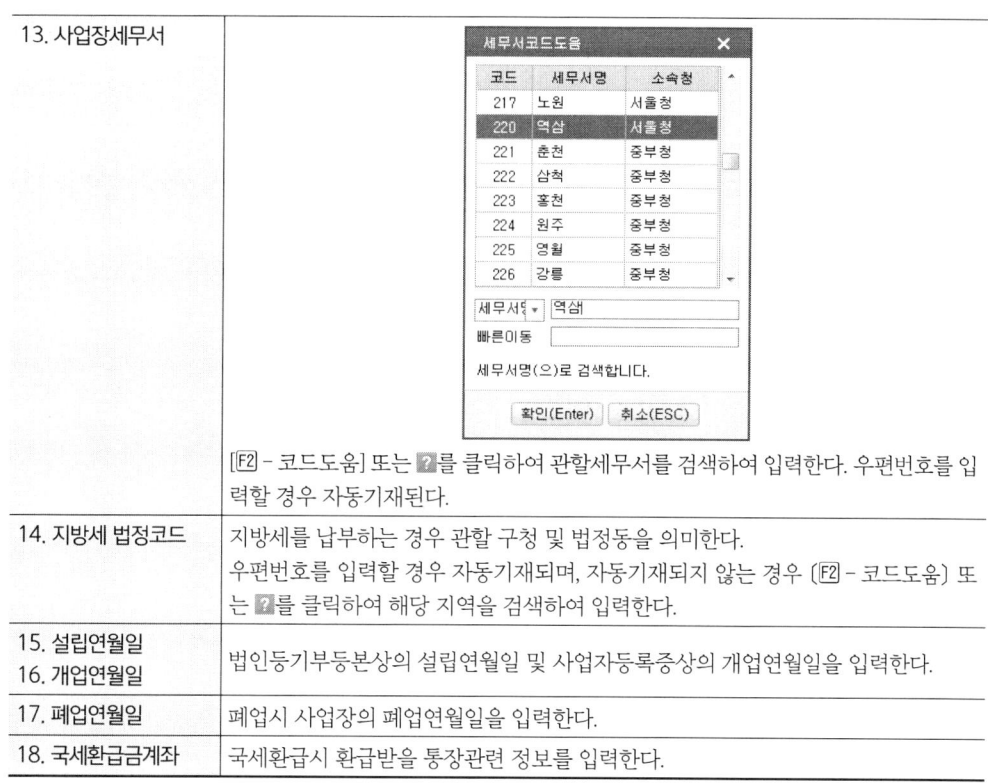 [F2 - 코드도움] 또는 ?를 클릭하여 관할세무서를 검색하여 입력한다. 우편번호를 입력할 경우 자동기재된다.
14. 지방세 법정코드	지방세를 납부하는 경우 관할 구청 및 법정동을 의미한다. 우편번호를 입력할 경우 자동기재되며, 자동기재되지 않는 경우 [F2 - 코드도움] 또는 ?를 클릭하여 해당 지역을 검색하여 입력한다.
15. 설립연월일 16. 개업연월일	법인등기부등본상의 설립연월일 및 사업자등록증상의 개업연월일을 입력한다.
17. 폐업연월일	폐업시 사업장의 폐업연월일을 입력한다.
18. 국세환급금계좌	국세환급시 환급받을 통장관련 정보를 입력한다.

제4절 환경설정

회사의 특성에 맞게 프로그램 환경을 지정하는 메뉴이다. 시스템 전반에 걸쳐 영향을 주기 때문에 초기설정값을 가급적 수정하지 않도록 한다. [기초정보관리] → [환경설정]을 클릭한 후 주요 메뉴를 살펴보면 다음과 같다.

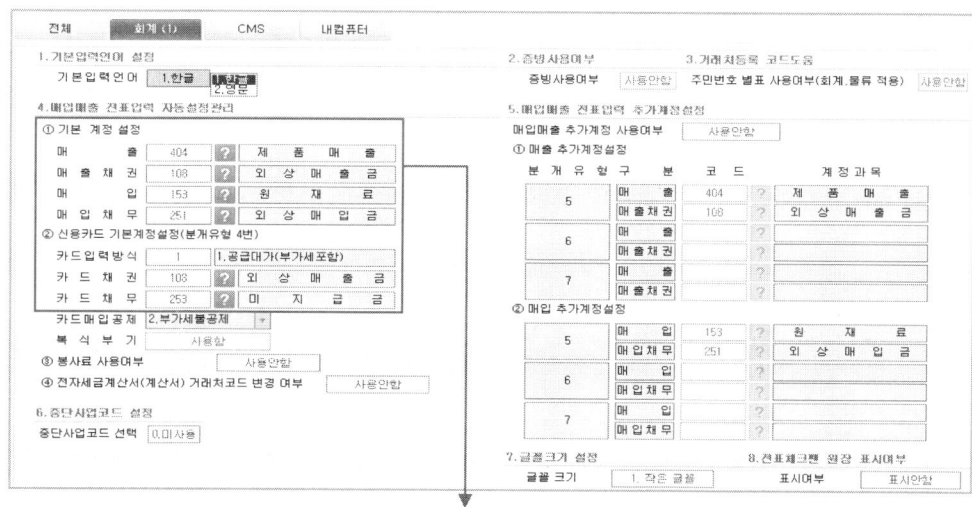

기본계정 (매출 및 매입)	매입매출전표 입력시 자동으로 분개되는 매출계정코드 및 매입계정코드이다. 예) 제조업인 경우 - 매출 : 「404.제품매출」, 매입 : 「153.원재료」 예) 상기업인 경우 - 매출 : 「401.상품매출」, 매입 : 「146.상품」
신용카드 기본계정 (카드채권 및 채무)	카드매출채권의 경우 기본값이 「(120)미수금」 또는 「(108)외상매출금」으로, 카드채무의 경우 「(253)미지급금」으로 설정되어 있다. 통상 자격시험에선 주영업활동인 제품매출(상품매출)에 대한 카드매출채권은 「(108)외상매출금」을 사용하여야 한다.

제5절 거래처등록

- [NCS연계] 회계정보시스템운용_회계 관련 DB마스터 관리하기
- [학습목표] - DB마스터 매뉴얼에 따라 계정과목 및 거래처를 관리할 수 있다.

회사의 기본거래처를 등록하는 메뉴이다. 외상거래나 채권, 채무 또는 통장 거래와 관련하여 해당 거래처별 관리를 위해 거래처등록을 하여야 한다.

거래처등록은 회사기본사항등록과 마찬가지로 거래처의 사업자등록증 사본을 받아 등록하는 것이 가장 정확하지만, 사업자등록증의 내용이 그대로 반영되는 세금계산서나 일반 영수증을 보고 입력해도 된다.

메인화면의 [기초정보관리] → [거래처등록]을 클릭하면 다음과 같은 화면이 나타난다.

거래처는 일반탭, 금융탭, 카드탭으로 각 거래처를 관리한다.

각 탭의 선택방법은 탭을 마우스 클릭하거나 Ctrl 키와 탭의 배열순에 따라 선택한다.

예를 들어 카드탭은 [Ctrl]+[3]으로 선택 가능하며 다시 일반탭[Ctrl]+[1]으로 선택할 수 있다.

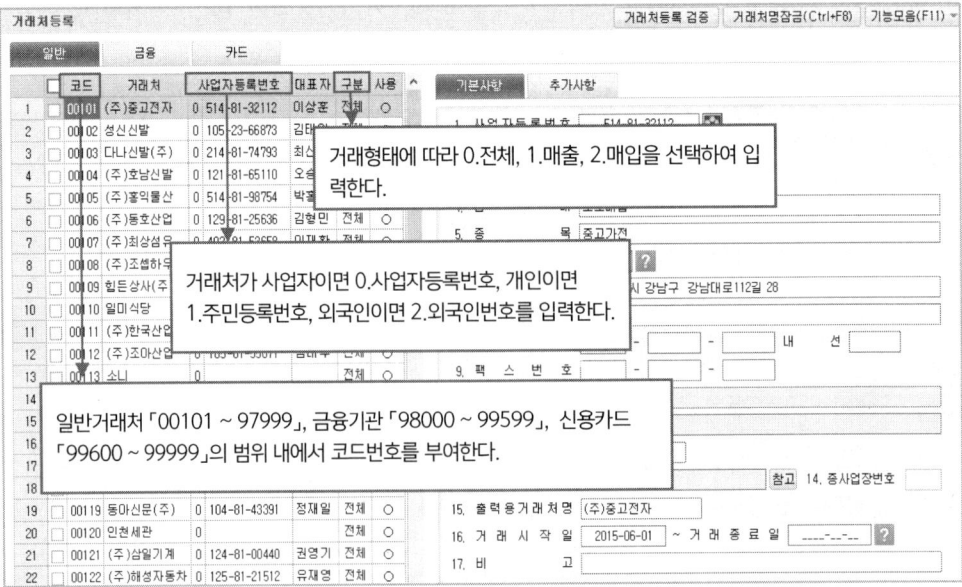

1. 일반거래처

▶ 코드	"00101~97999" 번호 중 사용자가 원하는 숫자 5자리까지 입력한다.
▶ 거래처명	한글이나 영문으로 입력한다.
1. 사업자등록번호	해당 거래처의 사업자등록번호 또는 주민번호(일반개인인 경우)를 입력한다. (0.사업자등록번호, 1.주민등록번호, 2.외국인번호 중 선택) 잘못 입력되면 붉은색으로 표시된다.
2. 대표자	거래처의 대표자성명을 입력한다.
3. 구분	0.전체, 1.매출, 2.매입 중 거래처의 거래형태를 선택한다.
4. 업태 및 종목	거래처의 사업자등록증상 업태 및 종목을 입력한다.
5. 사업장주소	거래처의 사업장 소재지를 입력한다.

2. 금융기관

회사가 금융기관과 거래하는 경우 그 금융기관(실무상 통장)을 입력한다.

▶ 코드	"98000~99599"의 범위 내에서 코드를 부여한다.
▶ 거래처명	은행명을 기입한다.
1. 계좌번호	통장상 계좌번호를 입력한다.
2. 구분	금융기관 통장의 구분을 0.일반(보통예금 등), 1.정기적금, 2.정기예금을 체크한다.

▶ 저자주 : 금융탭의 나머지 내용은 수험목적과 무관하므로 설명을 생략한다.

3. 신용카드

▶ 코드	"99600~99999"의 범위 내에서 코드를 부여한다.
▶ 거래처명	신용카드사의 상호를 입력한다.
1. 가맹점번호	신용카드 매입카드인 경우 해당 카드번호, 매출시 카드가맹점인 경우 해당 카드회사 가맹점번호를 입력한다.
2. 구분	해당 카드 구분을 0.매입카드, 1.매출카드로 구분하여 입력한다.

제6절 계정과목 및 적요등록

계정과목은 전표입력시 가장 기본이 된다. 기업회계기준에 따라 가장 일반적인 계정과목이나 적요는 이미 등록되어 있는 상태이므로 회사의 특성에 따라 수정하거나 추가하여 사용할 수 있다.

메인화면의 [기초정보관리] → [계정과목 및 적요등록]을 클릭하면 다음과 같은 화면이 나타난다.

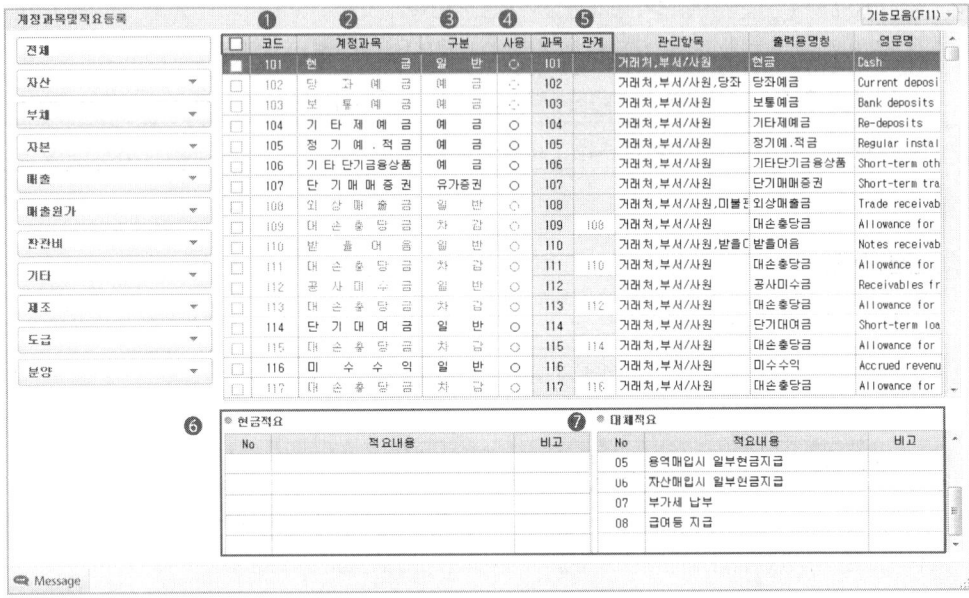

구 분	설 명
① 코드번호	101번부터 999번으로 구성
② 계정과목	등록이 되어 있으므로 회사특성에 따라 필요한 계정과목명과 적요의 신규등록 또는 수정 작업만 하면 된다.
③ 구분	일반적인 항목으로 초기값이 설정되어 있으며, 계정과목에 따라 계정구분이 다르므로 사용자가 선택한다.
④ 사용여부	"1 : 미사용(X)"으로 설정된 계정과목은 해당 입력메뉴 등 프로그램에서 사용할 수 없다.
⑤ 관계코드	관계코드의 차감되는 계정이 과목코드가 된다. 예 과목코드 : 대손충당금(109) → 관계코드 : 외상매출금(108)
⑥ 현금적요	전표입력에서 전표구분 (1 : 출금) 또는 (2 : 입금)을 선택하면 하단에 나타나는 적요로서, 이미 기본적인 내용이 등록되어 있으며 추가등록 및 수정시에는 해당란에 커서를 놓고 해당 내용을 직접 입력하면 된다.
⑦ 대체적요	전표입력에서 거래자료 입력시 전표구분 (3 : 차변) 또는 (4 : 대변)을 선택하면 하단에 나타나는 적요이다.

적요란 거래내역을 간략하게 요약한 것이다. 매일 거래내역을 전표입력을 하다보면 같은 내용의 거래가 반복되는 경우가 많다. 이렇게 반복되는 내용을 적요번호로 등록해 놓았다가 전표입력시 등록된 내용의 번호를 선택하여 입력하면 시간이 많이 절약된다(분개 및 일반전표 입력에서 실습).

1. 계정과목의 신규등록 및 수정

구 분		수정방법
① 신규등록		코드체계 범위 내에서 「회사설정계정과목」란 덧씌워 등록하여 사용
② 수정	ⓐ 검정색 계정과목	계정과목에서 바로 수정가능
	ⓑ 빨간색 계정과목	계정과목의 특수한 성격으로 바로 수정이 불가능하며, 부득이 꼭 수정을 해야 하는 경우에는 계정과목에서 Ctrl + F1을 누른 후 수정가능

2. 코드체계

계정과목은 코드번호 101번부터 999번으로 구성되어 있으며, 자산, 부채 등의 분류에 따라 코드번호가 부여된다. 좌측의 자산 및 부채를 클릭하면 해당 분류에 맞는 계정과목을 확인할 수 있다.

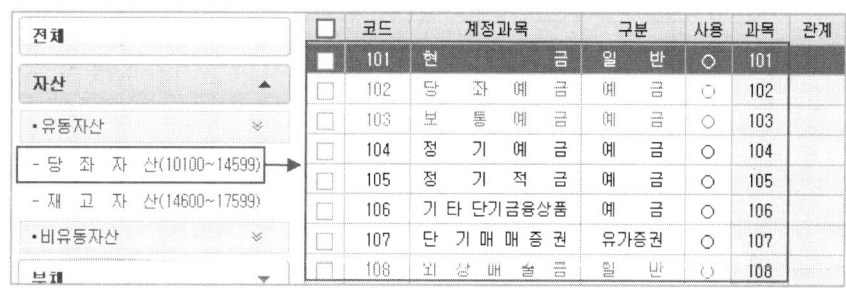

위 화면은 코드 앞자리 101부터 999번까지 부여된 계정과목코드가 어떤 순서에 의해 정리되어 있는지를 보여준다. 이는 코드체계와 계정과목이 어떻게 연결되어 있는지를 보여주고 있는 것이며 코드체계의 범위를 벗어나서 사용하는 경우에는 재무제표가 자동으로 작성될 때 자산, 부채, 자본 그룹 간 수치가 잘못 계산되므로 유의해야 한다.

[계정과목 코드체계]

코드			계정구분	계정과목 및 적요등록
자산	유동자산	101 – 145	당좌자산	**자산** • 유동자산 - 당 좌 자 산(10100~14599) - 재 고 자 산(14600~17599) • 비유동자산 - 투 자 자 산(17600~20099) - 유 형 자 산(20100~23099) - 무 형 자 산(23100~25099) - 기타비유동자산(96100~98099)
		146 – 175	재고자산	
	비유동자산	176 – 200	투자자산	
		201 – 230	유형자산	
		231 – 250	무형자산	
		961 – 980	기타비유동자산	
부채		251 – 290	유동부채	**부채** • 유 동 부 채(25100~29099) • 비 유 동 부 채(29100~33099)
		291 – 330	비유동부채	
자본		331 – 340	자본금	**자본** • 자 본 금(33100~34099) • 자 본 잉 여 금(34100~35099) • 이 익 잉 여 금(35100~38099) • 자 본 조 정(38100~40099) • 기 타 포 괄손익(98100~99099)
		341 – 350	자본잉여금	
		351 – 380	이익잉여금	
		381 – 400	자본조정	
		981 – 990	기타포괄손익	

	코드	계정구분	계정과목 및 적요등록
수익	401 – 420	매출	**매출** • 매 출(40100~42099)
비용	451 – 470	매출원가	**매출원가** • 매 출 원 가(45100~47099)
비용	501 – 600	★제조원가	**제조** • 제 조 원 가(50100~60099)
비용	801 – 900	★판매비와관리비	**판관비** • 판 매 / 관 리 비(80100~90099)
수익	901 – 930	영업외수익	**기타** • 영 업 외 수 익(90100~93099) • 영 업 외 비 용(93100~96099) • 중 단 사 업손익(99100~99799) • 법 인 (개 인)(99800~99999)
비용	931 – 960	영업외비용	
기타	991 – 997	중단사업손익	
	998	법인세등(비용)	
	999	소득세등(비용)	**제조**

제7절 업무용 승용차등록

법인 및 개인사업자(복식부기대상자)가 업무용 승용차를 등록하는 경우 사용하는 메뉴이다. 세법에서는 법인 등이 고가의 승용차를 취득·임차하여 업무용이 아닌 임직원의 자녀 통학 등 지극히 개인적인 용도로 사용함에도 불구하고 감가상각비·임차비용·운행을 위한 유지비용을 모두 비용처리하여 세금을 부당하게 감소시키는 것을 방지하기 위하여 업무용 승용차에 대한 각종 규제를 하고 있다. 이에 따라 업무용 승용차의 기본적인 사항을 입력하는 화면이다.
[기초정보관리] → [업무용승용차등록]을 클릭하면 다음과 같은 화면이 나타나며 업무용 승용차에 세부사항을 등록한다(아래 화면은 예시화면임).
AT 자격시험에선 화면상의 기본적인 내용을 입력하도록 요구하므로 해당 화면의 기본적인 입력방법만 숙지하면 된다.

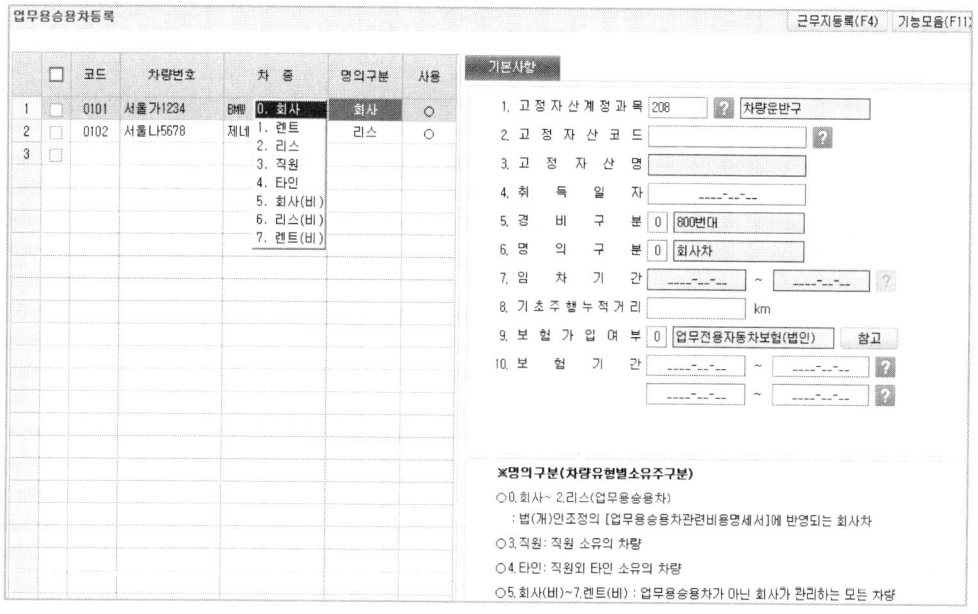

02 전기이월 작업

제1절 전기분 재무제표

계속기업의 경우 신설기업과 달리 전기분 재무제표가 존재한다.

즉, 이미 전기부터 매년 작성된 재무제표가 존재하므로 전기분 재무상태표 및 손익계산서를 이월받아야 한다. 실무에서는 계속 프로그램을 사용한 기업들은 재무제표 확정 후 [데이터관리] → [마감후이월] 메뉴를 이용하면 다음 기수로 자동으로 재무제표가 이월되나, 당기에 처음 프로그램을 사용하는 등의 경우에는 전기 데이터가 입력이 되어 있지 않으므로 직접 전기분 재무제표를 입력하여야 한다.

1. 기본 작업 순서

전기분 재무제표는 기업의 특성에 따라 각각 아래와 같이 구분된다.

구 분	작업순서	비 고
상기업+개인기업	전기분 재무상태표 → 전기분 손익계산서	FAT 2급
상기업+법인기업	전기분 재무상태표 → 전기분 손익계산서 → 전기분 이익잉여금처분계산서	FAT 1급
제조업+법인기업	전기분 재무상태표 → 전기분 제조원가명세서 → 전기분 손익계산서 → 전기분 이익잉여금처분계산서	TAT 1, 2급

TAT 2급의 경우 제조기업인 법인기업이 출제대상이므로 전기(초기)이월 작업은 아래순서와 같다.

전기분 재무상태표 ⇨ 전기분 제조원가명세서 ⇨ 전기분 손익계산서 ⇨ 전기분 이익잉여금처분계산서

▶ 저자주 : TAT 2급의 경우 전기이월 작업은 출제대상이 아니며 이미 모든 데이터가 입력이 되어 있다. 또한 실무에서도 전기이월 데이터는 전기 재무제표 확정 후 [마감후이월] 기능을 이용하여 다음 기수로 자동으로 이월되므로 별도로 입력 작업이 필요치 않다. 따라서 본 절에서는 백업받은 데이터를 기초로 기본적인 내용만 설명한다.

2. 전기분 재무상태표

본 메뉴는 전기의 재무상태표를 입력하는 메뉴이며 각 계정별로 차기이월을 시킴과 동시에 비교식 재무상태표의 전기분 자료를 제공하게 된다.

전산 프로그램의 경우 전년도 회계처리를 한 경우 [전년도 마감후이월] 메뉴에서 전년도 장부를 마감하면 자동반영되지만 처음으로 본 프로그램에서 회계처리하는 경우 비교식 재무상태표의 작성, 재고자산의 기초재고액 입력때문에 전기분 재무상태표를 입력해야 한다.

[회계] → [기초정보관리] → [전기분 재무상태표]를 선택하면 다음과 같은 화면이 나타난다.

[회사코드 4000.(주)재무회계 - 전기분 재무상태표 화면]

	코드	계정과목	차변	대변
1	101	현　　　　금	200,000,000	
2	102	당 좌 예 금	73,500,000	
3	103	보 통 예 금	654,800,000	
4	108	외 상 매 출 금	75,172,000	
5	109	대 손 충 당 금		400,000
6	110	받 을 어 음	19,864,510	
7	111	대 손 충 당 금		1,640,000
8	114	단 기 대 여 금	1,000,000	
9	120	미　수　금	2,000,000	
10	121	대 손 충 당 금		100,000
11	150	제　　　　품	12,000,000	
12	153	원　　재　　료	20,000,000	
13	169	재　공　품	5,000,000	
14	178	매 도 가 능 증 권	30,000,000	
15	201	토　　　　지	167,000,000	
16	202	건　　　　물	96,510,850	
17	203	감 가 상 각 누 계 액		59,000,000
18	206	기 계 장 치	48,651,005	
19	207	감 가 상 각 누 계 액		18,000,000
20	208	차 량 운 반 구	20,000,000	
		합　　　계	1,453,518,365	1,453,518,365
		차　　　액		0

자산
- 1. 유 동 자 산　1,061,196,510
  - 당 좌 자 산　1,024,196,510
  - 재 고 자 산　37,000,000
- 2. 비유동자산　302,161,855
  - 투 자 자 산　30,000,000
  - 유 형 자 산　249,161,855
  - 무 형 자 산　23,000,000
  - 기타비유동자산
- 자 산 총 계　1,363,358,365

부채
- 3. 유 동 부 채　160,225,000
- 4. 비 유 동 부 채　106,000,000
- 부 채 총 계　266,225,000

자본
- 5. 자　　본　　금　1,055,013,365
- 6. 자 본 잉 여 금　40,000
- 7. 자 본 조 정　-20,000
- 8. 기타포괄손익누계액　6,000,000
- 9. 이 익 잉 여 금　36,100,000
- 자 본 총 계　1,097,133,365
- 부채 / 자본총계　1,363,358,365

가지급금/가수금
- 가 지 급 금 / 가 수 금
- 대 표
- 기 타

[화면설명]

① 추가사항이 있는 경우 입력방법
　코드란에서 F2키를 눌러 계정과목을 검색하거나 입력하고자 하는 계정과목의 앞 2글자를 입력하고 Enter↲키를 치면, 해당 글자가 포함되어 있는 계정과목명이 조회된다.
　예 현금의 경우 코드란에 '현금' 입력 후 Enter↲

② 데이터를 삭제하고자 하는 경우에는 해당 계정과목을 클릭하고 툴바의「삭제」버튼 또는 F5키를 눌러 삭제한다.

③ 대손충당금과 감가상각누계액은 자산의 차감계정으로, 해당 계정과목코드의 바로 다음 코드번호를 사용하여야 한다.
　예 108.외상매출금 ⇨ 109.대손충당금
　예 202.건물 ⇨ 203.감가상각누계액
　예 206.기계장치 ⇨ 207.감가상각누계액

※ 차감계정의 경우 대변으로 표시되지만, 실제 재무상태표에서는 자산의 차감항목으로 차변에서 차감되어 계산된다.
※ 계정과목 코드번호 순서대로 입력하지 않아도 자동으로 정렬된다.

④ 이익잉여금 코드 : 재무상태표상 미처분이익잉여금은 프로그램 특성상 입력시「375.이월이익잉여금」을 사용해야 한다(전기말 미처분이익잉여금은 당기초 1월 1일 입장에선 전기로부터 이월된 금액이란 의미로 이해하면 된다).

⑤ 자산, 부채, 자본의 모든 항목이 입력이 되면 [차액]이 0이 된다.

여기서 차액이란 차변과 대변의 차이금액이란 뜻으로, 0이 되어야만 모든 금액이 정확히 입력되었다는 뜻이다. 만일 차액이 발생된 상태로 화면을 닫을 경우 아래와 같은 에러 메시지가 나타난다.

⑥ 화면 오른쪽의 유동자산, 비유동자산, 유동부채 등의 분류별 총계는 자동으로 집계된다.

3. 전기분 원가명세서

원가명세서를 비교식으로 작성하고자 할 때 전년도 원가명세서를 입력하는 메뉴이다.
실무에서는 전기분재무상태표 및 전기분손익계산서와 마찬가지로 [마감후이월] 메뉴에서 전년도 장부를 마감하면 자동이월된다.
[회계] → [기초정보관리] → [전기분 원가명세서]를 선택하면 다음과 같은 화면이 나타난다.

[회사코드 4000.(주)재무회계 - 전기분 원가명세서 화면]

	코드	계정과목	금액
1	501	원재료비	45,000,000
2	504	임금	8,000,000
3	511	복리후생비	1,200,000
4	512	여비교통비	200,000
5	515	가스수도료	8,500,000
6	516	전력비	500,000
7	517	세금과공과금	800,000
8	518	감가상각비	1,800,000
9	520	수선비	1,200,000
10	521	보험료	1,500,000
11	522	차량유지비	700,000
12	524	운반비	400,000
13	530	소모품비	200,000

1. 원 재 료 비		45,000,000
2. 부 재 료 비		0
3. 노 무 비		8,000,000
4. 경 비		17,000,000
5. 당 기 총 제 조 비 용		70,000,000
6. 기 초 재 공 품 재 고 액		0
7. 타 계 정 에 서 대 체 액		0
8. 합 계		70,000,000
9. 기 말 재 공 품 재 고 액		5,000,000
10. 타 계 정 으 로 대 체 액		0
11. 당 기 제 품 제 조 원 가		65,000,000

[화면설명]
① 「501.원재료비」의 입력방법
원재료비 입력은 사용된 금액 45,000,000원을 입력하지 않고 아래 보조화면과 같이 재고자산(원재료)의 기초재고액과 매입액을 입력한다. 「기말원재료재고액」은 [전기분 재무상태표]에서 입력된 재고자산(153.원재료)금액이 자동반영되며, 본 메뉴에서는 수정할 수 없다(원재료 기말재고액 수정은 [전기분 재무상태표]에서 수정한다).

제2장 전기이월 작업 ▶▶

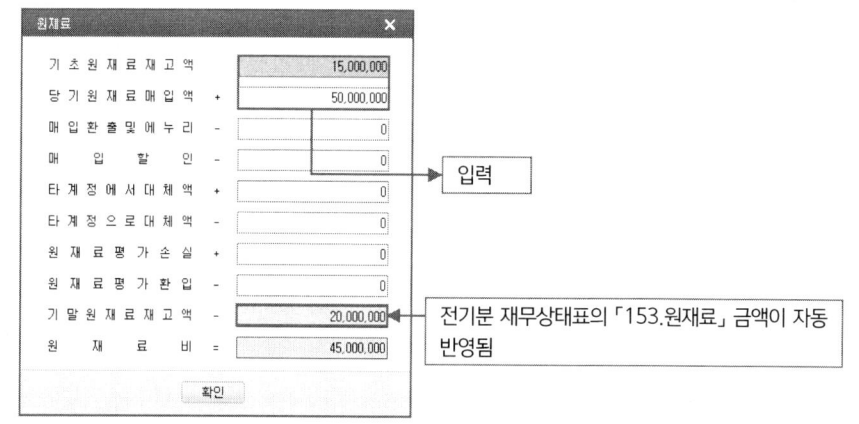

② 재공품 금액의 입력방법
　　기초재공품이 있는 경우에는 화면 우측의 「6.기초재공품」란에 직접 입력하며 「9.기말재공품」 금액은 [전기분 재무상태표]에서 입력한 「169.재공품」이 자동 반영된다.

※ [참고] 원가설정
　　상단 툴바의 [기능모음] → [원가설정] 클릭시 다음과 같은 화면이 뜬다.

매출원가코드 및 계정과목		원가경비		표준원가 선택
455	제품매출원가	1	500번대	제조

㉠ 제조업이면 [455.제품매출원가] 선택 후 원가경비 [1.500번대 경비] 선택
㉡ 건설(도급)업이면 [452.도급공사매출원가] 선택 후 원가경비 [2.600번대 경비] 선택
㉢ 건설(분양)업이면 [453.분양공사매출원가] 선택 후 원가경비 [3.700번대 경비] 선택
㉣ 도·소매업이면 [451.상품매출원가]를 선택하고 경비선택구분은 없다.

4. 전기분 손익계산서

본 메뉴는 전기의 손익계산서를 입력하는 메뉴이다. 전기분 재무상태표와 마찬가지로 본 프로그램은 전년도 회계처리를 한 경우에는 전년도 [마감후이월] 메뉴에서 전년도 장부를 마감하면 자동반영되지만 당기에 처음으로 본 프로그램에서 회계처리하는 경우 비교식 손익계산서를 작성하기 위해서는 반드시 입력되어야 한다.

[회계] → [기초정보관리] → [전기분 손익계산서]를 선택하면 다음과 같은 화면이 나타난다.

[회사코드 4000.(주)재무회계 – 전기분 손익계산서 화면]

	코드	계정과목명	금액
1	404	제 품 매 출	80,000,000
2	455	제 품 매 출 원 가	63,000,000
3	801	급 여	1,500,000
4	811	복 리 후 생 비	2,500,000
5	814	통 신 비	1,000,000
6	815	수 도 광 열 비	2,000,000
7	817	세 금 과 공 과 금	800,000
8	818	감 가 상 각 비	1,200,000
9	819	임 차 료	600,000
10	820	수 선 비	400,000
11	822	차 량 유 지 비	300,000
12	824	운 반 비	900,000
13	826	도 서 인 쇄 비	570,000
14	831	수 수 료 비 용	250,000
15	901	이 자 수 익	5,500,000
16	931	이 자 비 용	480,000
17	998	법 인 세 등	1,000,000
18			

항 목 별 합 계 액	
1. 매 출	80,000,000
2. 매 출 원 가	63,000,000
3. 매 출 총 이 익	17,000,000
4. 판 매 비 와 관 리 비	12,020,000
5. 영 업 이 익	4,980,000
6. 영 업 외 수 익	5,500,000
7. 영 업 외 비 용	480,000
8. 법인세비용차감전계속사업손	10,000,000
9. 계 속 사 업 손 익 법 인 세 비 용	1,000,000
10. 계 속 사 업 이 익	9,000,000
11. 중 단 사 업 손 익	0
12. 당 기 순 이 익	9,000,000
주 당 이 익	0

[화면설명]

① 「455.제품매출원가」의 입력방법

제품매출원가 63,000,000원을 입력하지 않고 「455.제품매출원가」를 입력하면 아래 보조화면이 나타나는데 여기에 기초제품재고액 및 당기제품제조원가를 입력해야 한다. 그리고 보조화면에서 기말제품재고액은 앞서 입력한 전기분 재무상태표에서 입력한 「150.제품」 금액이 자동으로 반영되어 표시된다.

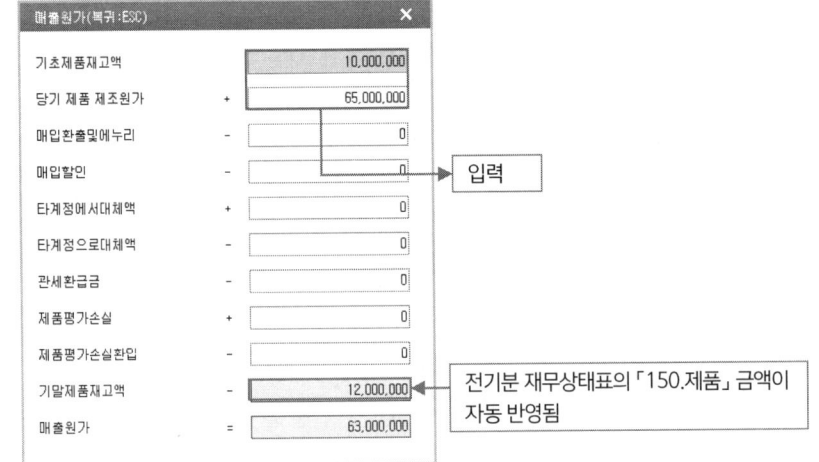

※ [참고] 매출원가 구분
  • 상품매출원가 = 기초상품재고액 + 당기상품매입액 – 기말상품재고액
  • 제품매출원가 = 기초제품재고액 + 당기제품제조원가 – 기말제품재고액

5. 전기분 잉여금처분계산서

전기분잉여금처분계산서는 비교식 이익잉여금처분계산서를 작성하기 위하여 입력하는 메뉴이며, 본 프로그램으로 전년도 회계처리를 한 경우에는 [마감후이월] 메뉴에서 장부마감을 하면 다음 기수의 초기이월 메뉴로 자동반영된다.

[회계] → [기초정보관리] → [전기분 잉여금처분계산서]를 선택하면 다음과 같은 화면이 나타난다.

[회사코드 4000.(주)재무회계 – 전기분 잉여금처분계산서 화면]

과목	계정코드 및 과목명		금액
I. 미처분이익잉여금			21,000,000
1. 전기이월미처분이익잉여금			12,000,000
2. 회계변경의 누적효과	369	회 계 변 경 의 누 적 효 과	
3. 전기오류수정이익	370	전 기 오 류 수 정 이 익	
4. 전기오류수정손실	371	전 기 오 류 수 정 손 실	
5. 중간배당금	372	중 간 배 당 금	
6. 당기순이익			9,000,000
II. 임의적립금 등의 이입액			
1.			
2.			
합 계			21,000,000
III. 이익잉여금처분액			
1. 이익준비금	351	이 익 준 비 금	
2. 기업합리화적립금	352	기 업 합 리 화 적 립 금	
3. 배당금			
가. 현금배당	265	미 지 급 배 당 금	
나. 주식배당	387	미 교 부 주 식 배 당 금	
4. 사업확장적립금	356	사 업 확 장 적 립 금	
5. 감채적립금	357	감 채 적 립 금	
6. 배당평균적립금	358	배 당 평 균 적 립 금	
IV. 차기이월 미처분이익잉여금			21,000,000

[화면설명]
① 「1.전기이월미처분이익잉여금 12,000,000원」은 전년도 이익잉여금처분계산서를 보고 별도 입력하여야 한다.
② 「6.당기순이익 9,000,000원」은 [전기분 손익계산서]에서 자동 반영된다.
③ 화면에 없는 항목을 추가로 설정하고자 하는 경우 [기능모음] → [라인추가]를 이용하여 추가로 설정이 가능하다. 단, [라인추가]는 커서가 당기순이익, 임의적립금 등의 이입액, 차기이월미처분이익잉여금란에 위치한 경우에만 활성화된다.

제2절 거래처별 초기이월

채권·채무와 예금·차입금 등은 거래처별 장부(=거래처원장)를 만들어 관리하여야 한다. 거래처별 초기이월은 외상매출금, 외상매입금 등 채권·채무 관련 계정의 거래처별 잔액을 이월받는 메뉴로 해당 금액은 「거래처원장」의 거래처별 "전기이월" 금액에 반영된다.

[기초정보관리] → [거래처별초기이월]의 서브메뉴를 클릭하면 다음과 같은 화면이 나타난다.

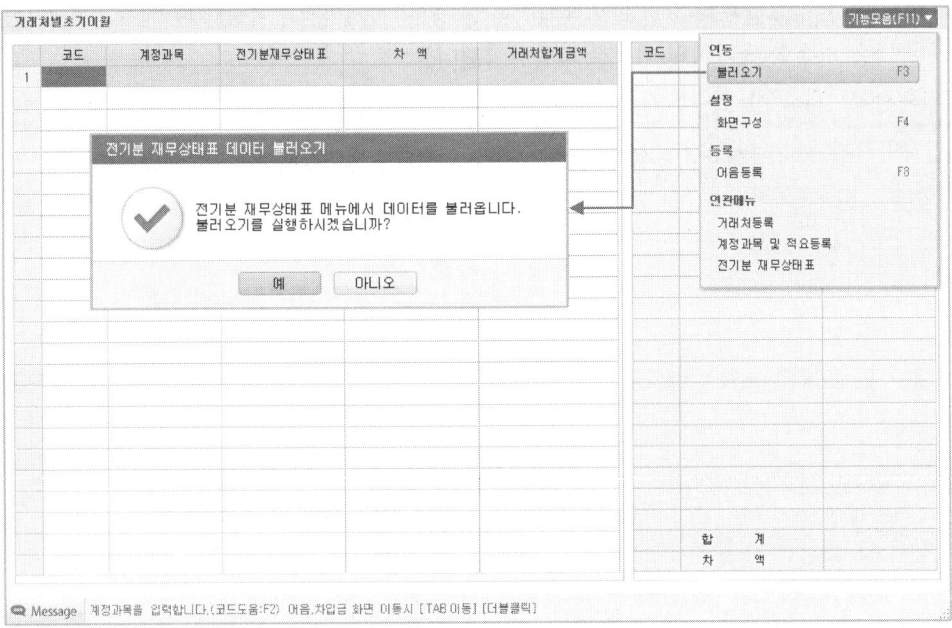

[화면설명]

기능모음(F11)▼ 의 불러오기 를 클릭하거나 단축키 F3키를 이용하여 전기분 재무상태표의 계정과목을 모두 불러와 해당 계정과목별로 거래처를 걸어준다. 단 실습백업데이터는 이미 거래처별 초기이월이 완료되어 있으므로 별도 작업을 하지 않아도 된다.

[회사코드 4000.(주)재무회계 – 거래처별 초기이월 화면]

	코드	계정과목	전기분재무상태표	차 액	거래처합계금액		코드	거래처	금액
1	101	현금	200,000,000	200,000,000			00102	성신신발	9,825,000
2	102	당좌예금	73,500,000		73,500,000		00105	(주)홍익물산	42,800,000
3	103	보통예금	654,800,000		654,800,000		00112	(주)조아산업	12,922,000
4	108	외상매출금	75,172,000		75,172,000		00114	대림공업사(주)	2,200,000
5	109	대손충당금	400,000	400,000			00200	(주)신발모아	7,425,000
6	110	받을어음	19,864,510		19,864,510				
7	111	대손충당금	1,640,000	1,640,000					
8	114	단기대여금	1,000,000		1,000,000				
9	120	미수금	2,000,000		2,000,000				
10	121	대손충당금	100,000	100,000					
11	150	제품	12,000,000	12,000,000					
12	153	원재료	20,000,000	20,000,000					
13	169	재공품	5,000,000	5,000,000					
14	178	매도가능증권	20,000,000	20,000,000					
15	201	토지	167,000,000	167,000,000					
16	202	건물	96,510,850	96,510,850					
17	203	감가상각누계액	59,000,000	59,000,000					

제 2 편
거래증빙과 전표입력

제1장 거래자료의 입력
제2장 정규증명서류와 영수증 수취명세서

01 거래자료의 입력

제1절 개요

1. 거래증빙의 종류

거래증빙이란 거래사실을 증명하기 위한 각종 입증서류를 의미한다. 거래증빙의 종류는 다음과 같다.

구분	증빙의 종류	효력
① 내부증빙	지출결의서	회사 내부의 지출결의사항을 증명하기 위한 것으로 법정증빙이 의무화되지 않은 거래의 경우에는 증빙자료로 이용된다.
② 외부거래 증빙	ⓐ 거래명세서	거래사실을 증명하는 자료로서 거래상호 간 법률적 문제/소송 등 분쟁시 자료로 이용된다.
	ⓑ 입금표	거래상호 간의 대금의 지급사실을 나타내는 자료로서 세법상으로는 효력이 없으나 거래상호 간 법률적 문제/소송 등 분쟁시 증거자료로 이용된다.
	ⓒ 세금계산서/계산서/신용카드매출전표/현금영수증	거래사실을 증명하는 증빙으로 세법에서는 3만원 초과 거래분의 경우 반드시 수취하도록 하고 있는 법정증빙이다.
	ⓓ 간이영수증	거래사실을 증명하는 증빙으로 세법에서는 3만원 이하 거래분의 경우에 수취할 수 있도록 하고 있다.

▶ 저자주 : 거래증빙에 대한 상세설명은 본서를 학습하면서 익힌다.

2. 전표입력

전표입력이란 전표나 증빙을 보고 전산프로그램이 요구하는 형식에 맞추어 입력하는 작업이다. 회계상 거래가 세금계산서 등 증빙서류에 의해 확인이 되면, 수기장부에서는 「전표」라는 종이딱지에 직접 펜으로 분개를 하게 되지만, 전산프로그램에서는 세금계산서와 관련이 있는 거래(정확히 말하면 부가세신고와 관련되어 있는 거래)는 「매입매출전표입력」에서, 세금계산서와 관련이 없는 거래는 「일반전표입력」에서 분개를 입력하게 된다.

구 분	일반전표입력	매입매출전표입력
① 입력 증빙	• 영수증 • 기타 부가가치세 신고 제외 증빙 (신용카드거래 중 매입세액불공제대상)	• 세금계산서, 계산서 등 • 기타 부가가치세 신고대상 증빙 (신용카드거래 중 매입세액공제대상)
② 기능	• 회계처리(분개) • 결산 및 재무제표	• 회계처리(분개) • 부가가치세 신고 • 결산 및 재무제표
③ 반영	• 회계장부 • 영수증수취명세서 • 경비 등 송금명세서 • 재무제표	• 회계장부 • 부가가치세 신고서 및 부속명세서 • 재무제표

매입매출전표입력은 부가세신고와 관련하여 적격증빙(세금계산서, 계산서, 신용카드매출전표, 현금영수증 등)을 입력하는 메뉴로 적격증명서류 불성실가산세와는 직접적인 연관성이 없으나, 일반전표입력은 3만원 초과금액을 입력시 적격증명서류 불성실가산세 적용여부를 고려하여 입력하여야 한다.

3. 일반전표입력

- [NCS연계] 전표관리_전표 작성하기

- [학습목표] – 회계상 거래를 현금 거래 유무에 따라 사용되는 입금, 출금, 대체 전표로 구분할 수 있다.
  – 현금의 수입 거래를 파악하여 입금 전표를 작성할 수 있다.
  – 현금의 지출 거래를 파악하여 출금 전표를 작성할 수 있다.
  – 현금의 수입과 지출이 없는 거래를 파악하여 대체 전표를 작성할 수 있다.

일반전표입력이란 증빙을 보고 프로그램이 요구하는 형식에 맞추어 입력하는 작업이다. 메인화면의 [전표입력/장부] → [일반전표입력]을 클릭하면 다음과 같은 화면이 나타난다.
본 메뉴에 들어오면 화면 우측상단에 작업연도가 자동으로 표시되며, 월과 일을 입력하도록 되어 있다.

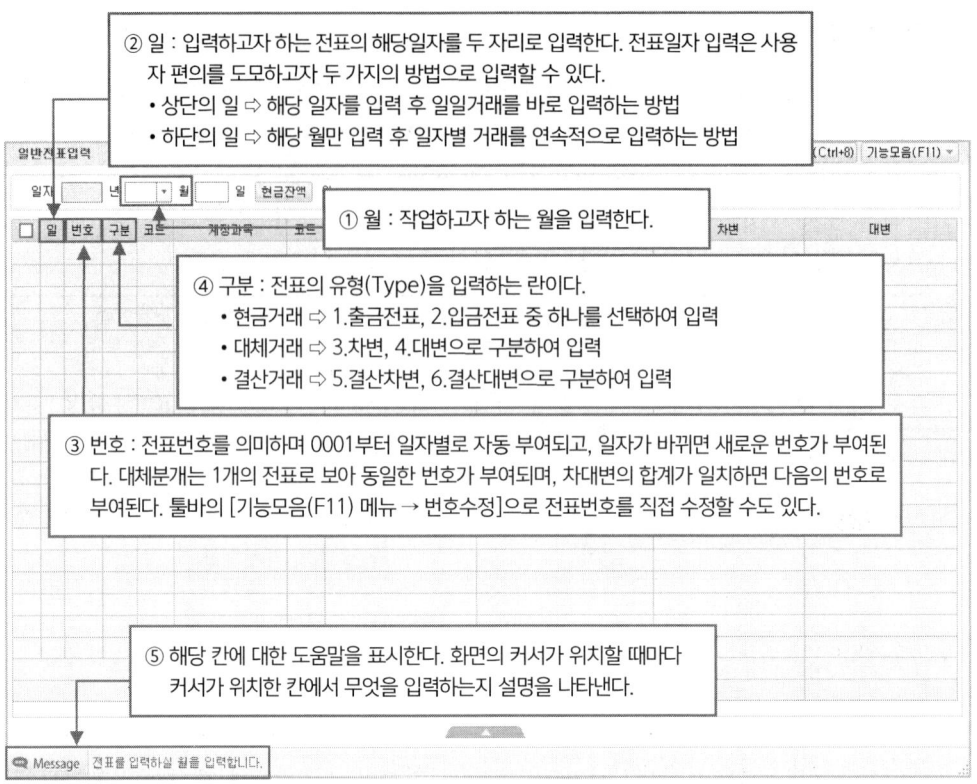

(1) 전표유형별 입력방법

① 출금전표 [1 : 출금]

현금의 출금 즉, 현금지출이 있다는 뜻으로 전표유형 **구분** 의 [1 : 출금]을 선택하는 순간 분개란 대변에 현금이 자동표시되므로 현금이 나간 원인이 되는 차변계정과목만 입력하면 된다.

(차) 계정과목 입력   (대) [1 : 출금]현금(자동분개)

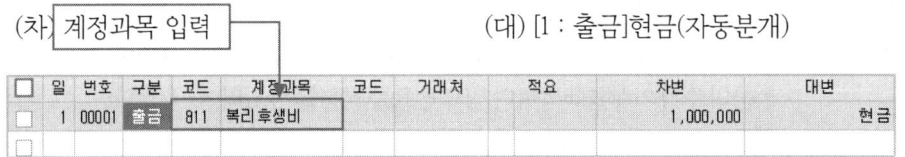

② 입금전표 [2 : 입금]

현금이 입금 즉, 현금수입이 있다는 뜻으로 전표유형 **구분** 의 [2 : 입금]을 선택하는 순간 분개란 차변에 현금이 자동표시되므로 현금이 들어온 원인이 되는 대변계정과목만 입력하면 된다.

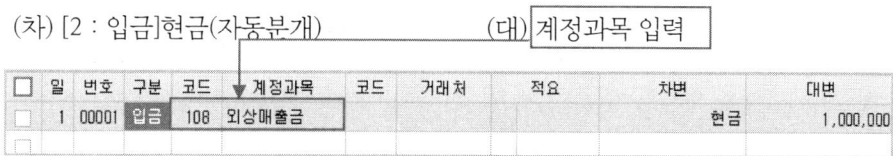

③ 대체전표 [3 : 차변, 4 : 대변]

현금이 없는 대체거래로 전표의 유형 구분 의 [3 : 차변], [4 : 대변]을 이용하여 입력한다. 본 프로그램에서는 화면이 한정되어 있으므로 차변과 대변을 따로 입력한다. 차변과목을 먼저 한 줄에 입력하고, 대변과목을 다음 줄에 입력하는 방법으로 처리한다.

(2) ★제조경비와 판매 · 관리비의 구분

TAT 2급 실무수행평가는 제조업을 기본으로 한다. 제조업은 공장에서 원재료를 매입하여 제품을 만드는 작업을 하므로 공장에서 발생하는 비용은 제조경비(제조원가)로 하고, 본사(또는 사무실)에선 완성된 제품의 판매와 관리를 위한 활동을 주로 수행하므로 본사에서 발생한 비용은 판매관리비로 처리한다.

제조경비(제조원가) : 500번대 코드	판매비와관리비 : 800번대 코드
생산직 직원 임금 : 504.임금	판매(관리)직 직원 급여 : 801.급여
생산직 직원 복리후생비 : 511.복리후생비	사무직 직원 복리후생비 : 811.복리후생비
공장의 소모품비 : 530.소모품비	사무실 소모품비 : 830.소모품비

CHAPTER 02 정규증명서류와 영수증 수취명세서

제1절 정규증명서류의 이해

1. 정규증명서류의 종류

적격증빙(법정증빙 = 정규증명서류)이란 거래사실을 입증할 수 있는 증빙 중 세법이 정당하다고 인정한 증빙으로, 세무서에서 전산상으로 거래를 파악하는 것이 가능한 다음의 증빙을 의미한다.
① 세금계산서, 계산서
② 신용카드매출전표(직불카드, 선불카드 포함)
③ 현금영수증

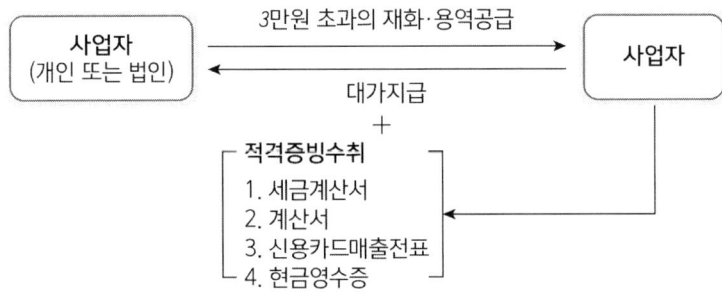

> **적격증빙(정규증명서류) 수취대상 거래**
> ① 다른 사업자로부터 재화 또는 용역을 공급받고
> ② 재화 또는 용역의 공급에 대한 대가를 지출하는 경우로서
> ③ 거래 건당 거래금액이 3만원 초과이어야 한다.

2. 정규증명서류 미수취시 불이익

일반 지출의 경우 3만원 초과 지출시 적격증빙을 미수취한 경우에 거래금액의 2%의 가산세가 부과된다.

구 분		비용인정	가산세 부과여부
① ★일반 지출 > 3만원 초과	ⓐ 적격증빙 수취	인 정	가산세 없음
	ⓑ ★적격증빙 미수취	인 정	★가산세 부과(거래금액의 2%)
② 접대비 지출 > 3만원 초과1)	ⓐ 적격증빙 수취	인 정	가산세 없음
	ⓑ 적격증빙 미수취	불인정	가산세 없음

3. 정규증명서류의 예외

다음의 경우에는 부득이하게 정규증명서류를 수취하지 못하더라도 가산세가 부과되지 아니한다. 소액(3만원) 이하의 거래이거나 현실적으로 정규증명서류를 수취하기 힘든 거래(농·어민 직접 거래 등)를 고려한 것이다.

▶ 저자주 : 아래 예외항목은 참고사항이며, 암기사항 아님

(1) 대금지급방법에 관계없이 정규증명서류 수취를 면제하는 거래

① 건당 거래금액이 3만원 이하인 경우
② 읍·면지역에 소재하는 간이과세자로서 신용카드가맹점이 아닌 사업자의 경우
③ 금융·보험용역 예 보험료, 이자비용 등의 지출
④ 농·어민과 직접 거래한 경우
⑤ 국가 등과의 거래 예 세금과공과, 벌과금, 우편요금 등
⑥ 비영리법인과의 거래(비수익사업 부분에 한함) 예 조합비, 협회비 등
⑦ 원천징수대상 사업소득자로부터 용역을 공급받은 경우(원천징수한 것에 한한다)
⑧ 사업의 포괄양수도(재화의 공급으로 보지 아니하는 사업의 양도에 의하여 재화를 공급받은 경우)
⑨ 전기통신, 방송용역을 공급받은 경우 예 전기요금
⑩ 국외에서 재화 또는 용역을 공급받은 경우 예 해외출장비
⑪ 공매, 경매, 수용에 의하여 재화를 공급받은 경우
⑫ 토지 또는 주택을 구입하거나 주택의 임대업을 영위하는 자(법인을 제외함)로부터 주택임대용역을 공급받은 경우
⑬ 건물(토지를 함께 공급받은 경우에는 당해 토지를 포함하며, 주택을 제외함)을 구입한 경우로서 거래내용이 확인되는 매매계약서 사본을 법인세법 제60조의 규정에 의한 법인세 과세표준 신고서에 첨부하여 납세지 관할세무서장에게 제출하는 경우
⑭ 택시운송용역, 철도운송용역, 항공기 항행용역을 제공받은 경우

---

1) 거래처경조사비는 20만원까지는 청첩장 등 경조사를 증명할 수 있는 서류가 적격증빙이 된다.

⑮ 국세청장이 정하여 고시한 전산발매통합관리시스템에 가입한 사업자로부터 입장권·승차권·승선권 등을 구입하여 용역을 제공받은 경우
⑯ 유료도로 통행료 등
⑰ 간주임대료(임대보증금에 대한 부가가치세액을 임차인이 부담하는 경우)
⑱ 재화공급·용역제공계약 등에 의하여 확정된 대가의 지급지연으로 인하여 연체이자를 지급하는 경우

(2) 금융기관을 통해 거래금액을 송금하고, 「경비등송금명세서」를 제출하는 경우

아래 거래의 경우에는 금융기관을 통해 거래대금을 송금하고, 경비 등 송금명세서를 제출하는 경우에는 정규증명서류를 수취하지 못하더라도 가산세가 부과되지 아니한다.
① ★간이과세자로부터 부동산임대용역을 제공받은 경우
② 개인사업자로부터 임가공용역을 제공받은 경우
③ ★간이과세자로부터 운송용역을 제공받은 경우
④ 간이과세자로부터 재활용폐자원 등을 공급받은 경우
⑤ 「항공법」에 의한 상업서류 송달용역(DHL, UPS 등)을 제공받는 경우
⑥ ★공인중개사에게 수수료를 지급하는 경우
⑦ 복권사업자가 복권판매업자에게 수수료를 지급하는 경우
⑧ 통신판매(TV 홈쇼핑 등) 등에 따라 재화 또는 용역을 공급받은 경우

제2절 영수증 수취명세서 및 경비 등의 송금명세서 작성

사업자는 사업과 관련하여 재화 또는 용역을 공급받고 적격증빙을 갖추지 못한 경우(거래 건당 3만원 초과 지출로 정규증명서류가 아닌 영수증을 수취한 경우)에 가산세가 적용된다. 이 때 영수증수취현황을 기재한 「영수증수취명세서」 및 「경비등의송금명세서」를 제출하여야 한다. 단, 법인의 경우 제출의무는 없다.

[거래 건당 3만원 초과 지출시]

정규증명서류수취 여부	가산세	프로그램
수취(세금계산서, 신용카드 등)	N/A	N/A
미수취(간이영수증 등)	거래금액의 2%	영수증 수취명세서(2) 작성

제2장 정규증명서류와 영수증 수취명세서 ▶▶

 3만원 초과거래자료에 대한 영수증수취명세서

1. 7월 1일 공장 화물트럭의 엔진 오일을 대성카센타에서 교환하고 대금은 현금으로 지급하고 받은 영수증이다. 거래자료를 입력하고 영수증수취명세서를 작성하시오.

```
                        영 수 증
                       (공급받는자용)

        사업자
    공   등록번호        106-08-12514
    급   상    호    대성카센타  성명   김석원
    자   사업장
        소 재 지    서울 금천구 독산로 91길
        업    태    서비스업   종목  자동차정비
       작성년월일        금  액        비  고
       2024.07.01       85,000원
       월 일   품    명  수량 단가   금     액
       07 01  엔진오일교체              85,000원

       위 금액을 영수함.
                              (주)재무회계 귀하
```

해설_ (1) 7월 1일 일반전표 입력

□	일	번호	구분	코드	계정과목	코드	거래처	적요	차변	대변
□	1	00001	출금	522	차량유지비		대성카센타	엔진오일교체	85,000	현금
	❶		❷	❸			❹	❺		

[화면설명]
현금의 출금이 있는 거래이므로 전표유형 구분 의 [1 : 출금]을 선택하는 순간 분개란 대변에 현금이 자동 표시되며 현금이 나간 원인이 되는 차변계정과목 「522.차량유지비」만 입력하면 된다.

① [월] 란에 거래발생 월(月)인 "7"을 입력하고, [일] 란에 기래발생 일(日)인 "1"을 입력하고 Enter↵를 누른다.

② [구분] 란에 전표의 형태 출금전표 "1"를 선택한다.

③ 계정과목입력
  • 계정코드를 알고 있는 경우에는 세 자리를 직접 입력
  • 계정코드를 모르는 경우에는
    - 코드 란에서 F2를 클릭하여 코드도움화면에서 검색입력하거나
    - 코드 란에서 입력하고자 하는 계정과목의 앞 두글자(예 자본금의 경우에는 "자본")를 입력하고 Enter↵키 치고, 검색 후 입력
  • ★비용코드의 구분
    공장 화물트럭에 대한 차량유지비이므로 「522.차량유지비」를 선택한다(500번대 : 제조업의 공장경비, 600번대와 700번대 : 건설업 등의 공사경비, 800번대 : 판매비와 관리비).

④ 거래처코드
  • 거래처코드의 경우 자격시험에서 거래처별잔액 등을 관리하기 위한 채권, 채무, 예금 등에 대해서만 코드를 입력하고, 거래처별 관리가 특별히 필요치 않은 일반관리비(비용) 등의 입력시에는 코드를 입력하지 않아도 된다.

- [거래처]란에 "대성카센타"를 직접 입력하며, 자격시험에서는 입력하지 않아도 된다.

⑤ 적요입력
- 저장된 코드 이용 : 반복되는 적요가 있는 경우 미리 등록된 적요를 이용할 수 있다. F2를 클릭하거나 화면 하단의 적요번호를 참고하여 입력한다.
- 직접입력 : 적요코드란에서 Enter 키를 치면, 커서가 적요란으로 자동 이동하여 원하는 적요를 직접 입력할 수 있다.
- [적요]란에 "엔진오일교체"라고 직접 입력하며, 자격시험에서는 적요등록을 요구하는 경우에만 적요를 입력한다.

(2) 영수증수취명세서 작성

3만원 초과 경비로 적격증빙을 수취하지 않았으므로 가산세(거래금액의 2%) 대상이다. 실무프로그램에서는 [일반전표입력]에서 [카드계좌]기능을 통해 가산세 여부를 체크할 수 있으나, 교육용 프로그램은 해당 기능이 없으므로 직접 영수증수취명세서를 작성하여야 한다.
[결산/재무제표 I] ⇨ [영수증수취명세서] 메뉴로 이동하여 직접 입력한다.

거래일자	상호	성명	사업장	사업자등록번호	거래금액	구분	계정코드	계정과목	적요
2024-07-01	대성카센타	김석원	서울 금천구 독산로 91길	106-08-12514	85,000		522	차량유지비	엔진오일교체

※ 교육용 프로그램은 자동작성되지 않으므로 수동으로 직접 입력한다.

2. 7월 2일 영업사원의 해외출장 중 경비로 100,000원을 현금으로 지출하였다. 거래자료를 입력하고 영수증수취명세서를 작성하시오.

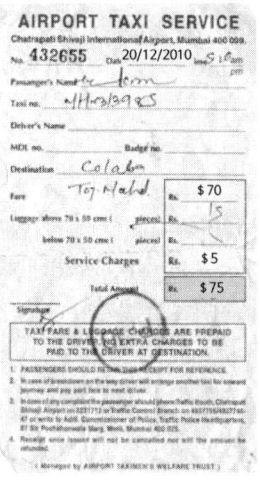

해설_ (1) 7월 2일 일반전표 입력

□	일	번호	구분	코드	계정과목	코드	거래처	적요	차변	대변
□	02	00001	출금	812	여비교통비			해외출장경비	100,000	현금
□	02									

제2장 정규증명서류와 영수증 수취명세서

(2) 영수증수취명세서 작성

[결산/재무제표Ⅰ] ⇨ [영수증수취명세서] 메뉴로 이동하여 직접 입력한다. 3만원 초과 경비이나 국외에서 제공받은 용역이므로 가산세 제외대상이다. 구분 [24.국외에서의 공급]을 선택한다.

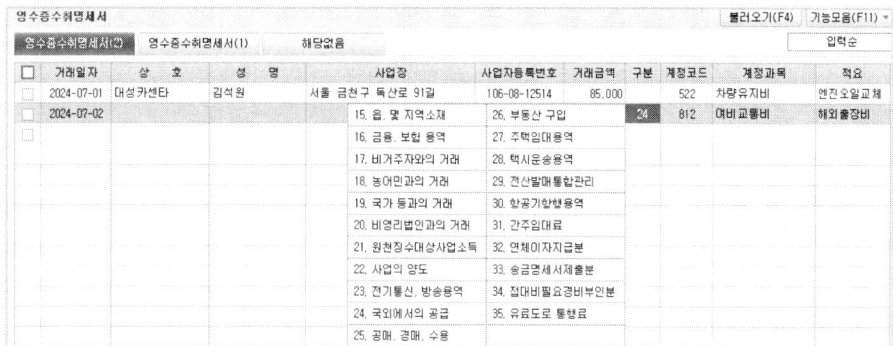

3. 7월 3일 공장 건설용 부지를 매입하고 공인중개사에게 중개수수료 500,000원을 국민은행 보통예금 계좌에서 이체하여 지급하였다. 거래자료를 입력하고 영수증수취명세서 및 경비 등의 송금명세서를 작성하시오.

   <공급자 정보>
   - 상호 : 두일공인중개사
   - 사업자등록번호 : 107-26-31371
   - 대표자 : 유성진
   - 주소 : 서울시 구로구 개봉로 43-2
   - 은행정보 : 신한은행 234-4545-3133
   - 예금주 : 두일공인중개사

(1) 7월 3일 일반전표 입력

일	번호	구분	코드	계정과목	코드	거래처	적요	차변	대변
03	00001	차변	201	토지				500,000	
03	00001	대변	103	보통예금	98002	국민은행			500,000

※ 토지 구입과 관련된 취득부대비용이므로 「수수료비용」이 아닌 토지의 원가로 처리해야 함에 주의!!!

(2) 영수증수취명세서 작성

[결산/재무제표Ⅰ] ⇨ [영수증수취명세서] 메뉴로 이동하여 직접 입력한다. 3만원 초과 경비이나 「경비 등 송금명세서」 제출대상 거래로 가산세 제외대상이다. 구분 [33.송금명세서제출분]을 선택한다.

※ 공인중개사에게 수수료를 지급하는 경우 적격증빙을 수취하지 않더라도 거래금액을 금융기관을 통해 송금하고 「경비등송금명세서」를 제출하는 경우에는 가산세가 제외됨

(3) 경비등의송금명세서 작성

[결산/재무제표Ⅰ] ⇨ [경비등의송금명세서] 메뉴로 이동하여 직접 입력한다.

4. 3만원 초과지출액 중 적격증빙 제외대상(국외에서의 공급 및 경비등송금명세서 제출분)을 제외한 금액에 대해 가산세(2%)가 적용된다.

제2장 정규증명서류와 영수증 수취명세서

[화면설명]
상단의 명세서(2)불러오기(F4) 를 클릭한다.
① 명세서 제출제외대상 ⇨ 국외에서의 공급 및 경비등송금명세서 제출분으로 적격증빙 제외대상이므로 가산세 제외
② 명세서 제출대상 ⇨ 3만원 초과 적격증빙 미수취분으로 가산세(거래금액의 2%) 대상

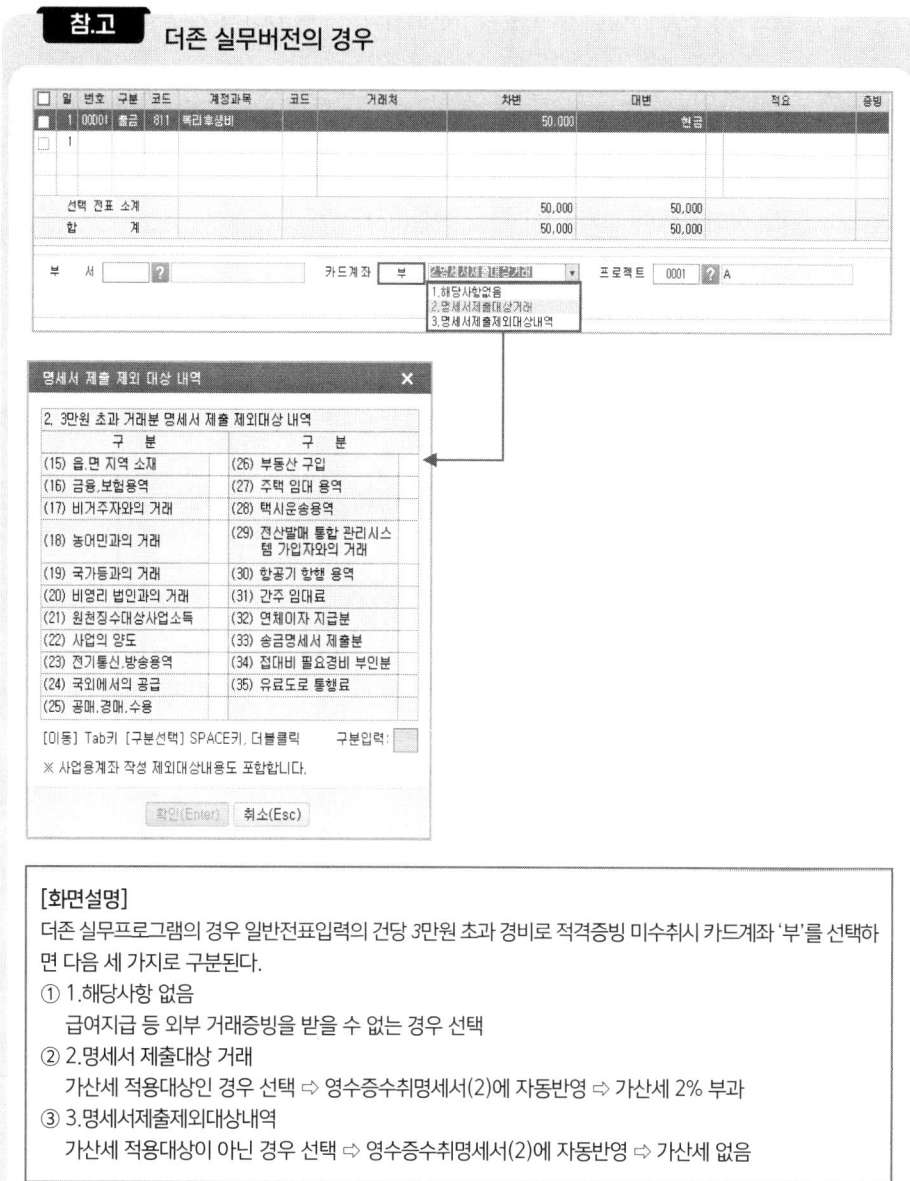

[화면설명]
더존 실무프로그램의 경우 일반전표입력의 건당 3만원 초과 경비로 적격증빙 미수취시 카드계좌 '부'를 선택하면 다음 세 가지로 구분된다.
① 1.해당사항 없음
   급여지급 등 외부 거래증빙을 받을 수 없는 경우 선택
② 2.명세서 제출대상 거래
   가산세 적용대상인 경우 선택 ⇨ 영수증수취명세서(2)에 자동반영 ⇨ 가산세 2% 부과
③ 3.명세서제출제외대상내역
   가산세 적용대상이 아닌 경우 선택 ⇨ 영수증수취명세서(2)에 자동반영 ⇨ 가산세 없음

TAT 2급

실무수행평가 대비

※ 주어진 실무프로세스에 대하여 (주)재무회계(회사코드 : 4000)의 거래자료를 입력하시오.

01 8월 1일 영업부 회식을 하고 현금결제 후 수취한 영수증이다. 이 거래가 지출증명서류 미수취가산세 대상인지를 검토하려고 한다.

1. 거래자료를 입력하시오.
2. 영수증수취명세서(1)과 (2)서식을 작성하시오.

① 일반전표입력(8월 1일)
(차) 811.복리후생비(판)   132,000원   (대) 101.현금   132,000원
② 영수증수취명세서 작성

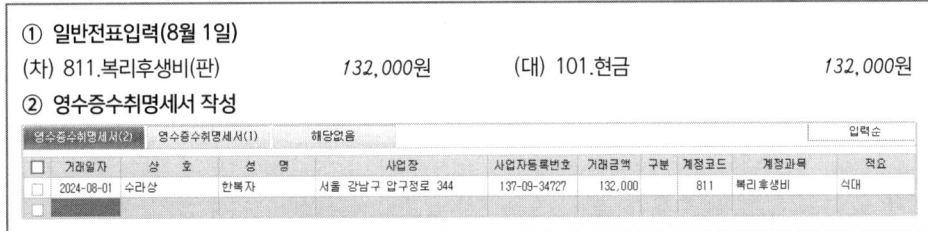

02 8월 5일   공장의 조명기구를 수리하고, 대금은 국민은행 보통예금계좌에서 이체하여 지급하였다. 이 거래가 지출증명서류 미수취가산세 대상인지를 검토하려고 한다.

1. 거래자료를 입력하시오(단, 비용처리할 것).
2. 영수증수취명세서(1)과 (2)서식을 작성하시오.

① 일반전표입력(8월 5일)
(차) 520.수선비(제)   70,000원   (대) 103.보통예금   70,000원
                                                  (98002.국민은행)

② 영수증수취명세서 작성

영수증수취명세서(2)	영수증수취명세서(1)	해당없음							입력순
거래일자	상호	성명	사업장	사업자등록번호	거래금액	구분	계정코드	계정과목	적요
2024-08-05	광선상사	마정남	서울 강남구 압구정로 52	106-08-12514	70,000		520	수선비	조명수선

TAT 2급

03 8월 6일 아름교육재단에 장학기금을 현금으로 기부하고 수취한 기부금영수증이다.

일련번호	087	기부금 영수증		
1. 기부자				
성명(법인명)	(주)재무회계	주민등록번호 (사업자등록번호)	101-81-83017	
주소(소재지)	서울 금천구 독산로 90길 27			
2. 기부금 단체				
단체명	(재)아름교육재단	사업자등록번호 (고유번호)	101-82-21513	
소재지	서울 강남구 강남대로 252 (도곡동)	기부금공제대상 기부금단체 근거법령	소득세법 제34조제1항	

4. 기부내용

유형	코드	구분	연월일	내용	기 부 금 액		공제제외 기부금	
					합계	공제대상 기부금액	기부장려금 신청금액	기타
법정기부금	10	금전	2024.08.06	장학기금	8,000,000	8,000,000		

1. 거래자료를 입력하시오.
2. 영수증수취명세서(1)과 (2)서식을 작성하시오.

① 일반전표입력(8월 6일)
(차) 933.기부금   8,000,000원   (대) 101.현금   8,000,000원

② 영수증수취명세서 작성

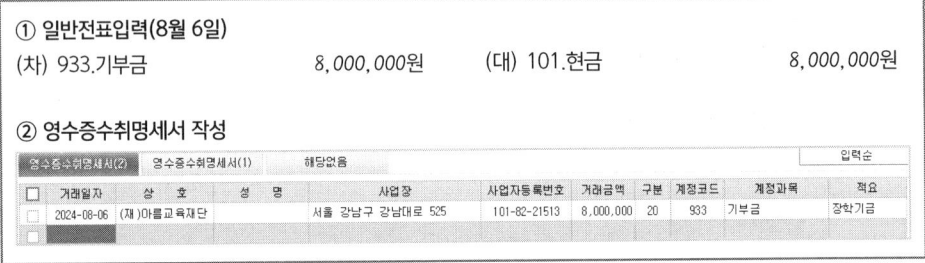

04 8월 8일 제품 판매장에 대한 임차료 1,650,000원을 국민은행 보통예금 계좌에서 이체지급하였다.

1. 거래자료를 입력하시오.
2. 경비등의송금명세서를 작성하시오.

■ 임대인 정보

- 임대인은 세금계산서 발급이 불가능한 간이과세자로 별도의 증빙수취 없음
- 임대인 사업자등록번호 : 123-12-12345
- 임대인 성명 : 김미진
- 임대인 주소 : 서울 서초구 반포대로 67 미진빌딩 5층 504호
- 임대인 계좌 : 신한은행, 계좌번호 : 801210-52-072659, 예금주 : 김미진

■ 보통예금(국민은행) 거래내역

번호	거래일	내용	찾으신금액	맡기신금액	잔액	거래점
		계좌번호 84861-15-363541 (주)재무회계				
1	2024-08-08	김미진	1,650,000		***	***

① 일반전표입력(8월 8일)

(차) 819.임차료(판)   1,650,000원   (대) 103.보통예금   1,650,000원
                                          (98002.국민은행)

② 경비등의송금명세서 작성

번호	⑥거래일자	⑦법인명(상호)	⑧성명	⑨사업자(주민)등록번호	⑩거래내역	⑪거래금액	⑫송금일자	CD	⑬은행명	⑭계좌번호	계정코드
1	2024-08-08	김미진	김미진	123-12-12345	매장임차료	1,650,000	2024-08-08	088	신한은행	801210-52-072659	
2											

참고 「경비등송금명세서」 제출시 가산세 제외대상

아래 거래의 경우에는 금융기관을 통해 거래대금을 송금하고, 「경비등송금명세서」를 제출하는 경우에는 적격증빙을 수취하지 못하더라도 가산세가 부과되지 아니한다.

① 간이과세자로부터 부동산임대용역을 제공받은 경우
② 개인사업자로부터 임가공용역을 제공받은 경우
③ 간이과세자로부터 운송용역을 제공받은 경우
④ 간이과세자로부터 재활용폐자원 등을 공급받은 경우
⑤ 「항공법」에 의한 상업서류 송달용역(DHL, UPS 등)을 제공받는 경우
⑥ 공인중개사에게 수수료를 지급하는 경우

TAT 2급

05 8월 10일   원자재 야적을 위해 동양개발(세금계산서 발급이 불가능한 간이과세자)에서 임차한 임야에 대해 상반기 임차료를 국민은행 보통예금에서 이체하였다.

1. 거래자료를 입력하시오.
2. 경비등의송금명세서를 작성하시오.

■ 공급자 정보

- 상호 : 동양개발
- 대표자 : 강선희
- 은행정보 : 신한은행 106-220015-35245 예금주 : 동양개발
- 사업자등록번호 : 301-01-21491
- 주소 : 서울 구로구 경인로 271(개봉동)

■ 보통예금(국민은행) 거래내역

번호	거래일	내용	찾으신금액	맡기신금액	잔액	거래점
		계좌번호 84861-15-363541 (주)재무회계				
1	2024-08-10	임차료	180,000		***	***

① 일반전표입력(8월 10일)

(차) 519.임차료(제)   180,000원   (대) 103.보통예금   180,000원
                                              (98002.국민은행)

② 경비등의송금명세서 작성

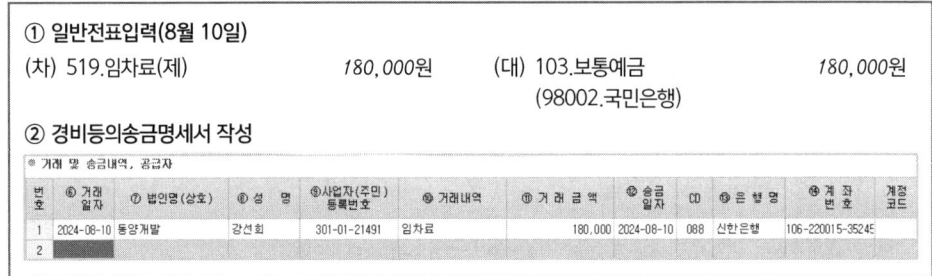

06 8월 15일 공장시설 확충을 위하여 토지를 취득하고 화성부동산(경비등송금명세서 제출 대상자에 해당)에 중개수수료를 지급하였다.

1. 거래자료를 입력하시오.
2. 경비등의송금명세서를 작성하시오.

■ 공급자 정보

- 상호 : 화성부동산(대표자 : 이화성)
- 사업자등록번호 : 107-21-21510
- 주소 : 서울시 구로구 고척로 216-0(고척동)
- 은행정보 : 우리은행 552-21-1153-800 예금주 : 화성부동산

■ 보통예금(국민은행) 거래내역

번호	거래일	내용	찾으신금액	맡기신금액	잔액	거래점
		계좌번호 84861-15-363541 (주)재무회계				
1	2024-08-15	화성부동산	1,000,000		***	***

① 일반전표입력(8월 15일)

(차) 201.토지   1,000,000원   (대) 103.보통예금   1,000,000원
                                      (98002.국민은행)

※ 토지 구입과 관련된 취득부대비용이므로 토지의 원가로 처리해야 함에 주의!!!

② 경비등의송금명세서 작성

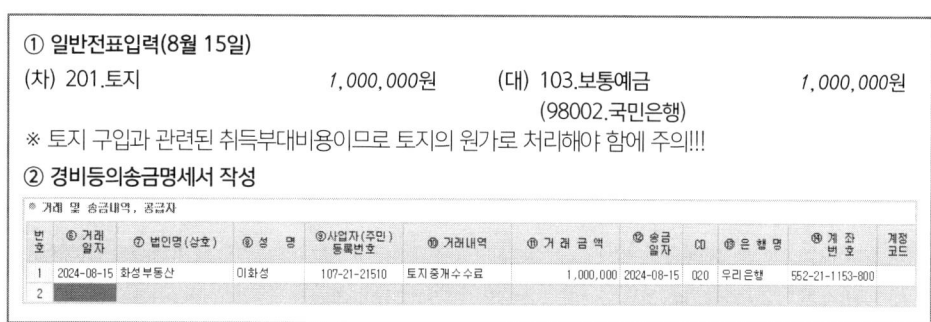

07 8월 20일   생산부는 생산공정의 일부인 조립을 가내부업자인 대림가공(경비등송금명세서 제출대상자에 해당)에 의뢰하고 가공비 200,000원을 송금하였다.

1. 거래자료를 입력하시오.
2. 경비등의송금명세서를 작성하시오.

■ 보통예금(국민은행) 거래내역

번호	거래일	내용	찾으신금액	맡기신금액	잔액	거래점
		계좌번호 84861-15-363541 (주)재무회계				
1	2024-08-20	가공비	200,000		***	***

① 일반전표입력(8월 20일)
(차) 533.외주가공비   200,000원   (대) 103.보통예금   200,000원
                                                (98002.국민은행)

② 경비등의송금명세서 작성

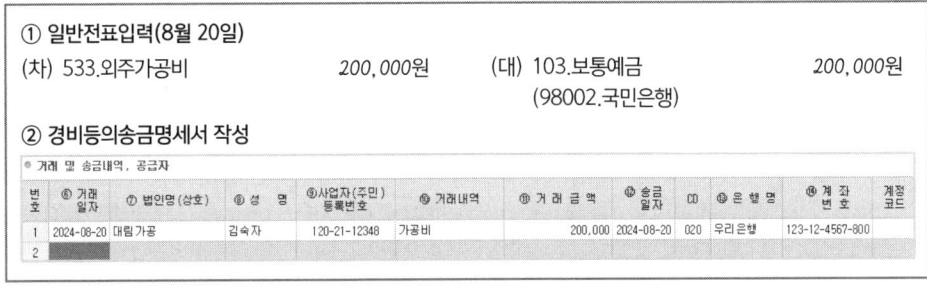

제3편

재무회계이론과 전산실무

제1장 당좌자산
제2장 재고자산
제3장 유형자산과 무형자산
제4장 투자자산과 기타비유동자산
제5장 부채
제6장 자본
제7장 수익, 비용 및 회계이론 일반
제8장 내부통제제도와 내부회계관리제도

01 당좌자산

유동자산은 보통 1년을 기준으로 하여 1년 이내에 현금화되거나 처분되는 자산을 말하며 유동자산은 다시 당좌자산(1년 이내 즉시 현금화)과 재고자산(판매, 제조, 생산목적)으로 구분된다.

제1절 현금과 예금

- [NCS연계] 자금관리_현금시재 관리하기/예금 관리하기

1. 현금/예금/금융상품의 재무제표 표시

현행 기업회계기준에서는 은행이 취급하는 예금과 각종 금융상품을 재무제표에 표시할 때 현금및현금성자산, 단기금융상품, 장기금융상품으로 통합(= 묶어서)하여 표시하도록 하고 있다.

[예금과 금융상품의 재무제표 표시]

계정과목 (분개할 때 쓰는 이름)	보유목적	재무제표 통합 (묶어서) 표시	
현금·보통예금·당좌예금	사용목적	현금및현금성자산 (당좌자산) *	← 취득일로부터 만기 3개월 이내
정기예금·정기적금 및 금융상품(만기 1년 이내)	투자수익목적	단기금융상품 (당좌자산)	
정기예금·정기적금 및 금융상품(만기 1년 초과)	투자수익목적	장기금융상품 (투자자산)	

* 사용에 제한이 있는 예금의 경우에는 사용제한 기한에 따라 단기금융상품 또는 장기금융상품으로 분류한다. → 현금 아님
  예 은행으로부터 자금을 차입하면서 담보 등으로 보통예금을 제공하는 경우 이 보통예금은 인출에 제한이 있으므로 현금및현금성자산에 해당되지 않고 단(장)기 금융상품으로 표시

2. 현금 및 현금성 자산

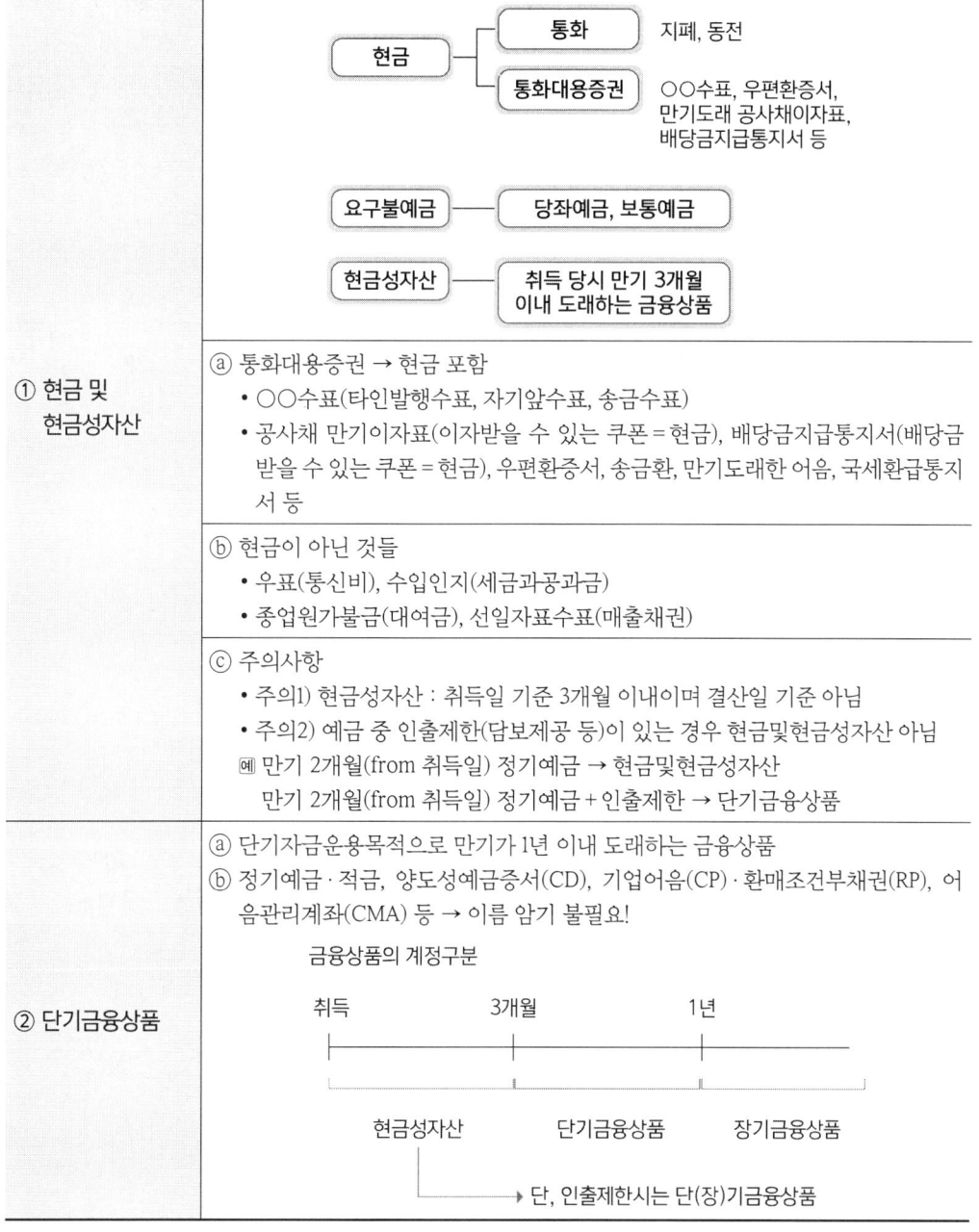

① 현금 및 현금성자산	ⓐ 통화대용증권 → 현금 포함 • ○○수표(타인발행수표, 자기앞수표, 송금수표) • 공사채 만기이자표(이자받을 수 있는 쿠폰 = 현금), 배당금지급통지서(배당금 받을 수 있는 쿠폰 = 현금), 우편환증서, 송금환, 만기도래한 어음, 국세환급통지서 등
	ⓑ 현금이 아닌 것들 • 우표(통신비), 수입인지(세금과공과금) • 종업원가불금(대여금), 선일자표수표(매출채권)
	ⓒ 주의사항 • 주의1) 현금성자산 : 취득일 기준 3개월 이내이며 결산일 기준 아님 • 주의2) 예금 중 인출제한(담보제공 등)이 있는 경우 현금및현금성자산 아님 예 만기 2개월(from 취득일) 정기예금 → 현금및현금성자산 　 만기 2개월(from 취득일) 정기예금 + 인출제한 → 단기금융상품
② 단기금융상품	ⓐ 단기자금운용목적으로 만기가 1년 이내 도래하는 금융상품 ⓑ 정기예금·적금, 양도성예금증서(CD), 기업어음(CP)·환매조건부채권(RP), 어음관리계좌(CMA) 등 → 이름 암기 불필요!

(1) 현금

일상적인 현금은 한국은행이 발행한 지폐와 주화(동전) 등의 통화를 의미하나 회계상 현금은 통화 외 현금처럼 사용하거나 현금과 교환가능한 수표 등을 포함한다.

(2) 현금성자산

회계에서는 현금은 아니지만 현금과 거의 유사한 것으로서 짧은 시간 내에 현금으로 전환될 자산을 현금성자산(=곧 현금!!)으로 규정하고 있다.

> **현금성자산**
> ① 큰 거래비용 없이 현금으로 전환이 용이하고
>   (보통예금 통장처럼 출금할 때 별도의 거래비용을 부담하지 않고)
> ② 이자율 변동에 따른 가치변동의 위험이 중요하지 않은 단기금융상품으로
>   (해당 금융상품의 금리가 급격히 오르거나 내리지 않으며)
> ③ 취득당시 만기(또는 상환일)가 3개월 이내(취득일로부터)에 도래하는 것을 말한다.

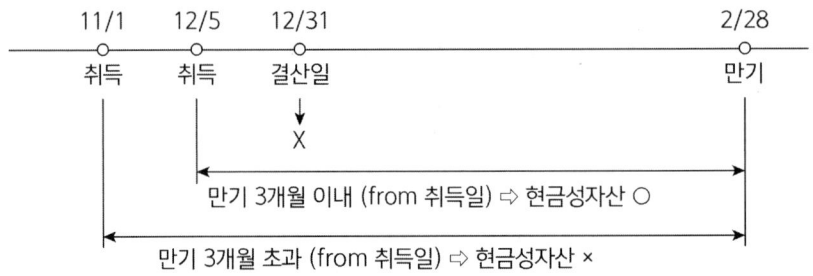

▶ 저자주 : 금융상품의 명칭이 중요한 게 아니라 "취득당시 만기 3개월 이내"가 중요!!

예제 다음은 (주)한공이 보유중인 자산의 일부이다. 현금 및 현금성자산은 얼마인가?

- 정기적금(1년 만기) 400,000원
- 당좌차월 100,000원
- 타인발행 당좌수표 230,000원
- 사용이 제한된 정기예금(1년 만기) 200,000원
- 만기도래 공사채이자표 160,000원
- 배당금지급통지표 10,000원

해설 • 현금 및 현금성자산 = 타인발행 당좌수표 + 만기도래 공사채이자표 + 배당금지급통지표
  = 230,000원 + 160,000원 + 10,000원 = 400,000원
→ 정기적금(1년 만기)은 단기금융상품, 당좌차월은 단기차입금, 사용이 제한된 정기예금(1년 만기)은 단기금융상품이다.

3. 예금

예금이란 보관 및 이자수익 등을 목적으로 은행에 예치한 보통예금, 당좌예금, 정기예금 및 정기적금 등을 의미한다.

(1) 당좌예금(102)

일반적인 소액의 거래는 기업이 보유한 현금 또는 보통예금으로 거래를 할 수 있지만, 기업들은 개인과 달리 큰돈을 자주 움직이게 되는데 이 경우 기업은 당좌예금을 이용하게 된다.

당좌예금은 회사가 거래은행과 당좌거래 계약을 체결하여 현금을 저금한 후, 필요시 당좌수표를 발행하여 사용할 수 있는 예금이다.

(2) 당좌차월(256)

당좌거래 체결 후 당좌수표의 발행은 예금잔액 한도 내에서만 발행하여야 한다. ① 만일 예금잔액을 초과하여 당좌수표를 발행하면 은행은 이에 대한 지급을 거절하게 되며 이 경우 그 수표는 부도가 나게 된다. 이를 방지하기 위하여 ② 당좌차월계약(마이너스통장)을 체결하게 되면 일정금액 한도 내에서 당좌예금잔액을 초과하여 수표를 발행하여도 당해 은행이 결제를 해주게 된다.

이때 ③ (-)당좌예금잔액을 당좌차월이라 하며 일반적으로 연중에는 당좌차월이란 임시계정(=일시적으로 잠깐 쓰는 계정과목)으로 처리하나, 결산시 재무상태표상에는 단기차입금(유동부채)으로 표시한다. 또한 은행별 당좌예금과 당좌차월의 잔액은 회계연도말에 서로 상계처리하지 않고 총액으로 표기한다. 예를 들어 A은행 당좌예금은 100만원, B은행의 당좌차월은 100만원인 경우 각각 당좌예금 100만원(A은행)은 현금및현금성자산으로, 당좌차월(B은행) 100만원은 단기차입금으로 표기한다.

> 당좌예금 관련 계정과목
> ① 당좌예금 : (+)통장잔액 → 102.당좌예금(당좌자산)
> ② 당좌차월 : (-)통장잔액 → 260.단기차입금(유동부채)
> ③ 당좌개설보증금 → 177.특정현금과예금(투자자산)

예제 다음 거래를 분개하시오.

> (1) 우리은행과 당좌계약을 맺고 당좌개설보증금 5,000,000원과 당좌예금예치액 500,000원을 현금으로 입금하였다. 회사는 당좌차월계약을 맺었으며 당좌차월한도액은 300,000원이다.
> (2) 거래처로부터 외상매출대금 400,000원을 받아 당좌예입하였다.
> (3) 거래처로부터 원재료 1,000,000원을 매입하고 수표를 발행하여 지급하였다.

해설 (1) (차) 177.특정현금과예금*   5,000,000   (대) 101.현금   5,500,000
        102.당좌예금   500,000

* 당좌거래계약을 체결하기 위해 예치한 당좌개설보증금은 일종의 보증금 성격으로 「177.특정현금과예금」으로 처리하며 당좌거래계약기간동안은 인출하지 못한다.

(2) (차) 102.당좌예금   400,000   (대) 108.외상매출금   400,000
(3) (차) 153.원재료   1,000,000   (대) 102.당좌예금   900,000
                                              256.당좌차월*   100,000

* 당좌차월은 임시계정(=일시적으로 잠깐 쓰는 계정과목)이므로 재무상태표상에는 단기차입금으로 표시한다.

다음은 20×1년말 (주)한공이 보유하고 있는 금융상품 관련 자료이다. 회사는 이를 기업회계기준에 따라 분류하고자 한다. 재무상태표에서 표시될 「현금및현금성자산」과 「단기금융상품」을 구하시오.

- 소액현금 30,000원
- 선일자수표 100,000원
- 수입인지 100,000원
- 국세환급통지서 90,000원
- 당좌예금(A은행) 100,000원
- 1년 내 만기도래 정기예금(담보제공) 300,000원
- 초단기수익증권(취득당시 만기 1개월) 50,000원
- 양도성예금증서(4개월 만기) 200,000원
- 만기도래 국공채이자표 50,000원
- 타인발행수표 150,000원
- 당좌개설보증금 1,000,000원
- 당좌차월(B은행) 50,000원

해설 (1) 현금 및 현금성자산 = 소액현금(30,000원) + 만기도래 국공채이자표(50,000원) + 타인발행수표(150,000원) + 국세환급통지서(90,000원) + 당좌예금(A은행 100,000원) + 취득당시 만기 1개월 초단기수익증권(50,000원) = 470,000원

(2) 단기금융상품 = 양도성예금증서(200,000원) + 1년 내 만기도래 정기예금(300,000원) = 500,000원
- 선일자수표는 매출채권으로 처리한다.
- 수입인지는 비용(세금과공과)으로 처리한다.
- 당좌차월(B은행)은 단기차입금으로 처리한다.
- 당좌개설보증금은 특정현금과예금(투자자산)으로 분류한다.

제2절 단기매매증권

1. 유가증권(주식, 채권)이란?

개인이 주식이나 채권에 투자하는 것처럼 회사도 여유자금을 예금 외 증권거래소에서 거래되는 주식이나 회사채, 국채, 공채 등의 채권 등에 투자하기도 한다. 이러한 투자대상으로, 주식(지분증권)이나 채권(채무증권)을 유가증권이라고 한다.

2. 유가증권의 계정과목 구분

회사가 유가증권을 사면 그 취득목적에 따라 계정과목을 분류한다. 유가증권은 정식 계정과목이 아니므로 투자목적에 따라 아래와 같이 계정과목을 사용한다.

[유가증권의 회계상 분류]

계정과목	보유목적	유동·비유동구분
107.단기매매증권(주식,채권)	단기투자 + 시장성	유동자산(당좌자산)
178.매도가능증권(주식,채권)	장기투자 또는 시장성이 없는 경우	비유동자산(투자자산)
181.만기보유목적(채권)	만기보유목적	비유동자산(투자자산)
182.지분법적용투자주식(주식)	중대한 영향력 행사목적	

① 유가증권의 과목분류의 세부적 기준
  ㉮ 단기매매증권 : 단기적 매매차익을 목적으로 취득한 유가증권으로서 매매가 적극적이고 빈번하게 이루어지는 즉, 시장성이 있는 증권(단기투자목적이라도 시장성 없는 주식은 매도가능증권으로 분류함)
  ㉯ 매도가능증권 : ㉮, ㉰, ㉱로 분류되지 아니하는 그 외의 유가증권
  ㉰ 만기보유증권 : 상환금액과 만기가 확정된 채무증권을 만기까지 보유할 목적으로 취득한 증권
  ㉱ 지분법적용투자주식 : 다른 기업에 대해 중대한 영향력(지분율 20% 이상)을 행사할 수 있는 경우. 예를 들어 회사가 삼성전자의 주식을 지분율 20% 이상 취득하여 경영권(지배)을 행사하고자 하는 경우
② 유가증권의 재분류
  1년 내 처분(또는 만기도래)할 것이 거의 확실한 매도가능증권과 1년 내 만기도래하는 만기보유증권은 유동자산으로 분류

▶ 저자주 : 본 절에서는 107.단기매매증권의 회계처리를 중심으로 학습한다.

3. 단기매매증권

단기매매증권(held for trading)이란 1년 이내 내다 팔 목적으로 취득한 시장성(증권시장에서 거래) 있는 주식, 채권을 의미한다. 기업회계기준에는 단기투자목적으로 매수와 매도가 적극적이고 빈번하게 이루어지는 주식, 채권 등으로 정의하고 있으며, 시장성 있는 유가증권이란 한국거래소가 개설한 유가증권시장, 코스닥시장 또는 공신력 있는 외국의 증권거래시장에서 거래되는 유가증권을 말한다.

취득	공정가치로 기록하되, 부대비용(거래원가)은 비용처리한다. (차) 단 기 매 매 증 권 1,000 (대) 보 통 예 금 등 1,100 　　수수료비용(영업외비용) 100 • 단가산정 　동일한 주식을 여러 번에 걸쳐 서로 다른 가격으로 취득한 경우 주당 장부가액을 개별법, 총평균법, 이동평균법 기타 합리적인 방법을 사용하여 (종목별)단가를 산정하되 일단 선택한 방법은 매기 계속 적용하여야 한다.
보유(1)	현금배당 100 → 영업외수익 (차) 보 통 예 금 등 100 (대) 배 당 금 수 익 100 주식배당, 무상증자 → 회계처리 없음(수익이 아님)
보유(2) 기말평가	기말 공정가액으로 평가하고, 평가손익은 영업외손익으로 처리한다. ① 공정가치 1,200 > 장부가액 1,000 (차) 단 기 매 매 증 권 200 ↑ (대) 단기매매증권평가이익 200 ② 공정가치 800 < 장부가액 1,000 (차) 단기매매증권평가손실 200 (대) 단 기 매 매 증 권 ↓ 200
처분	처분가액과 장부금액의 차이를 영업외손익으로 처리 * 처분시 수수료는 들어온 돈에서 차감하고 별도로「수수료비용」처리하지 않음에 주의!! 　처분가액 Ⓐ 1,500 = 총받은돈 1,600 - 처분시 수수료 100 ① 처분가액 Ⓐ 1,500 > 장부가액 Ⓑ 1,300 (차) 보통예금 등 Ⓐ 1,500 (대) 단 기 매 매 증 권 Ⓑ 1,300 　　　　　　　　　　　　　　　　　단기매매증권처분이익 Ⓐ-Ⓑ 200 ② 처분가액 Ⓐ 1,500 < 장부가액 Ⓑ 1,700 (차) 보 통 예 금 등 Ⓐ 1,500 (대) 단 기 매 매 증 권 Ⓑ 1,700 　　단기매매증권처분손실 Ⓐ-Ⓑ 200

(1) 취득

단기매매증권의 취득원가는 취득당시의 공정가치로 한다. 취득과 직접 관련되는 거래원가(주식거래수수료 등)는 당기손익(비용)으로 처리한다.

  회사는 12월 1일 단기투자목적으로 (주)한공의 주식 100주(액면 주당 @5,000원)를 주당 @7,000원에 취득하고, 주식거래수수료 50,000원과 함께 현금으로 지급하다.

해설_　(차) 107.단기매매증권　　　　　　700,000　　(대) 101.현금　　　　　　750,000
　　　　　　　(100주 × @7,000)
　　　　　수수료비용(영업외비용)　　　　50,000*

*수수료 따로 분개! 단기매매증권의 취득과 관련하여 발생하는 주식거래수수료는 비용처리한다(단, 주식매매는 금융업이 아닌 일반 기업의 영업과 무관하므로 "판매비와관리비"가 아닌 "영업외비용"으로 처리).

(2) 보유(1) 배당금과 이자수익의 수취

① 현금배당
현금배당을 받는 경우 배당금을 받을 권리와 금액이 확정되는 시점에 '배당금수익'이란 영업외수익을 인식한다.

투자자				발행회사(피투자회사)			
(차) 미수금	100	(대) 배당금수익	100	배당결의일	(차) 이익잉여금 100	(대) 미지급배당금 100
(차) 보통예금 등	100	(대) 미수금	100	배당지급일	(차) 미지급배당금 100	(대) 보통예금 등 100

② 주식배당 및 무상증자
주식배당이나 무상증자로 추가적인 주식을 받는 경우 수익을 인식하지 않고 보유주식의 수량과 단가의 변동을 비망기록(=메모)한다. 주식배당이나 무상증자는 발행회사의 순자산 변동 없이 잉여금을 자본금에 전입하고 무상주를 교부하는 거래이므로 투자자 입장에서도 새로운 수익으로 인식하지 않으며 회계처리하지 않는다. 즉 무상증자, 주식배당 모두 발행회사(피투자회사)의 순자산의 변동 없이 자본 간의 대체에 불과하므로 투자자도 수익으로 인식하지 않는다.

투자자	발행회사(피투자회사)		
수익 아님(회계처리 없음) ←	무상증자 :	(차) 자본잉여금 100(자본↓)	(대) 자본금 100(자본↑)
	주식배당 :	(차) 이익잉여금 100(자본↓)	(대) 자본금 100(자본↑)

③ 이자수익
채권의 경우 보유시 이자를 받게 되는데, 보유기간 중의 액면이자 상당액을 기간경과분만큼 '이자수익'이란 영업외수익으로 인식한다.

(3) 보유(2) 기말평가

단기매매증권은 ① 공정가치법(fair value method)을 적용하여 평가한다. ② 단기매매증권의 평가에 있어서 공정가치 변동분인 평가손익은 영업외손익으로서 당기손익으로 반영한다.

> 단기매매증권평가이익(손실) = 당기말 공정가치 − 평가전 장부금액
> ⇨ 시세가 오르면 평가이익, 떨어지면 평가손실

③ 이때 시장성 있는 유가증권은 시장가격을 공정가치로 보며 시장가격은 보고기간말 현재의 종가로 한다. 다만, 보고기간말 현재의 종가가 없으면 보고기간말과 해당 유가증권의 직전 거래일 사이에 중요한 경제적 상황의 변화가 없는 경우에는 직전 거래일의 종가로 할 수 있다.

 회사가 단기투자목적으로 보유하고 있는 (주)한공 주식의 장부금액은 700,000원(100주 × @7,000원)이다. 다음 각각의 경우 거래를 분개하시오.

> (1) (주)한공의 주식의 기말 공정가치가 주당 @8,000원으로 상승한 경우
> (2) (주)한공의 주식의 기말 공정가치가 주당 @6,000원으로 하락한 경우

해설_ 실무프로그램의 경우 단기매매증권평가이익은 「905.단기매매증권평가익」, 단기매매증권평가손실은 「937.단기매매증권평가손」 계정과목을 사용하고 있다.

(1) (차) 107.단기매매증권   100,000   (대) 905.단기매매증권평가익   100,000
    ① 단기매매증권 공정가치   800,000(=100주 × @8,000)
    ② 단기매매증권 장부가액   700,000
    ③ 단기매매증권 평가이익   +100,000

(2) (차) 937.단기매매증권평가손   100,000   (대) 107.단기매매증권   100,000
    ① 단기매매증권 공정가치   600,000(=100주 × @6,000)
    ② 단기매매증권 장부가액   700,000
    ③ 단기매매증권 평가손실   −100,000

(4) 처분

> 단기매매증권처분이익(손실) = 처분가액* − 처분전 장부금액
> *처분가액이란 총매각대금에서 매각수수료등을 차감한 (순)처분가액이다.

예제 다음 각각의 거래를 분개하시오(취득시 수수료 vs 처분시 수수료).

> (1) 단기매매목적으로 상장주식 1주를 10,000원에 취득하면서, 매입수수료 1,000원과 함께 현금으로 지급하다.
> (2) 취득한 단기매매증권 1주를 15,000원에 처분하면서, 매각수수료 1,000원을 세외한 대금 14,000원을 현금으로 받다.

해설
(1) (차) 107.단기매매증권   10,000   (대) 101.현금   11,000
        수수료비용(영업외비용)   1,000
    → 취득시 수수료는 지급수수료(영업외비용) 또는 수수료비용(영업외비용)으로 따로 분개

(2) (차) 101.현금   14,000*   (대) 107.단기매매증권   10,000
                                                 906.단기매매증권처분익   4,000
    * (순)처분가액 14,000 = 총받은돈 15,000 − 처분시 수수료 1,000
    → 처분시 수수료는 처분가액에서 차감. 즉, 들어온 돈에서 차감하고 별도로 「지급수수료(또는 수수료비용)」 처리하지 않음에 주의
    ※ 주의) 단기매매증권 취득시만 수수료 분개하고, 처분할 때는 수수료는 별도로 분개하지 않음!!!

 회사는 현재 (주)한공의 주식 총 100주를 보유하고 있다. 해당 주식은 20×1년 10월 1일 주당 @7,000원에 취득하였으며 20×1년말의 공정가치는 주당 @8,000원이었다. 해당 주식을 20×2년 3월 1일 처분하였을 경우 다음 각각의 경우에 따라 거래를 분개하시오.

> (1) 보유 주식 중 50주를 주당 @8,500원에 처분하고 매각수수료 10,000원을 차감한 잔액을 현금수취하다.
> (2) 보유 주식 중 50주를 주당 @7,500원에 처분하고 매각수수료 10,000원을 차감한 잔액을 현금수취하다.

해설_
- 총 받은 돈에서 매각수수료 10,000원을 차감한 (순)처분액과 장부가액을 비교하여 처분손익을 산정한다.
- 여기서 장부가액은 취득당시의 취득가(1주당 @7,000원)가 아닌 전기말 공정가(1주당 @8,000원)이다. 전기말 공정가치 @8,000원으로 평가를 했을테니 현재 장부가액은 1주당 @8,000원이다.
- 실무프로그램의 경우 단기매매증권처분이익은 「906.단기매매증권처분익」, 단기매매증권처분손실은 「938.단기매매증권처분손」 계정과목을 사용하고 있다.

(1) (차) 101.현금　　　　　　　　415,000　　(대) 107.단기매매증권　　400,000
　　　　　　　　　　　　　　　　　　　　　　　　906.단기매매증권처분익　15,000

　　① 단기매매증권처분가액　　415,000 (= 50주 × @8,500 - 처분수수료 10,000)
　　② 단기매매증권장부가액　　400,000 (= 50주 × @8,000)
　　③ 단기매매증권처분이익　　+15,000

(2) (차) 101.현금　　　　　　　　365,000　　(대) 107.단기매매증권　　400,000
　　　　937.단기매매증권처분손　35,000

　　① 단기매매증권처분가액　　365,000 (= 50주 × @7,500 - 처분수수료 10,000)
　　② 단기매매증권장부가액　　400,000 (= 50주 × @8,000)
　　③ 단기매매증권처분손실　　-35,000

4. 유가증권의 재분류

유가증권은 취득시점에 단기매매증권, 매도가능증권, 만기보유증권 등으로 분류한다. 그리고 취득시점 이후 보유의도와 보유능력에 변화가 있어 재분류가 필요한 경우에는 다음과 같이 처리한다.

① 단기매매증권은 다른 범주로 재분류할 수 없으며, 다른 범주의 유가증권의 경우에도 단기매매증권으로 재분류할 수 없다. 다만, 드문 상황에서 더 이상 단기간 내의 매매차익을 목적으로 보유하지 않는 단기매매증권은 매도가능증권이나 만기보유증권으로 분류할 수 있으며, 단기매매증권이 시장성을 상실한 경우에는 매도가능증권으로 분류하여야 한다.
② 매도가능증권은 만기보유증권으로 재분류할 수 있으며 만기보유증권도 매도가능증권으로 재분류할 수 있다.
③ 유가증권과목의 분류를 변경할 때에는 재분류일 현재의 공정가치로 평가한 후 변경한다.

위 내용을 종합하면 원칙적으로 그룹이 다른 종류(당좌자산vs투자자산)끼리는 변경이 불가능하며, 투자자산에서 당좌자산(예 매도가능증권이 단기매매증권으로)으로도 변경이 불가능하다. 다만 단기매매증권이 시장성을 상실한 경우(예 상장폐지 등) 매도가능증권으로 변경이 가능하다.

[유가증권의 재분류]

구분			비고
단기매매증권 (당좌자산)	↔ 불가	매도, 만기 (투자자산)	단, 단기매매증권이 시장성 상실시만 매도가능증권으로 분류가능
매도가능증권 (투자자산)	↔ 가능	만기보유증권 (투자자산)	

5. 유가증권의 재무제표 표시

유가증권의 평소 분개시는 단기매매증권, 매도가능증권, 만기보유증권으로 구분하여 사용하나, 재무제표에 공시하는 경우 유사한 성격에 따라 다음과 같이 통합하여 표시할 수 있다.

① 단기매매증권은 유동자산(당좌자산)으로 표기한다.
② 매도가능증권과 만기보유증권은 투자자산으로 분류하되, '1년 내 처분(혹은 만기도래)할 것이 거의 확실한 매도가능증권'과 '만기도래하는 만기보유증권'은 유동자산(당좌자산)으로 분류한다.
③ 단기매매증권(①)과 1년기준을 충족하는 매도가능증권 등(②)은 단기투자자산으로 통합 표시할 수 있다.
④ 투자자산에 속하는 매도가능증권과 만기보유증권은 장기투자증권으로 통합 표시할 수 있다.

① 취득시 '178.매도가능증권'코드 사용
 → 1년대 처분(또는 만기도래) 확실시 '123.매도가능증권'으로 변경
② 취득시 '181.만기보유증권'코드 사용
 → 시간이 흘러 1년대 만기도래시 '124.만기보유증권'으로 변경

제3절 채권과 채무

1. 채권과 채무의 구분

[채권(= 받을 돈)의 구분]

매출채권 (영업채권)	제품(상품) 매출하고 외상으로 하면	108.외상매출금
	제품(상품) 매출하고 어음을 받으면	110.받을어음
기타채권	제품(상품) 외 자산을 매각처분하고 대금을 외상으로 하면	120.미수금
	돈을 빌려주고 대여기간이 1년 이내이면	114.단기대여금
	계약금을 미리 지급하면	131.선급금

[채무(= 줄 돈)의 구분]

매입채무	제품(상품) 매입하고 외상으로 하면	251.외상매입금
	제품(상품) 매입하고 어음을 발행하여 지급하면	252.지급어음
기타채무	제품(상품) 외 자산을 구입하고 대금을 외상으로 하면	253.미지급금
	돈을 빌리고 차입기간이 1년 이내이면	260.단기차입금
	계약금을 미리 받으면	259.선수금

2. 매출채권

① 매출채권의 분류	ⓐ 매출채권 = 외상매출금 + 받을어음 ⓑ 어음채권의 구분 | 구분 | 상업어음(물건처분시 받은 어음) || 금전대차거래시 어음 | | | 일반적 상거래 | 그 밖의 거래 | | | 유동자산 | 매출채권 | 미수금 | 단기대여금 | | 비유동자산 | 장기매출채권 | 장기미수금 | 장기대여금 | ※ 유형자산 등을 매각하고 어음을 수취하는 경우 받을어음이 아닌 미수금으로 처리하여야 한다. 예) 제품(상품)을 매출하고 어음을 받으면? → 받을어음 　　비품을 처분하고 어음을 받으면 → 미수금 　　돈을 빌려주고 어음을 받으면 → 대여금
② 받을어음 회계처리	ⓐ 외상매출금을 어음으로 받은 경우 　(차) 받을어음　　　　1,000　　(대) 외상매출금　　　　1,000 ⓑ 만기시 어음대금 입금 　(차) 보통예금　　　　1,000　　(대) 받을어음　　　　1,000 ⓒ 만기시 어음부도 발생 　(차) 부도어음과수표　1,000　　(대) 받을어음　　　　1,000

	ⓓ 만기 전 배서양도(B업체 외상매입금 갚는 데 A업체에서 받은 어음을 양도)				
	(차) 외상매입금(B)	1,000	(대) 받을어음(A)	1,000	
	ⓔ 만기 전 어음할인(매각거래)				
	(차) 보통예금	800	(대) 받을어음	1,000	
	매출채권처분손실	200			
	ⓕ 만기 전 어음할인(차입거래)				
	(차) 보통예금	800	(대) 단기차입금	1,000	
	이자비용	200			

- **[NCS연계] 자금관리_어음·수표 관리하기**

(1) 받을어음의 수취

영업활동과 관련하여 어음을 수취한 경우 통상적으로 「받을어음」이란 계정으로 처리하나, 영업활동과 무관한 경우에는 「미수금」 또는 「대여금」으로 처리하여야 한다.

 다음 어음과 관련된 각각의 거래를 분개하시오.

> (1) 1월 1일 (주)부산에 제품을 200,000원에 매출하고, 대금은 2개월 만기 약속어음으로 수취하다.
> (2) 1월 2일 (주)부산에 비품을 200,000원에 매각하고, 대금은 2개월 만기 약속어음으로 수취하다(비품의 취득원가 1,000,000원, 매각직전 감가상각누계액 900,000원).
> (3) 1월 3일 (주)부산에 현금을 200,000원 대여하고 2개월 만기 약속어음을 수취하다.

구분	회계처리			
(1)	(차) 110.받을어음	200,000	(대) 404.제품매출	200,000
(2)	(차) 120.미수금	200,000	(대) 212.비품	1,000,000
	213.감가상각누계액	900,000	914.유형자산처분이익	100,000
(3)	(차) 114.단기대여금	200,000	(대) 101.현금	200,000

(2) 받을어음의 배서양도(누군가에게 어음을 넘겼을 때)

어음은 유가증권으로 타인에게 양도가 가능하다. 즉, 내가 받은 어음은 남한테 팔 수 있다. 배서양도는 당점(=우리 회사)이 소유한 받을어음으로, 상품매입대금이나 채무 등을 상환하기 위하여 양도(=매각)하는 것을 말한다. 어음을 양도한 경우에는 어음의 뒷면에 필요한 사항을 기재(=배서)하고 기명날인한 후 이를 타인에게 넘겨야 하는데 이를 어음의 배서*양도라고 한다.
* A가 발행해서 → B가 수취한 후 → C에게 양도했다는 사실을 어음 뒷면에 기재한다고 해서 배서(背書)라 부른다.

예제 (주)서울은 (주)부산에서 받아 보관 중인 약속어음을 (주)대구에 대한 단기차입금 200,000원을 상환하기 위해 (주)대구에 어음을 배서양도하였다. (주)서울의 분개를 하시오.

해설_ (차) 260.단기차입금　　　　200,000　　　(대) 110.받을어음　　　　　200,000
　　　　(거래처 : (주)대구)　　　　　　　　　　　(거래처 : (주)부산)

※ (주)부산이 발행해서 → (주)서울이 수취한 어음을 → (주)대구에 배서양도한 경우로, (주)서울 입장에서 회계처리를 한다.

(3) 받을어음의 추심위임배서

추심위임배서란 배서양도와 달리 어음을 실제 양도하는 것이 아니라, 만기에 어음대금을 받아 줄 것을 은행에 의뢰하는 것을 말한다. 즉 은행에 어음대금을 대신 받아달라고 한다 해서 추심위임(= 돈 받아달라고 부탁)배서라 한다.

 예제 다음 각 거래를 분개하시오.

> (1) (주)서울은 (주)부산이 발행한 약속어음 200,000원을 거래은행인 국민은행에 추심위임하기 위하여 추심배서양도한다.
> (2) 위의 어음이 만기가 되어 추심수수료 20,000원을 차감한 금액이 보통예금에 입금되었다.

해설_

구 분	회계처리
추심위임배서시	분개 없음 풀이 추심위임은 실제 어음을 양도한 게 아니라 단순히 대금추심을 의뢰(= 돈 받아달라고 은행에 부탁)한 것뿐이다.
어음대금입금시	(차) 103.보통예금　　180,000　　(대) 110.받을어음　　200,000 　　　831.수수료비용　 20,000

(4) 받을어음의 할인(만기 전 어음을 은행에 매각)

소유하고 있는 어음의 만기일 전에 돈이 필요한 경우에는 그 어음을 금융기관에 매각할 수 있는데 이를 어음의 할인이라고 한다. 어음을 할인하는 경우 만기부터 빨리 돈을 받은 기간만큼 할인료로 차감하고 나머지 금액을 지급받는데, 할인료는 일종의 선이자에 해당한다.

할인료 = 어음만기금액 × 연이자율(할인율) × 신용기간/12개월

* 여기서 신용기간이란 "만기일부터 할인한 날까지의 기간"을 의미한다.

구 분	개 념	할인료 처리
① 권리·의무의 실질적 이전(매각거래)	어음을 진짜 팔았다.	936.매출채권처분손실
② 그 이외의 경우(차입거래)	어음담보로 맡기고 돈을 빌렸다.	931.이자비용

▶ 저자주 : 권리, 의무의 실질적 이전이란 회사가 은행에 어음을 진짜 팔았다는 개념으로 이해하면 된다. 시험에서 "매각거래로 간주한다"라는 문구를 제시한다.

> **참고** [세부사항] 매각거래와 차입거래의 구분(일반기업회계기준 6.5)
>
> 다음의 요건을 모두 충족하는 경우 매각거래로 보며, 그 외의 경우에는 차입거래로 본다.
> ① 양도인은 금융자산 양도 후 당해 자산에 대한 권리를 행사할 수 없어야 한다. 즉, 양도인이 파산 또는 법정관리 등에 들어갈지라도 양도인 및 양도인의 채권자는 양도한 금융자산에 대한 권리를 행사할 수 없어야 한다.
> ② 양수인은 양수한 금융자산에 대하여 자유로운 처분권(양도 및 담보제공)을 갖고 있어야 한다.
> ③ 양도인은 양도 후에 효율적인 통제권을 행사할 수 없어야 한다.
>   → 기업회계기준은 매출채권을 은행에 넘기면서 회사가 통제권을 행사할 수 없다면 매각거래(해당 매출채권이 회사에서 은행으로 완전히 넘어가는 형태), 회사가 여전히 통제권 행사가 가능하면 차입거래(매출채권을 담보로 은행에서 돈을 빌리는 형태)로 규정하고 있다.

예제 (주)서울은 돈이 급하게 필요하여 (주)부산이 발행한 약속어음 200,000원을 국민은행에서 할인하고 할인료를 차감한 잔액은 보통예금 계좌로 입금하였다(할인율은 연 12%이며, 어음의 발행일은 1월 1일, 만기일(=지급기일)은 12월 31일, 은행 할인일은 10월 1일로 가정한다).
(1) 매각거래인 경우와 (2) 차입거래인 경우를 각각 분개하시오.

해설_ • 할인기간: 할인일 10월 1일 ~ 만기일 12월 31일까지 총 3개월
     • 할인료의 계산 = 만기금액(200,000원) × 할인율(12%) × 3개월/12개월 = 6,000원

구분	회계처리
(1) 매각거래	(차) 103.보통예금　　　　194,000　　(대) 110.받을어음　　200,000 　　　936.매출채권처분손실　6,000 **풀이** 어음을 진짜 팔았다고 간주하므로 받을어음을 없앤다.
(2) 차입거래	(차) 103.보통예금　　　　194,000　　(대) 260.단기차입금　　200,000 　　　931.이자비용　　　　　6,000 **풀이** 어음을 판 게 아니라 담보로 맡기고 돈을 빌린 것으로 간주하므로 받을어음은 그대로 남아 있고, 단기차입금만 늘어난다. ※ 추후 만기 때 받을어음이 정상적으로 결제가 되면 단기차입금과 받을어음을 모두 없애기 위해 다음과 같이 회계처리한다. (차) 260.단기차입금　　200,000　　(대) 110.받을어음　　200,000

(5) 받을어음의 부도 → 부도어음과수표

어음부도란 어음수취인이 어음대금지급일에 어음을 제시하였으나 지급을 거절당하여 어음대금을 받지 못하게 된 경우이다. 이때 어음이 부도났다고 바로 대손(손실)으로 처리하지 않고 일단 「부도어음과수표」라는 기타비유동자산으로 대체한다. 왜냐하면 어음도 일종의 외상거래이므로 약속된 외상값을 약속기일에 받지 못한다고 돈을 못 받는 건 아니기 때문이다. 부도 발생 이후에도 대금회수를 위한 재산압류 등의 별도의 법적절차가 진행되므로 최종적으로 채무자가 정말 돈이 없어 대손 확정될 때까지는 「부도어음과수표」로 잡아둔다.

예제 다음 받을어음과 관련된 각각의 거래를 분개하시오.

(1) 1월 1일 (주)부산에 제품을 200,000원에 매출하고, 대금은 2개월만기 약속어음으로 수취하다.
(2) 3월 1일 만기일에 발행인 (주)부산의 거래은행에 약속어음을 제시한 바 지급이 거절되어 부도로 확인되었다(부도어음과수표 계정을 사용할 것).
(3) 7월 1일 부도어음으로 처리했던 (주)부산의 약속어음이 더 이상 회수가능성이 없어 최종대손처리하기로 하다(대손충당금 잔액 500,000원).

해설_

구분	회계처리			
(1)	(차) 110.받을어음	200,000	(대) 404.제품매출	200,000
(2)	(차) 976.부도어음과수표*	200,000	(대) 110.받을어음	200,000
	*어음부도란 어음수취인이 어음대금지급일에 어음을 제시하였으나 지급을 거절당하여 어음대금을 받지 못하게 된 경우이다. 이때 어음이 부도났다고 바로 대손(손실)으로 처리하지 않고 일단「부도어음과수표」라는 기타비유동자산으로 대체한다. 왜냐하면 어음도 일종의 외상거래이므로 약속된 외상값을 약속기일에 받지 못한다고 돈을 못 받는 건 아니기 때문이다. 부도발생 이후에도 대금회수를 위한 재산압류 등의 별도의 법적절차가 진행되므로 최종적으로 채무자가 정말 돈이 없어 대손 확정될 때까지는「부도어음과수표」로 잡아둔다.			
(3)	(차) 111.대손충당금	200,000	(대) 976.부도어음과수표	200,000

3. 외화채권과 채무

회사가 외국기업과 거래하는 경우 외화거래가 발생할 수 있다. 외화거래란 대금의 수취와 지급이 외국통화로 이루어지는 거래이며, 이때 받을 돈은 외화채권, 줄 돈은 외화채무가 된다. 외화금액은 적정한 환율을 곱하여 한국통화로 수정하여 표시하여야 하는데 이를 외화환산이라고 한다.

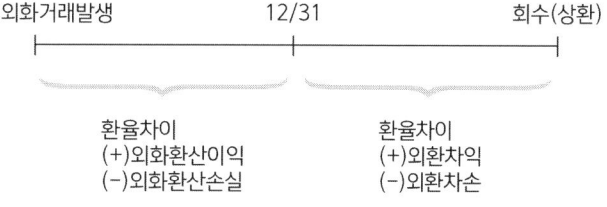

> TAT 2급

(1) 거래발생

외화거래가 발생하는 경우에는 당해 외화금액에 발생시점의 환율로 환산하여 기록한다.

예제 다음 거래를 분개하시오.

| 20×1년 8월 10일 | 제품을 수출하고 대금 $1,000는 외상으로 하다.
(수출시 현재환율 1,000원/$이다) |

해설_ (차) 108.외상매출금　　1,000,000　　(대) 404.제품매출　　1,000,000
・ $1,000 × 1,000원 = 1,000,000원

(2) 기말평가

기말 현재 외화채권·채무가 있는 경우 결산기말 환율로 환산해야 한다. 환율은 계속하여 변동하므로 결산기말 환율이 변동되었다면 채권·채무의 외화금액은 그대로지만 원화금액이 변동하게 되는데 이때 발생하는 차액을 외화환산이익(손실)로 영업외손익처리한다.

예제 다음 거래를 분개하시오.

| 20×1년 12월 31일 | 기말 외화 외상매출금 1,000,000원($1,000)에 대한 환산을 하시오.
(12월 31일 현재 환율은 1,100원/$이다) |

해설_ (차) 108.외상매출금　　100,000　　(대) 910.외화환산이익　　100,000
・ 결산시 환산금액($1,000 × 1,100원) − 결산전 장부금액($1,000 × 1,000원) = 이익 100,000원

(3) 거래종료

외화채권·채무대금이 실제 수취되거나 지급되어 거래가 종료되는 경우에도 종료시점에 실제 적용환율과 장부상 적용된 환율과의 차액이 발생하는데 이는 외환차익(차손)이란 영업외손익으로 처리한다.

예제 다음 거래를 분개하시오.

| 20×2년 3월 5일 | 수출대금 $1,000를 현금으로 회수하였다.
(전기말 환산시 적용된 환율은 1,100원/$이며, 회수시 실제 환율은 1,300원/$이다) |

해설_ (차) 101.현금　　1,300,000　　(대) 108.외상매출금　　1,100,000
　　　　　　　　　　　　　　　　　　　907.외환차익　　　200,000

* 실제 회수금액($1,000 × 1,300원) − 회수전 장부금액($1,000 × 1,100원) = 이익 200,000원
▶ 자산(채권)의 경우 환율이 오르면 이익

예제 다음 거래를 분개하시오.

(1) 20×1년 8월 10일	미국은행에서 외화 $1,000를 현금으로 단기차입하다. (차입시 환율 1,000원/$)	
(2) 20×1년 12월 31일	기말 외화차입금 $1,000에 대해 외화환산을 하시오. (12월 31일 환율 1,100원/$)	
(3) 20×2년 3월 5일	외화차입금 $1,000를 현금으로 상환하다. (상환시 환율 1,300원/$)	

해설_ (1) (차) 101.현금　　　　　1,000,000　　　(대) 260.단기차입금　　1,000,000
　　　　* $1,000 × 1,000원 = 1,000,000원

　　　(2) (차) 935.외화환산손실　　100,000　　　(대) 260.단기차입금　　100,000
　　　　* 결산시 환산금액($1,000 × 1,100원) − 결산전 장부금액($1,000 × 1,000원) = 손실 100,000원

　　　(3) (차) 260.단기차입금　　1,100,000　　　(대) 101. 현금　　　　1,300,000
　　　　　 935.외환차손　　　　200,000
　　　　* 실제 상환금액($1,000 × 1,300원) − 회수전 장부금액($1,000 × 1,100원) = 손실 200,000원
　　　▶ 부채(채무)의 경우 환율이 오르면 손실

4. 기타의 당좌자산

(1) 미수수익(116)

후불로 받는 수익과 관련하여 발생주의에 따라 결산일에 기간경과분을 인식하는 계정과목이다.

구 분	회계처리
① 대여일	20×1년 7월 1일 거래처에 1,000원을 대여(만기1년)하고 1년치 이자 120원은 후불로 받기로 하다.
	(차) 114.단기대여금　　1,000　　(대) 101.현금　　1,000
② 결산일	20×1년 12월 31일 기간경과분(당기분)에 6개월치 이자에 대하여 정리하다.
	(차) 116.미수수익　　60　　(대) 901.이자수익　　60
	* 1년치 이자 120원 × 올해 6개월치 / 12개월 = (+)60원

(2) 선급비용(133)

선불로 지급하는 비용과 관련하여 발생주의에 따라 결산일에 내년치를 미리 지급한 금액을 인식하는 계정과목이다.

구분	회계처리			
① 지급일	20×1년 7월 1일 1년치 보험료 120원을 현금으로 지급하다.			
	(차) 821.보험료	120	(대) 101.현금	120
② 결산일	20×1년 12월 31일 1년치 보험료 중 내년 6개월치 보험료에 대하여 정리하다.			
	(차) 133.선급비용(자산)	60	(대) 821.보험료	60
	* 120원 × 내년 6개월치/12개월 = 60,000원			

(3) 선납세금(136)

법인은 1년간의 소득에 대해 납부해야 할 법인세를 다음 해 3월 31일까지 납부해야 하나, 연도 중에 일부의 법인세를 미리 납부하게 되는데 이때 사용하는 계정이 「선납세금」이다. 선납세금은 확정되지 않은 법인세 등에 대하여 먼저 납부한 세금을 말한다. 선납세금이 나타낼 수 있는 거래는 예금에 대한 이자를 받거나 법인세를 중간예납하는 경우이다. 또한 결산시 1년치 총 법인세가 확정되면 「법인세 등」으로 대체된다.

① **예금이자를 받으면서 원천징수세액**: 회사는 예금이자를 받을 때, 은행이 세법에 따라 14%를 원천징수 후 지급받게 된다. 즉, 예금이자를 받는 회사 입장에선 14% 원천징수세액만큼의 세금(법인세)을 미리 낸 것이므로 해당 금액을 선납세금으로 처리한다(반대로 은행은 회사 세금을 보관하다고 있다가 대신 납부하므로 '예수금'으로 처리한다).

② **법인세 중간예납세액**: 법인의 경우 1년치 소득에 대해 부과되는 법인세를 1년에 한번 정확히 계산하여 다음 해 3월 말까지 납부하게 된다. 그런데, 중간예납이라고 하여 통상 상반기(1~6월) 절반의 세금을 대충 계산하여 8월 말까지 미리 납부하게 되는데 이 금액을 선납세금으로 처리한다.

 다음 각 거래를 분개하시오.

> (1) 보통예금에 대한 이자 100,000원이 발생하여 원천징수세액 14,000원을 제외한 금액이 통장에 입금되었다(원천징수세액은 자산처리할 것).
> (2) 당해 사업연도의 법인세 중간예납세액 50,000원을 현금납부하다(중간예납세액은 자산처리할 것).
> (3) (1)과 (2)의 문제와 연결하여 1년치 정산결과 법인세추산액(총액)은 90,000원이다.

해설
(1) (차) 103.보통예금　　　86,000　　(대) 901.이자수익　　　100,000
　　(차) 136.선납세금　　　14,000
(2) (차) 136.선납세금　　　50,000　　(대) 101.현금　　　　　50,000
(3) (차) 998.법인세등　　　90,000　　(대) 136.선납세금　　　64,000
　　　　　　　　　　　　　　　　　　　　　261.미지급세금　　　26,000

* 「선납세금」은 회사입장에서 내 세금(법인세)을 연도중에 미리 낸 것으로, 추후 최종 법인세 확정시 그만큼을 적게 내게 되므로 자산으로 처리한다.

제1장 당좌자산

* 「998.법인세등」이란 '법인세비용 및 법인세비용에 부가되는 각종 세액'의 합계액을 의미한다.
* 법인세추산액(총세금) 90,000원 중 연도중 미리 납부한 선납세금 64,000원은 「법인세등」으로 대체하고, 아직 납부하지 않은 금액 26,000원은 당기말 현재 내년 3월에 납부해야 할 세금이므로 「미지급세금」으로 분개한다.
* 비교) (1)에서 이자를 지급한 은행입장에선 원천징수세액은 은행 돈이 아니라 남의 세금을 대신 보관하고 있다가 납부하는 것에 불과하므로 「예수금」이란 부채로 잡는다.

    <은행입장 분개>
    (차) 이자비용   100,000   (대) 보통예금   86,000
                                              예수금   14,000

제4절 대손회계

1. 대손이란?

거래처의 부도·파산·폐업 등으로 인하여 회사가 받아야 할 외상값을 받지 못하는 경우가 있는데, 이를 대손(貸損, bad debt)이라 하고 이를 회계처리하는 것을 대손회계라고 한다.

2. 직접상각법 → 실제 대손시 손실처리 → 기업회계기준 인정 ×

직접상각법(direct write-off method)은 외상값을 실제 받지 못하여 대손이 확정되었을 때 해당 채권을 없애고 비용처리하는 방법이다. ① 객관성이 높고 실무상 적용하기 쉽다는 장점이 있으나 ② 수익·비용대응의 원칙에 위배되고, 기말매출채권이 순실현가능가치로 평가되지 않는다는 단점도 있어 일반기업회계기준에서는 인정되지 않는다.

구분	회계처리				
① 20×1년 매출시	(차) 108.외상매출금	100,000	(대) 404.제품매출	100,000
② 20×2년 대손시	(차) 835.대손상각비(비용)	100,000	(대) 108.외상매출금	100,000

3. 충당금설정법 → 대손예상액을 미리 추정 → 기업회계기준 인정 ○

충당금설정법[2](allowance method)은 결산시 내년에 받지 못할 것으로 예상되는 금액을 미리 추정하여 회계처리하는 방법이다. 즉, 못 받을 돈을 실제로 대손이 발생한 시점에서 회계처리하는 것이 아니라, 그 이전인 결산시점에서 내년에 대손예상액을 추정하여 비용으로 잡는 방법이다.

---

2) 충당금설정법의 핵심논리는 매출채권의 적정한 평가이다. 기업의 영업활동과정에선 회수가 잘 되지 않는 불량채권이 있다. 이때 일부가 회수불가능하다고 판단되면 그만큼 외상매출금의 가치를 줄이는 것이 목적이고, 이 '줄어든 금액'을 대손충당금이라고 쓰는 것뿐이다. 예를 들어 A회사가 B사에 100만원의 외상대가 있는데 B사의 경영이 악화되어 그중 30만원을 못 받을 것 같다면, A사는 B사에 대한 외상매출금의 가치를 100만원 70만원으로 줄이는 처리를 한다. 이때 감소한 금액(30만원)을 대손충당금이라고 하는 것이다. 즉 외상대를 회수할 수 없겠다고 판단될 때 그 금액만큼 대손충당금을 이용하여 외상매출금의 가치를 줄이는 것이다.

[대손충당금 회계처리 요약]

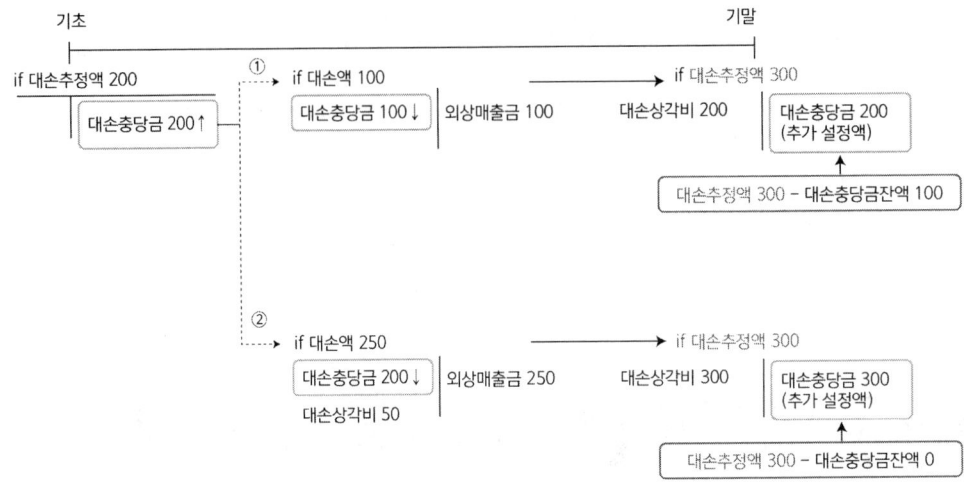

① 이든 ② 든 기말 대손충당금의 최종잔액은 대손추정액 300만큼이 되어야 한다.
→ ① 기초 대손충당금 200 - 기중 대손충당금 감소액 100 + 기말 추가설정액 200 = 기말 대손충당금 300
→ ② 기초 대손충당금 200 - 기중 대손충당금 감소액 200 + 기말 추가설정액 300 = 기말 대손충당금 300

(1) 대손의 예상

대손의 예상은 결산기말 현재 매출채권 중 회수불확실한 금액을 추정하여 대손충당금으로 설정하는 작업이다.

구 분	회계처리			
① 대손예상액 1,000 > 대손충당금 800 → 추가설정액 200	(차) 835.대손상각비	200	(대) 109.대손충당금	200
② 대손예상액 1,000 < 대손충당금 1,100 → 초과분 환입 100	(차) 109.대손충당금	100	(대) 850.대손충당금환입	100

(2) 실제 대손시(대손확정)

대손 확정시는 이미 대손충당금을 설정하였으므로 예상금액 범위 내에서 대손이 확정된 경우에는 대손충당금과 채권을 먼저 상계제거한다. 반대로, 대손충당금 잔액을 초과하여 대손이 확정된 경우에는 대손충당금을 우선적으로 상계하고 부족한 금액을 대손상각비로 처리한다.

구 분	회계처리			
① 충당금 잔액 1,000 > 대손발생 600 (충당금 잔액 충분)	(차) 109.대손충당금	600	(대) 108.외상매출금 등	600
② 충당금 잔액 1,000 < 대손발생 1,200 (충당금 잔액 부족)	(차) 109.대손충당금 835.대손상각비	1,000 200	(대) 108.외상매출금 등	1,200

(3) 대손 후 다시 회수시 회계처리(원상회복 분개)

① (전기)대손 후 (당기)회수시	전기 대손처리한 외상매출금 500을 현금 회수한 경우		
	(차) 101.현금 500	(대) 109.대손충당금	500
② (당기)대손 후 (당기)회수시	당기 대손처리한 외상매출금 500을 현금 회수한 경우 (대손처리시 대손충당금 200, 대손상각비 300으로 처리)		
	(차) 101.현금 500	(대) 109.대손충당금	200
		(대) 835.대손상각비	300

 다음 대손과 관련된 연속된 거래를 분개하시오.

(1) 20×1년 12월 31일 외상매출금 *100,000*원에 대하여 1%에 대손충당금을 설정하다(대손충당금 잔액 없음).

(2) 20×2년 3월 1일 : 전기의 외상매출금 *300*원이 회수불능으로 대손처리하다.

(3) 20×2년 4월 1일 : 전기의 외상매출금 *1,200*원이 회수불능으로 대손처리하다.

(4) 20×2년 5월 1일 : 전기에 대손처리했던 외상매출금 *500*원이 현금으로 회수되었다.

(5) 20×2년 6월 1일 : 당기 4월 1일 대손처리했던 외상매출금 *1,200*원이 현금으로 회수되었다.

(6) 20×2년 12월 31일 : 기말 외상매출금 잔액은 *200,000*원이며 이에 대하여 1%의 대손충당금을 보충법으로 설정한다.

해설_ (1) (차) 835.대손상각비 1,000 (대) 109. 대손충당금 1,000
  * 대손충당금 : 대손추정액(외상매출금 잔액 *100,000* × 1%) − 대손충당금 잔액(*0*) = *1,000*
(2) (차) 109.대손충당금 300 (대) 108. 외상매출금 300
  * 충당금 잔액이 충분하므로 모두 충당금으로 메꾼다.
  * 분개 후 대손충당금 잔액 *700*
(3) (차) 109.대손충당금 700 (대) 108. 외상매출금 1,200
    835.대손상각비 500
  * 미리 쌓아둔 대손충당금잔액(*700*)으로 먼저 상계하고, 부족분(*500*)은 대손상각비용으로 처리
  * 분개 후 대손충당금 잔액 *0*
(4) (차) 101.현금 500 (대) 109.대손충당금 500
  * 전기에 대손처리한 금액이 당기에 회수되는 경우에는 대손충당금을 늘린다.
  * 분개 후 대손충당금 잔액 *500*

(5) (차) 101.현금　　　　　　　　　 1,200　　　　(대) 109.대손충당금　　　　　　　 700
　　　　　　　　　　　　　　　　　　　　　　　　　　835.대손상각비　　　　　　　 500
　　＊ 당기에 대손처리한 금액이 당기에 회수되는 경우에는 당기 대손발생시(4월 1일) 회계처리한
　　　 차변 분개의 내용을 대변으로 반대 분개하여 취소시킨다.
　　＊ 분개 후 대손충당금 잔액 1,200
(6) (차) 835.대손상각비　　　　　　 800　　　　(대) 109.대손충당금　　　　　　　 800
　　＊ 대손충당금 : 대손추정액 2,000원(외상매출금 잔액 200,000 × 1%) – 대손충당금 잔액
　　　 (1,200) = 추가설정액 800
　　※ 비교) 만일 대손충당금잔액이 2,500원인 경우 대손추정액 200,000 × 1% = 2,000원을 초
　　　 과하는 500은 다음과 같이 환입처리한다.
　　　 (차) 109.대손충당금　　　　　 500　　　　(대) 850.대손충당금환입　　　　 500

4. 기타의 대손상각비(934)

대손은 매출채권(외상매출금, 받을어음)뿐 아니라 미수금, 대여금 등의 기타채권에 대해서도 발생할 수 있다. 상거래에서 발생한 매출채권에 대한 대손상각비는 판매비와 관리비로 처리하고, 기타채권에 대한 대손상각비는 영업활동과 무관하므로 영업외비용으로 처리한다.

구 분	대손비용 처리시(또는 설정시)	환입시
① 매출채권	835.대손상각비 (판매비와 관리비 – 비용 늘린다)	850.대손충당금환입 (판매비와 관리비 차감 – 비용 줄인다)
② 기타채권 (단기대여금, 미수금 등)	934.기타의 대손상각비(영업외비용)	908.대손충당금환입(영업외수익)

5. 대손세액공제

▶ 저자주 : 대손세액공제는 [제4편 부가가치세]를 공부한 후 학습할 것!

(1) 대손세액공제란?

사업자가 부가가치세가 과세되는 재화 또는 용역을 공급하는 경우 공급을 받는 자의 파산·강제집행 기타 이와 유사한 사유로 인하여 당해 재화 또는 용역의 공급에 대한 외상매출금 (부가가치세를 포함한 것)이 대손되어 회수할 수 없는 경우에는 대손금액에 10/110을 곱하여 계산한 금액을 그 대손이 확정된 날이 속하는 과세기간의 매출세액에서 차감할 수 있는데 이를 대손세액공제라 한다.

> 대손세액공제 = 대손금액(부가가치세 포함) × 10/110

(2) 대손세액공제 회계처리

구 분	회계처리
매출시	20×1년 1월 1일 제품 1,100,000원(부가가치세 포함)을 외상판매하다. (차) 108.외상매출금 1,100,000　　(대) 404.제품매출　　1,000,000 　　　　　　　　　　　　　　　　　　　255.부가세예수금　 100,000 → 매출세액(부가세예수금)은 현금 수취여부와 무관하게 매출시점에 거래징수한 금액(100,000)을 신고기간에 납부하여야 한다.
① 대손발생 (대손세액공제받는 경우)	20×1년 5월 1일 거래처의 파산으로 외상대금 1,100,000원에 대해 대손처리하고 대손세액공제를 받기로 하다(대손충당금 잔액은 2,000,000원임). (차) 109.대손충당금 1,000,000　　(대) 108.외상매출금　　1,100,000 　　 255.부가세예수금 100,000 → 매출처로부터 받지도 못한 부가가치세를 납부하였으므로 해당 매출세액(부가세예수금)을 다시 돌려주는 개념이다. 다만, 직접 돌려주는 방식이 아닌 납부할 매출세액에서 차감하는 방식으로 처리한다.
② 대손발생 (대손세액공제받지 않는 경우)	20×1년 5월 1일 거래처의 파산으로 외상대금 1,100,000원에 대해 대손처리하였으나 대손세액공제는 적용하지 않기로 했다(대손충당금 잔액은 2,000,000원임). (차) 109.대손충당금 1,100,000　　(대) 108.외상매출금　　1,100,000 → 대손세액공제를 받지 않는 경우는 외상매출금(부가세포함) 전액을 대손처리한다.

실무이론평가 대비

01 다음은 (주)한공의 기말 현금 계정과 보관중인 자산 내역이다. 재무상태표에 현금및현금성자산으로 반영될 금액으로 옳은 것은?
• 15회

	현 금		
1/1 전기이월 150,000		12/31 차기이월 180,000	
×××		×××	

- 당좌예금 잔액   400,000원
- 보통예금 통장 잔액   170,000원
- 양도성예금증서(취득시 만기 : 4개월)   300,000원
- 거래처에서 수취한 약속어음(만기 : 1개월)   100,000원
- 환매조건이 있는 채권(만기 : 1개월)   500,000원

① 1,070,000원 ② 1,170,000원
③ 1,250,000원 ④ 1,350,000원

해설

현금및현금성자산 : 현금잔액 + 당좌예금 + 보통예금 + 환매조건부 채권
180,000원 + 400,000원 + 170,000원 + 500,000원 = 1,250,000원

01. ③

02 다음 자료로 재무상태표에 표시해야 할 현금및현금성자산을 계산하면 얼마인가? • 21회

- 통화 1,000,000원
- 6개월 만기 정기예금 20,000원
- 타인발행약속어음 300,000원
- 타인발행수표 500,000원
- 만기도래 국채이자표 200,000원
- 단기매매지분증권 150,000원

① 1,500,000원
② 1,700,000원
③ 1,870,000원
④ 2,150,000원

해설

현금및현금성자산 = 통화 + 만기도래 국채이자표 + 타인발행수표
= 1,000,000원 + 200,000원 + 500,000원 = 1,700,000원
- 타인발행약속어음 : 매출채권
- 6개월 만기 정기예금 : 단기금융상품, 단기매매지분증권 : 단기매매증권

03 현행 기업회계기준서상 유가증권분류에 관한 설명으로 옳지 않은 것은?

① 유가증권은 취득목적에 따라 만기보유증권, 단기매매증권, 그리고 매도가능증권 등으로 분류한다.
② 단기매매증권과 매도가능증권은 채무증권을 포함하지 않는다.
③ 만기가 확정된 채무증권으로서 상환금액이 확정되었거나 확정이 가능한 채무증권을 만기까지 보유할 적극적인 의도와 능력이 있는 경우에는 만기보유증권으로 분류한다.
④ 단기매매증권이나 만기보유증권으로 분류되지 아니하는 유가증권은 매도가능증권으로 분류한다.

해설

채무증권도 단기매매증권과 매도가능증권으로 분류할 수 있다.

ANSWER 02. ② 03. ②

04 다음 유가증권의 분류 중에서 만기보유증권으로 분류할 수 있는 판단기준이 되는 것은 무엇인가?

① 만기까지 매매차익을 목적으로 취득한 채무증권
② 만기까지 다른 회사에 중대한 영향력을 행사하기 위한 지분증권
③ 만기까지 보유할 적극적인 의도와 능력이 있는 채무증권
④ 만기까지 배당금이나 이자수익을 얻을 목적으로 투자하는 유가증권

해설

만기까지 보유할 적극적인 의도와 능력이 있는 유가증권(채무증권)인 경우에 만기보유증권으로 분류할 수 있다.

05 (주)한공은 단기매매목적으로 20×1년 1월 (주)대구 주식 100주를 주당 5,000원에 매입하고, 이 중 50주를 3월에 주당 6,000원에 처분하였다. 20×1년 말 (주)대구주식의 공정가치는 주당 6,500원이다. 주식 처분 및 평가로 인하여 당기손익에 미치는 영향은 얼마인가?

① 25,000원 이익 증가
② 50,000원 이익 증가
③ 75,000원 이익 증가
④ 125,000원 이익 증가

해설

단기매매증권처분이익(손실) : (6,000원 - 5,000원) × 50주 =	50,000원
단기매매증권평가이익(손실) : (6,500원 - 5,000원) × 50주 =	75,000원
계	125,000원

06 일반기업회계기준상 유가증권과 관련한 다음 설명 중 잘못된 것은?

① 예외적인 경우를 제외하고는 원칙적으로 단기매매증권과 매도가능증권은 공정가치로 평가한다.
② 손상차손 발생에 대한 객관적인 증거가 있는지 여부는 매 회계기간마다 평가해야 한다.
③ 매도가능증권은 만기보유증권으로 재분류할 수 있으나, 만기보유증권은 매도가능증권으로 재분류할 수 없다.
④ 단기매매증권이 시장성을 상실한 경우에는 매도가능증권으로 분류하여야 한다.

해설

만기보유증권도 매도가능증권으로 재분류가 가능하다.

04. ③ 05. ④ 06. ③

제1장 당좌자산 ▶▶

07 다음 자료를 이용하여 회계연도말 재무상태표에 표시될 매출채권을 계산하면 얼마인가?
• 19회

- 당기현금매출액 50,000원
- 기초매출채권 80,000원
- 기초상품재고액 120,000원
- 기말상품재고액 110,000원
- 매출총이익 90,000원
- 매출채권회수액 200,000원
- 당기상품매입액 200,000원

① 100,000원 ② 130,000원
③ 160,000원 ④ 190,000원

해설

- 매출원가 = 120,000원 + 200,000원 − 110,000원 = 210,000원
- 매출액 = 210,000원 + 90,000원 = 300,000원
- 외상매출액 = 300,000원 − 50,000원 = 250,000원
- 기말매출채권 = 80,000원 + 250,000원 − 200,000원 = 130,000원

08 (주)한공의 외화매출 거래는 다음과 같다. 기말 재무상태표에 표시되는 외화외상매출금과 손익계산서에 인식하는 외화환산손익은 얼마인가?
• 17회

- 7월 1일 : 미국에 있는 거래처에 상품을 US$1,000에 외상으로 판매하였다. 판매시점 환율은 US$1 = 1,000원이다.
- 12월 31일 : 결산시점의 마감환율은 US$1 = 1,100원이다.

	외화외상매출금	외화환산손익
①	1,000,000원	외화환산손실 100,000원
②	1,000,000원	외화환산이익 100,000원
③	1,100,000원	외화환산손실 100,000원
④	1,100,000원	외화환산이익 100,000원

해설

외화외상매출금은 화폐성 항목이므로 기말 마감환율로 환산하여 기말 재무상태표에 표시한다. 따라서 「US$1,000 × 1,100원 = 1,100,000원」이 외화외상매출금으로 표시되고, 100,000원은 외화환산이익이 된다.

ANSWER 07. ② 08. ④

09 다음은 (주)한공의 수정 전 잔액시산표와 결산 후 재무상태표이다. (가)와 (나)의 금액으로 옳은 것은?
• 28회

자료 1. 수정 전 잔액시산표

㈜한공　　　　　　　　　2024년 12월 31일 현재　　　　　　　　　(단위 : 원)

차 변	계정과목	대 변
⋮	⋮	⋮
800,000	외　상　매　출　금	
	대　손　충　당　금	5,000
200,000	받　을　어　음	
	대　손　충　당　금	3,000
	⋮	

자료 2. 매출채권 잔액에 대하여 대손추정율 2%의 대손충당금을 보충법으로 설정하다.

자료 3. 재무상태표

㈜한공　　　　　　　　　2024년 12월 31일 현재　　　　　　　　　(단위 : 원)

과 목	제4(당기)	
		⋮
매출채권	(가)	
(대손충당금)	(나)	XXX
		⋮

	(가)	(나)
①	980,000원	12,000원
②	980,000원	20,000원
③	1,000,000원	12,000원
④	1,000,000원	20,000원

해설
- 결산일 현재 매출채권 금액 = 외상매출금 금액 + 받을어음 금액 = 1,000,000원
- 매출채권에 대한 대손충당금 = 매출채권 금액(1,000,000원) × 대손추정률(2%) = 20,000원

09. ④

10 다음은 (주)한공의 매출채권 및 대손 관련 자료이다. 2024년도 손익계산서에 계상될 대손상각비 합계액은 얼마인가?
• 39회

- 2023년 말 매출채권 잔액 : 25,000,000원
- 2023년 말 대손충당금 잔액 : 600,000원
- 2023년에 상각된 매출채권 중 2024년에 회수된 금액 : 500,000원
- 2024년 중 회수불능으로 대손처리된 매출채권 금액 : 800,000원
- 2024년 말 매출채권 잔액 : 35,000,000원
- 매출채권 기말잔액의 2%에 대해 대손을 추정하다.

① 200,000원
② 300,000원
③ 400,000원
④ 500,000원

해설

- 2024년 대손상각비 합계액 = 기중 대손처리에 따라 계상된 대손상각비 + 기말 대손충당금 추가설정액
  = 200,000원 + 200,000원 = 400,000원
*기중 대손처리에 따라 계상된 대손상각비 = 800,000원 - 600,000원 = 200,000원
*기말 대손충당금 추가설정액 = 35,000,000원 × 2% - 500,000원 = 200,000원

ANSWER 10. ③

TAT 2급

11 다음은 (주)한공의 2024년 12월 31일 수정 전 잔액시산표의 일부와 결산정리사항을 나타낸 것이다.

<자료 1> 잔액시산표(수정 전)

차 변	계정과목	대 변
5,000,000	매 출 채 권	
	대 손 충 당 금	100,000
	⋮	
0	대 손 상 각 비	

<자료 2> 결산정리사항

- 기말에 매출거래처 (주)서울의 파산으로 매출채권 500,000원은 회수 불가능한 것으로 판명되어 대손처리하려고 한다.
- 기말 매출채권잔액의 5%를 대손충당금으로 설정하려고 한다.

결산정리사항 반영 후 재무상태표상 대손충당금과 손익계산서상 대손상각비는 얼마인가?

• 14회

	대손충당금	대손상각비
①	225,000원	625,000원
②	225,000원	725,000원
③	250,000원	625,000원
④	250,000원	725,000원

해설

- 대손발생시
  - (차) 대손충당금 100,000원   (대) 매출채권 500,000원
        대손상각비 400,000원

- 기말 대손충당금 설정시
  - (차) 대손상각비 225,000원   (대) 대손충당금 225,000원
  * 기말대손충당금 = (5,000,000원 − 500,000원) × 5% = 225,000원

11. ①

12 다음은 (주)한공의 대손충당금 계정에 대한 자료이다. 당기말 매출채권 잔액이 3,000,000원일 경우 대손상각비 및 대손충당금에 관한 설명으로 옳지 않은 것은? (당기말 매출채권 중 2,000,000원은 2%, 1,000,000원은 3%의 대손이 예상된다) · 16회

대손충당금

| 8월 5일 | 50,000원 | 전기이월 | 65,000원 |
| 차기이월 | ××× | 12월 31일 | ××× |

① 손익계산서에 계상되는 당기 대손상각비는 55,000원이다.
② 당기말 재무상태표에 계상되는 대손충당금은 70,000원이다.
③ 당기 중 대손이 발생한 금액은 50,000원이다.
④ 당기 중 대손충당금 환입이 15,000원 발생하였다.

해설
- 기말 대손충당금 설정 후 잔액 = 기말 대손추정액 = 70,000원
- 기말 대손충당금 설정 전 잔액 = 65,000원 - 50,000원 = 15,000원
- 당기 대손상각비 = 70,000원 - 15,000원 = 55,000원

13 다음은 (주)한공의 2024년 매출채권 및 대손충당금 관련 자료이다. 2024년 결산시 대손충당금에 대한 회계처리로 옳은 것은? · 44회

- 기초 매출채권 6,000,000원, 기초 대손충당금 60,000원
- 전기 대손처리한 외상매출금의 당기 회수금액 140,000원
- 회수불능 외상매출금의 당기 대손처리금액 30,000원
- 기말 매출채권 6,800,000원, 대손추정율 1%

① (차) 대손상각비   68,000원   (대) 대손충당금   68,000원
② (차) 대손상각비   132,000원   (대) 대손충당금   132,000원
③ (차) 대손충당금   102,000원   (대) 대손충당금환입 102,000원
④ (차) 대손충당금   132,000원   (대) 대손충당금환입 132,000원

해설
- 결산분개전 대손충당금 = 기초대손충당금 + 전기 대손처리 외상매출금 당기 회수금액 - 대손처리금액
  = 60,000원 + 140,000원 - 30,000원 = 170,000원
- 기말대손충당금 = 기말매출채권 × 대손추정율 = 6,800,000원 × 1% = 68,000원
- 대손상각비 = 기말대손충당금 - 결산분개전 대손충당금 = 68,000원 - 170,000원
  = (-)102,000원(대손충당금 환입)

ANSWER 12. ④ 13. ③

14 다음은 (주)한공의 대손충당금과 관련된 내용이다. 거래내용을 확인한 후 당기 대손충당금으로 설정될 금액을 구하시오.

> 가. 기초 수정 전 매출채권 잔액은 300,000원이고 대손충당금 잔액은 18,000원이다.
> 나. 당기 외상매출금 중에 15,000원이 대손 확정되었다.
> 다. 전기 대손 처리한 매출채권 중에 10,000원이 회수되었다.
> 라. 당기 말 대손충당금 잔액은 21,000원이다.

① 8,000원   ② 12,000원
③ 18,000원   ④ 21,000원

해설

기말대손충당금
= 기초 대손충당금 − 당기 대손발생(확정)액 + 전기 대손금 회수액 + 당기 설정액
= 18,000원 − 15,000원 + 10,000원 + X = 21,000원
→ X = 8,000원

15 (주)한공의 당기말 재무상태표상 매출채권은 1,000,000원이고, 기말대손추산액은 매출채권 잔액의 10%이다. (주)한공의 결산 수정분개 전 대손충당금 계정이 다음과 같을 때 당기 손익계산서에 인식할 대손상각비는 얼마인가?
• 21회

대손충당금

6.1 매출채권	25,000	1.1 기초	50,000
		8.1 현금	25,000

① 50,000원   ② 75,000원
③ 100,000원 ④ 125,000원

해설

대손충당금

6.1 매출채권	25,000	1.1 기초	50,000
		8.1 현금	25,000
12.31 기말	100,000	12.31 대손상각비	50,000
	125,000		125,000

ANSWER 14. ① 15. ①

제1장 당좌자산 ▶▶

실무수행평가 대비

※ 주어진 실무프로세스에 대하여 (주)재무회계(회사코드 : 4000)의 거래자료를 입력하시오.

01 1월 5일 시장성 있는 (주)온조전자 주식을 단기매매차익의 목적으로 취득하고 취득가액과 거래수수료를 국민은행 보통예금계좌에서 이체하였다. (매입수수료는 영업외비용으로 처리할 것)

• 주식수 :	500주	• 주당 취득가액 :	6,500원
• 주당 액면가액 :	5,000원	• 거래수수료 :	150,000원

일반전표입력(1월 5일)

(차) 107.단기매매증권   3,250,000원   (대) 103.보통예금   3,400,000원
    945.수수료비용   150,000원   (98002.국민은행)

▶ 매입수수료를 영업외비용으로 처리하라고 제시하였으므로 영업외비용코드인 945.수수료비용을 이용한다. (800번대 비용 : 판매비와 관리비, 900번대 비용 : 영업외비용)
▶ 자격시험에선 별도 계정과목 등록을 요구하지 않는 한 「945.지급수수료(또는 945.수수료비용)」으로 이미 계정과목이 등록되어 있다.

02 1월 10일 시장성 있는 KR모터스(주)의 주식을 단기시세차익 목적으로 매입하고 주식매매대금과 거래수수료를 국민은행 보통예금계좌에서 이체하였다.

■ 자료 1. 주식거래내역

• 종목명 :	KR모터스(주)	• 주식수 :	1,000주
• 주당 액면금액 :	10,000원	• 주당 취득금액 :	15,500원
• 거래수수료 :	220,000원		

■ 자료 2. 보통예금(국민은행) 거래내역

		내용	찾으신금액	맡기신금액	잔액	거래점
번호	거래일	계좌번호 84861-15-363541 (주)재무회계				
1	2024-01-10	KB투자증권	15,720,000		***	***

일반전표입력(1월 10일)

(차) 107.단기매매증권   15,500,000원   (대) 103.보통예금   15,720,000원
    945.수수료비용   220,000원   (98002.국민은행)

03

1월 15일 청담러닝(주)에 투자한 매도가능증권에 대한 연차배당이 1월 15일(주주총회 결의일)에 결의되어 배당금 통지서를 받았다.

■ 자료. 배당금지급통지서

배당금 지급 통지서

주주번호 : 000050000020005*****
주주명 : (주)재무회계

• 배정내역

종 류	주주구분	배당일수	소유주식수	현금배당률	배당금	배정주식수
보통주	증권회사 위탁분	365	40,000	0.240	4,800,000	
우선주	실물 소유분			-		

일반전표입력(1월 15일)
(차) 120.미수금   4,800,000원   (대) 903.배당금수익   4,800,000원
    (00300.청담러닝)

04

1월 16일 단기매매차익 목적으로 취득한 상장주식에 대한 거래보고서이다. 주식매각대금에서 거래수수료를 차감한 잔액은 국민은행 보통예금계좌에 입금되었다.

■ 자료1. 유가증권 매매 거래 보고서(종목명 : 서울전자(주) 보통주)

일자	유형	수량	단가	매각대금	거래수수료
2024.1.8	매수	1,000주	8,500원	8,500,000원	120,000원
2024.1.16	매도	500주	9,700원	4,850,000원	62,000원

■ 자료2. 보통예금(국민은행) 거래내역

번호	거래일	내용	찾으신금액	맡기신금액	잔액	거래점
		계좌번호 84861-15-363541 (주)재무회계				
1	2024-01-16	주식매각		4,788,000	***	***

일반전표입력(1월 16일)
(차) 103.보통예금   4,788,000원   (대) 107.단기매매증권   4,250,000원
    (98002.국민은행)   906.단기매매증권처분(이)익   538,000원
※ 단기매매증권 처분시 발생한 거래수수료는 처분손익에 가감한다.
  단기매매증권처분이익 = 4,850,000원 - 4,250,000원 - 62,000원 = 538,000원

제1장 당좌자산

05 1월 17일 단기시세차익 목적으로 동양증권에서 취득한 누리텔레콤 주식을 홈트레이딩시스템(HTS)을 통하여 매도하고 수수료 등을 차감한 정산금액은 3일 후에 동양증권에서 입금될 예정이다. 매도와 관련된 거래자료를 입력하시오.

일반전표입력(1월 17일)

| (차) 120.미수금 | 6,525,000원 | (대) 107.단기매매증권 | 6,400,000원 |
| (00605.동양증권) | | 906.단기매매증권처분(이)익 | 125,000원 |

06 1월 18일 대림공업사(주)의 외상매출금 2,200,000원 중 일부가 국민은행 보통예금으로 입금되었으며, 잔액은 계약에 따라 소비대차(대여기간 6개월, 이자율 연 5%)로 전환되었다.

■ 보통예금(국민은행) 거래내역

번호	거래일	내용	찾으신금액	맡기신금액	잔액	거래점
		계좌번호 84861-15-363541 (주)재무회계			
1	2024-01-18	대림공업사		1,200,000	***	***

일반전표입력(1월 18일)

(차) 103.보통예금	1,200,000원	(대) 108.외상매출금	2,200,000원
(98002.국민은행)		(00114.대림공업사(주))	
(차) 114.단기대여금	1,000,000원		
(00114.대림공업사(주))			

▶ 저자주 : 7번~11번 거래는 「받을어음」 관련 거래이다. 특히 받을어음 관련 거래에선, 받을어음관리를 위한 「자금관리」 기능을 함께 요구하는 경우가 많으므로 같이 정리하여야 한다.

구분	일자	거래설명	문제유형
7.	1월 20일	받을어음(종이어음) 수취	전표입력 + 자금관리(어음관리)
8.	1월 22일	→ 받을어음 만기시 어음대금 입금	
9.	1월 23일	→ 받을어음 만기 전 배서양도	
10.	1월 25일	→ 받을어음 만기 전 할인	
11.	1월 26일	→ 받을어음 만기 전 부도	

07 1월 20일 (주)조셉하우스의 제품 외상대금을 전액 회수하기로 하고 일부는 약속어음으로 받고, 나머지는 동점발행 당좌수표로 받았다.

1. 거래자료를 입력하시오.
2. 자금관련정보를 입력하여 받을어음 현황에 반영하시오.

```
                        약속어음
       (주)재무회계 귀하                    나마 25365555
   금   일백오십만원정                        1,500,000원

          위의 금액을 귀하 또는 귀하의 지시인에게 지급하겠습니다.

   지급기일  2024년 1월 22일       발행일  2024년 1월 20일
   지 급 지  신한은행              발행지
   지급장소  서초지점              주  소   서울 서대문 충정로7길
                                   발행인  (주)조셉하우스
```

(1) 거래처원장조회(1월 20일 기준으로 조회)
    00108.(주)조셉하우스 외상매출금 잔액 2,200,000원 확인
(2) 일반전표입력(1월 20일)
    (차) 110.받을어음   1,500,000원   (대) 108. 외상매출금   2,200,000원
        (00108.(주)조셉하우스)   (00108.(주)조셉하우스)
        101.현금   700,000원
(3) 자금관리
    차변 받을어음 계정을 클릭한 후 기능모음(F11) 메뉴의 자금관리 선택 또는 [F3]을 클릭하면 하단에 받을어음 관리 내역이 나타난다. → 약속어음의 세부내역(어음번호, 만기일자, 지급은행 및 지점)을 입력하면 받을어음 계정의 적요의 내용의 변경된다.
    • 어음상태 : 1.보관   • 어음종류 : 1.약속(일반)   • 어음번호 : 「나마25365555」 직접 입력
    • 수취구분 : 1.자수
    • 발행인 : 00108.(주)조셉하우스로 자동표기
    • 발행일 : 전표일자인 2024-01-20로 자동표기
    • 만기일 : 2024-01-22 직접 입력
    • 지급은행 : [F2]를 클릭하여 400.신한은행 선택   • 지점 : "서초지점" 직접 입력

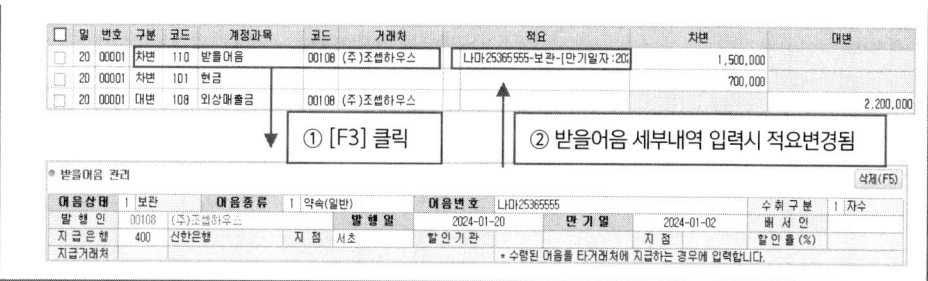

08 1월 22일 (주)조셉하우스에서 받아 보관 중인 약속어음(어음번호 : 나마25365555)이 만기가 도래되어 우리은행 당좌예금계좌에 입금되었다.

1. 거래자료를 입력하시오.
2. 자금관련정보를 입력하여 받을어음 현황에 반영하시오.

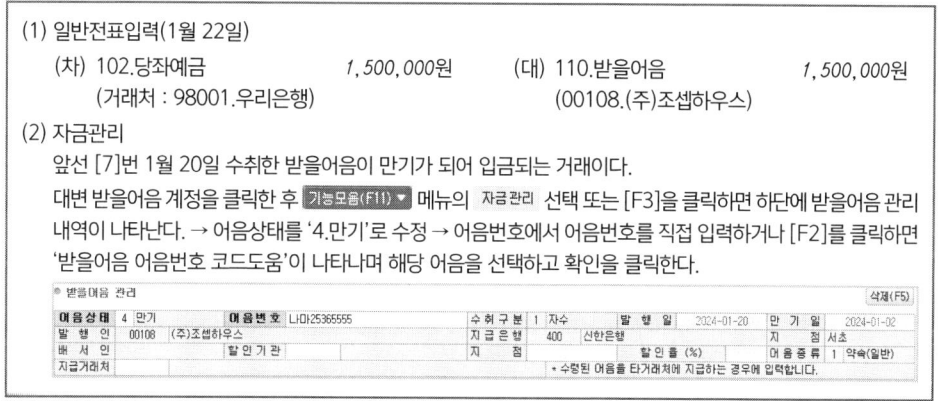

09

1월 23일 제품매출처 (주)깔창세상에서 받아 보관 중인 전자어음을 (주)호남신발의 외상매입금 11,000,000원을 결제하기 위하여 배서양도하였다.

1. 거래자료를 입력하시오.
2. 자금관련정보를 입력하여 받을어음 현황에 반영하시오.

전자어음

(주)재무회계 귀하   00420240120123456789

금 일천일백만원정   <u>11,000,000원</u>

위의 금액을 귀하 또는 귀하의 지시인에게 지급하겠습니다.

지급기일 2024년 07월 20일   발행일 2024년 01월 20일
지 급 지 국민은행   발행지 서울 강남구 역삼로 23
지급장소 구로지점   주 소
                            발행인 (주)깔창세상

---

(1) 일반전표입력(1월 23일)

(차) 251.외상매입금   11,000,000원   (대) 110. 받을어음   11,000,000원
    (104.(주)호남신발)   (02000.(주)깔창세상)

(2) 자금관리

수취한 받을어음(거래처 : (주)깔창세상)을 외상매입금(호남신발) 상환을 위해 배서양도하는 경우이다. 대변 받을어음을 클릭한 후 [기능모음(F11)▼] 메뉴의 [자금관리] 선택 또는 [F3]을 클릭하면 하단에 받을어음 관리내역이 나타난다. → 어음상태를 '3.배서'로 수정 → 어음번호에서 어음번호를 직접 입력하거나 [F2]를 클릭하면 '받을어음 어음번호 코드도움'이 나타나며 해당 어음을 선택 후 확인 클릭 → 지급거래처에서 [F2]를 클릭하여 '104.(주)호남신발' 검색 후 입력

받을어음 관리									삭제(F5)
어음상태	3 배서	어음번호	00420240120123456789	수취구분	1 자수	발행일	2024-01-20	만기일	2024-07-20
발행인	02000	(주)깔창세상		지급은행	100	국민은행		지점	구로
배서인			할인기관			지점		할인율(%)		어음종류	6 전자
지급거래처	00104	(주)호남신발			* 수령된 어음을 타거래처에 지급하는 경우에 입력합니다.				

참고 — 전자어음 번호체계

시험에 출제되는 전자어음의 경우 통상 숫자 20자리로 구성되어 있다.
예를 들어 전자어음번호가 00420180325123456789인 경우 번호체계는 다음과 같다.

구분	004	20180325	12345678	9
순서	은행코드(3자리)	발행일자(8자리)	일련번호(8자리)	검증번호(1)

제1장 당좌자산 ▶▶

10 1월 25일 다나신발(주)에서 받아 보관 중인 전자어음을 국민은행(개봉동지점)에서 할인하고, 할인료를 차감한 잔액은 국민은행 보통예금 계좌에 입금하였다(단, 연이율은 6%, 월할계산, 매각거래로 처리한다).

1. 거래자료를 입력하시오.
2. 자금관련정보를 입력하여 받을어음 현황에 반영하시오.

전자어음

(주)재무회계 귀하   00420240110123456789

금 일천만원정   10,000,000원

위의 금액을 귀하 또는 귀하의 지시인에게 지급하겠습니다.

지급기일 2024년 03월 25일   발행일 2024년 01월 10일
지 급 지 국민은행   발행지 서울 강남구 강남대로112길 30
지급장소 개봉동   주 소
                                  발행인 다나신발(주)

---

(1) 일반전표입력(1월 25일)

(차) 103.보통예금   9,900,000원   (대) 110.받을어음   10,000,000원
    (98002.국민은행)   (00103.다나신발(주))
    936.매출채권처분손실   100,000원

※ 할인기간 : 할인일(1월 25일) ~만기(지급기일 3월 25일)까지 2개월
※ 매출채권처분손실 = 10,000,000원 × 연이율(6%) × 2개월(할인기간)/12개월 = 100,000원

(2) 자금관리

수취한 받을어음(거래처 : 다나신발(주))을 만기 전에 은행에 할인하는 경우이다.
대변 받을어음 계정 클릭 후 [기능모음(F11)▼] 메뉴의 자금관리 선택 또는 [F3]을 클릭하면 하단에 받을어음 관리내역이 나타난다. → 어음상태를 '2.할인'으로 수정 → 어음번호에서 어음번호를 직접 입력하거나 [F2]를 클릭하면 '받을어음 어음번호 코드도움'이 나타나며 해당 어음을 선택하고 확인 클릭 → 할인기관 '98002 국민은행' 등록

어음상태	2 할인(전액)	어음번호	00420240110123456789	수취구분	1 자수	발 행 일	2024-01-10	만 기 일	2024-03-25
발 행 인	00103	다나신발(주)		지급은행	100	국민은행		지 점	개봉동
배 서 인		할인기관	98002	국민은행	지 점		할인율(%)		6 어음종류 6 전자
지급거래처						※ 수령된 어음을 타거래처에 지급하는 경우에 입력합니다.			

11 1월 26일 성신신발로부터 수취한 어음에 대하여 1월 26일 금융기관으로부터 부도확인을 받았다.

1. 동 어음을 "받을어음"계정에서 "부도어음과수표" 계정으로 재분류하시오(대손세액공제 신청은 하지 않는다).
2. 자금관련정보를 입력하여 받을어음 현황에 반영하시오.

전자어음

(주)재무회계 귀하   00420240103123456789

금 삼백삼십만원정   3,300,000원

위의 금액을 귀하 또는 귀하의 지시인에게 지급하겠습니다.

지급기일 2024년 09월 30일   발행일 2024년 01월 03일
지 급 지 신한은행   발행지
지급장소 서초지점   주 소 서울 강남구 봉은사로33길 11
                                    발행인 성신신발

---

(1) 일반전표입력(1월 26일)
    (차) 976.부도어음과수표   3,300,000원   (대) 110.받을어음   3,300,000원
        (00102.성신신발)   (00102.성신신발)

(2) 자금관리
    수취한 받을어음(거래처 : 성신신발)이 만기 전에 부도가 난 경우이다.
    대변 받을어음 계정 클릭 후 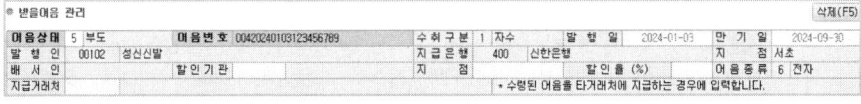 메뉴 자금관리 선택 또는 [F3]을 클릭하면 하단에 받을어음 관리내역이 나타난다. → 어음상태를 '5.부도'로 수정 → 어음번호에서 어음번호를 직접 입력하거나 [F2]를 클릭하면 '받을어음 어음번호 코드도움'이 나타나며 해당 어음을 선택하고 확인 클릭

참고

1. 받을어음 입력 흐름

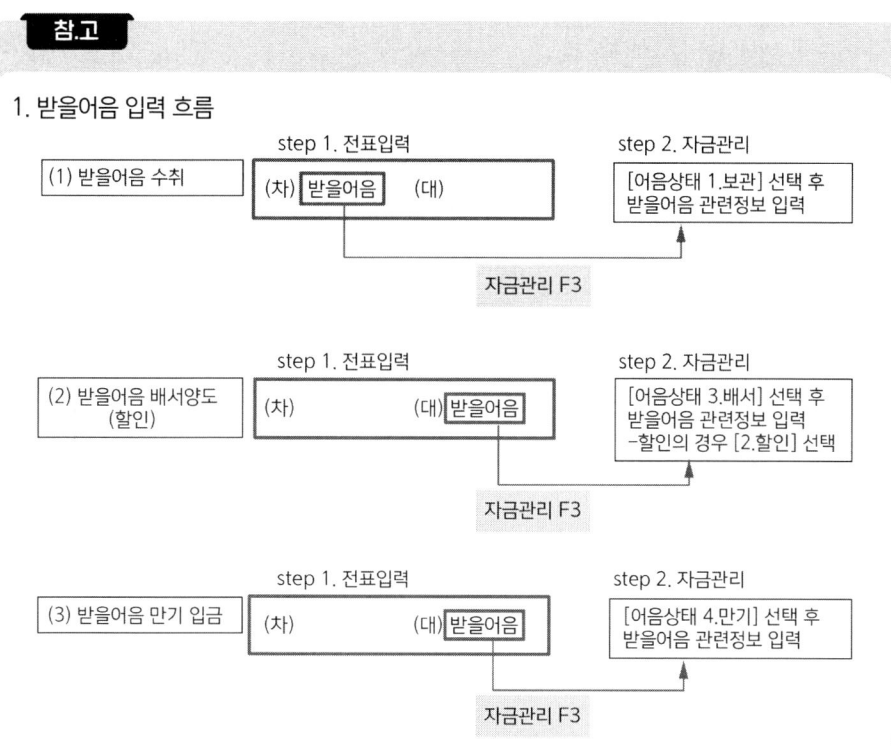

2. 받을어음관리 - 어음상태

어음상태	내 용
1. 보유	전표입력 (차변) 입력시에만 선택가능하며, 받을어음을 수령하여 보유하고 있는 상태를 의미한다.
2. 할인	전표입력 (대변) 입력시에만 선택가능하며, 받을어음을 금융기관에 할인한 상태를 의미한다.
3. 배서	전표입력 (대변) 입력시에만 선택가능하며, 받을어음을 다른 업체에 배서양도한 상태를 의미한다.
4. 만기	전표입력 (대변) 입력시에만 선택가능하며, 받을어음이 만기가 된 상태를 의미한다.
5. 부도	전표입력 (대변) 입력시에만 선택가능하며, 받을어음이 부도처리된 것을 의미한다.
6. 부분할인	전표입력 (대변) 입력시에만 선택가능하며, 받을어음 중 금융기관에 할인 시 어음전체금액이 아닌 일부금액만을 할인받을 때 상태를 의미한다.
7. 회수	전표입력 (차변) 입력시에만 선택가능하며, 배서나 부도처리했던 받을어음을 다시 회수하게 된 상태를 의미한다.

3. 받을어음 전표삭제 방법

받을어음에 관한 자금관리 등록후 전표가 삭제되지 않는 경우가 있다. 받을어음 계정을 선택하여 삭제버튼 클릭시 아래와 같은 에러 메시지가 발생한다.

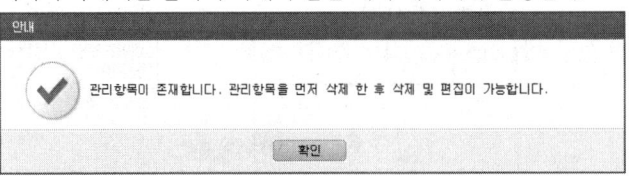

이 경우 자금관리 기능을 통해 등록한 받을어음의 관리내역부터 삭제하여야 한다.
받을어음 계정을 클릭하여 하단의 어음내역을 등록한 화면 중 한곳을 클릭하여 삭제버튼을 눌러 관리내역을 먼저 삭제하면 그다음 받을어음 계정삭제가 가능하다.

① 받을어음 관리내역 항목 어음번호 클릭하여 삭제버튼 → ② 관리내역 삭제 후 → ③ 받을어음 계정과목 삭제 가능

---

12 1월 30일   힘든상사의 파산으로 단기대여금 1,000,000원이 회수불능되어 전액 대손처리하였다.

일반전표입력(1월 30일)
(차) 934.기타의대손상각비   1,000,000원   (대) 114.단기대여금   1,000,000원
                                                        (00109.힘든상사(주))

▶ 「114.단기대여금」에 대한 「115.대손충당금」 잔액이 있는 경우 해당 대손충당금을 먼저 상계하여야 하나, 본 문제에선 대손발생시점에서 「115.대손충당금」 잔액이 없으므로 대손발생액 1,000,000원 전체금액을 「934.기타의대손상각비」로 처리한다.

제1장 당좌자산 ▶▶

비대면 시험대비 실무수행평가

※ (주)재무회계(회사코드 : 4000)의 입력자료 및 회계정보를 조회하여 [답안수록메뉴]에 [평가문제]의 답안을 입력하시오.

평가문제

01 [재무상태표 조회] 1월 말 현재 '당좌자산' 금액은 얼마인가? [배점 3]

02 [재무상태표 조회] 1월 말 보통예금 잔액은 얼마인가? [배점 3]

03 [거래처원장 조회] 1월 말 보통예금 잔액 중 거래처 국민은행 보통예금 잔액은 얼마인가? [배점 3]

04 [거래처원장 조회] 1월에 발생한 보통예금(국민은행)의 입금액과 출금액은 각각 얼마인가?
  ① 보통예금(국민은행) 입금액 :   ② 보통예금(국민은행) 출금액 :

05 [재무상태표 조회] 1월 말 현재 '외상매출금' 금액은 얼마인가? [배점 3]

06 [재무상태표 조회] 1월 말 현재 '미수금' 금액은 얼마인가? [배점 3]

07 [거래처원장 조회] 1월 말 현재 '미수금' 잔액이 가장 많은 거래처 코드를 기록하시오. [배점 3]

08 [일/월계표 조회] 1월 한 달 동안 '단기매매증권' 증가액과 감소액은 각각 얼마인가? [배점 3]
  ① 증가액 :   ② 감소액 :

09 [일/월계표 조회] 1월 발생한 '영업외수익'과 '영업외비용'은 각각 얼마인가? [배점 3]
  ① 영업외수익 :   ② 영업외비용 :

TAT 2급

10 [받을어음현황 조회] 1월 중 받을어음을 배서양도한 금액은 얼마인가? [배점 3]

해설

01 1월 말 현재 '당좌자산' 금액은 얼마인가? *1,120,205,686*원

02 1월 말 보통예금 잔액은 얼마인가? *679,386,061*원

03 1월 말 보통예금 잔액 중 거래처 국민은행 보통예금 잔액은 얼마인가? *196,106,061*원

04 1월에 발생한 보통예금(국민은행)의 입금액과 출금액은 각각 얼마인가?
    ① 보통예금(국민은행) 입금액 : *33,846,061*원
    ② 보통예금(국민은행) 출금액 : *27,740,000*원

05 1월 말 현재 '외상매출금' 금액은 얼마인가? *118,853,215*원

06 1월 말 현재 '미수금' 금액은 얼마인가? *13,325,000*원

07 1월 말 현재 '미수금' 잔액이 가장 많은 거래처 코드를 기록하시오. *00605*

08 1월 한 달 동안 '단기매매증권' 증가액과 감소액은 각각 얼마인가?
    ① 증가액 : *27,250,000*원   ② 감소액 : *10,650,000*원

09 1월 발생한 '영업외수익'과 '영업외비용'은 각각 얼마인가?
    ① 영업외수익 : *5,463,000*원   ② 영업외비용 : *1,590,000*원

10 1월 중 받을어음을 배서양도한 금액은 얼마인가? *11,000,000*원

▶ 저자주 : 실제 시험에선 아래와 같이 [답안수록메뉴]에 입력을 하는 방식이다.

[답안수록메뉴]

	[실무수행평가]
1	1,120,205,686원
2	679,386,061원
3	196,106,061원
4	① 33,846,061원 ② 27,740,000원
5	118,853,215원
6	13,325,000원
7	00605
8	① 27,250,000원　② 10,650,000원
9	① 5,463,000원　② 1,590,000원
10	11,000,000원

CHAPTER 02 재고자산

제1절 재고자산 일반

재고자산(inventories)이란 정상적인 영업활동 과정에서 판매를 목적으로 소유하고 있는 자산(예 상품, 제품, 반제품), 판매를 목적으로 생산 중에 있는 자산(예 재공품, 반제품) 또는 제품의 생산에 사용·투입될 자산(예 원재료, 저장품)을 말한다.

	계정과목	정 의
상기업	146.상품	판매를 목적으로 매입한 물건(사온 것)
제조업	150.제품	판매를 목적으로 직접 제조한 완성품(만든 것)
	153.원재료	제품 제조를 위하여 구입한 재료
	169.재공품	제품 제조를 위하여 생산과정에 있는 미완성품
	172.소모품	소모품, 소모공구기구 및 수선용부품 등

1. 재고자산 회계처리 일반

기초재고(A)	매출원가	비용 → (손익)매출원가
당기매입(B)	타계정대체	비용 → (손익)광고선전비, 재고자산감모손실 등
	기말재고	자산 → 재무상태표 재고자산

판매가능재고(A + B)

⇩　　　　　　⇩
취득원가 결정　　{ 수량 : 실사법, 계속기록법
　　　　　　　　단가 : 개별법, 선입선출법, 후입선출법, (총·이동)평균법
　　　　　*기타 : 기말재고포함여부/수량부족(감모손실)/평가손실(저가법)

2. 재고자산의 취득원가

재고자산의 취득원가는 매입원가(상품) 또는 제조원가(제품)를 말한다. 재고자산의 취득원가에는 취득에 직접적으로 관련되어 있으며, 정상적으로 발생되는 기타원가를 포함한다.

① 취득원가 산정여부	ⓐ 매입원가 : 재고자산의 매입원가는 매입금액에 매입운임, 하역료 및 보험료 등 취득과정에서 정상적으로 발생된 부대비용을 가산한 금액이다. 다만, 매입에누리와 환출, 매입할인 및 이와 유사한 항목은 매입원가에서 차감한다. ⓑ 제조원가 : 제품, 반제품 및 재공품 등 재고자산의 제조원가는 보고기간말까지 제조과정에서 발생한 재료원가, 직접노무원가, 제조와 관련된 변동 및 고정제조간접원가의 체계적인 배부액을 포함한다. (차) 153.원재료 등　　×××　　(대) 251.외상매입금 등　　××× ⇩ 매입가격 + 취득부대비용 − 매입환출및에누리 − 매입할인
② 즉시 비용처리	재고자산의 원가에 포함할 수 없으며 발생기간의 비용으로 인식하여야 하는 원가의 예는 다음과 같다. ⓐ 재료원가, 노무원가 및 기타의 제조원가 중 비정상적으로 낭비된 부분 ⓑ 추가 생산단계에 투입하기 전에 보관이 필요한 경우 외의 보관비용 ⓒ 재고자산을 현재의 장소에 현재의 상태에 이르게 하는 데 기여하지 않는 관리간접원가 ⓓ 판매원가

(1) 취득시 매입부대비용 ⇨ 취득원가 가산(+)

재고자산을 매입할 때 거래처에 지급하는 물품대금 이외에도 추가적으로 비용이 발생하는데 이를 매입부대비용이라고 한다. 재고자산을 사용가능한 상태(예 창고에 입고)에 이르게 하는 모든 매입부대비용은 별도의 계정과목(운반비, 세금과공과 등)을 사용하여 회계처리하는 것이 아니라 재고자산의 취득과 직접 발생하는 부대비용이므로 재고자산의 취득원가에 포함한다.

예제 다음 거래를 분개하시오.

> (주)서울은 원재료를 외국에서 수입하면서 아래와 같은 지출이 발생하여 현금 지급하였다.
> - 원재료대금　　1,000,000원　　• 해상운임　　100,000원
> - 해상보험료　　200,000원　　• 수입시 관세 및 하역료　　50,000원
> - 수입업무관련 관세사 수수료　50,000원

해설 (차) 153.원재료　　1,400,000　　(대) 101.현금　　1,400,000
※ 원재료(최종)취득원가 1,400,000원 = 매입가격 1,000,000원 + 해상운임 100,000원 + 해상보험료 200,000원 + 수입시 관세 및 하역료 50,000원 + 관세사 수수료 50,000원

(2) 매입환출 및 에누리 ⇨ 취득원가 차감(-)

재고자산을 주문하여 받은 경우, 주문한 대로 상품이 온 것인지를 검사하다 보면 품질불량, 파손 등으로 당초에 약속되었던 거래조건과 맞지 않는 경우가 있다. 이때 ① 대금의 일부를 깎는 것을 '매입에누리'라고 하고, ② 다시 물건을 돌려보내는 것(반품)을 '매입환출'이라고 한다. ③ 매입환출 및 매입에누리는 취득원가에서 차감한다.

(3) 매입할인 ⇨ 취득원가 차감(-)

매입할인이란 ① 판매자가 빠른 대금회수를 위해 재고자산의 구매자가 외상대금을 약속한 기일보다 빨리 지급한 경우 판매자가 상품대금의 일부를 깎아주는(할인) 것을 말한다. ② 매입할인도 매입환출및에누리와 마찬가지로 할인금액만큼 재고자산을 싸게 산 것이므로 취득원가에서 차감한다.

예제 다음 각 거래를 분개하시오.

(1) 8월 10일	(주)불량으로부터 원재료 100,000원 매입하고 대금은 한 달 후에 지급하기로 하였다.
(2) 8월 12일	주문한 원재료의 검수과정에서 불량품이 발견되어 외상대금 중 10,000원 에누리받기로 하였다.
(3) 8월 20일	외상대금을 조기상환함에 따라 결제대금 90,000원 중 2,000원의 할인을 받고 잔액은 현금으로 지급하다.

해설

구 분	회계처리			
(1) 8월 10일	(차) 153.원재료	100,000	(대) 251.외상매입금	100,000
(2) 8월 12일	(차) 251.외상매입금	10,000	(대) 154.매입환출및에누리 (원재료 차감계정)	10,000
(3) 8월 20일	(차) 251.외상매입금	90,000	(대) 155.매입할인 (원재료 차감계정) 101.현금	2,000 88,000

※ 전산프로그램 입력시 *「146.상품」에 대한 매입환출 등은 「147.매입환출및에누리」, 「148.매입할인」을 사용하나, 「153.원재료」에 대한 매입환출 등은 「154.매입환출및에누리」, 「155.매입할인」을 사용해야 한다.
※ 「매입환출및에누리」, 「매입할인」은 관련 재고자산의 차감계정으로, 더존 프로그램에서 취득원가 산정시 자동으로 차감계산된다.

3. 재고자산의 수량확인 방법

상품을 포함한 재고자산은 수량과 가격(단가)이라는 두 가지가 확인되어야 최종금액을 결정할 수 있다.

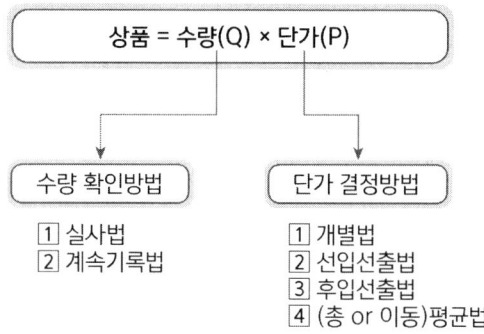

(1) 실지재고조사법

실사법(periodic inventory method)은 실지재고조사법이라고 하는데 정기적으로 재고실사를 하여 재고량을 파악한 후 판매가능수량과의 차이를 모두 판매수량으로 추정하는 방법이다.

> 기초재고수량(10개) + 당기매입수량(90개) - ① (실제)기말재고수량(20개) = ② (장부상)당기판매수량(80개)

(2) 계속기록법

계속기록법(perpetual inventory method)은 재고자산이 입·출고될 때마다 수량을 계속기록하여 재고량을 파악하는 방법이다.

> 기초재고수량(10개) + 당기매입수량(90개) - ① (계속기록)당기판매수량(80개) = ② (장부상)기말재고수량(20개)

(3) 실무상 수량확인 방법

실무에선 실사법과 계속기록법을 병행하여 수량을 파악한다. 즉, 기중에는 입출고 수량을 모두 기록하여 관리하고 이와 별도로 기말에 실사를 하여 남아있는 재고가 장부상 수량과 실제 수량이 일치하는지를 확인한다(실사와 계속기록을 병행한다고 하여 혼합법이라고 한다).

> 기초재고수량(10개) + 당기매입수량(90개) - ① (계속기록)당기판매수량(80개) = ② (장부상)기말재고수량(20개)
> → 실사도 병행 ③ (실사)기말수량(15개)인 경우 → 감모수량(5개) 파악 가능

4. 재고자산의 단가결정 방법

개별법	개별 재고자산 각각에 대하여 단가를 개별적으로 추적하는 방법이다. 통상적으로 상호교환될 수 없는 재고항목이나 특정 프로젝트별로 생산되는 제품 또는 서비스의 원가는 개별법을 사용하여 결정한다. ① 장점 : 실제 물량흐름과 원가흐름의 가정이 일치한다. 실제수익에 실제원가가 대응되어 수익·비용대응의 원칙이 정확히 성립한다. ② 단점 : 재고자산의 수량이 많은 경우에는 개별관리에 어려움이 있으므로 적용할 수 없다.
선입선출법	선입선출법(FIFO, first-In first-out)은 실제 물량흐름에 관계없이 먼저 구입한 상품이 먼저 판매되는 것으로 가정하여 단가를 결정하는 방법이다. 따라서 기말에 남아 있는 재고는 최근에 구입한 단가로 기록된다.
후입선출법	후입선출법(LIFO, last-In first-out)은 선입선출법과 반대로 나중에 구입한 상품부터 먼저 판매된다는 가정하에 단가를 결정하는 방법이다.
총평균법 (실사법에서 적용가능)	총입고금액(총매입원가)을 총입고수량으로 나눈 「총평균단가(가중평균단가)」를 적용하여 기말재고자산을 평가하는 방법이다. 총평균법단가는 기중에는 계산하지 않고 기말에 계산하므로 실사법에서만 적용가능하다. $$*\text{총평균단가} = \frac{\text{총매입액}}{\text{총판매가능수량}} = \frac{\text{기초재고액} + \text{당기매입액}}{\text{기초재고량} + \text{당기매입량}}$$
이동평균법 (계속기록법에서 적용가능)	이동평균법(moving average method)은 단가가 다른 상품을 매입할 때마다 평균단가를 계속하여 새로 구하는 방법이다. 이동평균법은 장부를 계속적으로 기록해 나가는 방법으로 계속기록법하에서만 적용한다. $$*\text{이동평균단가} = \frac{\text{직전재고액} + \text{당기매입액}}{\text{직전재고량} + \text{당기매입량}}$$

 회사는 실사법을 적용하여 수량을 파악하고 있다. 다음 자료를 이용하여 실사법하에서 선입선출법과 후입선출법에 따른 매출원가와 기말재고액을 각각 구하시오.

일자	적요	입고(=사서)			출고(=팔고)			잔고(=남은)		
		수량	단가	금액	수량	단가	금액	수량	단가	금액
1/1	기초재고	+1개	100원	100원				1개		
4/1	매입	+1개	110원	110원				2개		
7/1	매출				-1개			1개		
10/1	매입	+1개	120원	120원				2개		
	계	3개	330원	330원	1개			2개		

해설_ (1) 선입선출법

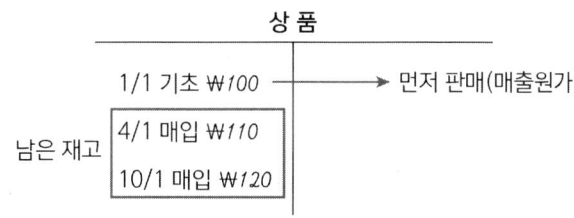

① 기말재고액
먼저 매입한 상품을 먼저 판매한다고 가정하는 방법이므로 기말재고는 가장 나중(최근)에 매입한 재고자산으로 구성된다.
4/1 매입분 : 1개 × @110원 = 110원
10/1 매입분 : 1개 × @120원 = 120원
　계　　　　2개　　　　230원
② 매출원가 = 판매가능금액 – 기말재고액
　　　　　 = 330원 – 230원 = 100원

(2) 후입선출법

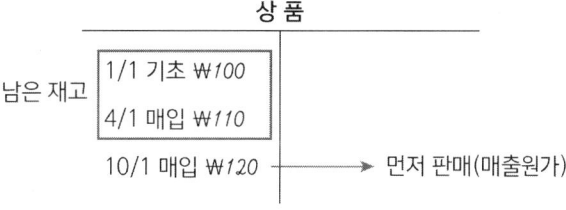

예제 다음 자료를 이용하여 총평균법과 이동평균법에 따른 매출원가와 기말재고액을 각각 구하시오.

일자	적요	입고(=사서)			출고(=팔고)			잔고(=남은)		
		수량	단가	금액	수량	단가	금액	수량	단가	금액
1/1	기초재고	+1개	100원	100원				1개		
4/1	매입	+1개	110원	110원				2개		
7/1	매출				-1개			1개		
10/1	매입	+1개	120원	120원				2개		
	계	3개	330원	330원	1개			2개		

해설_ (1) 총평균법(전체 기간의 평균단가를 계산)
총평균법에서는 기초 및 기중매입에 대한 총원가를 총수량으로 나누어 총평균단가를 구한 뒤, 매출원가 및 기말재고액 계산을 위한 단위당 원가로 사용한다.

⊙ 총평균원가 : 330 ÷ 3개 = @110원
  ⓒ 매출원가 : 1개 × @110원 = 110원(판매분)
  ⓒ 기말재고 : 2개 × @110원 = 220원(미판매분)

(2) 이동평균법(입고, 출고시마다 새로운 평균단가를 계산)

1/1	기초재고	1개	100원	100원
4/1	매입	+1개	+110원	+110원
	계	=2개		=210원

여기까지 평균단가 = (100원 + 110원)/2개 = @105원

7/1	매출	-1개	(105원)	(105원) ⇨ 매출원가
	계	=1개		=105원
10/1	매입	+1개	+120원	+120원
	계	2개		225원 ⇨ 기말재고

*평균단가 다시 계산 = (105원 + 120원)/2개 = @112.5원
*기말재고 : 2개 × @112.5원 = 225원

5. 재고자산의 단가결정방법 비교

(1) 재무제표에 미치는 영향

앞선 예제에선 재고자산의 매입단가가 (1월 1일 100원 → 4월 1일 110원 → 10월 1일 120원)으로 계속 물가가 상승하고 있다는 것을 알 수 있다. 즉, 인플레이션시 기말재고액과 매출원가의 크기를 비교해보면 각각 다음과 같다.

구 분	선입선출법	후입선출법	총평균법	이동평균법
기말재고액	230원	210원	220원	225원
매출원가	100원	120원	110원	105원

따라서 매입단가가 상승하는 인플레이션인 경우 각 방법에 따른 기말재고액과 매출원가의 크기는 다음과 같다.

> **물가상승시 기말재고액과 매출원가의 크기 비교**
> ① 기말재고액(순이익 & 법인세비용) : 선입선출법 > 이동평균법 > 총평균법 > 후입선출법
>   ※ 기말재고액이 크면 → 매출원가는 작아지고 → 순이익은 커지고 → 법인세(세금)도 커진다.
>   따라서 기말재고액, 순이익, 법인세의 크기순서는 동일하다.
> ② 매출원가 : 선입선출법 < 이동평균법 < 총평균법 < 후입선출법

(2) 선입선출법의 특징

장 점	① 먼저 사온 상품이 먼저 팔리는 것은 일반적으로 실제 물량흐름과 일치한다. ② 먼저 구입한 상품의 단가를 이용하여 매출원가를 산정하고, 나중에 구입한 상품의 단가를 기말재고액으로 산정하므로, 재무상태표상 기말재고자산은 현행원가에 가까운 금액으로 표시된다.
단 점	① 최근의 수익(판매가는 최근에 판매한 가격)에 대해 과거의 원가(과거구입단가를 적용하여 매출원가 산정)가 대응되어 수익·비용 대응에 부적절하다. ② 물가상승시 매출원가(비용)가 낮게 계상되므로 순이익이 높게 계상되어 법인세부담이 높아진다.

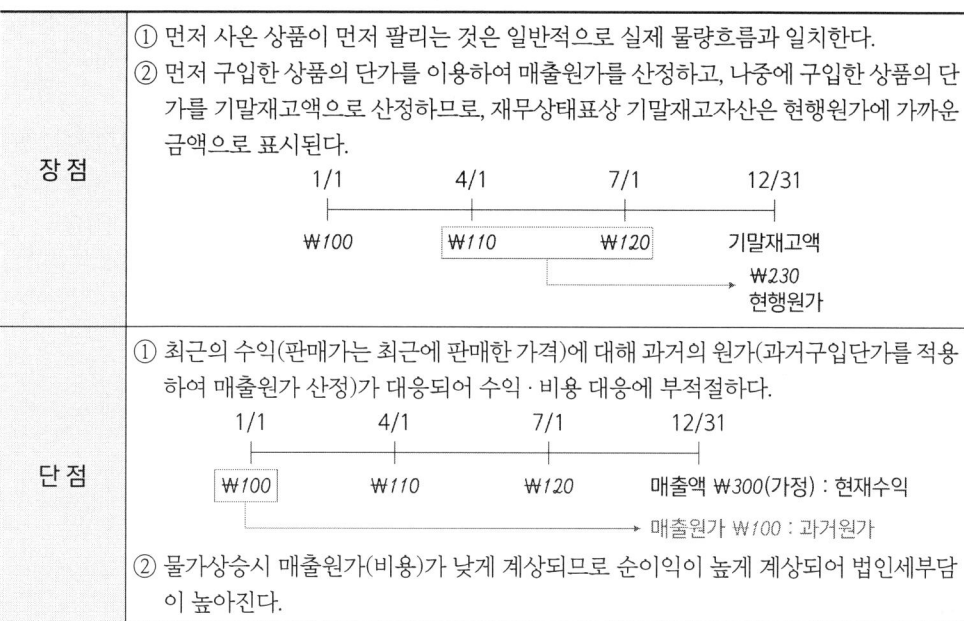

(3) 후입선출법의 특징

장 점*	① 매출원가는 최근에 원가로 계산되어, 현재의 수익과 최근(현재)의 원가가 대응되므로 수익·비용 대응에 적합하다. ② 물가상승시 순이익이 낮게 계상되어 법인세납부를 미래로 이연시켜주는 효과가 있다.
단 점	① 나중에 사온 상품이 먼저 팔리는 것으로 가정하므로 일반적인 물량흐름과 일치하지 않는다. ② 기말재고액은 오래전에 구입한 옛날 재고가 남게 되므로 재무상태표상 재고자산이 현행원가를 반영하지 못한다.

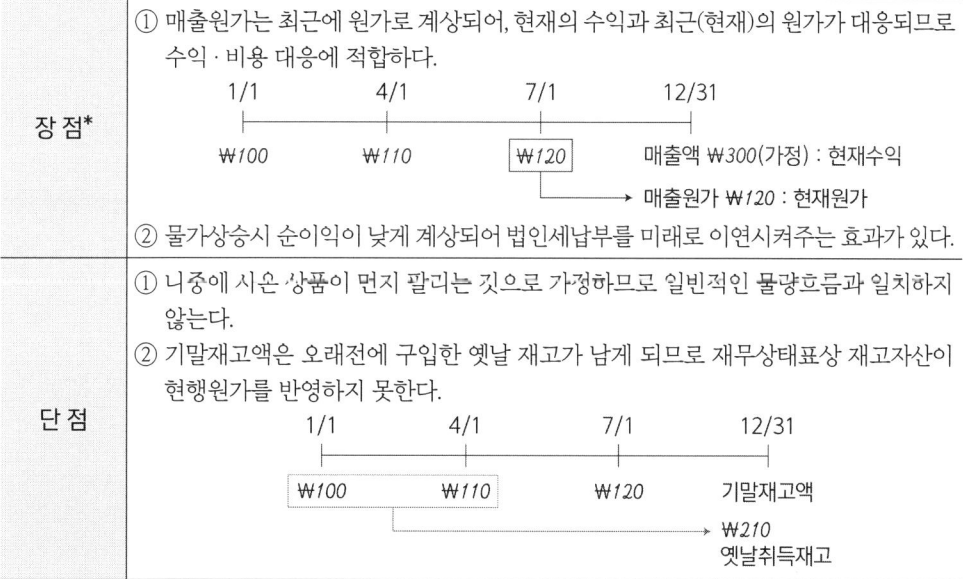

*후입선출법의 장·단점은 선입선출법과 반대 논리로 이해한다.

제2절 기말재고의 특수항목

1. 기말재고 포함여부 결정

재고자산의 매매방식에 따라 재고자산을 누구의 재고자산으로 포함시킬 것인지 판단해야 하는 경우가 있다.

[기말재고자산 포함여부]

구 분	인도조건	내용정리
미착상품	선적지인도조건	구매자의 기말재고
	도착지(목적지)인도조건	판매자의 기말재고
수탁상품	위탁자	수탁자가 판매 전까지 재고자산
	수탁자	위탁상품은 수탁자의 재고자산 아님
시용상품	구매자가 매입의사를 표시하기 전까지는 판매자의 재고자산	
저당상품	저당권이 실행되어 소유권이 이전되기 전에는 담보제공자의 재고자산	
반품조건상품	반품률 추정 가능	판매된 시점에 수익인식(재고자산 아님)
	반품률 추정 불가능	반품기간이 종료되기 전까지 재고자산 포함

(1) 미착상품

수출·수입처럼 외국과 같이 멀리 떨어진 곳에서 상품을 매입하거나 판매하는 경우가 있다. 미착품은 기말 결산일 현재 운송 중에 있는 상품으로, 구매자에게 도착하지 않은 상품을 말한다. 미착상품을 어느 누구의 재고자산에 포함시킬 것이냐는 법적 소유권 이전 여부에 따라 따진다.
① F.O.B 선적지 인도조건은 재고자산이 선적되는 시점에서 소유권이 판매자로부터 구매자에게 이전되는 계약이다.
② F.O.B 도착지(목적지) 인도조건은 목적지(구매자의 구매장소)에 도착한 시점에서 소유권이 이전되는 계약이다.

구 분	현재 운송중 상품	매출여부	기말재고 포함
선적지 인도조건	구매자 소유	매출 ○	구매자 재고
도착지(목적지) 인도조건	판매자 소유	아직 매출 ×	판매자 재고

(2) 위탁판매(적송품)

위탁판매란 다른 사람에게 재고자산의 판매를 위탁하는 계약(판매위탁)으로, 위탁자가 수탁자에게 판매를 위하여 발송하는 재고자산을 적송품이라고 부르며, 위탁자는 수탁자가 판매한 날 수익(매출)을 인식하고 기말까지 수탁자가 판매하지 못하고 보관하는 적송품은 실물은 비록 수탁자가 보관하고 있지만, 위탁자의 기말재고자산에 포함한다.

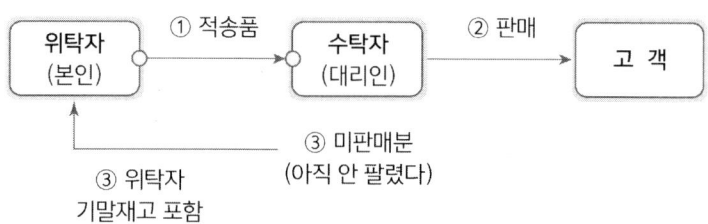

예를 들어 A회사(위탁자)가 홈쇼핑업체(수탁자)에 물건을 팔아달라고 상품을 보낸 경우 A회사의 수익은 홈쇼핑업체에 상품을 인도한 시점에 생기는 것이 아니라, 홈쇼핑업체가 고객에게 실제로 판매한 시점에 발생되는 것이다.

(3) 시용판매

시용판매란 고객에게 재고자산을 먼저 보내어 일정기간 사용해본 후 구입하겠다는 의사표시가 있으면 비로소 매매가 성립되는 판매형태이다. 따라서 기말까지 구매자가 구입의사표시를 하지 않은 재고자산은 판매자의 재고자산에 포함시켜야 한다.

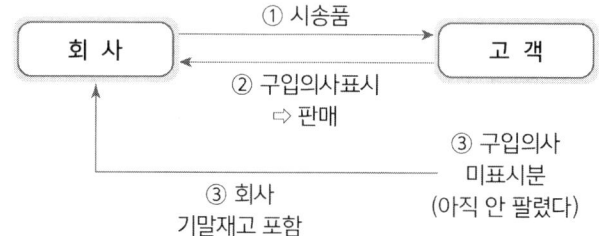

(4) 할부판매상품

재고자산을 고객에게 인도하고 대금의 회수는 나중에 분할하여 받기로 한 경우 대금이 모두 회수되지 않더라도 상품의 판매(인도)시점에 판매자의 재고자산에서 제외한다.
예를 들어 대리점에서 고객에게 TV를 5개월 할부로 판매하면 돈이 완납되었을 때가 아닌 TV가 팔려나간 인도시점에 매출로 잡으며, 팔려나간 해당 상품은 매출원가로 처리되므로 대리점의 기말재고에 포함되지 않는다.

(5) 반품률이 높은 재고자산

반품률이 높은 재고자산의 판매에 있어 반품률의 합리적 추정가능성 여부에 따라 재고자산 포함여부를 결정한다.
① 반품가능성을 예측할 수 있는 경우
　반품률을 과거 경험 등에 의하여 합리적으로 추정가능한 경우에는 상품 인도시에 반품률을 적절히 반영하여 판매된 것으로 보아 판매자의 재고자산에서 제외한다.
② 반품가능성을 예측할 수 없는 경우
　반품률을 합리적으로 추정할 수 없는 경우에는 상품의 인수를 수락한 시점이나 반품기간이 종료된 시점에 수익을 인식하므로 동 시점까지는 판매자의 재고자산에 포함한다.

(6) 저당(=담보제공)상품

금융기관 등으로부터 자금을 차입하고 그 담보로 제공된 저당상품은 저당권이 실행되기 전까지는 담보제공자가 소유권을 가지고 있다. 따라서 저당권이 실행되어 소유권이 이전되기 전에는 단순히 저당만 잡힌 상태이므로 담보제공자의 재고자산에 포함된다.

2. 재고자산의 수량부족(감모손실)

재고자산의 도난이나 분실 등으로 기말재고가 장부상 수량보다 실제 수량이 부족한 경우가 발생할 수 있다. 예를 들어 장부상 기말재고수량은 10개인데 실제 남은 수량은 8개인 경우 부족분 2개가 감모손실에 해당된다.

> 감모손실 = (장부상 기말재고수량 − 실제 기말재고수량) × 단위당 원가
> = 장부상 기말재고액 − 실제 기말재고액

감모손실이 ① 정상적으로 발생한 경우는 매출원가에 포함하며 ② 비정상적인 경우에는 원가성이 없으므로 영업외비용으로 처리한다. 정상적인 감모란 보관 중의 증발, 훼손 등으로 아무리 잘 관리하더라도 어쩔 수 없이 발생하는 것으로 원가성이 있다고 보는 반면, 비정상적인 감모는 도난 등 적절히 관리하였다면 피할 수 있는 감모를 의미한다.

> (차) 455.제품매출원가 등 ××× (정상 감모) (대) 153.원재료 등 ×××
> (차) 939.재고자산감모손실 ××× (비정상 감모)
>   (영업외비용)

 다음 자료를 이용하여 재고자산(원재료)감모손실을 구하고 분개를 하시오.

> • 장부상 기말재고액 10개 @10,000원
> • 실제 기말재고액 8개 @10,000원
> • 수량부족 2개는 도난으로 인한 것이다(비정상적 감모).

해설_ (1) 감모손실 = (장부상 기말재고수량 − 실제 기말재고수량) × 단위당 원가
           = (10개 − 8개) × 10,000원
    (2) (차) 939.재고자산감모손실   20,000   (대) 153.원재료   20,000
        (영업외비용)   (적요8. 타계정으로 대체액)
*비정상적 감모가 발생하거나 후술하는 타계정대체가 발생하면, 대변에 「153.원재료」 입력시 반드시 적요에 「적요8.타계정으로 대체액」을 걸어줘야 한다(후술하는 4.기타의 회계처리에서 다시 설명).

3. 재고자산의 가격하락(평가손실)

재고자산의 평가는 원칙적으로 취득원가를 적용하지만, 재고자산이 물리적 손상, 진부화 등의 사유로 재고자산의 시가가 취득원가보다 하락한 경우에는 저가법을 적용하여 재고자산의 시가를 재무상태표 금액으로 평가한다.

(1) 기본회계처리

재고자산의 시가(판매예상가격)가 취득원가보다 하락하여 손실이 예상되는 경우 결산시점에서 해당 손실액만큼을 재고자산을 줄이고, 동시에 손실로 미리 인식하는데, 이를 「재고자산평가손실」이라고 한다.

예를 들어 취득원가는 1,000원인데 앞으로의 판매예상가격이 900원이라면 기말에 평가손실은 100원이 된다.[3]

(차) 재고자산평가손실 (매출원가)	100원	(대) 재고자산평가충당금 (재고자산 차감계정)	100원

왜 재고자산의 판매가가 원가보다도 낮게 되는 것일까?

첫 번째는 물리적인 손상이 발생하는 경우이다. 예를 들어 음식품의 경우 창고의 재고관리를 잘못하여 부패가 되거나 유통기한이 지나는 경우, 이동 중의 파손 등이 발생하는 경우에는 관련 제품을 폐기하거나 판매가를 낮추거나 또는 1+1행사 등으로 판매될 수밖에 없다.

두 번째는 유행의 경과로 진부화되는 경우이다. 스마트폰의 경우 신제품 출시주기가 빠르므로 신제품이 출시되면 창고에 아직 쌓여있는 구제품은 손실을 감수하더라도 낮은 가격으로 판매할 수밖에 없다.

세 번째는 판매가격이 하락하는 경우인데, 갑자기 제조원가가 상승하거나 경쟁사가 유사제품을 낮은 가격에 내놓으면 회사도 판매가격을 낮출 수밖에 없다.

예제 다음 자료를 이용하여 재고자산평가손실을 구하고 분개를 하시오.

> (주)사과전자는 스마트폰을 판매하는 회사이다.
> 당기말 기말재고금액은 1,000원(원가)이다. (주)사과전자는 당초 예상판매가격을 1,200원으로 예상하였으나 신제품 출시 및 경쟁사의 가격인하정책으로 판매가격을 낮추기로 결정하였으며 내년의 예상판매가격은 900원으로 예상된다.

해설_ (차) 940.재고자산평가손실　　100　　(대) 재고자산평가충당금　　100
　　　　　(매출원가 포함)　　　　　　　　　　　(재고자산 차감계정)
• 예상판매가격 900원 - 취득원가 1,000원 = -100원 평가손실

---

[3] 이처럼 가격이 상승하면 별도로 회계처리하지 않고, 반대로 가격이 하락하면 평가손실을 인식하는 보수적 방법을 저가법이라고 한다. 이는 재고자산에만 적용되는 방법으로 논리적인 이유가 아닌 자산의 적정평가를 목적으로 하는 일종의 회계관행이다.

- 재고자산의 경우 「판매가 > 원가 → 이익예상」인 경우에는 실제 매출시점에 분개하나, 「판매가 < 원가 → 손실예상」인 경우에는 해당 예상손실을 미리 기말에 평가손실로 인식한다.
- 어차피 손실이 발생되면 기말에 미리 인식하지 말고 다음해 실제 판매시점에서 손실을 잡으면 되지 않겠나라고 생각할 수도 있으나, 이는 자산의 적정평가를 위한 회계상 관행이다(원가 이하로 판매가가 하락한 재고자산을 재무상태표에 그대로 올리면 투자자 등이 잘못된 의사결정을 초래할 수 있으므로 신뢰성 있는 재무제표를 위해 재고자산의 가격하락을 재무제표에 표시하여 공시하기 위함이다).
- 이때 '평가손실'은 영업외비용이 아닌 '매출원가'임에 주의해야 한다.

[재무제표 표시]

손익계산서		재무상태표	
매출원가	100	상품(또는 제품)	1,000
		재고자산평가충당금	(100)
		장부가액	= 900

(2) 저가법 적용시의 시가

저가법 적용시 재고자산의 시가는 순실현가능가치를 말한다. 생산에 투입하기 위해 보유하는 원재료의 현행대체원가는 순실현가능가치에 대한 최선의 이용가능한 측정치가 될 수 있다. 다만, 원재료를 투입하여 완성할 제품의 시가가 원가보다 높을 때는 원재료에 대하여 저가법을 적용하지 않는다.

구 분	기말재고자산의 평가
제품, 상품 등	min[취득원가, 시가(순실현가능가치)]
원재료	min[취득원가, 시가(현행대체원가)]

- 순실현가능가치 : 정상적인 영업과정에서의 추정판매금액 − 완성까지 추가소요원가 − 판매비용
- 현행대체원가 : 재고자산을 현재 시점에서 다시 매입하는 데 소요되는 금액

 다음의 기말재고자산자료를 이용하여 재고자산평가손실과 재무상태표에 계상될 재고자산의 금액을 구하시오.

수 량	단위당		
	취득가격	추정판매가격	추정판매비용
1,000개	800원	1,000원	300원

해설_ ① 기말재고의 원가 = 1,000개 × 취득가(800원) = 800,000원
② 기말재고의 시가(순실현가능가치) = 1,000개 × 700원(추정판매가 1,000원 − 추정판매비용 300원) = 700,000원
③ 재고자산평가손실 : 700,000 − 800,000 = (−)100,000원
④ 기말재고액 : min(취득원가 800,000원, 시가 700,000원) = 700,000원

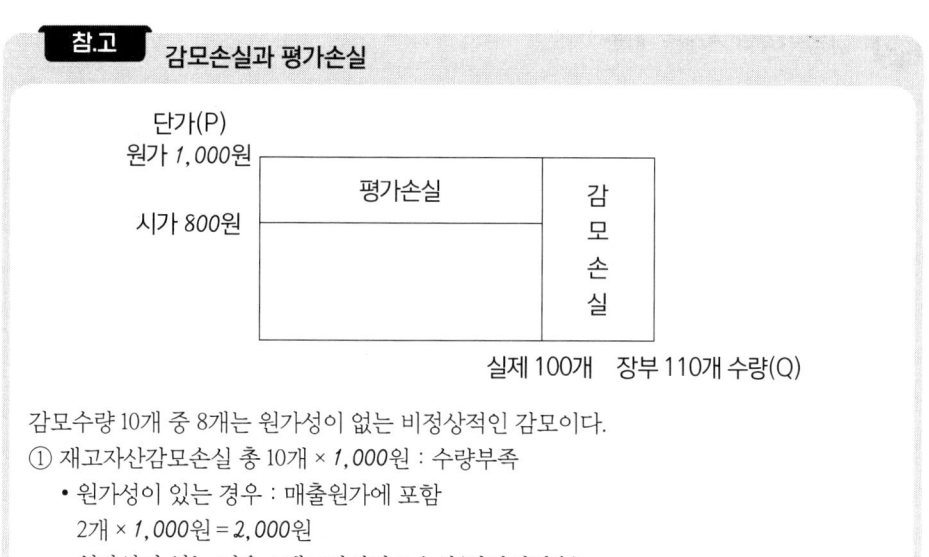

감모수량 10개 중 8개는 원가성이 없는 비정상적인 감모이다.
① 재고자산감모손실 총 10개 × 1,000원 : 수량부족
  • 원가성이 있는 경우 : 매출원가에 포함
    2개 × 1,000원 = 2,000원
  • 원가성이 없는 경우 : 재고자산감모손실(영업외비용)
    8개 × 1,000원 = 8,000원
② 재고자산평가손실 : 저가기준 적용시 가격하락으로 인한 손실
  100개 × 200원 가격하락 = 20,000원

4. 기타의 회계처리

(1) 타계정으로 대체액

①「타계정 대체」란 재고자산이 판매가 아닌 '판매 이외의 다른 용도'로 사용된 것을 의미한다. 예를 들어 상품의 경우 매입 후 판매되면서 매출원가(본계정)로 처리되어야 하나, 광고선전목적이나 복리후생목적 등 판매 이외의 다른 용도(타계정)로도 사용이 가능하다. 이와 같이 재고자산을 판매 이외의 다른 용도로 사용하는 경우 해당 재고자산의 원가는 ② 손익계산서상의 매출원가에서 '매출 이외의 상품감소액'으로 매출원가에서 제외되어야 한다. ③ 이 과정에서 더존프로그램에선 대변에 상품을 감소시킬 때에는 반드시「적요8.타계정으로 대체」를 걸어 줘야 한다.

상 품

기초재고	판매(매출원가)
당기(순)매입액 (총매입액 + 매입운임 – 매입할인 등)	타계정대체(비정상 감모 포함)
	기말재고 = 수량 × 단가

예제 다음 각각의 거래를 분개하시오.

(1) 3월 1일 상품을 원가 100원에 매입하고, 대금은 현금지급하다.
(2) 5월 1일 상품(원가 10원, 시가 15원)을 판매하지 않고 광고선전목적으로 사용하였다.

해설_ (1) 3/1 (차) 146.상품 100 (대) 101.현금 100
(2) 5/1 (차) 833.광고선전비 10 (대) 146.상품 10
(적요 : 8.타계정으로 대체액)

* 만일 기초재고는 없었고, 기말재고액(원가)이 20원이라면 매출원가 산정과정은 다음과 같다.
→ 매출원가 70원 = 기초 0 + 당기매입 100원 - 타계정대체 10 - 기말재고 20

	손익계산서	
	매출원가	70원
(차) 광고선전비 10 (대)상품 10(적요 : 타계정대체)	기초재고액	0원
	+ 당기매입액	100원
	(-) 타계정대체	(-)10원
	(-) 기말재고액	(-)20원

(2) 관세환급금

① 재고자산을 해외에서 구입하는 경우 관세라는 세금을 물게 된다. 그런데 이렇게 수입한 재고자산을 다시 해외에 내다 팔면 관세환급금이라고 해서 세금을 다시 돌려받을 수 있다. 이때 동 환급액을 「관세환급금」이라고 한다.
일반적으로 ② 수입시 관세 등의 납부액은 상품(원재료)의 원가에 가산 후 추후 환급시 상품매출원가(제품매출원가)에서 차감하는 방법이 일반적이다.

예제 다음 각각의 거래를 분개하시오.

(1) 원재료를 수입하면서 관세 1,000원을 현금으로 지급하다.
(2) 원재료를 수입하면서 지급한 관세 1,000원의 환급을 신청하고, 김포세관으로부터 현금으로 돌려받다.

해설_ (1) (차) 153.원재료 1,000 (대) 101.현금 1,000
(2) (차) 101.현금 1,000 (대) 151.관세환급금 1,000

- 관세환급금은 매출원가의 차감항목이다.
- 매출원가에서 차감한다는 것은 재고자산매입시 매입부대비용(운반비, 하역비 등)을 원가에 포함하기 때문에 다시 환급을 받는다며 원가에서 차감하는 논리이다.
- 더존프로그램 입력시 주의사항 → 상품의 관세환급금은 상품매출원가의 차감항목인 「149.관세환급금」코드를 사용하며, 원재료의 관세환급금은 제품매출원가의 차감항목인 「151.관세환급금」을 사용한다.
- 원재료의 경우 원재료 그대로 나가는 것이 아니라 제품으로 만들어진 다음 나가기 때문에 제품매출원가에서 차감하기 위해 「151.관세환급금」을 사용한다.

5. 기말재고액과 이익

기말재고액 금액은 당기 매출원가에 영향을 주므로 기말재고액이 과대 또는 과소계상된 경우 이익이 달라질 수 있다.

[상황1. 기말재고자산이 과대계상된 경우]

정상적인 경우		과대계상된 경우	
(상품)매출	12,000원	(상품)매출	12,000원
(상품)매출원가	8,000원	(상품)매출원가	7,000원↓
기초재고액	1,000원	기초재고액	1,000원
(+)당기매입액	9,000원	(+)당기매입액	9,000원
(−)기말재고액	2,000원	(−)기말재고액	3,000원↑
매출총이익	4,000원	매출총이익	5,000원↑

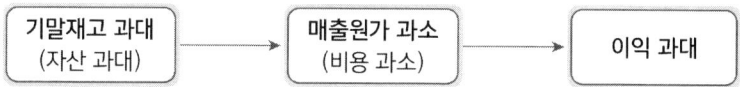

기말재고 과대 (자산 과대) → 매출원가 과소 (비용 과소) → 이익 과대

[상황2. 기말재고자산이 과소계상된 경우]

정상적인 경우		과소계상된 경우	
(상품)매출	12,000원	(상품)매출	12,000원
(상품)매출원가	8,000원	(상품)매출원가	8,500원↑
기초재고액	1,000원	기초재고액	1,000원
(+)당기매입액	9,000원	(+)당기매입액	9,000원
(−)기말재고액	2,000원	(−)기말재고액	1,500원↓
매출총이익	4,000원	매출총이익	3,500원↓

기말재고 과소 (자산 과소) → 매출원가 과대 (비용 과대) → 이익 과소

TAT 2급

실무이론평가 대비

01 다음은 (주)한공의 9월 상품매입과 관련된 자료이다. 이 자료에 의해 상품의 순매입액을 계산하면 얼마인가?
• 8회

- 상품 300개를 개당 10,000원에 외상으로 매입하다.
- 매입운반비 50,000원은 현금으로 별도 지급하였다.
- 외상매입 대금의 조기 지급으로 10,000원 할인받았다.
- 매입된 상품 중 하자가 있어 20,000원을 매입처에 반품하였다.

① 3,000,000원 ② 3,020,000원
③ 3,040,000원 ④ 3,050,000원

해설

상품의 순매입액 = 총매입액 + 매입부대비용 – 매입할인 – 매입환출
= 3,000,000원 + 50,000원 – 10,000원 – 20,000원 = 3,020,000원

02 다음은 (주)한공의 당기 재고자산(상품) 관련 자료이다. 당기 손익계산서상 매출원가는 얼마인가?

- 기초재고액 : 150,000원
- 당기매입액 : 270,000원
- 매입환출액 : 50,000원
- 매입할인 : 30,000원
- 타계정대체액 : 20,000원(접대목적의 거래처 증정분)
- 기말재고액 : 30,000원

① 270,000원 ② 290,000원
③ 320,000원 ④ 340,000원

해설

150,000원 + 270,000원 – 50,000원 – 30,000원 – 20,000원 – 30,000원 = 290,000원

ANSWER   01. ②   02. ②

03 기말재고자산의 원가흐름가정 구분에 해당하지 않는 것은?

① 실지재고조사법
② 개별법
③ 평균법
④ 선입선출법

해설

실지재고조사법은 기말재고자산의 수량의 결정방법이다.

04 재고자산의 수량은 계속기록법 또는 실지재고조사법에 의해 파악할 수 있다. 다음 중 실지재고조사법하에서는 사용할 수 없는 원가흐름의 가정은?

① 선입선출법
② 후입선출법
③ 총평균법
④ 이동평균법

해설

이동평균법은 재료의 입/출고시마다 평균단가를 계속 산정하므로, 입출고 수량을 계속적으로 기록하는 전제하에 적용이 가능하다. 실지재고조사법은 출고(판매)수량을 기말실사하여 한번에 확인하는 방법이므로 이동평균법과는 같이 사용할 수 없다.

ANSWER 03. ① 04. ④

05

다음은 (주)한공의 상품재고장이다. 선입선출법과 후입선출법에 의한 4월말 상품재고금액은 얼마인가? (단, 계속기록법을 적용한다)
• 11회

날짜	구분	입고 수량	입고 단가	출고 수량	잔고 수량
4/1	월초재고	50개	250원		50개
4/2	매입	200개	300원		×××개
4/10	매입	100개	350원		×××개
4/20	매출			250개	×××개
4/30	월말재고				×××개

	선입선출법	후입선출법
①	27,500원	30,000원
②	30,000원	35,000원
③	35,000원	27,500원
④	35,500원	30,000원

해설
- 선입선출법 : 100개 × 350원 = 35,000원
- 후입선출법 : 50개 × 250원 + 50개 × 300원 = 27,500원

06

다음은 (주)한공의 재고자산 관련 자료이다. 선입선출법에 의한 기말재고자산은 얼마인가?
• 16회

- 전기이월 상품 120개, 개당 10,000원
- 당기매입 상품 100개, 개당 12,000원(이 중 30개는 반품하였다)
- 당기매출 상품 50개, 개당 15,000원

① 1,400,000원　　② 1,440,000원
③ 1,540,000원　　④ 1,700,000원

해설
선입선출법에 의한 기말재고자산은 가장 최근에 매입한 상품으로 구성된다.
- 기말재고수량 = 120개 + 100개 − 30개 − 50개 = 140개
- 기말재고금액 = 70개 × 12,000원 + 70개 × 10,000원 = 1,540,000원

ANSWER 05. ③　06. ③

07

다음은 ㈜한공의 상품재고장 자료이다. 이를 토대로 당월 기말상품재고액과 매출원가를 계산하면 얼마인가? (㈜한공은 선입선출법을 적용하고 있다) • 44회

거래일자	거래수량	단가
3/ 1 기초재고	200개	@1,000원
3/ 3 매출	100개	
3/10 매입	800개	@1,200원
3/15 매출	600개	
3/20 매입	200개	@1,400원
3/30 매출	300개	

	기말상품재고액	매출원가
①	200,000원	1,240,000원
②	250,000원	1,190,000원
③	280,000원	1,160,000원
④	300,000원	1,140,000원

해설

- 기말재고수량 = (기초재고 200개 + 매입량 1,000개) - 매출량 1,000개 = 200개
- 기말상품재고액 = 200개 × @1,400원 = 280,000원
- 매출원가 = 기초상품재고액 + 당기순매입액 - 기말상품재고액
  = 200개 × (@1,000원 + 800개 × @1,200원 + 200개 × @1,400원) - 280,000원
  = 1,160,000원

08

재고자산의 평가방법 중 다음과 같은 특징이 있는 평가방법은?

- 실제물량흐름과 원가흐름이 대체적으로 일치한다.
- 기말재고자산이 가장 최근에 매입한 단가가 적용되므로 시가에 가깝게 표시된다.
- 현행수익에 대하여 오래된 원가가 대응되므로 수익·비용대응이 부적절하다.

① 후입선출법 ② 선입선출법
③ 이동평균법 ④ 총평균법

해설

선입선출법이란 「먼저 구입한 재고를 먼저 판매한다」는 가정으로 일반적인 물량흐름과 일치한다.

ANSWER 07. ③ 08. ②

TAT 2급

09 다음 중 물가가 지속적으로 상승하고, 기초재고자산수량과 기말재고자산수량이 동일하다는 가정하에 재고자산 단가 결정방법에 따른 영향 비교로 옳지 않은 것은? • 9회

① 기말재고액 : 선입선출법 > 이동평균법 > 총평균법 > 후입선출법
② 매출원가 : 선입선출법 < 이동평균법 < 총평균법 < 후입선출법
③ 당기순이익 : 선입선출법 < 이동평균법 < 총평균법 < 후입선출법
④ 법인세비용 : 선입선출법 > 이동평균법 > 총평균법 > 후입선출법

해설

물가가 지속적으로 상승하고 기초재고자산수량과 기말재고자산수량이 동일한 경우 당기 순이익의 크기는 선입선출법 > 이동평균법 > 총평균법 > 후입선출법의 순서이다.

10 다음 중 재고자산과 관련된 설명으로 옳은 것은? • 42회

① 취득원가가 재고자산의 시가보다 낮은 경우에는 저가법을 사용하여 재고자산의 장부금액을 결정한다.
② 상품을 저가법으로 평가하는 경우 재고자산의 시가는 순실현가능가치를 말한다. 단, 원재료의 순실현가능가치는 현행대체원가이다.
③ 재고자산의 시가가 장부금액 이하로 하락하여 발생한 평가손실은 재고자산의 차감계정으로 표시하고 매출원가에서 차감한다.
④ 재고자산의 장부상 수량과 실제 수량과의 차이에서 발생하는 감모손실의 경우 정상적으로 발생한 감모손실은 영업외비용으로 처리하고 비정상적으로 발생한 감모손실은 매출원가에 가산한다.

해설

① 재고자산의 시가가 취득원가보다 낮은 경우에는 저가법을 사용하여 재고자산의 장부금액을 결정한다.
③ 재고자산의 시가가 장부금액 이하로 하락하여 발생한 평가손실은 재고자산의 차감계정으로 표시하고 매출원가에 가산한다.
④ 재고자산의 장부상 수량과 실제 수량과의 차이에서 발생하는 감모손실의 경우 정상적으로 발생한 감모손실은 매출원가에 가산하고 비정상적으로 발생한 감모손실은 영업외비용으로 분류한다.

09. ③ 10. ②

11 다음 중 재고자산에 관한 설명으로 옳지 않은 것은? • 15회

① 재고자산감모손실 중 정상적으로 발생한 감모손실은 매출원가에 가산한다.
② 물가가 지속적으로 상승하는 상황에서 선입선출법을 적용한 경우의 기말재고액은 이동평균법, 총평균법, 후입선출법을 적용한 경우의 기말재고액보다 크다.
③ 재고자산감모손실 중 비정상적으로 발생한 감모손실은 영업외비용으로 처리한다.
④ 저가법을 적용함으로써 발생한 재고자산평가손실은 영업외비용으로 처리한다.

해설
저가법을 적용함으로써 발생한 재고자산평가손실은 매출원가에 가산한다.

12 다음은 (주)한공의 기말상품에 대한 자료이다. 재무상태표에 계상될 재고자산은 얼마인가? (단, A, B 이외의 기말재고는 없다) • 12회

품목	수량	단위당		
		취득원가	추정판매가격	추정판매비용
A	5,000개	500원	600원	120원
B	1,000개	1,000원	1,500원	300원

① 3,400,000원
② 3,500,000원
③ 3,600,000원
④ 3,700,000원

해설
재고자산에 대한 저가법은 항목별(개별상품별)로 적용한다.

항목	단위당		기말재고금액 = Min(㉮,㉯)	기말재고
	㉮취득원가	㉯순실현가치 (판매금액 – 판매비용)		
A	500원	480원	480원	@480 × 5,000개 = 2,400,000원
B	1,000원	1,200원	1,000원	@1,000 × 1,000개 = 1,000,000원
				3,400,000원

11. ④ 12. ①

13 다음은 (주)한공의 상품 관련 자료이다. 이를 통해 2024년도 매출원가를 계산하면?
(재고자산 평가손실은 정상적인 것이다)
・39회

[자료 1. 2023년도]

기초상품재고액	당기매입액	기말상품재고액
1,000,000원	6,000,000원	취 득 원 가 : 2,000,000원 순실현가능가치 : 1,500,000원

[자료 2. 2024년도]

기초상품재고액	당기매입액	기말상품재고액
×××	7,000,000원	취 득 원 가 : 3,000,000원 순실현가능가치 : 2,000,000원

① 5,500,000원 ② 6,000,000원
③ 6,500,000원 ④ 7,000,000원

해설
- 2023년도 기말상품재고액(저가법에 의한 순실현가능가치)이 2024년도 기초상품재고액으로 이월된다.
- 2024년도 매출원가 = 기초상품재고액 + 당기매입액 − 기말상품재고액(저가법 적용)
  = 1,500,000원 + 7,000,000원 − 2,000,000원 = 6,500,000원

14 다음은 (주)한공의 기말 재고자산 관련 자료이다. 이를 토대로 재고자산평가손실과 재고자산감모손실을 계산하면 얼마인가? (재고자산은 저가법으로 평가하며 수량차이는 모두 비정상감모이다)
・41회

- 상품의 장부상 재고수량 : 1,000개
- 창고에 보관 중인 상품의 실제 재고수량 : 980개
- 상품의 단위당 취득원가 : 1,000원
- 상품의 단위당 시가 : 950원

	재고자산평가손실	재고자산감모손실
①	45,000원	15,000원
②	49,000원	20,000원
③	50,000원	22,000원
④	52,000원	25,000원

해설
- 재고자산평가손실 : {취득원가(1,000원) − 시가(950원)} × 기말실제재고수량(980개) = 49,000원
- 재고자산감모손실 : {장부상 재고수량(1,000개) − 기말실제재고수량(980개)} × 취득원가(1,000원) = 20,000원

13. ③ 14. ②

15

(주)부실은 회계처리를 왜곡시켜 당기순이익과 순자산을 과대계상하였다. 이 기업이 회계처리한 내용으로 옳은 것은?
• 21회

① 재고자산 과소계상, 매입채무 과소계상
② 재고자산 과소계상, 매출원가 과대계상
③ 매출원가 과대계상, 매출 과소계상
④ 재고자산 과대계상, 매출원가 과소계상

해설

재고자산을 과대계상하고 매출원가를 과소계상하면 당기순이익과 순자산이 과대계상된다.

16

다음 중 판매자의 기말재고자산에 포함되지 않는 것은?
• 29회

① 선적지인도기준으로 판매시 기말 현재 선적이 완료되지 않은 재고
② 기말 이전에 매입자의 매입의사가 표시된 시송품
③ 기말 현재 수탁자가 판매하지 못한 위탁상품
④ 기말 현재 담보로 제공된 재고자산

해설

시송품은 시용자가 매입의사를 표시하는 경우 소유권이 이전된다. 따라서 이 경우 기말재고자산에 포함되지 않는다.

17

다음 중 판매회사의 재고자산으로 분류되지 않는 항목은?

① 위탁자의 결산일 현재 수탁자가 판매하지 못한 적송품
② 판매회사가 도착지 인도조건으로 매입한 결산일 현재 미착상품
③ 결산일 현재 매입자의 매입의사 표시 없는 시송품
④ 반품률을 추정할 수 없는 경우로 반품기간이 종료되지 않은 상품

해설

도착지 인도조건인 경우에는 상품이 도착된 시점에 소유권이 매입자에게 이전되기 때문에 미착상품은 매입자(판매회사)의 재고자산에 포함되지 않는다.

ANSWER 15. ④ 16. ② 17. ②

18 다음 재고자산에 대한 설명 중 (주)한공의 소유가 아닌 것은?

> 가. (주)한공은 선적지 인도조건인 운송 중인 상품을 (주)황소로부터 구입하였다.
> 나. (주)한공이 (주)부산에게 판매를 위탁한 상품(적송품)이 (주)부산의 창고에 보관 중이다.
> 다. (주)한공은 (주)서울에게 반품률을 합리적으로 추정가능한 상태로 상품을 판매(인도)하였다.
> 라. (주)한공은 운송 중인 상품을 도착지 인도조건으로 (주)광주에 판매하였다.

① 가
② 나
③ 다
④ 라

해설

반품률을 합리적으로 추정 가능한 상태로 판매하는 경우에는 판매자의 재고자산에서 제외하고 구매자의 재고자산에 포함한다.

19 (주)한공의 경영진은 자재관리 담당자가 재고자산을 횡령하였다고 확신하고 있다. 다음 자료를 이용하여 자재관리 담당자의 횡령에 의한 재고자산 손실 금액을 계산하면 얼마인가? (단, 횡령 외의 원인에 의한 재고자산 손실은 없다고 가정한다) • 18회

> • 기초재고액 50,000원
> • 실사에 의한 기말재고액 80,000원
> • 당기매입액 300,000원
> • 당기매출액 300,000원
> • 매출총이익률 30%

① 10,000원
② 15,000원
③ 40,000원
④ 60,000원

해설

(1) 매출원가 = 매출액 − 매출총이익 = 300,000원 − (300,000원 × 30%) = 210,000원
(2) 횡령액 = 장부상 기말재고액 − 실사에 의한 기말재고액
         = 140,000원* − 80,000원 = 60,000원

 * 기초재고액 + 당기매입액 − 기말재고액 = 매출원가
   50,000원 + 300,000원 − 기말재고액(x) = 210,000원
   기말재고액(x) = 140,000원

ANSWER 18. ③ 19. ④

실무수행평가 대비

※ 주어진 실무프로세스에 대하여 (주)재무회계(회사코드 : 4000)의 거래자료를 입력하시오.

01 2월 1일 일본 소니사로부터 원재료를 수입하고, 당해 원재료 수입과 관련하여 발생한 다음의 경비를 국민은행 보통예금계좌에서 이체하였다.

■ 자료1. 납부내역

품 목	금 액	비 고
관 세	500,000원	납부영수증을 교부받다.
운반수수료	48,000원	간이영수증을 교부받다.

■ 자료2. 보통예금(국민은행) 거래내역

		내용	찾으신금액	맡기신금액	잔액	거래점
번호	거래일	계좌번호 84861-15-363541 (주)재무회계				
1	2024-02-01	관세 등	548,000		***	***

일반전표입력(2월 1일)

(차) 153.원재료   548,000원   (대) 103.보통예금   548,000원
                                          (98002.국민은행)

02 2월 2일 매입처 (주)조아산업으로부터 매입하였던 원재료에 대한 외상매입대금 2,200,000원 중 품질불량으로 인하여 에누리 받은 500,000원을 제외한 잔액을 당좌수표 발행하여 지급하다. 단, 부가가치세는 고려하지 아니한다.

■ 당좌예금(우리은행) 거래내역

		내용	찾으신금액	맡기신금액	잔액	거래점
번호	거래일	계좌번호 204456-02-344714 (주)재무회계				
1	2024-02-02	(주)조아산업	1,700,000		***	***

일반전표입력(2월 2일)

(차) 251.외상매입금   2,200,000원   (대) 154.매입환출및에누리   500,000원
    (00112.(주)조아산업)   102.당좌예금   1,700,000원
                                              (98001.우리은행)

TAT 2급

> **참고** 매입차감 항목
>
> 더존 프로그램에서 매입 차감항목의 경우 해당 계정과목(예 146.상품)코드의 아래 코드번호(예 148.매입할인)를 사용해야 해당 계정에서 차감 계산된다.
>
> | 매입계정과목 코드 | | 차감계정과목 코드 |
> |---|---|---|
> | 146.상품 | → | 147.매입환출 및 에누리
148.매입할인 |
> | 153.원재료 | → | 154.매입환출 및 에누리
155.매입할인 |
>
> [기초정보관리] → [계정과목 및 적요등록] 코드체계에서 해당 차감계정을 확인할 수 있다.
>
> | 코드 | 계정과목 | 구분 | 사용 | 과목 | 관계 |
> |---|---|---|---|---|---|
> | 146 | 상 품 | 일반재고 | ○ | 146 | |
> | 147 | 매 입 환출및에누리 | 환출차감 | ○ | 147 | 146 |
> | 148 | 매 입 할 인 | 할인차감 | ○ | 148 | 146 |
> | 149 | 관 세 환 급 금 | 관세차감 | ○ | 149 | 146 |
> | 150 | 제 품 | 일반재고 | ○ | 150 | |
> | 151 | 관 세 환 급 금 | 관세차감 | ○ | 151 | 150 |
> | 152 | 완 성 건 물 | 일반재고 | ○ | 152 | |
> | 153 | 원 재 료 | 일반재고 | ○ | 153 | |
> | 154 | 매 입 환출및에누리 | 환출차감 | ○ | 154 | 153 |
> | 155 | 매 입 할 인 | 할인차감 | ○ | 155 | 153 |

03 2월 3일 원재료 매입처인 (주)홍익물산에 대한 외상매입금 4,000,000원을 결제하면서 사전약정에 의해 2%를 할인받고 잔액은 국민은행 보통예금계좌에서 이체하였다.

■ 보통예금(국민은행) 거래내역

번호	거래일	내용	찾으신금액	맡기신금액	잔액	거래점
		계좌번호 84861-15-363541 (주)재무회계				
1	2024-02-03	(주)홍익물산	3,920,000		***	***

일반전표입력(2월 3일)
(차) 251.외상매입금   4,000,000원   (대) 155.매입할인   80,000원
    (00105.(주)홍익물산)   103.보통예금   3,920,000원
                                              (98002.국민은행)

04   2월 5일   원재료를 수입하면서 지급한 관세 500,000원에 대한 환급신청을 한 바, 인천세관으로부터 금일 환급금액에 대한 통지를 받았다.

일반전표입력(2월 5일)

(차) 120.미수금   500,000원   (대) 151.관세환급금   500,000원
    (00120.인천세관)

※ * 상품의 관세환급금은 「149.관세환급금」 코드를 사용하며, 원재료의 관세환급금은 「151.관세환급금」을 사용한다.
  * 원재료의 경우 원재료 그대로 나가는 것이 아니라 제품으로 만들어진 다음 나가기 때문에 제품매출원가에서 차감하기 위해 「151.관세환급금」을 사용한다.

05   2월 10일   당사에서 제작한 제품인 신발(300개, 개당 원가 30,000원)을 수재민돕기성금으로 전달하였다.

일반전표입력(2월 10일)

(차) 933.기부금   9,000,000원   (대) 150.제품   9,000,000원
                                                 (적요8.타계정으로 대체액)

※ 재고자산을 판매 이외의 다른 용도로 사용하는 경우 대변에 제품을 감소시킬 때에는 반드시 「적요8.타계정으로 대체」를 걸어줘야 한다.

06   2월 15일   원재료 중 일부(원가 550,000원, 시가 800,000원)를 회사의 광고선전 목적으로 사용하였다. (부가가치세는 고려하지 말 것)

일반전표입력(2월 15일)

(차) 833.광고선전비(판)   550,000원   (대) 153.원재료   550,000원
                                                 (적요8.타계정으로 대체액)

07   2월 20일   원재료로 사용하기 위해 구입한 부품(취득원가 : 1,000,000원)을 생산공장의 기계장치를 수리하는 데 사용하였다. 수리와 관련된 비용은 수익적 지출로 처리하시오.

일반전표입력(2월 20일)

(차) 520.수선비(제)   1,000,000원   (대) 153.원재료   1,000,000원
                                                 (적요8.타계정으로 대체액)

08 12월 31일 재고자산의 기말재고액은 다음과 같다. (기존 재무제표에 대한 데이터는 무시한다)

구 분	장부상재고	실지재고
원재료	2,000,000	1,500,000
제품	3,500,000	3,000,000

※ 원재료와 제품의 감모금액 중 원재료 250,000원, 제품 400,000원에 대하여는 원가성이 없는 것으로 판명되었다.

일반전표입력(12월 31일)

(차) 939.재고자산감모손실　　　650,000원　　(대) 153.원재료　　　　　　250,000원
　　　　　　　　　　　　　　　　　　　　　　　　(적요8.타계정으로 대체액)
　　　　　　　　　　　　　　　　　　　　　　　　150.제품　　　　　　　　400,000원
　　　　　　　　　　　　　　　　　　　　　　　　(적요8.타계정으로 대체액)

※ 비정상 감모손실의 경우 영업외비용으로 일반전표에 수동분개로 입력을 하여야 한다(매출 이외의 타계정에 대체가 된 것이므로 재고자산감모손실로 회계처리하면서 적요.8을 반드시 입력해야 한다).
※ 정상감모의 경우 매출원가에 가산하므로 자동결산에서 실지기말고액을 입력하면 자동으로 매출원가에 반영되어 계산되므로 별도의 회계처리를 할 필요는 없다.

참고 재고자산 평가손실의 더존 입력 방법

재고자산의 명세가 아래와 같은 경우 평가손실 입력방법은 다음과 같다.

과 목	장부상 금액	시가(순실현가능가액)	평가손실
제품	53,000,000	50,000,000	3,000,000

방법1. [결산자료입력]에서 제품평가손실에 3,000,000원과 기말제품재고액 53,000,000원을 입력하고 [추가]버튼을 클릭하여 결산에 반영한다.

[예시 화면]

2. 매출원가			293,788,816
제품매출원가		293,788,816	293,788,816
9)당기완성품제조원가		328,788,816	328,788,816
(1). 기초 제품 재고액		12,000,000	
(5). 제품 평가손실		3,000,000	
(7). 기말 제품 재고액		53,000,000	

방법2. [일반전표]에 12월 31일 재고자산손실을 직접 회계처리한 다음
　　　(차) 940.재고자산평가손실 3,000,000원　(대) 166.제품평가충당금 3,000,000원
　　　- 결산자료입력메뉴에서 기말제품재고액 53,000,000원을 입력하고 [추가]버튼을 클릭하여 결산에 반영한다.

비대면 시험대비 실무수행평가

※ (주)재무회계(회사코드 : 4000)의 입력자료 및 회계정보를 조회하여 [답안수록메뉴]에 [평가문제]의 답안을 입력하시오.

평가문제

01 [재무상태표 조회] 2월 말 현재 '당좌자산' 금액은 얼마인가? [배점 3]

02 [재무상태표 조회] 2월 말 당좌예금 잔액은 얼마인가? [배점 3]

03 [거래처원장 조회] 2월 말 당좌예금 잔액 중 거래처 우리은행 당좌예금 잔액은 얼마인가? [배점 3]

04 [재무상태표 조회] 2월 말 현재 외상매입금 잔액은 얼마인가? [배점 3]

05 [거래처원장 조회] 2월 말 현재 ㈜홍익물산의 외상매입금 잔액은 얼마인가?

06 [일/월계표 조회] 2월 한 달 동안 원재료 및 제품 감소액은 각각 얼마인가? [배점 3]
① 제품 :   ② 원재료 :

07 [일/월계표 조회] 2월 발생한 '제조원가'와 '판매관리비'는 각각 얼마인가? [배점 3]
① 제조원가 :   ② 판매관리비 :

> TAT 2급

> **해설**

01 2월 말 현재 '당좌자산' 금액은 얼마인가? *1,159,120,686원*

02 2월 말 당좌예금 잔액은 얼마인가? *73,300,000원*

03 2월 말 당좌예금 잔액 중 거래처 우리은행 당좌예금 잔액은 얼마인가? *49,800,000원*

04 2월 말 현재 외상매입금 잔액은 얼마인가? *138,774,110원*

05 2월 말 현재 ㈜홍익물산의 외상매입금 잔액은 얼마인가? *7,000,000원*

06 2월 한 달 동안 원재료 및 제품 감소액은 각각 얼마인가?
  ① 제품 : *9,000,000원*   ② 원재료 : *1,550,000원*

07 2월 발생한 '제조원가'와 '판매관리비'는 각각 얼마인가?
  ① 제조원가 : *1,000,000원*   ② 판매관리비 : *750,000원*

▶ 저자주 : 실제 시험에선 아래와 같이 [답안수록메뉴]에 입력을 하는 방식이다.

[답안수록메뉴]

	[실무수행평가]
1	1,159,120,686원
2	73,300,000원
3	49,800,000원
4	138,774,110원
5	7,000,000원
6	① 9,000,000원 ② 1,550,000원
7	① 1,000,000원 ② 750,000원

CHAPTER 03 유형자산과 무형자산

제1절 유형자산의 기본

1. 유형자산이란?

유형자산(property, plant and equipment)이란 판매를 목적으로 하지 않고 영업활동(재화의 생산, 용역의 제공, 타인에 대한 임대 또는 자체적 사용목적)의 사용목적으로 보유하는 물리적 형태가 있는 자산으로 1년을 초과하여 사용할 것이 예상되는 자산을 말한다.

2. 유형자산의 종류

유형자산은 물리적 형태와 사용목적에 따라 다음과 같이 구분한다.

종 류	정 의
201.토지	사용목적의 땅
202.건물	건물(사무실, 공장, 점포, 상가 등)과 건물부속설비(엘리베이터 등)
204.구축물	토지 위에 지어진 시설물(야외 휴게실, 축구장, 주차장)
206.기계장치	제품을 제조하기 위한 기계, 운송설비(컨베이어, 기중기 등)
208.차량운반구	승용차, 트럭, 지게차 등
212.비품	1년 이상 사용하는 업무용 물품(컴퓨터, 책상, 의자 등)
214.건설중인자산	취득 전까지 계약금, 중도금 등을 임시적으로 처리하는 계정
기타의 유형자산	위 이외에 210.공구와기구 등

3. 유형자산의 취득원가

(1) 일반원칙

유형자산은 최초에는 ① 취득원가로 측정하며, 현물출자, 증여, 기타 무상으로 취득한 자산은 공정가치를 취득원가로 한다. ② 구입원가 이외의 취득부대비용도 유형자산의 원가에 합산한다. 취득부대비용이란 그 자산을 취득한 후 본래의 용도에 사용할 수 있기까지 발생한 모든 추가지출을 말한다.

```
(차) 유형자산            ×××    (대) 미지급금(현금) 등     ×××
                     ⇩
         구입대금 + (사용가능한 시점까지) 취득부대비용
```

구분	취득원가
취득원가에 포함	취득원가는 구입원가 또는 제작원가 및 경영진이 의도하는 방식으로 자산을 가동하는 데 필요한 장소와 상태에 이르게 하는 데 직접 관련되는 원가인 ① 내지 ⑨와 관련된 지출 등으로 구성된다. 매입할인 등이 있는 경우에는 이를 차감하여 취득원가를 산출한다. (일반기업회계기준 10.8) ① 설치장소 준비를 위한 지출 ② 외부 운송 및 취급비 ③ 설치비 ④ 설계와 관련하여 전문가에게 지급하는 수수료 ⑤ 유형자산의 취득과 관련하여 국·공채 등을 불가피하게 매입하는 경우 당해 채권의 매입금액과 일반기업회계기준에 따라 평가한 현재가치와의 차액 ⑥ 자본화대상인 차입원가 ⑦ 취득세, 등록세 등 유형자산의 취득과 직접 관련된 제세공과금 ⑧ 해당 유형자산의 경제적 사용이 종료된 후에 원상회복을 위하여 그 자산을 제거, 해체하거나 또는 부지를 복원하는 데 소요될 것으로 추정되는 원가가 충당부채의 인식요건을 충족하는 경우 그 지출의 현재가치(복구원가) ⑨ 유형자산이 정상적으로 작동되는지 여부를 시험하는 과정에서 발생하는 원가. 단, 시험과정에서 생산된 재화(예 장비의 시험과정에서 생산된 시제품)의 순매각금액은 당해 원가에서 차감한다.
취득원가에서 제외	유형자산의 원가가 아닌 예는 다음과 같다. (일반기업회계기준 10.10) ① 새로운 시설을 개설하는 데 소요되는 원가 ② 새로운 상품과 서비스를 소개하는 데 소요되는 원가(예 광고 및 판촉활동과 관련된 원가) ③ 새로운 지역 또는 새로운 고객층을 대상으로 영업을 하는 데 소요되는 원가 (예 직원 교육훈련비) ④ 관리 및 기타 일반간접원가

예제 다음 거래를 분개하시오.

> (1) 토지를 구입하면서 토지구입대금 98,000원과 토지 취득관련 취득세 2,000원을 현금으로 지급하였다.
> (2) 기계장치를 구입하면서 구입대금 180,000원과 취득관련 설치비 및 시운전비 20,000원을 현금으로 지급하였다.

해설_ (1) (차) 201.토지　　　　　100,000　　(대) 101.현금　　　　100,000
　　　(2) (차) 206.기계장치　　　200,000　　(대) 101.현금　　　　200,000

(2) 토지와 건물의 일괄구입

일반적으로 건물은 토지와 일괄하여 구입하게 되는데 이때 건물의 취득원가와 토지의 취득원가는 구분하여 회계처리하여야 한다.

이때 건물의 계속 사용여부에 따라 각각 나누어 처리한다.

구분	회계처리
① 건물과 토지 모두 사용하는 경우 (토지, 건물로 안분)	총구입원가를 토지와 건물의 공정가치비율로 안분하여 취득원가를 산정한다.
② 토지만 사용할 목적인 경우 (전부 토지원가)	토지와 건물을 일괄 구입한 것이 아니라 토지를 구입한 것이므로 건물의 원가는 없다. 이때 기존 건물이 있는 토지를 취득하고 그 건물을 철거하는 경우에는 기존 건물의 순철거비용(=철거관련비용 - 폐자재판매수입)은 토지의 취득원가에 산입한다.
③ 건물을 신축하기 위해 사용 중인 기존 건물을 철거하는 경우 (당기 비용)	원래 회사가 갖고 있던 기존 건물을 신축목적으로 철거하는 경우 그 건물의 장부금액은 제거하고 처분손실로 반영하고, 철거비용은 전액 당기비용으로 처리한다.

 다음 각 거래를 분개하시오.

> (1) 영업활동에 사용할 목적으로 건물이 세워져 있는 토지를 800,000원에 취득하고 대금은 현금으로 지급하였다. 회사는 건물, 토지를 모두 사용할 목적이며 구입당시 토지와 건물의 공정가치는 각각 600,000원과 400,000원이다.
> (2) 건물이 세워진 토지를 현금 800,000원에 구입하고, 구입 즉시 건물을 철거하였으며 철거비용 50,000원은 현금으로 지출되었다.
> (3) 회사가 사무실로 사용하던 건물(취득가 1,000,000원, 감가상각누계액 900,000원)이 노후화되어 신축을 위해 철거하고 철거비용 50,000원은 현금지급하다(철거시까지의 감가상각비는 고려하지 않음).

해설_ (1) 토지와 건물 모두 사용목적이므로 총구입원가 800,000원을 토지와 건물의 공정가치비율로 안분한다.

(차) 201.토지   480,000*   (대) 101.현금   800,000
      202.건물   320,000

$$\text{*토지취득원가}: 800,000원 \times \frac{\text{토지공정가치 } 600,000원}{\text{총공정가치 } 1,000,000원} = 480,000원$$

$$\text{건물취득원가}: 800,000원 \times \frac{\text{건물공정가치 } 400,000원}{\text{총공정가치 } 1,000,000원} = 320,000원$$

(2) 토지만 사용할 목적으로 구입한 경우이므로 건물의 원가는 없다. 그리고 기존 건물철거비용은 토지원가로 처리한다(철거는 토지의 정상적 사용을 목적으로 한 것이므로 철거비용은 토지원가).

(차) 201.토지   850,000*   (대) 101.현금   850,000

*토지취득원가 : 토지구입가 800,000원 + 건물철거비용 50,000원 = 850,000원

(3) 남의 건물을 구입한 게 아니라 원래 회사가 가지고 있던 기존 낡은 건물을 철거하는 경우에는 관련 건물의 장부가액과 철거비용은 전액 당기 비용처리한다.
(※ 주의 : (2)는 토지만 사용할 목적으로 남의 건물을 사서 철거하는 경우이며 (3)은 원래 갖고 있던 내 건물이 낡아 철거하는 경우임)

(차) 203.감가상각누계액   900,000   (대) 202.건물   1,000,000
      950.유형자산처분손실   150,000*   101.현금   50,000

*유형자산처분손실 : 기존 건물의 장부가 100,000 + 철거비용 50,000 = 150,000원

(3) 증여 또는 무상취득

증여 등 무상으로 취득한 자산은 당해 자산의 공정가치를 취득원가로 계상하며 이때 취득자산의 공정가치는 자산수증이익(영업외수익)으로 처리한다.

 (주)한공은 대주주로부터 토지를 무상으로 기증받았다. 토지의 공정가치는 1,000,000원이며 소유권 이전비용으로 20,000원을 현금으로 지출하였다.

해설_ (차) 201.토지　　　1,020,000　　(대) 917.자산수증이익　　1,000,000
　　　　　　　　　　　　　　　　　　　　　　101.현금　　　　　　　　20,000

(4) 교환

① 이종자산 간의 교환

다른 종류의 자산과의 교환으로 유형자산을 취득하는 경우 유형자산의 취득원가는 교환을 위하여 「제공한 자산의 공정가치」로 측정한다. 다만, 교환을 위하여 제공한 자산의 공정가치가 불확실한 경우에는 교환으로 취득한 자산의 공정가치를 취득원가로 할 수 있다. 이 경우 현금수수액이 있는 경우에는 현금수수액을 반영하여 취득원가를 결정한다.

② 동종자산 간의 교환

동일한 업종 내에서 유사한 용도로 사용되고 공정가치가 비슷한 동종자산과의 교환으로 취득한 유형자산의 취득원가는 교환을 위하여 「제공한 자산의 장부금액」으로 한다.

[유형자산의 교환]

구 분	신자산의 취득원가	처분손익	사 례
① 이종자산 교환	원칙 : 제공한 자산(구자산)의 공정가치 예외 : 취득한 자산(신자산)의 공정가치	인식 ○	건물 ⇔ 기계장치
② 동종자산 교환	제공한 자산(구자산)의 장부금액	인식 ×	기계장치 A ⇔ 기계장치 B

 다음 각 거래를 분개하시오.

(1) (주)한공은 사용 중이던 건물(취득가액 100,000원, 감가상각누계액 20,000원, 공정가치 120,000원)을 (주)용산의 기계장치와 교환하였다.

(2) (주)한공은 사용 중이던 비품을 (주)용산의 차량운반구와 교환하였다. 이 교환과 관련하여 (주)한공은 공정가치의 차액 10,000원을 현금으로 지급하였다.

	비품	차량운반구
취득원가	200,000원	400,000원
감가상각누계액	80,000원	300,000원
공정가치	100,000원	110,000원

(3) (주)한공은 사용 중이던 기계장치A(취득가액 100,000원, 감가상각누계액 20,000원, 공정가치 120,000원)를 (주)용산의 동일한 기계장치B와 교환하였다.

제3장 유형자산과 무형자산

해설_ (1) 이종자산(건물 ⇔ 기계장치) 간의 교환이므로 제공한 건물의 공정가치 120,000원이 기계장치의 취득원가이며, 이 경우 구자산(건물)에 대한 처분손익을 인식한다.

(차) 203.감가상각누계액   20,000   (대) 202.건물   100,000
      206.기계장치   120,000   914.유형자산처분이익*   40,000

* 결국 보유하던 건물(장부가액 80,000원)을 공정가치 120,000원에 처분한 돈으로 기계장치를 구입했다는 논리이다(① 공정가치 120,000원 – 장부가액 80,000원 = 처분이익 40,000원 → ② 처분한 돈 120,000원으로 기계장치 구입).

(2) 현금수수액이 있는 경우에는 이를 반영하여야 한다.

이종자산(비품 ⇔ 차량운반구) 간의 교환이므로 제공한 비품의 공정가치 100,000원 + 현금지급액 10,000원 = 110,000원이 차량운반구 취득원가이며, 이 경우 구자산(비품)에 대한 처분손익을 인식한다.

(차) 213.감가상각누계액   80,000   (대) 212.비품   200,000
      950.유형자산처분손실   20,000   101.현금   10,000
      208.차량운반구   110,000

(3) 동종자산(기계장치A ⇔ 기계장치B)의 교환이므로 제공한 기계장치A의 장부가액 80,000원이 기계장치B의 취득원가이며, 이 경우 구자산(기계장치A)에 대한 처분손익은 인식하지 않는다.

(차) 203.감가상각누계액(A)   20,000   (대) 202.기계장치(A)   100,000
      206.기계장치(B)   80,000

(5) 채권의 강제매입

유형자산의 취득과 관련하여 국공채 등을 강제로 매입해야 하는 경우가 있는데 대표적으로 건물이나 자동차를 구입하는 경우 국가에서 발행하는 국공채를 반드시 구입해야 소유권 이전 등이 가능한 경우이다.

이때 ① 채권의 실제 매입금액과 공정가치에 차이가 발생한다. 즉, 당해 채권의 공정가치로 매입하는 게 아니라 이보다 더 많은 금액을 지급하고 매입하는 것이 일반적이다.

② 국공채의 공정가치만큼은 단기매매증권 등으로 회계처리하며, 공정가치를 초과하여 지급한 금액은 유형자산을 취득하면서 불가피하게 발생하는 취득부대비용 성격으로 보아 유형자산의 취득원가에 가산하여 처리한다.

 (주)한공은 업무용 차량 구입 시 1,000,000원에 할부로 취득하면서 국채(액면가액 100,000원, 무이자 10년 만기 상환조건)를 액면금액으로 현금으로 구입하였다. (동 채권의 현재가치는 40,000원이며 단기매매증권으로 분류한다)

해설_ 국채의 현재가치 40,000원이 구입시 공정가치를 의미한다. 공정가치 40,000원보다 더 많은 100,000원을 주고 강제매입한 경우 공정가치 초과지급액(60,000원)은 단기매매증권의 취득원가가 아닌 차량구입시 불가피하게 발생한 차량운반구의 부대비용으로 처리한다.

- 차량운반구 취득원가 : 1,000,000 + 국채의 공정가치 초과액 60,000원 = 1,060,000원
- 단기매매증권의 취득원가 : 구입시 공정가치 40,000원

(차) 208.차량운반구   1,060,000   (대) 253.미지급금   1,000,000
    107.단기매매증권   40,000   101.현금   100,000

(6) 정부보조금

정부보조금이란 국가 또는 지방자치단체가 정책적인 목적으로 시설자금이나 운영자금을 기업에게 보조하는 것을 의미한다.

정부보조금으로 유형자산을 무상 또는 공정가치보다 낮은 대가로 취득한 경우 그 유형자산의 취득원가는 취득일의 공정가치로 한다. 정부보조금 등은 취득원가에서 차감하는 형식으로 표시하고 그 내용연수에 걸쳐 감가상각비와 상계되며, 해당 유형자산을 처분하는 경우 그 잔액을 처분손익에 반영한다.

구 분	회계처리
① 자산 관련 보조금	ⓐ 관련 자산 취득 전까지 받은 자산의 차감계정으로 기재 ⓑ 관련 자산 취득시 취득자산의 차감계정으로 표시하고 당해 자산상각시 감가상각비와 상계
② 수익 관련 보조금	ⓐ 대응되는 비용이 없는 경우 영업수익 또는 영업외수익으로 처리 ⓑ 특정비용을 보전할 목적으로 받은 경우 당해 비용과 상계처리

 (주)한공의 자산관련 정부보조금에 대한 회계처리를 하시오.

(1) 20×1년 12월 1일 정부보조금 100,000원을 교부받아 보통예금 계좌에 입금하였다. 동 정부보조금은 기계장치 취득에 사용될 예정이다.

(2) 20×2년 1월 1일 기계장치를 500,000원에 취득하고 정부보조금 100,000원을 포함하여 국민은행 보통예금계좌에서 이체하여 지급하였다.

(3) 20×2년 12월 31일 동 기계장치에 대한 감가상각을 하다(정액법, 내용연수 5년, 잔존가치 0).

(4) 20×3년 1월 1일 해당 기계장치를 350,000원에 처분하고 현금을 수취하다(단, 처분시 감가상각은 고려하지 않음).

해설_ (1) 정부보조금은 기계장치 취득 전까지는 보통예금에서 차감하는 형식으로 표시한다.

(차) 보통예금	100,000	(대) 정부보조금* (보통예금 차감계정)	100,000

*자격시험에선 정부보조금 계정과목의 추가등록을 요구하거나 이미 등록이 되어 있다.

재무상태표

보통예금	100,000
정부보조금	(100,000)
	0

(2) 기계장치 취득시 보통예금 차감계정인 정부보조금을 기계장치 차감계정으로 대체한다.

(차) 기계장치	500,000	(대) 보통예금	500,000
(차) 정부보조금*	100,000	(대) 정부보조금*	100,000
(보통예금 차감계정)		(기계장치 차감계정)	

*더존프로그램에선 기계장치 차감계정과 보통예금 차감계정인 정부보조금을 각각 다른 계정과목코드로 등록하여 사용한다.

재무상태표(20×2.1.1)

기계장치	500,000
정부보조금	(100,000)
	400,000

(3) 기계장치 감가상각시 정부보조금은 감가상각비와 상계한다.

(차) 감가상각비*	100,000	(대) 감가상각누계액	100,000
(차) 정부보조금**	20,000	(대) 감가상각비	20,000

*감가상각비 = (취득원가 500,000원 − 잔존가치 0원)/5년 = 100,000
**상계액은 다음과 같이 계산하여야 한다.

: 취득자산 1년치 감가상각비$(100,000) \times \dfrac{\text{정부보조금 수령액}(100,000)}{\text{감가상각대상금액}(500,000)} = 20,000$원

재무상태표(20×2.12.31)

기계장치	500,000
정부보조금	(80,000)
감가상각누계액	(100,000)
	320,000

(4) 기계장치 처분시 정부보조금 잔액을 모두 제거하면서, 자산의 처분손익에 반영한다.

(차) 감가상각누계액	100,000	(대) 기계장치	500,000
정부보조금	80,000	유형자산처분이익	30,000
현금	350,000		

(7) 차입원가(금융비용) 자본화

① 차입원가는 기간비용(이자비용)으로 처리함을 원칙으로 한다. ② 다만, 유형자산, 무형자산 및 투자부동산과 제조 등의 기간이 1년 이상의 기간이 소요되는 재고자산의 취득을 위한 자금에 차입금이 포함된다면 이러한 차입금에 대한 차입원가는 그 자산의 취득에 소요되는 원가로 회계처리할 수 있다.

③ 즉, 자산을 사용가능할 때까지 장기간이 소요되고 그 자산의 취득대금을 차입하여 조달할 경우 수익은 발생하지 않으면서 기업은 이자금액을 지출한다. 이러한 이자금액 등을 이자비용으로 기록하지 않고 자산의 취득을 위한 부대원가인 자산으로 기록하는데 이를 차입원가의 자본화라고 부르는 것이다.

(주)한공의 본사 건물 취득 관련 회계처리를 하시오.

(1) 20×1년 10월 1일 본사 사옥으로 사용할 건물 공사대금 300,000,000원을 현금 지출하였다.

(2) 20×1년 11월 1일 현재 건설 중인 건물의 공사대금은 전액 차입금으로 조달하였으며 해당 차입금과 관련하여 이자비용 30,000,000원을 현금 지출하였다.

해설_ (1) 건물 완공 전(사용 전)까지 발생한 지출은 「건설중인 자산」으로 처리한다.

(차) 건설중인 자산　　　300,000,000　　　(대) 현금　　　300,000,000

(2) 건물 취득과 관련된 이자비용은 비용이 아닌 「건설중인 자산」의 원가에 합산한다.

(차) 건설중인 자산　　　30,000,000　　　(대) 현금　　　30,000,000

*건물의 완공 전에 건물의 취득과 관련하여 발생한 이자비용은 건물이란 자산의 취득을 위한 부대비용으로 취급하는 논리이다. 따라서 해당 이자비용은 취득세 등과 마찬가지로 건물의 취득원가로 처리한다. 다만, 건물이 아직 완공 전이므로 「건설중인 자산」의 원가에 합산처리한다.

4. 유형자산 취득 이후 지출

① 일반적인 수선의 경우 수선비(수익적 지출)로 비용처리하나 ② 수선의 결과 가치가 크게 증가되거나 사용가능한 내용연수가 증가되는 경우에는 수선금액을 해당 유형자산에 가산(자본적 지출)한다.

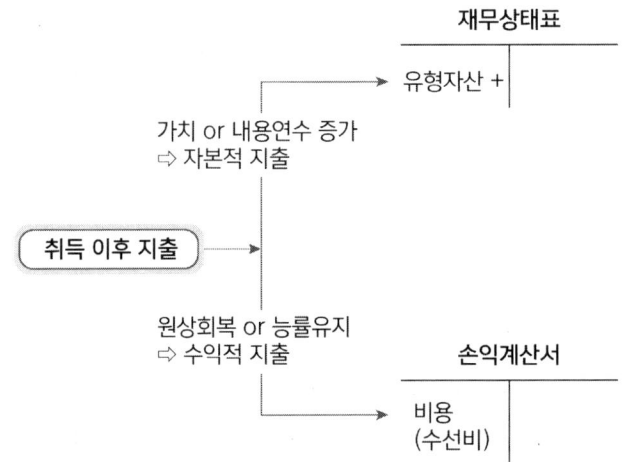

제2절 감가상각

1. 감가상각의 본질

토지와 건설중인자산을 제외한 유형자산(건물, 비품, 기계장치)은 감가상각(depreciation)의 과정을 거친다. 감가상각은 단순히 가치감소분을 줄여나가는 과정이 아니라 「수익·비용 대응의 원칙」에 따라 취득원가를 그 자산의 내용연수에 따라 체계적으로 각 회계기간에 배분하는 과정이다.

2. 감가상각비의 계산

① 취득원가 : 취득원가는 일반적으로 취득가액에 취득부대비용을 더한 금액을 의미한다.
② 잔존가치 : 내용연수 경과 후(사용종료시) 예상처분가액을 의미한다.
③ 내용연수 : 유형자산을 사용할 수 있는 예상사용기간을 의미한다.
④ 감가상각대상금액 : 감가상각대상금액은 실제 내용연수 동안 감가상각할 총금액으로, 취득원가에서 잔존가치를 차감한 금액이다.

$$감가상각대상금액 = 취득원가 - 잔존가치$$

(1) 정액법

정액법(straight-line method)은 내용연수 동안 매기 일정한 금액을 감가상각비로 계산하는 방법이다. 따라서 감가상각비는 매 연도마다 똑같은 금액이 계산된다.

$$(취득원가 - 잔존가액) \times \frac{1}{내용연수} = 연간 감가상각비$$

(2) 정률법

정률법은 가속상각법이라고도 하는데, 구입 초기에 감가상각비를 많이 계산하고, 후기로 갈수록 적게 계상하는 방법이다. 따라서 감가상각비는 매 기간 감소하는 방법이다.

$$\underset{\downarrow}{(취득원가 - 감가상각누계액)} \times 상각률^*(정률) = 연간 감가상각비$$

미상각잔액 또는 장부금액

$$^*상각률 = 1 - \sqrt[n]{\frac{잔존가액}{취득원가}} \quad (n = 내용연수)$$

▶ 저자주 : 상각률은 시험에서 제시되므로 암기 불필요!!

(3) 생산량비례법(units-of-production method)

$$(취득원가 - 잔존가액) \times \frac{당기중실제생산량}{추정총생산량} = 연간 감가상각비$$

예제 취득원가 400,000원, 잔존가액 40,000원, 내용연수 3년인 기계장치를 취득한 경우 생산량비례법에 따라 각 연도말 감가상각비를 계산하시오.

총생산량 1,000개 중 ×1년 300개, ×2년 200개, ×3년 500개 생산

해설 생산량비례법

① ×1년 : $(400,000 - 40,000) \times \frac{300개}{1,000개} = 108,000$

② ×2년 : $(400,000 - 40,000) \times \frac{200개}{1,000개} = 72,000$

③ ×3년 : $(400,000 - 40,000) \times \frac{500개}{1,000개} = 180,000$

(4) 연수합계법(sum-of-the-years-digit method)

정률법과 마찬가지로 초기에 감가상각비가 많이 계상되는 방법으로 다음과 같은 공식으로 매년 감가상각비를 산출한다.

$$(취득원가 - 잔존가액) \times \frac{잔존내용연수(n \to \cdots \to 2 \to 1)}{내용연수의\ 합계^*} = 연간 감가상각비$$

$$*\ 내용연수 합계 : 1+2+ \cdots n = \frac{n(n+1)}{2}$$

예제 올해 1월 1일 취득원가 400,000원, 잔존가액 40,000원, 내용연수 3년인 기계장치를 취득한 경우 연수합계법에 따라 매년 감가상각비를 계산하시오.

해설 내용연수 합계 : $1+2+3년 = \frac{3(3+1)}{2} = 6년$

	계산	① 감가상각비	② 감가상각누계액(①의 누계)
① ×1년	(400,000 - 40,000) × 3/6	180,000	180,000
② ×2년	(400,000 - 40,000) × 2/6	120,000	300,000
③ ×3년	(400,000 - 40,000) × 1/6	60,000	360,000
총계		360,000	

(5) 이중체감법(double-declining-balance method)

정률법과 동일하게 장부금액에다가 상각률을 적용하여 감가상각비를 계산하는 방법으로서, 정률법과 다른 점은 상각률의 경우 정액법에 의한 상각률의 2배를 적용한다는 점이다. 상각률이 정액법의 2배이므로 '정액법의 배법'이라고도 한다.

$$(\text{취득원가} - \text{감가상각누계액}) \times \text{상각률*(정률)} = \text{연간 감가상각비}$$

↓ 미상각잔액 또는 장부금액

$$*\text{상각률} = \frac{1}{\text{내용연수}} \times 2$$

예제 올해 1월 1일 취득원가 400,000원, 잔존가액 40,000원, 내용연수 3년인 기계장치를 취득한 경우 이중체감법에 따라 매년 감가상각비를 계산하시오.

해설_ 이중체감법 상각률 : $\frac{1}{3} \times 2 = \frac{2}{3}$

	계 산	① 감가상각비	② 감가상각누계액(①의 누계)
① ×1년	(400,000 − 0) × 2/3	약 266,667	266,667
② ×2년	(400,000 − 266,667) × 2/3	약 88,889	355,556
③ ×3년	(400,000 − 355,556) − 40,000	4,444*	360,000
총계		360,000	

* 내용연수 종료시점에서 잔존가치 이하로 상각을 하면 안 되므로 잔존가치가 40,000원이 되도록 하기 위하여 40,000원을 남겨둔 나머지 전액을 상각한다.

3. 기중에 신규 취득하거나 처분한 경우(★ 월할상각)

① 기중에 유형자산을 신규 취득한 경우의 감가상각은 취득한 날로부터 결산일까지 월할상각(= 월수에 따라 나누어 상각)한다. 예를 들어 연간 감가상각비가 1,000,000원인 경우 1월 1일 취득한 경우라면 1,000,000이 감가상각이 되지만, 7월 1일 취득한 경우 6개월치(1,000,000 × 6/12) 감가상각비인 500,000원만 감가상각한다.

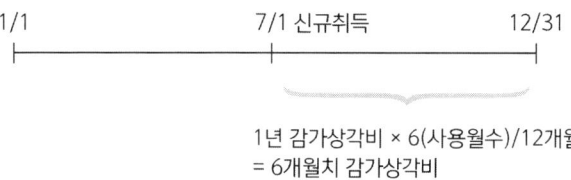

② 마찬가지로 사용 중이던 유형자산을 기중에 처분한 경우에도 처분시점까지 감가상각비를 월할상각으로 계산한 후 처분손익을 산정하여야 한다.

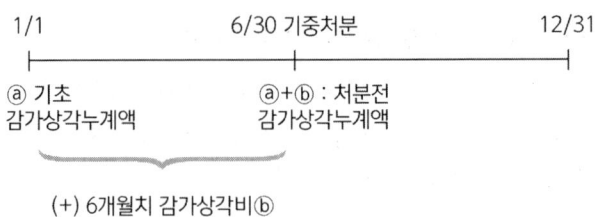

제3절 유형자산 손상 및 재평가

1. 손상

(1) 손상의 기본개념

유형자산은 취득원가를 계상하는 것이 원칙이지만 당해 유형자산이 진부화 또는 물리적인 손상 등으로 회복할 수 없는 가치하락이 발생한 경우에는 당해 자산의 장부금액을 감액(impairment)하고 그 차액을 유형자산손상차손(impairment loss)으로 처리한다.

손상은 매 보고기간말마다 자산손상을 시사하는 징후가 있는지를 검토하고, 만약 그러한 징후가 있다면 당해 자산의 회수가능액을 추정한다.

(2) 손상차손 회계처리

유형자산이 손상가능성이 있다고 판단되고, 당해 유형자산의 사용 및 처분으로부터 기대되는 미래현금흐름총액의 추정액이 장부금액에 미달하는 경우에는 장부금액을 회수가능액으로 조정하고 그 차액을 유형자산손상차손의 과목으로 영업외비용으로 처리하고 동 금액을 손상차손누계액의 과목으로 당해 유형자산에서 차감하는 형식으로 표시한다.

> 예 기계장치(취득원가 1,000원, 감가상각누계액 200원)이고 회수가능액이 500원으로 예상
> ※ 손상차손 = 장부금액 800원 − 회수가능액 500원 = 300원
>
> (차) 유형자산손상차손   300   (대) 손상차손누계액   300
>   (영업외비용)   (유형자산 차감)

이때 회수가능액이란 순공정가치와 사용가치 중 큰 금액을 의미한다. 순공정가치는 유형자산 처분시 예상처분금액에서 예상처분비용을 차감한 금액을 의미하며, 사용가치는 해당 자산 또는 자산그룹의 사용으로부터 예상되는 미래현금흐름의 현재가치를 의미한다.

> 회수가능액 = Max(① 순공정가치, ② 사용가치)

(3) 손상차손환입 회계처리

손상차손을 인식한 이후에 하락한 회수가능액이 다시 회복된 경우 손상차손을 인식하지 않았을 경우의 장부금액을 한도로 하여 그 초과액을 손상차손환입(영업외수익)으로 처리한다.

> (차) 손상차손누계액 ××× (대) 유형자산손상차손환입 ×××
> (영업외수익)
>
> • 손상차손환입 = 환입한도액 – 감가상각후 기말장부금액
> • 환입한도액 = min(회수가능액, 당초 손상차손을 인식하지 않았을 경우의 기말장부금액)

 (주)한공은 20×1년 1월 1일 기계장치(취득가액 10,000원, 내용연수 10년, 잔존가치 0원)을 취득하고 정액법으로 감가상각하고 있다. 다음 각 거래를 분개하시오.

(1) 20×1년 1월 1일 기계장치를 10,000원에 현금 취득하였다.

(2) 20×1년 12월 31일 기계장치에 대한 감가상각비를 계상하다.

(3) 20×2년 12월 31일 기계장치의 파손으로 손상차손이 발생되었다. 회수가능액은 6,400원이다.

(4) 20×3년 12월 31일 기계장치의 회수가능액이 7,500원으로 회복되어 손상차손환입을 인식하였다.

해설_ (1) 20×1년 1월 1일
　　　　(차) 기계장치　　　　　　　　10,000　　(대) 현금　　　　　　　　10,000
　　　(2) 20×1년 12월 31일
　　　　(차) 감가상각비　　　　　　　1,000　　(대) 감가상각누계액　　　　1,000
　　　　※ 기계장치는 정액법에 따라 매년 1,000원(취득가액 10,000원 ÷ 10년 = 매년 1,000원) 감가상각한다.
　　　(3) 20×2년 12월 31일
　　　　① 감가상각
　　　　　(차) 감가상각비　　　　　　1,000　　(대) 감가상각누계액　　　　1,000
　　　　② 손상차손인식
　　　　　(차) 유형자산손상차손　　　1,600　　(대) 손상차손누계액　　　　1,600
　　　　　　　(영업외비용)　　　　　　　　　　　　　(기계장치 차감)
　　　　　※ 손상차손: 기계장치 장부금액 8,000원(취득원가 10,000원 – 감가상각비 2,000원(×1년, ×2년 감가상각 총 2,000원) – 회수가능액 6,400원 = 1,600

```
                재무상태표(20×2.12.31)
        기계장치                    10,000
        감가상각누계액              (2,000)
        손상차손누계액              (1,600)
                                   ─────────
                                    6,400
```

(4) 20×3년 12월 31일
   ① 감가상각
   (차) 감가상각비   800   (대) 감가상각누계액   800
   ※ 손상차손이 발생한 이후에는 회수가능액(6,400원)을 잔여 내용연수(8년)간 매년 상각한다.
      → 회수가능액(6,400원) ÷ 잔여 내용연수(8년) = 800원

   ② 손상차손환입 인식
   (차) 손상차손누계액   1,400   (대) 손상차손환입   1,400
                                              (영업외수익)
      ※ ㉮ 회수가능액 : 7,500원
         ㉯ 손상차손 인식하지 않았을 경우 20×3년 말 장부금액 : 당초 취득원가(10,000원) - 3,000
            원(3년치 상각비) = 7,000원
         ㉰ 20×3년말 현재 장부금액 : 20×2년말 손상후 장부금액 6,400원 - 20×3년 감가상각비 800
            원 = 5,600원
            → 손상차손환입 : min(㉮ 7,500원, ㉯ 7,000원) - ㉰ 5,600원 = 1,400원

2. 유형자산 재평가

기업회계기준에 따르면 유형자산은 취득시점에서는 취득원가로 의해 측정하지만, 인식시점 이후(취득 이후)에는 원가모형(cost model, 취득원가)과 재평가모형(revaluation model, 공정가치) 중 하나를 회계정책으로 선택할 수 있다.

(1) 재평가의 기본개념

재평가모형이란 최초 인식 후에 공정가치를 신뢰성 있게 측정할 수 있는 경우 재평가일의 공정가치로 유형자산을 재평가하고, 이후에는 재평가일의 공정가치(재평가액)에서 감가상각누계액과 손상차손누계액을 차감한 재평가금액을 장부금액으로 하는 모형을 말한다.

(2) 재평가손익의 회계처리

구 분		회계처리
재평가 이익	최초 인식	재평가잉여금(기타포괄이익 - 자본)처리
	후속 연도	후속연도에 공정가치 하락시 전기에 인식한 재평가잉여금을 한도로 이를 먼저 감소시키고 나머지 잔액은 당기손실(재평가손실)처리
재평가 손실	최초 인식	당기손실(비용)으로 처리
	후속 연도	후속연도에 공정가치 상승시 전기에 인식한 재평가손실(비용) 해당 금액만큼을 재평가이익(수익)으로 먼저 인식하고 나머지 잔액은 재평가잉여금(기타포괄손익 - 자본)처리

예제 (주)한공은 20×1년초에 토지를 *1,000원*에 취득하였다. 이 토지를 20×2년말 *1,300원*으로 재평가하였고, 20×3년말에 *900원*으로 재평가하였다. 20×2년말과 20×3년말 회계처리를 하시오.

해설_ (1) 20×2년 12월 31일

  (차) 토지   300   (대) 재평가잉여금   300
                 (기타포괄이익-자본)

(2) 20×3년 12월 31일

  (차) 재평가잉여금   300   (대) 토지   400
    재평가손실(비용)   100

  *재평가손실은 비용으로 처리하되, 전기에 재평가잉여금 잔액 *300원*이 있는 경우 해당 잔액을 먼저 상계한후 나머지 금액을 재평가손실로 처리한다.

예제 (주)한공은 20×1년초에 토지를 *1,000원*에 취득하였다. 이 토지를 20×2년말 *900원*으로 재평가하였고, 20×3년말에 *1,200원*으로 재평가하였다. 20×2년말과 20×3년말 회계처리를 하시오.

해설_ (1) 20×2년 12월 31일

  (차) 재평가손실(비용)   100   (대) 토지   100

  *재평가손실 *100원*(취득원가 *1,000원* → 공정가치 *900원*)은 당기비용으로 처리한다.

(2) 20×3년 12월 31일

  (차) 토지   300   (대) 재평가이익(수익)   100
                재평가잉여금   200
                (기타포괄이익-자본)

  *공정가치 상승분 *300원*(20×2년말 *900원* → 20×3년말 *1,200원*) 중 전기에 인식한 재평가손실(비용) *100원* 만큼을 재평가이익(수익)으로 먼저 인식하고 나머지 잔액 *200원*은 재평가잉여금(기타포괄손익-자본)으로 처리한다.

3. 유형자산의 처분

- 순매각금액 > 장부금액(취득가 - 감가상각누계액) ⇨ 유형자산처분이익(영업외수익)
- 순매각금액 < 장부금액 ⇨ 유형자산처분손실(영업외비용)

예제 다음 각 거래를 분개하시오.

(1) 20×1년 12월 31일 감가상각이 완료된 건물(취득가 *1,000,000원*, 감가상각누계액 *500,000원*)을 *600,000원*에 매각처분하고, 대금은 현금으로 받다.

(2) 20×2년 6월 30일 건물(취득일 20×1년 1월 1일, 취득가 *1,000,000원*, 내용연수 5년, 정액법, 잔존가치 *0원*)을 *550,000원*에 매각처분하고, 대금은 현금으로 받다.

해설_ (1) (차) 감가상각누계액   500,000   (대) 건물   1,000,000
    현금   600,000   유형자산처분이익   100,000

  순매각금액   600,000
  장부금액   500,000 ⇦ 취득원가 *1,000,000* - 감가상각누계액 *500,000*
  처분이익   +100,000

(2) 20×2년 6월 30일
① 처분시점까지 감가상각비 인식 : *1,000,000*원/5년 × 6개월/12개월 = *100,000*원
(차) 감가상각비   100,000   (대) 감가상각누계액   100,000
② 처분손익 인식
(차) 감가상각누계액*   300,000   (대) 건물   1,000,000
    현금   550,000
    유형자산처분손실   150,000
* 처분직전 감가상각누계액 = 20×1년 감가상각비 *200,000*원(= *1,000,000*원/5년) + 20×2년
  처분시점까지 추가 감가상각비 *100,000*

4. 고정자산등록과 감가상각

고정자산등록은 유형, 무형고정자산에 대한 감가상각계산을 위한 메뉴로, 해당 자산을 등록하고 세부내역을 입력하면 자동으로 당기 감가상각비가 계산된다. 또한 결산시 해당 감가상각비 금액이 자동으로 결산자료입력에 반영된다.

고정자산등록 메뉴를 클릭하면 다음과 같은 화면이 조회된다.

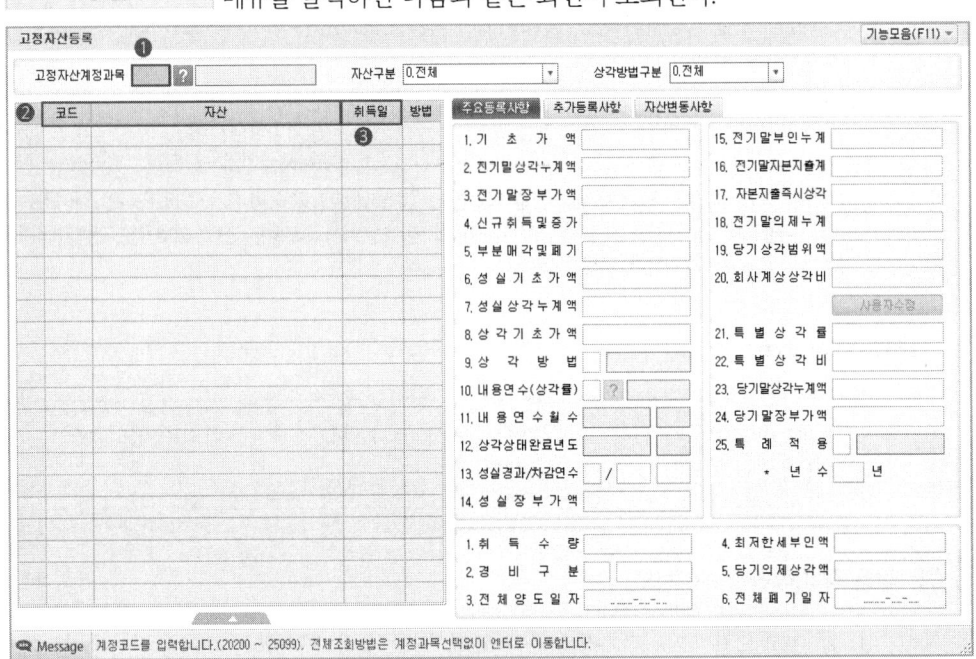

[화면설명]
① 고정자산 계정과목 : 계정코드 세 자리를 입력하거나 코드도움 ?을 클릭하여 해당코드를 선택한다. [Enter↵] 입력시 전체로 입력 가능하다.
② 코드/자산명 : 코드는 원하는 숫자를 6자리까지 입력 가능하며 자산명을 입력한다.
③ 취득일 : 해당 자산을 취득한 년, 월, 일 또는 사용년, 월, 일을 입력한다.

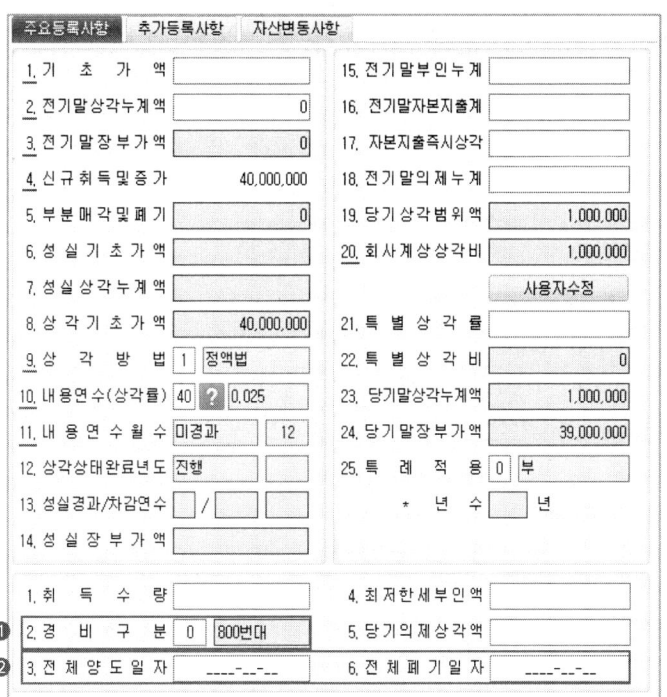

1. **기초가액** : 전기말 현재의 취득가액 또는 당기에 취득한 고정자산의 취득원가를 입력한다.
2. **전기말 상각누계액** : 전기말 현재의 감가상각누계액을 입력한다.
3. **전기말 장부가액** : 위 입력된 기초가액과 전기말상각누계액을 반영, 자동계산된 금액이 표시된다.
4. **★신규취득 및 증가** : 당기에 취득한 고정자산의 취득원가 또는 이미 등록된 고정자산에 대하여 발생한 당기의 자본적 지출액을 입력한다.
5. **부분매각 및 폐기** : 추가등록사항에서 자산변동처리를 한 경우 자동으로 반영된다.
9. **★상각방법** : 감가상각방법 중 정률법은 '0'을, 정액법은 '1'을 선택한다. 단, 건물의 경우에는 상각방법이 정액법으로 고정되어 다른 방법을 선택할 수 없다.
10. **★내용연수(상각률)** : 해당 자산의 내용연수를 입력하면 상각률은 자동계산되어 표시된다.
11. **내용연수 월수** : 경과된 월수가 자동계산된다.
20. **회사계상 상각비** : 기초가액, 상각방법, 내용연수 등의 위 입력된 사항에 의거 자동계산된다. 사용자수정 을 클릭하면 금액 수정이 가능하다.

[화면설명]
① 경비구분 : 고정자산의 용도에 따른 감가상각비 해당 경비의 구분을 위한 선택이며, 선택번호 "0 : 800번대(일반관리비), 1 : 500번대(제조경비), 2 : 600번대(도급경비), 3 : 700번대(분양경비)" 중 해당 번호를 입력한다.
② 전체 양도일자/전체 폐기일자 : 고정자산을 양도 또는 폐기처분한 경우에 직접 입력한다.

제4절 무형자산

1. 무형자산이란?

무형자산(intangible assets)은 영업활동에 사용목적으로 보유하고 있는 자산으로, 유형자산과 달리 물리적인 형태가 없는 것이 특징이다.

① **무형자산은 물리적 형체가 없다.**
   물리적 형체가 있으면 유형자산으로 분류한다.
② **식별가능하고, 기업이 통제하고 있다.**
   식별가능하다는 것은 다른 자산과 분리하여 재무제표상에 표기할 수 있다는 뜻이다. 즉, 외부에서 돈을 주고 구입하는 경우(소프트웨어) 또는 법적으로 권리가 보장(상표권 등)된 경우를 의미한다.

2. 무형자산의 종류

무형자산은 주로 외부에서 구입하거나 또는 법적으로 보장된 권리에 따라 다음과 같이 구분한다.

종류		정 의
231.영업권		사업결합(합병, 인수) 등으로 인하여 유상취득한 권리금
법적권리	232.특허권	법률에 따라 일정기간 독점적으로 사용가능한 법적으로 보장된 권리로서 통상 산업재산권으로 묶어서 부른다. (○○권)
	233.상표권	
	234.실용신안권	
	235.디자인권	
	236.면허권	
	237.광업권	일정한 광구에서 광물을 독점적으로 채굴할 수 있는 권리
239.개발비		신제품이나 신기술의 개발과 관련된 지출
240.소프트웨어		외부에서 구입한 컴퓨터 프로그램

3. 영업권(231)

영업권이란 흔히 권리금이라고 표현하는 것으로서, 특정 기업이나 가게를 인수하는 경우 우수한 경영진, 뛰어난 입지조건, 기술력의 원인으로 순자산보다 초과하여 지급하는 금액이다.

구 분	회계처리
① 매수영업권 → 무형자산 ○	사업결합(합병, 인수) 등으로 인하여 유상취득한 권리금으로 영업권으로 처리한다.
② 내부적으로 창출한 영업권 → 무형자산 ×	유상취득이 아닌 내부적으로 창출된 영업권은 취득원가를 신뢰성 측정할 수 없을 뿐만 아니라 기업이 통제하고 식별가능한 자원도 아니므로 무형자산으로 인식하지 않는다. 예를 들어 내부적으로 창출한 브랜드, 고객 목록 및 이와 유사한 항목에 대한 지출은 무형자산으로 인식하지 않는다.

예제 회사는 (주)동양을 인수합병하면서 합병대가로 현금 1,000,000원을 지급하였다. 합병 당시 (주)동양의 순자산(순재산)은 500,000원이다.

해설_ (차) 자산   500,000   (대) 현금   1,000,000
     영업권   500,000

4. 개발비(신제품 개발원가)

신제품·신기술의 개발과 관련하여 지출한 비용으로서 개별적으로 식별가능하고, 미래의 경제적 효익이 확실한 경우에 개발비로 처리한다. 개발비는 비용으로 생각할 수 있으나, 금액이 크고 개발 성공시 장래에 회사가 큰돈을 벌 수 있으므로 회계에서는 자산으로 회계처리한다.

[연구와 개발]

구 분		계정과목	
① 연구단계		경상연구개발비(비용)	판매비와관리비
② 개발단계	ⓐ 자산요건 충족	개발비	무형자산
	ⓑ 자산요건 미충족	발생기간 즉시 비용처리	판매비와관리비 또는 제조원가

※ 무형자산을 창출하기 위한 내부 프로젝트를 연구단계와 개발단계로 구분할 수 없는 경우에는 그 프로젝트에서 발생한 지출은 모두 연구단계에서 발생한 것으로 본다. (일반기업회계기준 11.18)

▶ 저자주 : 통상 신제품의 경우 연구 ⇨ 개발 ⇨ 완성(특허등록)순으로 이루어진다. 수험목적상 연구단계와 개발단계를 구분하는 것은 불필요하므로, 개발비가 비용이 아닌 자산이란 사실만 기억하면 된다.

참고 [세부사항] 연구활동과 개발활동의 구분

연구단계에 속하는 활동의 일반적인 예는 다음과 같다. (일반기업회계기준 실11.13)
① 새로운 지식을 얻고자 하는 활동
② 연구결과 또는 기타 지식을 탐색, 평가, 최종 선택 및 응용하는 활동
③ 재료, 장치, 제품, 공정, 시스템, 용역 등에 대한 여러 가지 대체안을 탐색하는 활동
④ 새롭거나 개선된 재료, 장치, 제품, 공정, 시스템, 용역 등에 대한 여러 가지 대체안을 제안, 설계, 평가 및 최종 선택하는 활동
개발단계에 속하는 활동의 일반적인 예는 다음과 같다. (일반기업회계기준 실11.13)

① 생산 전 또는 사용 전의 시작품과 모형을 설계, 제작 및 시험하는 활동
② 새로운 기술과 관련된 공구, 금형, 주형 등을 설계하는 활동
③ 상업적 생산목적이 아닌 소규모의 시험공장을 설계, 건설 및 가동하는 활동
④ 새롭거나 개선된 재료, 장치, 제품, 공정, 시스템 및 용역 등에 대하여 최종적으로 선정된 안을 설계, 제작 및 시험하는 활동

5. 무형자산의 상각

유형자산의 감가상각과 마찬가지로 무형자산에 대해서도 취득원가를 일정기간에 걸쳐 상각한다. 이 경우 ① 상각기간은 자산의 사용가능한 시점부터 20년 이내에서 정할 수 있으나 ② 산업재산권의 경우에는 관련 법률에서 정한 내용연수를 따른다. 그리고 ③ 상각방법은 정액법, 정률법 등이 가능하나, 합리적인 상각방법을 정할 수 없는 경우에는 정액법을 사용한다. ④ 무형자산의 잔존가치는 없는 것을 원칙으로 한다.

또한 무형자산은 물리적 형체가 없으므로 감가상각누계액을 사용하지 않고 상각시 해당 자산 금액을 직접 줄여준다.

구분	용어	분개방법	
① 유형자산	감가상각	(차) 감가상각비(비용)	(대) 감가상각누계액(자산차감계정)
② 무형자산	상각	(차) 무형자산상각비(비용)	(대) 특허권 등(해당자산 직접 차감)
		제조와 관련된 경우에는 제조원가로 그 밖의 경우에는 판매비와 관리비로 처리	

  예제 회사는 특허권을 당기 7월 1일에 *1,000,000*원에 취득하고, 5년간 정액법으로 상각한다(잔존가치는 0이다). 당기말 결산시 분개를 하시오.

해설 (차) 무형자산상각비   100,000   (대) 특허권   100,000
정액법에 따라 상각하되, 7월 1일 취득하였으므로 7월~12월까지 6개월간 월할 상각한다.
*1,000,000*원 ÷ 5년 × 6개월/12개월 = *100,000*원을 상각한다.
유형자산과 달리 무형자산은 상각비만큼을 해당 자산에서 직접 차감한다.

제3장 유형자산과 무형자산 ▶▶

실무이론평가 대비

01 다음 중 유형자산 취득시 회계처리에 대한 설명으로 옳지 않은 것은?   • 8회
① 현물출자, 증여, 기타 무상으로 취득한 자산은 공정가치를 취득원가로 한다.
② 매입할인이 있는 경우에는 이를 차감하여 취득원가를 산출한다.
③ 다른 종류의 자산과의 교환으로 취득한 유형자산의 취득원가는 교환을 위하여 제공한 자산의 공정가치로 측정한다.
④ 동종자산과의 교환으로 취득한 유형자산의 취득원가는 교환으로 제공한 자산의 공정가치로 한다.

해설

동종자산과의 교환으로 취득한 유형자산의 취득원가는 교환으로 제공한 자산의 장부금액으로 한다.

02 유형자산 취득시 회계처리를 설명한 것이다. 옳지 않은 것은?   • 10회
① 현물출자, 증여, 기타 무상으로 취득한 자산은 공정가액을 취득원가로 한다.
② 매입할인이 있는 경우에는 이를 차감하여 취득원가를 산출한다.
③ 유형자산의 취득시 발생한 운임은 취득원가에 포함된다.
④ 같은 종류의 자산과의 교환으로 취득한 유형자산의 취득원가는 교환으로 제공한 자산의 공정가액으로 한다.

해설

같은 종류의 자산(동종자산)과의 교환으로 취득한 유형자산의 취득원가는 교환으로 제공한 자산의 장부금액으로 한다.

ANSWER   01. ④   02. ④

TAT 2급

03 다음 중 유형자산인 건물의 취득원가에 포함되지 않는 것은? · 15회

① 건물의 설계와 관련하여 전문가에게 지급하는 설계비
② 건물의 취득과 관련하여 국·공채를 불가피하게 매입하는 경우 당해 채권의 매입가액과 일반기업회계기준에 따라 평가한 현재가치와의 차액
③ 건물에 대한 자본화 대상인 차입원가
④ 취득한 건물에서 판매할 새로운 상품을 소개하는 데 소요되는 지출

해설

새로운 상품을 소개하는 데 소요되는 지출은 광고선전비이므로 건물의 취득원가에 포함되지 아니한다.

04 다음은 (주)한공의 2023년 7월 1일 일괄취득한 토지와 건물에 관한 자료이다. 2024년도 기말 재무상태표에 표시될 건물의 장부금액은 얼마인가? · 38회

- 2023년 7월 1일, 토지와 건물을 15,000,000원에 일괄취득하였다.
- 토지와 건물의 공정가치는 토지 12,000,000원, 건물 8,000,000원이다.
- 감가상각방법은 정액법(내용연수 10년, 잔존가치 없음, 월할상각)을 적용한다.

① 4,800,000원
② 5,100,000원
③ 6,400,000원
④ 6,800,000원

해설

- 건물 취득원가 : $15,000,000원 \times \dfrac{8,000,000원}{20,000,000원} = 6,000,000원$
- 2023년 결산 시 감가상각비 : $(6,000,000 \div 10) \times \dfrac{6}{12} = 300,000원$
- 2024년 결산 시 감가상각비 : 600,000원
- 2024년 기말 건물 장부금액 : 6,000,000원 − (300,000원 + 600,000원) = 5,100,000원

ANSWER 03. ④ 04. ②

제3장 유형자산과 무형자산

05 (주)한공은 2월 10일 본사 건물용 부지를 구입하고, 당해 토지에 있던 구건물을 철거하고 10월 31일 본사건물을 완공하여 업무를 시작하였다. 다음 중 토지의 취득원가를 구성하지 않는 것은?
① 구건물의 철거비용
② 토지구입대금
③ 토지등기비 및 취득세
④ 신건물 공사비

해설
신건물 공사비는 "건물"로 처리한다. 그 외 구건물 철거비용, 토지구입대금, 토지등기비 및 취득세는 토지 취득시 발생하는 매입부대비용으로 토지원가로 처리한다.

06 유형자산의 취득원가에 관한 내용 중 가장 잘못된 것은?
① 유형자산의 취득원가는 공정가액으로 한다.
② 새로운 건물을 신축하기 위하여 사용중인 기존건물을 철거하는 경우에 기존건물의 장부가액은 새로운 건물의 취득원가에 가산한다.
③ 유형자산의 취득에 관한 운송비와 설치비용은 취득원가에 가산한다.
④ 유형자산의 취득과 관련하여 국·공채를 불가피하게 매입하는 경우에는 동 국공채의 매입가액과 기업회계기준에 따라 평가한 현재가치와의 차액을 유형자산의 취득원가에 가산한다.

해설
새로운 건물을 신축하기 위하여 기존건물을 철거하는 경우에 기존건물의 장부가액은 제거하여 유형자산 처분손실로 하고, 철거비용은 당기비용처리한다.

ANSWER 05. ④ 06. ②

07 (주)한공은 사용하던 기계장치를 다음과 같이 거래처의 동종자산으로 교환하여 취득하였다. 새로운 기계장치의 취득원가로 옳은 것은? • 16회

> • (주)한공이 제공한 기계장치 관련 금액
>   취득원가 3,000,000원, 감가상각누계액 2,400,000원, 공정가치 500,000원
> • 거래처로부터 제공받은 기계장치 관련 금액
>   취득원가 2,000,000원, 감가상각누계액 1,500,000원, 공정가치 300,000원

① 300,000원
② 400,000원
③ 500,000원
④ 600,000원

해설

동종자산의 교환으로 취득한 유형자산의 취득원가는 교환을 위하여 제공한 자산의 장부금액으로 한다. (주)한공이 제공한 자산의 장부금액은 600,000원이므로 취득한 기계장치의 취득원가는 600,000원이 된다. 따라서 (주)한공의 회계처리는 다음과 같다.

(차) 감가상각누계액   2,400,000   (대) 기계장치(구)   3,000,000
    기계장치(신)   600,000

08 (주)한공은 사용 중인 기계장치 A를 (주)서울의 기계장치 B와 교환하기로 하였다.

> • 기계장치 A의 취득원가 : 13,500,000원
> • 기계장치 A의 감가상각누계액 : 11,500,000원
> • 기계장치 A의 공정가치 : 불분명함
> • 기계장치 B의 공정가치 : 10,000,000원
> • (주)한공의 현금지급액 : 7,500,000원

교환한 기계장치가 동종자산이 아닌 경우 (주)한공이 인식해야 하는 손익은 얼마인가?
• 20회

① 유형자산처분손실 500,000원
② 유형자산처분이익 500,000원
③ 유형자산평가손실 500,000원
④ 유형자산평가이익 500,000원

해설

(차) 기계장치(B)   10,000,000   (대) 기계장치(A)   13,500,000
    감가상각누계액(A) 11,500,000   현금   7,500,000
                                         유형자산처분이익   500,000

ANSWER 07. ④ 08. ②

09 다음 중 유형자산의 자본적 지출에 해당하는 것은? •13회

> 가. 본래의 용도를 변경하기 위한 개조
> 나. 빌딩의 피난시설 설치
> 다. 기계의 소모된 부속품 또는 벨트의 대체
> 라. 건물 외벽의 도색

① 가, 나
② 나, 다
③ 가, 다
④ 나, 라

해설
본래의 용도를 변경하기 위한 개조와 빌딩의 피난시설 설치는 자본적 지출이고 나머지는 수익적 지출이다.

10 도매업을 영위하는 (주)한공은 사업 확장에 따라 상반기에 본사 건물을 리모델링(건물의 내용연수가 연장됨)하고 소요된 비용을 수선비로 회계처리하였다. 이 회계처리가 당기 재무제표에 미치는 영향으로 옳지 않은 것은? •14회

① 본사 건물 감가상각비와 감가상각누계액이 과소계상된다.
② 유형자산이 과소계상된다.
③ 당기순이익이 과대계상된다.
④ 매출원가에 미치는 영향은 없다.

해설
- 본사 건물 리모델링으로 내용연수가 연장되었으므로 자본적 지출이다. 자본적 지출을 수선비로 처리한 것은 잘못된 회계처리이다.
- 이로 인하여 비용(판매비와관리비)은 과대계상(수선비가 감가상각비 증가액보다 큼)되고 당기순이익은 과소계상된다. 또한 본사 건물 취득금액과 감가상각누계액이 과소계상된다.

ANSWER 09. ① 10. ③

11. (주)한공의 다음과 같은 회계처리가 경영성과에 미치는 영향으로 옳은 것은?

• 19회, 38회 유사

> (주)한공의 건물관리팀장은 본사건물에 엘리베이터를 추가 설치하고 회계담당자에게 설치대금 3,000,000원의 지급을 요청하였다. 회계담당자는 대금 3,000,000원을 보통예금 계좌에서 이체하여 지급하고 다음과 같이 회계처리하였다.
> (차) 수선비 3,000,000원　　(대) 보통예금 3,000,000원

① 부채의 과소계상
② 비용의 과소계상
③ 자산의 과소계상
④ 당기순이익의 과대계상

해설
자본적 지출을 수익적 지출로 처리한 경우 자산은 과소계상되고 비용은 과대계상된다. 따라서 당기순이익은 과소계상된다.

12. 다음은 (주)한공의 본사 건물에 대한 자료이다.

• 12회

> • 구입시점 : 2023년 1월
> • 구입가격 : 1,000,000원
> • 감가상각방법 : 정액법 잔존가치는 없으며 월할상각한다.
> • 내용연수 : 10년

(주)한공은 2024년 1월 1일 600,000원이 지출된 본사건물 보강공사를 완료하였으며, 이로 인하여 내용연수가 3년 연장되었다. 이 자료로 2024년 손익계산서와 재무상태표에 계상될 감가상각비와 감가상각누계액을 계산하면 얼마인가?

	감가상각비	감가상각누계액
①	123,077원	246,154원
②	125,000원	250,000원
③	125,000원	225,000원
④	100,000원	200,000원

해설
• 2023년 감가상각비 = 1,000,000원/10년 = 100,000원
• 2024년 감가상각비 = (1,000,000원 + 600,000원 − 100,000원)/12년 = 125,000원
• 2024년 감가상각누계액 = 100,000원 + 125,000원 = 225,000원

11. ③　12. ③

13

(주)한공은 2023년 1월 1일 2,000,000원에 기계장치를 구입하였다. 기계장치의 추정내용연수는 5년이며, 잔존가치는 200,000원으로 추정된다. (주)한공은 2024년 7월 1일에 이 기계장치를 2,000,000원에 처분하였다. (주)한공이 정액법을 사용하는 경우와 연수합계법을 사용하는 경우 인식되는 각각의 처분손익은 얼마인가? • 17회

	정액법	연수합계법
①	540,000원 이익	840,000원 이익
②	740,000원 이익	1,040,000원 이익
③	740,000원 이익	840,000원 이익
④	540,000원 이익	1,040,000원 이익

해설

정액법	• 2023년도 감가상각비 : (2,000,000원 − 200,000원) ÷ 5년 = 360,000원 • 2024년도 감가상각비 : (2,000,000원 − 200,000원) ÷ 5년 × 6개월/12개월 = 180,000원 → 처분손익 : 2,000,000원 − (2,000,000원 − 360,000원 − 180,000원) = 540,000원 이익
연수합계법	• 2023년도 감가상각비 : (2,000,000원 − 200,000원) × 5/15 = 600,000원 • 2024년도 감가상각비 : (2,000,000원 − 200,000원) × 4/15 × 6개월/12개월 = 240,000원 → 처분손익 : 2,000,000원 − (2,000,000원 − 600,000원 − 240,000원) = 840,000원 이익

14

정부보조금과 관련된 설명 중 옳지 않은 것은? • 7회

① 상환의무가 없는 자산관련 정부보조금은 관련 자산 취득시 그 자산의 가산계정으로 회계처리한다.
② 상환의무가 없는 자산관련 정부보조금은 관련 자산의 내용연수에 걸쳐 감가상각금액과 상계한다.
③ 상환의무가 없는 수익관련 정부보조금으로 특정 조건을 충족해야 하는 경우가 아니라면 정부보조금을 받을 때 손익에 반영한다.
④ 상환의무가 없는 수익관련 정부보조금이 특정 비용을 보전할 목적으로 지급되는 경우에는 특정 비용과 상계처리한다.

해설

상환의무가 없는 자산관련 정부보조금은 관련 자산 취득시 자산의 차감계정으로 회계처리한다.

ANSWER 13. ① 14. ①

15 (주)한공은 당기 1월 1일 연구장비를 취득하는 조건으로 상환의무 없는 정부보조금 500,000원을 수령하고 연구장비를 1,000,000원에 취득하였다. 당기 재무상태표와 손익계산서에 계상될 감가상각누계액과 감가상각비는 얼마인가? (단, 연구장비의 내용연수는 10년, 감가상각방법은 정액법이며, 잔존가치는 없다)

• 9회

	감가상각누계액	감가상각비
①	50,000원	50,000원
②	100,000원	50,000원
③	50,000원	100,000원
④	100,000원	100,000원

해설

(차) 감 가 상 각 비   100,000원   (대) 감 가 상 각 누 계 액   100,000원
    정 부 보 조 금   50,000원   감 가 상 각 비   50,000원

16 (주)한공은 정부보조금을 수령하여 다음의 기계장치를 취득하였다. 2024년 손익계산서에 계상될 감가상각비는 얼마인가?

- 취득원가 100,000원
- 정부보조금 40,000원
- 취득일자 : 당기 7월 1일
- 정액법 상각, 내용연수 5년, 잔존가치는 없다.

① 6,000원 ② 10,000원
③ 12,000원 ④ 20,000원

해설

- 당기 감가상각비 : (취득원가 100,000원 − 정부보조금 40,000원) × 1년/5년 × 6개월/12개월 = 6,000원
- 정부보조금은 유형자산의 취득원가에서 차감하는 형식으로 표시하고 그 자산의 내용연수에 걸쳐 감가상각비와 상계한다.

15. ② 16. ①

제3장 유형자산과 무형자산

17 다음은 (주)한공이 정부보조금을 수령하여 취득한 기계장치 관련 자료이다. 2024년 기말 재무상태표에 계상될 기계장치의 장부금액은 얼마인가? • 43회

- 2024년 1월 1일 기계장치 취득
- 취득원가 5,000,000원(회사부담분 4,000,000원, 정부보조금 1,000,000원)
- 내용연수 5년, 잔존가치 0원, 정액법 상각

① 3,100,000원 ② 3,200,000원
③ 3,900,000원 ④ 4,100,000원

해설
- 2024년 말 기계장치 감가상각누계액 = 5,000,000원 × 1/5 = 1,000,000원
- 감가상각비 중 정부보조금 해당분 = 1,000,000원 × 1/5 = 200,000원
- 정부보조금 잔액 = 1,000,000원 - 200,000원 = 800,000원
- 기계장치 장부금액 = 5,000,000원(취득금액) - 1,000,000원(감가상각누계액) - 800,000원(정부보조금잔액)
  = 3,200,000원

18 (주)한공은 2023년 12월 31일 현재 장부금액이 2,560,000원인 기계장치를 2024년 7월 1일에 2,000,000원에 처분하면서 200,000원의 처분손실이 발생하였다. 이 기계장치와 관련하여 (주)한공이 2024년도에 계상한 감가상각비는 얼마인가? • 7회

① 160,000원 ② 360,000원
③ 720,000원 ④ 800,000원

해설
(차) 현   금   2,000,000원   (대) 기계장치(장부금액)   2,200,000
    유형자산처분손실   200,000원
→ 2024년 1월 1일~2024년 6월 30일까지의 감가상각비 : 2,560,000원 - 2,200,000원 = 360,000원

ANSWER 17. ② 18. ②

19 (주)한공은 유형자산으로 분류된 토지에 대하여 재평가모형을 적용하고 있다. 토지 재평가가 재무제표에 미치는 영향으로 옳지 않은 것은? (단, 재평가시점의 토지의 장부금액은 1,000,000원이고 공정가치는 1,300,000원이다) • 5회

① 자본이 증가한다. ② 자산이 증가한다.
③ 당기순이익이 증가한다. ④ 부채는 변동이 없다.

해설

재평가시점의 회계처리
(차) 토　　　　지　　　300,000원　　　(대) 재평가잉여금　　　　　　　　300,000원
　　(자산의 증가)　　　　　　　　　　　　(자본 - 기타포괄손익누계액의 증가)

20 (주)한공은 다음과 같은 건물에 대해서 2024년 12월 31일에 재평가하려고 한다.

- 취득원가 : 500,000원
  (취득일 2024년 1월 1일, 내용연수 5년, 잔존가치 0원, 정액법 감가상각)
- 2024년 12월 31일 건물의 공정가치 : 750,000원

이 건물의 감가상각 및 재평가와 관련하여 2024년의 당기손익과 기타포괄손익에 미치는 영향으로 옳은 것은? • 8회

① 당기순이익 250,000원 증가 ② 당기순이익 350,000원 증가
③ 기타포괄이익 250,000원 증가 ④ 기타포괄이익 350,000원 증가

해설

2024년 감가상각　(차) 감가상각비　100,000원　(대) 감가상각누계액　100,000원
2024년 재평가　　(차) 감가상각누계액　100,000원　(대) 재평가잉여금　　350,000원
　　　　　　　　　　　건　　　물　　250,000원
*공정가치 750,000원 - 감가상각후 장부금액 400,000원 = 350,000원 재평가잉여금

ANSWER　19. ③　20. ④

제3장 유형자산과 무형자산

21 다음 자료에 의해 (주)한공이 2024년 손익계산서에 계상할 토지 재평가손익은 얼마인가?
· 28회

- (주)한공은 2023년에 공장을 건설할 목적으로 토지를 2,000,000원에 취득하였으며, 매 보고기간마다 재평가모형을 적용하기로 하였다.
- 2023년 말과 2024년 말 토지의 공정가치는 각각 2,200,000원과 1,800,000원이다.

① 재평가손실 200,000원　　② 재평가손실 400,000원
③ 재평가이익 200,000원　　④ 재평가이익 400,000원

해설

(1) 2023년 말
(차) 토　　　　지　　　　200,000원　　(대) 재평가이익(기타포괄손익)　200,000원
(2) 2024년 말
(차) 재평가이익(기타포괄손익)　200,000원　　(대) 토　　　　지　　　400,000원
　　 재평가손실(당기손익)　　　200,000원

---

22 (주)한공은 2023년 1월 1일 기계장치를 2,000,000원에 취득(내용연수 5년, 잔존가치는 0원)하였다. 동 기계장치는 원가모형을 적용하며 정액법으로 감가상각한다. 매 회계연도 말 기계장치에 대한 회수가능액은 다음과 같으며 회수가능액 변동은 기계장치의 손상 또는 그 회복에 따른 것이다. 2024년도 재무제표에 인식될 기계장치의 손상차손은 얼마인가?
· 30회, 41회, 44회 유사

연 도	2023년 말	2024년 말
회수가능액	1,600,000원	900,000원

① 100,000원　　② 200,000원
③ 300,000원　　④ 400,000원

해설

2024년 말 손상차손 = 회수가능가액 − 유형자산장부금액
: 900,000원 − (2,000,000원 − 2,000,000원 × 2/5) = (−)300,000원

ANSWER　　21. ①　22. ③

23 일반기업회계기준에 의한 유형자산 손상 시 회계처리에 대한 설명 중 가장 옳지 않은 것은?

① 유형자산의 사용강도나 사용방법의 현저한 변화가 있거나, 심각한 물리적 변형이 오면 손상차손을 검토하여야 한다.
② 유형자산의 사용 및 처분으로부터 기대되는 미래의 현금흐름 총액의 추정액 및 순공정가치가 장부가액에 미달할 경우에는 손상차손을 인식한다.
③ 유형자산의 회수가능가액은 순매각가액과 사용가치 중 큰 금액을 말한다.
④ 손상차손누계액은 재무상태표의 부채로 표시한다.

> **해설**
> - 손상차손누계액은 유형자산의 취득가액에서 차감하는 형태로 표시한다.
> - 감가상각(시간의 경과에 따른 가치감소) vs 손상차손(급격한 가치하락) 모두 유형자산의 취득가액에서 차감한다.

24 토지를 전기 초 80,000,000원에 취득하였으며, 전기에 손상징후가 있고 전기말 순공정가치와 사용가치는 각각 55,000,000원과 60,000,000원이었다. 당기말 현재 토지의 회수가능액이 85,000,000원인 경우 손상차손환입액으로 인식할 금액은 얼마인가? · 20회

① 15,000,000원
② 18,000,000원
③ 20,000,000원
④ 22,000,000원

> **해설**
> - 전기말 회수가능액 = Max(55,000,000원, 60,000,000원) = 60,000,000원
> - 전기말 손상차손 = 80,000,000원 - 60,000,000원 = 20,000,000원
> - 당기말 손상차손환입 = Min(회수가능액 85,000,000원, 당초 토지취득원가 80,000,000원) - 60,000,000원
>   = 20,000,000원

25 다음 중 무형자산으로 회계처리해야 하는 거래는? · 39회

① 프로젝트 초기의 연구단계에서 연구비를 지출하였다.
② 다른 회사와 합병하면서 영업권을 취득하였다.
③ 조직 개편으로 인한 부서별 명패 교환비용으로 현금을 지출하였다.
④ 재경팀 직원에게 회계교육을 실시하고 강사료를 지급하였다.

> **해설**
> ② 회사 간 합병으로 취득한 영업권은 무형자산이다.
> ①, ③, ④ 당기비용으로 인식한다.

제3장 유형자산과 무형자산

26 다음 중 무형자산에 대한 설명으로 옳지 않은 것은? •41회

① 내부적으로 창출한 영업권은 원가를 신뢰성 있게 측정할 수 있고, 미래경제적효익을 창출할 수 있다면 자산으로 인식할 수 있다.
② 무형자산의 상각기간은 독점적·배타적인 권리를 부여하고 있는 관계 법령이나 계약에 정해진 경우를 제외하고는 20년을 초과할 수 없다.
③ 다른 종류의 무형자산이나 다른 자산과의 교환으로 무형자산을 취득하는 경우에는 무형자산의 원가를 교환으로 제공한 자산의 공정가치로 측정한다.
④ 무형자산을 창출하기 위한 내부 프로젝트를 연구단계와 개발단계로 구분할 수 없는 경우에는 그 프로젝트에서 발생한 지출은 모두 연구단계에서 발생한 것으로 본다.

해설

내부적으로 창출한 영업권은 원가를 신뢰성 있게 측정할 수 없을 뿐만 아니라 기업이 통제하고 있는 식별가능한 자원도 아니기 때문에 자산으로 인식하지 않는다.

27 다음 연구 및 개발활동과 관련된 지출내역 중 무형자산인 개발비로 계상할 수 있는 금액은 얼마인가? •16회

- 새로운 지식을 얻고자 하는 활동 100,000원
- 연구결과 또는 기타 지식을 탐색, 평가, 최종선택 및 응용하는 활동 200,000원
- 생산 전의 시작품과 모형을 설계, 제작 및 시험하는 활동 300,000원
- 새로운 기술과 관련된 공구, 금형, 주형 등을 설계하는 활동 400,000원

① 200,000원　　② 500,000원
③ 700,000원　　④ 1,000,000원

해설

- 생산 전 또는 사용 전의 시작품과 모형의 설계, 제작 및 시험활동과 새로운 기술과 관련된 공구, 금형, 주형 등을 설계하는 활동은 개발단계에 속하는 활동으로서 무형자산의 개발비로 계상할 수 있다.
- 300,000원 + 400,000원 = 700,000원

ANSWER　26. ①　27. ③

28. 무형자산의 회계처리에 대한 설명으로 옳지 않은 것은? • 13회

① 무형자산의 상각대상금액은 그 자산의 추정내용연수 동안 체계적인 방법에 의하여 비용으로 배분한다.
② 무형자산의 상각기간은 독점적 배타적인 권리를 부여하고 있는 관계 법령이나 계약에 정해진 경우를 제외하고 20년을 초과할 수 없다.
③ 원칙적으로 무형자산의 잔존가치는 취득원가의 10%로 가정하여 무형자산 상각비를 계산한다.
④ 무형자산의 상각은 무형자산이 사용가능한 때부터 시작한다.

해설
무형자산의 잔존가치는 없는 것을 원칙으로 한다. 다만, 경제적 내용연수보다 짧은 상각기간을 정한 경우에 상각기간이 종료될 때 제3자가 자산을 구입하는 약정이 있거나, 그 자산에 대한 활성시장이 존재하여 상각기간이 종료되는 시점에 자산의 잔존가치가 활성시장에서 결정될 가능성이 매우 높다면 잔존가치를 인식할 수 있다.

29. 무형자산에 대한 설명 중 옳지 않은 것은?

① 무형자산이란 업무용도로 보유하는 비화폐성자산으로서 일반적으로 미래경제적효익이 있는 물리적 형체가 없는 자산을 말한다.
② 무형자산의 취득원가는 그 자산의 창출, 제조, 사용준비에 사용된 직접비뿐만 아니라 간접비도 포함한다.
③ 무형자산의 인식기준을 충족하지 못하면 그 지출은 발생한 기간의 비용으로 인식한다.
④ 무형자산의 상각은 항상 판매비와 관리비로 처리한다.

해설
제조와 관련된 경우에는 제조원가로 그 밖의 경우에는 판매비와 관리비로 처리한다.

ANSWER 28. ③ 29. ④

30 다음 중 현행 기업회계기준상 무형자산상각에 관한 설명으로 옳지 않은 것은?

① 원칙적으로 무형자산에 대한 상각기간은 관련 법령이나 계약에 의한 경우를 제외하고는 20년을 초과할 수 없다.
② 제조와 관련된 무형자산의 상각비는 제조원가에 포함한다.
③ 무형자산의 잔존가액은 없는 것을 원칙으로 한다.
④ 무형자산 상각방법으로는 정액법만 사용하여야 한다.

해설
정액법 및 기타 합리적인 방법을 사용하되, 합리적인 상각방법을 정할 수 없는 경우에는 정액법을 사용한다.

31 다음 중 기업회계기준상 무형자산에 대한 설명으로 틀린 것은?

① 무형자산으로 정의되기 위한 세 가지 조건은 식별가능성, 자원에 대한 통제 및 미래 경제적효익의 존재이다.
② 무형자산의 상각시 잔존가액은 없는 것을 원칙으로 한다.
③ 무형자산의 상각은 자산이 사용가능한 때부터 시작한다.
④ 무형자산의 합리적인 상각방법을 정할 수 없는 경우에는 정률법을 사용한다.

해설
정액법을 사용한다.

32 현행 기업회계기준서상 무형자산 상각과 관련한 설명으로 옳은 것은?

① 무형자산의 상각방법에는 정액법, 유효이자율법, 연수합계법, 생산량비례법 등이 있다.
② 무형자산 상각시 잔존가액은 어떠한 경우라도 없는 것으로 한다.
③ 무형자산의 상각기간은 독점적·배타적인 권리를 부여하고 있는 관계 법령이나 계약에 정해진 경우를 제외하고는 20년으로 한다.
④ 무형자산의 상각은 당해 자산이 사용가능한 때부터 시작한다.

해설
① 정액법, 정률법, 생산량 비례법 등 이용
③ 20년 이내

ANSWER 30. ④ 31. ④ 32. ④

33 다음 자료는 (주)한공의 무형자산과 관련한 거래 내용이다. 당기말 결산일의 회계처리로 옳은 것은?

•19회

> 당기 10월 1일 (주)한공은 상표권을 20,000,000원에 매입하고 이전등록비 500,000원과 중개수수료 300,000원을 현금으로 지급하였다.
>
> <추가자료>
> • 상표권은 법령에 의하여 25년 동안 보호받을 수 있다.
> • 상각방법은 정액법이며, 장부기록은 직접법에 의한다.
> • 상표권은 월할상각한다.

① (차) 감 가 상 각 비   208,000원   (대) 산업재산권(상표권)   208,000원
② (차) 감 가 상 각 비   208,000원   (대) 감 가 상 각 누 계 액   208,000원
③ (차) 무 형 자 산 상 각 비   208,000원   (대) 감 가 상 각 누 계 액   208,000원
④ (차) 무 형 자 산 상 각 비   208,000원   (대) 산업재산권(상표권)   208,000원

해설
• 무형자산상각비 = (20,000,000원 + 500,000원 + 300,000원) ÷ 25 × 3개월/12개월 = 208,000원
• 무형자산상각은 직접법으로 회계처리한다.

34 (주)한공은 2020년 1월 1일에 내용연수 10년으로 추정되는 특허권을 400,000원에 구입하였다. 2024년 1월 1일에 동 특허권의 보호를 위한 추가비용 60,000원이 발생하였다. 2024년도 손익계산서에 계상될 특허권상각비는 얼마인가?

•29회

① 0원   ② 30,000원
③ 45,000원   ④ 50,000원

해설
2023년 12월 31일 특허권상각액 : 400,000원/10년 = 40,000원(2023년까지 총 160,000원 상각)
2023년 12월 31일 현재 미상각 : (400,000원 – 160,000원) = 240,000원
2024년 1월 1일 자본적지출 : 60,000원, 잔존내용연수 6년(10년 – 4년)
2024년 12월 31일 특허권상각액 : (240,000원 + 60,000원)/6년 = 50,000원

ANSWER   33. ④ 34. ④

실무수행평가 대비

※ 주어진 실무프로세스에 대하여 (주)재무회계(회사코드 : 4000)의 거래자료를 입력하시오.

01   3월 1일   제품생산용 기계장치(절단기)를 구입하고 수취한 전자세금계산서(전자입력으로 처리)이다. (1) 거래자료를 매입매출전표에 입력하시오. (2) [고정자산등록] 메뉴에 관련 기계장치를 등록하시오(코드 5001, 상각방법 : 정률법, 내용연수 : 5년).

	전자세금계산서	(공급받는자 보관용)		승인번호	
공급자	등록번호	124-81-00440	공급받는자	등록번호	101-81-83017
	상호	(주)삼일기계 / 성명(대표자) 권영기		상호	(주)재무회계 / 성명(대표자) 김재무
	사업장	서울 구로구 도림로 19(구로동)		사업장	서울특별시 금천구 독산로90길 27
	업태	제조 / 종사업장번호		업태	제조업외 / 종사업장번호
	종목	기계제작		종목	신발
	E-Mail	samil@bill36524.com		E-Mail	fin@bill36524.com
작성일자	2024.03.01	공급가액	16,500,000	세액	1,650,000
월	일	품목명	규격	수량	단가	공급가액	세액	비고
03	01	절단기				16,500,000	1,650,000	

합계금액	현금	수표	어음	외상미수금	이 금액을 ○영수 / ●청구 함
18,150,000				18,150,000	

1. 매입매출전표입력(3월 1일)

거래유형	품 명	공급가액	부가세	거래처	전자세금
51.과세	절단기	16,500,000	1,650,000	(주)삼일기계	전자입력
분개유형	(차) 206.기계장치 16,500,000원			(대) 253.미지급금 18,150,000원	
3.혼합	135.부가세대급금 1,650,000원				

2. 고정자산등록
신규취득자산이므로 [4.신규 취득 및 증가]란에 취득원가를 입력한다.

02 3월 10일 임원이 업무용으로 사용할 승용차(3,000cc)를 구입하고 수취한 전자세금계산서이다. (1) 자료 1을 참고로 하여 거래자료를 입력하시오(전자세금계산서 거래는 전자입력으로 입력할 것). (2) 고정자산등록 메뉴에 신규취득자산을 등록(코드 3001, 자산명 : 제네시스, 상각방법 : 정액법, 내용연수 : 5년)하시오. (3) 자료 2를 참고로 하여 [업무용승용차등록]에서 신규 취득한 승용차를 등록하시오(코드 3001, 차종 : 제네시스).

■ 자료 1. 업무용승용차 구입내역

전자세금계산서			(공급받자 보관용)			승인번호		
공급자	등록번호	125-81-21512			공급받는자	등록번호	101-81-83017	
	상호	(주)해성자동차	성명(대표자)	유재영		상호	(주)재무회계	성명(대표자)	김재무
	사업장	서울 서대문구 가재울로 12길 37				사업장	서울특별시 금천구 독산로90길 27	
	업태	도소매업	종사업장번호			업태	제조업외	종사업장번호	
	종목	자동차판매				종목	신발	
	E-Mail	hyunkicar@bill36524.com				E-Mail	fin@bill36524.com	
작성일자	2024.03.10	공급가액	30,000,000	세액	3,000,000			
월	일	품목명	규격	수량	단가	공급가액	세액	비고
03	10	제네시스				30,000,000	3,000,000	
합계금액	현금	수표	어음	외상미수금	이 금액을	○ 영수 함		
33,000,000				33,000,000		● 청구		

■ 자료 2. 업무용전용 자동차보험 가입내역

자동차보험증권

증권번호	3954231	계약일	2024년 3월 10일
보험기간	2024 년 3 월 10 일		2025 년 3 월 9 일
차량번호	315나9876	차종	제네시스(3,000cc)
보험계약자	(주)재무회계	주민(사업자)번호	101-81-83017
피보험자	(주)재무회계	주민(사업자)번호	101-81-83017

제3장 유형자산과 무형자산

1. 매입매출전표입력(3월 10일)

거래유형	품 명	공급가액	부가세	거래처	전자세금
54.불공	제네시스	30,000,000	3,000,000	(주)해성자동차	전자입력
불공사유	3.비영업용 소형승용차 구입 및 유지				
분개유형	(차) 208.차량운반구		33,000,000원	(대) 253.미지급금	33,000,000원
3.혼합					

2. 고정자산등록

3. 업무용승용차등록

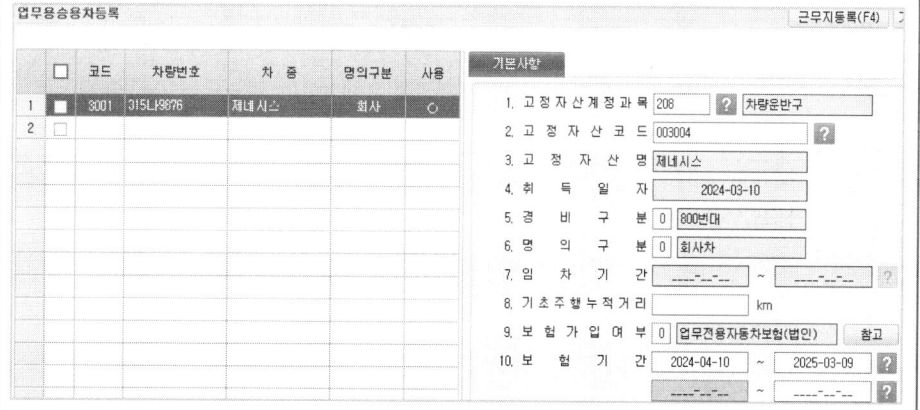

03

3월 15일 본사 업무용 차량을 구입하면서 법령에 의한 공채를 액면금액(300,000원)으로 구입하고 국민은행 보통예금 계좌에서 이체하여 지급하였다(공채 매입시 공정가치는 250,000원이며 '단기매매증권'으로 회계처리할 것).

■ 보통예금(국민은행) 거래내역

번호	거래일	내용	찾으신금액	맡기신금액	잔액	거래점
		계좌번호 84861-15-363541 (주)재무회계				
1	2024-03-15	공채구입	300,000		***	***

일반전표입력(3월 15일)
(차) 107.단기매매증권   250,000원   (대) 103.보통예금   300,000원
    208.차량운반구   50,000원   (98002.국민은행)

04

3월 16일 (주)대륙건설과 당기 6월 30일 완공예정인 공장건설 공사계약을 체결하고, 계약금을 국민은행 보통예금계좌에서 이체하였다.

■ 보통예금(국민은행) 거래내역

번호	거래일	내용	찾으신금액	맡기신금액	잔액	거래점
		계좌번호 84861-15-363541 (주)재무회계				
1	2024-03-16	공사	30,000,000		***	***

일반전표입력(3월 16일)
(차) 214.건설중인자산   30,000,000   (대) 103.보통예금   30,000,000원
                                             (98002.국민은행)

05   3월 17일   공장용 기계설비 도입을 위하여 중소벤처기업부에 지원금을 신청하였으며, 금일 신청금 30,000,000원이 당사 국민은행 보통예금계좌로 입금되었다.

(1) 관련 "정부보조금"계정을 계정과목코드 104로 등록하시오(계정구분 : 차감, 관련계정 : 보통예금).

(2) 거래자료를 입력하시오(계정과목명을 변경후 일반전표입력 메뉴를 재실행하여 변경된 계정과목명을 반영한다).

■ 보통예금(국민은행) 거래내역

번호	거래일	내용	찾으신금액	맡기신금액	잔액	거래점
		계좌번호 84861-15-363541 (주)재무회계				
1	2024-03-17	중소벤처기업부		30,000,000	***	***

---

1. 계정과목 및 적요등록

계정과목등록메뉴에서 104.정부보조금(계정구분 : 차감, 관계코드 : (103)보통예금 등록)

□	코드	계정과목	구분	사용	과목	관계
□	101	현　　　　금	일　반	○	101	
□	102	당　좌　예　금	예　금	○	102	
□	103	보　통　예　금	예　금	○	103	
□	104	정 부 보 조 금	차　감	○	104	103

2. 일반전표입력(3월 17일)

(차) 103.보통예금　　　　　　　30,000,000원   (대) 104.정부보조금　　　　　30,000,000원
　　(98002.국민은행)

06 3월 20일 기계장치(특수설비기계)를 구입하고 수취한 전자세금계산서이다. 3월 17일에 중소벤처기업부에서 수령한 정부지원금 30,000,000원을 포함하여 전액 국민은행 보통예금계좌에서 이체하여 지급하였다.

(1) 자산 구입내역을 매입매출전표에 입력하시오(전자입력으로 입력할 것).
(2) 유형자산 구입에 따른 정부보조금 회계처리는 일반전표에 입력하시오(고정자산등록은 생략).

전자세금계산서 (공급받는자 보관용)

	공급자		공급받는자	
등록번호	121-81-23139	등록번호	101-81-83017	
상호	(주)대한기계	성명(대표자) 차석준	상호	(주)재무회계	성명(대표자) 김재무
사업장	서울 구로구 경인로 100	사업장	서울특별시 금천구 독산로90길 27	
업태	제조업	종사업장번호	업태	제조업외	종사업장번호
종목	가공기계		종목	신발	
E-Mail	han455@bill36524.com	E-Mail	fin@bill36524.com	

작성일자	2024.03.20	공급가액	50,000,000	세액	5,000,000

월	일	품목명	규격	수량	단가	공급가액	세액	비고
03	20	특수기계				50,000,000	5,000,000	

합계금액	현금	수표	어음	외상미수금	이 금액을 ● 청구 함
55,000,000					

1. 매입매출전표입력(3월 20일)

거래유형	품명	공급가액	부가세	거래처	전자세금
51.과세	특수기계	50,000,000	5,000,000	(주)대한기계	전자입력
분개유형	(차) 206.기계장치 50,000,000원			(대) 103.보통예금 55,000,000원	
3.혼합	135.부가세대급금 5,000,000원			(98002.국민은행)	

2. 일반전표입력(3월 20일)

(차) 104.정부보조금   30,000,000원   (대) 219.정부보조금   30,000,000원
    (예금차감)   (기계장치차감)

제3장 유형자산과 무형자산 ▶▶

07 **3월 25일** 업무용 승용차(소나타)를 매각하고 발급한 전자세금계산서이며 매각대금(부가가치세 포함)은 현금으로 받았다.

(1) [고정자산등록]메뉴에 양도일자를 입력하시오(당기 양도일까지의 감가상각비는 계상하지 않기로 한다).

(2) [고정자산등록] 정보를 반영하여 매입매출전표에 입력하시오(전자입력으로 처리).

1. 고정자산등록

- 차량운반구 자료 확인 및 "사용자수정"을 클릭하여 회사계상상각비("0"으로 수정), 전체양도일자(2024-3-25) 입력

183

2. 매입매출전표입력(3월 25일)

거래유형	품 명	공급가액	부가세	거래처	전자세금
11.과세	소나타	7,000,000	700,000	(주)안성전자	전자입력
분개유형	(차) 209.감가상각누계액 29,000,000원			(대) 208.차량운반구 35,000,000원	
3.혼합	101.현금 7,700,000원			255.부가세예수금 700,000원	
				914.유형자산처분이익 1,000,000원	

08 3월 26일   공장신축 목적으로 구입하였던 토지(취득원가 70,000,000원)를 공장신축이 취소되어 처분하기로 결정하였다. 부동산중개수수료(매매대금의 1%)를 제외한 금액은 당사 국민은행 보통예금 계좌로 입금되었다.

■ 보통예금(국민은행) 거래내역

번호	거래일	내용	찾으신금액	맡기신금액	잔액	거래점
		계좌번호 84861-15-363541 (주)재무회계				
1	2024-03-26	토지매매		99,000,000	***	***

일반전표입력(3월 26일)
(차) 103.보통예금   99,000,000   (대) 201.토지   70,000,000원
    (98002.국민은행)   914.유형자산처분이익   29,000,000원

비대면 시험대비 실무수행평가

※ (주)재무회계(회사코드 : 4000)의 입력자료 및 회계정보를 조회하여 [답안수록메뉴]에 [평가문제]의 답안을 입력하시오.

평가문제

01 [재무상태표 조회] 3월 말 당좌자산과 유형자산의 금액을 각각 기록하시오. [배점 3]
① 당좌자산 :   ② 유형자산 :

02 [재무상태표 조회] 3월 말 '미지급금' 잔액은 얼마인가? [배점 3]

03 [거래처원장 조회] 3월 말 '미지급금' 잔액이 가장 적은 거래처의 코드를 기록하시오. [배점 3]

04 [일/월계표 조회] 3월 한 달 동안 '미지급금' 계정의 증가금액은 얼마인가? [배점 3]

05 [일/월계표 조회] 3월 발생한 '영업외수익'은 얼마인가? [배점 3]

해설

01 3월 말 재무상태표의 당좌자산과 유형자산의 금액을 각각 기록하시오.
① 당좌자산 : 1,292,669,686원   ② 유형자산 : 272,711,855원

02 3월 말 '미지급금' 잔액은 얼마인가? 91,839,100원

03 3월 말 '미지급금' 잔액이 가장 적은 거래처의 코드를 기록하시오. 00121

04 3월 한 달 동안 '미지급금' 계정의 증가금액은 얼마인가? 51,150,000원

05 3월 발생한 '영업외수익'은 얼마인가? 30,000,000원

TAT 2급

▶ 저자주 : 실제 시험에선 아래와 같이 [답안수록메뉴]에 입력을 하는 방식이다.

[답안수록메뉴]

	[실무수행평가]
1	① 1,292,669,686원 ② 272,711,855원
2	91,839,100원
3	00121
4	51,150,000원
5	30,000,000원

CHAPTER 04 투자자산과 기타비유동자산

제1절 투자자산

1. 투자자산이란?

투자자산이란 장기적인 투자수익을 얻을 목적으로 보유하고 있는 자산을 의미한다.

종 류	정 의
176.장기성예금	1년 이상 장기투자목적의 예금
177.특정현금과예금	당좌예금거래시 인출제한된 당좌개설보증금
178.매도가능증권	장기투자목적의 주식이나 채권
179.장기대여금	돈을 빌려주고 1년 후에 받기로 한 경우
187.투자부동산	장기투자목적으로 토지, 건물을 구입한 경우

2. 장기성 예금(176)

장기성 예금이란 결산일로부터 만기가 1년 이후인 정기예금 및 금융상품을 의미한다.

예제 다음 거래를 분개하시오.

> (1) 국민은행에 정기예금(만기 5년)에 1,000,000원을 당사 보통예금에서 이체하다.
> (2) 정기예금이 만기가 되어 원금 1,000,000원과 이자 100,000원이 당사 보통예금에 입금되었다.

해설_
(1) (차) 176.장기성예금	1,000,000	(대) 103.보통예금	1,000,000
(2) (차) 103.보통예금	1,100,000	(대) 176.장기성예금	1,000,000
		901.이자수익	100,000

3. 특정현금과 예금(177)

당좌개설보증금 등 인출제한(사용제한)이 있는 예금을 특정현금과 예금이라 한다.

다음 당좌예금 관련 거래를 분개하시오.

> (1) 9월 1일 국민은행과 당좌거래계약을 체결하고, 당좌개설보증금 5,000,000원과 당좌예금 예치액 1,000,000원을 현금으로 입금하다.
> (2) 9월 3일 미루상사에서 상품 300,000원을 매입하고 당좌수표를 발행하여 지급하다.

해설_ (1) (차) 177.특정현금과예금　5,000,000　　(대) 101.현금　　6,000,000
　　　　　 102.당좌예금　　　1,000,000
　　＊ 당좌거래계약을 체결하기 위해 예치한 당좌개설보증금은 일종의 보증금 성격으로 「177.특정현금과 예금」으로 처리하며 당좌거래계약기간 동안은 인출하지 못한다.

　　　(2) (차) 146.상품　　　　　 300,000　　(대) 102.당좌예금　　300,000

4. 장기대여금(179)

대여금은 타인에게 현금을 빌려주는 경우 발생한 채권을 처리하는 계정이며, 대여기간이 보고기간종료일로부터 1년을 초과하는 경우에는 장기대여금으로 처리한다.

 다음 거래를 분개하시오.

> (1) 차용증서를 받고 현금 1,000,000원을 대여하고, 돈을 2년 후에 받기로 하였다.
> (2) 대여한 현금 1,000,000원과 이자 100,000원을 현금으로 받았다.

해설_ (1) (차) 179.장기대여금　　1,000,000　　(대) 101.현금　　　　1,000,000
　　　(2) (차) 101.현금　　　　　1,100,000　　(대) 179.장기대여금　1,000,000
　　　　　　　　　　　　　　　　　　　　　　　　 901.이자수익　　　100,000

5. 투자부동산(187)

회사가 투자목적으로 토지나 건물 등을 구입한 경우 투자부동산이라 한다.

다음 거래를 분개하시오.

> (1) 부동산매매업을 영업으로 하는 회사가 토지를 1,000,000원에 판매목적으로 구입하였다.
> (2) 일반기업에서 토지를 1,000,000원에 투자목적으로 구입하였다.
> (3) 일반기업에서 토지를 1,000,000원에 사용목적(건물신축용)으로 구입하였다.

해설_ (1) (차) 146.상품　　　　　1,000,000　　(대) 101.현금　　1,000,000
　　　(2) (차) 187.투자부동산　　1,000,000　　(대) 101.현금　　1,000,000
　　　(3) (차) 201.토지　　　　　1,000,000　　(대) 101.현금　　1,000,000

제2절 매도가능증권

1. 매도가능증권이란?

매도가능증권은 장기투자목적으로 취득한 주식이나 채권이다.

회사가 삼성전자 주식을 단기투자목적으로 취득한 경우 107.단기매매증권(held for trading)으로 분류한다. 그러나 장기투자목적이라면 178.매도가능증권(available-for-sale)으로 분류한다.

예 삼성전자 주식을 샀다.	계정과목	기말평가
(1) 단기투자목적('1년 내 주가 오르면 팔아야지~')	107.단기매매증권	공정가치법
(2) 장기투자목적('2~3년 보유 후 팔아야지~')	178.매도가능증권	공정가치법 (예외 : 원가법[4])

2. 단기매매증권 vs 매도가능증권

(1) 취득시(20×1년 10월 20일)

삼성전자 주식 1주를 10,000원에 취득하고 주식거래수수료(거래원가) 1,000원을 현금으로 지급하다.

107. 단기매매증권	(차) 107.단기매매증권　　10,000 　　　수수료비용　　　　　1,000　　　　(대) 101.현금　　11,000 풀이 단기매매증권의 거래원가는 즉시 비용처리(수수료 따로 분개!)
178. 매도가능증권	(차) 178.매도가능증권　　11,000　　(대) 101.현금　　11,000 풀이 매도가능증권의 거래원가는 취득원가 합산(수수료 취득가 합산!)

[차이 이유] ① 단기매매증권의 경우 조만간 팔 목적으로 구입하였으므로 거래원가는 즉시 비용처리하나,
② 매도가능증권의 경우 장기 투자목적이므로 거래원가는 취득원가에 합산한다.

* 모든 자산의 취득부대비용(거래원가)은 내가 산 물건값에 합산(단, 단기매매증권 구입시만 수수료 따로 처리)

---

4) 매도가능증권 중 시장성이 없는 지분증권의 공정가치를 신뢰성 있게 측정할 수 없는 경우에는 취득원가로 평가한다.
(예 증권시장에서 거래되지 않는 비상장주식 등)

(2) 기말 평가시(20×1년 12월 31일)

결산일(12월 31일) 현재 삼성전자의 기말 공정가치는 15,000원이다.

107. 단기매매증권	(차) 107.단기매매증권 5,000　　(대) 905.단기매매증권평가이익 5,000 　　　　　　　　　　　　　　　　　　　　(영업외수익) [풀이] 단기매매증권평가이익 5,000원(=기말공정가치 15,000원 – 취득원가 10,000원) 　　은 당기수익(영업외수익) 처리[5] (부분)재무상태표 당좌자산 107.단기매매증권　　　　　　　　　　15,000　⇨ 공정가치 (부분)손익계산서 영업외수익 905.단기매매증권평가이익　　　　　　5,000　⇨ 당기손익 ○ 당기순이익　　　　　　　　　　　　 +5,000　⇨ 이익 영향 ○		
178. 매도가능증권	(차) 178.매도가능증권 4,000　　(대) 981.매도가능증권평가이익 4,000 　　　　　　　　　　　　　　　　　　　　(자본 중 기타포괄손익누계액) [풀이] 매도가능증권평가이익 4,000원(=기말공정가치 15,000원 – 취득원가 11,000원) 　　은 자본(기타포괄손익누계액)[6]으로 처리 (부분)재무상태표 투자자산　　　　　　　　　　　　　　　<자본> 　　　　　　　　　　　　　　　　　　　기타포괄손익누계액 178.매도가능증권　　　　　　15,000　　981.매도가증권평가이익[7]　4,000 　　　　　　　　　　　　　　　　　　　⇨ 당기손익 × ⇨ 이익영향 ×		

[차이 이유] ① 단기매매증권은 1년 내 조만간 처분할 주식이므로 공정가치의 변동으로 인한 관련 평가이익(손실)은 당기수익(비용)으로 처리하여 손익계산서에 반영한다.
반면에 ② 매도가능증권은 장기투자목적이므로 관련 평가이익(손실) 또한 장기미실현이익에 해당한다(언제 팔아 돈이 들어올지 알 수가 없다는 뜻). 따라서 매도가능증권의 경우 그 평가손익이 언제 실현될지 알 수 없기 때문에 일단 처분되기 이전에 발생한 모든 평가손익은 당기손익으로 처리하지 않고 자본 항목 중 「기타포괄손익누계액」으로 모아 두어 관리한다.

---

[5] 단기매매증권평가이익은 그때그때 바로 손익계산서에 반영하여 평가손익을 다음 해로 넘기지 않는다.
[6] 기타포괄손익누계액은 "당기수익이 아닌 그 외 차액"이란 의미로 주로 장기미실현이익을 관리하는 항목이다.
[7] 매도가증권평가이익은 당기수익처리하지 않고 따로 모아 두었다가 실제 처분시 없앤다.

(3) 처분시(20×2년 03월 01일)

삼성전자 주식 1주를 20,000원으로 처분하고 현금을 받다.

107. 단기매매증권	(차) 101.현금　　　　　　　　20,000　　(대) 107.단기매매증권　　　15,000 　　　　　　　　　　　　　　　　　　　　　906.단기매매증권처분이익　 5,000 [풀이] 단기매매증권은 처분 직전 장부가액(15,000)과 처분가액(20,000)을 직접 비교하여 처분이익을 바로 계산한다.
178. 매도가능증권	(차) 101.현금　　　　　　　　20,000　　(대) 178.매도가능증권　　　15,000 　　　981.매도가능증권평가이익　 4,000　　　　매도가능증권처분이익　 9,000 [풀이] 매도가능증권이 실제 처분(=실현)되는 시점에 그동안 당기수익처리하지 않고 자본(기타포괄손익누계액)으로 모아두었던 "매도가능증권평가이익"을 같이 없애주고, 관련 처분손익을 최종적으로 계산한다.

[평가이익과 처분이익의 구분]

구 분	성 격	회계상 처리
① 단기매매증권평가이익	단기미실현이익[8]	당기수익(영업외수익)
② 매도가능증권평가이익	장기미실현이익[9]	기타포괄손익누계액(자본)
③ 단기매매증권처분이익	실현이익[10]	당기수익(영업외수익)
④ 매도가능증권처분이익	실현이익	당기수익(영업외수익)

 다음 매도가능증권(A)와 관련된 거래를 분개하시오(평가이익 발생 후 처분).

(1) 20×1년 12월 1일 시장성 있는 매도가능증권 A주식 10주를 주당 10,000원(액면가액 5,000원)에 구입하고, 매입수수료 20,000원을 포함하여 당사의 보통예금계좌에서 인출하여 지급하였다.

(2) 20×1년 12월 31일 매도가능증권(A)의 기말공정가치는 총 150,000원이다.

(3) 20×2년 3월 1일 매도가능증권(A)를 130,000원에 처분하고 대금은 현금으로 수취하였다.

해설_ (1) 매도가능증권 취득시 거래원가(매입수수료)는 취득원가에 합산한다.
　　　(차) 매도가능증권(A)　　　　120,000　　(대) 보통예금　　　　　　　120,000

---

[8] 「미실현이익」이란 팔지도 않았는데 생긴 평가이익을 의미한다. 단기매매증권평가이익도 미실현이익이나 단기(조만간 처분목적)에 처분되어 실현된다고 가정하고 당기수익으로 바로 처리한다.
[9] 매도가능권평가이익은 장기미실현이익이다. 즉, 언제 팔아 돈이 들어올지 알 수가 없으니 지금 당장은 시세가 올랐지만 다시 내려갈지도 모른다. 그래서 당기수익으로 바로 처리하지 않고 기타포괄손익이란 항목을 만들어 처분시까지 모아둔다.
[10] 실현이익은 실제 팔아서 얻은 이익이므로 당기수익으로 처리한다.

(2) 기말 공정가치 150,000원 – 취득원가 120,000원 = 30,000원 평가이익

(차) 매도가능증권(A)	30,000	(대) 매도가능증권평가이익 (기타포괄손익누계액)	30,000

(부분)재무상태표

투자자산		<자본> 기타포괄손익누계액	
매도가능증권 (A)	150,000	: 매도가능증권평가이익	(+)30,000

(3) 매도가능증권이 실제 처분(=실현)되는 시점에 그동안 당기수익처리하지 않고 자본(기타포괄손익누계액)으로 모아두었던 "매도가능증권평가이익"을 같이 없애주고, 관련 처분손익을 최종적으로 계산한다.

(차) 현금	130,000	(대) 매도가능증권(A)	150,000
매도가능증권평가이익	30,000	매도가능증권처분이익 (영업외수익)	10,000

※ 매도가능증권처분손익 = 처분가액 – (장부가액±관련 평가손익)
= 130,000 – (150,000 – 평가이익 30,000)
= 처분가액(130,000원) – 취득원가(120,000원)
= 처분이익 10,000원

예제 다음 매도가능증권(B)와 관련된 거래를 분개하시오(평가손실 발생후 처분).

(1) 20×1년 12월 1일 시장성 있는 매도가능증권 B주식 10주를 주당 10,000원(액면가액 5,000원)에 구입하고, 매입수수료 20,000원을 포함하여 당사의 보통예금계좌에서 인출하여 지급하였다.

(2) 20×1년 12월 31일 매도가능증권(B)의 기말공정가치는 총 90,000원이다.

(3) 20×2년 3월 1일 매도가능증권(B)를 130,000원에 처분하고 대금은 현금으로 수취하였다.

해설 (1) 매도가능증권 취득시 거래원가(매입수수료)는 취득원가에 합산한다.

(차) 매도가능증권(B)	120,000	(대) 보통예금	120,000

(2) 기말 공정가치 90,000원 – 취득원가 120,000원 = (–)30,000원 평가손실

(차) 매도가능증권평가손실 (기타포괄손익누계액 (–)항목)	30,000	(대) 매도가능증권(B)	30,000

(부분)재무상태표

투자자산		<자본> 기타포괄손익누계액	
매도가능증권 (B)	90,000	: 매도가능증권평가손실	(–)30,000

(3) 매도가능증권이 실제 처분(=실현)되는 시점에 그동안 당기비용처리하지 않고 자본(기타포괄손익누계액)으로 모아두었던 "매도가능증권평가손실"을 같이 없애주고, 관련 처분손익을 최종적으로 계산한다.

(차) 현금	130,000	(대) 매도가능증권(B)	90,000
		매도가능증권평가손실	30,000
		매도가능증권처분이익 (영업외수익)	10,000

※ 매도가능증권처분손익 = 처분가액 − (장부가액+관련 평가손익)
= 130,000 − (90,000 + 평가손실 30,000)
= 처분가액(130,000원) − 취득원가(120,000원)
= 처분이익 10,000원

제3절 기타비유동자산

1. 기타비유동자산이란?

기타비유동자산은 투자자산, 유형자산, 무형자산에 속하지 않는 비유동자산으로, 다른 자산으로 분류하기 어려운 보증금(임차보증금, 전세권, 기타보증금, 전신전화가입권) 및 장기채권(장기외상매출금, 장기미수금 등)을 포함한다.

2. 기타비유동자산의 종류

기타비유동자산은 주로 보증금 성격이나 장기채권으로 구분된다.

종 류		정 의
보증금	962.임차보증금	타인의 부동산을 월세지급조건으로 사용하기 위하여 지급하는 보증금
	963.전세권	전세보증금을 지급하고, 부동산을 사용할 수 있는 권리
	964.기타보증금	거래보증금, 입찰보증금 등
	978.전신전화가입권	전화가입시 지급하는 보증금
장기채권	965.장기외상매출금	회수기간이 1년 초과되는 외상매출금
	968.장기받을어음	회수기간이 1년 초과되는 받을어음
	971.장기미수금	회수기간이 1년 초과되는 미수금
	974.장기선급비용	보험료나 임차료 선지급액 중 기간이 1년 이후에 도래하는 경우
	975.장기선급금	미리 지불한 계약금으로 1년 이후에 자산을 인도받는 경우
	976.부도어음과수표	소지하고 있는 어음이 부도가 난 경우 임시로 쓰는 계정과목

3. 부도어음과수표

부도란 어음수취인이 어음대금지급일에 어음을 제시하였으나 지급을 거절당하여 어음대금을 받지 못하게 된 경우이다. 이때 어음이 부도났다고 바로 대손(손실)으로 처리하지 않고 일단

'부도어음과수표'로 대체한다. 왜냐하면 어음도 일종의 외상거래이므로 약속된 외상값을 약속기일에 받지 못한다고 돈을 못 받는 건 아니기 때문이다. 부도발생 이후에도 대금회수를 위한 재산압류 등의 별도의 법적절차가 진행되므로 최종적으로 채무자가 정말 돈이 없어 대손확정될 때까지는 '부도어음과수표'로 잡아둔다.

예제 다음 받을어음과 관련된 각각의 거래를 분개하시오.

(1) 1월 1일 (주)부산에 제품을 200,000원에 매출하고, 대금은 2개월만기 약속어음으로 수취하다.
(2) 3월 1일 만기일에 발행인 (주)부산의 거래은행에 약속어음을 제시한 바 지급이 거절되어 부도로 확인되었다(부도어음과수표 계정을 사용할 것).

해설

구 분	회계처리			
1월 1일 약속어음수취시	(차) 110.받을어음	200,000	(대) 404.제품매출	200,000
3월 1일 어음부도시	(차) 976.부도어음과수표	200,000	(대) 110.받을어음	200,000

실무이론평가 대비

01 다음 중 유동자산으로 분류되지 않는 것은? ・18회
① 제품제조를 위해 구입한 원재료
② 단기시세차익을 목적으로 구입한 시장성이 있는 유가증권
③ 보고기간 종료일로부터 1년 이내에 만기가 도래하여 현금화가 가능한 만기보유증권
④ 기업이 고유의 영업활동과 직접적인 관련 없이 투자 목적으로 보유하고 있는 부동산

해설
기업이 고유의 영업활동과 직접적인 관련 없이 투자 목적으로 보유하고 있는 부동산을 투자부동산이라고 한다. 투자부동산은 비유동자산인 투자자산으로 분류된다.

02 다음 중 일반기업회계기준의 투자자산에 속하지 않는 것은?
① 지분법적용투자주식   ② 단기매매증권
③ 투자부동산   ④ 장기대여금

해설
단기매매증권은 당좌자산으로 분류한다.

03 다음 거래의 내용 중 투자자산으로 분류할 수 없는 거래는?
① 거래처에 현금 500,000원을 대여하고, 8개월 후에 받기로 하다.
② 거래은행에 2년 만기의 정기예금에 가입하고, 현금 7,000,000원을 예입하다.
③ 투자를 목적으로 대지 400평을 200,000,000원에 취득하고, 수표를 발행하여 지급하다.
④ 만기까지 보유할 목적으로 4년 만기의 (주)희망유통 발행의 사채 8,000,000원을 취득하고, 수표를 발행하여 지급하다.

해설
회수기간이 1년 이하인 단기대여금은 유동자산으로 분류한다.

ANSWER 01. ④ 02. ② 03. ①

04 다음은 제조업을 영위하고 있는 (주)한공의 박 전무와 김 대리의 대화 내용이다. (가)와 (나)에 들어갈 항목으로 옳은 것은?
• 11회

- 박 전무 : 회사가 보유하고 있는 건물은 재무상태표에 어떻게 표시되고 있나요?
- 김 대리 : 타인에게 임대하거나 자체적으로 사용하고 있는 건물은 (가)으로, 시세차익을 얻기 위하여 보유하고 있는 건물은 (나)으로 분류하고 있습니다.

	(가)	(나)
①	유형자산	재고자산
②	투자자산	재고자산
③	유형자산	투자자산
④	재고자산	유형자산

해설

타인에게 임대하거나 자체적으로 사용하기 위하여 보유하고 있는 부동산은 유형자산으로 분류하고 시세차익을 얻기 위하여 보유하고 있는 부동산은 투자자산으로 분류한다.

05 도·소매업을 영위하는 (주)한공이 보유하고 있는 유가증권 회계처리로 옳은 것은?
• 14회

① 단기매매증권평가손익은 영업외손익에 해당한다.
② 매도가능증권평가손익은 당기 손익에 영향을 미친다.
③ 매도가능증권처분손익은 기타포괄손익누계액에 반영한다.
④ 단기매매증권의 취득과 관련된 매입수수료는 취득원가에 가산한다.

해설

② 매도가능증권평가손익은 기타포괄손익누계액에 영향을 미친다.
③ 매도가능증권처분손익은 영업외손익으로 인식된다.
④ 단기매매증권의 취득과 관련된 매입수수료는 비용으로 처리한다.

04. ③ 05. ①

제4장 투자자산과 기타비유동자산

06 다음 자료에 의해 (주)한공의 매도가능증권처분손익을 계산한 금액의 회계처리로 옳은 것은?
· 18회

- 2023년 8월 10일 매도가능증권 500주를 1주당 공정가치 7,000원에 취득하다.
- 2023년 12월 31일 매도가능증권을 1주당 공정가치 9,000원으로 평가하다.
- 2024년 7월 1일 매도가능증권 500주를 1주당 6,000원에 처분하고 주금은 현금으로 받다.

① (차)현   금 3,000,000원   (대)매 도 가 능 증 권 3,500,000원
    매도가능증권처분실   500,000원
② (차)현   금 3,000,000원   (대)매 도 가 능 증 권 3,500,000원
    매도가능증권평가이익 1,000,000원   매도가능증권처분이익   500,000원
③ (차)현   금 3,000,000원   (대)매 도 가 능 증 권 4,500,000원
    매도가능증권처분손실 1,500,000원
④ (차)현   금 3,000,000원   (대)매 도 가 능 증 권 4,500,000원
    매도가능증권평가이익 1,000,000원
    매도가능증권처분손실   500,000원

해설

- 2023년 12월 31일 평가시 회계처리

  (차) 매 도 가 능 증 권 1,000,000원   (대) 매도가능증권평가이익 1,000,000원
  → 500주 × (공정가치 9,000원 − 취득원가 7,000원) = 평가이익 1,000,000원

- 2024년 7월 1일 처분시 매도가능증권평가이익을 정리한다.

  (차) 현   금 3,000,000원   (대) 매 도 가 능 증 권 4,500,000원
      매도가능증권평가이익 1,000,000원
      매도가능증권처분손실   500,000원

ANSWER 06. ④

07 다음은 (주)한공이 당기에 취득하여 보유중인 유가증권 내역이다. 기말 결산 시 유가증권의 평가결과로 옳은 것은?
• 38회

보유목적	종 류	주식수	액면단가	취득단가	기말공정가치
단기매매	A주식	1,000주	5,000원	@6,000원	@7,000원
단기매매	B주식	3,000주	5,000원	@8,000원	@5,000원
장기보유	C주식	2,000주	5,000원	@7,000원	@9,000원

① 당기순이익이 4,000,000원 감소한다.
② 당기순이익이 4,000,000원 증가한다.
③ 당기순이익이 8,000,000원 감소한다.
④ 당기순이익이 8,000,000원 증가한다.

해설

- 당기순이익에 영향을 미치는 내용은 단기매매 목적의 유가증권 평가이다.
- A주식의 평가 : 1,000주 × (@7,000원 - @6,000원) = 단기매매증권평가이익 1,000,000원
  B주식의 평가 : 3,000주 × (@5,000원 - @8,000원) = 단기매매증권평가손실 9,000,000원
  ⇒ 당기순이익 8,000,000원 감소
- C주식은 매도가능증권으로 매도가능증권평가이익이 발생한다.
  ⇒ 기타포괄손익누계액(자본)에 반영됨

08 (주)한공은 2023년 5월 7일 (주)서울의 주식 100주를 주당 1,000원에 취득하고 매도가능증권으로 분류하였다. 2023년 말 이 주식의 공정가치는 주당 1,200원이었으며, (주)한공은 2024년 9월 30일 주당 1,300원에 전량 매도하였다. 이 거래가 2024년 당기순이익에 미치는 영향으로 옳은 것은?

① 10,000원 증가
② 20,000원 증가
③ 30,000원 증가
④ 40,000원 증가

해설

- 처분손익 = 처분금액 - 취득원가 = 1,300원 × 100주 - 1,000원 × 100주 = 30,000원 이익
※ 매도가능증권처분시 처분이익은 굳이 평가손익을 고려하지 않더라도 "처분금액"과 "취득원가"를 비교해서 계산해도 된다(어차피 매도가능증권평가손익은 당기손익이 아닌 기타포괄손익으로 처리하므로 처분이익에 영향을 미치지 않는다).

07. ③ 08. ③

실무수행평가 대비

※ 주어진 실무프로세스에 대하여 (주)재무회계(회사코드 : 4000)의 거래자료를 입력하시오.

01 4월 1일 장기 투자목적으로 토지를 10,000,000원에 취득하고 대금은 국민은행 보통예금 계좌에서 이체하였다. 당일 취득세와 등록세 1,000,000원은 현금 납부하였다.

■ 보통예금(국민은행) 거래내역

번호	거래일	내용	찾으신금액	맡기신금액	잔액	거래점
		계좌번호 84861-15-363541 (주)재무회계			
1	2024-04-01	토지취득	10,000,000		***	***

일반전표입력(4월 1일)
(차) 187.투자부동산   11,000,000원   (대) 103.보통예금   10,000,000원
                                                (98002.국민은행)
                                                101.현금   1,000,000원

02 4월 2일 장기 투자목적으로 4월 1일 취득한 투자부동산 전부를 (주)서울산업에 15,000,000원에 매각하면서 대금은 약속어음(만기 1년 이내)을 받았다.

일반전표입력(4월 2일)
(차) 120.미수금   15,000,000원   (대) 187.투자부동산   11,000,000원
    (00150.(주)서울산업)   915.투자자산처분이익   4,000,000원
※ 주의 : 재고자산(상품, 제품 등)을 매출한 경우가 아니므로 "받을어음"이 아닌 "미수금"으로 처리함에 주의

03

4월 5일 장기투자목적으로 상장회사인 (주)현대상사의 주식 10주(지분율 5%)를 주당 130,000원(액면가액 5,000원)에 구입하고 매입수수료 20,000원을 포함하여 당사의 보통예금계좌에서 인출하여 지급하였다.

■ 보통예금(국민은행) 거래내역

번호	거래일	내용	찾으신금액	맡기신금액	잔액	거래점
		계좌번호 84861-15-363541 (주)재무회계				
1	2024-04-05	주식대금	1,320,000		***	***

```
일반전표입력(4월 5일)
 (차) 178.매도가능증권      1,320,000원   (대) 103.보통예금           1,320,000원
                                            (거래처 : 98002.국민은행)
※ 주의 : ① '매도가능증권' 코드 검색시 「123.매도가능증권」은 당좌자산에 해당하므로 취득시는 투자자산에 해당
         하는 「178.매도가능증권」 코드를 사용해야 함. ② 「178.매도가능증권」 처리 후 추후 1년 이내 처분할 것이 확실한
         경우에는 당좌자산코드인 「123.매도가능증권」으로 재분류할 수도 있음
```

04

4월 10일 매도가능증권(투자자산)을 22,000,000원에 처분하고, 매각대금은 국민은행 보통예금계좌로 이체받았다. 직전 연도까지 매도가능증권에 대하여는 일반기업 회계기준에 따라 적절하게 회계처리하였다.

취득가액	전기말 공정가치	양도가액	비고
24,000,000	30,000,000	22,000,000	시장성 있음

```
일반전표입력(4월 10일)
 (차) 103.보통예금          22,000,000원   (대) 178.매도가능증권      30,000,000원
     (98002.국민은행)
     981.매도가능증권평가익    6,000,000원
     958.매도가능증권처분손    2,000,000원

※ 주의 : 매도가능증권이 실제 처분(=실현)되는 시점에 그동안 당기수익처리하지 않고 자본(기타포괄손익누계액)
         으로 모아두었던 "매도가능증권평가이익"을 같이 없애주고, 관련 처분손익을 최종적으로 계산한다.

※ 비교 : 만일 전기말 공정가치가 20,000,000원이였다면 "매도가능증권평가손실 4,000,000원"이 남아 있을테니
         '매도가능증권평가손실'을 같이 없애주고, 관련 처분손익을 최종적으로 계산한다.
 (차) 103.보통예금          22,000,000원   (대) 178.매도가능증권      20,000,000원
     (98002.국민은행)                           982.매도가능증권평가손   4,000,000원
     958.매도가능증권처분손    2,000,000원
```

05 **4월 15일** 회사는 만기보유목적으로 (주)삼성의 채권을 10좌를 1좌당 *150,000*원에 취득하면서 수수료 *20,000*원을 포함한 금액을 국민은행 보통예금에서 이체하였다.

■ 보통예금(국민은행) 거래내역

번호	거래일	내용	찾으신금액	맡기신금액	잔액	거래점
		계좌번호 84861-15-363541 (주)재무회계				
1	2024-04-15	채권대금	1,520,000		***	***

일반전표입력(4월 15일)

(차) 181.만기보유증권   1,520,000원   (대) 103.보통예금   1,520,000원
                                               (98002.국민은행)

※ 주의 : ① '만기보유증권' 코드 검색시 「124.만기보유증권」은 당좌자산에 해당하므로 취득시는 투자자산에 해당하는 「181.만기보유증권」 코드를 사용해야 함. ② 「181.만기보유증권」 처리 후 추후 1년 이내 처분(혹은 만기도래)할 것이 거의 확실한 경우 당좌자산코드인 「124.만기보유증권」으로 재분류할 수도 있음

TAT 2급

비대면 시험대비 실무수행평가

※ (주)재무회계(회사코드 : 4000)의 입력자료 및 회계정보를 조회하여 [답안수록메뉴]에 [평가문제]의 답안을 입력하시오.

평가문제

01 [재무상태표 조회] 4월 말 당좌자산과 투자자산의 금액을 각각 기록하시오. [배점 3]

① 당좌자산 :   ② 투자자산 :

02 [일/월계표 조회] 4월 한 달 동안 '투자자산' 계정의 증가액과 감소액은 각각 얼마인가?
[배점 3]

① 증가액 :   ② 감소액 :

03 [일/월계표 조회] 4월 발생한 '영업외수익'과 '영업외비용'은 각각 얼마인가? [배점 3]

① 영업외수익 :   ② 영업외비용 :

해설

01 4월 말 재무상태표의 당좌자산과 투자자산의 금액을 각각 기록하시오.
① 당좌자산 : 1,345,037,178원   ② 투자자산 : 2,840,000원

02 4월 한 달 동안 '투자자산' 계정의 증가액과 감소액은 각각 얼마인가?
① 증가액 : 13,840,000원   ② 감소액 : 41,000,000원

03 4월 발생한 '영업외수익'과 '영업외비용'은 각각 얼마인가?
① 영업외수익 : 4,000,000원   ② 영업외비용 : 2,251,000원

▶ 저자주 : 실제 시험에선 아래와 같이 [답안수록메뉴]에 입력을 하는 방식이다.

[답안수록메뉴]

	[실무수행평가]	
1	① 1,345,037,178원	② 2,840,000원
2	① 13,840,000원	② 41,000,000원
3	① 4,000,000원	② 2,251,000원

CHAPTER 05 부채

제1절 유동부채

1. 유동부채의 종류

유동부채는 보고기간종료일(또는 결산일)로부터 1년 이내에 갚아야 할 부채를 말한다.

종류		정의
매입채무	251.외상매입금	상품 매입하고 1년 이내 갚을 외상값
	252.지급어음	상품 매입하고 어음을 발행하여 지급한 경우(만기 1년 이내)
기타채무	253.미지급금	상품 외 자산을 구입하고 1년 이내 갚을 외상값
	260.단기차입금	돈을 빌리고 1년 이내 갚아야 할 경우
	259.선수금	계약금으로 미리 받은 돈(상품인도기간 1년 이내)
	261.미지급세금	회사가 부담하는 세금으로 1년 이내 납부할 금액(부가가치세, 법인세 등)
	262.미지급비용	후불로 지급할 비용과 관련하여 결산일에 기간경과분을 인식하는 금액
	264.유동성장기부채	장기부채였다가 시간이 흘러 만기가 1년 이내에 도래하는 경우
임시계정	254.예수금	종업원 급여에 대한 세금 등을 회사가 미리 떼서 대신 납부할 때까지
	256.당좌차월	당좌예금 (−) 잔액
	257.가수금	통장에 입금된 금액이 무엇인지 모를 때

2. 매입채무

매입채무란 일반적 상거래(상품을 매입)로 인하여 발생한 채무로 외상매입금과 지급어음을 묶어서 부르는 이름이다.

3. 미지급금(253)

미지급금은 상품이 아닌 물건을 외상으로 구입하고 1년 이내 갚을 대금을 말한다. 또한 접대비, 복리후생비 등의 일반경비를 카드로 결제한 경우 결제할 카드값도 미지급금으로 처리한다.

4. 단기차입금(260)

차입금은 타인 또는 은행으로부터 돈을 빌려오는 경우에 채무를 처리하는 계정으로 만기가 1년 이내이면 "단기차입금(유동부채)"으로, 1년을 초과하면 "장기차입금(비유동부채)"으로 처리한다.

5. 선수금(259)

상품을 팔기 전에 계약금을 미리 받은 경우 선수금으로 처리한다.

6. 예수금(254)

회사는 종업원에게 월급날이 되면 급여를 지급한다. 이때 급여총액을 전부 종업원에게 지급하는 것이 아니라 일정금액을 떼고 지급하게 된다. 왜냐하면 직원은 받아가는 급여에 대하여 소득세, 4대보험료 등을 부담해야 하는데 이걸 직원 개인이 세무서와 보험공단을 돌아다니며 납부할 수 없으니 회사가 급여지급시 공제(=원천징수)하여 보관하다가 나중에 대신 납부하는 것이다.
이때 급여에서 공제하여 회사가 대신 납부할 때까지 일시적으로 맡아두는 돈은 회사돈이 아니므로 '예수금'이란 부채계정을 사용한다.

[급여 관련 공제항목]

구 분	직원부담분	회사부담분	비 고	
			직원/회사 부담	공제방법
소득세	예수금	-	직원 전액 부담	간이세액표
지방소득세	예수금	-	직원 전액 부담	소득세의 10%
국민연금보험료	예수금	세금과공과금	직원, 회사 50%씩	국민연금보험료율
건강보험보험료	예수금	복리후생비	직원, 회사 50%씩	건강보험료율
고용보험보험료	예수금	복리후생비	직원, 회사 50%씩 (실업급여분)	고용보험료율
산재보험료	-	보험료	회사 전액 부담	산재보험료율

(1) 급여지급	직원급여 1,000,000원(관리직 400,000원, 생산직 600,000원)을 지급하면서 소득세 등 220,000을 차감한 잔액을 현금지급하다(예수금 내역 : 근로소득세 100,000원, 지방소득세 10,000원, 국민연금보험료 40,000원, 건강보험료 40,000원, 고용보험료 30,000원 공제).
	(차) 급여 (판.관.비) 400,000 (대) 예 수 금 220,000 임 금 (제 조) 600,000 현 금 780,000
(2) 근로소득세 납부	급여지급시 징수한 근로소득세를 현금으로 납부하다.
	(차) 예 수 금 100,000 (대) 현 금 100,000

(3) 지방소득세 납부	급여지급시 징수한 지방소득세를 현금으로 납부하다.	
	(차) 예　수　금　　10,000　(대) 현　　　금　　10,000	
(4) 국민연금보험료 납부	국민연금보험료 80,000원을 현금으로 납부하다. (50%는 급여지급시 원천징수, 50%는 회사부담분)	
	(차) 예　수　금　　40,000　(대) 현　　　금　　80,000 　　 세금과공과금　40,000	
(5) 건강보험료 납부	건강보험료 80,000원을 현금으로 납부하다. (50%는 급여지급시 원천징수, 50%는 회사부담분)	
	(차) 예　수　금　　40,000　(대) 현　　　금　　80,000 　　 복 리 후 생 비　40,000	
(6) 고용보험료 납부	고용보험료 60,000원을 현금으로 납부하다. (50%는 급여지급시 원천징수, 50%는 회사부담분)	
	(차) 예　수　금　　30,000　(대) 현　　　금　　60,000 　　 복 리 후 생 비　30,000	

7. 가수금(257)

가수금은 통장에 모르는 돈이 입금되었을 때 그 계정과목이 확정될 때까지 임시로 사용하는 계정과목이다.

 예제 **다음의 거래를 분개하시오.**

> (1) 출장 중인 김진우 사원으로부터 보통예금계좌로 500,000원이 입금되었으나 입금된 내용은 알 수 없다.
> (2) 입금된 500,000원의 내역을 확인한 결과 외상매출금의 회수라는 사실을 보고받다.

해설_ (1) (차) 103.보통예금　　　500,000　　(대) 257.가수금　　　　500,000
　　　(2) (차) 257.가수금　　　　500,000　　(대) 108.외상매출금　　500,000

8. 유동성 장기부채(264)

당초 차입시점에선 장기부채였다가 시간이 흘러 만기가 1년 이내에 도래하는 경우 처리하는 계정과목이다.

예제 다음의 거래를 분개하시오.

> (1) ×1년 10월 우리은행에서 2년 후 상환조건으로 500,000원을 차입하여 보통예금계좌에 입금하다.
> (2) ×2년 12월 결산시 내년 10월에 장기차입금 500,000원의 상환기간이 도래하여 유동성대체하다(10개월 후 만기도래).

해설 (1) (차) 103.보통예금　　　　500,000　　(대) 293.장기차입금　　　500,000
　　　　차입시점에선 만기가 2년 후에 도래하므로 장기차입금(비유동부채)으로 처리한다.
　　(2) (차) 293.장기차입금　　　　500,000　　(대) 264.유동성장기부채　　500,000
　　　　시간이 흘러 만기가 10개월 후 도래하므로 유동성장기부채(유동부채)로 바꿔준다.

제2절 비유동부채

1. 비유동부채란?

비유동부채는 보고기간종료일부터 1년 이후에 갚아야 할 부채를 말한다.

2. 사채(= 회사가 돈을 빌리면서 발행한 채권)

회사가 설비를 구입하거나 사업을 확장하려고 할 경우 거액의 자금이 필요하다. 이러한 자금을 특정 은행에서 빌린다면 차입금으로 처리하나, 특정 은행이 아닌 일반 개인들로부터 돈을 빌리면서 채권을 발행하는 경우 사채(社債, bonds)로 처리한다.

(1) 사채발행가액의 결정

사채 발행시 액면금액으로 발행하면 액면발행, 액면금액보다 적은 금액으로 발행되면 할인발행, 액면금액보다 크면 할증발행이라고 한다.
여기서 「액면금액」이란 회사가 만기 때 갚을 원금을, 「발행금액」이란 지금 회사가 빌린 금액을 의미한다.

발행방법	상 황	발행금액 vs 액면금액
액면발행	액면이자율 = 시장이자율	발행금액 = 액면금액
할인발행	액면이자율 < 시장이자율*	발행금액 < 액면금액
할증발행	액면이자율 > 시장이자율	발행금액 > 액면금액

*액면이자율이란 사채를 발행한 회사가 주겠다는 이자율(예 10%)이고 시장이자율이란 그 돈을 은행에 예금했을 때 은행이 주겠다는 이자율(예 12%)로 이해하면 된다. 은행이자가 높은 경우 당연히 투자자들은 사채를 사지 않으려고 할테니 회사는 사채값을 낮춰서 발행할 수밖에 없어 할인발행이 된다. 할증발행은 그 반대로 이해할 수 있다.

TAT 2급

예제 다음의 각 거래를 분개하시오.

> (1) (주)한공은 20×1년 초 액면금액 10,000원(만기 3년, 액면이자율 10%)의 사채를 10,000원에 발행하고 대금은 보통예금계좌로 입금받았다.
> (2) (주)한공은 20×1년 초 액면 10,000원(만기 3년, 액면이자율 10%)의 사채를 9,700원에 발행하고 대금은 보통예금계좌로 입금받았다.
> (3) (주)한공은 20×1년 초 액면 10,000원(만기 3년, 액면이자율 10%)의 사채를 10,300원에 발행하고 대금은 보통예금계좌로 입금받았다.

해설_ (1) **액면발행**
(차) 103.보통예금   10,000   (대) 291.사채   10,000

(2) **할인발행**
(차) 103.보통예금   9,700   (대) 291.사채   10,000
    292.사채할인발행차금   300

→ 사채는 만기에 상환할 액면금액 10,000원으로 분개하며, 할인발행으로 발생한 차액 300원은 사채할인발행차금(사채 차감계정)으로 처리한다.

재무상태표 표시

비유동부채		
사 채	10,000	:만기시 갚을 돈
사채할인발행차금	(-)300	
	=9,700	:지금 빌린 돈

(3) **할증발행**
(차) 103.보통예금   10,300   (대) 291.사채   10,000
                                313.사채할증발행차금   300

→ 사채는 만기에 상환할 액면금액 10,000원으로 분개하며, 할증발행으로 액면가보다 더 받은 300원은 사채할증발행차금으로 처리하며, 재무상태표상 사채의 가산(+)계정으로 표시된다.

재무상태표 표시

비유동부채	
사 채	10,000
사채할증발행차금	(+)300
	=10,300

(2) 사채발행비

사채발행비란 사채를 발행하는 데 직접 소요된 지출을 말하며 사채권인쇄비, 광고비, 수수료 등이 이에 해당한다.
① 사채발행비는 별도로 비용처리하지 않고 사채발행가액에서 직접 차감한다. 즉, 들어온 돈에서 차감한 순발행금액과 액면금액을 비교하여 할인 또는 할증발행을 판단한다.
따라서 ② 당초에 액면발행되거나 할인발행된 경우에는 사채발행비는 사채할인발행차금에 가산하며, ③ 할증발행된 경우에는 사채할증발행차금을 줄이게 된다.

다음의 각 거래를 분개하시오.

> (1) (주)한공은 20×1년 초 액면금액 10,000원의 사채를 10,000원에 발행하고, 발행수수료 200원을 제외한 잔액은 보통예금계좌로 입금받았다.
> (2) (주)한공은 20×1년 초 액면 10,000원의 사채를 9,700원에 발행하고, 발행수수료 200원을 제외한 잔액은 보통예금계좌로 입금받았다.
> (3) (주)한공은 20×1년 초 액면금액 10,000원의 사채를 10,300원에 발행하고, 발행수수료 200원을 제외한 잔액은 보통예금계좌로 입금받았다.

해설_ (1) (차) 103.보통예금　　　　　　9,800*　　(대) 291.사채　　　　　　10,000
　　　　　　292.사채할인발행차금　　 200
　　　*발행금액 10,000 – 사채발행비 200 = 9,800

　　(2) (차) 103.보통예금　　　　　　9,500*　　(대) 291.사채　　　　　　10,000
　　　　　　292.사채할인발행차금　　 500
　　　*발행금액 9,700 – 사채발행비 200 = 9,500

　　(3) (차) 103.보통예금　　　　　　10,100*　 (대) 291.사채　　　　　　10,000
　　　　　　　　　　　　　　　　　　　　　　 　313.사채할증발행차금　 100
　　　*발행금액 10,300 – 사채발행비 200 = 10,100

(3) 이자비용의 인식 – 정액법 방식

사채발행 후 만기까지 매년 액면이자를 지급하면 이자비용으로 인식한다. 액면발행의 경우 액면이자만큼을 매년 이자비용으로 인식하면 된다.

 다음의 연속된 거래를 분개하시오(액면발행시 이자비용인식).

> (1) (주)한공은 20×1년 초 액면금액 10,000원(만기 3년, 액면이자율 10%)의 사채를 10,000원에 발행하고 대금은 보통예금계좌로 입금받았다.
> (2) 20×1년 말 사채액면이자 1,000원을 현금으로 지급하다.
> (3) 20×2년 말 사채액면이자 1,000원을 현금으로 지급하다.
> (4) 20×3년 말 사채원금 10,000원과 액면이자 1,000원을 현금으로 지급하다.

해설_ (1) (차) 103.보통예금　　　10,000　　(대) 291.사채　　　10,000

　　(2) (차) 931.이자비용　　　1,000　　(대) 101.현금　　　1,000

　　(3) (차) 931.이자비용　　　1,000　　(대) 101.현금　　　1,000

　　(4) (차) 931.이자비용　　　1,000　　(대) 101.현금　　　11,000
　　　　　　291.사채　　　　 10,000

② 할인발행의 경우 매년 액면이자를 지급하는 것 외에 할인발행시 발생한 사채할인발행차금이 문제가 된다. 액면 10,000원의 사채를 9,700원에 할인발행하면서 적게 받은 사채할인발행차금 300원은 사채를 발행한 회사입장에서는 일종의 선이자(先利子) 성격이다. 따라서 선이자 성격의 사채할인발행차금은 만기까지 나누어 이자비용으로 인식하면서 줄여 나가는데 이를 「할인액의 상각」이라고 한다.

③ 반대로 할증발행의 경우 액면 10,000원의 사채를 10,300원에 발행하였으므로 사채를 발행한 회사입장에선 비싸게 팔면서 더 받은 300원만큼은 이자를 덜 부담하는 개념으로 이해할 수 있다. 따라서 사채할증발행차금은 만기까지 나누어 이자비용에서 차감시키는데 이를 「할증액의 환입」이라고 한다.

예제 다음의 연속된 거래를 분개하시오(할인발행시 이자비용인식 - 정액법).

> (1) (주)한공은 20×1년 초 액면금액 10,000원(만기 3년, 액면이자율 10%)의 사채를 9,700원에 발행하고 대금은 보통예금계좌로 입금받았다.
> (2) 20×1년 말 사채액면이자 1,000원을 현금으로 지급하다(할인액 상각은 정액법).
> (3) 20×2년 말 사채액면이자 1,000원을 현금으로 지급하다.
> (4) 20×3년 말 사채원금 10,000원과 액면이자 1,000원을 현금으로 지급하다.

해설_ (1) (차) 103.보통예금　　　　　　9,700　　(대) 291.사채　　　　　　　10,000
　　　　　　292.사채할인발행차금　　　300

(2) (차) 931.이자비용　　　　　　1,100　　(대) 101.현금　　　　　　　　1,000
　　　　　　　　　　　　　　　　　　　　　　　292.사채할인발행차금　　　100*

*300원/3년 = 100원(3년간 매년 100원씩 나누어 이자비용 처리)

(3) (차) 931.이자비용　　　　　　1,100　　(대) 101.현금　　　　　　　　1,000
　　　　　　　　　　　　　　　　　　　　　　　292.사채할인발행차금　　　100*

*300원/3년 = 100원

(4) (차) 931.이자비용　　　　　　1,100　　(대) 101.현금　　　　　　　　1,000
　　　　　　　　　　　　　　　　　　　　　　　292.사채할인발행차금　　　100
　　(차) 291.사채　　　　　　　　10,000　　(대) 101.현금　　　　　　　　10,000

→ 사채를 발행하는 회사입장에선 매년 액면이자 1,000원만이 이자비용이 아니라 할인발행으로 발생한 300원도 이자비용이나 마찬가지이다. 발행시점에선 9,700원을 받고 만기 때는 액면금액 10,000원을 갚아야 하니 결국 300원이 숨어 있는 3년간의 추가적인 이자비용인 셈이다.

→ 사채할인발행차금 300원은 3년간 돈을 빌리면서 발생한 일종의 선이자 성격으로 3년간 나누어 매년 100원씩 이자비용으로 인식한다. 이렇게 매년 사채할인발행차금을 줄여나가는 것을 '할인액의 상각'이라고 표현한다. 할인액의 상각방법은 본 예제처럼 매년 일정액으로 나누어 인식하는 정액법과 그외 유효이자율법이 있는데 유효이자율법은 후술하는 (4) 이자비용의 인식에서 설명한다.

제5장 부채

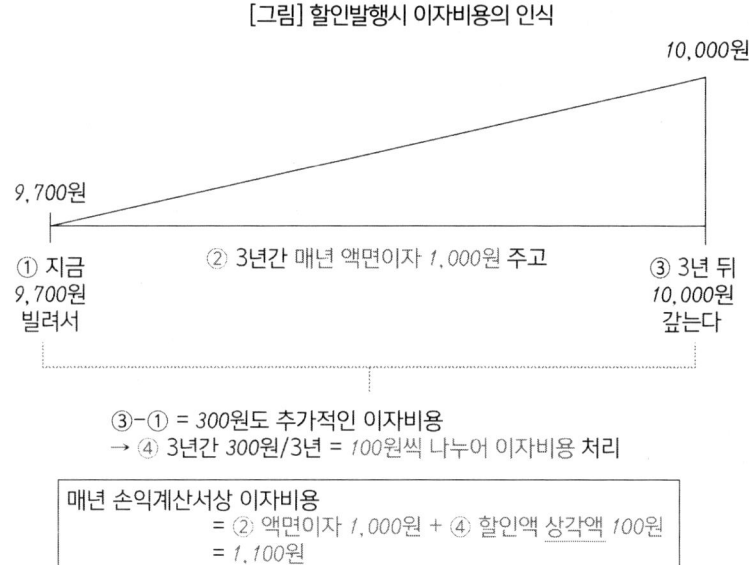

[그림] 할인발행시 이자비용의 인식

③-① = 300원도 추가적인 이자비용
→ ④ 3년간 300원/3년 = 100원씩 나누어 이자비용 처리

매년 손익계산서상 이자비용
= ② 액면이자 1,000원 + ④ 할인액 상각액 100원
= 1,100원

예제 다음의 연속된 거래를 분개하시오(할증발행시 이자비용인식 – 정액법).

(1) (주)한공은 20×1년 초 액면금액 10,000원(만기 3년, 액면이자율 10%)의 사채를 10,300원에 발행하고 대금은 보통예금계좌로 입금받았다.
(2) 20×1년 말 사채액면이자 1,000원을 현금으로 지급하다(할증액 환입은 정액법).
(3) 20×2년 말 사채액면이자 1,000원을 현금으로 지급하다.
(4) 20×3년 말 사채원금 10,000원과 액면이자 1,000원을 현금으로 지급하다.

해설_ (1) (차) 103.보통예금　　　　　　10,300　　(대) 291.사채　　　　　　　　10,000
　　　　　　　　　　　　　　　　　　　　　　　　　313.사채할증발행차금　　　　300

(2) (차) 931.이자비용　　　　　　　　900　　(대) 101.현금　　　　　　　　1,000
　　　313.사채할증발행차금　　　　　100*
　　　*300원/3년 = 100원

(3) (차) 931.이자비용　　　　　　　　900　　(대) 101.현금　　　　　　　　1,000
　　　313.사채할증발행차금　　　　　100

(4) (차) 931.이자비용　　　　　　　　900　　(대) 101.현금　　　　　　　　1,000
　　　313.사채할증발행차금　　　　　100
　　(차) 291.사채　　　　　　　　　10,000　　(대) 101.현금　　　　　　　10,000

→ 사채를 발행하는 회사입장에선 매년 액면이자 1,000원이 실제 부담하는 이자가 아니다. 사채발행시 10,300원 받고 만기 때는 액면금액 10,000원만 갚으면 되니 발행시점에서 더 받은 300원은 이자를 덜 부담하는 것과 효과가 동일하다.
→ 사채할증발행차금 300원은 3년간 돈을 빌리면서 그만큼 이자를 적게 부담하는 효과를 가져오니 3년간 나누어 매년 100원씩 이자비용에서 차감시킨다. 이를 할증액의 환입이라고 한다(매년 이자비용은 결국 액면이자 1,000원 – 할증액 환입액 100원 = 900원인 셈이다).

(4) 이자비용의 인식 - 유효이자율법 방식

앞선 예제처럼 사채발행시 사채할인발행차금(또는 할증발행차금) 300원을 사채기간 동안 일정액으로 나누어 이자비용에 가감하는 방식을 정액법이라고 한다. 이와 달리 유효이자액(장부가액 × 유효이자율)을 당기 이자비용으로 인식하고 유효이자액과 액면이자액과의 차액을 할인액상각으로 처리하는 방법을 유효이자율법이라고 한다. 현행 기업회계기준에서는 유효이자율법에 따라 이자비용을 인식하도록 규정하고 있다.

이하 내용은 예제를 통해서 살펴보기로 하자. (※ 수험목적상 시장이자율과 유효이자율은 모두 동일한 용어로 이해하면 된다)

▶ 저자주 : 유효이자율법에 의한 회계처리(분개)는 잘 출제되지 않는 바 이론내용만 숙지하여도 된다.

화폐의 시간가치

미래가치	현재가치
미래가치 : $(1+이자율)^n$	$(1+이자율)^{-n} = \dfrac{1}{(1+이자율)^n}$

[예1] 시장이자율이 10%일 때 1,000,000원의 2년 후의 미래가치는 얼마인가?
$1,000,000 \times (1+0.1)^2 = 1,210,000$

[예2] 시장이자율이 10%일 때 2년 후 1,210,000원의 현재가치는 얼마인가?
$1,000,000 = \dfrac{1,210,000}{(1+0.1)^2}$

예제 다음의 연속된 거래를 분개하시오(할인발행시 이자비용인식 - 유효이자율법).

(1) (주)한공은 20×1년 초 액면금액 100,000원(만기 2년, 액면이자율 8%)의 사채를 96,529원에 할인발행하고 대금은 보통예금계좌로 입금받았다. 시장이자율(유효이자율 = 할인율)은 10%로 가정한다.
(2) 20×1년 말 사채액면이자 8,000원을 현금으로 지급하다(할인액 상각은 유효이자율법).
(3) 20×2년 말 사채액면이자 8,000원과 사채원금 100,000원을 현금으로 지급하다.

해설_ (1) (차) 103.보통예금   96,529   (대) 291.사채   100,000
        292.사채할인발행차금   3,471

[유효이자율법에 따른 상각표(=이자계산표)]

일 자	유효이자(10%) =장부가액 × 유효이자율 =지급해야 할 이자	액면이자 =액면가액 × 액면이자율 =실제 지급한 이자	상각액 =유효이자 − 액면이자 =원금 가산	장부가액 =가산후 원금
20×1.1.1				96,529
20×1.12.31	① 9,653	8,000	② 1,653	③ 98,182
20×2.12.31	9,818	8,000	1,818	100,000
합 계	19,471	16,000	3,471	

① 20×1년 이자비용 = 사채 기초장부가액(96,529원) × 유효이자(10%) = 약 9,653원
② 20×1년 할인액 상각액 = 유효이자(9,653원) − 액면이자(8,000원) = 1,653원
③ 20×1년 말 사채 장부가액 = 사채 기초장부가액(96,529원) + 20×1년 할인액 상각액(1,653원)
   = 98,182원

(2) (차) 931.이자비용   9,653   (대) 101.현금   8,000
                                       292.사채할인발행차금   1,653

(3) 20×2년 이자비용 분개
    (차) 931.이자비용   9,818   (대) 101.현금   8,000
                                       292.사채할인발행차금   1,818

원금 상환 분개
    (차) 291.사채   100,000   (대) 101.현금   100,000

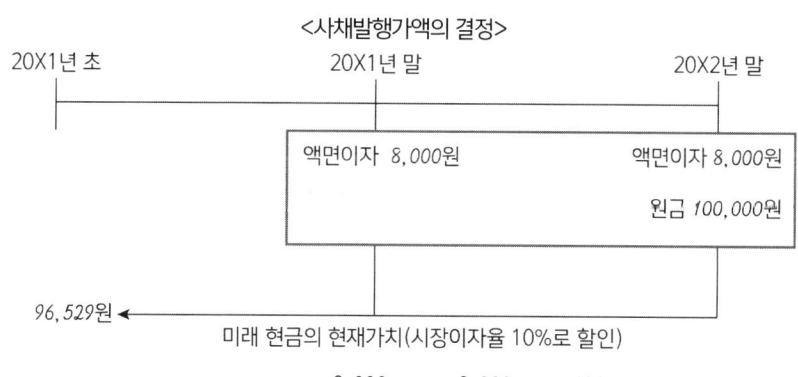

<사채발행가액의 결정>

발행가 $96,529 = \dfrac{8,000}{(1+0.1)^1} + \dfrac{8,000}{(1+0.1)^2} + \dfrac{100,000}{(1+0.1)^2}$

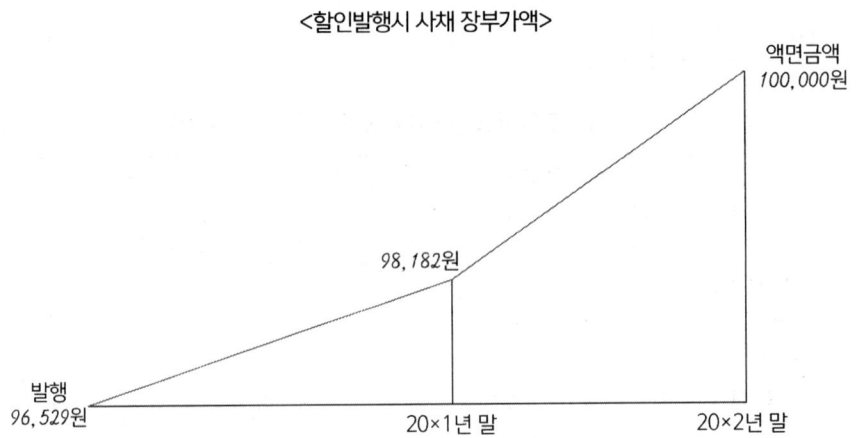

<할인발행시 사채 장부가액>

예제 다음의 연속된 거래를 분개하시오(할증발행시 이자비용인식 - 유효이자율법).

> (1) (주)한공은 20×1년 초 액면금액 100,000원(만기 2년, 액면이자율 12%)의 사채를 103,471원에 할증발행하고 대금은 보통예금계좌로 입금받았다. 시장이자율(유효이자율 = 할인율)은 10%로 가정한다.
> (2) 20×1년 말 사채액면이자 12,000원을 현금으로 지급하다(할인액 상각은 유효이자율법).
> (3) 20×2년 말 사채액면이자 12,000원과 사채원금 100,000원을 현금으로 지급하다.

해설_ (1) (차) 103.보통예금　　　　　103,471　　(대) 291.사채　　　　　　　　100,000
　　　　　　　　　　　　　　　　　　　　　　　　 313.사채할증발행차금　　　3,471

[유효이자율법에 따른 상각표(= 이자계산표)]

일 자	유효이자(10%) =장부가액 × 유효이자율 =지급해야 할 이자	액면이자 =액면가액 × 액면이자율 =실제 지급한 이자	상각액 =유효이자 - 액면이자 =원금 차감	장부가액 =차감후 원금
20×1.1.1				103,471
20×1.12.31	① 10,347	12,000	② (-)1,653	③ 101,818
20×2.12.31	10,182	12,000	(-)1,818	100,000
합 계	20,529	24,000	3,471	

① 20×1년 이자비용 = 사채 기초 장부가액(103,471원) × 유효이자(10%) = 약 10,347원
② 20×1년 할증액 환입액 = 유효이자(10,347원) - 액면이자(12,000원) = (-)1,653원
③ 20×1년 말 사채 장부가액 = 사채 기초장부가액(103,471원) - 20×1년 할증액 환입액(1,653원)
　= 101,818원

(2) (차) 931.이자비용　　　　　　10,347　　(대) 101.현 금　　　　　　　12,000
　　　　 313.사채할증발행차금　　 1,653

(3) 20×2년 이자비용 분개
 (차) 931.이자비용   10,182   (대) 101.현금   12,000
     313.사채할증발행차금 1,818

원금 상환 분개
 (차) 291.사채   100,000   (대) 101.현금   100,000

<할인발행과 할증발행의 비교(★매우 중요)>

구 분	① 장부가액	② 현금이자 (액면이자)	유효이자율법	
			③ 이자비용 (① × 유효이자율)	④ 할인액 상각 (또는 할증액 환입)
할인발행	증가↑	일정	증가↑	증가↑
할증발행	감소↓	일정	감소↓	증가↑

3. 임대보증금(294)

임대인(= 집주인)이 임차인으로부터 보증금을 수령한 경우 임대차계약기간 종료 후 다시 돌려줘야 하므로 그때까지 보증금을 처리하는 계정이다.

구 분	임차인 = 차변	임대인(집주인) = 대변
보증금	임차보증금(기타비유동자산)	임대보증금(비유동부채)
월세	임차료(비용)	임대료(수익)

4. 퇴직급여충당부채

충당부채란 시기와 금액이 확정되지 않았지만 지급의무는 갖고 있을 때 계상하는 부채이다. 예를 들어 직원이 장래 퇴직할 때 퇴직금을 받는다고 하자. 퇴직금은 직원이 퇴직시 회사규정이니 법에 따라 일시에 지급하는 금액이다. 직원이 이미 몇 년전부터 계속 일했다면 이미 퇴직금을 받을 권리를 갖고 있으며 동시에 회사는 장래에 그 직원들에게 퇴직금을 지급할 의무를 갖고 있다. 다만 직원이 언제 퇴사할지 알 수가 없으니 장래에 지급할 시기나 금액은 확정되지 않은 상태이다.

충당부채의 종류에는 장래 지급해야 할 퇴직금에 대비해서 각 연도에 부담할 분을 미리 계상하는 「퇴직급여충당부채」 또는 다음연도에 발생할지 모르는 사후 A/S비용을 예상해서 미리 설정하는 「판매보증충당부채」 등이 있다.

기업회계기준에서는 다음의 요건을 모두 충족한 경우에는 충당부채로 인식하도록 규정하고 있다.

① 과거사건이나 거래의 결과로 현재의무(법적의무 또는 의제의무)가 존재한다.
② 당해 의무를 이행하기 위하여 자원이 유출될 가능성이 매우 높다.
③ 그 의무에 이행에 소요되는 금액을 신뢰성 있게 추정할 수 있다.

(1) 퇴직급여충당부채

퇴직급여충당부채는 직원이 퇴직할 것에 대비하여 설정하는 부채성충당금이다. 임직원의 퇴직시 퇴직금 지급액을 전액 비용으로 처리하는 경우와는 달리 매년 직원의 근무기간 동안 회사가 퇴직급여를 비용으로 설정하는 것이 수익·비용대응의 원칙에 부합한다. 직원이 회사에서 열심히 일을 해야 매출이 창출되므로 직원이 근무하는 기간 동안 매년 1년치의 퇴직금을 비용으로 인식하고 퇴직급여충당부채를 쌓아가는 것이다.

 (주)한공의 퇴직급여충당부채 관련 회계처리를 하시오.

(1) 20×1년 12월 31일 회사는 퇴직금추계액 전액에 대하여 퇴직급충당부채를 설정하기로 하였으며, 설정전 퇴직급여충당부채 잔액은 없다.

[퇴직금추계액 내역]

성 명	부 서	퇴직금추계액	퇴직급여충당부채 잔액
김하늘	생산부	400,000원	0원
이수영	관리부	600,000원	0원
합계		1,000,000원	0원

(2) 20×2년 3월 1일 관리부 직원의 퇴사로 퇴직금 700,000원 중 원천징수세액 50,000원을 제외한 잔액을 현금으로 지급하다.

(3) 20×2년 12월 31일 회사는 퇴직금추계액 전액에 대하여 퇴직급충당부채를 설정하기로 하였다.

[퇴직금추계액 내역]

성 명	부 서	퇴직금추계액	퇴직급여충당부채 잔액
김하늘	생산부	700,000원	100,000원
이수영	관리부	900,000원	200,000원
합계		1,600,000원	300,000원

해설_ (1) (차) 퇴직급여(제)   400,000   (대) 퇴직급여충당부채   1,000,000
　　　　　퇴직급여(판)   600,000
　　　　※ 생산부 : 퇴직금추계액 400,000원 - 퇴직급여충당부채 잔액 0원 = 400,000원
　　　　　관리부 : 퇴직금추계액 600,000원 - 퇴직급여충당부채 잔액 0원 = 600,000원

(2) (차) 퇴직급여충당부채   700,000   (대) 예수금   50,000
　　　　　　　　　　　　　　　　　　　　　　　　현금   650,000

(3) (차) 퇴직급여(제)   600,000   (대) 퇴직급여충당부채   1,300,000
　　　　　퇴직급여(판)   700,000
　　　　※ 생산부 : 퇴직금추계액 700,000원 - 퇴직급여충당부채 잔액 100,000원 = 600,000원
　　　　　관리부 : 퇴직금추계액 900,000원 - 퇴직급여충당부채 잔액 200,000원 = 700,000원

(2) 퇴직연금제도

퇴직연금제도는 회사가 근로자의 퇴직금을 금융기관에 맡겨 운용한 뒤 근로자가 퇴직할 때 해당 금융기관에서 근로자에게 연금이나 일시금으로 주는 제도이다. 기존의 퇴직금제도의 경우 회사가 파산 등으로 망하는 경우 근로자가 퇴직금을 받지 못하는 문제점이 있다. 그러나 퇴직연금제도의 경우 퇴직금 자체를 미리 금융기관에 예치하게 함으로써 회사가 망하는 경우라도 근로자의 수급권이 보장될 수 있다는 장점이 있다. 또한 근로자의 선택에 따라 퇴직시 퇴직금을 일시금이 아닌 연금의 형태로도 지급받을 수 있다.

[퇴직급여제도의 구분]

구 분	개 념	비 고
① 사내적립	임직원의 퇴사로 지급할 퇴직급여를 회사가 현금으로 보유하였다가 퇴사시점에 회사가 임직원에게 현금으로 지급 → 매년 퇴직급여충당부채로 퇴직금을 나누어 설정하는 방법	퇴직급여충당부채
② 사외적립	임직원의 퇴사로 지급할 퇴직금을 금융기관 등의 외부기관에 예금으로 적립하였다가 퇴사시점에 금융기관에서 임직원에게 퇴직금을 지급	퇴직연금제도

이러한 퇴직연금은 퇴직금을 외부의 금융기관에 예치하고 이를 회사 또는 근로자의 책임하에 운용하는 것으로 확정급여형(Defined Benefit : DB형)과 확정기여형(Defined Contribution : DC형)으로 구분된다.

① 확정기여형은 회사가 금융기관 등에 납입하는 금액이 확정되어 있는 제도이다. 즉 회사는 계약에 따라 근로자가 근무하는 기간 동안 약정된 금액을 금융기관 등에 납입하면 퇴직급여지급의무가 종료된다. 기금운용의 주체는 근로자가 되는 바 기금운용에 따른 성과에 따라 미래 근로자 본인이 수취할 퇴직급여액이 변동되는 특징을 가진 제도이다.

확정기여형을 채택하고 있는 기업은 금융기관에 약정된 금액을 납입할 때 해당 금액을 "퇴직급여"로 비용처리하고 더 이상 퇴직금과 관련된 의무를 지지 않는다. 즉 결산시와 실제 근로자 퇴직시에는 어떠한 회계처리도 필요없다. ② 확정급여형은 금융기관 등이 근로자 퇴직시에 지급하는 퇴직급여액이 확정되어 있는 제도이다. 즉, 근로자는 기금운용의 성과에 상관없이 퇴직시에 금융기관으로부터 약정된 퇴직급여를 수령할 수 있는 반면 회사는 기금운용의 주체가 되는 바, 운용의 성과에 따라 사업주가 납입해야 할 금액이 변동되는 특징을 가진 제도이다.

- 확정기여형 회계처리(납입시)
  (차) 퇴 직 급 여   ×××   (대) 현 금 등   ×××
- 확정급여형 회계처리(납입시)
  (차) 퇴직연금운용자산   ×××   (대) 현 금 등   ×××

[퇴직연금제도의 구분]

구분	확정기여형(DC)	확정급여형(DB)
용어정리	1. 기여금(contribution) : 회사가 금융기관 등에 근로자가 근무하는 기간 중에 불입(납입)하는 금액을 말한다. 2. 급여(Benefit) : 금융기관 등이 근로자 퇴직시에 근로자에게 직접 지급하는 퇴직급여액을 말한다.	
개념	회사가 부담할 금액(기여금)이 사전에 확정 → 근로자가 받을 퇴직금은 운용실적에 따라 달라짐	근로자가 수령할 퇴직금이 사전에 확정 → 회사가 부담할 금액(기여금)은 운용실적에 따라 달라짐
운용책임	운용에 따른 손익을 근로자가 부담	운용에 따른 손익을 회사가 부담
사례	사례 ① : 회사 기여금 100(확정), 금융기관 운용수익 20 → 근로자 퇴직금 수령 120 사례 ② : 회사 기여금 100(확정), 금융기관 운용손실 20 → 근로자 퇴직금 수령 80 ※ 근로자의 퇴직금 수령액은 금융기관의 운용손익에 따라 달라짐	사례 ① : 회사 기여금 100, 근로자 퇴직금 100(확정), 운용수익 20 → 운용수익과 무관하게 근로자 퇴직금 수령 100 사례 ② : 회사 기여금 100, 근로자 퇴직금 100(확정), 운용손실 20 → 운용손실과 무관하게 근로자 퇴직금 수령 100, 따라서 운용손실 20에 대해서 회사가 추가부담 ※ 근로자의 퇴직금 수령액은 무조건 100으로 확정되어 있으므로 운용손익은 모두 회사가 부담

 예제 (주)한공의 확정기여형 퇴직연금(DC형)에 대한 회계처리를 하시오.

(1) 20×1년 5월 1일 우리은행 확정기여형 퇴직연금에 가입하고 퇴직연금 기여금(또는 부담금) 300,000원(공장 직원 100,000원, 본사 직원 200,000원)을 현금으로 납입하였다.

(2) 20×2년 2월 1일 관리부 직원이 퇴사하면서 확정기여형 퇴직연금계좌에서 250,000원이 직원계좌로 입금되었다는 사실을 통지받았다.

해설_ (1) (차) 퇴직급여(제) 100,000   (대) 현금 300,000
          퇴직급여(판) 200,000

※ 확정기여형 퇴직연금의 경우 회사는 납입액 전액을 퇴직급여로 비용처리하고 회계처리는 끝난다. 회사가 내는 기여금이 확정되어 있으므로 추후 연금운용에 따른 책임은 모두 직원이 지는 것이다. 따라서 회사는 기여금 납입으로 퇴직금에 관한 모든 의무가 종결되므로 마치 퇴직금을 지급한 것처럼 회계처리하는 것이다.
※ 또한 추가적인 퇴직금 지급의무가 없으므로 결산시 퇴직급여충당부채를 설정하지 않는다.
→ 기여금 납입으로 회사의 퇴직금 지급의무는 끝!!!

(2)   -회계처리 없음-

※ 기여금 납입시점에서 회사의 퇴직금 의무는 모두 끝났으므로 직원이 퇴사시 개인계좌로 받는 퇴직금에 관해서는 별도로 회계처리하지 않는다.

예제 (주)한공의 확정급여형 퇴직연금(DB형)에 대한 회계처리를 하시오.

(1) 20×1년 10월 1일 우리은행 확정급여형 퇴직연금에 가입하고 퇴직연금 기여금(또는 부담금) 310,000원을 현금으로 납입하였다(부담금 중 10,000원은 사업비로 충당된다).

(2) 20×1년 11월 1일 확정급여형퇴직연금(DB)에 대한 운용수익이 퇴직연금계좌로 100,000원이 입금되었다.

(3) 20×1년 12월 31일 퇴직금추계액은 1,000,000원(전액 관리부 직원)이며 전액에 대하여 퇴직급여충당부채를 설정하기로 하였으며, 설정 전 퇴직급여충당부채 잔액은 없다.

(4) 20×2년 1월 10일 퇴직한 종업원은 퇴직금일시금을 선택하였으며, 퇴직일시금 200,000원은 전액을 퇴직연금운용자산에서 충당하였다.

해설 (1) (차) 퇴직연금운용자산   300,000   (대) 현금   310,000
         수수료비용   10,000

※ 확정급여형 퇴직연금의 경우 회사명의로 개설한 통장에 돈을 입금한다. 기여금 납입으로 퇴직금 지급의무가 끝나는 것이 아니며, 단순히 퇴직금 지급을 위한 통장을 만들어 돈을 예치하는 것뿐이다. 따라서 「퇴직연금운용자산」이라는 일종의 금융상품과 같은 계정과목을 사용한다.

※ 사업비는 관련 금융기관의 수수료 성격으로 이해하면 된다.

(2) (차) 퇴직연금운용자산   100,000   (대) 퇴직연금운용수익   100,000
                                                                             (영업외수익)

※ 확정급여형 퇴직연금은 회사명의로 개설한 예금성격(단, 용도가 퇴직금을 지급하기 위한 용도일 뿐이다)으로 운용수익은 모두 회사에 귀속되므로 회사의 수익으로 처리한다.

(3) (차) 퇴직급여(판)   1,000,000   (대) 퇴직급여충당부채   1,000,000

재무상태표 표시

비유동부채	
퇴직급여충당부채	1,000,000
퇴직연금운용자산	(-)400,000
	=600,000

※ 퇴직연금운용자산은 예금성격이나 자산이 아닌 퇴직급여충당부채에서 차감하여 표시한다. → 왜냐하면 퇴직연금운용자산은 회사가 임의의 용도로 함부로 쓸 수 없고 직원의 퇴직금 지급에만 쓸 수 있는 돈이므로 자산이 아닌 부채에서 차감표시한다. → 퇴직금추계액 1,000,000원 중 이미 400,000원은 금융기관에 예치했으므로 퇴직시 회사가 추가적으로 줄 돈은 600,000원이란 의미이다.

(4) (차) 퇴직급여충당부채   200,000   (대) 퇴직연금운용자산   200,000

※ 퇴직금 지급시 차변에 퇴직급여충당부채와 함께 대변에 현금으로 지급한게 아니라 이미 예치해둔 퇴직연금운용자산 통장에서 지급되었으므로 대변에 퇴직연금운용자산을 줄인다.

실무이론평가 대비

01 다음 중 부채에 대한 설명으로 옳지 않은 것은? · 6회

① 3년 만기 장기차입금은 비유동부채로 분류한다.
② 시장이자율이 액면이자율보다 높은 경우 사채의 발행금액은 액면금액보다 낮게 발행되며, 이러한 발행을 할인발행이라고 한다.
③ 미지급비용은 상품매입 이외의 외상거래(예 비품 등의 구입)에서 대금을 1년 이내의 기간에 지급하기로 한 경우에 발생한다.
④ 차입약정을 위반하여 채권자가 즉시 상환을 요구할 수 있는 채무는 보고기간 종료일과 재무제표 확정일 사이에 상환을 요구하지 않기로 합의하더라도 유동부채로 분류한다.

해설
미지급금은 상품매입 외의 외상거래(예를 들어, 비품 등의 구입)에서 대금을 1년 이내의 기간에 지급하기로 한 경우에 발생한다.

02 다음 대화에서 (가)와 (나)에 해당하는 계정과목으로 옳은 것은? · 15회

- 김 대리 : 부장님. 1월에 종업원의 급여에서 공제한 건강보험료 20,000원과 회사부담금 20,000원을 납부하려고 합니다. 차변의 계정과목은 어느 계정과목으로 사용해야 하나요?
- 이 부장 : 급여공제분은 (가)계정과목으로 회사부담분은 (나)계정과목으로 회계처리하세요.

	(가)	(나)
①	예수금	복리후생비
②	예수금	접대비
③	복리후생비	예수금
④	보험료	복리후생비

해설
종업원의 급여에서 공제한 건강보험료는 예수금계정으로, 회사부담분은 복리후생비계정으로 회계처리한다.

ANSWER 01. ③ 02. ①

제5장 부채

03 다음은 (주)한공의 기말 수정후 잔액시산표 중 재무상태표 관련 계정과목을 나타낸 것이다. 기말 현재 재무상태표상 비유동부채 금액은 얼마인가? • 2회

차 변	계정과목	대 변
72,456,000	당좌예금	
20,000,000	재고자산	
120,000,000	기계장치	
30,500,000	산업재산권	
	외상매입금	38,420,000
	퇴직급여충당부채	50,000,000
	장기차입금	20,000,000
	자본금	100,000,000
	이익잉여금	26,626,000

① 38,420,000원
② 70,000,000원
③ 88,420,000원
④ 108,420,000원

해설
비유동부채 : 퇴직급여충당부채 50,000,000 + 장기차입금 20,000,000 = 70,000,000원

04 다음 중 퇴직급여충당부채에 대한 설명으로 옳지 않은 것은? • 15회

① 퇴직급여충당부채는 미래의 예상 임금수준을 사용하여 측정하여야 한다.
② 급여규정의 개정과 급여의 인상으로 퇴직금 소요액이 증가되었을 경우에는 당기분과 전기 이전분을 일괄하여 당기비용으로 인식한다.
③ 확정급여형퇴직연금제도에서 퇴직급여와 관련된 자산과 부채를 재무상태표에 표시할 때에는 퇴직급여충당부채에서 퇴직연금운용자산을 차감하는 형식으로 표시한다.
④ 퇴직연금운용자산이 퇴직급여충당부채와 퇴직연금미지급금의 합계액을 초과하는 경우에는 그 초과액을 투자자산의 과목으로 표시한다.

해설
퇴직급여충당부채는 보고기간말 현재 전종업원이 일시에 퇴직할 경우 지급하여야 할 퇴직금에 상당하는 금액으로 한다.

ANSWER 03. ② 04. ①

05 다음은 관리부 김회계 씨가 퇴사하여 퇴직급여를 보통예금계좌에서 이체하여 지급한 퇴직급여지급명세서이다. 이에 대한 회계처리로 옳은 것은? (단, 김회계 씨의 퇴사일 현재 회사의 퇴직급여충당부채 잔액은 10,000,000원이며, 퇴직보험 및 퇴직연금에 가입한 내역은 없다)

• 18회, 39회

설명	지급항목		공제항목			차인지급액
	퇴직급여	총액	소득세	지방소득세	공제계	
김회계	14,000,000	14,000,000	400,000	40,000	440,000	13,560,000

	차 변	대 변
①	(차) 퇴 직 급 여 13,560,000원	(대) 보 통 예 금 13,560,000원

②	(차) 퇴 직 급 여 13,560,000원
	   퇴직급여충당부채 440,000원
		(대) 보 통 예 금 13,560,000원
		   예 수 금 440,000원

③	(차) 퇴직급여충당부채 4,000,000원
	   퇴 직 급 여 10,000,000원
		(대) 보 통 예 금 13,560,000원
		   예 수 금 440,000원

④	(차) 퇴직급여충당부채 10,000,000원
	   퇴 직 급 여 4,000,000원
		(대) 보 통 예 금 13,560,000원
		   예 수 금 440,000원

06 다음은 (주)한공의 퇴직급여충당부채 계정과 결산 정리 사항이다. 결산 회계처리를 하였을 경우, (가)의 금액과 (나)의 계정과목으로 올바른 것은?

• 19회

```
                    퇴직급여충당부채
   6/30   현금    1,000,000원 │ 1/1   전기이월        (가)
```

[결산정리사항]
12월 31일 결산 시 임직원 전체의 퇴직금 추산액은 6,000,000원이다.
결산분개 : (차) 퇴직급여 2,000,000 (대) (나) 2,000,000원

	(가)	(나)
①	1,000,000원	현 금
②	2,000,000원	현 금
③	5,000,000원	퇴직급여충당부채
④	6,000,000원	퇴직급여충당부채

ANSWER 05. ④ 06. ③

해설

- 결산 분개 : (차) 퇴직급여 2,000,000원 (대) 퇴직급여충당부채 2,000,000원
- 당기 퇴직금 추산액(6,000,000원)
  = 전기이월 잔액(x) - 당기 퇴직금 지급액(1,000,000원) + 결산시 추가 설정액(2,000,000원)
  → 전기이월 잔액(x) = 5,000,000원

---

07 퇴직급여충당부채에 대한 설명으로 옳지 않은 것은? • 12회

① 퇴직급여충당부채는 보고기간 말 현재 전 종업원이 일시에 퇴직할 경우 지급하여야 할 퇴직금에 상당하는 금액으로 한다.
② 확정급여형 퇴직연금제도에서 퇴직급여는 인식하나 퇴직급여충당부채는 인식하지 않는다.
③ 확정기여형 퇴직연금제도에서는 퇴직연금운용자산을 인식하지 않는다.
④ 퇴직연금제도는 확정기여형과 확정급여형이 있다.

해설

확정급여형 퇴직연금제도에서는 퇴직급여와 퇴직급여충당부채를 인식한다.

---

08 다음 중 현행 기업회계기준(서)상 사채의 회계처리로 옳은 것은?

① 사채발행가액과 액면가액 간의 차액은 사채할인발행차금 또는 사채할증발행차금으로 하여 당기손익으로 표시한다.
② 사채발행가액은 사채발행수수료와 사채발행과 관련하여 직접 발생한 기타비용을 차감한 금액으로 한다.
③ 사채는 재무상태표상 자본조정으로 구분한다.
④ 사채할인발행차금은 정액법으로 상각한다.

해설

① 사채의 액면가액에 차감(사채할인발행차금) 또는 가산(사채할증발행차금)한다.
③ 사채는 재무상태표상 비유동부채로 구분한다.
④ 유효이자율법(복리이자)으로 상각(비용인식)한다.

ANSWER 07. ② 08. ②

09 사채에 관한 설명 중 가장 잘못된 것은?
① 사채할인발행차금은 사채의 발행가액에서 차감하는 형식으로 표시한다.
② 「액면이자율 < 시장이자율」인 경우에는 할인발행된다.
③ 유효이자율법하에서 사채할인발행차금 상각액은 매년 증가한다.
④ 사채할인발행차금은 선급이자의 성격으로 볼 수 있다.

해설
사채할인발행차금은 사채의 액면가액에서 차감하는 형식으로 표시한다.

10 사채의 회계처리에 관한 설명으로 옳은 것은? • 19회
① 사채계정에는 사채발행 시 기업에 유입된 현금에서 사채발행비용을 차감한 금액이 기록된다.
② 사채발행 시 액면이자율보다 유효이자율이 높으면 할증발행된다.
③ 사채가 할인발행되는 경우 유효이자율법을 적용하면 매기 사채의 이자비용은 증가한다.
④ 사채가 만기상환되는 경우 사채상환손익이 발생될 수 있다.

해설
① 사채계정에는 액면금액을 기록하고 사채발행으로 유입된 현금과 액면금액과의 차액이 사채할인(할증)발행차금으로 기록된다.
② 사채발행 시 액면이자율보다 유효이자율이 높으면 할인발행된다.
④ 사채가 만기상환되는 경우 사채상환손익이 발생하지 않는다.

11 다음의 거래에 대한 회계적인 설명으로서 적당하지 않은 것은?

> (주)한공은 사채를 6억원에 발행하고 발행금액은 사채발행비용을 제외한 599,000,000원을 보통예금으로 입금받았다. 사채의 액면가액은 5억원이고, 만기는 2년, 액면이자율은 10%이다.

① 사채는 할증발행되었다.
② 액면이자율이 시장이자율보다 높다.
③ 액면금액과 발행금액의 차이를 '사채할증발행차금' 계정으로 사용한다.
④ 사채발행비용은 영업외비용으로 처리한다.

해설
사채할증발행시 사채발행비는 사채할증발행금액을 감액시킨다.

09. ① 10. ③ 11. ④

12 다음 중 사채와 관련된 설명으로 가장 잘못된 것은?

① 사채의 발행가액은 사채의 미래현금흐름을 발행 당시의 해당 사채의 시장이자율(유효이자율)로 할인한 가치인 현재가치로 결정된다.
② 사채가 할인(할증)발행되어도 매년 인식하는 이자비용은 동일하다.
③ 사채의 액면이자율이 시장이자율보다 낮은 경우에는 사채는 할인발행된다.
④ 사채발행차금은 유효이자율법에 의하여 상각 또는 환입하도록 되어 있다.

해설
사채가 액면발행인 경우에 매년 인식하는 이자비용은 동일하며 할인발행되면 매년 인식하는 이자비용은 증가하고 할증발행되면 매년 인식하는 이자비용은 감소한다.

13 다음은 회사채에 대한 설명이다. 가장 잘못된 것은?

① 사채할인발행차금은 액면이자율법을 적용하여 상각한다.
② 액면이자율보다 시장이자율이 클 경우에는 할인발행한다.
③ 액면이자율과 시장이자율이 같은 경우에는 액면발행한다.
④ 사채발행비는 사채의 발행가액에서 차감한다.

해설
사채할인발행차금은 유효이자율법을 적용하여 상각하여 상각한 금액을 당해 기간 동안의 사채이자(비용)에서 가감하여야 한다.

14 다음은 사채 발행과 관련된 자료이다. 이에 대한 설명으로 옳지 않은 것은?   • 18회

• 발행일 : 2024년 7월 1일	• 상환기간 : 3년
• 표시이자율 : 연 10%, 시장이자율 : 연 12%	• 이자지급일 : 매년 12월 31일(연 1회)
• 발행일 회계처리	

(차) 현금	95,196	(대) 사채	100,000
사채할인발행차금	4,804		

① 사채는 비유동부채로 분류한다.
② 사채의 발행금액은 100,000원이다.
③ 사채의 발행방법은 할인발행이다.
④ 유효이자율법 적용 시 사채할인발행차금 상각액은 매기 증가한다.

ANSWER 12. ② 13. ① 14. ②

> **해설**
>
> 사채의 액면금액은 100,000원이고 발행금액은 95,196원이다.

15 다음은 (주)한공의 사채 관련 자료이다. 2024년 12월 31일 사채이자에 대한 회계 처리로 옳은 것은?

• 15회

- 사채 발행일 : 2024년 1월 1일
- 사채 만기일 : 2026년 12월 31일
- 사 채 액 면 : 1,000,000원
- 이자 지급일 : 매년 12월 31일(연 1회, 현금 지급)

[사채할인발행차금 상각표]

일 자	유효이자	지급이자	상각액	장부가액
2024. 1. 1.	-	-	-	×××
2024.12.31.	114,236	100,000	14,236	×××

	차 변		대 변	
① (차) 이 자 비 용	100,000원	(대) 현 금	100,000원
② (차) 이 자 비 용	114,236원	(대) 현 금	100,000원
		사채할인발행차금	14,236원
③ (차) 이 자 비 용	100,000원	(대) 현 금	114,236원
사채할인발행차금	14,236원		
④ (차) 이 자 비 용	114,236원	(대) 현 금	114,236원

> **해설**
>
> • 사채할인발행차금은 유효이자율법으로 상각하며, 당기에 인식되는 이자비용(유효이자액)은 액면이자액과 사채할인발행차금 상각액의 합계액이다.
> • 사채할인발행차금의 상각액은 대변에 분개된다.

ANSWER 15. ②

제5장 부채

16 (주)한공은 당기 1월 1일에 액면가액 1,000,000원인 3년 만기 사채를 995,843원에 발행하였다. 사채 발행시 액면이자율 10%, 유효이자율은 15%이고 이자는 매년 말 1회 지급한다. 당기 (주)한공이 인식하여야 할 이자비용은 얼마인가? • 21회, 43회

① 99,584원
② 100,000원
③ 149,376원
④ 150,000원

해설
이자비용 = 기초장부가액 × 유효이자율 = 995,843원 × 15% = 149,376원

17 (주)한공은 사채를 할증발행하였으며, 사채할증발행차금의 상각은 유효이자율법을 적용한다. 만기까지의 기간 중에 (주)한공의 재무상태표상 사채의 장부금액은 매년 (가)하며, 이자비용 금액은 매년 (나)한다. (가)와 (나)에 들어갈 옳은 단어는? • 21회

	(가)	(나)
①	증가	증가
②	증가	감소
③	감소	증가
④	감소	감소

해설
사채가 할증발행되었을 때 유효이자율법을 적용하면, 만기까지의 기간 중에 발행기업의 재무상태표상 사채의 장부금액은 매년 감소하며, 이에 따라 장부금액에 유효이자율을 곱하는 이자비용 금액은 매년 감소한다.

18 사채가 할인발행되고 유효이자율법이 적용되는 경우 다음의 설명 중 틀린 것은?

① 사채할인발행차금 상각액은 매기 감소한다.
② 매기간 계상되는 총사채 이자비용은 초기에는 적고 기간이 지날수록 금액이 커진다.
③ 사채의 장부가액은 초기에는 적고 기간이 지날수록 금액이 커진다.
④ 사채발행시점에 발생한 사채발행비는 즉시 비용으로 처리하지 않고, 사채의 만기 동안의 기간에 걸쳐 유효이자율법을 적용하여 비용화한다.

해설
유효이자율법에 의해 계산된 사채할인발행차금 상각액은 매기 증가한다.

ANSWER 16. ③ 17. ④ 18. ①

실무수행평가 대비

※ 주어진 실무프로세스에 대하여 (주)재무회계(회사코드 : 4000)의 거래자료를 입력하시오.

01 5월 1일 국민은행 보통예금계좌에 4월 28일 입금된 3,000,000원의 입금내역에 대하여 원인을 알 수 없어 임시계정으로 처리하였다. 확인결과 (주)한공섬유의 외상대금임을 확인하였다.

■ 보통예금(국민은행) 거래내역

번호	거래일	내용	찾으신금액	맡기신금액	잔액	거래점
		계좌번호 84861-15-363541 (주)재무회계				
1	2024-04-28	김공한		3,000,000	***	***

일반전표입력(5월 1일)
(차) 257.가수금   3,000,000원   (대) 108.외상매출금   3,000,000원
                                              (00124.(주)한공섬유)

02 5월 2일 2023년 12월 20일 BUB Co.,ltd에서 차입한 외화단기차입금(US$20,000)을 2024년 5월 2일 국민은행 보통예금계좌에서 상환하였다(단, 회사는 외화단기차입금에 대하여 2023년 12월 31일 적절하게 외화평가를 수행하였다).

■ 적용환율

2023년 12월 20일	2023년 12월 31일	2024년 5월 2일
₩ 1,050.20원/$	₩ 1,075.40원/$	₩ 1,087.30원/$

일반전표입력(5월 2일)
(차) 274.외화단기차입금   21,508,000원   (대) 103.보통예금   21,746,000원
    (03008.BUB Co.,ltd)   (98002.국민은행)
    932.외환차손   238,000원
※ 상환액 21,746,000원($20,000 × 1,087.30원/$) - 상환전 장부금액 21,508,000원($20,000 × 1,075.40원/$)
  = 외환차손 238,000원

03 5월 5일 (주)대종신발에 대한 외상매입금 결제를 위하여 전자어음을 발행하였다.

1. 전자어음을 등록하시오.
   - 수 령 일 : 2024.05.05
   - 어음종류 : 전자
   - 금융기관 : 우리은행(98001)
   - 어음번호 : 00420240505123456789 (1매)
2. 거래자료를 입력하시오.
3. 자금관련정보를 입력하여 지급어음현황에 반영하시오.

전자어음

(주)대종신발 귀하   00420240505123456789

금 이백만원정   2,000,000원

위의 금액을 귀하 또는 귀하의 지시인에게 지급하겠습니다.

지급기일	2024년 5월 10일	발행일	2024년 5월 5일
지 급 지	우리은행	발행지 주 소	서울 금천구 독산로90길 27
지급장소	독산지점	발행인	(주)재무회계

(1) 어음등록
어음발행(지급어음) 관련 문제에서 어음등록을 요구하는 경우에는 전표입력에 앞서 어음용지등록이 선행되어야 한다.

[기능모음(F11)▼] 메뉴의 [어음등록] [Ctrl + 4] 선택하면 어음등록화면이 나타난다. ⇨ 전자어음의 세부내역을 입력한다(1. 수령일 : 2024년 5월 5일 2. 어음종류 : 4.전자, 어음번호 : 숫자 20자리).

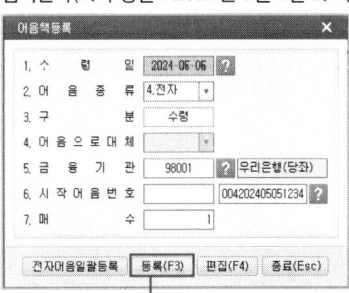

세부내역 입력 후 하단 [등록(F3)] 버튼을 클릭 후 [종료(Esc)] 를 누른다.

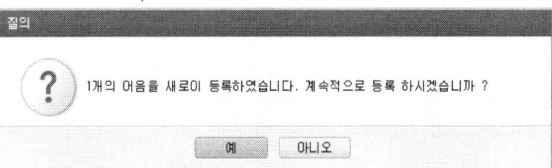

(2) 분개 : (차) 251.외상매입금   2,000,000원   (대) 252.지급어음   2,000,000원
              (00167.(주)대종신발)   (00167.(주)대종신발)

(3) 자금관리 : 대변 지급어음계정에서 기능모음(F11)▼ 메뉴의 자금관리 선택 또는 [F3]을 클릭하면 하단에 지급어음 관리 내역이 나타난다. ⇨ 어음번호란에서 [F2]를 클릭하여 발행한 지급어음번호(전자00420240505123456789)를 선택한 후 ⇨ 만기일자(2024-05-10) 입력한다.

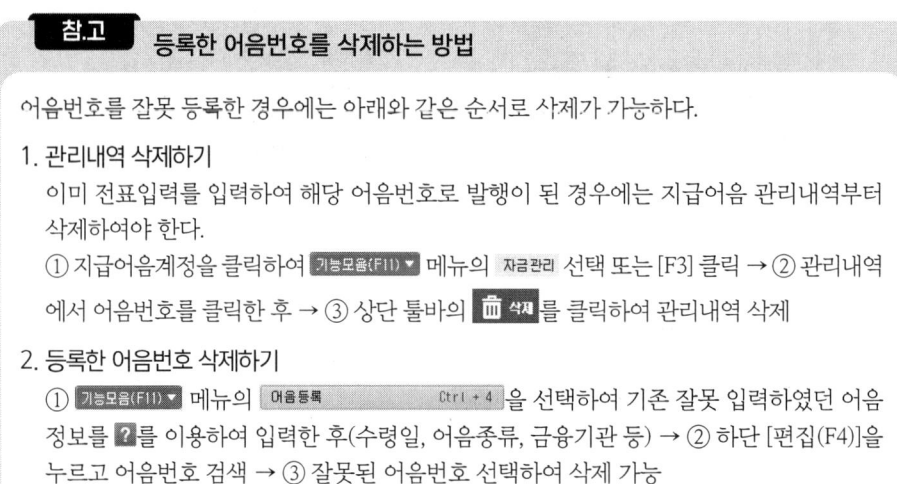

▶ 저자주 : 받을어음은 내가 어음을 받는 거니 자금관리만 수행하면 되나, 지급어음은 내가 상대방한테 어음을 발행해줘야 하니 먼저 어음등록이 되어야 한다(단, 시험에선 어음등록이 이미 되어 있는 경우에는 어음등록을 생략하고, 어음을 등록하라고 요구한 경우에만 어음등록부터 수행).

참고 | 등록한 어음번호를 삭제하는 방법

어음번호를 잘못 등록한 경우에는 아래와 같은 순서로 삭제가 가능하다.

1. 관리내역 삭제하기
   이미 전표입력를 입력하여 해당 어음번호로 발행이 된 경우에는 지급어음 관리내역부터 삭제하여야 한다.
   ① 지급어음계정을 클릭하여 기능모음(F11)▼ 메뉴의 자금관리 선택 또는 [F3] 클릭 → ② 관리내역에서 어음번호를 클릭한 후 → ③ 상단 툴바의 🗑 삭제 를 클릭하여 관리내역 삭제

2. 등록한 어음번호 삭제하기
   ① 기능모음(F11)▼ 메뉴의 어음등록 Ctrl + 4 을 선택하여 기존 잘못 입력하였던 어음정보를 ?를 이용하여 입력한 후(수령일, 어음종류, 금융기관 등) → ② 하단 [편집(F4)]을 누르고 어음번호 검색 → ③ 잘못된 어음번호 선택하여 삭제 가능

04 5월 10일 (주)대종신발에 발행하였던 약속어음(어음금액 2,000,000원, 어음번호 : 00420240505123456789) 만기가 되어 우리은행 당좌예금 계좌에서 결제되었다.

1. 거래자료를 입력하시오.
2. 자금관련 정보를 입력하여 지급어음현황에 반영하시오.

(1) 분개 : (차) 252.지급어음   2,000,000원   (대) 102.당좌예금   2,000,000원
              (00167.(주)대종신발)   (거래처 : 98001.우리은행)

제5장 부채

(2) 자금관리 : 차변 지급어음계정에서 기능모음(F11) ▼ 메뉴의 자금관리 선택 또는 [F3]을 클릭하면 하단에 지급어음 관리내역이 나타난다. ⇨ 어음번호란에서 [F2]를 클릭하여 발행한 지급어음번호(전자0042024050512345678)를 선택한다.

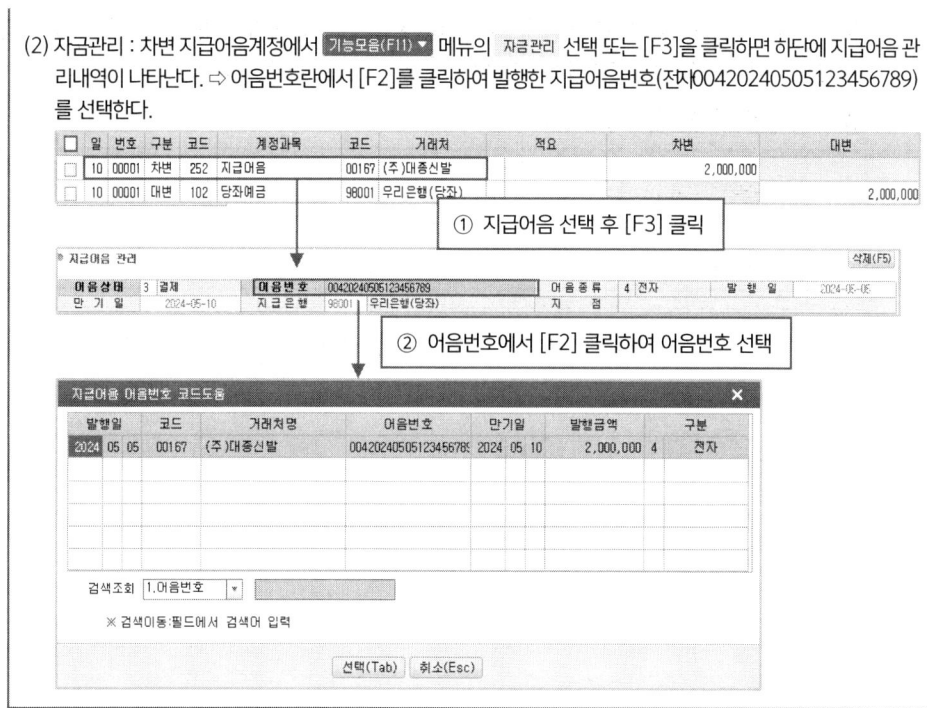

▶ 저자주 : 3번~4번 거래는 「지급어음」 관련 거래이다. 특히 지급어음 관련 거래에선, 지급어음관리를 위한 「자금관리」 기능을 함께 요구하는 경우가 많으므로 같이 정리하여야 한다.

구 분	일 자	거래설명	문제유형
1	5월 5일	지급어음(전자어음) 발행	어음등록 → 전표입력 → 지급어음관리
2	5월 10일	지급어음 만기결제	전표입력 → 지급어음관리

참고 지급어음관련 업무흐름

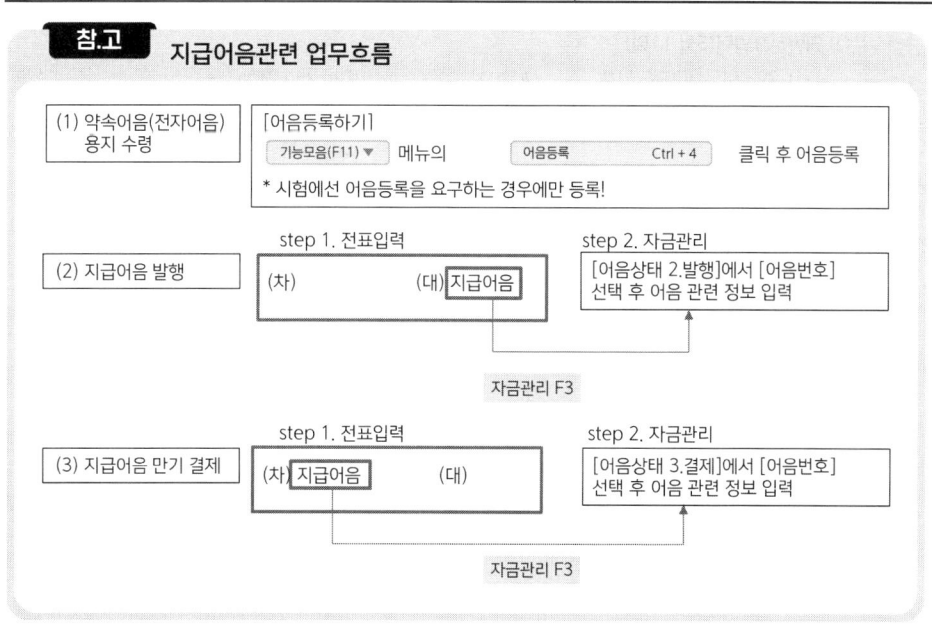

TAT 2급

05 5월 11일 관리부 사원 추소영의 퇴직금을 국민은행 보통예금계좌에서 지급하고 퇴직소득 원천징수영수증을 발급하였다. (주)재무회계는 퇴직연금에 가입하지 않았다.

■ 보통예금(국민은행) 거래내역

번호	거래일	내용	찾으신금액	맡기신금액	잔액	거래점
		계좌번호 84861-15-363541 (주)재무회계				
1	2024-05-11	퇴직금	4,669,320		***	***

퇴직소득원천징수영수증 / 지급명세서

([ ]소득자 보관용 [V]발행자 보관용 [ ]발행자 보고용)

- 거주구분: 거주자1
- 내·외국인: 내국인1
- 거주지국: 대한민국 거주지국코드: KR
- 징수의무자구분: 사업장1

징수의무자	① 사업자등록번호	101-81-83017	② 법인명(상호)	(주)재무회계	③ 대표자(성명)	이대호
	④ 법인(주민)등록번호	110111-0717839	⑤ 소재지(주소)	서울특별시 금천구 독산로90길 27		

소득자	⑥ 성 명	추소영	⑦ 주민등록번호		⑨ 임원여부	[ ]여 [V]부
	⑧ 주 소					
	⑩ 확정급여형 퇴직연금 제도 가입일				⑪ 2011.12.31 퇴직일	

	근무처구분	중간지급 등	최종	정산
퇴직급여현황	⑬ 근무처명		(주)재무회계	
	⑭ 사업자등록번호		101-81-83017	
	⑮ 퇴직급여		4,800,000	4,800,000
	⑯ 비과세 퇴직급여			
	⑰ 과세대상 퇴직급여(⑮-⑯)		4,800,000	4,800,000

	구 분	소득세	지방소득세	농어촌특별세	계
납부명세	㊸ 신고대상세액(㊳)	118,800	11,880		130,680
	㊹ 이연퇴직소득세(㊷)				
	㊺ 차감원천징수세액(㊳-㊷)	118,800	11,880		130,680

① 5월 11일자 합계잔액시산표의 퇴직급여충당부채(비유동부채) 잔액 조회
: 퇴직급여충당부채 잔액 6,000,000원 확인

② 일반전표입력(5월 11일)
 (차) 295.퇴직급여충당부채   4,800,000원   (대) 254.예수금   130,680원
                                         103.보통예금   4,669,320원
                                         (거래처 : 98002.국민은행)

제5장 부채

06 5월 15일   5월분 퇴직연금(본사 직원 *1,000,000*원, 공장 직원 *1,500,000*원)을 국민은행 보통예금계좌에서 이체하여 납입하였다(단, 퇴직연금은 국민은행 확정기여형(DC) 상품에 가입되어 있다).

■ 보통예금(국민은행) 거래내역

번호	거래일	내용	찾으신금액	맡기신금액	잔액	거래점
		계좌번호 84861-15-363541 (주)재무회계				
1	2024-05-15	퇴직연금(DC형)	2,500,000		***	***

일반전표입력(5월 15일)
(차) 508.퇴직급여(제)   *1,500,000*원   (대) 103.보통예금   *2,500,000*원
    806.퇴직급여(판)   *1,000,000*원   (98002.국민은행)

07 5월 16일   확정급여형퇴직연금(DB)제도를 설정하고 있는 (주)재무회계는 관리부 직원의 퇴직연금 부담금(기여금) *5,000,000*원을 국민은행 보통예금계좌에서 신한생명 퇴직연금 계좌로 이체하였다(부담금 중 1%는 사업비로 충당된다).

■ 보통예금(국민은행) 거래내역

번호	거래일	내용	찾으신금액	맡기신금액	잔액	거래점
		계좌번호 84861-15-363541 (주)재무회계				
1	2024-05-16	퇴직연금	5,000,000		***	***

일반전표입력(5월 16일)
(차) 198.퇴직연금운용자산   *4,950,000*원   (대) 103.보통예금   *5,000,000*원
    (98300.신한생명)   (98002.국민은행)
    831.수수료비용(판)   *50,000*원

08 5월 20일   확정급여형퇴직연금(DB)에 대한 운용수익이 (주)신한생명 퇴직연금계좌로 *100,000*원 입금되었다(계정과목코드「922.퇴직연금운용수익 - 계정구분 2.수입이자」계정과목을 신규등록하여 입력할 것).

① 계정과목 및 적요등록
   922.퇴직연금운용수익(계정구분 : 2.수입이자) 신규등록

② 일반전표입력(5월 20일)
   (차) 198.퇴직연금운용자산   *100,000*원   (대) 922.퇴직연금운용수익   *100,000*원
       (98300.신한생명)

09

5월 25일 회사는 확정급여형퇴직연금(DB)에 가입하여 퇴직금추계액의 100%를 불입하고 있다. 이성계 퇴사시 퇴직금 전액을 개인형 퇴직연금(IRP) 계좌로 지급한다(거래처코드 입력은 생략할 것).

퇴직금 정산서

성명	이성계
퇴사일자	5월 25일
퇴직금 지급일자	5월 25일
퇴직금	1,000,000원
퇴직금 지급방법	확정급여형퇴직연금(DB) 계좌에서 지급

일반전표입력(5월 25일)
(차) 295.퇴직급여충당부채   1,000,000원   (대) 198.퇴직연금운용자산   1,000,000원

10

5월 28일 영업사원 직무교육에 대한 강사료 2,500,000원을 지급하면서 원천징수세액(소득세 75,000원 및 지방소득세 7,500원)을 차감하고 국민은행 보통예금계좌에서 이체하였다.

■ 보통예금(국민은행) 거래내역

번호	거래일	내용	찾으신금액	맡기신금액	잔액	거래점
		계좌번호 84861-15-363541 (주)재무회계					
1	2024-05-28	강사료	2,417,500		***	***

일반전표입력(5월 28일)
(차) 825.교육훈련비   2,500,000원   (대) 254.예수금   82,500원
                                                        103.보통예금   2,417,500원
                                                        (98002.국민은행)

11 5월 31일 관리부직원 및 생산부직원의 5월분 급여대장이다. 5월 31일에 종업원의 계좌로 이체하였다(가불금은 주·임·종단기채권 계정에 계상되어 있으며, 그 외 공제내역은 통합하여 예수금으로 처리한다).

급 여 명 세 서

(단위 : 원)

구 분	수당항목			급여 총액	공제항목			공제계	차인 지급액
	기본급	직책수당	식대		소득세	국민연금	고용보험		
	차량보조금	야근근로	가족수당		지방소득세	건강보험	가불금		
관리부 (김선경)	3,000,000	500,000	80,000	4,000,000	40,000	50,000	20,000	644,000	3,356,000
	200,000	200,000	20,000		4,000	30,000	500,000		
생산부 (이종남)	2,000,000	200,000	80,000	3,000,000	50,000	60,000	15,000	170,000	2,830,000
	300,000	300,000	120,000		5,000	40,000	-		
계	5,000,000	700,000	160,000	7,000,000	90,000	110,000	35,000	814,000	6,186,000
	500,000	500,000	140,000		9,000	70,000	500,000		

■ 보통예금(국민은행) 거래내역

번호	거래일	내용	찾으신금액	맡기신금액	잔액	거래점
		계좌번호 84861-15-363541 (주)재무회계				
1	2024-05-31	5월급여	6,186,000		***	***

일반전표입력(5월 31일)

(차) 801.급여(판)   4,000,000원   (대) 137.주·임·종단기채권   500,000원
    504.임금(제)   3,000,000원   (00128.김선경)
                                              254.예수금   314,000원
                                              103.보통예금   6,186,000원
                                              (98002.국민은행)

비대면 시험대비 실무수행평가

※ (주)재무회계(회사코드 : 4000)의 입력자료 및 회계정보를 조회하여 [답안수록메뉴]에 [평가문제]의 답안을 입력하시오.

평가문제

01 [재무상태표 조회] 5월 말 유동부채와 비유동부채의 금액을 각각 기록하시오. [배점 3]
① 유동부채 :   ② 비유동부채 :

02 [거래처원장 조회] 5월 말 현재 우리은행의 당좌예금 잔액과 국민은행 보통예금 잔액은 각각 얼마인가? [배점 3]
① 우리은행 당좌예금 :   ② 국민은행 보통예금 :

03 [일/월계표 조회] 5월 발생한 '제조원가'와 '판매관리비'는 각각 얼마인가? [배점 3]
① 제조원가 :   ② 판매관리비 :

해설

01 5월 말 재무상태표의 유동부채와 비유동부채의 금액을 각각 기록하시오.
  ① 유동부채 : 337,223,652원   ② 비유동부채 : 100,200,000원

02 5월 말 현재 우리은행의 당좌예금 잔액과 국민은행 보통예금 잔액은 각각 얼마인가?
  ① 우리은행 당좌예금 : 47,800,000원
  ② 국민은행 보통예금 : 260,055,956원

03 5월 발생한 '제조원가'와 '판매관리비'는 각각 얼마인가?
  ① 제조원가 : 10,000,000원   ② 판매관리비 : 20,528,890원

▶ 저자주 : 실제 시험에선 아래와 같이 [답안수록메뉴]에 입력을 하는 방식이다.

[답안수록메뉴]

	[실무수행평가]
1	① 337,223,652원 ② 100,200,000원
2	① 47,800,000원 ② 260,055,956원
3	① 10,000,000원 ② 20,528,890원

# CHAPTER

06 자본

자본(capital)은 자산에서 부채를 차감한 잔액으로서 회사에 자금을 출자한 소유주(주식회사의 경우 주주)의 몫을 나타낸다.

[자본의 분류]

구 분	의 미	성격
Ⅰ. 자본금	발행주식의 액면가액 합계(발행주식수 × 1주당 액면가액)	자본 거래[11]
Ⅱ. 자본잉여금	영업활동 이외의 자본거래에서 발생한 잉여금 예 주식발행초과금, 감자차익, 자기주식처분이익	
Ⅲ. 자본조정	자본거래에서 발생한 손실 + 기타 자본에 가감되는 임시적 항목 예 주식할인발행차금, 감자차손, 자기주식처분손실, 자기주식, 미교부주식배당금	
Ⅳ. 이익잉여금	영업활동에서 발생한 순이익 중 회사에 남아 있는 금액 (손익거래 중 실현이익) 예 법정적립금, 임의적립금, 미처분이익잉여금	손익 거래[12]
Ⅴ. 기타포괄손익누계액	당기손익에 포함되지 않지만 자본항목에 포함되는 평가손익의 잔액(손익거래중 장기미실현이익) 예 매도가능증권평가손익, 유형자산 재평가잉여금	

제1절 자본거래

1. 자본금

자본금은 주주가 출자한 돈으로 이는 발행한 주식의 총수에서 액면가액을 곱하면 된다. 그리고 자본금이란 주식회사의 경우 발행주식의 총액을 의미하며, 개인회사의 경우에는 개인이 납입한 출자금을 말한다.

> 자본금 = 발행주식수 × 액면가액

---

[11] 자본거래는 순자산을 변동시키는 거래의 상대방이 기업의 현재주주(또는 잠재적 주주)인 경우이다. 즉 주주와의 거래로 발생하는 항목들은 자본금, 자본잉여금, 자본조정으로 세분류한다.
[12] 손익거래는 기업의 일반적인 영업활동에서 수익, 비용을 발생시키는 거래를 의미한다.

2. 자본거래 유형

주주와의 거래인 자본거래는 성격에 따라 크게 다음과 같이 분류할 수 있다.

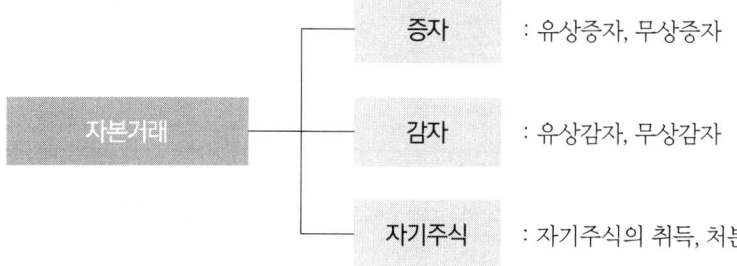

3. 증자(주식의 발행)

주식을 발행하여 기업의 자본금을 증가시키는 대표적 거래가 유상증자와 무상증자이다. 유상증자란 현금출자 또는 현물출자를 통한 주금납입으로 기업의 순자산을 증가시키는 실질적 증자인 반면 무상증자는 주금의 납입 없이 자본잉여금이나 이익잉여금의 자본전입(자본의 재분류)으로 증가된 자본금만큼 주식을 발행하는 것으로 기업의 순자산은 변동되지 않는 형식적 증자이다.

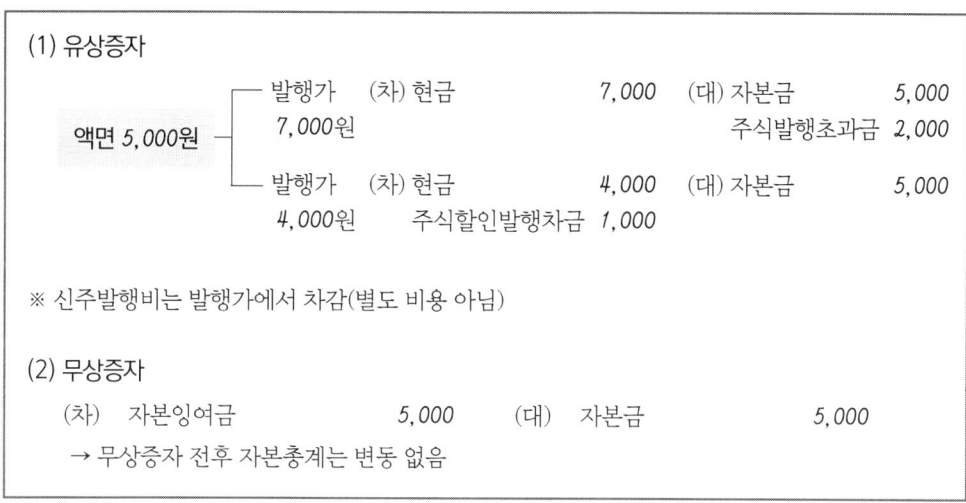

(1) 유상증자

주식회사의 경우 일반투자자들에게 주식을 발행하여 자금을 조달하게 되는데 주식의 경우 액면가를 기준으로 자본금을 계상하게 된다. ① 주식의 발행가격이 액면가와 동일한 경우(액면발행의 경우) 발행가 전액이 자본금으로 계상되게 되나 ② 발행가격이 액면가에 미달하거나(할인발행의 경우) 발행가격이 액면가격을 초과하는 경우(할증발행의 경우) 그 초과액과 미달액을 처리해야 하는 문제가 있다. ③ 기업회계기준에서는 할증발행의 경우 액면가를 초과하는 금액은 자본잉여금 항목 중 「주식발행초과금」으로 처리하며, 할인발행의 경우 액면가를 미달하는 금액은 자본조정 중 「주식할인발행차금」으로 처리하도록 규정하고 있다.

주식발행형태	발행가액과 액면가액의 관계	비 고
① 액면발행	발행가액 = 액면가액	-
② 할인발행	발행가액 < 액면가액	차액만큼 주식할인발행차금 (자본조정) 인식*
③ 할증발행	발행가액 > 액면가액	차액만큼 주식발행초과금 (자본잉여금) 인식*

* 주식발행초과금과 주식할인발행차금은 동시에 재무상태표에 계상될 수 없다. 따라서 이들은 발생순서에 관계없이 서로 상계하여 회계처리한다. 만약 상계 후에도 주식할인발행차금잔액이 있는 경우 이익잉여금처분으로 상각한다.

 예제 (주)한공의 주식 액면가격은 5,000원이며 발행가격이 각각 아래와 같을 경우 회계처리를 하라. (납입대금은 전액 현금으로 수취하였다)

(1) 발행가격이 5,000원인 경우(액면발행)
(2) 발행가격이 7,000원인 경우(할증발행)
(3) 발행가격이 3,000원인 경우(할인발행)

해설 (1) 발행가격이 5,000원인 경우
(차) 101.현금　　　　　5,000　　(대) 331.자본금　　　　5,000

(2) 발행가격이 7,000원인 경우
(차) 101.현금　　　　　7,000　　(대) 331.자본금　　　　5,000
　　　　　　　　　　　　　　　　　　341.주식발행초과금　2,000
　　　　　　　　　　　　　　　　　　(자본잉여금)

현금 7,000 = 자본금 5,000 + 자본잉여금 2,000

(3) 발행가격이 3,000원인 경우
(차) 101.현금　　　　　3,000　　(대) 331.자본금　　　　5,000
　　381.주식할인발행차금　2,000
　　(자본조정)

현금 3,000 = 자본금 5,000 + 자본조정 (2,000)

예제 다음 각 거래를 분개하시오. (각각의 거래는 독립적임)

> (1) 회사는 주식 1주(액면가액 5,000원)를 8,000원에 발행하고 신주발행비 1,000원을 차감한 잔액 7,000원이 당사 보통예금 계좌로 입금되었다.
> (2) 회사는 주식 1주(액면가액 5,000원)를 8,000원에 발행하고 납입대금은 전액 당사 보통예금계좌에 입금되었으며 신주발행비 1,000원은 별도로 현금 지급하였다.
> (3) 회사는 주식 1주(액면가액 5,000원)를 4,000원에 발행하고 신주발행비 1,000원을 차감한 잔액 3,000원이 당사 보통예금계좌로 입금되었다.

해설 「신주발행비」란 주식발행시 소요되는 주권인쇄비, 신주발행수수료 등 주식발행을 위하여 직접 발생하는 모든 비용을 말한다. 이때 신주발행비는 별도로 비용처리하지 않고 주식의 발행가액에 차감한다. 따라서 할증발행시는 주식발행초과금에서 차감하고, 할인발행시는 주식할인발행차금에 가산한다. 즉, 신주발행비만큼 주식발행초과금이 줄어들거나 주식할인발행차금이 많아진다.

(1)	(차) 103.보통예금	7,000	(대)	331.자본금	5,000
				341.주식발행초과금	2,000
				(자본잉여금)	
(2)	(차) 103.보통예금	8,000	(대)	331.자본금	5,000
				341.주식발행초과금	2,000
				(자본잉여금)	
				101.현금	1,000
(3)	(차) 103.보통예금	3,000	(대)	331.자본금	5,000
	381.주식할인발행차금	2,000			
	(자본조정)				

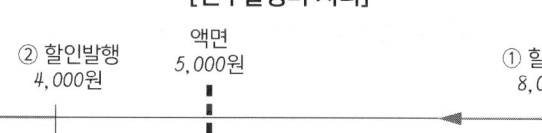

[신주발행비 처리]

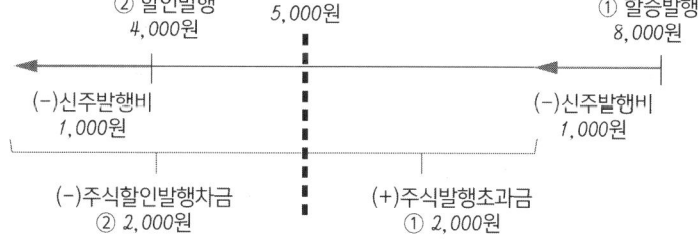

(2) 현물출자

주식발행의 대가로 현금이 아닌 자산(예 토지, 건물 등)을 수령하는 자본거래를 말한다. 회계처리는 현금출자와 유사하나, 주식발행가액을 무엇으로 할 것인지에 주의하여야 한다. 기업이 현물을 제공받고 주식을 발행한 경우에는 제공받은 현물의 공정가치를 주식의 발행금액으로 한다.

(주)한공은 20×1년 1월 1일 발행주식총수 1주, 액면가액 5,000원인 주식을 발행하면서 발행대가로 건물을 받았다. 해당 주식은 비상장주식으로 주식의 공정가치를 알 수 없으나, 건물의 공정가치는 10,000원이다.

해설_ (차) 202.건물　　　　　　 10,000　　(대) 331.자본금　　　　　　　 5,000
　　　　　　　　　　　　　　　　　　　　　　 341.주식발행초과금　　　 5,000
　　　　　　　　　　　　　　　　　　　　　　 (자본잉여금)

(3) 무상증자

무상증자는 자본잉여금이나 이익잉여금 중 배당이 불가능한 법정적립금을 자본에 전입하여 자본금을 증가시키는 것이다. 무상증자는 실제 현금을 받고 주식을 발행하는 것이 아니므로 기업 입장에서는 자본의 구성내용만 변경될 뿐 무상증자 전후의 자본총계에는 영향을 미치지 아니한다.

<무상증자>

자산	부채		
	자본 : 일정 (변동 없음)	자본금 : 증가↑	← (차) 자본잉여금 / (대) 자본금
		자본잉여금 : 감소↓	
		자본조정	
		기타포괄손익누계액	
		이익잉여금	

(주)한공의 20×1년 5월 1일 현재의 자본현황은 다음과 같다.

	증자 전
자본금	5,000원
자본잉여금	5,000원
이익잉여금	-
총계	10,000원

**이사회 결의로 자본잉여금(주식발행초과금) 5,000원을 재원으로 무상증자를 실시하였다.
(주식의 액면가액은 5,000원이다)**

해설_ (차) 341.주식발행초과금　　 5,000　　(대) 331.자본금　　　　　　　 5,000

앞선 예제에서 알수 있듯이 자본잉여금 5,000원을 자본금에 전입하면 자본금은 5,000원에서 10,000원으로 증가하지만, 자본총계는 무상증자 전후 모두 10,000원으로 동일하다.

	증자 전	무상증자	증자 후
자본금	5,000원	(+)5,000원	10,000원
자본잉여금	5,000원	(-)5,000원	0원
이익잉여금	-		-
총계	10,000원	-	10,000원

따라서 무상증자를 한 기업입장에서는 자본금잉여금을 자본금으로 변경하는 회계처리를 하지만, 투자자(주주) 입장에서는 지분이나 지분율의 영향이 없으므로 이를 수익으로 인식하지 않는다. 이러한 논리는 후술하는 주식배당도 동일하다.

구 분	회계처리	
무상증자 기업	(차) 자본잉여금 5,000원	(대) 자본금 5,000원
투자자(주주)	회계처리 없음(수익 아님)	

4. 감자

감자는 주식의 자본을 감소시키는 것이다. 액면금액을 줄이거나 주식수를 줄여 자본금을 줄이는 절차이다. 유상감자는 주식을 소각하면서 이에 대한 대가를 주주에게 지급하는 실질적 감자인 반면 무상감자는 결손보전 등의 목적으로 주주에게 대가의 지급 없이 주식을 소각시키는 형식적 감자이다.

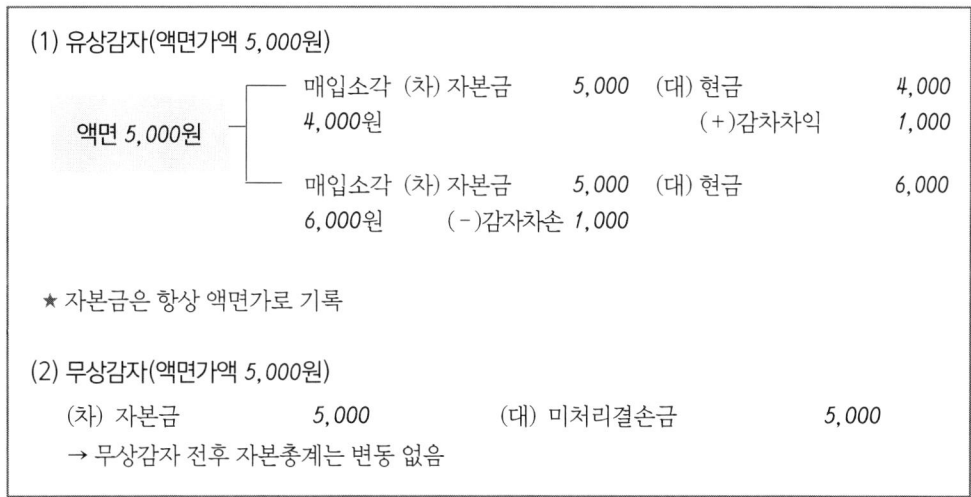

(1) 유상감자

유상감자는 기업이 주주들에게 돈을 주고 주식을 회수하여 소각하는 것이다. 돈을 주기 때문에 자산인 현금이 빠져나가고 주식을 회수하여 소각하므로 자본금이 감소한다. 이때 주주한테 회수하는 자본금(액면가)보다 더 주면 감자차손이란 손실(자본조정)로, 자본금보다 덜 주면 감자차익이란 이익(자본잉여금)으로 기록한다.

> ① 주금반환액 > 액면가액 → 감자차손(자본조정)
> ② 주금반환액 < 액면가액 → 감자차익(자본잉여금)
> 단, 감자차손이 발생하는 경우 감자차익과 우선 상계한다.

 (주)한공은 자본감소(감자)를 위하여 액면가액 5,000원의 주식 1주를 현금으로 매입소각하였다.

> (1) 주당 매입가격이 7,000원인 경우
> (2) 주당 매입가격이 4,000원인 경우

해설_ (1) (차) 331.자본금   5,000   (대) 101.현금   7,000
         394.감자차손   2,000
         (자본조정)

    (2) (차) 331.자본금   5,000   (대) 101.현금   4,000
                                      342.감자차익   1,000
                                      (자본잉여금)

(2) 무상감자

무상감자는 자본금을 줄이지만 주주들에게 그 대가를 전혀주지 않고 주식을 매입소각하는 경우이다. 주로 누적된 결손금으로 주식의 시장가치가 낮거나 신규차입이 어려운 부실기업들이 결손금을 제거하기 위해 사용한다.
예를 들어 자본금 10,000원(액면가 5,000원 × 발행주식수 2주)인 회사가 결손금 5,000원을 보전하기 위해 액면가 5,000원인 주식 1주를 무상소각한 경우 회계처리는 다음과 같다.

(차) 자본금   5,000원   (대) 미처리결손금   5,000원

	감자 전	무상감자	감자 후
자본금	10,000원	(-)5,000원	5,000원
미처리결손금	(-)5,000원	(+)5,000원	
총계	5,000원	-	5,000원

5. 자기주식

자기주식(treasury stock)이란 회사가 과거에 이미 발행되어 유통되고 있는 자기회사의 주식을 미래에 재발행 목적으로 재취득하여 보유하고 있는 것을 말한다.
회사가 자기주식을 취득하고 처분하는 이유는 여러 가지이지만 일반적으로 회사의 주가 부양 목적이거나, 임직원이 주식매수선택권을 행사하는 경우에 주식을 새롭게 발행하기보다는 이미 보유한 자기주식을 지급하기도 한다.

(1) 취득시 취득원가로 기록					
	(차) 자기주식	7,000	(대) 현금 등	7,000	
	(자본조정)				
(2) 처분시					
① 처분가액 8,000 > 취득가액 7,000					
	(차) 현금 등	8,000	(대) 자기주식	7,000	
			자기주식처분이익	1,000	
② 처분가액 6,000 < 취득가액 7,000					
	(차) 현금 등	6,000	(대) 자기주식	7,000	
	자기주식처분손실	1,000			
(3) 소각시(액면가액 5,000원)					
	(차) 자본금	5,000	(대) 자기주식	7,000	
	감자차손	2,000			

(1) 자기주식의 취득

자기주식의 구입시 그 취득금액은 자본의 차감항목으로 표시한다. 예를 들어 자기주식을 현금 7,000원에 구입하면 자기주식 취득시점에서 분개는 다음과 같다.

(차) 383.자기주식(자본조정)　　7,000　　(대) 101.현 금　　　　　7,000

자기주식은 재무상태표상 자본조정으로 분류하며 자본에서 차감하는 형식으로 표시한다.

(2) 자기주식의 처분(= 재발행 = 매각)

보유한 자기주식을 처분하는 경우 발생하는 처분손익은 다음과 같이 처리한다.

> ① 처분가액 > 취득원가 → 자기주식처분이익(자본잉여금)
> ② 처분가액 < 취득원가 → 자기주식처분손실(자본조정)
> 단, 자기주식처분손실이 발생하는 경우 처분이익과 우선 상계한다.

예제 다음 자기주식의 취득 및 처분에 관한 거래를 분개하시오.

> (1) 3월 10일 (주)한공은 자기주식 1주를 주당 7,000원에 현금 취득하였다.
> (2) 3월 15일 취득한 자기주식을 다음 금액으로 현금 처분하였다(각각의 거래는 독립적임).
> 　① 주당 8,000원에 처분한 경우
> 　② 주당 6,000원에 처분한 경우

해설_ (1) (차) 383.자기주식　　　　　　7,000　　(대) 101.현금　　　　　　　7,000
(2) ① 주당 8,000원에 처분한 경우
　　(차) 101.현금　　　　　　　8,000　　(대) 383.자기주식　　　　　7,000
　　　　　　　　　　　　　　　　　　　　　　　343.자기주식처분이익　1,000
② 주당 6,000원에 처분한 경우
　　(차) 101.현금　　　　　　　6,000　　(대) 383.자기주식　　　　　7,000
　　　　395.자기주식처분손실　1,000

(3) 자기주식의 소각(=감자)

자기주식을 소각하는 경우에는 자기주식(취득원가)과 자본금(액면금액) 계정을 동시에 감소시킨다. 그리고 취득원가와 액면가액의 차이가 발생하면 그 차액만큼 감자차익 또는 감자차손 계정으로 처리한다.

예를 들어 취득원가가 7,000원이고 액면가액이 5,000원인 자기주식을 취득하여 소각한 경우 회계처리는 다음과 같다.

(차) 331.자본금　　　　　　5,000　　(대) 383.자기주식　　　　　7,000
　　394.감자차손　　　　　2,000

제2절 이익잉여금

이익잉여금은 회사가 영업활동을 통해 벌어들인 매년 당기순이익이 누적되면서 만들어진다. 회사의 이익이 쌓이면 주주들에게 배당을 하거나, 내부에 적립금이나 준비금 명목으로 쌓기도 하며 그 외 나머지 부분은 미처분이익잉여금으로 표기된다.

> 기초이익잉여금 + 당기순이익 − 이익잉여금처분액* = 기말이익잉여금
> *잉여금처분액이란 주주에게 지급하는 배당금 및 기타 적립금을 말함

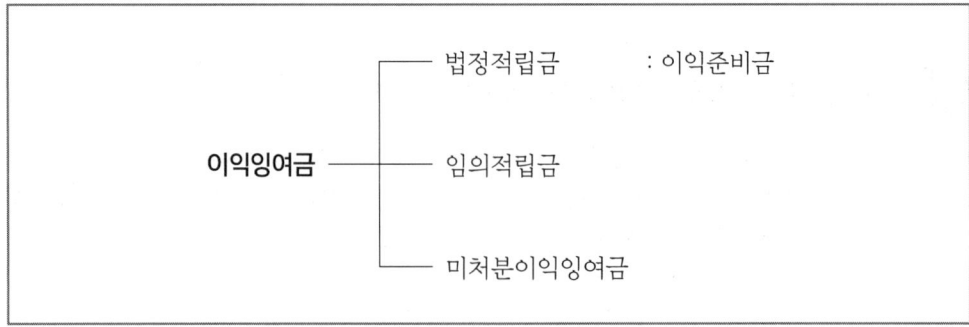

1. 이익준비금

기업의 활동으로 인해 이익잉여금이 발생하는 경우 이를 주주들에게 과도하게 배당해 준다면 채권자의 이익(이자수취, 원금회수)에 침해가 발생할 수 있다. 따라서 ① 기업의 채권자를 보호하기 위해 법률에 의해 강제적으로 적립이 되어 배당의 재원으로는 사용할 수 없는 이익잉여금을 법정적립금이라 한다. ② 현행 상법상 규정하고 있는 법정적립금에는 이익준비금이 있다. 이익준비금은 주주들에게 현금배당시 현금배당액의 10% 이상을, 자본금의 1/2에 달할 때까지 의무적으로 적립해야 한다. 이렇게 적립된 법정적립금은 자본전입 또는 결손보전의 목적 이외에는 사용할 수 없다.

예제 (주)한공은 주주총회에서 이익잉여금의 처분을 다음과 같이 확정하고 배당금을 현금으로 지급하였다. 배당결의일과 배당지급일의 분개를 각각 하시오.

- 현금배당 : 1,000,000원
- 이익준비금 : 현금배당액의 10%

해설_ ① 주주총회일(배당선언일 또는 배당결의일)

　(차) 375.이월이익잉여금*　　1,100,000　　(대) 351.이익준비금　　100,000
　　　　　　　　　　　　　　　　　　　　　　　　265.미지급배당금　1,000,000

　*더존 프로그램에서 전표입력시는 「377.미처분이익잉여금」 대신 「375.이월이익잉여금」을 사용함에 주의할 것

　② 배당금지급시(배당지급일)

　(차) 265.미지급배당금　　1,000,000　　(대) 101.현금　　1,000,000

2. 임의적립금

과도한 현금배당으로 인해 기업의 재무상태가 악화되는 것을 방지하기 위해 회사가 정관규정이나 주주총회의 결의로 자율적으로 적립하는 이익잉여금을 말한다. 임의적립금은 주주총회의 승인이 있으면 언제든지 다시 배당의 재원으로 사용될 수 있다는 점에서 영구적으로 사용이 제한된 법정적립금과 차이가 있다. 임의적립금에는 사업확장적립금, 결손보전적립금 등이 있다.

3. 미처분이익잉여금

매년 발생한 당기순이익의 누적적 합에서 배당금이나 다른 잉여금으로 처분되지 않고 남아 있는 금액으로 언제든지 배당가능한 이익잉여금을 말한다.

4. 이익잉여금처분계산서

이익잉여금처분계산서는 기업의 이익잉여금의 변동을 보고하기 위하여 작성하는 표로서 기초이

잉여금이 어떠한 과정을 거쳐 기말이익잉여금으로 변동하였는지에 관한 정보를 제공해준다. 상법 등에서 이익잉여금처분계산서(또는 결손금처리계산서)의 작성을 요구하는 경우에는 재무상태표의 이익잉여금에 관한 보충정보로서 이익잉여금처분계산서를 주석으로 공시하여야 한다.

이익잉여금처분계산서
제2기 : 20×2년 1월 1일부터 12월 31일까지
잉여금처분예정일 20×3. 3. 1   (단위 : 원)

계정과목	금액	
Ⅰ. 미처분이익잉여금(A+B)		4,000,000
1. (전기이월)미처분이익잉여금(A)	1,000,000	
2. 당기순이익(B)	3,000,000	
Ⅱ. 임의적립금이입액		-
Ⅲ. 이익잉여금처분액		-1,500,000
1. 이익준비금		
2. 현금배당	1,500,000	
Ⅳ. (차기이월)미처분이익잉여금		=2,500,000

(1) Ⅰ. 미처분이익잉여금(A+B)

미처분이익잉여금이란 (전기이월)미처분이익잉여금(A)에 당기순이익(B)을 가산한 금액을 말한다. 예를 들어 작년에 쓰고 남은 잉여금이 1,000,000원이고, 올해 새로 번 돈이 3,000,000원이라면 당기말 현재 미처분이익잉여금은 4,000,000원이 된다. 이 금액은 당기이익처분의 주된 원천이 된다. 당기순이익(B)은 손익계산서의 당기순이익이 대체(=옮겨)된 것이다.

(2) Ⅱ. 임의적립금이입액

미처분이익잉여금이 배당금으로 처분할 금액에 미달되는 경우에는 임의적립금을 미처분이익잉여금으로 대체하여도 무방한데 이를 임의적립금이입액이라고 한다.
예를 들어 배당금이 재원이 부족하여 사업확장적립금(임의적립금)을 미처분이익잉여금계정으로 이입한 경우 회계처리는 다음과 같다.

　　(차) 사업확장적립금　　×××　　(대) 미처분이익잉여금　　×××

(3) Ⅲ. 이익잉여금처분액

이익잉여금처분이란 현금배당이나 적립금 등으로 사용하기 위하여 주주총회의 결의에 따라 미처분이익잉여금을 감소시키는 것을 말한다. 번 돈을 가지고 주주에게 배당을 주거나 투자 등에 대비해서 적립(=저축)한다는 의미이다.

(4) Ⅳ. (차기이월)미처분이익잉여금

차기이월미처분이익잉여금은 잉여금 처분 후 남은 금액이다. 잉여금의 처분은 회사 마음대로 확정시키는 것이 아니라 주주총회에서 주주들의 승인을 받아야 한다. 이때 주의할 점은 주주총회가 매년 결산기말에 개최되지 않고, 재무제표가 확정되고 다음 해 2~3월에 개최된다는 점이다. 따라서 잉여금 처분 후 남은 (차기이월)미처분이익잉여금은 결산기말이 아닌, 다음 해 2~3월 주주총회에서 잉여금처분결의가 이루어진 후 남을 금액이 표시하는 것이다.

따라서 기말 재무상태표상의 미처분이익잉여금 4,000,000원은 아직 배당금이 빠지지 않은 상황임에 유의하여야 한다.

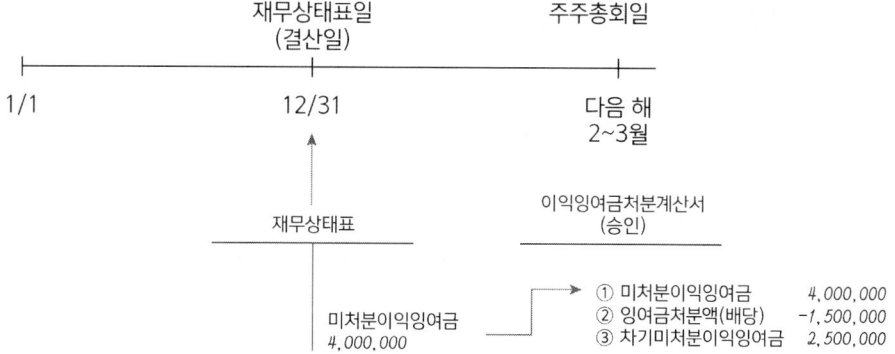

제3절 배당

배당은 회사가 영업활동을 수행한 결과 발생된 이익 중 일부를 자금을 제공한 주주에게 보상으로 지급하는 것을 의미한다.

(1) 현금배당

구 분	회계처리			
배당결의일	(차) 이월이익잉여금	1,100	(대) 미지급배당금 이익준비금	1,000 100
배당지급일	(차) 미지급배당금	1,000	(대) 현금 등	1,000

(2) 주식배당(자본총계 변동 없음)

구 분	회계처리			
배당결의일	(차) 이월이익잉여금	1,000	(대) 미교부주식배당금	1,000
배당지급일	(차) 미교부주식배당금	1,000	(대) 자본금	1,000

1. 현금배당

현금배당은 배당금을 현금으로 지급하는 형태이다. ① 배당기준일은 배당금을 받을 권리가 있는 주주를 확정짓는 날로서 배당기준일 현재 주주명부에 등재되어 있는 주주들에게만 배당금을 받을 권리가 부여된다. ② 배당선언일(배당결의일)은 주주총회에서 주주들에게 지급할 배당금액이 확정되는 날이다. ③ 배당금지급일은 회사가 주주들에게 실제로 배당금을 현금으로 지급하는 날이다.

예제 (주)한공의 20×1년 배당기준일은 20×1년 12월 31일이며 20×2년 3월 10일 주주총회에서 이익잉여금의 처분을 다음과 같이 확정하였다.

> • 현금배당 : 1,000,000원
> • 이익준비금 : 현금배당액의 10%

확정된 배당금은 20×2년 3월 20일 현금으로 지급되었다(원천징수세액은 고려하지 않음).
① 배당기준일 ② 배당결의일 ③ 배당지급일의 거래를 분개하시오.

해설_ ① 20×1년 12월 31일 배당기준일
회계처리 없음(배당받을 주주만 확정)

② 20×2년 3월 10일 배당선언일
(차) 375.이월이익잉여금*   1,100,000   (대) 351.이익준비금   100,000
                                              265.미지급배당금   1,000,000

* 더존 프로그램에서 전표입력시는 「377.미처분이익잉여금」 대신 「375.이월이익잉여금」을 사용함에 주의할 것

③ 20×2년 3월 20일 배당지급일
(차) 265.미지급배당금   1,000,000   (대) 101.현금   1,000,000

2. 주식배당

주식배당은 현금 대신 주식을 새로 발행하여 주식으로 배당금을 지급하는 형태의 배당을 의미한다. 여기서 주의할 점은 현금배당과 달리 회사의 순자산이 실제 유출되지 않으므로 자본총액의 변동은 없다는 점에서 무상증자와 유사하다.

<주식배당>			
자산	부채		
	자본 : 일정 (변동 없음)	자본금 : 증가↑	← (차) 이익잉여금 / (대) 자본금
		자본잉여금	
		자본조정	
		기타포괄손익누계액	
		이익잉여금 : 감소↓ (~준비금~적립금)	

예제 (주)한공의 20×2년 3월 10일 액면금액 5,000원의 보통주 1주를 배당할 것을 결의하고, 20×2년 3월 30일 주식배당을 실시하였다. 주식배당과 관련된 거래를 분개하시오.

해설_ ① 20×2년 3월 10일 배당결의일
(차) 375.이월이익잉여금   5,000   (대) 387.미교부주식배당금*   5,000
                                           (자본조정)

* 현금배당의 경우 배당예정액을「미지급배당금」이란 부채로 계상하는 데 반해 주식배당의 경우「미교부주식배당금」의 과목으로 하여 자본조정분류한다.
자본조정으로 분류된 미교부주식배당금은 실제로 주식을 발행, 교부하는 시점에서 자본금으로 대체한다.

② 20×2년 3월 20일 주식교부일
(차) 387.미교부주식배당금   5,000   (대) 331.자본금   5,000
      (자본조정)

제4절 기타포괄손익누계액

기타포괄손익누계액은 당기손익에 포함되지 않지만 자본항목에 포함되는 평가손익의 재무상태표일 현재의 누계액이다.
▶ 저자주 : TAT 2급에선 매도가능증권평가손익만 학습하고 나머지는 참고만 할 것

1. 매도가능증권평가손익

매도가능증권을 공정가치로 평가하는 경우 그 평가손익은 미실현보유손익으로 당기손익에는 해당되지 않으나 정보이용자에게 이를 공시하기 위해 기타포괄손익누계액으로 공시한다.

2. 해외사업환산손익

해외지점, 해외사업소 또는 해외소재 지분법적용대상회사의 외화표시 자산·부채를 원화로 환산하는 경우에는 원칙적으로 화폐성·비화폐성법을 적용하지만, 영업·재무활동이 본점과 독립적으로 운영되는 해외지점, 해외사업소 또는 해외소재 지분법적용대상회사의 경우에는 예외적으로 현행환율법에 의해 원화로 환산할 수 있는데 이때 발생하는 환산손익은 해외사업환산손익의 과목으로 자본항목 중 기타포괄손익누계액에 포함하며 그 내용을 주석으로 기재한다.

3. 파생상품평가손익

파생상품이란 선물과 옵션처럼 주가지수, 환율 등을 기초자산으로 해서 위험을 회피하기 위해 만들어 놓은 금융상품이다.

예를 들어 수출기업의 입장에서 수출계약시 환율과 실제 물건을 납품하고 수금할 때 환율이 서로 다를 수 있는 위험을 가지고 있다. 환율이 상승하면 상관없지만 환율이 하락하게 되면 그만큼 손실이 발생한다. 이러한 위험을 없애고자 약간의 비용을 지불하고서라도 환율을 고정시켜 거래하는 것이다.

만일 회사가 1달러를 환율 1,100원에 팔 수 있는 권리(옵션)을 40원에 구입하고 나중에 환율이 1,000원으로 떨어지면 해당 회사는 옵션구입비용 40원을 제외한 60원의 파생상품이익을 보게 된다(환율차이 100원 - 옵션구입비용 40원 = 이익 60원). 반면에 환율이 1,200원으로 오르면 해당 회사는 해당 옵션을 행사하지 않음으로써 옵션구입비용만 지불하고, 환율상승의 이익을 그대로 누리게 된다.

이러한 현금흐름위험회피를 목적으로 투자한 파생상품에서 발생하는 평가손익은 기타포괄손익으로 처리한다.

실무이론평가 대비

01 기업회계기준서상 재무상태표 표시와 관련한 설명 중 거리가 먼 것은?
① 자본은 자본금, 자본잉여금, 이익잉여금, 자본조정의 4가지 항목으로만 구분한다.
② 자산은 유동자산과 비유동자산으로 구분하며, 비유동자산은 투자자산, 유형자산, 무형자산, 기타비유동자산으로 구분한다.
③ 부채는 유동부채와 비유동부채로 구분한다.
④ 자산과 부채는 유동성이 높은 항목부터 배열하는 것을 원칙으로 한다.

해설

자본은 자본금, 자본잉여금, 이익잉여금, 자본조정, 기타포괄손익누계액의 5가지로 구성되어 있다.

02 (주)한공은 자본증자를 위해 보통주 1,000주를 주당 12,000원(액면금액 주당 10,000원)에 발행하고, 주금은 현금으로 납입받았다. 다음 주식발행에 대한 회계처리 중 옳은 것은? (자본증자일 현재 주식할인발행차금의 장부금액은 400,000원이다)   •41회

① (차) 현금　　　　　　　10,000,000원　(대) 자본금　　　　　　12,000,000원
　　　주식할인발행차금　　　400,000원
　　　주식발행초과금　　　1,600,000원
② (차) 현금　　　　　　　12,000,000원　(대) 자본금　　　　　　10,000,000원
　　　　　　　　　　　　　　　　　　　　　주식발행초과금　　　2,000,000원
③ (차) 현금　　　　　　　12,000,000원　(대) 자본금　　　　　　10,000,000원
　　　　　　　　　　　　　　　　　　　　　주식할인발행차금　　2,000,000원
④ (차) 현금　　　　　　　12,000,000원　(대) 자본금　　　　　　10,000,000원
　　　　　　　　　　　　　　　　　　　　　주식할인발행차금　　　400,000원
　　　　　　　　　　　　　　　　　　　　　주식발행초과금　　　1,600,000원

해설

주식을 발행하는 경우에 주식의 발행금액이 액면금액보다 크다면 그 차액을 주식발행초과금으로 하여 자본잉여금으로 회계처리한다. 다만, 상각되지 않은 주식할인발행차금은 향후 발생하는 주식발행초과금과 우선적으로 상계한다.

ANSWER　01. ①　02. ④

TAT 2급

03 다음은 (주)한공의 주식발행에 대한 내용이다. 이에 대한 설명으로 옳지 않은 것은?

· 16회, 44회

> (주)한공은 5월 17일 증자를 위해 주식 10,000주를 주당 6,000원(액면금액: 주당 5,000원)에 발행하고, 주식발행비 800,000원을 현금으로 지급하였다.

① 자본금 증가액은 50,000,000원이다.
② 주식발행비용은 영업외비용으로 회계처리한다.
③ 주식 발행으로 유입된 금액은 총 59,200,000원이다.
④ 액면금액을 초과하는 금액은 주식발행초과금(자본잉여금)으로 회계처리한다.

해설
주식발행비용은 주식발행초과금에서 차감하여 회계처리한다.

04 다음 자본의 구성요소 중 성격이 다른 하나는 무엇인가?

① 주식할인발행차금
② 자기주식처분손실
③ 배당건설이자
④ 감자차익

해설
감자차익은 자본잉여금에 포함되며 다른 구성요소는 자본조정에 포함되는 요소이다.

05 다음의 자료에서 자본잉여금에 해당하는 항목의 금액은 얼마인가?

· 42회

• 주식발행초과금	100,000원
• 주식할인발행차금	100,000원
• 감자차익	100,000원
• 감자차손	100,000원
• 자기주식처분이익	100,000원
• 자기주식처분손실	100,000원
• 이익준비금	100,000원
• 매도가능증권평가이익	100,000원
(예시된 항목의 상계는 고려하지 말 것)	

① 200,000원
② 300,000원
③ 400,000원
④ 500,000원

ANSWER   03. ② 04. ④ 05. ②

해설
자본잉여금 항목은 주식발행초과금, 감자차익, 자기주식처분이익이다.

06 재무상태표 계정과목 중 같은 항목에 속하지 않는 것은?
• 8회

① 매도가능증권평가손실
② 해외사업환산손실
③ 매도가능증권평가이익
④ 자기주식처분손실

해설
①, ②, ③은 기타포괄손익누계액, ④는 자본조정 항목이다.

07 다음은 (주)한공의 당기말 수정후 잔액시산표 중 재무상태표 관련 계정과목을 나타낸 것이다. 기말 현재 재무상태표상 이익잉여금은 얼마인가?

차 변	계정과목	대 변
	외 상 매 입 금	30,000,000
	퇴직급여충당부채	20,000,000
	장 기 차 입 금	40,000,000
	보 통 주 자 본 금	100,000,000
	주 식 발 행 초 과 금	20,000,000
50,000,000	매도가능증권평가손실	
	이 익 준 비 금	10,000,000
	임 의 적 립 금	15,000,000
	미처분이익잉여금	40,000,000

① 50,000,000원
② 65,000,000원
③ 135,000,000원
④ 225,000,000원

해설
이익잉여금 = 이익준비금 + 임의적립금 + 미처분이익잉여금
= 10,000,000원 + 15,000,000원 + 40,000,000원 = 65,000,000원

ANSWER 06. ④ 07. ②

08 다음 중 자본잉여금의 감소가 가능한 항목은?
   ① 주식배당   ② 무상증자
   ③ 주식분할   ④ 주식병합

   해설
   - 자본잉여금을 자본에 전입함으로써 무상증자를 할 수 있다.
   - 무상증자시 분개 : 자본잉여금(주식발행초과금 등)/자본금

09 다음은 재무상태표의 자본 부분이다. (가)의 금액에 영향을 미치는 거래를 <보기>에서 고른 것은? (단, 자본거래에 따른 비용은 없으며, 그 밖의 자본 관련거래와 내용은 고려하지 않는다)
   • 10회

자본	구 분
	자본금
	(가)
	자본조정
	이익잉여금
	기타포괄손익누계액

   <보기>
   ㉠ 전기에 10,000원에 취득한 자기주식을 20,000원에 처분하였다.
   ㉡ 보통주(액면금액 5,000원)를 15,000원에 발행하였다.
   ㉢ 배당을 현금으로 지급하였다.

   ① ㉠   ② ㉠, ㉡
   ③ ㉡, ㉢   ④ ㉠, ㉡, ㉢

   해설
   자본잉여금에 영향을 미치는 거래
   ㉠ 자기주식처분이익(자본잉여금) 10,000원 발생
   ㉡ 주식발행초과금(자본잉여금) 10,000원 발생
   ㉢ 자기자본에 미치는 영향 없음(이익잉여금의 감소)

   08. ② 09. ②

제6장 자본

10 회사가 유통 중인 자사의 주식을 소각 또는 재발행할 목적으로 취득한 경우 이를 (가)로(으로) 처리하고, (나)로(으로) 분류한다. (가)와 (나)에 들어갈 용어로 알맞은 것은? • 21회

	(가)	(나)
①	자기주식	자본조정
②	자기주식	자본금
③	무상감자	자본잉여금
④	무상감자	자본조정

해설
회사가 이미 발행한 주식을 소각 또는 재발행할 목적으로 취득한 경우 이를 자기주식으로 처리하고, 자본조정으로 분류한다.

11 (주)한공은 주당 10,000원에 취득한 자기주식 1,000주 중 200주를 주당 15,000원에 매각하였다. 이 거래가 (주)한공의 재무제표에 미치는 영향으로 옳은 것은? • 11회

① 자본총계는 변동하지 않는다.
② 자본잉여금은 변동하지 않는다.
③ 자본조정이 2,000,000원 증가한다.
④ 자본금이 2,000,000원 감소한다.

해설
(차) 현 금 등　3,000,000원　(대) 자 기 주 식 (자본조정)　2,000,000원
　　　　　　　　　　　　　　　　　자 기 주 식 처 분 이 익　1,000,000원
　　　　　　　　　　　　　　　　　(자 본 잉 여 금)

12 주식배당에 대한 설명 중 옳지 않은 것은? • 7회

① 주식배당은 배당을 현금으로 지급하지 않고, 주식을 새로 발행하여 무상으로 배부하는 것이다.
② 주주의 경우 주식배당은 주식의 액면가액보다 주식의 시가가 높을 경우에 선호하는 제도이다.
③ 주식배당을 수령한 주주입장에서는 자산의 증가로 보지 않고 주식수를 조정한다.
④ 주식배당액은 주주총회에서 결정될 때 부채인 미교부주식배당금으로 계상한다.

해설
주식배당액은 주주총회에서 결정될 때 자본조정인 미교부주식배당금으로 계상한다.

ANSWER　　10. ①　11. ③　12. ④

TAT 2급

13 주식발행회사의 입장에서 주식배당으로 인한 효과로 가장 적절한 것은?
① 자본총액이 주식배당액만큼 감소하며, 회사의 자산도 동액만큼 감소한다.
② 미지급배당금만큼 부채가 증가한다.
③ 자본금은 증가하지만 이익잉여금은 감소한다.
④ 주식배당은 배당으로 인한 회계처리가 불필요하므로 자본항목 간의 변동도 없다.

해설
주식배당의 경우
- 배당결의일 : (차) 이월이익잉여금   ×××(자본감소)   (대) 미교부주식배당금   ×××(자본증가)
- 배당지급일 : (차) 미교부주식배당금   ×××(자본감소)   (대) 자본금   ×××(자본증가)
→ 따라서 자본금은 증가(자본증가)하는 동시에 이익잉여금은 감소(자본감소)가 일어나므로 자본총액은 동일하다.

14 (주)한공은 회사는 주주총회를 통해 회사의 이익잉여금을 다음과 같이 배분하기로 결정하였다. 이 경우 이익잉여금 처분에 따른 (주)한공의 자본의 증감액은 얼마인가?

> • 이익잉여금 총액 : 100,000,000원
> • 이익잉여금 처분액 : 20,000,000원(현금배당액 : 15,000,000원, 주식배당액 : 5,000,000원)
>
> [주] 상기 외의 다른 사항은 고려하지 않기로 한다.

① 15,000,000원 감소   ② 증감사항 없음
③ 5,000,000원 증가   ④ 15,000,000원 증가

해설
(차) 이익잉여금(자본감소) 20,000,000원   (대) 미지급배당금(부채증가) 15,000,000원
                                              미교부주식배당금(자본증가) 5,000,000원
• 이익잉여금 감소(-20,000,000) + 미교부주식배당금 증가(+5,000,000) = -15,000,000
• 무상증자, 주식배당 둘 다 자본총액에는 변동 없음
• 주식배당과 달리 현금배당의 경우 실제 현금이 지급되므로 회사의 자본은 감소함

13. ③ 14. ①

15. 다음 중 자본이 실질적으로 감소하는 경우로 가장 적합한 것은 무엇인가?

> 가. 주주총회의 결과에 근거하여 주식배당을 실시하다.
> 나. 중간결산을 하여 중간배당을 현금배당으로 실시하다.
> 다. 이익준비금을 자본금에 전입하다(주식배당).
> 라. 당기의 결산결과 당기순손실이 발생하다.

① 가, 나 ② 가, 다
③ 다, 라 ④ 나, 라

해설

라. 당기순손실은 자본의 감소를 가져온다(잉여금 감소 → 자본감소).

16. 다음 내용과 관련하여 자본의 실질적인 감소를 초래하는 것으로 적합한 것을 모두 묶은 것은?

> 가. 이사회 결의에 의하여 중간배당으로 현금배당을 실시하다.
> 나. 주주총회 결의에 의하여 이익잉여금의 일정 금액을 사업확장적립금으로 적립하다.
> 다. 결손금 보전을 위해 이익준비금을 자본금에 전입하다.

① 가 ② 가, 나
③ 가, 다 ④ 가, 나, 다

해설

나. 이익잉여금(~~준비금~~~적립금) 간의 대체일 뿐이므로 자본변동이 없다.
다. 주식배당이므로 자본변동이 없다.

ANSWER 15. ④ 16. ①

TAT 2급

17 (주)한공의 기초자본은 400,000원이고 기말자본은 700,000원이다. 당기 중 자본거래가 다음과 같은 경우 당기순이익은 얼마인가?
• 21회

- 유상증자 300,000원
- 현금배당 100,000원
- 주식배당 200,000원

① 100,000원 ② 200,000원
③ 300,000원 ④ 400,000원

해설
기초자본(400,000원) + 유상증자(300,000원) − 현금배당(100,000원) + 당기순이익(?) = 기말자본(700,000원)
단, 주식배당은 자본의 변동이 없으므로 고려하지 않는다.

18 다음 중 자본에 대한 회계처리로 옳지 않은 것은?
• 29회

① 유상증자시 자본금의 액면금액을 초과하는 금액은 주식발행초과금으로 회계처리한다.
② 자기주식 취득시 이익잉여금 총액의 변동은 발생하지 않지만 자기주식처분시 발생한 손익은 이익잉여금에 반영한다.
③ 주식배당은 총자본에는 영향을 주지 않지만 이익잉여금을 감소시킨다.
④ 주식배당은 발행주식의 액면금액을 배당액으로 하여 회계처리한다.

해설
자기주식 처분거래를 기록하는 시점에서 이익잉여금의 변동은 발생하지 않는다.

ANSWER 17. ① 18. ②

실무수행평가 대비

※ 주어진 실무프로세스에 대하여 (주)재무회계(회사코드 : 4000)의 거래자료를 입력하시오.

01 6월 1일   임시주주총회에서 증자를 결의하여 주식 2,000주를 발행(1주당 액면가액 5,000원, 발행가액 6,000원)하고 주식발행비용 200,000원을 차감한 금액을 국민은행 보통예금계좌에 입금하였다.

■ 보통예금(국민은행) 거래내역

번호	거래일	내용	찾으신금액	맡기신금액	잔액	거래점
		계좌번호 84861-15-363541 (주)재무회계			
1	2024-06-01	주식대금		11,800,000	***	***

```
일반전표입력(6월 1일)
(차) 103.보통예금              11,800,000원   (대) 331.자본금              10,000,000원
    (거래처 : 98002.국민은행)                      341.주식발행초과금        1,800,000원
※ 신주발행비는 주식발행초과금에서 차감하거나 주식할인발행차금에 가산한다.
```

02 6월 5일   주식발행대금에서 주식발행과 관련된 법무사수수료 200,000원을 차감한 잔액은 국민은행 보통예금에 입금되었다(주식발행초과금 잔액 1,800,000원 있음).

주식발행사항

회사의 유상증자와 관련하여 다음과 같이 주식발행 사항을 결정함.

-다 음-

1. 주식의 종류와 수
   - 보통주식 2,000주 (액면금액 1주당 5,000원)

2. 주식의 발행금액
   - 1주의 금액 4,000원

일반전표입력(6월 5일)

(차) 103.보통예금 7,800,000원 (대) 331.자본금 10,000,000원
    (거래처 : 98002.국민은행)
    341.주식발행초과금 1,800,000원
    381.주식할인발행차금 400,000원

※ 주식발행초과금 잔액 1,800,000원을 확인한다.
※ 신주발행과 관련된 수수료등의 비용은 주식발행가액에서 차감한다.
※ 주식할인발행차금은 주식발행초과금이 있는 경우 주식발행초과금을 먼저 상계처리하고, 남은 잔액을 주식할인발행차금으로 회계처리한다.

---

03   **6월 8일**   임시주주총회에서 결의한 후 액면금액 5,000원, 발행금액 7,000원의 주식 100주를 주당 6,000원에 매입하여 소각하였다(회사는 감자차익 잔액이 40,000원 있다).

■ 보통예금(국민은행) 거래내역

번호	거래일	내용	찾으신금액	맡기신금액	잔액	거래점
		계좌번호 84861-15-363541 (주)재무회계				
1	2024-06-08	주식소각	600,000		***	***

일반전표입력(6월 8일)

(차) 331.자본금 500,000원 (대) 103.보통예금 600,000원
                                                                  (거래처 : 98002.국민은행)
    342.감자차익 40,000원
    394.감자차손 60,000원
※ 감자차손은 감자차익 잔액이 있는 경우 감자차익과 먼저 상계처리하고, 남은 잔액을 감자차손으로 회계처리한다.

---

04   **6월 10일**   자기주식 100주를 주당 8,000원에 매입하여 국민은행 보통예금에서 이체하였다.

번호	거래일	내용	찾으신금액	맡기신금액	잔액	거래점
		계좌번호 84861-15-363541 (주)재무회계				
1	2024-06-10	자기주식	800,000		***	***

일반전표입력(6월 10일)

(차) 383.자기주식 800,000원 (대) 103.보통예금 800,000원
                                                          (거래처 : 98002.국민은행)

05 **6월 15일** 취득(6월 10일)한 자기주식 100주를 주당 9,000원에 매각하였다. 대금은 국민은행 보통예금으로 입금되었다(회사는 자기주식 처분손실 잔액이 20,000원 있다).

일반전표입력(6월 15일)			
(차) 103.보통예금	900,000원	(대) 383.자기주식	800,000원
(98002.국민은행)		395.자기주식처분손실	20,000원
		343.자기주식처분이익	80,000원

06 **6월 17일** 중간배당과 관련된 이사회의사록이다. 배당결의일의 거래자료를 입력하며 이익준비금은 고려하지 않는다.

이사회의사록

의안 : 중간(분기)배당 결정의 건
의장은 중간(현금)배당의 취지 및 내용을 설명하고, 그 승인을 구한 바 참석한 이사전원이 충분한 토의를 거친 후 만장일치로 다음과 같이 승인 가결하였다.

-다 음-

1. 배당의 종류 : 현금배당
2. 배당구분 : 중간배당
3. 배당총액 : 현금배당 3,000,000원

일반전표입력(6월 17일)			
(차) 372.중간배당금	3,000,000원	(대) 265.미지급배당금	3,000,000원

※ 정기배당과 달리 중간배당의 경우 관리목적으로 차변에 「375.이월이익잉여금」을 직접 줄이지 않고 「372.중간배당금」을 사용한다. 「372.중간배당금」은 이월이익잉여금에서 차감된다.
※ 단, 시험에서 중간배당의 경우에도 「375.이월이익잉여금」을 사용하라고 제시한 경우에는 차변에 「375.이월이익잉여금」을 줄여야 한다.

TAT 2급

> **참고 배당금 관련 전표입력방법**
>
> 1. 정기배당의 경우
>   ① 주주총회 결의일 (현금배당 1,000,000원, 이익준비금 현금배당의 10% 적립 가정)
>   (차) 375.이월이익잉여금　　　1,100,000원　　(대) 351.이익준비금　　　　100,000원
>   　　　　　　　　　　　　　　　　　　　　　　　　　265.미지급배당금　　1,000,000원
>
>   ② 배당지급일 (원천징수세액 154,000원 가정)
>   (차) 265.미지급배당금　　　　1,000,000원　　(대) 254.예수금　　　　　　154,000원
>   　　　　　　　　　　　　　　　　　　　　　　　　　101.현금 등　　　　　　846,000원
>
> 2. 중간배당의 경우
>   중간배당은 정기배당과 별도로 영업년도 중 1회에 한하여 이사회의 결의로 일정한 날을 정하여 배당을 하는 것을 의미한다.
>   ① 이사회 결의일 (현금배당 1,000,000원이며, 이익준비금 고려하지 않는 것으로 가정)
>   (차) 372.중간배당금　　　　　1,000,000원　　(대) 265.미지급배당금　　1,000,000원
>
>   ② 배당지급일 (원천징수세액 154,000원 가정)
>   (차) 265.미지급배당금　　　　1,000,000원　　(대) 254.예수금　　　　　　154,000원
>   　　　　　　　　　　　　　　　　　　　　　　　　　101.현금 등　　　　　　846,000원

07 6월 20일　중간배당금(6월 17일 결의)지급일에 원천징수세액 462,000원을 제외한 잔액을 국민은행 보통예금에서 이체하고 지급하였다.

■ 보통예금(국민은행) 거래내역

번호	거래일	내용	찾으신금액	맡기신금액	잔액	거래점
		계좌번호 84861-15-363541 (주)재무회계					
1	2024-06-20	중간배당	2,538,000		***	***

일반전표입력(6월 20일)
(차) 265.미지급배당금　　　3,000,000원　　(대) 254.예수금　　　　　462,000원
　　　　　　　　　　　　　　　　　　　　　　　　103.보통예금　　　　2,538,000원
　　　　　　　　　　　　　　　　　　　　　　　　(98002.국민은행)

제6장 자본

비대면 시험대비 실무수행평가

※ (주)재무회계(회사코드 : 4000)의 입력자료 및 회계정보를 조회하여 [답안수록메뉴]에 [평가문제]의 답안을 입력하시오.

평가문제

01 [재무상태표 조회] 6월 말 자본잉여금과 자본조정은 각각 얼마인가? [배점 3]
① 자본잉여금 :   ② 자본조정 :

02 [일/월계표 조회] 6월 한 달 동안 자본금 계정의 순증가액은 얼마인가? [배점 3]

해설

01 6월 말 재무상태표의 자본잉여금과 자본조정은 각각 얼마인가?
① 자본잉여금 : 80,000원   ② 자본조정 : (-)460,000

02 6월 한 달 동안 자본금 계정의 순증가액은 얼마인가? 19,500,000원

▶ 저자주 : 실제 시험에선 아래와 같이 [답안수록메뉴]에 입력을 하는 방식이다.

[답안수록메뉴]

	[실무수행평가]
1	① 80,000원 ② (-)460,000
2	19,500,000원

07 수익, 비용 및 회계이론 일반

제1절 수익 및 비용

기업의 주된 영업활동에 따른 영업수익을 매출이라고 하며 그에 대응하는 원가를 매출원가라한다.

1. 상품매출(401) 및 제품매출(404)

기업의 주된 영업활동인 상품 및 제품의 판매로 발생하는 수입금액이며 총매출액에서 다음의 금액을 차감한다.
① **매출환입** : 매출된 상품이 파손·불량 등의 사유로 매출처로부터 반품되어 오는 것
② **매출에누리** : 매출한 상품의 품질불량, 파손, 수량부족 등의 원인으로 가격을 할인하여 주는 것
③ **매출할인** : 대금지급 약속기일 전에 회수함으로 인하여 일정한 금액을 할인하여 주는 것.
   매출환입, 매출에누리 및 매출할인은 매출의 차감계정으로 총매출에서 차감한다.

> (순)매출 = 총매출 - 매출환입및에누리 - 매출할인

특히 더존프로그램 입력시 상품매출 및 제품매출에 대한 차감계정을 다음과 같이 구분하여 입력함에 주의하여야 한다.

상기업 (상품매출)							제조업(제품매출)					
코드	계정과목	구분	사용	과목	관계		코드	계정과목	구분	사용	과목	관계
401	상품매출	매출	○	401			401	상품매출	매출	○	401	
402	매출환입및에누리	환입차감	○	402	401		402	매출환입및에누리	환입차감	○	402	401
403	매출할인	할인차감	○	403	401		403	매출할인	할인차감	○	403	401
404	제품매출	매출	○	404			404	제품매출	매출	○	404	
405	매출환입및에누리	환입차감	○	405	404		405	매출환입및에누리	환입차감	○	405	404
406	매출할인	할인차감	○	406	404		406	매출할인	할인차감	○	406	404

예제 다음 거래를 분개하시오.

(1) 제품을 100,000원에 외상매출하였다.
(2) 판매한 제품 중 당초 계약과 규격이 다른 상품으로 판명되어 구매자가 대금의 감액을 요구함에 따라 20,000원을 감액해주기로 하였다.
(3) 구매자가 외상대를 조기상환함에 따라 10,000원을 할인한 잔액 70,000원을 현금으로 회수하다.

해설_
(1) (차) 108. 외상매출금   100,000   (대) 404.제품매출   100,000
(2) (차) 405.매출환입및에누리   20,000   (대) 108.외상매출금   20,000
(3) (차) 406.매출할인   10,000   (대) 108.외상매출금   80,000
     101. 현금   70,000

* 「405.매출환입및에누리」, 「406.매출할인」은 404.제품매출의 차감계정으로 더존 프로그램상 (순)매출계산 시 자동으로 404.제품매출에서 차감 계산된다.

2. 상품매출원가(451) 및 제품매출원가(455)

매출원가란 매출액과 직접 대응하는 원가로서 일정기간 판매된 상품(제품)의 매입원가(제조원가)를 말한다.

> 상품매출원가 = 기초상품재고액 + 당기상품매입액 − 기말상품재고액

> 제품매출원가 = 기초제품재고액 + 당기제품제조원가 − 기말제품재고액

예제 다음 자료에 의하여 상품매출원가를 계산하면 얼마인가?

• 기초상품재고액	180,000원	• 총매입액	500,000원
• 매입환출	30,000원	• 기말상품재고액	100,000원
• 매입운임	10,000원	• 매입할인	10,000원

해설_
• 순매입액 = 총매입액 500,000원 + 매입운임 10,000원 − 매입환출 30,000원 − 매입할인 10,000원
         = 470,000원
• 매출원가 = 기초재고액 180,000원 + 순매입액 470,000원 − 기말재고액 100,000원 = 550,000원

3. 판매비와 관리비

판매비와 관리비는 제품(상품)의 판매활동 및 회사의 관리와 유지에서 발생하는 비용으로 매출원가에 속하지 아니하는 모든 영업비용을 의미한다.

계정과목코드	계정과목명	내 용
801	급여	사무직 종업원에게 월급을 지급시
805	잡급	일용직, 임시고용직원에게 노무비를 지급시
806	퇴직급여	퇴직사원의 퇴직금을 지급 또는 결산기말에 퇴직급여액을 추산시
811	복리후생비	종업원의 일, 숙직비, 직원식대, 야유회비, 직원회식, 경조사비 등
812	여비교통비	버스·택시요금, 버스카드 충전 및 승차권 구입비용
813	접대비	거래처에 지급하는 선물대금, 경조사비, 접대비, 사례비, 기밀비, 교제비 등
814	통신비	우편, 전신, 전화요금, 인터넷요금 등
815	수도광열비	수도요금, 가스요금, 난방용 유류대금 등
816	전력비	전기요금 납부액 등
817	세금과공과금	재산세, 자동차세, 상공회의소회비, 적십자회비 등
818	감가상각비	결산시 계상되는 유형자산 등의 가치감소분
819	임차료	타인의 건물이나 토지를 사용하면서 지급한 월세
820	수선비	유형자산 수리를 위한 비용
821	보험료	보험에 가입하고 납부하는 보험료
822	차량유지비	차량의 유류대, 차량수리비, 정기주차료, 검사비 등
823	경상연구개발비	개발비(무형자산) 이외의 연구활동에 투입된 비용
824	운반비	상품매출시 지급한 택배비, 퀵요금, 운임 등
825	교육훈련비	강사초청료, 학원연수비, 해외연수비, 위탁교육훈련비 등
826	도서인쇄비	서적구입비, 복사비, 인쇄비, 신문구독료 등 처리
827	회의비	회의식대 및 차대 지급
828	포장비	포장재료구입대금 지급
829	사무용품비	장부서식대금 지급, 문구대금 지급
830	소모품비	복사용지, 종이컵 등 사용하면 소모되는 물품구입비
831	수수료비용	각종 서비스, 용역 수수료
832	보관료	창고료, 보관수수료, 보관부대비용 등
833	광고선전비	TV신문광고, 광고물제작, 선전용품대금, 광고물배포비 등
834	판매촉진비	판촉수당 지급, 판매촉진비 지급
835	대손상각비	결산시 계상되는 대손예상액과 매출채권 회수불능액

4. 영업외수익

영업외수익이란 주된 영업활동 이외의 부수적인 활동에서 발생하는 수익을 말한다.

```
매출액 ⇨ 주된 영업활동에서 발생
영업외수익 ⇨ 영업활동 이외의 활동에서 발생
```

계정과목코드	계정과목명	내 용
901	이자수익	대여금이나 은행예금에 대하여 이자를 받았을 때
903	배당금수익	소유 주식에 대하여 받은 배당금
904	임대료	건물, 토지 등을 빌려주고 받은 월세
905	단기매매증권평가익	결산시 단기매매증권(유가증권)의 공정가격이 장부가격보다 상승했을 때
906	단기매매증권처분익	단기매매증권을 장부상 금액보다 높은 금액으로 처분하였을 때 발생하는 이익
907	외환차익	외화채권 및 외화채무의 상환시의 환율변동에 따른 이익
910	외화환산이익	외화채권 및 외화채무를 결산시 환율로 환산시 환율변동으로 인한 평가이익
914	유형자산처분이익	건물, 비품 등 유형자산을 장부가격 이상으로 판매시
915	투자자산처분이익	투자자산을 장부가액 이상으로 처분하였을 때 발생하는 이익
917	자산수증이익	무상으로 증여받은 토지나 건물 등의 자산
918	채무면제이익	차입금이나 매입채무 등을 면제받았을 때의 이익
919	보험차익	재해 등으로 보험금을 수령한 경우
930	잡이익	영업 외 활동으로 생기는 기타 각종 이익으로 금액적으로 중요하지 않은 경우

5. 영업외비용

영업외비용이란 주된 영업활동 이외의 부수적인 활동에서 발생하는 비용을 말한다.

계정과목코드	계정과목명	내 용
931	이자비용	차입금과 당좌차월 등에 따라 지급하는 이자
932	외환차손	외화채권 및 외화채무의 상환시의 환율변동에 따른 손실
933	기부금	국가 및 지방자치단체, 사회단체나 종교단체 등에 납부한 성금 등
934	기타의대손상각비	매출채권 이외 채권에서 발생하는 대손상각비
935	외화환산손실	외화채권 및 외화채무를 결산시 환율로 환산시 환율변동으로 인한 평가손실
936	매출채권처분손실	받을어음의 할인, 외상채권의 양도시 발생하는 손실
937	단기매매증권평가손	결산시 단기매매증권(유가증권)의 공정가격이 장부가격보다 하락했을 때
938	단기매매증권처분손	단기매매증권을 장부상 금액보다 낮은 금액으로 처분하였을 때 발생하는 손실
939	재고자산감모손실	재고자산의 수량부족이 비정상적인 경우
940	재고자산평가손실	재고자산의 시가가 원가보다 하락한 경우(매출원가로 처리)
941	재해손실	화재, 수재 등 재해로 인한 손실
950	유형자산처분손실	건물, 비품 등 유형자산을 장부가격 이하로 판매시
951	투자자산처분손실	투자자산을 장부가액 이하로 처분하였을 때 발생하는 손실
960	잡손실	영업 외 활동으로 생기는 기타 각종 비용으로 금액적으로 중요하지 않은 경우

제2절 재무제표 일반이론

1. 재무회계 일반이론

(1) 재무제표의 작성책임

재무제표의 작성과 표시에 대한 책임은 경영자에게 있다.

(2) 재무회계의 정보이용자

재무회계의 정보이용자는 크게 투자자, 채권자, 기타 정보이용자로 구분된다.

(3) 재무회계의 목적

재무회계의 주된 목적은 투자 및 신용의사결정에 유용한 정보를 제공하는 것이다. 재무정보를 이용해 투자자는 현재 또는 미래의 투자의사결정과 관련하여 투자액 회수능력 및 투자수익을 평가하며, 채권자는 자금대여 의사결정과 관련된 평가를 한다.
① 투자 및 신용의사결정에 유용한 정보를 제공
② 미래 현금흐름예측에 유용한 정보를 제공
③ 재무상태, 경영성과, 현금흐름 및 자본변동에 관한 정보를 제공
④ 경영자의 수탁책임평가에 유용한 정보를 제공

(4) 재무제표의 종류

재무제표는 ① 재무상태표 ② 손익계산서 ③ 현금흐름표 ④ 자본변동표로 구성되며, ⑤ 주석을 포함한다. 이는 어느 회사든지 기본적으로 작성하여야 한다는 의미에서 「기본재무제표」라고도 한다(※ 시산표, 제조원가명세서, 이익잉여금처분계산서는 재무제표에 포함되지 않음).

2. 재무상태표

(1) 재무상태표 기본요소

① **자산** : 과거의 거래나 사건의 결과로서 현재 기업실체에 의해 지배되고 있는 미래 경제적 효익을 창출할 것으로 기대되는 자원이다.
② **부채** : 과거의 거래나 사건의 결과로서 현재 기업실체가 부담하고 있고 미래에 자원의 유출 또는 사용이 예상되는 경제적 의무이다.
③ **자본** : 자본은 기업실체의 자산 총액에서 부채 총액을 차감한 잔여액 또는 순자산으로, 기업실체의 자산에 대한 소유주의 잔여청구권이다.

(2) 재무상태표 작성기준

① 유동성 배열
자산과 부채는 유동성이 큰 항목부터 배열하는 것을 원칙으로 한다. 즉 자산은 현금화하는 데 빠른 계정과목을 먼저 기재하고, 부채는 상환기간이 짧은 계정과목을 먼저 기재한다.

② 구분표시와 1년기준
자산은 ㉠ 원칙적으로 1년 이내 현금화되거나 실현되는 경우에는 유동, 1년 초과시는 비유동으로 구분한다.

다만, ㉡ 예외적으로 정상적인 영업주기 내에 판매·사용되는 재고자산과 회수되는 매출채권 등은 보고기간종료일로부터 1년 이내에 실현되지 않더라도 유동자산으로 분류한다. 여기서 '정상영업주기'란 제조업의 경우 제품의 생산부터 판매, 대금회수까지의 기간을 의미한다. 보통의 기업은 정상영업주기가 1년 이내이나, 건설회사나 선박제조회사 등은 생산부터 판매, 대금회수까지의 기간이 2~3년이 걸릴 수 있다. 따라서 이러한 특수한 기업의 경우 재고자산과 매출채권이 1년이 초과되면 비유동으로 분류해야 하나, 정상영업주기 이내라면 유동으로 분류할 수 있도록 예외를 둔 것이다.

부채는 ㉢ 보고기간종료일로부터 1년을 기준으로 1년 이내에 지급해야 할 유동부채와 1년 이후에 지급해야 할 비유동부채로 구분한다.

다만, ㉣ 정상적인 영업주기 내에 소멸할 것으로 예상되는 매입채무와 미지급비용 등은 보고기간종료일로부터 1년 이내에 결제되지 않더라도 유동부채로 분류한다.

③ 총액주의
자산, 부채 및 자본은 총액에 의하여 기재함을 원칙으로 하고, 자산과 부채 또는 자본의 항목을 상계함으로써 그 전부 또는 일부를 재무상태표에서 제외하여서는 안 된다(예 외상매출금 100원과 외상매입금 100원이 동시에 있는 경우 외상매출금과 외상매입금은 상계하지 않고 각각 자산과 부채로 표시).

다만, 아래의 경우처럼 다른 기업회계기준에서 요구하거나 허용하는 경우에는 예외 가능하다.
  ⓐ 매출채권에 대한 대손충당금 등은 해당 자산·부채에서 직접 가감하여 표시가능하며 상계에 해당하지 아니함
  ⓑ 그 외 자산이나 부채의 가감항목을 해당 자산·부채에서 직접 가감하여 표시가능

④ 항목의 구분과 통합표시
자산, 부채, 자본 중 중요한 항목은 재무상태표 본문에 별도 항목으로 구분하여 표시한다. 중요하지 않은 항목은 성격 또는 기능이 유사한 항목에 통합하여 표시할 수 있으며, 통합할 적절한 항목이 없는 경우에는 기타항목으로 통합할 수 있다(예 외상매출금과 받을어음은 성격이 유사하므로 매출채권으로 통합표시 가능).

[구분표시강제 – 기타 항목과 통합불가]
  ⓐ 현금및현금성자산은 구분 표시
  ⓑ 자본금은 보통주자본금과 우선주자본금으로 구분 표시
  ⓒ 자본잉여금 중 주식발행초과금은 구분 표시
  ⓓ 자본조정 중 자기주식은 별도 항목으로 구분 표시
  ⓔ 기타포괄손익누계액은 구성요소별로 구분표시
  ⓕ 이익잉여금은 법정적립금, 임의적립금, 미처분이익잉여금(미처리결손금)으로 구분 표시

제3절 재무회계 개념체계

1. 재무회계의 기본가정(= 회계공준)

기본가정이란 회계를 하는 데 불가피하게 받아들여야만 하는 기본가정과 전제를 말한다.

(1) 기업실체의 가정

기업을 소유주와는 독립적으로 존재하는 하나의 회계단위로 간주하고, 기업 입장에서 재무정보를 측정, 보고하는 것을 말한다.

(2) 계속기업의 가정

한번 만들어진 기업은 반증이 없는 한, 장기적으로 계속하여 사업을 한다는 가정으로 다음과 같은 회계처리의 근거가 된다.
① 기업이 자산을 취득원가(= 역사적 원가)로 평가하는 근거가 되며
② 유형자산의 취득원가를 내용연수 동안 비용으로 배분하는 감가상각의 회계처리방식에 타당성을 제공하며
③ 자산이나 부채를 유동성 순서에 따라 분류하는 근거이다.

(3) 기간별 보고의 가정

기업이 장기간 사업을 영위할 때 인위적으로 일정한 기간단위로 분할하여 각 기간별로 재무제표를 작성하는 것을 말한다.

2. 현금주의와 발생주의 회계

회사의 영업활동은 수년간에 걸쳐 계속적으로 수행되므로 각 회계기간의 경영성과를 보고하기 위해서는 이러한 활동을 일정기간 단위로 분할하여 기간손익을 결정해야 하고, 연속적인 수익창출활동을 어떠한 기준으로 나누어 각각의 회계기간에 귀속시킬 것인가 하는 문제가 발생한다.

(1) 현금주의 ⇐ 회계 인정 ×

우리는 일상생활에서 통상 현금을 지급한 날에 비용을 인식하며, 월급이 통장에 입금된 시점에 수입이 생겼다고 생각한다. 이렇게 현금을 수취한 때에 수익을 인식하고, 현금을 지출할 때 비용으로 인식하는 방법을 현금주의라 한다.

(2) 발생주의 ⇐ 회계 인정 ○

현금의 유입·유출시점에 관계없이 경제적 거래나 사건이 발생한 회계기간에 수익·비용을 인식하는 방법이다. 예를 들어 편의점에서 캔커피를 팔고 카드결제를 받는 경우, 편의점 사장

입장에선 실제 현금은 나중에 만지게 되나 회계에서는 현금을 만지는 시점이 아닌 캔커피 판매라는 거래가 인식한 시점에 수익을 인식한다. 따라서 정확한 경영성과의 측정을 위해 현행 회계에서는 발생주의에 따라 수익·비용을 인식한다.

3. 재무정보(회계정보)의 질적특성

재무제표가 제공하는 정보가 정보이용자에게 유용한 정보가 되기 위하여 갖추어야 할 속성을 재무정보(회계정보)의 질적특성이라고 한다.

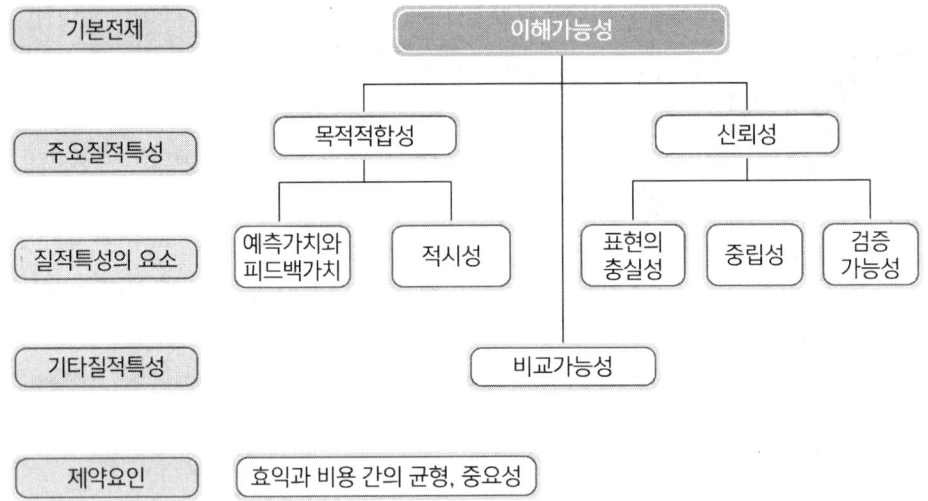

(1) 이해가능성

재무제표에 의해 제공되는 정보가 유용하기 위해서는 ① 정보이용자는 어느 정도 사전지식과 이해능력을 갖추고 있어야 하며 ② 재무제표를 통해서 제공되는 정보가 이해 가능한 형태로 제공되어야 한다.

(2) 목적적합성

재무정보가 정보이용자의 의사결정에 유용하기 위해서는 의사결정 목적과 관련되어야 한다. 재무정보가 목적적합하려면 예측가치와 피드백가치를 갖고 적시에 정보가 전달되어야 한다. 즉, 재무제표는 기업의 미래현금 창출능력에 대한 정보를 담고 있어야 하며, 재무정보이용자가 미래의 재무상태나 성과 등을 예측하고 그러한 과거의 예측이 정확하였는지에 대해 확인하고 수정하는 역할을 할 수 있어야 한다.

① **예측가치**: 예측가치란 정보이용자가 기업의 미래 재무상태, 경영성과, 순현금흐름 등을 예측하는 데에 그 정보가 활용될 수 있는 특성을 의미한다.
(예 반기재무제표의 반기이익은 올해의 연간이익을 예측하는 데 도움을 줌)

② **피드백가치**: 피드백가치는 제공되는 재무정보가 정보이용자의 과거예측치를 확인하고

만약 잘못된 경우에 이를 수정시켜 줄 수 있는 특성을 의미한다.
(예 반기재무제표의 반기이익을 보고 올해 연간이익을 예측하였으나, 실제 발표된 연간이익이 자신의 예측치보다 낮은 경우, 투자자는 다음 해의 순이익 예측치를 수정하게 됨)
③ 적시성 : 재무정보는 정보이용자가 원하는 시점에 적시에 제공되어야 한다.

(3) 신뢰성

신뢰성이란 정보에 중대한 오류나 편의가 없고, 객관적으로 검증가능하며 나타내고자 하는 바를 충실하게 표현하고 있다고 이용자가 믿을 수 있는 특성을 가져야 한다는 것이다. 재무정보가 신뢰성을 갖기 위해서는 ① 표현의 충실성, ② 검증가능성, ③ 중립성이 있어야 한다.

① **표현의 충실성** : 재무정보의 측정치가 거래나 경제적 사건을 사실대로 충실하게 표현하여야 한다는 것이다(예 회사가 대손예상이 높은 매출채권에 대하여 대손충당금을 쌓는다면 표현의 충실성을 갖춘 정보가 되나, 만일 아무런 대손충당금도 쌓지 않는다면 표현의 충실성을 상실한 정보가 되는 것).
② **검증가능성** : 동일한 사건에 대해서 다수의 서로 다른 측정자들이 동일하거나 유사한 측정치에 도달해야 한다는 질적 특성이다.
③ **중립성** : 재무정보가 특정 이해관계자에게 유리 또는 불리하게 의도적으로 왜곡되어서는 안 된다는 것이다.

(4) 비교가능성

유사한 거래나 사건의 재무적 영향을 측정·보고함에 있어 영업 및 재무활동의 특성이 훼손되지 않는 범위 내에서 기간별로 일관된 회계처리방법을 사용하여야 하며, 기업 간에도 통일된 방법이 적용되어야 한다는 것이다(일관성, 계속성).

(5) 제약요인

① **효익과 비용 간의 균형** : 재무정보를 만들거나 이용함에 있어서 효익이 비용보다 커야 한다.
② **중요성** : 의사결정에 영향을 미치지 않는 중요하지 않은 거래는 이론적 근거에 따라 회계처리할 필요 없이 간단한 회계 실무관행에 따라 처리할 수 있다는 것이다.
(예 A4용지 구입시 자산처리 후 사용시마다 비용처리하지 않고 구입 즉시 비용처리)

4. 보수주의

보수주의란, 어떤 하나의 거래에 대하여 두 가지 이상의 선택 가능한 회계처리 방법이 있는 경우 재무적 기초를 견고히 하는(자산과 이익을 적게 보고하는) 방법으로 회계처리하는 실무적 관행이다. 즉 상황이 불확실할 때 회사에 불리한 것은 기록을 하고 유리한 사항은 특별히 기록을 하지 않음으로써 회사에 오히려 불리하게 회계처리를 하는 방법이다. 예를 들어 회사가 받을 채권에 대해서는 못받을 것에 대비하여 미리 충당금을 쌓지만 부채는 갚아야 할 전액을 다

인식하는 것이다. 이러한 보수주의는 과거 채권자 중심의 회계에서 비롯된 회계관행이다. 즉, 돈을 빌려주는 은행입장에서 최대한 회사의 재무상태를 보수적으로 파악하여 대출액을 산정하여 대출위험을 줄이자는 것이다. 또한 회사 입장에서도 지나치게 낙관적으로 이익을 계상하면 주주에 배당도 커지고 국가에 대한 세금도 많이 내니 가급적 비용은 많이, 수익은 적게, 부채는 많이, 자산은 적게 해서 재무적인 기초를 튼튼히 하자는 취지이다.

> **참고** 보수주의 회계처리 예시
>
> ① 재고자산의 저가평가(예상 손실을 미리 앞당겨 인식)
> ② 감가상각초기에 정액법보다는 가속상각법(정률법 등)을 적용
> ③ 유형자산에 대한 지출을 자본적 지출보다는 수익적 지출로 처리

제4절 회계변경과 오류수정

1. 회계변경이란?

회계변경이란 새로운 사실의 발생 또는 기업이 처한 경제적 환경의 변화 등에 따라 기존에 적용해 오던 회계처리방법이 기업의 재무상태나 경영성과를 적정하게 표시하지 못할 경우 새로운 회계처리방법으로 변경하는 것이다. 즉, 기업 환경 등의 변화로 기업이 현재 채택하고 있는 회계처리방법이 적절하지 못해 다른 회계방법으로 변경하는 것이다.

회계변경의 유형은 회계정책의 변경과 회계추정의 변경으로 구분된다.

구 분	사 례	처리방법
회계정책의 변경	회계정책(회계처리방법)의 변경(단, 감가상각방법은 제외) ① 재고자산단가 결정방법을 선입선출법에서 후입선출법으로 변경 ② 유형자산 측정기준을 원가모형에서 재평가모형으로 변경 ③ 단기매매증권 단가산정방법을 총평균법에서 이동평균법으로 변경	소급법 (단, 예외적인 경우 전진법 적용가능)
회계추정의 변경	추정치의 변경 ① 대손추정액의 변경 ② 재고자산의 순실현가능가치의 변경 ③ 유형자산의 추정내용연수와 추정잔존가치 변경 ④ 유형자산 감가상각방법 변경	전진법

※ 회계정책의 변경효과와 회계추정의 변경효과로 구분하기가 불가능한 경우 → 회계추정의 변경으로 본다.

2. 회계변경의 회계처리방법

(1) 소급법

소급법이란 변경연도 기초시점에서 자산과 부채에 미친 누적효과를 계산하여 기초이익잉여금을 수정하고, 전기의 재무제표를 새로운 원칙을 적용하여 수정하는 방법이다. 이 방법은 전기의 재무제표를 수정하므로 재무제표 간의 비교가능성이 유지된다는 장점이 있는 반면, 과거의 재무제표를 새로운 회계처리방법에 따라 수정하므로 재무제표의 신뢰성이 저하된다는 단점이 있다.

(2) 당기일괄처리법

당기일괄처리법, 즉 당기적 처리방법이란 기초시점에서 회계변경의 누적효과를 계산하여 당기 손익계산서에 당기손익으로 반영하는 방법이다. 이 방법은 과거의 재무제표를 수정하지는 않는다. 그러므로 재무제표의 신뢰성이 제고된다는 장점이 있는 반면, 회계변경에 따른 효과를 당기손익에 반영함에 따라 이익조작가능성이 있으며, 재무제표의 비교가능성이 저하된다는 단점이 있다.

(3) 전진법

전진법이란 회계변경이 있더라도 회계변경의 누적효과를 별도로 계산하지 않고, 과거의 재무제표도 수정하지 않는 방법이다. 변경된 새로운 회계처리 방법을 당기와 당기 이후에만 적용한다. 따라서 실무적으로 적용이 간편하고 재무제표의 신뢰성을 유지할 수 있는 장점이 있는 반면에 비교가능성이 저하되고 회계변경의 효과를 파악하지 못한다는 단점이 있다.

[회계변경 및 오류수정의 회계처리방법]

구 분	소급법	당기일괄처리법	전진법
① 회계처리	회계변경 누적효과를 기초이익잉여금에 반영	회계변경 누적효과를 당기손익에 반영	회계변경의 누적효과를 계산하지 않음
② 과거 재무제표	수정함	수정하지 않음	수정하지 않음
③ 장점	비교가능성 유지	신뢰성 유지	신뢰성 유지
④ 단점	신뢰성 저하	• 비교가능성 저하 • 이익조작가능성	• 비교가능성 저하 • 회계변경효과 파악 곤란

(4) 일반기업회계기준에 따른 회계변경 처리방법

일반기업회계기준에 따른 회계변경의 처리방법은 다음과 같다.

구 분	적용방법
회계정책의 변경	① 원칙 : 소급법 적용 ② 예외 : 회계정책의 변경에 따른 누적효과를 합리적으로 결정하기 어려운 경우에는 전진법을 적용
회계추정의 변경	전진법 적용

또한 기업이 임의적으로 회계변경을 적용하는 것을 방지하기 위해 일정한 사유에 해당하는 경우에는 정당한 회계변경으로 본다.

구 분	사 례
정당한 회계변경인 경우 → 인정 ○	① 합병, 사업부 신설, 대규모 투자, 사업의 양수도 등 기업환경의 중대한 변화에 의하여 총자산이나 매출액, 제품의 구성 등이 현저히 변동됨으로써 종전의 회계정책을 적용할 경우 재무제표가 왜곡되는 경우 ② 동종산업에 속한 대부분의 기업이 채택한 회계정책 또는 추정방법으로 변경함에 있어서 새로운 회계정책 또는 추정방법이 종전보다 더 합리적이라고 판단되는 경우 ③ 일반기업회계기준의 제정, 개정 또는 기존의 일반기업회계기준에 대한 새로운 해석에 따라 회계변경을 하는 경우
정당한 회계변경이 아닌 경우 → 인정 ×	① ★단순히 세법의 규정을 따르기 위한 회계변경 ② 이익조정을 주된 목적으로 한 회계변경

3. 오류수정

오류수정은 전기 또는 그 이전의 재무제표에 포함된 회계적 오류를 당기에 발견하여 이를 수정하는 것을 말한다.

당기에 발견한 당기의 오류는 수정분개를 통해 수정분개를 통해 과목재분류나 당기손익을 조정하면 되지만 당기에 발견한 전기의 오류는 복잡해진다. 우선 성격에 따라 중대한 오류와 중대하지 않은 오류로 구분하여 다음과 같이 회계처리한다.

구 분	중대한 오류	중대하지 않은 오류
회계처리방법	소급법	당기손익처리
전기오류수정효과	이월이익잉여금 (전기오류수정손익)	손익계산서상 영업외손익 (전기오류수정손익)
비교재무제표	재작성	–

실무이론평가 대비

01 중소기업이 아닌 법인의 수익인식에 대한 설명으로 옳지 않은 것은? • 12회
① 장기할부조건으로 판매한 제품은 대금회수시점에 수익을 인식한다.
② 용역의 제공으로 인한 수익은 진행기준에 따라 인식한다.
③ 적송품은 수탁자가 고객에게 판매한 시점에 수익을 인식한다.
④ 상품권은 고객에게 판매한 때 선수금으로 회계처리하고 고객이 물건과 교환했을 때 수익으로 인식한다.

해설

재화의 판매로 인한 수익은 통상적으로 위험과 보상이 이전되는 재화의 인도시점에 인식한다.

02 다음은 (주)한공의 손익계산서의 주요항목이다. 이 자료로 매출원가를 계산하면 얼마인가?
• 13회

- 판매비와 관리비 4,500,000원
- 영업외비용 700,000원
- 영업외수익 600,000원
- 매출액 15,500,000원
- 법인세비용 차감전 순이익 900,000원

① 11,100,000원
② 10,100,000원
③ 10,000,000원
④ 9,800,000원

해설

손익계산서의 구조를 쓰고 자료의 금액을 기재하여 영업이익, 매출총이익, 매출원가의 순서로 계산한다.

과 목	금 액	계산내역
매출액	15,500,000	
매출원가	?	15,500,000 − 5,500,000 = 10,000,000
매출총이익	?	1,000,000 + 4,500,000 = 5,500,000
판매비와관리비	4,500,000	
영업이익	?	900,000 + 700,000 − 600,000 = 1,000,000
영업외수익	600,000	
영업외비용	700,000	
법인세비용차감전순이익	900,000	

ANSWER 01. ① 02. ③

TAT 2급

03 다음은 (주)한공의 상품 매매 관련 자료이다. 이 자료를 토대로 계산한 매출원가가 1,275,000원 일 때, (가)에 들어갈 매입에누리 및 할인액은 얼마인가? •41회

- 기초상품재고액 : 1,000,000원
- 기말상품재고액 : 200,000원
- 당기매입액 : 500,000원
- 매입운반비 : 10,000원
- 매입에누리 및 할인 : (가)

① 5,000원 ② 15,000원
③ 25,000원 ④ 35,000원

[해설]

매출원가 : 기초상품재고액 1,000,000원 + 당기매입액 475,000원(외상매입액 500,000원 + 매입운반비 10,000원 − 매입에누리 및 할인 35,000원) − 기말상품재고액(200,000원) = 1,275,000원

---

04 도매업을 영위하는 (주)한공의 다음 자료로 판매비와관리비를 계산하면 얼마인가? •14회

- 재고자산 매입 시 운반비 20,000원
- 종업원 작업복 구입비 100,000원
- 업무용 차량에 대한 자동차세 30,000원
- 은행 차입금에 대한 이자 80,000원

① 120,000원 ② 130,000원
③ 150,000원 ④ 230,000원

[해설]

- 판매비와관리비 : 종업원 작업복(복리후생비) + 자동차세(세금과공과)
  = 100,000원 + 30,000원 = 130,000원
- 재고자산 매입 운반비는 취득원가에 가산하고, 은행차입금 이자는 영업외비용이다.

ANSWER 03. ④ 04. ②

05 일반기업회계기준과 관련된 다음 설명 중 옳은 것은? • 5회

① 판매대금의 회수가 구매자의 재판매에 의해 결정되는 경우에 판매자는 구매자에게 판매시 수익을 인식한다.
② 상품권을 할인판매 시 액면금액 전액을 선수금으로 인식하고 할인액은 상품권할인계정으로 선수금의 차감계정으로 표시한다.
③ 매도가능증권으로부터 발생하는 배당금수익과 이자수익은 기타포괄손익으로 처리한다.
④ 추가 생산단계에 투입하기 전에 보관이 필요한 경우 외의 보관비용은 재고자산 원가에 포함한다.

해설

① 판매대금의 회수가 구매자의 재판매에 의해 결정되는 경우에 판매자는 구매자에게 판매시 수익을 인식하지 아니한다.
③ 매도가능증권으로부터 발생하는 배당금수익과 이자수익은 당기손익으로 처리한다.
④ 추가 생산단계에 투입하기 전에 보관이 필요한 경우 외의 보관비용은 재고자산 원가에 포함할 수 없으며 발생기간의 비용으로 인식하여야 한다.

06 다음 중 일반기업회계기준에 의한 재무상태표의 작성기준으로 옳지 않은 것은? • 1회

① 자산과 부채는 유동성이 큰 항목부터 배열하는 것을 원칙으로 한다.
② 자본금은 보통주자본금과 우선주자본금을 구분하여 표시한다.
③ 자산은 유동자산과 비유동자산으로, 부채는 유동부채와 비유동부채로 구분하여 표시한다.
④ 자산과 부채는 원칙적으로 상계하여 표시한다.

해설

자산과 부채는 원칙적으로 상계하여 표시하지 않는다.

07 다음 설명 중 옳지 않은 것은? • 13회

① 자산과 부채는 1년을 기준으로 유동과 비유동으로 구분한다.
② 장기적인 투자수익을 얻기 위해 가지고 있는 채무증권과 지분증권은 투자자산으로 분류한다.
③ 장기미수금이나 투자자산에 속하는 매도가능채권 중 1년 이내에 실현되는 부분은 유동자산으로 분류한다.
④ 재고자산이 정상적인 영업주기 내에 판매되거나 사용되더라도 보고기간 종료일부터 1년 이내에 실현되지 않는다면 비유동자산으로 분류한다.

ANSWER 05. ② 06. ④ 07. ④

> 해설
> 정상적인 영업주기 내에 판매되거나 사용되는 재고자산은 보고기간 종료일로부터 1년 이내에 실현되지 않더라도 유동자산으로 분류한다.

08 다음 중 재무제표의 작성과 표시에 대한 설명으로 옳지 않은 것은? •15회
① 중요한 항목은 재무제표의 본문이나 주석에 그 내용을 가장 잘 나타낼 수 있도록 구분하여 표시하며, 중요하지 않은 항목은 성격이나 기능이 유사한 항목과 통합하여 표시할 수 있다.
② 자산과 부채는 유동성이 큰 항목부터 배열하는 것을 원칙으로 한다.
③ 재무제표의 기간별 비교가능성을 제고하기 위하여 재무제표 항목의 표시와 분류는 일부 경우를 제외하고는 매기 동일하여야 한다.
④ 정상적인 영업주기 내에 회수되는 매출채권이라 하더라도 보고기간종료일부터 1년 이내에 실현되지 않으면 비유동자산으로 분류한다.

> 해설
> 정상적인 영업주기 내에 회수되는 매출채권은 보고기간종료일부터 1년 이내에 실현되지 않더라도 유동자산으로 분류한다.

09 재무제표의 표시 방법에 대한 설명 중 옳지 않은 것은? •16회
① 재무제표 본문과 주석에 적용하는 중요성에 대한 판단기준은 항상 동일하여야 한다.
② 현금흐름표를 제외하고는 발생주의 원칙에 따라 재무제표를 작성한다.
③ 손익계산서의 이익은 매출총이익, 영업이익, 법인세차감전순이익, 당기순이익의 순서로 구분표시한다.
④ 자산, 부채, 자본 중 중요하지 않은 항목은 유사한 항목에 통합하여 표시할 수 있다.

> 해설
> 재무제표의 표시와 관련하여 재무제표 본문과 주석에 적용하는 중요성에 대한 판단기준은 서로 다를 수 있다. 예를 들어, 재무제표 본문에는 통합하여 표시한 항목이라 할지라도 주석에는 이를 구분하여 표시할 만큼 중요한 항목이 될 수 있다.

ANSWER 08. ④ 09. ①

제7장 수익, 비용 및 회계이론 일반

10 다음 중 재무제표에 대한 설명으로 옳지 않은 것은? • 4회
① 경우에 따라서는 법적 권리가 없어도 자산의 정의를 충족시킬 수 있다.
② 증여받은 재화는 이에 관한 지출이 발생하지 않았지만 자산의 정의를 충족시킬 수 있다.
③ 부채의 정의를 만족하기 위해서는 금액이 반드시 확정되어야 한다.
④ 재무제표는 특정 기업실체에 관한 정보를 제공하며, 산업 또는 경제전반에 관한 정보를 제공하지는 않는다.

해설
부채의 정의를 만족하기 위해서 금액이 반드시 확정되어야 하는 것은 아니다.

11 자산에 대한 설명 중 옳지 않은 것은? • 7회
① 자산으로 인식하기 위해서는 당해 자산에 미래경제적 효익이 내재되어 있어야 한다.
② 자산의 존재를 판단하기 위해서 물리적 형태가 필수적인 것은 아니다.
③ 자산의 정의를 충족하기 위해서는 반드시 법적 권리를 보유하여야 인식할 수 있다.
④ 자산은 과거 사건의 결과 기업이 통제하고 있고, 미래경제적 효익이 기업에 유입될 것으로 기대되는 자원이다.

해설
경우에 따라서는 법적 권리가 없어도 자산의 정의를 충족할 수 있다.

12 자산 또는 부채와 관련된 설명으로 옳지 않은 것은? • 20회
① 자산은 과거의 거래나 사건의 결과로서 현재 기업실체에 의해 지배되고 미래에 경제적 효익을 창출할 것으로 기대되는 자원이다.
② 물리적 형태가 없는 자원이라도 기업실체에 의하여 지배되고 그 실체에게 미래의 경제적 효익을 창출할 것으로 기대되는 경우 당해 항목은 자산의 정의를 충족할 수 있다.
③ 기업이 미래에 자산을 사용하거나 용역을 제공하는 등 경제적 자원의 희생이 예상될 경우에도 현재시점에서 지출될 금액이 확정된 것이 아니면 부채로 인식하지 않는다.
④ 부채는 과거의 거래나 사건의 결과로 현재 기업실체가 부담하고 있고 미래에 자원의 유출 또는 사용이 예상되는 의무이다.

해설
기업이 미래에 자산을 사용하거나 용역을 제공하는 등 경제적 자원의 희생이 예상될 경우에는 현재시점에서 지출될 금액이 확정되지 않았어도 부채로 인식할 수 있다.

ANSWER 10. ③ 11. ③ 12. ③

13 다음 중 일반기업회계기준에 의한 손익계산서의 작성기준으로 옳지 않은 것은? • 2회

① 수익과 비용은 그것이 발생한 기간에 정당하게 배분되도록 처리하여야 한다.
② 수익과 비용은 상계하여 표시하는 것을 원칙으로 한다.
③ 수익은 실현되었거나 실현가능하고, 그 가득과정이 완료되어야 인식한다.
④ 수익과 비용은 발생원천에 따라 분류하고, 각 수익항목과 관련되는 비용항목은 대응하여 표시한다.

해설

수익과 비용은 각각 총액으로 보고하는 것을 원칙으로 한다.

14 다음에서 설명하는 회계의 기본 가정에 포함되지 않는 것은? • 42회

- 기업을 소유주와는 독립적으로 존재하는 회계단위로 간주하고 이 회계단위의 관점에서 그 경제활동에 대한 재무정보를 측정, 보고하는 것을 말한다.
- 기업실체는 그 목적과 의무를 이행하기에 충분할 정도로 장기간 존속한다고 가정하는 것을 말한다.
- 기업실체의 존속기간을 일정한 기간 단위로 분할하여 각 기간별로 재무제표를 작성하는 것을 말한다.

① 기업실체의 가정
② 계속기업의 가정
③ 발생기준의 가정
④ 기간별 보고의 가정

해설

기업실체의 가정, 계속기업의 가정, 기간별 보고의 가정에 대한 설명이다.

15 다음 중 재무제표의 기본가정에 대한 설명으로 옳지 않은 것은? • 17회

① 재무제표의 기본가정으로는 기업실체, 계속기업 및 기간별 보고가 있다.
② 기업실체의 가정이란 기업을 소유주와는 독립적으로 존재하는 회계단위로 간주하고 이 회계단위의 관점에서 그 경제활동에 대한 재무정보를 측정, 보고하는 것을 말한다.
③ 계속기업의 가정이란 기업실체의 중요한 경영활동이 축소되거나 기업실체를 청산시킬 의도나 상황이 존재한다는 가정을 말한다.
④ 기간별 보고의 가정이란 기업실체의 존속기간을 일정한 기간 단위로 분할하여 각 기간별로 재무제표를 작성하는 것을 말한다.

해설

계속기업의 가정이란 기업실체는 그 목적과 의무를 이행하기에 충분할 정도로 장기간 존속한다고 가정하는 것을 말한다.

ANSWER 13. ② 14. ③ 15. ③

제7장 수익, 비용 및 회계이론 일반

16 다음은 (주)한공의 '외부감사인의 감사보고서'의 일부이다. (가)에 들어갈 말로 옳은 것은?
• 9회

> **외부감사인의 감사보고서**
>
> 본 감사인은 첨부된 (주)한공의 2022년 12월 31일 현재의 재무상태표와 동일로 종료되는 회계연도의 손익계산서, 자본변동표 및 현금흐름표를 감사하였습니다. 이 재무제표를 적정하게 작성할 책임은 (가)에게 있으며 본 감사인의 책임은 동 재무제표에 대하여 감사를 실시하고 이를 근거로 이 재무제표에 대하여 의견을 표명하는데 있습니다.

① 회사 외부감사인
② 회사 경리부장
③ 회사 경영자
④ 회사 내부감사

해설
재무제표의 작성책임은 회사 경영자에게 있다.

17 다음 중 회계정보의 질적특성에 대한 설명으로 옳지 않은 것은?
• 3회
① 회계정보가 신뢰성을 갖기 위해서는 경제적 거래나 사건을 충실하게 표현하여야 한다.
② 기업의 거래나 사건의 경제적 실질은 법적 형식 또는 외관상의 형식과 항상 일치하지는 않는다.
③ 적시에 제공되지 않은 정보라 할지라도 목적적합성은 유지될 수 있다.
④ 특정 거래나 사건을 충실히 표현하기 위해 필요한 중요한 정보는 누락되어서는 안 된다.

해설
적시에 제공되지 않은 정보는 의사결정에 이용할 수 없으므로 목적적합성을 상실하게 된다.

18 회계의 개념체계와 관련된 설명 중 타당하지 않은 것은?
• 8회
① 회계정보의 질적특성이란 회계정보가 유용하기 위해 갖추어야 할 주요 속성을 말한다.
② 회계정보의 질적특성은 회계기준제정기구가 회계기준을 제정 또는 개정할 때 대체적 회계처리 방법들을 비교·평가할 수 있는 판단기준이 된다.
③ 신뢰성을 가지려면 예측가치와 피드백가치가 있어야 한다.
④ 회계정보가 갖추어야 할 가장 중요한 질적특성은 목적적합성과 신뢰성이다.

ANSWER　16. ③　17. ③　18. ③

> **해설**
>
> 예측가치와 피드백가치는 목적적합성의 하위 질적특성이다.

19 현행 개념체계상 회계정보의 질적 특성으로 옳지 않은 것은? • 10회

① 회계정보의 질적특성이란 정보이용자의 의사결정에 유용하기 위하여 회계정보가 갖추어야 할 주요 속성을 말한다.
② 회계정보가 갖추어야 할 가장 중요한 질적특성은 목적적합성과 신뢰성이다.
③ 회계정보의 질적특성은 비용 대비 효익, 그리고 중요성의 제약요인하에서 고려되어야 한다.
④ 회계정보의 신뢰성이 제고되면 목적적합성이 항상 높아진다.

> **해설**
>
> 회계정보의 질적 특성은 서로 상충될 수 있다. 예를 들어, 유형자산을 역사적원가로 평가하면 신뢰성은 제고되나 목적적합성은 저하될 수 있다.

20 다음 설명과 관련된 회계정보의 질적 특성은? • 39회

> 상장법인인 (주)한공은 1분기 손익계산서를 기한 내에 공시하지 않았다. 이로 인해 기업의 투자자들은 투자의사결정 시점에 필요한 정보를 제공받지 못하였다.

① 적시성 ② 중립성
③ 검증가능성 ④ 표현의 충실성

> **해설**
>
> 회계정보가 정보이용자에게 유용하기 위해서는 그 정보가 의사결정에 반영될 수 있도록 적시에 제공되어야 한다.

19. ④ 20. ①

21 다음과 관련된 회계정보의 질적 특성은 무엇인가? • 12회

> 금융리스의 법적 형식은 임차계약이지만 경제적 실질의 관점에서 자산과 부채의 정의를 충족하므로 리스이용자는 리스거래 관련 자산과 부채로 인식하여야 한다.

① 목적적합성
② 신뢰성
③ 비교가능성
④ 이해가능성

해설
금융리스는 표현의 충실성에 대한 사례이고, 표현의 충실성은 회계정보의 신뢰성을 구성한다.

22 회계정보의 질적 특성에 대한 설명으로 옳지 않은 것은? • 13회
① 회계정보의 질적 특성이란 회계정보가 유용하기 위해 갖추어야 할 주요 속성을 말한다.
② 회계정보가 갖추어야 할 가장 중요한 질적 특성은 목적적합성과 효율성이다.
③ 회계정보의 질적 특성은 비용과 효익 그리고 중요성의 제약요인하에서 고려되어야 한다.
④ 목적적합성 있는 정보는 정보이용자의 의사결정에 차이를 가져올 수 있는 정보를 말한다.

해설
회계정보가 갖추어야 할 가장 중요한 질적 특성은 목적적합성과 신뢰성이다.

23 회계정보의 질적 특성 중 목적적합성에 대한 설명으로 옳지 않은 것은? • 38회
① 회계정보가 정보이용자의 의사결정에 반영될 수 있도록 적시에 제공되어야 한다.
② 회계정보는 그 정보가 나타내고자 하는 대상을 충실히 표현하고 있어야 한다.
③ 회계정보는 정보이용자의 당초 기대치를 확인 또는 수정할 수 있게 함으로써 의사결정에 차이를 가져올 수 있다.
④ 회계정보는 정보이용자가 기업실체의 과거, 현재 또는 미래 사건의 결과에 대한 예측을 하는 데 도움이 된다.

해설
표현의 충실성을 설명한 것으로서 신뢰성의 속성에 해당한다.

ANSWER 21. ② 22. ② 23. ②

24. 다음 중 재무회계 개념체계에 대한 설명으로 옳지 않은 것은? • 21회

① 장기건설공사에 대하여 진행기준으로 수익을 인식하면 신뢰성은 제고되지만 목적적합성은 저하된다.
② 독립된 당사자 간의 시장거래에서 현금으로 구입한 자산의 취득원가는 검증가능성이 높은 측정치이다.
③ 손익계산서에서 비경상적이고 비반복적인 항목을 구분표시할 경우 손익계산서의 예측가치가 제고된다.
④ 유형자산을 역사적 원가로 평가할 경우 신뢰성은 제고되지만 목적적합성은 저하된다.

해설
장기건설공사에 대하여 진행기준으로 수익을 인식하면 신뢰성은 저하되지만 목적적합성은 제고된다.

25. 다음 중 회계변경에 대한 설명으로 옳지 않은 것은? • 16회

① 회계정책의 변경은 소급법으로 회계처리한다.
② 재고자산의 가격결정방법을 선입선출법에서 평균법으로 변경하는 것은 회계정책의 변경이다.
③ 단순히 세법의 규정을 따르기 위한 회계변경은 정당한 회계변경으로 보지 아니한다.
④ 회계변경의 속성상 그 효과를 회계정책의 변경효과와 회계추정의 변경효과로 구분하기가 불가능한 경우에는 이를 회계정책의 변경으로 본다.

해설
회계변경의 속성상 그 효과를 회계정책의 변경효과와 회계추정의 변경효과로 구분하기가 불가능한 경우에는 이를 회계추정의 변경으로 본다.

26. 다음 중 회계변경과 오류수정에 대한 설명으로 옳지 않은 것은? • 18회

① 재고자산평가방법의 변경은 회계정책의 변경에 해당한다.
② 회계추정의 변경은 전진적으로 처리하여 그 효과를 당기와 당기 이후의 기간에 반영한다.
③ 회계정책의 변경효과와 회계추정의 변경효과로 구분하기가 불가능한 경우에는 이를 회계정책의 변경으로 본다.
④ 감가상각방법의 변경은 회계추정의 변경에 해당한다.

해설
회계정책과 회계추정의 변경효과를 구분하기 불가능한 경우는 회계추정의 변경으로 본다.

ANSWER 24. ① 25. ④ 26. ③

27. 다음은 (주)한공의 회계담당자 간 대화이다. 아래의 ㉮, ㉯, ㉰에 들어갈 내용으로 옳은 것은?

• 5회

- 박 부장 : 금년에 재고자산의 단위당 원가가 전년도에 비하여 상승한 이유가 있나요?
- 최 과장 : 재고자산 평가방법을 올해부터 총평균법에서 선입선출법으로 변경하였기 때문입니다.
- 박 부장 : 변경으로 인한 효과를 어떻게 처리해야 하나요?
- 최 과장 : 재고자산 평가방법의 변경은 (㉮)에 해당하므로 그 변경효과를 (㉯) 적용하여야 합니다. 다만, 그 변경효과를 합리적으로 결정하기 어려운 경우에는 그 변경효과를 (㉰) 처리하여야 합니다.

	㉮	㉯	㉰
①	회계정책의 변경	전진적으로	소급하여
②	회계추정의 변경	전진적으로	소급하여
③	회계정책의 변경	소급하여	전진적으로
④	회계추정의 변경	소급하여	전진적으로

해설

재고자산 평가방법의 변경은 (회계정책의 변경)에 해당하므로 그 변경효과를 (소급하여) 적용하여야 한다. 다만, 그 변경효과를 합리적으로 결정하기 어려운 경우에는 (전진적으로) 처리하여야 한다.

28. 다음 중 회계변경과 오류수정에 관한 설명으로 옳지 않은 것은?

• 28회

① 회계정책의 변경은 소급적용하고 회계추정의 변경은 전진적으로 처리한다.
② 단순히 세법의 규정을 따르기 위한 회계변경은 정당한 회계변경으로 본다.
③ 회계변경은 회계정보의 비교가능성을 훼손할 수 있으므로 회계변경을 하는 기업은 회계변경의 정당성을 입증하여야 한다.
④ 회계변경의 속성상 그 효과를 회계정책의 변경효과와 회계추정의 변경효과로 구분하기 불가능한 경우에는 이를 회계추정의 변경으로 본다.

해설

단순히 세법의 규정을 따르기 위한 회계변경은 정당한 회계변경으로 보지 아니한다.

ANSWER 27. ③ 28. ②

29. 다음 중 회계변경의 유형이 다른 것은?
• 11회

① 전액 회수할 것으로 평가한 매출채권을 일부만 회수할 것으로 변경
② 감가상각방법을 정률법에서 정액법으로 변경
③ 재고자산의 원가결정방법을 선입선출법에서 총평균법으로 변경
④ 유형자산의 잔존가치를 500,000원에서 1,000,000원으로 변경

해설
재고자산의 원가결정방법을 선입선출법에서 총평균법으로 변경하는 것은 회계정책의 변경이고, 그 이외의 것은 회계추정의 변경이다.

30. 다음 중 회계변경과 오류수정에 대한 설명으로 옳은 것은?
• 8회

① 회계추정의 변경은 소급법으로 처리하고 회계정책의 변경은 전진법으로 처리한다.
② 감가상각 대상자산의 내용연수 변경은 회계정책의 변경이다.
③ 현금주의로 회계처리한 것을 발생주의로 변경하는 것은 회계추정의 변경이다.
④ 회계정책의 변경효과와 회계추정의 변경효과를 구분하기 불가능한 경우에는 회계추정의 변경으로 본다.

해설
① 회계추정의 변경은 전진법으로 처리하고, 회계정책의 변경은 소급법으로 처리한다.
② 내용연수의 변경은 회계추정의 변경이다.
③ 현금주의로 한 것을 발생주의로 변경하는 것은 오류수정이다.

31. (주)한공의 오류 수정 전 당기순이익은 10,000,000원이다. 다음 회계처리 오류사항을 수정한 후의 당기순이익은 얼마인가?
• 39회

- 지급 당시 전액 비용처리한 보험료 기간 미경과분 300,000원을 계상 누락하다.
- 차입금에 대한 발생이자 미지급분 200,000원을 계상 누락하다.

① 9,900,000원
② 10,100,000원
③ 10,200,000원
④ 10,300,000원

해설
수정후 당기순이익 = 수정전 당기순이익(10,000,000원) + 보험료 선급분(300,000원) − 이자 미지급분(200,000원) = 10,100,000원

ANSWER 29. ③ 30. ④ 31. ②

CHAPTER 08 내부통제제도와 내부회계관리제도

▶ 저자주 : 내부통제제도(내부회계관리제도)는 각 시험회차마다 1문제 정도 출제되므로 객관식 문제 위주로 정리할 것!

제1절 내부통제제도

회사에 있어서 내부통제라고 하면 기업내부의 부정을 방지하고, 기업이 투명하고 효율적으로 운영되도록 경영자를 중심으로 조직된 모든 시스템을 의미한다. 예를 들어 접대비규정을 구비하여 접대비 지출 전에 승인을 받아 사용하도록 하여 접대비 과다사용이나 개인적 사용을 방지하도록 하거나, 예금의 입출금에 대해서는 승인된 담당자만 접근가능하도록 통제절차를 두는 것과 같이 회사의 자산보호와 회계정보의 정확성 및 신뢰성을 확보하기 위한 절차나 제도를 말한다.

1. 내부통제제도의 목적

「내부회계관리모범규준」에 따르면 내부통제는 다음의 세 가지 목적달성에 대하여 합리적인 확신을 제공하기 위한 것으로서 조직의 이사회, 경영진 및 구성원에 의해 지속적으로 실행되는 일련의 과정을 의미한다.

목적	세부 내용
① 기업운영의 효율성 및 효과성 확보 (운영목적)	회사가 업무를 수행함에 있어 자원을 효과적·효율적으로 사용하고 있다(영업활동의 효율성 달성).
② 재무정보의 신뢰성 확보 (재무보고목적)	회사가 대외에 공표하는 재무정보에 대한 정확하고 신뢰성 있는 작성 및 보고체계를 유지하고 있다.
③ 관련 법규 및 정책의 준수 (법규준수목적)	회사의 모든 활동은 관련법규, 감독규정, 내부정책 및 절차를 준수하고 있다.

예를 들어 접대비 지출과 관련하여 내부통제제도가 없는 경우 회사 임직원들이 개인적인 용도로 법인카드를 사용하거나 과다하게 접대비를 지출할 수 있는 문제점이 있다. 그러나 접대비 지출과 관련된 내부통제제도(예 접대비 1회 10만원 이하 지출 및 지출 전 담당자의 사전승인을 받아 법인카드만 사용)를 갖춘 경우 다음과 같은 목적을 달성할 수 있다.

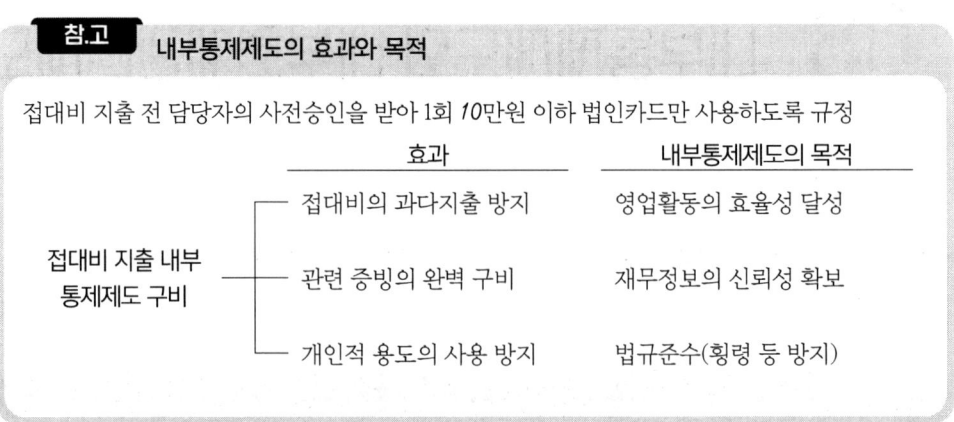

2. 내부통제제도의 도입 배경

1997년 국가경제에 막대한 손실을 가져온 외환위기 이후 기업경영의 비리 및 회계부정 등이 문제가 되자, 기업경영의 투명성 및 효율성 확보를 위하여 내부통제제도가 본격적으로 도입·시행되었다. 회계감사 등이 사후적으로 만들어진 재무제표의 신뢰성을 점검하는 사후검토절차라면 내부통제제도는 기업 스스로 부정 등을 미연에 방지하는 사전예방절차라고 할 수 있다.

3. 내부통제제도의 종류

내부통제제도의 세 가지 목적 달성을 위해서 회사 내부에 갖춰야 할 기본요소는 5가지이다. 즉, 아래와 같은 5가지가 회사 내부에 모두 갖추어지고 제대로 운영이 된다면 내부통제제도의 세 가지 목적 달성이 가능하다.

종류	세부 내용
① 통제환경	• 내부통제제도 전체의 기초를 이루는 포괄적인 개념 • 조직체계·구조, 상벌 체계, 인력운용 체계, 교육정책, 경영자의 철학, 윤리, 리더십 등 ㉠ 경영자가 정직하고 투명하게 경영하고 있다면 그만큼 통제환경은 잘 갖춰져 있다고 평가
② 위험평가 (리스크 평가)	• 회사의 목적달성과 영업성과에 영향을 미칠 수 있는 내·외부의 관련 위험을 식별하고 평가·분석하는 활동 • 전사적 수준 및 업무프로세스의 위험식별, 위험의 분석·대응 방안 수립, 위험의 지속적 관리 등이 포함
③ 통제활동	• 조직 구성원이 이사회의 경영진이 제시한 경영방침이나 지침에 따라 업무를 수행할 수 있도록 마련된 정책 및 절차와 이러한 정책 및 절차가 준수되도록 하기 위한 제반활동 • 업무의 분장, 문서화, 승인·결재체계, 감독체계, 자산의 보호체계 등을 포함 ㉠ 재고자산을 보관하는 창고에 승인받은 담당자만 출입이 가능하고, 안전장치 등을 설치하여 재고가 보관되어 있다면 통제활동은 잘 갖춰져 있다고 평가

④ 정보 및 의사소통	조직 구성원이 그들의 책임을 적절하게 수행할 수 있도록 시의적절한 정보를 확인·수집할 수 있도록 지원하는 절차와 체계
⑤ 모니터링	• 내부통제의 효과성을 지속적으로 평가하는 과정 • 회사전체 또는 사업단위에 대한 자체평가, 자체감사활동, 사후관리 　예) 회사 자체적으로 내부감사부서 등을 설치하여 지속적으로 감시활동을 수행하고 있다면 모니터링 기능은 잘 갖춰져 있다고 평가

예제 (주)한공은 업무용 물품 구입시 각 임직원이 필요한 물품을 사전승인 없이 개별적으로 주문하여 구입·사용하고 있다.

(주)한공의 구매관련활동 내부통제제도의 미비점과 개선사항을 제시하시오.

해설_ **미비점** : 물품을 사전승인 없이 직원 개인이 개별적으로 주문하여 구입·사용하므로 불필요한 구매, 과다한 지출 등을 유발할 수 있다.

개선사항 : 다음과 같은 구매관련 내부통제제도를 갖출 필요가 있다.
① 업무용 물품 구입시 직원이 개별적으로 구입하지 않고, 구매요청서를 통하여 구매부서에 요청 → ② 구매부서는 구매의 필요성 및 가격 등을 검토하여 담당자 승인 후 주문 → ③ 주문 후 물품 도착시 검수하여 수량, 하자 없는지 확인 → ④ 최종 검수 후 구매증빙을 회계팀에 전달 → ⑤ 회계팀은 전달받은 증빙으로 전표처리

4. 내부통제제도의 효과와 한계

효과적인 내부통제제도는 경영진이 업무성과를 측정하고, 경영의사결정을 수행하며, 업무프로세스를 평가하고, 위험을 관리하는 데 기여함으로써 회사의 목표를 효율적으로 달성하고 위험을 회피 또는 관리할 수 있도록 한다.

그리고 직원의 위법 및 부당행위(횡령, 배임 등) 또는 내부정책 및 절차의 고의적인 위반행위뿐만 아니라 개인적인 부주의, 태만, 판단상의 착오, 불분명한 지시에 의해 야기된 문제점들을 신속하게 포착함으로써 회사가 시의적절한 대응조치를 취할 수 있게 해 준다(내부회계관리제도 모범규준 문단7).

그러나 아무리 잘 설계된 내부통제제도라고 할지라도 제도를 운영하는 과정에서 발생하는 집행위험은 피할 수 없다(모범규준 문단 7.1). 즉, 최상의 자질과 경험을 지닌 사람도 부주의, 피로, 판단착오 등에 노출될 수 있으며, 내부통제제도도 이러한 사람들에 의해 운영되므로 내부통제제도가 모든 위험을 완벽하게 통제할 수는 없다.

> **참고** 내부통제제도의 한계
>
> ① 인적 요인(담당자의 부주의, 피로, 판단착오 등)
> ② 물적 요인(내부통제의 고유한계)

제2절 내부회계관리제도

1. 내부회계관리제도의 정의

내부회계관리제도는 내부통제의 목적 중 재무제표의 신뢰성을 위한 내부통제제도이다. 회계제도가 정확하고 신뢰성 있는 재무제표를 제공하기 위한 목적으로 회계전담조직과 통제 절차를 사내에 구축할 것을 의무화한 제도를 의미한다.

2. 내부회계관리제도의 범위

내부회계관리제도는 내부통제제도의 세 가지 목적 중 특히 재무제표의 신뢰성 확보를 목적으로 하며, 여기에는 자산의 보호 및 부정방지 프로그램이 포함된다. 또한 운영목적이나 법규준수목적과 관련된 통제가 재무제표의 신뢰성 확보와 관련된 경우 해당 통제는 내부회계관리제도의 범위에 포함된다(내부회계관리제도 모범규준 문단9).

① 자산보호와 관련된 통제

재무제표에 중요한 영향을 미칠 수 있는 승인되지 않은 자산의 취득·사용·처분을 예방하고 적시에 적발할 수 있는 체계를 의미한다(모범규준 문단 9.1).

예를 들면, 회사는 재고자산이 보관되어 있는 창고에 대한 물리적 접근통제를 통해 자산보호통제(예방통제, Preventive Control)를 하고, 주기적으로 재고 실사(적발통제, Detective Control)를 한다. 재고 실사가 절취나 분실에 대한 안전을 보장하는 것은 아니지만, 이를 효과적으로 적절히 실시한다면 재무제표에 중요한 왜곡을 예방할 수 있다.

② 부정방지 프로그램

부정방지 프로그램은 재무제표의 신뢰성을 훼손할 수 있는 부정을 예방하거나 적발하는 한편, 확인된 부정위험을 감소시킬 수 있도록 고안된 체제 및 통제로서 이는 회사 내 효과적인 통제문화를 조성함에 있어서 필수적인 요소이다. 따라서 내부회계관리제도에는 재무제표에 중요한 영향을 미칠 수 있는 부정의 위험과 관련된 통제가 포함되어야 하며, 적절한 부정방지 프로그램이 존재하지 않는 경우 이는 통제상 중요한 취약점으로 간주될 수 있다(모범규준 문단 9.2). 일반적으로 회사의 부정방지 프로그램은 다음과 같은 사항을 포함한다.

- 윤리강령
- 내부고발제도 및 내부고발자 보호 프로그램
- 채용기준 및 인사규정
- 부정 적발 또는 혐의 발견 시 처리 절차
- 이사회 및 감사(위원회)의 감독
- 부정 위험평가 및 이를 관리하기 위한 통제활동

3. 내부회계관리제도의 설계 및 운영

내부회계관리제도는 내부통제의 일반적인 다섯 가지 구성요소(통제환경, 위험평가, 통제활동, 정보 및 의사소통, 모니터링)를 모두 고려하여 설계하고, 이사회, 경영진, 감사(위원회) 및 중간관리자와 일반직원 등 조직 내 모든 구성원들에 의해 운영된다.

구 분	책 임
이사회 및 감사(위원회)의 책임	• 이사회는 경영진이 설계·운영하는 내부회계관리제도 전반에 대한 감독책임 • 감사(위원회)는 경영진의 경영진과는 독립적으로 내부회계관리제도에 대한 평가기능을 수행함
경영진의 책임	• 회사의 대표이사는 효과적인 내부회계관리제도의 설계 및 운영에 대한 최종 책임 • 내부회계관리제도 운영을 담당할 내부회계관리자를 지정

실무이론평가 대비

01 경영자는 회사의 경영목적을 효과적으로 달성하는데 있어 필요한 내부통제제도를 설계하여 운영해야 한다. 이러한 내부통제제도의 목적으로 적합하지 않은 것은? •26회
① 거래처 및 인적자원의 확보
② 기업운영의 효율성 및 효과성 확보
③ 재무정보의 신뢰성 확보
④ 관련 법규 및 정책의 준수

해설
내부통제제도의 목적은 다음의 3가지 목적을 달성하기 위하여 운영된다.
• 기업운영의 효율성 및 효과성 확보
• 재무정보의 신뢰성 확보
• 관련 법규 및 정책의 준수

02 다음 중 내부통제제도의 필요성으로 옳지 않은 것은? •33회
① 정보이용자에게 신뢰성 있는 자료를 적시에 제공
② 여러 유형의 부정 처리 및 분식회계를 사전에 예방
③ 회계 담당자의 내부 감사 역할을 통한 인력 감축
④ 회계기록 및 증빙서류의 도난 및 횡령, 변조 등을 제거하여 기업의 자산을 보호

해설
회계 담당자의 업무 처리 내용을 독립된 내부감사위원회가 평가하는 기능을 수행하여야 한다.

03 내부통제제도에 관한 설명으로 옳지 않은 것은? •17회
① 내부통제제도는 기업운영의 효율성과 효과성을 확보하기 위해 운영한다.
② 내부통제제도는 회사의 이사회와 경영진에 의해서만 실행된다.
③ 내부통제제도는 회사가 정확하고 신뢰할 수 있는 재무정보의 작성 및 보고체계를 유지하고 있음을 확인하기 위해 운영한다.
④ 내부통제제도는 회사의 모든 활동이 관련법규, 감독규정, 내부정책 및 절차를 준수하고 있음을 확인하기 위해 운영한다.

해설
내부통제제도는 회사의 이사회, 경영진 및 기타 구성원에 의해 지속적으로 실행되는 일련의 과정이다.

ANSWER 01. ① 02. ③ 03. ②

04 내부통제제도 및 내부회계관리제도에 관한 설명으로 옳지 않은 것은? •18회

① 내부통제제도는 내부회계관리제도의 일부분으로 운영된다.
② 내부회계관리제도는 재무정보의 신뢰성 확보를 목적으로 한다.
③ 내부통제제도는 직원의 위법행위를 신속히 발견할 수 있게 한다.
④ 내부회계관리제도의 부정방지프로그램은 부정을 예방하고 적발하는 체계를 포함한다.

해설
내부회계관리제도가 내부통제제도의 일부분으로 운영된다.

05 다음 (가)와 (나)에 들어갈 내용으로 옳은 것은? •11회

회사의 (가)는(은) 효과적인 내부회계관리제도의 설계 및 운영에 대한 최종 책임을 지며, 내부회계관리제도 운영을 담당할 (나)를(을) 지정한다.

	(가)	(나)
①	대표이사	외부감사인
②	내부회계관리자	내부감사인
③	내부회계관리자	외부감사인
④	대표이사	내부회계관리자

해설
회사의 (대표이사)는 효과적인 내부회계관리제도의 설계 및 운영에 대한 최종 책임을 지며, 내부회계관리제도 운영을 담당할 (내부회계관리자)를 지정한다.

06 다음에서 설명하고 있는 내부통제제도의 구성요소는 무엇인가? •12회

조직 구성원이 책임을 적절하게 수행할 수 있도록 시의적절한 정보를 확인·수집할 수 있게 지원하는 절차와 체계를 의미하며 정보의 생성, 집계, 보고체계, 의사소통의 체계 및 방법 등이 포함된다.

① 통제환경   ② 위험평가
③ 통제활동   ④ 정보 및 의사소통

해설
내부통제제도의 구성요소 중 정보 및 의사소통에 대한 설명이다.

ANSWER 04. ① 05. ④ 06. ④

07. 다음 대화 내용에서 선생님의 질문에 대해 올바른 답변을 한 사람을 고르시오. • 34회

- 선생님 : 조직구성원이 이사회와 경영진이 제시한 경영방침이나 지침에 따라 업무를 수행할 수 있도록 마련된 정책 및 절차와 이러한 정책 및 절차가 준수되도록 하기 위한 제반 활동을 의미하는 내부통제의 구성요소는 무엇인가요?
- 민종 : 통제환경입니다.
- 서희 : 위험평가입니다.
- 수진 : 통제활동입니다.
- 상훈 : 모니터링입니다.

① 민종
② 서희
③ 수진
④ 상훈

해설
내부통제의 구성요소 중 통제활동에 대한 설명이다.

08. 다음 중 내부회계관리제도에 대한 설명으로 옳지 않은 것은? • 35회

① 기업은 내부고발자를 보호하는 프로그램을 갖추어야 한다.
② 외부에 공시되는 재무제표의 신뢰성 확보를 주된 목적으로 한다.
③ 회계감사를 수행하는 외부감사인이 따라야 할 감사절차를 규정하고 있다.
④ 재고자산이 보관된 창고에 대한 물리적 접근을 통제하는 것도 내부회계관리제도 범위에 포함된다.

해설
내부회계관리제도는 외부감사인이 따라야 하는 절차가 아니라, 기업 내부의 구성원들에 의하여 운영되는 제도이다.

07. ③ 08. ③

09 정보시스템으로부터 산출되는 정보가 효과적으로 내부회계관리제도를 지원하기 위해서 필요한 요건이 아닌 것은? • 13회

① 정보가 관련 의사결정 목적에 부합하여야 한다.
② 정보가 적시에 사용 가능하여야 한다.
③ 정보가 공식적이어야 한다.
④ 관련 정보에 대한 접근이 용이하여야 한다.

해설

정보는 회사의 규모 및 여건에 따라 공식적 또는 비공식적일 수 있다.

10 다음에서 설명하고 있는 기업 내 제도는 무엇인가? • 43회

- 재고자산이 보관되어 있는 창고에 대한 물리적인 접근을 통제하고, 주기적으로 재고실사를 수행한다.
- 일정 금액 이상의 지출에 대하여 회계담당자와 준법감시인의 승인을 받도록 한다.
- 내부고발제도 및 내부고발자 보호프로그램을 운영한다.

① 사외이사제도
② 감사위원회
③ 주주총회
④ 내부회계관리제도

해설

내부회계관리제도는 회사의 재무제표가 일반적으로 인정되는 회계처리기준에 따라 작성, 공시되었는지에 대한 합리적 확신을 제공하기 위해 설계, 운영되는 내부통제제도의 일부분이다.

ANSWER 09. ③ 10. ④

제4편

부가가치세 이론과 전산실무

제1장 부가가치세 이론
제2장 부가가치세 이론(2)
제3장 전자세금계산서 발행
제4장 매출세액과 매입세액의 계산
제5장 기타의 첨부서류
제6장 간이과세

01 부가가치세 이론

제1절 부가가치세의 기초

1. 부가가치세(VAT)란?

부가가치세는 물건(재화)이나 서비스(용역)가격에 10%가 덧붙는 세금이다. 이론상으론 사업자가 창출한 부가가치에 대하여 과세되는 세금이나 현행 부가가치세법에서는 부가가치를 직접 계산하여 과세하는 방식이 아닌 재화·용역의 공급에 대하여 10%를 과세한다고 규정하고 있다.

▶ 저자주 : 부가가치와 부가가치세에 관한 이론적 개념은 제1절 [보론]에서 참고로 다룬다.

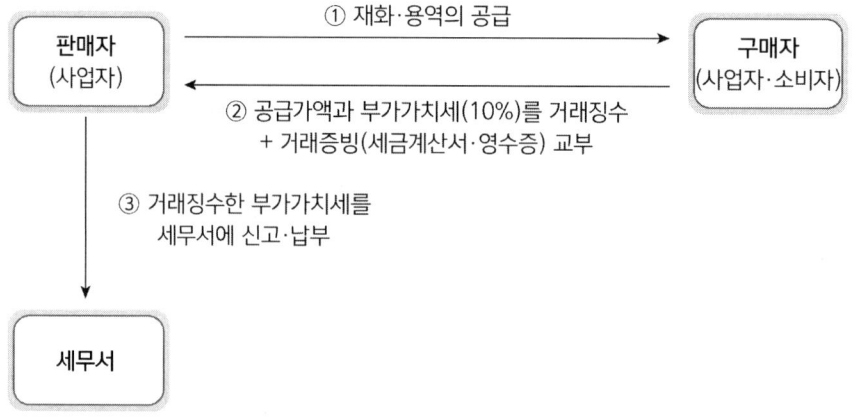

참고 공급가액과 공급대가

구 분	부가가치세 포함 여부	비 고
(1) 공급가액	VAT가 포함되지 않은 금액	일반과세자의 과세표준
(2) 공급대가	VAT가 포함된 금액	간이과세자의 과세표준

2. 부가가치세의 기본흐름

스마트TV를 판매하는 가전제품 대리점이 있다면 부가가치세의 기본흐름은 다음과 같다.

제1장 부가가치세 이론

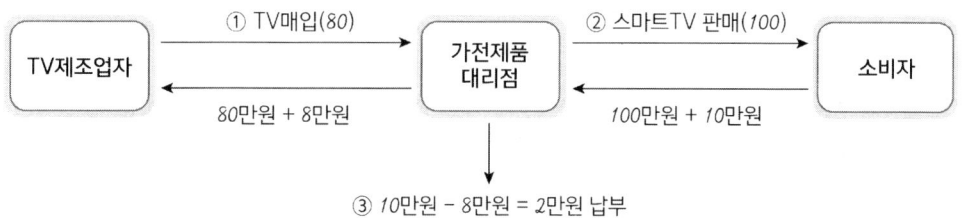

(1) 부가가치세 매입세액(매입액 × 10%)

가전제품 대리점이 TV를 구매하는 경우 구매 물품대금의 10%를 부가가치세로 더 주어야 하며 (매입세액), 부가가치세 매입세액은 납부할 매출세액에서 공제를 받게 된다. 앞서 대리점의 경우 TV 구매시 지급한 부가가치세 8만원이 매입세액이 된다.

(2) 부가가치세 매출세액(매출액 × 10%)

물건판매시 10% 거래징수한 부가가치세를 매출세액이라고 표현한다. 대리점이 소비자에게 TV판매시 덧붙여 받은 부가가치세 10만원이 매출세액이 된다.

(3) 부가가치세 납부세액

대리점은 10만원의 매출세액에서 매입시 부담한 8만원의 매입세액을 차감한 잔액을 세무서에 최종적으로 납부하게 된다. 이처럼 매출세액에서 매입세액을 차감하는 것을 「매입세액공제」라고 표현하며 이러한 계산방식을 「전단계세액공제법」이라 한다.

```
부가가치세 = (매출액 - 매입액) × 세율  ⇦ 전단계거래액공제법
         = 매출액 × 세율 - 매입액 × 세율
         = 매출세액 - 매입세액  ⇦ 전단계세액공제법
         = 납부세액
```

3. 기본분개(= 가전제품 대리점)

구 분	내 용			
매입시 **1**	(차) 상 품 부 가 세 대 급 금	80만 8만	(대) 현 금	88만
매출시 **2**	(차) 현 금	110만	(대) 상 품 매 출 부 가 세 예 수 금	100만 10만
납부시 **3**	(차) 부 가 세 예 수 금	10만	(대) 부 가 세 대 급 금 현 금	8만 2만

1 대리점은 TV제조업자로부터 재화(TV)를 공급받으면서 부가가치세 8만원을 거래징수당하고, 세금계산서를 발행받는다.

2 대리점은 소비자에게 재화(TV)를 공급하면서 부가가치세 10만원을 거래징수하고 영수증을 교부한다. (거래상대방이 사업자인 경우에는 세금계산서를 발행한다)

3 거래징수한 부가가치세 10만원(매출세액)에서 제조업자로부터 교부받은 세금계산서에 의하여 거래징수당한 사실이 확인된 부가가치세 8만원(매입세액)을 공제한 후 잔액인 2만원을 납부세액으로 세무서에 신고·납부한다.

[부가가치세의 과세흐름]

사업자	TV제조업자	대리점	소비자
매출세액 (매출액 × 10%)	8	10	
매입세액 (매입액 × 10%)	0	8	구입가격 110
= 납부세액	8	2	
	납부 ↓	납부 ↓	부담 ↑

4. 부가가치세의 특징

특징	내용
① 일반소비세	법에 정한 면세대상을 제외하곤 모든 재화·용역에 대해 10% 과세된다. • 비교) 생필품(예 쌀, 수도요금, 병원비) 등은 면세 • 비교) 개별소비세 : 사치품(보석, 귀금속, 경차를 제외한 승용차) 등 추가 부과
② 간접세	납세의무자와 담세자가 일치하지 않는다. 즉 사업자가 세금을 내지만, 실제 그 세금을 부담하는 자는 소비자이다. ⇨ ⓐ 납세자 : 세금을 내는 사람(사업자) 　ⓑ 담세자 : 세금을 실제 부담하는 사람(소비자) • 비교) 직접세 : 납세의무자 = 담세자(예 소득세, 법인세 등)
③ 전단계세액 공제법	매출세액에서 전단계인 매입세액을 차감(=공제)하여 납부세액을 계산한다. ⇨ 매출액 × 10% - 세금계산서 등으로 입증되는 매입세액
④ 단일비례세율	금액에 상관없이 일정한 10% 세율(단, 수출시 0% 영세율제도 있음) • 비교) 누진세율 : 금액이 클수록 세율이 높아지는 세율구조
⑤ 소비지국 과세원칙 (=수입국 과세)	국가 간의 수출입 거래의 경우 국가 간의 세금다툼을 방지하기 위해 소비하는 쪽에서 과세한다. ⇨ ⓐ 수출(생산지)하면 영세율(0%) 적용 　ⓑ 수입(소비지)하면 국내 생산 재화와 동일하게 수입시 10% 과세
⑥ 소비형 부가가치세	매입세액의 경우 제품, 원재료 등의 재고자산(중간재)뿐 아니라 기계장치(자본재) 등의 매입세액도 전액 공제하여 준다.

5. 납세의무자(= 사업자)

(1) 사업자의 의미

부가가치세의 납세의무자는 사업자이다.

구분	내용
① 사업성	계속적이고 반복적으로 판매를 하여야 함 예 일반개인이 집에서 쓰던 중고냉장고를 판매하는 경우 ⇨ 과세 × 예 중고가전제품 매매업자가 중고냉장고를 판매하는 경우 ⇨ 과세 ○
② 독립성	인적 및 물적 독립성이 있어야 함 예 회사와 근로계약을 맺고 회계담당자로 근로를 제공하는 경우 ⇨ 독립성 없으므로 과세 ×(근로자는 회사에 고용되어 회사에 종속된 자) 예 별도로 회계사무실을 차려 일반 회사와 용역계약을 맺고 사업자로 회계용역을 제공하는 경우 ⇨ 독립성 있으므로 과세 ○(회계사무실은 회사와 독립된 사업자임)
③ 영리목적 불문	비영리법인 및 국가도 부가가치세 납세의무가 있음 예 우체국택배는 국가가 운영하지만 일반 택배회사와 동일하게 택배요금에 10% 과세 예 KTX는 국가가 운영하지만 항공기와 동일하게 KTX요금에 10% 과세

(2) 사업자의 구분

구분		특징	부가가치세법
① 과세사업자	ⓐ 일반과세자	부가가치세 납부의무 ○	납세의무자 ○
	ⓑ 간이과세자 ❶	부가가치세 납부의무 ○	
② 면세사업자 ❷		부가가치세 납부의무 ×	납세의무자 ×

❶ 간이과세자 : 과세사업자 중 소규모 개인사업자(직전 연도의 공급대가가 합계액이 1억 400만원 미만, 부동산임대업 및 과세유흥장소는 4,800만원 미만)로 세금을 간편하게 계산하여 납부하는 사업자

❷ 면세사업자 : 부가가치세랑 상관없는 사업자로, 납부할 세금도 없으며 세금계산서를 받아와도 환급도 없는 사업자

> **참고**
>
> 과세사업과 면세사업을 동시에 영위하는 사업자를 겸영사업자라고 함
> 예 슈퍼마켓 = 면세 농산물 + 과세 음료수 둘 다 판매

6. 과세기간

구분		과세기간		신고납부기한
① 일반과세자	제1기	예정신고 **1**	1.1 ~ 3.31	4월 25일
		확정신고	4.1 ~ 6.30	7월 25일
	제2기	예정신고	7.1 ~ 9.30	10월 25일
		확정신고	10.1 ~ 12.31	다음 해 1월 25일
② 간이과세자		1.1 ~ 12.31		다음 해 1월 25일
③ 신규사업자		사업개시일* ~ 해당 과세기간종료일 *사업개시 전 등록신청시 : 신청일		
④ 폐업자		과세기간개시일 ~ 폐업일		폐업일 다음 달 25일

1 개인사업자는 예정신고를 하지 않고 관할세무서에서 발부한 예정고지서에 의해 세금을 납부한다.

7. 납세지(= 돈 내는 곳)

납세지란 부가가치세를 관할하는 관할세무서를 결정하는 기준이 되는 장소를 말한다. 부가가치세는 「사업장별 과세」를 원칙으로 하므로 사업자가 2 이상의 사업장이 있는 경우 각 사업장마다 사업자등록을 하는 것이 원칙이다.

구 분	내 용
① 원칙	부가가치세는 「각 사업장」마다 사업장관할세무서에 신고 · 납부하여야 한다.
② 특례	ⓐ 한 사업자가 2 이상의 사업장이 있는 경우에는 주된 사업장에서 「총괄납부」할 수 있다(주사업장 총괄납부). ⓑ 2 이상의 사업장이 있는 사업자의 신청에 의해 본점에서 총괄하여 신고 · 납부할 수 있다(사업자 단위과세).

(1) 사업장의 개념

부가가치세는 ① 「각 사업장」마다 신고 · 납부하는 것을 원칙으로 한다. 여기서 「사업장」이란 광범위한 개념으로, 슈퍼마켓이나 옷가게처럼 물건을 파는 곳이 될 수도 있고, 미용실이나 세탁소처럼 서비스를 제공하는 곳이 될 수도 있다. 현행 부가가치세법에서는 ② 사업장을 「사업자 또는 그 사용인이 상시 주재하여 거래의 전부 또는 일부를 행하는 장소」라고 하여 사업유형별로 다음의 장소를 사업장으로 규정으로 하고 있다.

구 분	사업장
① 광업	광업사무소의 소재지
② 제조업	최종제품을 완성하는 장소. 다만 따로 제품의 단순포장만을 하거나 용기에 충전만을 하는 장소는 제외 예 A공장은 최종제품완성, B공장은 단순포장만 한다면, 최종제품완성장소인 A공장만 사업장

제1장 부가가치세 이론

③ 건설업·운수업과 부동산매매업	① 법인	당해 법인의 등기부상 소재지 ⇔ 건설장소, 부동산 소재지 아님에 주의 예 서울에 본사가 있는 A건설회사가 전국 여러 곳에서 건물을 짓더라도 서울 한곳만 사업장 → 취지 : 각각의 건설현장을 사업장으로 할 경우 전국 각지의 건설현장마다 일일이 신고를 따로 해야 하는 어려움을 고려하여 등기부상의 본점 또는 지점소재지를 한곳만 사업장으로 함
	② 개인	업무를 총괄하는 장소
④ 부동산임대업		당해 부동산의 등기부상 소재지 예 서울에 거주하나, 임대건물이 부산에 있는 경우 건물이 소재한 부산이 사업장
⑤ 무인자동판매기		업무를 총괄하는 장소 ⇔ 자판기 설치장소 아님에 주의
⑥ 다단계판매원		다단계판매원이 등록한 다단계판매업자의 주된 사업장

(2) 유사 사업장 ★

구 분	내 용	사업장 여부
① 직매장	직접 판매하기 위한 시설을 갖춘 매장으로 판매가 일어남	사업장 ○
② 하치장	재화를 보관하고 관리하는 창고로 판매가 일어나지 않음 예 단순보관창고는 사업장이 아님	사업장 ×
③ 임시사업장*	임시 가판대 설치 등 예 박람회 등에서 임시로 설치한 홍보부스	사업장 × (기존 사업장에 포함)

* 임시사업장의 경우 사업개시일로부터 10일 이내에 개설신고해야 함. 다만 임시사업장의 설치기간이 10일 이내인 경우에는 아니할 수 있음

(3) 사업장 특례

둘 이상의 사업장을 가진 사업자의 경우 원칙적으로 각 사업장별로 납부세액(환급세액)을 계산하여 신고·납부하여야 한다. 그러나 이것은 납세자에게 불편할 수 있으므로 특례로 ① 주사업장 총괄납부와 ② 사업자단위과세제도를 두고 있다.

구 분	주사업장 총괄납부	사업자단위과세
신고	각 사업장별 따로	한곳에서 한꺼번에
납부	한곳에서 한꺼번에	한곳에서 한꺼번에
주된 사업장	① 법인 : 본점 또는 지점 중 선택 ② 개인 : 주사무소	① 법인 : 본점(지점 불가능) ② 개인 : 주사무소
신청	① 사업장이 하나이나 추가로 사업장을 개설하려는 자 : 추가 사업장의 사업개시일로부터 20일 이내 ② 신규사업자 : 주된 사업장의 사업자등록증을 받은 날로부터 20일 이내 신청	① 사업장이 하나이나 추가로 사업장을 개설하려는 자 : 추가 사업장의 사업개시일로부터 20일 이내 ② 신규사업자 : 사업개시일로부터 20일 이내에 신청

구분		
특징	납부만 주된 사업장에서 총괄 가능, 이외의 사항은 사업장별로 이루어짐	사업자등록 등을 포함한 모든 납세의무를 사업자단위로 이행

[사례]

상황 : 1기 확정신고기간(4월 1일~6월 30일) A사업장 납부세액 *150원* 발생, B사업장 환급세액 *100원* 발생한 경우

구 분	원칙(사업장별 각각 신고·납부)	주사업장 총괄납부	사업자단위과세
신고	A사업장 : 납부 *150* B사업장 : 환급 *100*	A사업장 : 납부 *150* B사업장 : 환급 *100*	A + B : *50*
납부	A사업장 : *150* 납부(7월 25일까지) B사업장 : *100* 환급(신고 후 30일 이후 환급)	A + B 통산 : *50* 납부	A + B : *50* 납부

8. 사업자등록

(1) 사업자등록의 신청

구분	절차 및 기한
(1) 원칙 : 사업장 단위 등록	사업자는 사업장마다 사업개시일로부터 20일 이내에 사업장 관할 세무서장에게 등록신청(신규사업자는 개시 전 등록신청 가능)
(2) 예외 : 사업자 단위 등록	① 신규사업자 : 사업자단위 등록을 원하는 경우 사업개시일로부터 20일 이내에 본점(주사무소) 관할 세무서장에게 등록신청 ② 기존 사업장 단위 등록자 : 과세기간 개시일 20일 전까지 등록신청

(2) 등록증의 발급

① 신청일로부터 2일 이내(토요일, 공휴일 또는 근로자의 날은 제외) 교부
② 사업장시설 및 현황을 확인할 필요가 있는 경우 5일 연장 가능

(3) 사업자등록의 변경

사업자가 사업의 업종을 변경하거나 상호·주소의 변경이 있는 경우에는 관할세무서에 정정신고를 하여야 하므로 '사업자등록 정정신고서'에 사업자등록증을 첨부하여 지체 없이 신고하여야 한다.

정정사유	재발급기한
① 상호의 변경	신청일 당일
② 통신판매업자가 사이버몰의 명칭 또는 인터넷 도메인이름을 변경하거나 폐업하는 때	
③ 법인의 대표자 변경	신청일로부터 2일
④ 사업의 종류의 변경 또는 새로운 사업의 추가	

⑤ 사업장(사업자단위과세사업자의 경우는 사업자단위과세적용사업장)의 이전	
⑥ 상속으로 인한 사업자명의 변경	
⑦ 공동사업자의 구성원 또는 출자지분의 변경	신청일로부터 2일
⑧ 임대인, 임대차 목적물 및 면적, 보증금, 임대차기간의 변경이 있거나 새로이 상가건물을 임차한 때	
⑨ 사업자단위과세 사업자가 ㉠ 사업자단위과세 적용 사업장을 변경하는 경우 ㉡ 종된 사업장을 신설 또는 이전하는 경우 ㉢ 종된 사업장의 사업을 휴업·폐업하는 경우	

(4) 사업자등록과 관련된 협력의무 불이행에 대한 제재

① **매입세액불공제** : 사업자등록 신청 전의 매입세액은 공제하지 않는다. 다만 공급시기가 속한 과세기간이 끝난 후 20일 이내에 등록신청한 경우 등록신청일로부터 공급시기가 속하는 과세기간기산일까지 역산한 기간 이내의 매입세액은 공제한다.

② **미등록 가산세** : 사업자 등록개시일 20일 이내 신청하지 않거나 타인 명의로 사업자 등록을 한 경우 공급가액의 1%를 가산세가 부과된다.

[사례]

제1기 과세기간의 경우

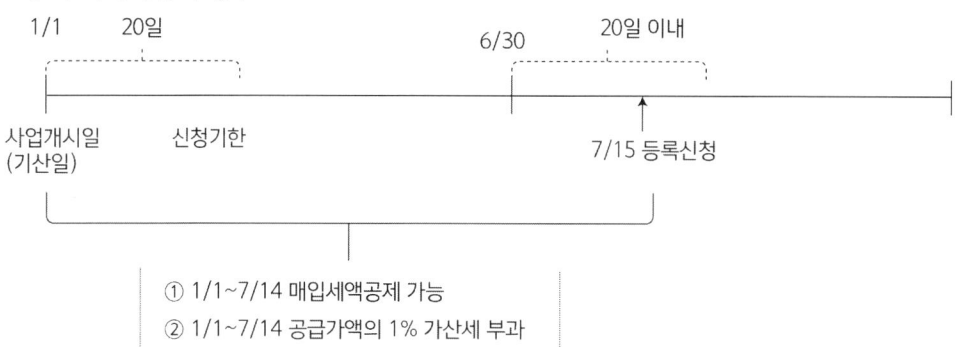

> **참고** [보론] 부가가치의 이론적 개념
>
> 부가가치세(Value-Added Tax : VAT)란 기업이 재화나 용역을 생산·유통하는 단계에서 새로이 창출한 부가가치를 과세표준으로 하여 부과되는 세금이다. 기업은 이윤을 획득하기 위하여 생산과정 및 유통과정을 통하여 새로운 가치를 창출하게 되는데 기업의 매출액에서 외부로부터 구입하여 사용·소비한 매입액을 공제하게 되면 그 기업이 창출한 순수한 가치가 남게 된다. 이것을 「부가가치」라 한다.

$$\boxed{\text{부가가치 = 매출액(판매금액) - 매입액(구입금액)}}$$

이론상 부가가치는 생산요소 즉, 토지·노동·자본 및 기업경영의 대가인 임대료·급여·이자 및 이윤 등을 합계한 금액이지만 실무상으로는 이러한 구성요소들을 계산하여 합산하는 것이 아니라 기업의 매출금액에서 매입금액을 공제하여 부가가치를 계산하게 된다.

[부가가치의 개념]

구매	생산		판매
	판매마진 • 이윤 기타 지출 경비 • 임금·이자 • 지대·세금 • 감가상각비	부가가치	제품 판매가격
원재료 구입가격	원재료비		

부가가치세는 매출액에서 매입액을 차감한 부가가치에 과세되는 세금으로 이론상으로는 부가가치의 10%를 과세하는 것이 원칙이나 기업이 창출한 부가가치를 측정하는 것이 실무상으로는 어려우므로 매출액의 10%인 매출세액에서 매입액의 10%인 매입세액을 차감하는 방식을 취한다.

$$\begin{aligned} \text{부가가치세} &= \text{부가가치} \times 10\% = (\text{매출액} - \text{매입액}) \times 10\% \\ &= \text{매출액} \times 10\% - \text{매입액} \times 10\% \\ &= \text{매출세액} - \text{매입세액} \end{aligned}$$

사례 (주)한공은 스마트폰을 제조하여 판매하고 있다. 원재료를 제품 한개당 1,500원에 구입하고 제품생산을 위한 직원을 고용하였다. 제조한 스마트폰을 한 개당 50,000에 판매하였다. 제품제조를 위한 경비는 다음과 같을 경우 (주)한공이 창출한 부가가치는 얼마인가?

① 공장 임차료 10,000원(제품 한 개당)
② 작업을 위해 고용된 생산직 임금 20,000원(제품 한 개당)
③ 돈을 빌려 쓰는 데 한 달분 이자 10,000원(제품 한 개당)
④ 각종 경비를 제외한 이윤 8,500원(제품 한 개당)

해설_ 가산법과 공제법에 따른 부가가치의 계산은 다음과 같다.
[가산법]
부가가치 = 지대(임차료) + 임금 + 이자 + 이윤
= 10,000원 + 20,000원 + 10,000원 + 8,500원
= 48,500원

[공제법]
제품을 만들어서 50,000원에 판매하였으므로 매출액은 50,000원, 원재료는 1,500원에 구입하였으므로 매입액은 1,500원이다.

부가가치 = 매출공급가액 − 매입공급가액
        = 50,000원 − 1,500원
        = 48,500원

가산법과 공제법은 계산방법에 있어서 서로 다른 각도에서 접근하지만 부가가치 계산결과는 동일하다. 가산법은 이론적으로 정확하고 확실한 방법이지만 실제로 부가가치를 따로 계산하는 것이 사실상 불가능하므로 실무상으로 공제법을 이용한다.

※ 부가가치와 이윤의 차이

부가가치는 이익(이윤)과 다른 개념이며, 이익(이윤)은 부가가치의 한 구성요소일 뿐이다.

→ 부가가치 = 매출공급가액 − 매입공급가액 = 지대(임차료) + 임금 + 이자 + 이윤
→ 이윤 = 부가가치 − (임차료 + 임금 + 이자)
→ (내부창출)부가가치 + (외부)매입공급가액 = 매출공급가액

실무이론평가 대비

01 다음 중 우리나라 부가가치세의 특징에 대한 설명으로 옳지 않은 것은? • 1회

① 일반소비세이다.
② 납세의무자는 부가가치세법상 사업자이나 담세자는 최종소비자이다.
③ 매출세액에서 매입세액을 차감하여 납부세액을 계산하는 전단계세액공제법을 적용한다.
④ 납세의무자의 부양가족수 등의 인적사항을 고려하는 인세이다.

해설

부가가치세는 인세가 아닌 물세에 해당한다. 인세란 소득이나 재산이 귀속되는 사람을 중심으로 인적사항을 고려하여 과세하는 세금으로 소득세가 대표적이다. 반면 부가가치세는 개인의 소득 등을 고려하지 않고 과세대상인 재화 등에 부과하는 물세이다.

02 다음 중 우리나라 부가가치세의 특징에 대한 설명으로 옳지 않은 것은? • 2회

① 중간 유통단계에서는 과세하지 않고, 최종 소비자에게 공급하는 단계에서만 과세한다.
② 매출세액에서 매입세액을 차감하여 납부세액을 계산한다.
③ 납세의무자와 담세자가 다를 것으로 예정된 간접세이다.
④ 납세의무자의 교육비·의료비 등 인적사항이 고려되지 않는 물세이다.

해설

부가가치세는 각 단계별로 과세하는 다단계거래세이다.

ANSWER 01. ④ 02. ①

03 다음 중 우리나라 부가가치세의 특징에 대한 설명으로 옳은 것은? •29회

① 생산지국 과세원칙을 적용한다.
② 전단계거래액공제법을 따르고 있다.
③ 담세자와 납세자가 동일한 직접세에 해당한다.
④ 재화 또는 용역의 소비에 대하여 과세하는 소비세이다.

> **해설**
> ① 소비지국 과세원칙을 적용한다.
> ② 전단계세액공제법을 따르고 있다.
> ③ 담세자와 납세자가 다른 간접세에 해당한다.

04 다음 중 부가가치세 과세기간에 대한 설명으로 옳지 않은 것은? •4회

① 간이과세자의 과세기간은 1월 1일부터 12월 31일까지이다.
② 일반과세자는 관할 세무서장에게 신고하여 과세기간을 변경할 수 있다.
③ 신규사업자의 최초 과세기간은 사업개시일(사업개시일 이전 사업자등록을 신청한 경우에는 신청일)부터 그날이 속하는 과세기간 종료일까지이다.
④ 피합병법인의 최종 과세기간은 당해 과세기간 개시일부터 합병등기를 한 날까지이다.

> **해설**
> 부가가치세법상 과세기간은 납세자의 신고에 의해 변경할 수 없다.

05 다음 중 부가가치세의 신고·납부에 대한 설명으로 옳지 않은 것은? •11회

① 개인사업자의 예정신고는 고지납부가 원칙이며, 일정한 사유가 있는 경우에만 신고납부를 할 수 있다.
② 사업자가 폐업하는 경우 폐업일이 속하는 달의 말일까지 확정신고와 납부를 하여야 한다.
③ 법인사업자는 예정신고기간이 끝난 후 25일 이내에 예정신고기간에 대한 과세표준과 납부세액 또는 환급세액을 납세지 관할 세무서장에게 신고하여야 한다.
④ 조기환급신고를 한 부분은 예정신고 및 확정신고의 대상에서 제외한다.

> **해설**
> 사업자가 폐업하는 경우 폐업일이 속하는 달의 다음 달 25일까지 확정신고와 납부를 하여야 한다.

ANSWER 03. ④ 04. ② 05. ②

TAT 2급

06 부가가치세법의 납세지 및 사업자등록과 관련된 설명으로 옳지 않은 것은? · 10회

① 사업자는 사업개시일부터 20일 이내에 사업자등록을 신청하여야 한다.
② 상호 변경으로 사업자등록사항 변경신고를 하면 신청일 당일에 사업자등록증을 재발급한다.
③ 기존사업장이 있는 사업자가 경기대회나 박람회 등 행사가 개최되는 장소에 개설한 임시사업장은 별도의 사업장으로 본다.
④ 주사업장 총괄납부 사업자는 세액의 납부(환급)만 총괄하므로 신고는 사업장별로 하여야 한다.

해설
임시사업장은 기존사업장에 포함되는 것으로 본다.

07 부가가치세법상 납세지에 관한 설명으로 옳지 않은 것은? · TAT1급 19회

① 부동산매매업에 있어서는 사업자가 법인인 경우에는 그 법인의 등기부상의 소재지, 개인인 경우에는 그 업무를 총괄하는 장소를 납세지로 본다.
② 무인자동판매기를 통하여 재화·용역을 공급하는 사업자의 경우에는 그 사업에 관한 업무를 총괄하는 장소를 사업장으로 본다.
③ 부동산임대업의 사업장은 그 사업에 관한 업무를 총괄하는 장소로 한다.
④ 사업장을 설치하지 아니한 경우에는 사업자의 주소 또는 거소를 사업장으로 한다.

해설
부동산임대업을 영위하는 사업자의 경우 사업장은 당해 부동산의 등기부상 소재지로 한다.

08 다음 중 부가가치세법상 사업장과 납세지에 대한 설명으로 옳지 않은 것은? · TAT1급 11회

① 무인판매기를 통하여 재화·용역을 공급하는 사업의 경우 사업에 관한 업무를 총괄하는 장소를 사업장으로 본다.
② 직접 판매하기 위하여 특별히 판매시설을 갖춘 장소인 직매장은 사업장으로 보나, 재화의 보관·관리장소인 하치장은 사업장으로 보지 아니한다.
③ 부동산임대업은 그 업무를 총괄하는 장소를 사업장으로 한다.
④ 제조업은 최종제품을 완성하는 장소를 사업장으로 보나, 따로 제품의 포장만을 하거나 용기에 충전만을 하는 장소와 개별소비세법에 따른 저유소는 사업장으로 보지 아니한다.

해설
부동산임대업은 부동산의 등기부상 소재지를 사업장으로 한다.

ANSWER 06. ③ 07. ③ 08. ③

제1장 부가가치세 이론

09 다음 중 부가가치세법상 주사업장 총괄납부와 사업자단위과세에 대해 바르게 설명하는 사람은?
• 38회

> • 김한공 : 사업자단위과세제도는 사업자단위과세적용사업장에서 납부뿐만 아니라 신고도 총괄할 수 있어.
> • 김신용 : 주사업장 총괄납부를 하는 경우에 세금계산서는 주사업장에서 총괄하여 발급해야 해.
> • 김회계 : 주사업장 총괄납부 사업자가 주사업장 총괄납부를 포기할 때에는 납부하려는 과세기간 종료 20일 전에 포기신고서를 제출해야 해.
> • 김세무 : 법인이 주사업장 총괄납부를 하려는 경우 지점을 주된 사업장으로 할 수 없어.

① 김한공
② 김신용
③ 김회계
④ 김세무

해설

② 주사업장 총괄납부를 하는 경우에도 세금계산서는 각 사업장별로 작성·발급해야 한다.
③ 주사업장 총괄납부 사업자가 주사업장 총괄납부를 포기할 때에는 납부하려는 과세기간 개시 20일 전에 포기신고서를 제출하여야 한다.
④ 법인이 주사업장 총괄납부를 하려는 경우 지점을 주된 사업장으로 할 수 있다.

10 다음 중 부가가치세법상 신고와 납부에 대한 설명으로 옳지 않은 것은?
• 44회

① 법인사업자는 예정신고기간이 끝난 후 25일 이내에 각 예정신고기간에 대한 과세표준과 납부세액 또는 환급세액을 납세지 관할 세무서장에게 신고하여야 한다.
② 예정신고를 한 사업자는 예정신고 시 이미 신고한 과세표준을 확정신고 시 신고하지 아니한다.
③ 재화를 수입하는 자가 재화의 수입에 대하여 관세법에 따라 관세를 세관장에게 신고하고 납부하는 경우에는 재화의 수입에 대한 부가가치세를 함께 신고하고 납부하여야 한다.
④ 주사업장 총괄납부사업자는 주된 사업장에서 총괄하여 부가가치세를 신고 및 납부할 수 있다.

해설

주사업장 총괄납부사업자는 납부할 세액을 주된 사업장에서 총괄하여 납부할 수 있으며, 신고는 각 사업장별로 하여야 한다.

ANSWER 09. ① 10. ④

제2절 거래증빙

사업자는 재화·용역을 공급하고 공급가액과 함께 10%의 부가가치세를 거래징수하게 된다. 이 때 이러한 거래내역을 증명하는 증빙이 필요한데, 세무상 인정되는 증빙에는 세금계산서·계산서·영수증·신용카드매출전표 등이 있다.

1. 거래증빙의 종류

거래증빙		내용
[원칙]	세금계산서	사업자가 재화 또는 용역을 공급한 경우에는 원칙적으로 상대방에게 세금계산서를 발행하여야 한다.
[예외]	신용카드전표	주로 최종소비자를 대상으로 재화 또는 용역을 공급하는 경우에는 세금계산서를 대신하여 발행한다.
	현금영수증	
	간이영수증	
	계산서	면세사업자의 경우 세금계산서가 아닌 계산서를 발행한다.

2. 세금계산서

(1) 세금계산서의 의의

일반과세자는 재화·용역을 공급할 때 그 공급과 관련된 부가가치세를 거래징수하고 그 거래사실 및 거래내용을 증명하기 위하여 세금계산서를 교부하여야 한다.

(2) 세금계산서의 종류

구분	내용
종이세금계산서	① 공급자용 1장, 공급받는자용 1장으로 총 2장을 작성하여 그중 공급받는자용 1장을 거래상대방에게 교부 ② 세금계산서를 국세청에 제출할 필요 없이 보관만 하되, 부가가치세 신고시에는 공급자는 「매출처별세금계산서합계표」를, 공급받는 자는 「매입처별세금계산서합계표」를 제출하여야 한다.
★ 전자세금 계산서	① 의무발급 사업자 　• 모든 법인사업자 　• 직전연도의 사업장별 공급가액 합계액이 기준금액(ⓐ *2억원*, ⓑ *1억원*, ⓒ *8,000만원*) 이상인 개인사업자 ＊ ⓐ 2021년에 공급된 사업장별 재화 및 용역의 공급가액(면세공급가액 포함)의 합계액이 2억원 이상인 개인사업자는 2022.7.1.~2023.6.30.까지의 기간에 전자세금계산서를 발급해야 한다.

** ⓑ 2022년에 공급된 사업장별 재화 및 용역의 공급가액(면세공급가액 포함)의 합계액이 *1억원* 이상인 개인사업자는 2023.7.1부터 전자세금계산서를 발급해야 한다.

*** ⓒ 2023년에 공급된 사업장별 재화 및 용역의 공급가액(면세공급가액 포함)의 합계액이 *8,000만원* 이상인 개인사업자는 2024.7.1부터 전자세금계산서를 발급해야 한다.

② 발급명세 전송
전자세금계산서를 발급한 경우 발급일의 다음 날까지 국세청에 전송하여야 함
📌 2023. 12. 20. 발급한 경우 ⇨ 2023. 12. 21.까지 전송

③ 발급명세 전송 불성실 가산세

구 분	내 용
지연전송	전송기한 경과후 공급시기가 속하는 과세기간 확정신고기한(25일)까지 전송시 : 공급가액 × 0.3%
미전송	전송기한 경과후 공급시기가 속하는 과세기간 확정신고기한(25일)까지 미전송시 : 공급가액 × 0.5%

(3) 세금계산서 기재사항

구 분	기재사항
필요적 기재사항 (반드시 기재)	① 공급하는 사업자의 등록번호와 성명 또는 명칭 ② 공급받는 자의 등록번호 ③ 공급가액과 부가가치세액 ④ 작성연월일*
임의적 기재사항	위의 필요적 기재사항 외의 기타사항 📌 공급하는 자의 주소 및 공급받는 자의 성명 등

* 주의) 작성연월일은 필요적 기재사항이며, 공급연월일은 임의적 기재사항임에 유의

(4) 세금계산서 발급시기

구분	내 용
원칙	재화·용역의 공급시기에 발급
특례	1) 먼저 발급시 다음의 요건 충족시 인정 ① 공급시기 전에 대가수령 후 세금계산서 발급 : 공급시기 전에 대가의 전부·일부를 받고, 그 받은 대가에 대하여 세금계산서를 발급하는 경우 ⇒ [대가 수령 → 세금계산서 발급] ② 공급시기 전에 세금계산서 발급하고 7일 이내 대가를 받는 경우 ⇒ [공급시기 전 세금계산서 발급 → 7일 이내 대가 수령] ③ 공급시기 전에 세금계산서를 발급하고 발급일로부터 7일 이후에 대가를 받더라도 다음의 요건을 모두 충족한 경우 ⓐ 거래당사자 간의 계약서·약정서 등에 대금청구시기와 지급시기를 따로 적을 것 ⓑ 다음 중 어느 하나에 해당할 것 ㉠ 대금 청구시기와 지급시기 사이의 기간이 30일 이내일 것 ⇒ [공급시기 전 세금계산서 발급 → 청구시기로부터 30일 이내 대가 수령] ㉡ 세금계산서 발급일이 속하는 과세기간에 재화 또는 용역의 공급시기가 도래하는 경우[공급시기 전 세금계산서 발급 → 동일 과세기간 이내 공급시기 도래] ④ 다음의 공급시기 되기 전에 세금계산서를 발급하는 경우(대가 수령 여부는 불문) ⓐ 장기할부판매1) ⓑ 전력이나 그 밖에 공급단위를 구획할 수 없는 재화를 계속적으로 공급하는 경우2) ⓒ 공급단위를 구획할 수 없는 용역을 계속적으로 공급하는 경우 ※ 정리 ①~③ : 대가수령 또는 7일 이내 또는 약정일 맺고 30일 이내 수령하는 경우 인정 ④ : 대가수령 여부와 무관하게 인정 2) ★ 나중에 발급시 공급시기보다 나중에 세금계산서를 발급하는 것은 인정되지 않으나 다음의 경우에는 재화·용역의 공급일이 속하는 다음 달 10일까지 세금계산서를 발급할 수 있다. ① 월합계세금계산서 : 거래처별로 1역월의 공급가액을 합계하여 당해 월의 말일자로 발급하는 경우 예 1/1~1/31까지의 거래합계를 1/31을 작성일자로 1장 발행 ② 월이내합계세금계산서 : 거래처별로 1역월 이내에서 임의로 정한 기간의 공급가액을 합계하여 그 기간의 종료일로 발급하는 경우 예 1/1~1/10까지의 거래합계를 1/10을 작성일자로 1장 발행 ③ 사실거래일자 발행 : 관계증빙서류 등에 의하여 실제거래사실이 확인되는 경우로서 해당 거래일로 발급하는 경우 예 1월 5일 거래하였으나 세금계산서를 교부하지 못한 경우 거래사실이 확인되는 경우 2월 10일까지 1월 5일자를 거래일자로 발행함

---

1) 장기할부판매의 경우 대가의 각 부분을 받기로 한 때가 원칙적인 공급시기이나 실무상 매 공급시기마다 세금계산서를 교부하는 것이 번거롭고, 인도시에 판매가격 전액에 대하여 세금계산서를 교부하는 실무상 관행을 인정한 것이다.
2) 전기요금 등의 경우 대가의 각 부분을 받기로 한 때, 즉 납기일이 원칙적인 공급시기이나 납기일 전에 청구서(세금계산서)가 발급되는 것이 일반적이므로 이를 인정한 것이다.

(5) 수정세금계산서

▶ 저자주 : 수정세금계산서의 경우 실무수행평가의 주요출제범위이므로 후술하는 「전자세금계산서 발급」에서 실습을 통해 다시 설명한다.

당초 세금계산서가의 기재사항을 착오로 잘못 적거나 세금계산서를 발급한 후에 그 기재사항에 변경사유가 발생하면 수정세금계산서를 발급하여야 한다. 그 발급사유와 발급절차는 다음과 같다.

구 분		작성·교부방법			수정신고유무	전송기한
		방 법	작성일자	비고란		
① 환입		환입금액분에 대하여 부(-)의 세금계산서 1장 발행	환입된 날	처음 세금계산서 작성일자	수정일자가 포함되는 과세기간분 부가세 신고에 포함하여 신고(수정신고 불필요)	환입된 날 다음 달 10일 이내
② 계약의 해제		부(-)의 세금계산서 발행	계약해제일	당초 세금계산서 작성일	수정일자가 포함되는 과세기간분 부가세 신고에 포함하여 신고(수정신고 불필요)	계약해제일 다음 달 10일 이내
③ 공급가액 변동		증감되는 금액만큼 정(+)/부(-) 세금계산서 발행	변동사유 발생일	당초 세금계산서 작성일자	수정일자가 포함되는 부가가치세 신고에 포함하여 신고(수정신고 불필요)	변동사유 발생일 다음 달 10일 이내
④ 내국 신용장 사후개설		부(-)의 세금계산서 발행과 추가하여 영세율 세금계산서 발행	당초 세금계산서 작성일	내국 신용장 개설일자	당기 과세기간분 부가세 신고에 포함하여 신고(수정신고 불필요)	내국신용장 개설일 다음 달 10일 (단, 과세기간 종료 후 25일 이내에 개설된 경우는 25일까지 발급)
⑤ 필요적 기재사항 등이 잘못 기재	착오	부(-)의 세금계산서 1장과 추가하여 정확한 세금계산서 1장 발급	당초 세금계산서 작성일		당초의 부가세 신고에 영향 있는 경우 수정신고	착오사실을 인식한 날
	착오 외					확정신고기한까지 발급
⑥ 착오에 의한 이중발급		부(-)의 세금계산서 발행				착오사실을 인식한 날
⑦ 면세 등 발급 대상이 아닌 거래		부(-)의 세금계산서 발행				착오사실을 인식한 날
⑧ 세율을 잘못 적용한 경우		부(-)의 세금계산서 1장과 추가하여 정확한 세금계산서 1장 발급				착오사실을 인식한 날

(6) 매입자발행세금계산서

세금계산서는 원칙적으로 공급자가 공급받는 자에게 발행하는 것이다. 그러나 일정한 요건을 갖춘 경우에는 공급받는 자인 매입자가 본인의 매입세금계산서를 스스로 발행할 수 있는데 이것을 '매입자발행세금계산서'라고 한다.

구분	내용
① 발급가능사유	공급자가 세금계산서 발급을 거부하는 경우(공급자가 부도·폐업 또는 공급계약의 해제·변경 등으로 수정세금계산서를 발급하지 아니한 경우를 포함)
② 거래사실 확인신청	재화 또는 용역의 공급시기가 속하는 과세기간의 종료일로부터 1년 이내에 관할 세무서장에게 거래사실확인을 신청
③ 대상 거래	거래건당 공급대가가 5만원(부가가치세 포함) 이상
④ 세금계산서 발급	거래사실 확인 통지를 받은 신청인(매입자)은 관할세무서장이 확인한 거래일자를 작성일자로 하여 공급자에게 발급

3. 영수증(신용카드매출전표, 현금영수증 포함)

(1) 영수증의 의의

영수증은 주로 사업자가 아닌 일반 소비자와 거래가 이루어지는 사업자(슈퍼마켓, 음식점 등)의 경우 거래가 소액으로 빈번하게 이루어지기 때문에 거래시마다 세금계산서를 교부해야 하는 불편함이 있으므로 세금계산서 대신 영수증을 발행하도록 하고 있다.

▶ 저자주 : 부가가치세법의 영수증이란 용어는 세금계산서를 제외한 증빙을 총칭하는 용어이다. 따라서 신용카드전표, 현금영수증도 원칙적으로 영수증에 포함된다.

(2) 영수증 발급대상

영수증 발급대상 사업자 및 발급의무 면제대상자는 다음과 같다.

영수증 발급대상 사업자	세금계산서 및 영수증 발급의무 면제
① 소매업 예 슈퍼마켓 및 편의점 ② 음식점업, 숙박업 예 식당, 모텔 ③ 여객운송업 예 KTX, 전세버스 ④ 목욕·이발·미용업 등 예 목욕탕, 미용실 ⑤ 입장권을 발행하는 업종 예 영화관 ⑥ 부가가치세 과세되는 미용·성형수술 등의 진료용역을 공급하는 사업자 예 쌍꺼풀 수술 ⑦ 동물진료용역으로 과세사업 예 동물병원 ⑧ 무도학원 및 자동차운전학원	① 택시운송 사업자 예 택시 ② 노점 또는 행상을 하는 자 예 떡볶이 아줌마 ③ 무인자동판매기 사업자 ④ 재화의 공급의제(판매목적 타사업장 반출은 제외) ⑤ 간주임대료 ⑥ 영세율이 적용되는 일정한 재화 　(단, 내국신용장 등에 의해 공급하는 재화 및 수출재화임가공용역은 세금계산서 발급대상)

제1장 부가가치세 이론

> **참고** [세부사항] 거래상대방이 세금계산서 발급을 요구하는 경우

1. 공급받는 자가 사업자등록증을 제시하고 세금계산서 발급을 요구하는 경우 소매업이라 할지라도 세금계산서를 발급할 수 있다.
   예) 편의점(소매업)에서 사업자가 사무용품을 구입하고 세금계산서 발급요구시 편의점은 세금계산서 발급

2. 다만, 다음의 세금계산서 발급금지 업종의 경우에는 어떠한 경우라도 세금계산서를 발급할 수 없다.
   ① 목욕·이발·미용업 등
      예) 직원이 사우나를 이용한 경우 사우나는 세금계산서 발급불가
   ② 여객운송업(전세버스업은 제외)
      예) 직원이 출장을 위하여 KTX를 이용한 경우 KTX는 세금계산서 발급이 불가하나, 직원이 단체로 워크숍을 가면서 전세버스를 이용한 경우 전세버스사업자는 세금계산서 발행 가능
   ③ 입장권을 발행하여 영위하는 사업
      예) 직원들이 단체로 롯데월드에 야유회를 가서 입장권을 구입한 경우 롯데월드는 세금계산서 발급불가
   ④ 부가가치세 과세되는 미용·성형수술 등의 진료용역을 공급하는 사업자
   ⑤ 동물진료용역으로 부가가치세 과세사업
   ⑥ 무도학원 및 자동차운전학원
   ⑦ 간이과세자 중 영수증만을 발급해야 하는 자

3. 아무리 세금계산서 발급금지 업종 사업자라 할지라도 감가상각자산(건물, 비품, 기계장치 등)을 공급하는 경우에는 교부가능

> **참고** [세부사항] 간이과세자의 세금계산서 발급의무

간이과세자 → 세금계산서 또는 영수증 발급
- 일반적인 경우 : 세금계산서 발급
- 간이과세자 중 영수증만을 발급해야 하는 ⓐ·ⓑ의 자
  ⓐ 직전 연도의 공급대가의 합계액이 4,800만원 미만인 자
  ⓑ 신규로 사업을 시작하는 개인사업자로서 간이과세 적용신고를 하여 간이과세자로 하는 최초의 과세기간 중에 있는 자
  ▶ 저자주 : 종전에는 모든 간이과세자는 영수증만을 발급하도록 하였으나, 2022년부터 직전 연도의 공급대가 합계액이 4,800만원 미만인 간이과세자 등을 제외하고는 원칙적으로 세금계산서를 발급하도록 하였다.

4. 공급받는 자의 매입세액공제 여부

공급받는 자가 사업자인 경우 거래징수당한 부가가치세는 매입세액으로 공제를 받을 수 있다. 이 경우 증빙으로 입증이 되어야 하는데 거래증빙별 공제가능 여부는 다음과 같다.

거래증빙	공급받는 자의 매입세액 공제 여부
세금계산서	세금계산서를 발급받은 경우 공제가능
신용카드전표 현금영수증	부가가치세가 별도로 구분된 경우 공제가능. 단, 공급자가 세금계산서 발급금지 업종인 경우는 제외 예 ① 일반과세자인 식당에서 직원식대를 지출하고 카드결제 ⇨ 공제가능 　② 일반과세자인 목욕탕(세금계산서 발급금지업종)에서 직원이 목욕을 하고 카드결제 ⇨ 공제불가
간이영수증	국세청에 통보되지 않는 증빙으로 공제불가
계산서	면세이므로 부가가치세와 무관

제1장 부가가치세 이론 ▶▶

실무이론평가 대비

01 다음 중 부가가치세법상 세금계산서에 대한 설명으로 옳지 않은 것은? • 6회
① 면세사업자는 세금계산서를 발급할 수 없다.
② 택시운송 사업자는 세금계산서 발급의무가 면제된다.
③ 세금계산서는 공급시기에 발급하는 것이 원칙이다.
④ 전자세금계산서 발급명세는 전자세금계산서 발급 후 10일 이내에 국세청장에게 전송하여야 한다.

해설
전자세금계산서 발급명세는 전자세금계산서 발급일의 다음 날까지 국세청장에게 전송하여야 한다.

02 다음 중 세금계산서(또는 전자세금계산서)에 대한 설명으로 옳지 않은 것은? • 3회
① 법인사업자는 의무적으로 전자세금계산서를 발급해야 한다.
② 전자세금계산서를 지연발급하면 발급자에게만 가산세가 부과된다.
③ 발급일의 다음 날까지 세금계산서 발급명세를 국세청장에게 전송해야 한다.
④ 공급받는 자의 등록번호는 필요적 기재사항이다.

해설
전자세금계산서를 지연발급하면 발급자와 수취자 모두에게 가산세가 부과된다.

ANSWER   01. ④ 02. ②

TAT 2급

03 세금계산서(또는 전자세금계산서)에 대한 설명으로 옳지 않은 것은? • 10회

① 계약의 해제로 재화 또는 용역이 공급되지 아니한 경우 수정전자세금계산서의 작성일은 계약의 해제일로 한다.
② 택시운송 사업자는 세금계산서 발급의무가 면제되지 아니한다.
③ 공급받는 자의 등록번호는 세금계산서의 필요적 기재사항이다.
④ 필요적 기재사항 등이 착오 외의 사유로 잘못 적힌 경우는 재화나 용역의 공급일이 속하는 과세기간에 대한 확정신고기간까지 수정세금계산서를 발급할 수 있다.

해설
택시운송 사업자가 공급하는 재화 또는 용역에 대해서는 세금계산서의 발급의무가 면제된다.

04 다음 중 세금계산서(또는 전자세금계산서)에 대한 설명으로 옳지 않은 것은? • 13회

① 부가가치세가 과세되는 재화를 수입하는 경우에는 세관장이 수입세금계산서를 발급한다.
② 부가가치세가 과세되는 미용성형수술에 대해서는 세금계산서 발급의무가 있다.
③ 공급받는 자의 등록번호는 세금계산서의 필요적 기재사항이다.
④ 착오로 기재사항을 잘못 적은 경우에는 세금계산서를 수정하여 발급할 수 있다.

해설
부가가치세가 과세되는 미용성형수술에 대해서는 세금계산서의 발급의무가 면제된다.

ANSWER 03. ② 04. ②

05 다음은 부가가치세 과세사업자인 (주)한공의 세금계산서 발급내역이다. 이 중 세금계산서를 잘못 발급한 것은?
• 14회

① (주)한공은 4월 5일 계약금 10만원(매매대금의 10%)을 받고 그와 동시에 10만원에 대한 세금계산서를 발급하였다. 주문한 상품은 6월 5일에 인도할 예정이다.
② (주)한공은 4월 27일 상품을 인도하고 대금은 2개월 후에 받기로 하였다. (주)한공은 6월 27일에 대금을 받으면서 그와 동시에 세금계산서를 발급하였다.
③ (주)한공은 4월 6일과 4월 25일에 두 번 상품을 공급하고 5월 10일에 월합계세금계산서(작성연월일 : 4.30)를 발급하였다.
④ (주)한공은 5월 2일에 상품을 공급하고 세금계산서의 작성연월일을 5월 2일로 기재하여 6월 10일에 세금계산서를 발급하였다.

해설
4월 27일에 상품을 외상으로 판매한 경우 인도일을 공급시기로 하므로 대금을 받는 날에 세금계산서를 발급할 수 없다.

06 다음 중 부가가치세법상 세금계산서에 대한 설명으로 옳지 않은 것은?
• 39회

① 전자세금계산서를 발급하였을 때에는 발급일의 다음 날까지 전자세금계산서 발급명세를 국세청장에게 전송해야 한다.
② 소매업을 경영하는 자는 공급받는 자가 세금계산서의 발급을 요구하는 경우 세금계산서를 발급하여야 한다.
③ 면세사업자는 공급받는 자가 요구하는 경우 세금계산서를 발급할 수 있다.
④ 직전 연도의 사업장별 공급가액의 합계액이 일정 금액 이상인 개인사업자는 전자세금계산서를 발급하여야 한다.

해설
면세사업자는 공급받는 자가 요구하는 경우에도 세금계산서를 발급할 수 없다.

ANSWER 05. ② 06. ③

제3절 면세와 영세율

부가가치세는 모든 재화·용역에 대하여 10% 과세되나, 예외적으로 면세와 영세율제도가 있다. 면세는 생필품에 대하여 세금을 면제하여 주는 제도이다. 영세율은 재화를 수출하는 경우 10%가 아닌 0%의 세율을 적용하는 것이다.

1. 면 세

부가가치세는 모든 재화나 용역을 과세대상으로 10%의 세율을 적용하므로 소비자는 개인의 소득과 무관하게 동일한 세금 부담을 안게 된다. 이러한 문제점(세부담의 역진성 문제)을 완화시키고자 일부 생활필수품 등에 대해 면세제도를 두고 있다.

구 분	면세대상
(1) 기초 생활 필수품	① 미가공 식용 식료품 등(농·축·수·임산물)3) ⇨ 국내산·외국산 모두 면세 　예 소고기는 원산지 불문하고 면세 ② 미가공 비식용 농·축·수·임산물 ⇨ 비교 : 외국산은 과세 　예 먹지 못하는 비식용 금붕어는 국내산만 면세 ③ 수돗물 ⇨ 생수는 과세, 전기는 과세 ④ 연탄과 무연탄 ⇨ 비교 : 유연탄·갈탄·착화탄은 과세 ⑤ 시내버스, 시외버스, 일반철도 등의 대중교통수단에 의한 여객운송용역(지하철, 시내버스 등) ⇨ 비교 : 항공기·시외우등고속버스 및 전세버스·택시·고속철도 및 관광·유흥 목적의 여객운송용역(관광유람선, 케이블카 등)은 과세(따라서 일반고속버스에 의한 여객운송용역은 면세한다) ⑥ 우표·인지·증지·복권·공중전화 ⇨ 수집용 우표는 과세 ⑦ 주택과 그 부수토지(주택정착면적의 5배, 도시지역 밖의 토지는 10배 이내) 임대용역 　⇨ 비교 : 사업용 상가건물 및 그 부수토지 임대는 과세 ⑧ 공동주택 어린이집의 임대용역　⑨ 여성용 생리용품 및 영유아용 기저귀·분유 ⑩ 특정한 제조담배(200원 이하 소액담배·특수용담배)
(2) 국민 후생 관련	① 의료보건용역(수의사 용역 포함)과 혈액4) ⇨ 비교 : 의약품 단순판매와 미용·성형진료용역 및 애완동물진료용역은 과세 ② 교육용역 ⇨ 비교 : 무허가·무인가 교육용역은 과세하며 무도학원·자동차운전학원도 과세

---

3) 미가공 식료품의 구체적 범위
　① 미가공은 가공되지 않거나 성질이 변하지 않는 정도의 1차 가공을 포함(화학처리, 열처리 등은 성질이 변하는 가공으로 과세)(예 천일염은 면세이나 화학처리를 한 맛소금, 설탕은 과세)
　② 단순 가공식품(김치·단무지·장아찌·젓갈류·게장·두부·메주·간장·된장·고추장·데친 채소류)도 면세
　③ 단순 가공식품을 독립단위로 포장판매하는 경우에는 과세(예 포장김치는 과세)하되, 단순 운반편의를 위하여 일시적으로 포장을 하는 경우에는 면세(예 처음부터 포장된 김치가 아닌 김치를 판매목적으로 비닐봉지에 담아주는 경우는 면세)
4) 의료보건용역의 구체적 범위
　① 면세하는 의료보건용역에는 의사·치과의사·한의사·조산사·간호사 또는 수의사가 제공하는 용역은 물론이고 임상병리사·치과기공사·접골사·안마사 등이 제공하는 용역, 장의업자가 제공하는 장의용역, 노인장기요양보험법에 따른 장기요양기관이 장기요양인정을 받은 자에게 제공하는 신체활동·간병 등의 용역도 포함된다.
　② 의사·한의사 등이 제공하는 용역 중 국민건강보험법에 따른 요양급여의 대상에서 제외되는 다음의 진료용역은 과세된다.
　　㉠ 미용목적 성형수술 : 쌍꺼풀수술, 코성형수술, 유방확대·축소술(단, 유방암 수술에 따른 유방 재건술은 면세),

(3) 문화관련	① 도서·신문(인터넷신문 포함)·잡지·관보·뉴스통신 　⇨ 신문사의 신문판매매출은 면세이나, 광고매출은 과세 ② 예술창작품 ⇨ 비교 : 골동품은 과세 ③ 예술행사(비영리목적)·문화행사(비영리목적)·비직업운동경기 　⇨ 비교 : 프로경기 입장료는 과세 ④ 도서관·과학관·박물관·미술관·동물원·식물원에의 입장 　⇨ 비교 : 오락·유흥시설이 함께 있는 경우 및 해양수족관은 과세	
(4) 부가가치 　구성요소	① 금융·보험용역 ② 토지의 공급 ⇨ 비교 : 건물의 공급은 과세 ③ 인적용역 ⇨ 비교 : 변호사·공인회계사·세무사·관세사 등의 전문인적용역은 과세, 단, 국선변호·법률구조 및 국세기본법에 따른 국선대리는 면세	
(5) 기타의 　재화· 　용역	① 종교·자선·학술·구조·기타 공익을 목적으로 하는 단체가 공급하는 재화·용역 ② 국가 등이 공급하는 재화·용역 ⇨ 비교 : 우체국택배, 고속철도(KTX) 등은 과세 ③ 국가 등에 무상으로 공급하는 재화·용역 ⇨ 비교 : 유상공급은 과세 ④ 국민주택의 공급·국민주택 건설용역 ⇨ 비교 : 국민주택 초과주택의 공급은 과세	

참고 부동산의 공급 및 임대용역의 면세여부

구 분	부동산의 공급	부동산의 임대
건물	① 원칙 : 과세 ② 예외 : 국민주택 공급은 면세	① 원칙 : 과세 ② 예외 : 주택임대는 면세
토지	면세	① 원칙 : 과세 ② 예외 : 주택부속토지 임대는 면세

2. 영세율

영세율 적용대상은 수출하는 재화나 국외에 제공하는 용역이다. 그러나 직접적인 수출의 형태가 아니더라도 외화획득에 기여하는 일부 국내거래도 영세율을 적용한다.

(1) 영세율 적용대상자

영세율은 ① 과세사업자에게만 적용된다. 따라서 면세사업자는 면세를 포기하지 않는 한 영세율을 적용받을 수 없다. 그러나 간이과세자는 과세사업자에 해당하므로 영세율을 적용받을 수 있으나 매입세액을 환급받지는 못한다.

② 영세율은 원칙적으로 거주자 또는 내국법인에 대하여 적용되며, 사업자가 비거주자 또는

지방흡입술, 주름살 제거술, 안면윤곽술, 치아미백 등의 치아성형 등의 성형수술(단, 성형수술로 인한 후유증 치료, 선천성 기형의 재건수술과 종양 제거에 따른 재건수술은 면세)
ⓒ 미용목적 피부관련시술 : 여드름 치료술, 제모술, 탈모 치료술, 피부미백술 등
③ 수의사가 제공하는 용역 중 ㉠ 가축에 대한 진료용역 ㉡ 수산동물에 대한 진료용역 ㉢ 장애인 보조견에 대한 진료용역은 면세되며, 그 외 애완동물진료용역은 과세한다.

외국법인이면 상호(면세)주의에 따른다. 즉, 상대국가에서 대한민국의 거주자 또는 내국법인에 대하여 동일하게 면세하는 경우에만 영세율을 적용한다. 여기서 "동일하게 면세하는 경우"는 해당 외국의 조세로서 우리나라의 부가가치세 또는 이와 유사한 성질의 조세를 면세하는 경우와 그 외국에 우리나라의 부가가치세 또는 이와 유사한 성질의 조세가 없는 경우로 한다.

구 분	적용대상
(1) 재화의 수출	① 직수출(내국물품의 외국 반출) 　㈀ 삼성전자가 미국에 제품 수출 ② 국내의 사업장에서 계약과 대가수령 등 거래가 이루어지는 기타수출 　(중계무역방식 수출·위탁판매수출·외국인도수출·위탁가공무역방식수출 등) ③ 내국신용장5) 또는 구매확인서에 의해 공급하는 재화 　㈀ 하청업체가 수출목적으로 삼성전자에 부품 납품한 경우도 영세율 적용
(2) 용역의 국외공급	국외에서 제공하는 용역(국내에 사업장이 있는 경우에 한함) ㈀ 국내건설업체가 리비아에서 건설을 하는 경우
(3) 외국항행용역	선박 또는 항공기에 의하여 여객이나 화물을 ① 국내(서울)에서 국외(미국)로 ② 국외(미국)에서 국외(일본)로 ③ 국외(일본)에서 국내(서울)로 수송하는 경우 • 비교) 국내(서울)에서 국내(제주도)로 항행시는 10% 과세
(4) 기타 외화획득 재화·용역	다음의 경우에는 실제 수출하는 경우가 아니지만 외화획득 장려차원에서 영세율을 적용한다. ① 외교공관, 영사기관, 국제기구, 국제연합군, 미국군 등에 제공하는 재화·용역 ② 수출업자와 직접 도급계약에 의하여 수출재화를 임가공하는 수출재화임가공용역 　㈀ 수출업체A가 미국수출을 위해 하청업체B에게 염색가공을 부탁하는 경우 하청업체B의 매출에 대해서도 영세율 적용 ③ 내국신용장 또는 구매확인서에 의하여 공급하는 수출재화임가공용역 ④ 국내에서 비거주자 또는 외국법인에게 제공하는 일정한 재화·용역 　㉠ 국내에 사업장 없는 비거주자 등에 공급되는 재화·용역 　　ⓐ 대상 : 비거주자 등이 지정하는 국내사업자에게 인도되는 재화로서 당해 사업자의 과세사업에 사용되는 재화 및 일부 용역6) 　　ⓑ 대금을 은행에서 원화 인출할 것 　㉡ 국내에 사업장 있는 비거주자 등에게 공급되는 재화·용역 　　ⓐ 대상 : 비거주자 등이 지정하는 국내사업자에게 인도되는 재화로서 당해 사업자의 과세사업에 사용되는 재화 및 일부 용역 　　ⓑ 국외 비거주자 등과 직접계약 + 국외 비거주자 등으로부터 받아 은행에서 원화 인출할 것

---

5) 「신용장」이란 수출대금에 대한 은행의 지급보증서로 이해하면 된다. 예를 들어 국내사업자A가 외국사업자의 B에게 물건을 수출하는 경우 수출자(A)는 물건을 먼저 보내주면 돈을 받지 못하는 위험성이 있고, 반대로 수입자(B)는 대금을 먼저 지급하면 물건을 제대로 못 받을 수 있는 위험성이 있다. 이런 경우를 해결하고자 중간에 비교적 신뢰성이 있다고 여겨지는 외국은행에서 매입자(B)의 대금지급에 대한 보증을 수출자(A)에게 서주는 것이다. 이러한 지급보증서를 신용장이라고 부른다. 따라서 수출자(A) 입장에선 안심하고 물건을 수출할 수 있다. 또한 이러한 외국은행이 발급한 신용장을 바탕으로 다시 국내은행에서 개설하는 신용장을 내국신용장이라 부른다. 수험목적상 구매확인서도 신용장과 동일한 개념으로 이해하면 된다.

6) 일부 용역의 범위 : 다음의 열거된 업종(건설업, 부동산임대업, 음식·숙박용역 등은 미열거)

3. 영세율과 면세의 차이

구 분	면 세	영세율
① 기본원리	납부의무 면제	매출액 × 0%(영세율) 적용
② 목적	세부담의 역진성 완화 (소득과 무관하게 동일한 세금을 부담하는 문제 완화)	ⓐ 소비지국 과세원칙(국제적 이중과세방지) ⓑ 수출산업의 지원(외화획득 지원)
③ 적용대상	생필품 등	수출 등 외화획득 재화·용역
④ 면세정도	불완전면세 (매입세액 공제 불가능)	완전면세 (매입세액 전액 공제됨)
⑤ 과세대상여부	부가가치세 과세대상에서 제외	부가가치세 과세대상에 포함
⑥ 사업자여부	부가가치세법상 사업자가 아니므로 신고, 납부의무 없음(사업자등록을 하긴 하나 부가가치세는 납부하지 않으며 소득세나 법인세만 납부)	부가가치세법상 사업자로 신고, 납부의무 있음

4. 부가가치세 납부세액 비교

구 분	일 반	면 세	영세율
① 매출액 1,000원	100(1,000 × 10%)	0	0(1,000 × 0%)
② 매입액 600원	60(600 × 10%)	60	60(600 × 10%)
③ 납부세액	40	△60(환급 없음)	△60(환급세액)
④ 설명	매출세액 100 - 매입세액 60 = 40 납부	매출세액도 없고 매입세액공제도 불가능하므로 환급도 없음	매출세액 0 (1,000 × 0%) - 매입세액 60 = △60 환급

5. 면세포기

일정한 면세대상 재화 또는 용역에 대해서는 면세를 포기할 수 있다.

구 분	내 용
(1) 면세포기대상	① 영세율 적용대상(예 면세대상인 쌀을 수출하는 업자의 경우 면세를 포기하고 쌀에 대해 영세율 적용가능 → 취지 : 면세업자는 매입세액공제를 받을 수 없으나, 영세율은 매입세액공제가 가능하므로 영세율 적용이 사업자에게 유리) ② 학술 등 연구단체가 그 연구와 관련하여 실비 또는 무상으로 공급하는 재화 또는 용역
(2) 면세포기절차	시기의 제한이 없으며, 언제든지 가능
(3) 면세포기효력	면세포기를 신고한 사업자는 신고한 날로부터 3년간은 면세적용을 받지 못함

① 전문, 과학 및 기술서비스업 ② 출판, 영상, 방송통신 및 정보서비스업 중 소프트웨어개발업, 컴퓨터프로그래밍, 시스템 통합관리업 등 ③ 임대업 중 무형재산임대업 ④ 통신업 ⑤ 컨테이너수리업, 보세구역의 보관 및 창고업, 해운대리점업, 해운중개업 및 선박관리업 ⑥ 상품 중개업 중 상품종합중개업 ⑦ 교육서비스업(교육지원 서비스업으로 한정) ⑧ 보건업(임상시험용역을 공급하는 경우로 한정) ⑨ 관세법에 따른 보세운송업자가 제공하는 보세운송용역

TAT 2급

실무이론평가 대비

01 다음 중 부가가치세법상 영세율에 대한 설명으로 옳지 않은 것은? · 1회

① 영세율은 완전면세제도에 해당한다.
② 영세율은 부가가치세 세부담의 역진성 완화를 목적으로 한다.
③ 영세율을 적용받는 경우에는 매입시 부담한 부가가치세액을 환급받을 수 있다.
④ 영세율을 적용받는 경우에도 과세표준은 있으나 매출세액은 0이 된다.

해설
영세율의 목적은 소비지국과세원칙의 구현이다. 부가가치세 세부담의 역진성 완화는 면세의 취지이다.

02 다음 중 부가가치세 면세에 해당하는 금액을 산출하면 얼마인가? · 2회

가. 연탄과 무연탄	200,000원
나. 시내버스 운송용역	100,000원
다. 수집용 우표	50,000원
라. 신문사의 광고	120,000원

① 250,000원　　　　　　　② 300,000원
③ 350,000원　　　　　　　④ 420,000원

해설
연탄과 무연탄, 시내버스 운송용역이 면세에 해당한다. → 200,000원 + 100,000원 = 300,000원

ANSWER　01. ②　02. ②

제1장 부가가치세 이론 ▶▶▶

03 다음 중 부가가치세 면세에 해당하는 금액을 산출하면 얼마인가? • 3회

가. 중국산 콩	100,000원
나. 고속철도 운송용역	130,000원
다. 수집용 우표	50,000원
라. 도서대여용역	70,000원

① 100,000원
② 150,000원
③ 170,000원
④ 230,000원

해설

- 100,000원 + 70,000원 = 170,000원
- 중국산 콩과 도서대여용역은 면세이나, 고속철도 운송용역과 수집용 우표는 과세이다.

04 다음 중 부가가치세법상 영세율에 대한 설명으로 옳은 것은? • 41회

① 영세율 적용대상자는 부가가치세법상 제반 의무를 이행하지 않는다.
② 과세표준에는 영(0)의 세율이 적용되지만 관련된 매입세액은 공제받을 수 있다.
③ 면세사업자는 면세를 포기하지 않아도 영세율을 적용받을 수 있다.
④ 영세율은 부가가치세의 역진성을 완화하기 위한 제도이다.

해설

① 영세율 적용대상자는 부가가치세법상 사업자로서 제반 의무를 이행한다.
③ 면세사업자는 면세포기를 하여야만 영세율을 적용받을 수 있다.
④ 부가가치세의 역진성을 완화하기 위한 제도는 면세이다.

05 다음 중 부가가치세 면세에 해당하는 것을 모두 고른 것은? • 8회

| 가. 토지의 공급 | 나. 국민주택의 공급 |
| 다. 수돗물의 공급 | 라. 착화탄의 공급 |

① 가
② 가, 나
③ 가, 나, 다
④ 가, 나, 다, 라

해설

토지, 국민주택, 수돗물의 공급은 면세이나, 착화탄의 공급은 과세이다.

ANSWER 03. ③ 04. ② 05. ③

06 다음은 김한공 씨가 슈퍼마켓에서 구입한 영수증의 일부이다. 빈칸에 들어갈 금액은 각각 얼마인가?

• 42회

```
                <<한공슈퍼마켓>>
            사업자번호 : 129-81-00482
            주소 : 서울특별시 서대문구 충정로2가
   대표 : 이회계           전화번호 : 02-318-0000
```

품명	단가	수량	금액
사과	990원	2	1,980원
휴지	1,100원	3	3,300원
딸기우유	880원	3	2,640원
초콜렛	2,200원	2	4,400원
사이다	3,300원	1	3,300원
산낙지	9,900원	1	9,900원
합계			25,520원
면세물품 공급가액 합계			Ⓐ
과세물품 공급가액 합계			Ⓑ
부가가치세			Ⓒ
합계			25,520원

	Ⓐ	Ⓑ	Ⓒ
①	0원	23,200원	2,320원
②	4,620원	19,000원	1,900원
③	11,880원	12,400원	1,240원
④	14,520원	10,000원	1,000원

해설

- 사과와 산낙지는 면세이므로 면세물품의 합계는 1,980원 + 9,900원 = 11,880원
- 과세물품의 공급가액 합계는 (3,300원 + 2,640원 + 4,400원 + 3,300원) × 100/110 = 12,400원
- 부가가치세는 12,400원 × 10% = 1,240원

06. ③

07 다음 중 부가가치세법상 영세율 적용대상이 아닌 것은?
•11회, 32회, 39회

① 사업자가 내국신용장 또는 구매확인서에 의하여 공급하는 재화
② 수출업자와의 직접 도급계약에 의한 수출재화임가공용역
③ 국외에서 공급하는 용역
④ 수출업자가 대행위탁수출을 하고 받은 수출대행수수료

해설

수출대행수수료는 직접 물건을 수출을 하는게 아니라 수출업자를 대신해서 단순히 수출업무를 대행해주고 받는 수수료이다. 따라서 수출대행업자(국내사업자)와 수출업자(국내사업자) 간의 국내 용역거래이므로 영세율이 적용되지 않는다.

08 다음 중 부가가치세법상 면세와 관련한 설명으로 옳지 않은 것은?
•16회

① 면세사업자는 부가가치세법에 따른 사업자등록의무가 없다.
② 면세사업자가 면세재화를 수출하는 경우에는 별다른 절차 없이 영세율이 적용된다.
③ 약사가 제공하는 의약품의 조제용역은 면세대상이다.
④ 국가에 무상으로 공급하는 재화 또는 용역은 면세대상이다.

해설

면세사업자가 영세율을 적용받기 위하여는 면세를 포기하여야 한다.

ANSWER 07. ④ 08. ②

TAT 2급

09 다음 중 부가가치세법상 영세율에 대한 설명으로 옳지 않은 것은? • 18회
① 영세율의 주된 목적은 소비지국과세원칙의 구현이다.
② 영세율을 적용받는 경우 과세표준은 있으나 매출세액은 0이 된다.
③ 영세율을 적용받는 사업자는 부가가치세법상 납세의무자에 해당한다.
④ 영세율은 부분면세제도에 해당한다.

해설

영세율은 완전면세제도에 해당한다.

10 다음 중 부가가치세법상 면세와 관련한 설명으로 옳지 않은 것은? • 20회
① 면세사업자는 부가가치세법상 사업자가 아니다.
② 면세는 수출산업을 지원하기 위한 목적으로 도입되었다.
③ 면세사업자는 면세포기를 하여야만 영세율을 적용받을 수 있다.
④ 국가에 무상으로 공급하는 재화 또는 용역에 대해서는 면세가 적용된다.

해설

면세는 부가가치세의 역진성을 완화하기 위한 목적으로 도입되었다.

11 다음 중 부가가치세 과세대상 거래에 대하여 잘못 설명하고 있는 사람은? • 21회

- 강민 : 신발제조회사가 수출하는 신발은 영세율 적용대상이야.
- 영희 : 가방판매회사가 국내에서 판매하기 위해 가방을 수입할 때는 부가가치세가 과세되는 거야.
- 정우 : 농부가 밭에서 재배해서 판매하는 당근에도 부가가치세가 과세되는 거야.
- 민경 : 근로계약에 따라 근로를 제공하는 건 부가가치세 과세대상이 아니야.

① 강민   ② 영희
③ 정우   ④ 민경

해설

당근은 미가공 식료품으로서 부가가치세 면세대상이다.

ANSWER 09. ④ 10. ② 11. ③

제1장 부가가치세 이론

12 다음 중 부가가치세법상 영세율과 면세에 대한 설명으로 옳은 것은? • 30회
① 면세사업자는 매입시 부담한 부가가치세액을 공제받을 수 있다.
② 영세율 적용대상자는 과세사업자로서 부가가치세법의 제반의무를 이행해야 한다.
③ 면세는 소비지국 과세원칙을 구현하기 위한 제도이다.
④ 사업자가 비거주자 또는 외국법인인 경우에도 거주자와 내국법인과 같이 모두 영세율을 적용한다.

해설
① 면세사업자는 매입시 부담한 부가가치세액을 공제받을 수 없다.
③ 영세율은 소비지국 과세원칙을 구현하기 위한 제도이다.
④ 사업자가 비거주자 또는 외국법인인 경우에 상호(면세)주의에 따른다.

13 다음 중 부가가치세법상 영세율 과세대상에 해당하지 않는 것은? • 29회
① 대행위탁 수출하는 재화
② 외국항행용역의 공급
③ 내국신용장에 의하여 공급하는 재화
④ 국가에 무상으로 공급하는 재화

해설
국가에 무상으로 공급하는 재화는 영세율과세대상이 아닌 면세대상이다.

ANSWER 12. ② 13. ④

C/H/A/P/T/E/R 02 부가가치세 이론(2)

제1절 과세대상

1. 부가가치세 과세대상

과세대상이라 함은 부가가치세의 과세대상이 되는 거래를 말한다.

부가가치세법에는 부가가치세 과세대상을 단순히 재화와 용역이라고 표현하지 않고 ① 재화의 공급 ② 용역의 공급 ③ 재화의 수입으로 규정하고 있다.

재화(=물건)	국내에서 공급(과세 ○)[7]	외국에서 수입(과세 ○)[8]
용역(=서비스)	국내에서 공급(과세 ○)	외국에서 수입(과세 ×)[9]

2. 재화의 공급

(1) 재화(재산적 가치가 있는 물건이나 권리)

재화란 재산적 가치가 있는 모든 물건과 권리를 의미하며 흔히 물건이라고 표현할 수 있지만, 단순히 형태가 있는 유체물뿐 아니라 형태가 없는 무체물도 재화에 포함됨에 유의하여야 한다.

구 분		종 류	취 지
재화에 해당 ⇨ 과세 ○	물건	① 상품, 제품, 원료 등 모든 유체물 ② 전기, 가스, 열 등 관리할 수 있는 자연력	그 자체가 소비대상
	권리	광업권, 특허권 등 물건 외에 재산적 가치가 있는 모든 것[10]	
★재화 아닌 것 ⇨ 과세 ×		유가증권 예) 화폐대용증권(수표, 어음, 상품권), 유가증권(주식, 채권)[11]	그 자체가 소비대상이 아닌 결제대상

---

[7] 재화와 용역의 국내공급은 공급자가 사업자인 경우에만 과세거래가 된다. 비사업자가 공급하는 것은 그 비사업자가 부가가치세의 납세의무(거래징수하여 납부할 의무)를 지지 않기 때문에 과세거래가 될 수 없다.
[8] 재화의 수입은 사업자가 아니어도 과세거래가 된다. 재화의 수입의 경우 실질적인 공급자는 국외에 있어 과세거래를 할 수 없다. 하지만 이를 방치하면 소비지국 과세원칙을 포기하는 결과를 초래하기 때문에 국외의 공급자를 대신하여 수입자(매입자)로부터 부가가치세를 세관장이 징수하여 납부한다. 결국 재화의 수입에 있어서 수입자는 사업자이든 비사업자이든 부가가치세를 납부하여야 하는 것이다.
[9] 용역의 수입은 눈에 보이지 않아 사용·소비를 파악할 수 없는 「용역(서비스)」의 특성상 과세대상으로 규정하지 않고 있다.
[10] 권리의 양도는 재화의 공급이나 권리의 대여는 용역의 공급에 해당한다.
[11] 온라인 게임머니의 매도는 재화의 공급에 해당한다.

(2) 재화의 공급

재화의 공급이란 계약상 또는 법률상 모든 원인에 따라 재화를 인도하거나 양도하는 것이다. 현금판매, 외상판매, 할부판매 등의 계약에 의한 공급뿐만 아니라 교환계약(물물교환), 수용 등의 실질적인 재화의 공급이 이루어지는 거래를 모두 포함한다.

구분	종류
① 계약상 원인 ⇨ 과세 ○	ⓐ 매매/가공/교환거래 및 현물출자[2] ⓑ 일반경매 예 민간인이 운용하는 옥션 등
② ★예외 ⇨ 과세 ×	ⓐ 법률에 따른 공매·경매[13] 예 법률에 따라 국가에서 강제경매 ⓑ 법률에 따른 수용[14] 예 국가에서 도로건설을 위해 집을 강제로 수용 ⓒ 조세의 물납[15] 예 현금이 없어 세금을 물건으로 납부 ⓓ 담보제공[16] 예 돈 빌리려고 집 담보제공 ⓔ 사업의 포괄양수도[17] 예 다른 사람에게 가게 양도

3. 재화의 공급의제(간주공급)

부가가치세는 재화의 실지(=실제)공급에 대하여 과세된다. 이 경우 재화의 공급은 실제 물건이나 서비스를 타인에게 제공한 경우를 의미한다. 그러나 세법에서는 실제 매출된 것이 아닌 경우라도 일정한 경우에 매출로 의제(=판 것으로 간주)하여 부가가치세를 과세하는데, 이를 「간주공급」 또는 「공급의제」라고 한다.

[재화공급의 범위]

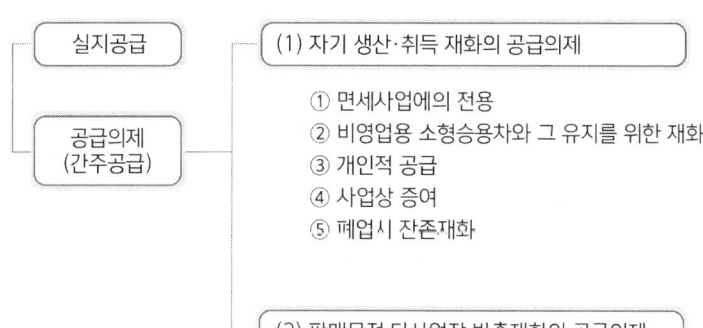

---

12) 단, 화재·도난·파손·재고감모손 등으로 재화를 잃어버리거나 재화가 멸실된 경우에는 재화의 공급으로 보지 않음
13) 국세징수법에 따른 공매 및 민사집행법에 따른 경매에 따라 재화를 인도하거나 양도하는 것 → 취지 : 재화의 소유권을 이전당한 사업자는 사실상 파산 등의 상태로 부가가치세를 체납하는 경우가 많고, 오히려 매입자만 매입세액을 공제받게 되어 세수입의 감소가 있음
14) 취지 : 공익사업을 위해 불가피하게 국가에게 수용한 것임을 고려
15) 취지 : 조세의 물납도 재화의 공급에 해당하나, 과세하는 경우 국가로부터 부가가치세를 거래징수하여 다시 국가에 다시 납부하는 결과가 되어 실익이 없음
16) 취지 : 실제 소유권이 이전되는 게 아니라 단순히 담보로 맡긴 것에 불과함
17) 취지 : 사업의 동질성이 유지되며, 과세하는 경우 양도자가 양수자로부터 부가가치세를 거래징수하여 납부한 후 양수자는 그 금액을 다시 매입세액으로 공제 또는 환급받으므로 실익이 없음

(1) 자기생산·취득 재화의 공급의제

'자기생산·취득 재화'란 사업자가 자기의 과세사업과 관련하여 생산하거나 취득한 재화로서 다음 중 어느 하나에 해당하는 재화를 말한다.
ⓐ 사업자가 재화를 공급받았을 때 매출세액에서 매입세액이 공제된 재화
ⓑ 재화의 공급이 아닌 사업양도로 취득한 경우 사업양도자가 재화를 공급받을 때 매출세액에서 매입세액을 공제받은 재화
ⓒ 내국신용장(구매확인서)에 의해 재화를 공급받아 영세율을 적용받는 재화

이러한 자기생산·취득 재화를 다음의 5가지 사유가 발생할 때에 재화의 공급의제로 간주하여 매출세액을 납부하도록 하고 있다. 이는 실제 매출로 보아 과세하는 개념보다는 이미 공제받은 매입세액을 추징하려는 데 취지가 있다.

① 면세사업에 전용(매입시 공제받고 ⇨ 공제대상이 아닌 면세사업에 사용)

★내용	자기의 과세사업과 관련하여 생산·취득한 재화를 자기의 면세사업을 위하여 직접 사용하거나 소비하는 경우 재화의 공급으로 보아 과세 예 과세사업(예 택시사업)에 사용할 차량 수리용 기계장치를 취득하여 매입세액공제를 받고 나서 추후 기계장치를 공제가 불가능한 면세사업(예 버스사업)에 사용시
취지	처음 매입시점에선 과세사업 사용목적으로 매입세액을 공제받았으나, 그 후에 면세사업에 사용하면 매입세액 불공제사유에 해당하므로 공급의제로 매입시점에서 공제받았던 매입세액을 추징하는 효과임

② 비영업용 소형승용차와 그 유지에 전용

★내용	① 자기생산·취득재화를 비영업용 소형승용차로 사용 또는 소비하거나 비영업용 소형승용차의 유지를 위하여 사용 또는 소비하는 경우 재화의 공급으로 보아 과세 예 자동차제조기업이 판매목적으로 생산한 승용차를 임직원의 출퇴근용으로 사용시 ② 소형승용차의 매입세액이 공제되는 업종(운수업, 자동차임대업 등)의 사업을 경영하는 사업자가 자기생산·취득재화 중 소형승용차 및 그 소형차의 유지를 위한 재화를 해당 업종에 직접 영업으로 사용하지 아니하고 다른 용도로 사용하는 경우 재화의 공급으로 보아 과세 예 택시회사에서 택시용(영업용)으로 구입한 소형승용차를 임직원의 출퇴근용(비영업용)으로 사용시
취지	처음 매입시점에선 비영업용이 아니므로 매입세액을 공제받았으나, 그 후에 비영업용으로 사용하면 매입세액 불공제사유에 해당하므로 공급의제로, 매입시점에서 공제받았던 매입세액을 추징하는 효과임

③ 개인적 공급(매입시 공제받고 ⇨ 개인적 용도 또는 사용인에게 무상사용)

★내용	사업과 관련하여 생산·취득한 재화를 사업과 직접 관련 없이 사용·소비하는 경우 재화의 공급으로 보아 과세 예 가전제품 대리점 사장이 매입세액공제받은 판매용 TV를 가사용으로 사용 예 주류제조회사가 명절 때 자사제품을 직원에게 선물로 증정
취지	처음 매입시점에선 과세사업 사용목적으로 매입세액을 공제받았으나, 그 후에 본인 또는 임직원의 개인용도로 사용한 경우에는 매입세액 불공제 사유(사업과 무관한 지

출)에 해당하므로 공급의제로 매입시점에서 공제받았던 매입세액을 추징하는 효과임

예외	단, 다음의 경우에는 개인적 공급으로 보지 않는다(과세하지 않음).
	ⓐ 작업에 필요한 작업복·작업모·작업화·작업장갑을 제공하는 경우(취지 : 개인적 용도가 아닌 정상적인 업무에 사용할 목적이므로 과세하지 않음)
	ⓑ 직장체육비·직장연예비 관련된 재화를 공급하는 경우(취지 : 개인적 용도가 아닌 정상적인 업무와 관련하여 복리후생비적 성격이므로 과세하지 않음)
	ⓒ 1인당 연간 10만원 이내의 다음 각각에 해당하는 재화를 제공하는 경우
	   가. 경조사와 관련된 재화
	   나. 명절·기념일 등(설날·추석, 창립기념일 및 생일)과 관련된 재화

④ 사업상 증여(매입시 공제받고 ⇨ 접대용으로 사용)

★내용	사업과 관련하여 생산·취득한 재화를 자기의 고객이나 불특정 다수에게 증여하는 경우 재화의 공급으로 보아 과세 예 가전제품 대리점 사장이 매입세액공제받은 판매용 TV를 접대용으로 거래처에 무료증정
취지	처음 매입시점에선 과세사업 사용목적으로 매입세액을 공제받았으나, 그 후에 접대목적으로 사용한 경우에는 매입세액 불공제 사유(접대비 관련 지출)에 해당하므로 공급의제로 매입시점에서 공제받았던 매입세액을 추징하는 효과임

예외	단, 다음의 경우에는 사업상 증여로 보지 않는다(과세하지 않음).
	ⓐ 견본품 및 광고선전용 재화로서 무상으로 배포하는 경우
	   예 광고목적으로 티슈를 거리에서 무료증정
	ⓑ 주된 거래인 재화의 공급대가가 포함되는 것
	   예 아이스크림 판매시 포장용기 및 드라이아이스 함께 제공
	ⓒ 자기 적립 마일리지 등(마일리지를 적립해준 사업자에게서만 사용이 가능한 마일리지)으로만 전액을 결제받고 공급하는 재화
	   예 구매실적에 따른 포인트로 결제하고 무상으로 재화를 제공

⑤ 폐업시 잔존재화

★내용	사업자가 사업을 폐업하는 때에 잔존하는 재화는 자기에게 공급하는 것으로 보아 과세
취지	처음 매입시점에선 과세사업에 사용 또는 판매목적으로 매입세액을 공제받았으나, 그 후에 폐업한 경우 더 이상 사업자가 아니고 해당 재화는 과세사업에 사용되지 않을 것으로 가정하여 간주공급으로 매입시점에서 공제받았던 매입세액을 추징하는 효과임

(2) 판매목적 타사업장 반출재화의 공급의제(직매장 반출)

★내용	2 이상의 사업장이 있는 사업자가 자기 사업과 관련하여 생산 또는 취득한 재화를 직접 판매할 목적으로 다른 사업장에 반출하는 경우 재화의 공급으로 본다.
취지	판매목적으로 다른 사업장으로 반출하는 것은 재화의 단순이동으로 본래 공급이 아니지만, 부가가치세는 사업장이 여러 곳인 경우에는 사업장별로 각각 신고·납부하여야 한다. 예를 들어 제조공장에서 생산된 재화를 판매목적으로 직매장(대리점)으로 반출하여 판매하는 경우, 제조공장은 매출세액이 없어 항상 환급세액만 발생하고, 직매장에서는 매입세액이 없어 항상 납부세액이 발생하게 된다. 이 경우 제조공장의 환급

	세액은 확정신고기한 경과 후 30일이 지나서 환급되나, 직매장의 납부세액은 예정신고 또는 확정신고와 함께 바로 납부해야 하므로 2개 사업장을 가진 사업자 입장에선 불필요한 자금부담이 있을 수 있으므로 이를 해소하고자 하는 것임
예외	단, 다음의 경우에는 공급의제로 보지 않는다(과세하지 않음). ⓐ 사업자 단위 과세 사업자가 자기의 다른 사업장에 반출하는 경우 ⓑ 주사업장 총괄 납부 적용 사업자가 자기의 다른 사업장에 반출하는 경우(다만, 세금계산서를 발급하고 관할 세무서장에게 신고한 경우는 공급으로 의제)

4. 용역의 공급

(1) 용역

'용역'이란 재화 외의 재산 가치가 있는 모든 역무와 그 밖의 행위를 말한다.

① **용역의 범위** : 건설업, 숙박 및 음식점업, 부동산업 및 임대업 등

② **부동산임대업 중 과세제외**
   ⓐ 전·답·과수원·목장용지·임야 또는 염전임대업은 농민들의 부담을 덜어주기 위해 용역의 범위에서 제외
   ⓑ 공익사업과 관련하여 지역권·지상권(지하·공중에 설정된 권리 포함)을 설정하거나 대여하는 사업도 용역의 범위에서 제외

③ **재화 및 용역의 구분**

구 분	내 용
가공계약	① 주요 원재료 부담 × : 용역의 공급 ② 주요 원재료 부담 ○ : 재화의 공급(단, 건설업은 용역의 공급으로 봄)
권리 대여 및 양도	① 특허권 등 권리의 대여 : 용역의 공급 ② 특허권 등 권리의 양도 : 재화의 공급

(2) 용역의 공급

구 분	내 용
과세 ○	① 일반적인 용역의 제공은 모두 과세대상 ② 용역의 간주공급
★과세 ×	① 용역의 무상공급 　예 숙박업을 하는 모텔에서 공짜로 숙박을 제공하는 경우 현실적으로 거래를 포착할 수 없으므로 과세 × 　단, 특수관계인에게 사업용 부동산의 임대용역을 무상으로 공급하는 경우에는 용역의 공급으로 보아 과세(예 아버지가 아들에게 상가건물을 무상으로 임대해주는 경우에는 과세 ○) ② 고용관계에 따른 근로의 제공

5. 무상공급 및 저가공급의 과세여부

구 분	재 화	용 역
① 무상공급 (공짜로 공급)	시가로 과세	과세하지 않음 (단, 특수관계인에 대한 사업용 부동산의 무상임대는 시가로 과세)
② 저가공급 (시가보다 싸게 공급)	시가로 과세	시가로 과세

6. 재화의 수입

구 분	내 용
(1) 개념	재화의 수입이란 다음에 해당하는 물품을 국내에 반입하는 것(보세구역 경유하는 것은 보세구역으로부터 반입하는 것)을 말한다. ① 외국에서부터 국내에 도착한 물품으로서 수입신고가 수리되기 전의 것 ② 수출신고가 수리된 물품(선적되지 아니한 물품을 보세구역에서 반입하는 경우는 제외 → 취지 : 수출되어 영세율을 적용받은 후 수출이 취소되어 다시 반입하는 경우에는 재화의 수입으로 보아 과세한다. 다만, 수출의 공급시기는 선적일이므로 선적되지 않은 것은 아직 영세율이 적용되지 않았으니 다시 반입하는 경우에는 수입의 범위에 포함하지 않는다.
(2) 유의사항	재화수입의 경우에는 당해 수입자가 사업자인지 비사업자인지를 구분하지 아니하고 모두 과세한다.

> **참고** [세부사항] 보세구역
>
> 1. 보세구역이란 세관장이 지정 또는 특허한 장소로 관세의 부과가 보류되는 국내의 특정 지역을 의미한다. 외국물품을 장치(보관), 제조·가공, 전시, 판매, 검사 등을 하는 장소이다.
> 2. 보세구역의 부가가치세 과세
>
>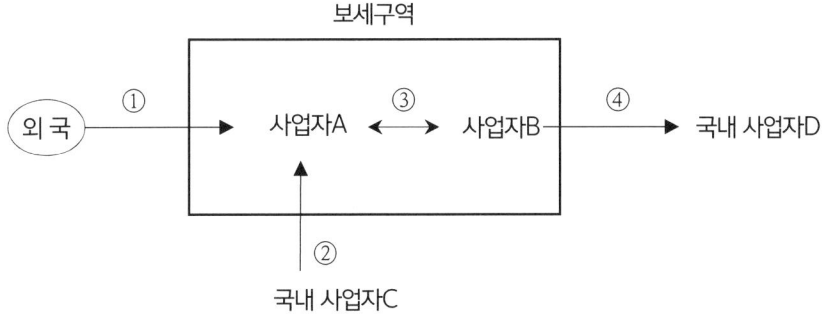
>
> ① 거래 : 수입 아님
> ②, ③ 거래 : 일반적인 국내 공급으로 보아 과세
> ④ 거래 : 수입에 해당(외국물품의 경우)

7. 부수재화·용역

(1) 주된 거래에 부수되는 재화 또는 용역

구분	내용
대상	① 주된 재화 등의 공급대가에 통상적으로 포함되어 공급되는 것 　예 쌀을 판매하면서 제공되는 운송용역, 컴퓨터서적 판매시 제공되는 부록 CD ② 거래 관행상 통상적으로 주된 재화 등의 공급에 부수하여 공급되는 것으로 인정되는 것 　예 자동차 판매 후 일정기간 제공하는 사후 무료서비스용역
특징	별도의 독립된 거래가액이 존재하지 않으므로 주된 거래에 포함된 것으로 간주
과세방법	주된 재화·용역의 과세여부에 따름 → 취지 : 부수 재화 등의 대가를 따로 구분하기가 현실적으로 불가능

(2) 주된 사업에 부수되는 재화 또는 용역

구분	내용		
대상	① 주된 사업과 관련하여 일시적으로 공급되는 재화 또는 용역 예 제조회사에서 일시적으로 토지를 매각 ② 주된 사업과 관련하여 주된 재화의 생산과정 등에게 필연적으로 생기는 재화(부산물)		
특징	별도의 독립된 거래에 해당 → 별도로 과세표준 계산 및 세금계산서 발급		
과세방법	주된 사업의 과세 및 면세여부에 따르되, 해당 재화 등이 면세대상이라면 무조건 면세적용 (면세우선의 원칙)		
	주된 사업	부수 재화·용역	과세·면세 여부
	① 과세사업(예 제조업)	과세대상(예 건물 매각)	과세
		면세대상(예 토지 매각)	면세
	② 면세사업(예 학원)	과세대상(예 건물 매각)	면세
		면세대상(예 토지 매각)	면세

제2장 부가가치세 이론(2)

제2절 부가가치세 과세표준

1. 과세표준 일반

(1) 일반적인 경우

과세표준이란 부가가치세 10%를 부과하는 기준이 되는 금액을 의미한다.

대가의 유형	과세표준
① 금전으로 대가를 받는 경우	그 대가
② ★금전 외의 대가를 받는 경우	자기가 공급한 재화 또는 용역의 시가 (※ 내가 받은 게 아닌, 준 것의 시가임에 유의)
③ 재화공급시 부당하게 낮은 대가를 받거나 대가를 받지 아니하는 경우	자기가 공급한 재화의 시가
④ 용역공급시 부당하게 낮은 대가를 받는 경우	자기가 공급한 용역의 시가

(2) 대가를 외국환으로 받는 경우

구 분	과세표준
① 공급시기 도래 전에 원화로 환가한 경우	그 환가한 금액
② 공급시기 이후에 외국통화 기타 외국환의 상태로 보유하거나 지급받은 경우	공급시기의 기준환율 또는 재정환율에 의하여 계산한 금액

(3) 재화의 공급의제의 경우

구 분	과세표준
① 자기생산·취득 재화의 공급의제	해당 재화의 시가. 다만, 감가상각자산인 경우에는 간주시가
② 판매목적 타사업장 반출 재화의 공급의제	해당 재화의 취득가액 등

(4) 기타

구 분	과세표준
수출하는 재화	공급시기의 기준환율 또는 재정환율에 의하여 계산한 금액(단, 공급시기 도래 전에 원화로 환가한 경우에는 그 환가한 금액)
수입하는 재화	관세의 과세가격 + 관세 + 개별소비세·주세·교통세 + 교육세·농어촌특별세

2. 항목별 과세표준 포함 여부

(1) 수령액의 과세표준 포함 여부

구분	내용
과세표준에 포함되는 항목	① 할부판매의 이자상당액 ② 대가의 일부로 받는 운송비 · 포장비 · 하역비 · 운송보험료 · 산재보험료 등 ③ 개별소비세 · 주세 · 교통세가 과세되는 재화 또는 용역의 경우에는 당해 개별소비세 · 주세 · 교통세, 교육세 · 농어촌특별세
★과세표준에 포함되지 않는 항목	① 공급에 대한 대가의 지급이 지연되어 받는 연체이자 ② 공급받는 자에게 도달하기 전에 파손 · 훼손 · 멸실된 재화의 가액 ③ 재화 · 용역의 공급과 직접 관련되지 않는 국고보조금과 공공보조금 ④ 반환조건부 용기대금 · 포장비용 ⑤ 자기적립 마일리지로 결제한 금액 ⑥ 대가와 구분하여 기재하여 종업원에 지급한 사실이 확인되는 봉사료(사업자가 자기 수입금액으로 계상하지 않아야 함) ※ 마일리지의 과세표준 여부 ㉠ 자기적립 마일리지(당초 재화 · 용역을 공급하고 마일리지를 적립해준 사업자에게서 구입할 때에만 사용할 수 있는 마일리지)로 물건값을 결제하면 과세표준에 포함되지 않으므로 부가가치세가 과세되지 않는다. 반면에 ㉡ 자기 적립 마일리지 외의 제3자 적립 마일리지(사용처에 제한이 없는 마일리지)는 사업자가 실제 받을 대가 즉, 마일리지 등으로 결제받은 부분에 대해 신용카드사 등으로부터 보전받을 금액만큼 과세표준에 포함된다. 예를 들어 A사업자가 적립해준 마일리지를 B사업자에게 사용한 경우 B사업자는 A사업자에게 소비자의 마일리지 사용부분을 보전받으므로 해당 마일리지 결제금액이 과세표준에 포함된다.

(2) 지급액의 과세표준 공제(차감) 여부

구분	내용
과세표준에서 차감되는 항목	① 매출에누리 ② 환입된 재화의 가액 ③ 할인액
★과세표준에서 공제하지 않는 항목	① 공급받는 자에게 지급하는 장려금 ② 대손금

3. 공급시기(= 세금계산서의 발급시기)

재화 · 용역의 공급시기는 재화 · 용역이 어느 과세기간에 공급되었는지를 결정하는 기준으로, 과세기간의 귀속뿐 아니라 세금계산서의 발급시기를 정하는 기준이 된다.

(1) 재화의 공급시기

공급자는 세금계산서를 재화 · 용역의 공급시기에 공급받는 자에게 교부하는 것이 원칙이다. 이때 재화의 거래형태별 공급시기는 다음과 같다.

구 분	공급시기(= 세금계산서 교부시기)
① 현금판매 · 외상판매 · 단기할부판매	재화가 인도되거나 이용가능하게 되는 때
② ★장기할부판매18)	대가의 각 부분을 받기로 한 때(회수기일 도래기준) 예 장기할부판매시 돈을 받기로 한 날 각각 세금계산서 발행
③ 완성도기준지급 · 중간지급조건부19) 판매 및 전력 등의 계속적 공급	대가의 각 부분을 받기로 한 때 예 공사 수주 후 진행정도에 따라 대가를 받는 경우
④ 상품권 등의 판매	재화가 인도되거나 이용가능하게 되는 때 ⇨ ※ 주의 : 상품권 발행시점이 아님
⑤ ★재화의 공급으로 보는 가공의 경우	가공된 재화를 인도하는 때 ⇨ ※ 주의 : 가공완료된 시점 아님
⑥ 무인판매기를 이용하여 재화를 공급하는 경우	해당 사업자가 무인판매기에서 현금을 꺼내는 때 ⇨ ※ 주의 : 재화 인도시점이 아님
⑦ 반환조건부 · 동의조건부 기타 조건부 및 기한부 판매의 경우	조건이 성취되거나 기한이 경과되어 판매가 확정되는 때
⑧ 수출재화	수출재화의 선적일 (단, 수출하는 재화의 경우 세금계산서 교부의무는 면제됨)
⑨ 수입재화	수입신고가 수리되는 시점
⑩ 재화의 공급의제	ⓐ 면세전용, 비영업용 소형승용차로 전용, 개인적 공급 : 재화를 사용 · 소비하는 때 ⓑ 사업상 증여 : 재화를 증여하는 때 ⓒ 폐업시 잔존재화 : 폐업일 ⓓ 판매목적 타사업장 반출 : 재화를 반출하는 때

(2) 용역의 공급시기

용역은 재화와 달리 무형의 권리나 서비스를 의미한다. 용역의 경우에는 역무의 제공이 완료되거나 재화, 시설물 또는 권리가 사용되는 때가 공급시기가 된다.

구 분	공급시기(= 세금계산서 교부시기)
① 통상적인 경우	역무의 제공이 완료되는 때
② 완성도기준지급완성 · 중간지급 · 장기할부 및 기타 조건부 용역공급	대가의 각 부분을 받기로 한 때
③ 위 외의 경우	역무의 제공이 완료되고 공급가액이 확정되는 때
④ 부동산임대시 간주임대료 및 2과세기간 이상 임대용역을 공급하고 대가를 선불 또는 후불로 받은 경우	예정신고기간 또는 과세기간의 종료일
⑤ 폐업 전에 공급한 용역의 공급시기가 폐업일 이후에 도래하는 경우	폐업일

---

18) 장기할부판매란 ① 2회 이상으로 분할하여 대가를 받고 ② 해당 재화의 인도일의 다음 달부터 최종 부불금의 지급기일까지의 기간이 1년 이상인 경우를 의미한다.
19) 중간지급조건부란 ① 계약금 외의 대가를 분할하여 받고 ② 계약금을 받기로 한 날의 다음 날부터 재화를 인도하는 날까지의 기간이 6개월 이상인 경우를 의미한다.

TAT 2급

실무이론평가 대비

01 다음 중 부가가치세가 과세되는 재화 및 용역에 해당하는 것으로 옳은 것은? • 1회
① 부동산임대업을 하는 사업자가 특수관계인에게 건물을 사무실로 무상임대하는 것
② 민사집행법에 의한 경매에 따라 재화를 양도하는 것
③ 양도담보 목적으로 부동산을 제공하는 것
④ 상속세 및 증여세법에 따라 조세를 물납하는 것

> **해설**
>
> 부동산임대업을 하는 사업자가 특수관계인에게 건물을 사무실로 무상임대하는 경우에는 부가가치세가 과세된다.

02 다음 중 부가가치세법상 사업자가 무상으로 용역을 공급하는 경우 과세거래에 해당하는 것은? • 15회, 41회
① 종업원에게 음식용역을 무상제공하는 경우
② 직계존속에게 미용용역을 무상제공하는 경우
③ 직계존속에게 사업용 부동산을 무상임대하는 경우
④ 직계비속에게 숙박용역을 무상제공하는 경우

> **해설**
>
> 사업자가 타인에게 무상으로 용역을 공급하는 경우 과세거래로 보지 아니하나, 특수관계인에게 사업용 부동산을 무상임대하는 경우에는 과세거래로 본다.
>
> <무상공급 및 저가공급의 과세 구분>
>
> | 구분 | 재화 | 용역 |
> | --- | --- | --- |
> | 무상공급(공짜로 공급) | 과세 | 과세하지 않음
(단, 특수관계인에 대한 사업용 부동산의 무상임대는 시가로 과세) |
> | 저가공급(시가보다 싸게 공급) | 과세 | 과세 |

ANSWER   01. ①   02. ③

제2장 부가가치세 이론(2)

03 다음 중 부가가치세법상 과세대상 재화의 공급에 해당하는 것은? (단, 관련 재화취득과 관련된 매입세액은 모두 공제받았다)
• 42회

① 사업자가 재화를 자기의 다른 사업장에서 원자재로 사용하기 위해 반출하는 경우
② 사업자가 재화를 고객에게 접대 목적으로 증여하는 경우
③ 사업자가 다른 사업자에게 견본품을 무상으로 제공하는 경우
④ 사업자가 상품진열을 목적으로 자기의 다른 사업장으로 재화를 반출하는 경우

해설
접대를 목적으로 증여하는 경우 사업상 증여로 보아 부가가치세를 과세한다.

04 과세사업자인 (주)한공의 다음 거래 중 부가가치세 과세거래는?
• 6회

가. 담보목적으로 부동산을 제공하는 경우
나. 매입세액공제를 받지 못한 재화를 거래처에 증정하는 경우
다. 특수관계인에게 사업용 부동산을 무상으로 임대하는 경우
라. 건물을 교환하는 경우

① 가, 나
② 나, 다
③ 다, 라
④ 가, 라

해설
가. 담보목적으로 부동산을 제공하는 경우 : 공급이 아님
나. 매입세액공제를 받지 못한 재화를 거래처에 증정하는 경우 : 공급이 아님
다. 특수관계인에게 부동산을 무상으로 임대하는 경우 : 과세거래
라. 건물을 교환한 경우 : 과세거래

05 다음 중 부가가치세 과세대상 재화의 공급으로 옳지 않은 것은?
• 8회

① 상품의 장기할부판매
② 제품의 교환거래
③ 부동산에 근저당권 설정
④ 생산한 제품을 고객에게 증여

해설
부동산에 근저당권(= 담보) 설정은 부가가치세 과세대상 재화의 공급으로 보지 않는다.

ANSWER   03. ②   04. ③   05. ③

06 다음 중 부가가치세법상 용역의 공급에 해당하지 않는 것은?　・18회

① 건설업의 경우 건설업자가 건설자재의 전부 또는 일부를 부담하는 것
② 자기가 주요자재를 전혀 부담하지 아니하고 상대방으로부터 인도받은 재화를 단순히 가공만 해 주는 것
③ 산업상·상업상 또는 과학상의 지식·경험 또는 숙련에 관한 정보를 제공하는 것
④ 자기가 주요자재의 전부 또는 일부를 부담하고 상대방으로부터 인도받은 재화를 가공하여 새로운 재화를 만드는 가공계약에 따라 재화를 인도하는 것

해설

자기가 주요자재의 전부 또는 일부를 부담하고 상대방으로부터 인도받은 재화를 가공하여 새로운 재화를 만드는 가공계약에 따라 재화를 인도하는 것은 재화의 공급에 해당한다.

<가공계약의 구분>

구분	내용
주요 원재료 부담 ×	용역의 공급으로 봄
주요 원재료 부담 ○	재화의 공급으로 봄 (단, 건설업의 경우 건설업자가 건설자재의 전부 또는 일부를 부담하는 것도 용역의 공급으로 봄)

07 제조업을 영위하는 일반과세사업자인 (주)한공의 제1기 예정신고기간의 부가가치세 과세표준을 계산하면 얼마인가? (단, 제시된 재화·용역과 관련된 매입세액은 적법하게 공제하였고, 아래의 금액에는 부가가치세가 포함되지 아니하였다)　・17회

공급내역	판매금액	시가
특수관계인에게 판매한 제품	100,000원	200,000원
특수관계인에게 무상공급한 음식용역	-	120,000원
거래처(특수관계인 아님)에 증정한 회사의 제품(원가 100,000원)	-	130,000원

① 270,000원　　② 330,000원
③ 400,000원　　④ 450,000원

해설

200,000원 + 130,000원 = 330,000원
→ 특수관계인에게 시가보다 저가로 판매한 경우에는 부당행위계산의 부인에 따라 시가를 공급가액으로 한다.

06. ④　07. ②

08 부가가치세법상 재화의 수입에 대한 설명으로 옳지 않은 것은? •10회

① 재화의 수입시기는 관세법에 따른 수입신고가 수리된 때로 한다.
② 수출신고가 수리된 물품으로서 선적되지 아니한 물품을 보세구역에서 반입하는 경우는 재화의 수입에 해당하지 아니한다.
③ 외국에서 보세구역으로 재화를 반입하는 것은 재화의 수입에 해당한다.
④ 부가가치세가 과세되는 재화를 수입하는 경우에는 세관장이 수입세금계산서를 발급한다.

해설

보세구역에서 국내로 재화를 반입하는 것을 재화의 수입으로 본다.

<보세구역을 통한 거래 구분>

구 분	내 용
외국 → 보세구역	재화의 수입 아님 → 과세하지 않음
보세구역 → 보세구역 외의 국내장소	재화의 수입 → 과세

09 다음 중 재화의 수입과 관련된 설명으로 옳지 않은 것은? •14회

① 수출신고가 수리된 물품으로서 선적되지 아니한 물품을 보세구역에서 반입하는 경우는 재화의 수입에 해당하지 아니한다.
② 동일한 보세구역 내에서 재화 용역을 공급하는 것은 재화 용역의 공급으로 본다.
③ 외국에서 보세구역으로 재화를 반입하는 것은 재화의 수입에 해당한다.
④ 사업자가 보세구역 안에서 보세구역 밖의 국내에 재화를 공급하는 경우가 재화의 수입에 해당할 때에는 수입신고수리일을 재화의 공급시기로 본다.

해설

외국에서 보세구역에 재화를 반입하는 것은 재화의 수입에 해당하지 아니한다.

ANSWER 08. ③ 09. ③

10 (주)한공은 제품을 영찬산업에 공급하고 그 대가로 비품을 받았다. 다음 자료를 참고하여 (주)한공과 영찬산업의 부가가치세법상 공급가액을 구하면 얼마인가? (단, 두 회사는 모두 부가가치세 과세사업자이다)
• 19회

구 분	(주)한공의 제품	영찬산업의 비품
장부금액	500만원	600만원
시가	700만원	690만원

	(주)한공	영찬산업
①	500만원	690만원
②	700만원	690만원
③	500만원	600만원
④	700만원	600만원

해설

(주)한공과 영찬산업 모두 자기가 공급한 재화의 시가를 공급가액으로 하므로 (주)한공은 700만원, 영찬산업은 690만원이 공급가액이다.

---

11 다음 거래에 대한 부가가치세법상의 설명으로 옳지 않은 것은?
• 7회

> (주)한공은 올해 컴퓨터 50대를 생산해서 20대를 거래처에 판매하고, 설 선물로 종업원들과 일부 거래처에 각각 10대씩 무상으로 제공하였다. 그리고 창고에 보관 중인 10대는 은행에 담보로 제공하였다.

① 거래처에 20대 판매 : 재화의 공급
② 종업원에 10대 선물 : 재화의 개인적 공급
③ 거래처에 10대 선물 : 재화의 사업상 증여
④ 은행에 10대 담보 제공 : 재화의 공급

해설

은행에 담보로 제공한 컴퓨터 10대는 재화의 공급으로 보지 아니한다.

10. ② 11. ④

제2장 부가가치세 이론(2)

12 사업자가 매입세액공제를 받은 재화를 다음과 같은 용도로 사용하는 경우 부가가치세 과세거래에 해당하는 것은? • 7회

① 견본품을 무상으로 제공하는 경우
② 면세사업을 위하여 사용하는 경우
③ 작업복·작업모·작업화로 사용하는 경우
④ 자기사업상의 기술개발을 위하여 시험용으로 사용하는 경우

> **해설**
> ②는 재화의 공급으로 보나, 그 밖의 것은 재화의 공급으로 보지 아니한다.

13 다음 중 부가가치세법상 과세대상 재화의 공급에 해당하는 것은? • 36회

① 자기가 주요자재의 일부를 부담하는 가공계약에 따라 재화를 인도하는 경우
② 매입시 세금계산서를 발급받지 못한 상품을 거래처에 증정한 경우
③ 사업자가 아닌 개인이 사용하던 승용차를 중고차 매매상에게 판매한 경우
④ 사업을 위하여 대가를 받지 아니하고 다른 사업자에게 견본품을 인도하는 경우

> **해설**
> ② 매입세액공제를 받지 않았으므로 거래처에 무상제공하는 경우에도 재화 공급의 특례에 해당하지 아니한다.
> ③ 재화의 공급은 재화를 공급하는 자가 사업자인 경우에 한하여 부가가치세 과세대상이 된다.
> ④ 사업을 위하여 대가를 받지 아니하고 다른 사업자에게 인도하거나 양도하는 견본품은 재화의 공급으로 보지 아니한다.

14 다음 중 부가가치세 공급가액에 포함되는 것은? • 5회

```
가. 인도 전에 파손된 원재료 가액
나. 재화 또는 용역의 공급과 직접 관련이 되지 아니하는 국고보조금
다. 장기외상매출금의 할부이자 상당액
라. 제품의 외상판매가액에 포함된 운송비
```

① 가, 나   ② 가, 다   ③ 가, 라   ④ 다, 라

> **해설**
> 장기외상매출금의 할부이자 상당액과 제품의 외상판매가액에 포함된 운송비는 부가가치세 공급가액에 포함된다.

ANSWER 12. ② 13. ① 14. ④

TAT 2급

15 다음 중 부가가치세법상 과세표준과 관련하여 옳게 설명하고 있는 사람은? •15회

- 다솜 : 특수관계인에게 저가로 재화를 공급하면 부당행위계산 부인이 적용되어야 해.
- 진리 : 대가의 일부로 받는 하역비는 과세표준에 포함해야 해.
- 민수 : 회수가 불가능한 대손금은 과세표준에서 차감해야 해.
- 은희 : 대가와 함께 회수하는 연체이자는 과세표준에 포함해야 해.

① 다솜, 진리
② 다솜, 민수
③ 다솜, 진리, 은희
④ 진리, 민수, 은희

해설
대손금은 과세표준에서 공제하지 않으며 파산 등의 사유로 대손되어 회수할 수 없는 경우에는 대손세액을 그 대손이 확정된 날이 속하는 과세기간의 매출세액에서 차감할 수 있다. 공급에 대한 대가의 지급이 지체되었음을 이유로 받는 연체이자는 과세표준에 포함하지 않는다.

16 다음 중 부가가치세법상 과세표준에 포함되는 것은? •14회
① 공급에 대한 대가의 지급이 지체되었음을 이유로 받는 연체이자
② 재화 또는 용역의 공급과 직접 관련되지 아니하는 국고보조금과 공공보조금
③ 공급에 대한 대가를 약정기일 전에 받았다는 이유로 사업자가 당초의 공급가액에서 할인해 준 금액
④ 재화를 공급하고 대가의 일부로 받는 운송비와 포장비

해설
대가의 일부로 받는 운송비와 포장비는 과세표준에 포함된다.

ANSWER 15. ① 16. ④

17
다음은 부가가치세 사업자인 (주)한공의 제1기 예정신고기간의 거래내역이다. 부가가치세 과세표준은 얼마인가?

• 9회

> 가. 상품 매출액 100,000,000원
> 나. 거래처에 제공한 판매장려품(시가) 20,000,000원
> 다. 수출액 60,000,000원
> 라. 토지 매각액 100,000,000원

① 100,000,000원　　② 160,000,000원
③ 180,000,000원　　④ 280,000,000원

해설

토지는 면세재화이므로 과세대상이 아니다.
과세표준 = 100,000,000원 + 20,000,000원 + 60,000,000원 = 180,000,000원

18
다음은 (주)한공의 제2기 확정신고기간(10.1.~12.31.)의 자료이다. 이를 토대로 부가가치세 과세표준을 계산하면 얼마인가? (단, 주어진 자료의 금액은 부가가치세가 포함되어 있지 않은 금액이며, 세금계산서 등 필요한 증빙서류는 적법하게 발급하였거나 수령하였다)

• 37회

> 가. 외상판매액(수출액 3,000,000원 포함) 10,000,000원
> 나. 비영업용 소형승용차의 매각액 5,000,000원
> 다. 토지매각액 6,000,000원
> 라. 재화 공급과 직접 관련되지 않는 국고보조금 수령액 2,500,000원

① 10,000,000원　　② 15,000,000원
③ 17,500,000원　　④ 21,000,000원

해설

- 외상판매액 10,000,000원 + 비영업용 소형승용차의 매각액 5,000,000원 = 15,000,000원
- 토지매각은 면세에 해당되고, 재화 공급과 직접 관련되지 않는 국고보조금 수령액은 공급가액에 포함하지 않는다.

ANSWER　17. ③　18. ②

19 다음 중 부가가치세 과세표준에 대하여 잘못 설명하고 있는 사람은?   • 31회

- 혜인 : 매출환입과 매출할인은 과세표준에서 제외되지 않지만 매출에누리는 과세표준에서 제외돼.
- 명희 : 공급대가의 지급이 지연되어 받는 연체이자 상당액은 과세표준에서 제외돼.
- 수혜 : 장기할부판매의 경우 이자상당액은 과세표준에 포함돼.
- 진아 : 재화를 공급받는 자에게 지급하는 장려금은 과세표준에서 공제하지 않아야 해.

① 혜인   ② 명희
③ 수혜   ④ 진아

해설
매출환입과 매출할인은 과세표준에서 제외된다.

20 다음은 컴퓨터 판매업을 영위하는 (주)한공의 제2기 예정신고기간의 거래내역이다. 부가가치세 매출세액은 얼마인가? (단, 아래의 금액에는 부가가치세가 포함되어 있지 않다)   • 21회

가. 취득원가 1,500,000원(시가 2,000,000원)인 컴퓨터(매입세액 공제분)를 특수관계인에게 무상으로 제공하였다.
나. 창고건설을 목적으로 보유하던 토지를 500,000원에 판매하였다.
다. 노트북을 1,000,000원에 판매하였다.
라. 상품배달에 사용하던 트럭을 800,000원에 판매하였다.

① 150,000원   ② 250,000원
③ 380,000원   ④ 430,000원

해설
(2,000,000원 + 1,000,000원 + 800,000원) × 10% = 380,000원
→ 특수관계인에게 무상으로 공급한 재화는 시가를 공급가액으로 보며, 토지는 부가가치세 면세대상이다.

ANSWER   19. ①   20. ③

제2장 부가가치세 이론(2)

21 다음의 자료를 토대로 (주)한공의 제2기 확정신고기간 부가가치세 과세표준을 계산한 금액으로 옳은 것은? (단, 주어진 자료에는 부가가치세가 포함되지 아니하였다) • 33회

- 제품판매액 : 60,000,000원
- 견본품의 시가 : 3,000,000원
- 사업에 사용한 토지의 공급액 : 10,000,000원
- 매입세액 공제받은 제품의 대표자 개인적 사용분 : 4,000,000원(시가 5,000,000원)

① 65,000,000원 ② 67,000,000원
③ 70,000,000원 ④ 75,000,000원

해설

- 부가가치세 과세표준 = 60,000,000원 + 5,000,000원 = 65,000,000원
- 견본품은 과세표준에 포함하지 않는다.

22 다음은 부가가치세 과세사업자인 (주)한공의 제2기 부가가치세 예정신고기간의 거래내역이다. 부가가치세 매출세액을 구하면 얼마인가? • 18회

가. 제품 국내 공급가액(매출할인 200,000원 차감 전) 100,000,000원
나. 직수출 공급가액 US$20,000
  • 선적일(2024.7.20.)의 기준환율 1,000원/US$
  • 대금결제일(2024.9.30.)의 기준환율 1,100원/US$
다. 매입처로부터 수령한 판매장려금 2,000,000원

① 9,980,000원 ② 10,000,000원
③ 10,180,000원 ④ 11,080,000원

해설

가. 매출세액 = (100,000,000원 - 200,000원) × 10% = 9,980,000원
나. 직수출은 영세율 적용대상이므로 매출세액 계산 시 고려할 필요가 없다.
다. 판매장려금은 재화 또는 용역의 공급에 대한 대가가 아니므로 과세하지 아니한다.

ANSWER 21. ① 22. ①

23 다음 자료를 토대로 (주)한공의 제2기 부가가치세 확정신고기간(10.1. ~ 12.31.)의 부가가치세 매출세액을 계산하면 얼마인가? (단, 주어진 자료의 금액은 부가가치세가 포함되어 있지 않은 금액이며, 세금계산서 등 필요한 증빙서류는 적법하게 발급하였거나 수령하였다)

• 38회

일 자	거래내용	금 액
9월 29일	현금매출액	5,000,000원
10월 8일	외상매출액	30,000,000원
11월 7일	매입세액공제받은 재화의 거래처 증여(시가 : 3,000,000원)	2,000,000원
12월 19일	공급대가의 지급이 지체되어 받는 연체이자	1,500,000원

① 3,200,000원 ② 3,300,000원
③ 3,450,000원 ④ 3,800,000원

해설

• (30,000,000원 + 3,000,000원) × 10% = 3,300,000원
• 현금매출액은 2기 예정신고기간의 과세표준임
  거래처 증여인 개인적공급은 시가로 과세됨
  연체이자는 과세표준에 포함되지 아니함

24 다음 자료를 토대로 일반과세자인 (주)한공의 제1기 부가가치세 확정신고시 매출세액을 구하면 얼마인가? (단, 제시된 금액에는 부가가치세가 포함되지 않았다)

• 41회

가. 상품매출액(매출에누리 1,000,000원이 차감되지 않은 금액) : 20,000,000원
나. 매출채권의 회수지연에 따라 받은 연체이자 : 500,000원
다. 할부매출액 : 12,000,000원(20×1년 4월 1일에 제품을 인도하고, 대금은 20×1년 4월 30일부터 12회로 분할하여 매월 말일에 1,000,000원씩 받기로 함)

① 2,200,000원 ② 2,250,000원
③ 2,300,000원 ④ 2,350,000원

해설

• 과세표준 : (20,000,000원 - 1,000,000원) + (1,000,000원 × 3) = 22,000,000원
  매출세액 : 22,000,000원 × 10% = 2,200,000원
• 회수지연에 따른 연체이자는 과세표준에 포함하지 아니함

23. ② 24. ①

25 다음 중 부가가치세법상 재화와 용역의 공급시기로 옳지 않은 것은? • 2회

① 수출재화 : 수출재화의 선적일
② 폐업시 잔존재화 : 폐업하는 때
③ 단기할부판매 : 대가의 각 부분을 받기로 한 때
④ 위탁판매 : 수탁자의 공급일

해설

단기할부판매시에는 인도기준을 적용한다.

26 부가가치세법상 재화의 공급시기로 옳지 않은 것은? • TAT1급 9회

① 완성도기준지급 조건부로 재화를 공급하는 경우 : 대가의 각 부분을 받기로 한 때
② 무인판매기를 이용하여 재화를 공급하는 경우 : 사업자가 무인판매기에서 현금을 꺼내는 때
③ 내국물품을 외국으로 반출하는 경우 : 수출재화의 공급가액이 확정되는 때
④ 재화의 공급으로 보는 가공의 경우 : 가공된 재화를 인도하는 때

해설

내국물품을 외국에 반출하는 경우에는 수출재화의 선(기)적일이 공급시기가 된다.

ANSWER 25. ③ 26. ③

03 전자세금계산서 발행

제1절 전자세금계산서 발행

더존 프로그램의 경우 부가가치세 관련성에 따라 전표입력이 일반전표입력, 매입매출전표로 구분된다. 일반전표입력은 부가가치세와 관련 없는 거래자료를 입력하는 메뉴이고, 매입매출전표는 부가가치세 신고대상이 되는 거래를 입력하는 메뉴이다.

1. 매입매출전표입력

(1) 기본화면

매입매출전표입력 메뉴는 부가가치세신고와 관련한 매입매출거래를 입력하는 메뉴이다. [재무회계] ⇨ [전표입력/장부] ⇨ [매입매출전표입력]을 클릭한다. 화면구성은 아래 그림과 같이 부가가치세와 관련된 매입매출 거래내용을 입력하는 상단부와, 분개를 입력하는 하단부로 되어 있다. 상단부는 부가가치세 관련 각 신고자료(부가가치세신고서, 세금계산서합계표 등)로 활용되며, 하단부의 분개는 각 회계장부(전표, 재무제표 등)에 반영된다.

▶ 저자주 : 세부적인 설명은 실무수행 예제로 먼저 실습 후 볼 것!!

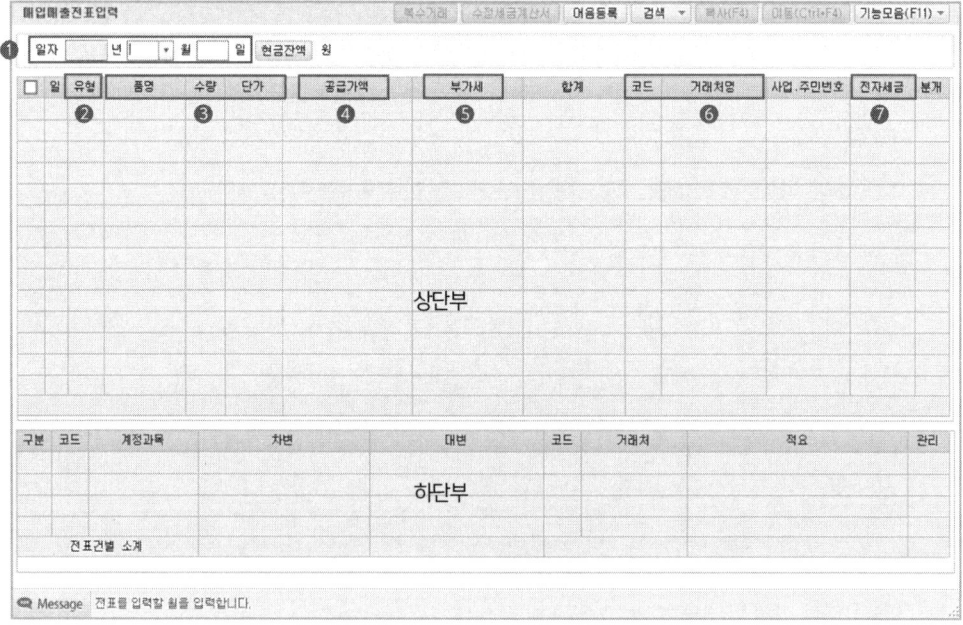

[화면설명]
① 작업하고자 하는 해당 월과 일자를 입력한다.
② 입력되는 매입매출자료의 유형을 2자리 코드로 입력한다. 유형은 크게 매출과 매입으로 구분되어 있으며, 유형코드에 따라 부가가치세 신고서식의 각 해당 항목에 자동 집계된다.
③ 품명, 수량, 단가 : 거래물건의 품명, 수량, 단가를 각각 입력하며 해당사항이 없을 경우 Enter↲ 키를 누르면 공급가액으로 커서가 이동한다.
④ 공급가액 : 수량·단가를 입력하면 자동으로 계산되며, 직접 공급가액을 입력할 수도 있다.
⑤ 부가가치세 : 공급가액이 입력되면 자동으로 10%가 계산되며 부가세를 직접 입력할 수도 있다. 유형이 영세율, 면세이면 부가세는 해당사항이 없으므로 커서가 가지 않는다.
⑥ 거래처 : 매입매출전표 입력시에는 반드시 거래처코드를 입력해야 한다. 거래처코드를 입력하지 않으면 매출·매입처별세금계산서합계표 등의 각 집계표에 집계되지 않는다.
⑦ 전자세금 : 타 프로그램을 통해 전자세금계산서 처리한 데이터의 경우에는 매입매출전표입력에서 직접 입력 후 [전자세금] 항목에 [1.전자입력]으로 입력한다. (더존전자세금계산서 bill36524에서 전자발행할 경우 ⇨ 공란으로 비워두고 ⇨ Bill36524에서 전자발행하면 ⇨ 자동으로 [전자발행]으로 표시됨)

(2) 매입매출전표유형

[화면설명]
[매입매출전표 유형]은 매입매출거래의 회계처리를 위한 란이다.
주요 매입매출 유형

구 분	유 형	내 용
매출	11.과세	일반 10% 매출세금계산서 입력시 선택
	12.영세	영세율(0%) 매출세금계산서 입력시 선택(내국신용장 및 구매확인서에 따른 간접수출). 특히, 직접 수출되어 세금계산서 발행되지 아니하는 경우는 [16.수출]코드로 입력
	13.면세	부가가치세 면세사업자가 발행하는 매출면세계산서 입력시 선택
	17.카과	신용카드 과세매출시 선택
매입	51.과세	일반 10%로 발급받은 매입세금계산서입력시 선택
	53.면세	면세사업자가 발행한 면세계산서 입력시 선택
	54.불공	매입세액 불공제되는 매입세금계산서 입력시 선택
	57.카과	신용카드 과세매입시 선택

▶ 저자주 : 유형에 관한 세부내용은 후술하는 매출 및 매입전표입력에서 상세설명한다.

(3) 분개유형

분개유형	구분	분개 사례
0.분개없음	실제로 분개가 필요 없는 경우이거나 분개가 필요하지만 나중에 처리하고자 하는 경우에 사용	
1.현금	전액 현금거래일 경우 선택	(차) 현　　　금　1,100,000　(대) 제 품 매 출　1,000,000 　　　　　　　　　　　　　　　　　부가세예수금　　100,000
2.외상	전액 외상거래일 경우 선택	(차) 외상매출금　1,100,000　(대) 제 품 매 출　1,000,000 　　　　　　　　　　　　　　　　　부가세예수금　　100,000
3.혼합	1.현금 및 2.외상 이외의 거래 (일부 현금+외상 등)	(차) 현　　　금　　500,000　(대) 제 품 매 출　1,000,000 　　　 외상매출금　　600,000　　　　부가세예수금　　100,000

▶ 저자주 : 분개유형에 관한 세부내용도 매출 및 매입전표 입력에서 상세설명!!

2. 전자세금계산서 발행 및 전송

- [NCS연계] 부가가치세신고_세금계산서 발급·수취하기
- [학습목표] 세금계산서의 발급방법에 따라 세금계산서를 발급하고 발급명세를 국세청에 전송할 수 있다.

부가가치세가 과세되는 재화나 용역을 공급하는 사업자는 공급시 공급가액의 10%의 부가가치세를 거래징수하고 상대방에게 (전자)세금계산서를 작성하여 발행하여야 한다.
특히 법인사업자의 경우 전자세금계산서 발행이 의무사항이다.

[전자세금계산서 발행방법]

구분	발행방법
프로그램을 이용한 발행	더존 프로그램(더존 Bill36524.com) 등 세금계산서 발급 중계사이트에 가입하여 발행할 수 있다. ⇦ ★자격시험 출제대상
국세청 홈택스 사이트에서 발행	국세청 홈택스 시스템(국세청 통합사이트 www.hometax.go.kr)을 이용하여 발행할 수 있다.

자격시험 및 본서에서는 더존 프로그램(Bill36524.com)을 통한 전자세금계산서 발행방법을 실무수행문제를 통해서 살펴보도록 하자.

제3장 전자세금계산서 발행

 전자세금계산서 발행 및 전송(1) 과세 제품매출

▶ 저자주 : 부가가치세 관련 실무수행은 실습데이터 「회사코드 4001.(주)부가가치세」에서 수행한다.

> 황금신발에 제품을 공급하고 전자세금계산서를 금일 발급·전송하였다.
>
> [평가문제]
> 1. 거래명세서에 의해 전표를 입력하시오(복수거래를 이용).
> 2. 전자세금계산서의 발행 및 내역관리를 통하여 발급 및 전송하시오(전자세금계산서 발급시 결제내역 및 전송일자는 고려하지 않는다).

거 래 명 세 서

공급자	등록번호	101-81-83017			공급받는자	등록번호	120-16-90961		
	상호	(주)부가가치세	성명	부가세		상호	황금신발	성명	황금발
	주소	서울 금천구 독산로 90길 27				주소	경기 부천시 소사구 범박동		
	업태	제조업외	종목	신발		업태	도.소매업	종목	신발
	E-Mail	vat@bill36524.com				E-Mail	12456@bill36524.com		

거래일자	미수금액	공급가액	세액	합계금액(VAT 포함)
2024-01-05	₩ 6,028,000	₩ 5,480,000	VAT별도	₩ 6,028,000

년	월	일	품목	규격	수량	단가	금액
2024	1	05	운동화		10	530,000	5,300,000
			고무신		10	18,000	180,000
			계		20		₩ 5,480,000

[전자세금계산서 기본 흐름]

프로그램	매입매출전표입력	전자세금계산서 발행 및 내역관리	
업무흐름	step 1. 매출자료 입력 (거래자료) →	step 2. 전자세금계산서 발행 (to 상대거래처) →	step 3. 전자세금계산서 전송 (to 국세청)

해설_ **Step 1. [매입매출전표입력] 1월 5일 거래자료입력**

거래유형	품명	공급가액	부가세	거래처	전자세금
11.과세	운동화 외(복수거래)	5,480,000	548,000	황금신발	
분개유형	(차) 108.외상매출금		6,028,000원	(대) 404.제품매출	5,480,000원
2.외상				255.부가세예수금	548,000원

TAT 2급

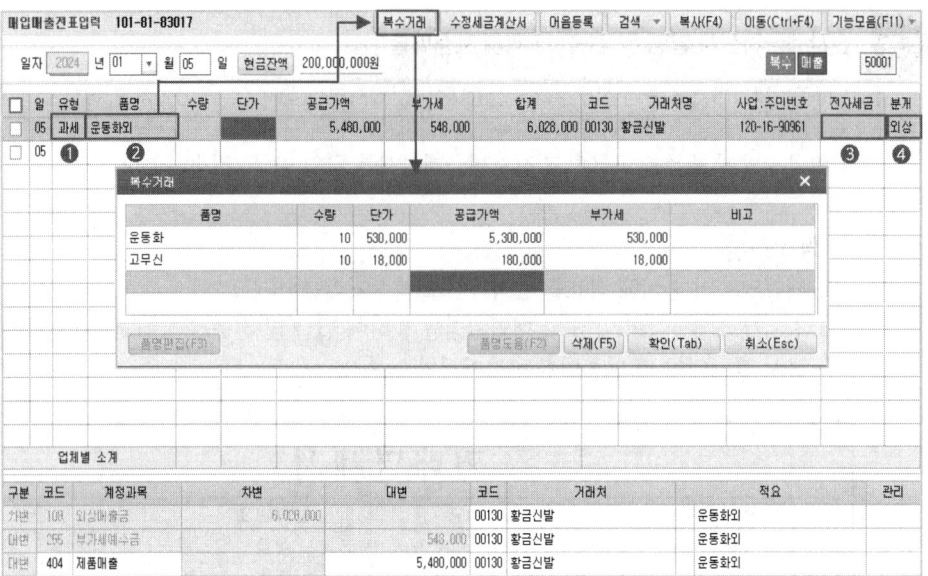

[화면설명]
① [유형]란에 과세의 유형코드 "11.과세"를 선택한다.
② 세금계산서 한 장에 여러 품목이 있는 경우 복수거래를 선택하여 입력한다. 품명 에서 툴바의 복수거래 키나 F7 키를 클릭하면 각각 품명, 수량, 단가를 입력 후 확인(Tab) 을 누른다.
③ 전자세금 란은 공란으로 비워둔다.
  ★ 주의) 더존 Bill36524로 전자세금계산서를 발행하는 경우 전자세금 란은 입력하지 않으며, 전자발행이 완료되면 자동으로 전자발행 으로 표기된다.
④ 분개 에서 전액 외상거래이므로 「2 : 외상」을 선택하며 하단 자동분개가 된다. ⇨ 기본계정(제품매출)과 일치하므로 수정하지 않는다.

Step 2. [전자세금계산서 발행 및 내역관리] 전자세금계산서 발행

(1) 부가가치세 II ⇨ 전자세금계산서 발행 및 내역관리 메뉴를 클릭한다.

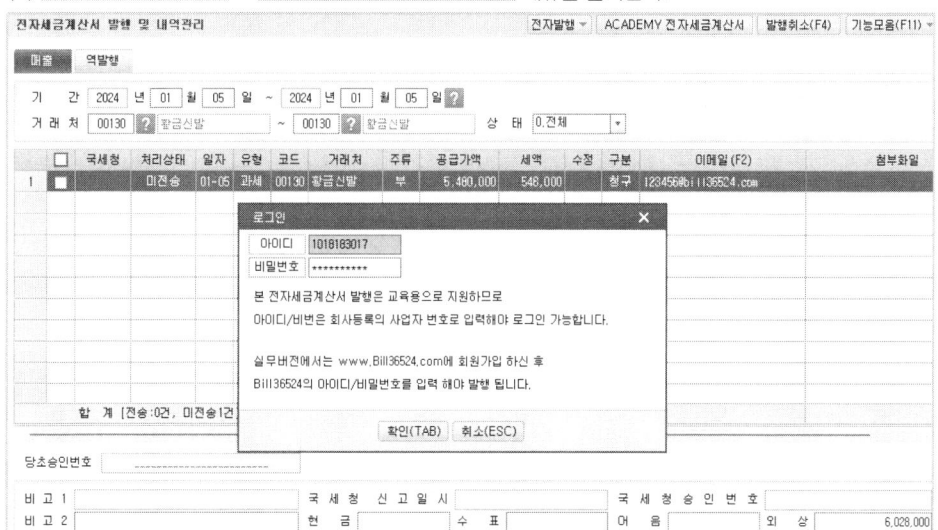

[화면설명]

① 매출 탭에서 기간 '01월 05일~01월 05일'을 입력하고 거래처를 조회하면 '미전송'내역이 나타난다.

② 결제내역을 입력한다(시험에서 "결제내역 고려하지 말 것"이라고 제시하면 채점대상이 아니므로 생략해도 무관!!!).

③ 미전송된 내역이 조회되면 미전송내역을 체크☑한 후

④ 전자발행▼ 을 클릭하여 표시되는 로그인 화면에서 확인(TAB) 클릭하고 로그인한다.

⇨ 실무에선 더존 Bill36524사이트에서 회원가입을 하여야 하나, 교육용은 회사등록의 사업자번호로 자동설정된 아이디와 동일한 비밀번호로 이용한다.

(2) 전자세금계산서 확인 및 발행

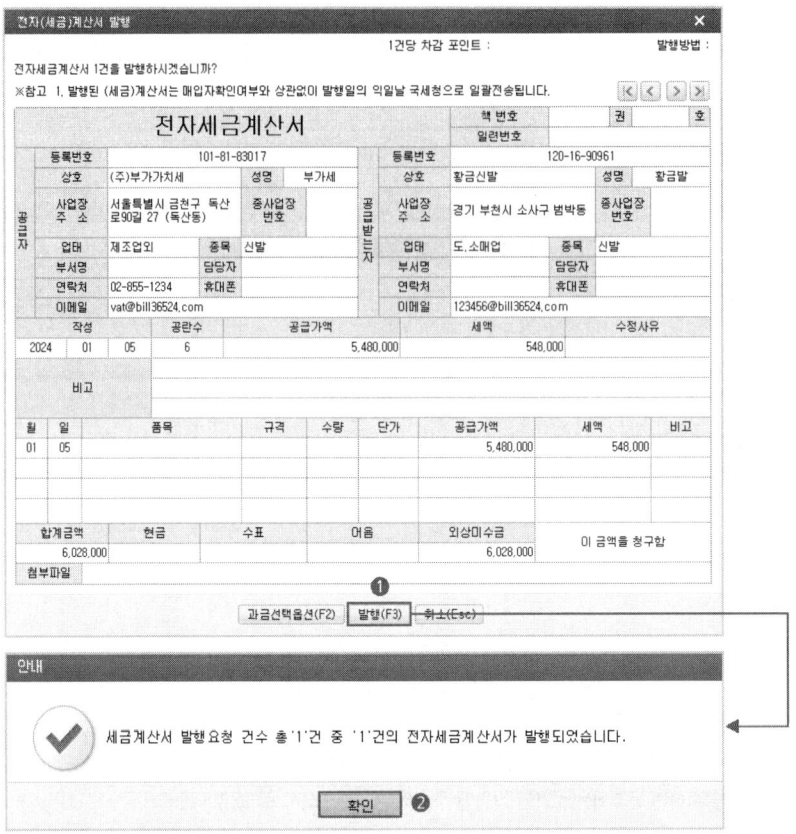

[화면설명]
① "전자세금계산서 발행" 화면이 조회되면 하단의 발행(F3) 버튼을 클릭한다.
② 전자세금계산서 발행확인 안내화면이 나오면 확인 을 클릭한다.

제3장 전자세금계산서 발행

Step 3. [전자세금계산서 발행 및 내역관리] 전자세금계산서 전송
(1) Bill36524.com 접속

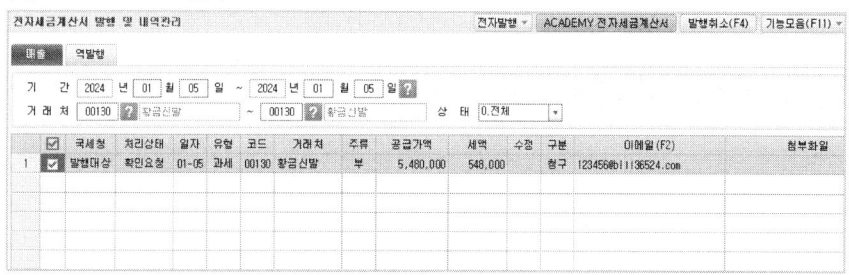

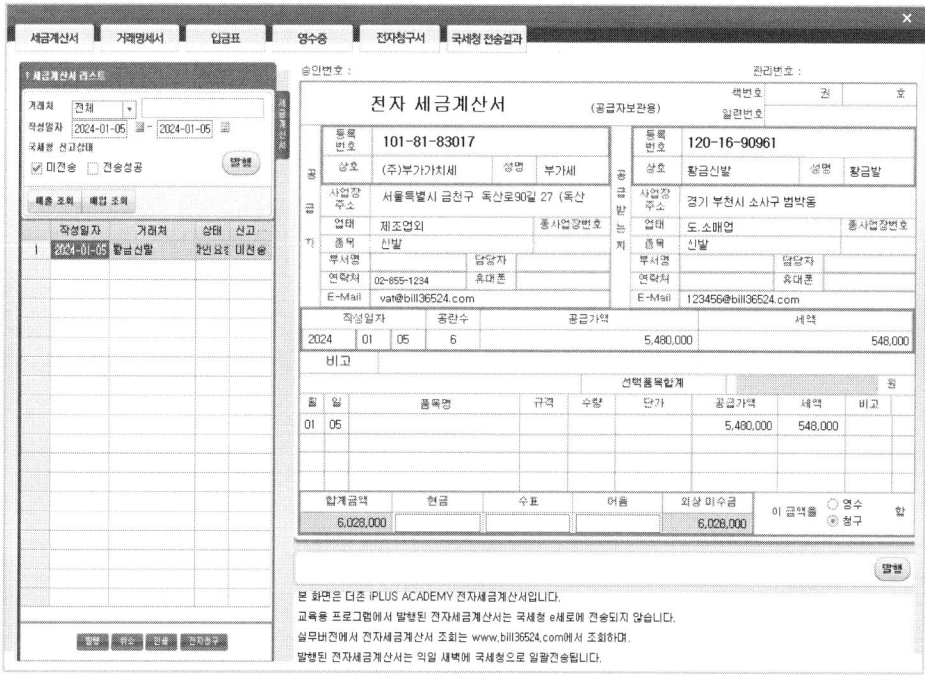

TAT 2급

[화면설명]
① 국세청란에 "발행대상"으로 표시되면 ACADEMY 전자세금계산서 를 클릭한다.
② [Bill36524 교육용 전자세금계산서] 화면에서 [로그인]을 클릭한다.
  (Bill36524는 전자세금계산서 발행연습을 위한 가상서버이다)
③ 좌측화면 : [세금계산서 리스트]에서 [미전송]으로 체크 후 [매출조회]를 클릭한다.
④ 우측화면 : [전자세금계산서]에서 하단의 발행 을 클릭한다.
⑤ [발행완료되었습니다.] 메시지가 표시되면 확인 을 클릭한다.

(2) 매입매출전표화면 다시 조회

□	일	유형	품명	수량	단가	공급가액	부가세	합계	코드	거래처명	사업.주민번호	전자세금	분개
□	05	과세	운동화외			5,480,000	548,000	6,028,000	00130	황금신발	120-16-90961	전자발행	외상
□	05											"확인"	

제3장 전자세금계산서 발행

참고 전자세금계산서 발행 취소

Bill36524.com를 통해 발행된 전자세금계산서는 발행순서와 역순으로 「국세청 전송 취소」 → 「발행 취소」순으로 취소가 가능하다(실무에서는 전자세금계산서 발행 후 상대거래처에서 확인을 완료하거나 국세청에 이미 전송이 되면 발행취소가 불가능하다).

❶ [전자세금계산서 발행 및 내역관리]메뉴에서 `ACADEMY 전자세금계산서` 클릭하여
❷ Bill36524.com 사이트로 로그인한다.
❸ 전자세금계산서 전송성공 체크 후 매출조회TAB을 클릭하고
❹ 취소하고자 하는 전자세금계산서를 선택한 후 하단의 [취소]버튼을 클릭한다.

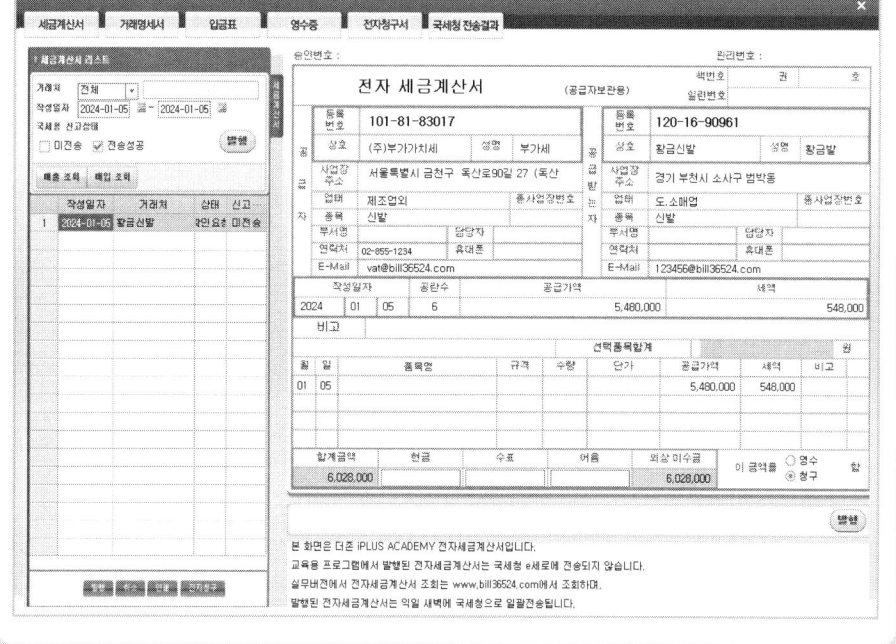

전자세금계산서 발행 및 전송(2) 과세 제품매출 - 복수거래

황금신발에 제품을 공급하고 전자세금계산서를 금일 발급·전송하였다.

[평가문제]
1. 거래명세서에 의해 전표를 입력하시오(미리 수령한 계약금 191,000원을 제외한 잔액은 외상으로 하였다. 복수거래로 입력하시오).
2. 전자세금계산서의 발행 및 내역관리를 통하여 발급 및 전송하시오(발행시 결제내역 입력 및 전송일자는 무시).

거 래 명 세 서

공급자	등록번호	101-81-83017		공급받는자	등록번호	120-16-90961		
	상호	(주)부가가치세	성명	부가세		상호	황금신발	성명	황금발
	주소	서울 금천구 독산로 90길 27				주소	경기 부천시 소사구 범박동		
	업태	제조업외	종목	신발		업태	도.소매업	종목	신발
	E-Mail	vat@bill36524.com				E-Mail	12456@bill36524.com		

거래일자	미수금액	공급가액	세액	합계금액(VAT 포함)
2024-01-10		₩ 1,810,000	₩ 181,000	₩ 1,991,000

년	월	일	품목	규격	수량	단가	금액
2024	1	10	숙녀화		10	85,000	850,000
			신사화		10	96,000	960,000
			계		20		₩ 1,810,000
특기사항			1월 8일 계약금으로 191,000원을 현금 수령하였음				

해설_ 1. [매입매출전표입력] 1월 10일 거래자료입력

거래유형	품명	공급가액	부가세	거래처	전자세금
11.과세	숙녀화 외	1,810,000	181,000	00130.황금신발	전자발행
분개유형	(차) 108.외상매출금		1,800,000원	(대) 404.제품매출	1,810,000원
3.혼합	259.선수금		191,000원	255.부가세예수금	181,000원

2. [부가가치세 Ⅱ] → [전자세금계산서 발행 및 내역관리] 클릭
   ① 매출 탭에서 기간 '01월 10일~01월 10일'을 입력하고 미전송된 내역이 조회되면 미전송내역을 체크한 후 툴바의 전자발행▼ 을 클릭하여 표시되는 로그인 화면에서 확인(TAB) 클릭
   ② "전자세금계산서 발행" 화면이 조회되면 하단 발행(F3) 버튼을 클릭한 다음 확인 클릭
   ③ [전자세금계산서 발행 및 내역관리] 국세청란에 "발행대상"으로 표시되면 툴바의 ACADEMY 전자세금계산서 를 클릭
   ④ [Bill36524 교육용전자세금계산서] 화면에서 [로그인]을 클릭
   ⑤ 좌측화면 : [세금계산서 리스트]에서 [미전송]으로 체크 후 [매출조회]를 클릭
      우측화면 : [전자세금계산서]에서 발행 을 클릭
   ⑥ [발행완료되었습니다.] 메시지가 표시되면 확인 클릭
   ⑦ [매입매출전표입력] 화면에서 전자세금 란에 전자발행 으로 자동표시됨

전자세금계산서 발행 및 전송(3) 과세 제품매출 – 받을어음 자금관리 포함

[자료설명]
황금신발에 제품을 공급하고 거래일에 전자세금계산서를 발급·전송하였다. 대금은 전액 황금신발이 발행한 약속어음으로 수령하였다.

[평가문제]
1. 거래명세서에 의해 전표를 입력하시오.
2. 자금관련 정보를 입력하여 받을어음 현황에 반영하시오.
3. 전자세금계산서의 발행 및 내역관리를 통하여 발급 및 전송하시오(발행시 결제내역 입력 및 전송일자는 무시).

거 래 명 세 서

공급자	등록번호	101-81-83017		공급받는자	등록번호	120-16-90961	
	상호	(주)부가가치세	성명: 부가세		상호	황금신발	성명: 황금발
	주소	서울 금천구 독산로 90길 27			주소	경기 부천시 소사구 범박동	
	업태	제조업외	종목: 신발		업태	도.소매업	종목: 신발
	E-Mail	vat@bill36524.com			E-Mail	12456@bill36524.com	

거래일자	미수금액	공급가액	세액	합계금액(VAT 포함)
2024-01-15	₩ 2,200,000	₩ 2,000,000	VAT별도	₩ 2,200,000

년	월	일	품목	규격	수량	단가	금액
2024	1	15	등산화		10	200,000	2,000,000

전 자 어 음

(주)부가가치세 귀하   00420240115123456789

금 이백이십만원정   2,200,000원

위의 금액을 귀하 또는 귀하의 지시인에게 지급하겠습니다.

지급기일 2024년 07월 25일   발행일 2024년 01월 15일
지 급 지 국민은행   발행지 경기 부천시 소사구 범박동
지급장소 부천지점   주 소
                                        발행인 황금신발

해설_ 1. [매입매출전표입력] 1월 15일 거래자료입력

거래유형	품명	공급가액	부가세	거래처	전자세금
11.과세	등산화	2,000,000	200,000	00130.황금신발	전자발행
분개유형	(차) 110.받을어음		2,200,000원	(대) 404.제품매출	2,000,000원
3.혼합				255.부가세예수금	200,000원

2. 받을어음 자금관리

어음상태	1 보관	어음종류	6 전자	어음번호	00420240115123456789		수취구분	1 자수
발행인	00130 황금신발			발행일	2024-01-15	만기일	2024-07-25	배 서 인
지급은행	100 국민은행	지점	부천	할인기관		지 점		할인율(%)
지급거래처					* 수령된 어음을 타거래처에 지급하는 경우에 입력합니다.			

3. [부가가치세 Ⅱ] → [전자세금계산서 발행 및 내역관리] 클릭

① 매출 탭에서 기간 '01월 15일~01월 15일'을 입력하고 미전송된 내역이 조회되면 미전송내역을 체크한 후 툴바의 전자발행 을 클릭하여 표시되는 로그인 화면에서 확인(TAB) 클릭
② "전자세금계산서 발행" 화면이 조회되면 하단 발행(F3) 버튼을 클릭한 다음 확인 클릭
③ [전자세금계산서 발행 및 내역관리] 국세청란에 "발행대상"으로 표시되면 툴바의 ACADEMY 전자세금계산서 를 클릭
④ [Bill36524 교육용전자세금계산서] 화면에서 [로그인]을 클릭
⑤ 좌측화면 : [세금계산서 리스트]에서 [미전송]으로 체크 후 [매출조회]를 클릭
  우측화면 : [전자세금계산서]에서 발행 을 클릭
⑥ [발행완료되었습니다.] 메시지가 표시되면 확인 클릭
⑦ [매입매출전표입력] 화면에서 전자세금 란에 전자발행 으로 자동표시됨

전자세금계산서 발행 및 전송(4) 과세 제품매출

[자료설명]
제품을 판매하고 공급대가 중 575,000원은 황금신발이 발행한 당좌수표로 받았고, 잔액은 10일 후에 받기로 하였다.

[평가문제]
1. 거래명세서에 의해 전표를 입력하시오(복수거래로 입력).
2. 전자세금계산서의 발행 및 내역관리를 통하여 발급 및 전송하시오(발행시 결제내역 입력 및 전송일자는 무시).

거 래 명 세 서

공급자	등록번호	101-81-83017			공급받는자	등록번호	120-16-90961		
	상호	(주)부가가치세	성명	부가세		상호	황금신발	성명	황금발
	주소	서울 금천구 독산로 90길 27				주소	경기 부천시 소사구 범박동		
	업태	제조업외	종목	신발		업태	도.소매업	종목	신발
	E-Mail	vat@bill36524.com				E-Mail	12456@bill36524.com		

거래일자	미수금액	공급가액	세액	합계금액(VAT 포함)
2024-01-16		₩ 2,100,000	VAT별도	₩ 2,310,000

년	월	일	품목	규격	수량	단가	금액
2024	1	16	남성구두		8	200,000	1,600,000
			여성구두		5	100,000	500,000

해설_ 1. [매입매출전표입력] 1월 16일 거래자료입력

거래유형	품명	공급가액	부가세	거래처	전자세금
11.과세	남성구두 외	2,100,000	210,000	00130.황금신발	전자발행
분개유형	(차) 101.현금		575,000원	(대) 404.제품매출	2,100,000원
3.혼합	108.외상매출금		1,735,000원	255.부가세예수금	210,000원

2. [부가가치세Ⅱ] → [전자세금계산서 발행 및 내역관리] 클릭
   ① 매출 탭에서 기간 '01월 16일~01월 16일'을 입력하고 미전송된 내역이 조회되면 미전송내역을 체크한 후 툴바의 전자발행▼ 을 클릭하여 표시되는 로그인 화면에서 확인(TAB) 클릭
   ② "전자세금계산서 발행" 화면이 조회되면 하단 발행(F3) 버튼을 클릭한 다음 확인 클릭
   ③ [전자세금계산서 발행 및 내역관리] 국세청란에 "발행대상"으로 표시되면 툴바의 ACADEMY 전자세금계산서 를 클릭
   ④ [Bill36524 교육용전자세금계산서] 화면에서 [로그인]을 클릭
   ⑤ 좌측화면 : [세금계산서 리스트]에서 [미전송]으로 체크 후 [매출조회]를 클릭
      우측화면 : [전자세금계산서]에서 발행 을 클릭
   ⑥ [발행완료되었습니다.] 메시지가 표시되면 확인 클릭
   ⑦ [매입매출전표입력] 화면에서 전자세금 란에 전자발행 으로 자동표시됨

전자세금계산서 발행 및 전송(5) 과세 비품매각

[자료설명]
1. 사용하던 레이저 프린터 1대(취득원가 5,000,000원, 감가상각누계액 4,000,000원)를 매각하고 발급한 거래명세서이다.
2. 비품 매각대금(1,320,000원, 부가세 포함)은 국민은행 보통예금계좌로 입금되었다.
3. 당기 양도일까지의 감가상각비는 계상하지 않기로 한다.

[평가문제]
1. 매입매출자료를 입력하시오.
2. 전자세금계산서 발행 및 내역관리를 통하여 발급 및 전송을 하시오(전자세금계산서 발급 시 결제내역 및 전송일자는 고려하지 말 것).

거래명세서

공급자	등록번호	101-81-83017		공급받는자	등록번호	514-81-32112	
	상호	(주)부가가치세	성명: 부가세		상호	(주)중고전자	성명: 이상훈
	주소	서울 금천구 독산로 90길 27			주소	서울 강남구 강남대로112길	
	업태	제조업외	종목: 신발		업태	도소매업	종목: 중고가전
	E-Mail	vat@bill36524.com			E-Mail	junggo@bill36524.com	

거래일자	미수금액	공급가액	세액	합계금액(VAT 포함)
2024-01-17		₩ 1,200,000	120,000	₩ 1,320,000

년	월	일	품목	규격	수량	단가	금액
2024	1	17	레이저프린터		1	1,200,000	1,200,000

해설_ 1. [매입매출전표입력] 1월 17일 거래자료입력

거래유형	품명	공급가액	부가세	거래처	전자세금
11.과세	레이저 프린터	1,200,000	120,000	00101.(주)중고전자	전자발행
분개유형	(차) 213.감가상각누계액		4,000,000원	(대) 212.비품	5,000,000원
3.혼합	103.보통예금		1,320,000원	255.부가세예수금	120,000원
	(980002.국민은행)			914.유형자산처분이익	200,000원

2. [부가가치세 Ⅱ] → [전자세금계산서 발행 및 내역관리] 클릭

   ① 매출 탭에서 기간 '01월 17일~01월 17일'을 입력하고 미전송된 내역이 조회되면 미전송내역을 체크한 후 툴바의 전자발행 을 클릭하여 표시되는 로그인 화면에서 확인(TAB) 클릭
   ② "전자세금계산서 발행" 화면이 조회되면 하단 발행(F3) 버튼을 클릭한 다음 확인 클릭
   ③ [전자세금계산서 발행 및 내역관리] 국세청란에 "발행대상"으로 표시되면 툴바의 ACADEMY 전자세금계산서 를 클릭
   ④ [Bill36524 교육용전자세금계산서] 화면에서 [로그인]을 클릭
   ⑤ 좌측화면 : [세금계산서 리스트]에서 [미전송]으로 체크 후 [매출조회]를 클릭
   　 우측화면 : [전자세금계산서]에서 발행 을 클릭
   ⑥ [발행완료되었습니다.] 메시지가 표시되면 확인 클릭
   ⑦ [매입매출전표입력] 화면에서 전자세금 란에 전자발행 으로 자동표시됨

전자세금계산서 발행 및 전송(6) 과세 기계장치 매각

[자료설명]
1. 공장에서 사용하던 기계장치를 매각하고 전자세금계산서를 거래일에 발급·전송하였다(대금은 전액 2월 25일에 보통예금계좌로 이체받기로 하였다).
2. 매각시 감가상각관련 정보는 [고정자산등록]을 참고하고 당기 감가상각비는 계상하지 않는다.

[평가문제]
1. [고정자산등록]메뉴에 양도일자를 입력하시오.
2. 기계장치 매각에 따른 거래자료를 입력하시오.
3. 전자세금계산서 발행 및 내역관리를 통하여 발급 및 전송을 하시오.
   (전자세금계산서 발급 시 결제내역 및 전송일자는 고려하지 말 것)

거 래 명 세 서

공급자	등록번호	101-81-83017			공급받는자	등록번호	514-81-32112		
	상호	(주)부가가치세	성명	부가세		상호	(주)중고전자	성명	이상훈
	주소	서울 금천구 독산로 90길 27				주소	서울 강남구 강남대로112길		
	업태	제조업외	종목	신발		업태	도소매업	종목	중고가전
	E-Mail	vat@bill36524.com				E-Mail	junggo@bill36524.com		
거래일자		미수금액	공급가액		세액		합계금액(VAT 포함)		
2024-01-18		₩ 2,200,000	₩ 2,000,000		200,000		₩ 2,200,000		
년	월	일	품목	규격	수량	단가	금액		
2024	1	18	기계장치				2,000,000		

해설_ 1. [고정자산등록]
① 전체양도일자 : 2024-01-18 입력
② 회사계상상각비 : 사용자수정 버튼을 클릭하여 '0'으로 수정

2. [매입매출전표입력] 1월 18일 거래자료입력

거래유형	품명	공급가액	부가세	거래처	전자세금
11.과세	기계장치	2,000,000	200,000	00101.(주)중고전자	전자발행
분개유형	(차) 207.감가상각누계액		7,000,000원	(대) 206.기계장치	10,000,000원
3.혼합	120.미수금		2,200,000원	255.부가세예수금	200,000원
	950.유형자산처분손실		1,000,000원		

3. [부가가치세 Ⅱ] → [전자세금계산서 발행 및 내역관리] 클릭
① 매출 탭에서 기간 '01월 18일~01월 18일'을 입력하고 미전송된 내역이 조회되면 미전송내역을 체크한 후 툴바의 전자발행 ▼ 을 클릭하여 표시되는 로그인 화면에서 확인(TAB) 클릭
② "전자세금계산서 발행" 화면이 조회되면 하단 발행(F3) 버튼을 클릭한 다음 확인 클릭
③ [전자세금계산서 발행 및 내역관리] 국세청란에 "발행대상"으로 표시되면 툴바의 ACADEMY 전자세금계산서 를 클릭
④ [Bill36524 교육용전자세금계산서] 화면에서 [로그인]을 클릭
⑤ 좌측화면 : [세금계산서 리스트]에서 [미전송]으로 체크 후 [매출조회]를 클릭
  우측화면 : [전자세금계산서]에서 발행 을 클릭
⑥ [발행완료되었습니다.] 메시지가 표시되면 확인 클릭
⑦ [매입매출전표입력] 화면에서 전자세금 란에 전자발행 으로 자동표시됨

제3장 전자세금계산서 발행

 전자세금계산서 발행 및 전송(7) 내국신용장에 의한 영세율 매출세금계산서

[자료설명]
(주)한강무역에 제품을 외상으로 공급하고 내국신용장에 의하여 영세율전자세금계산서를 거래일에 발급 전송하였다.

[평가문제]
1. 거래명세서에 의해 전표를 입력하시오.
2. 전자세금계산서의 발행 및 내역관리를 통하여 발급 및 전송하시오(발행시 결제내역 입력 및 전송일자는 무시).

거래명세서

공급자	등록번호	101-81-83017			공급받는자	등록번호	105-81-47288	
	상호	(주)부가가치세	성명	부가세		상호	(주)한강무역	성명	박은성
	주소	서울 금천구 독산로 90길 27				주소	서울 금천구 시흥대로 429	
	업태	제조업외	종목	신발		업태	제조업외	종목	신발
	E-Mail	vat@bill36524.com				E-Mail	12456@bill36524.com	

거래일자	미수금액	공급가액	세액	합계금액(VAT 포함)
2024-01-19	₩ 2,500,000	₩ 2,500,000	0	₩ 2,500,000

년	월	일	품목	규격	수량	단가	금액
2024	1	19	워킹화		50	50,000	2,500,000

특기사항	제품공급 후 30일 이내 결제

해설_ 1. [매입매출전표입력] 1월 19일 거래자료입력

거래유형	품명	공급가액	부가세	거래처	전자세금
12.영세	워킹화	2,500,000	0	00133.(주)한강무역	전자발행
분개유형	(차) 108.외상매출금		2,500,000원	(대) 404.제품매출	2,500,000원
2.외상					

2. [부가가치세 Ⅱ] → [전자세금계산서 발행 및 내역관리] 클릭
   ① 매출 탭에서 기간 '01월 19일~01월 19일'을 입력하고 미전송된 내역이 조회되면 미전송내역을 체크한 후 툴바의 전자발행▼을 클릭하여 표시되는 로그인 화면에서 확인(TAB) 클릭
   ② "전자세금계산서 발행" 화면이 조회되면 하단 발행(F3) 버튼을 클릭한 다음 확인 클릭
   ③ [전자세금계산서 발행 및 내역관리] 국세청란에 "발행대상"으로 표시되면 툴바의 ACADEMY 전자세금계산서 를 클릭
   ④ [Bill36524 교육용전자세금계산서] 화면에서 [로그인]을 클릭
   ⑤ 좌측화면 : [세금계산서 리스트]에서 [미전송]으로 체크 후 [매출조회]를 클릭
      우측화면 : [전자세금계산서]에서 발행 을 클릭
   ⑥ [발행완료되었습니다.] 메시지가 표시되면 확인 클릭
   ⑦ [매입매출전표입력] 화면에서 전자세금 란에 전자발행 으로 자동표시됨

TAT 2급

 전자세금계산서 발행 및 전송(8) 구매확인서에 의한 영세율 매출세금계산서

[자료설명]
(주)한강무역에 제품을 외상으로 공급하고 구매확인서에 의하여 영세율전자 세금계산서를 거래일에 발급·전송하였다.

- 구매확인서 개설일자 : 1월 16일
- 구매확인서 개설금액 : 4,350,000원
- 구매확인서 개설번호 : PKT00000000020170782222

[평가문제]
1. 거래명세서에 의해 전표를 입력하시오(복수거래 입력).
2. 전자세금계산서의 발행 및 내역관리를 통하여 발급 및 전송하시오(발행시 결제내역 입력 및 전송일자는 무시).

거 래 명 세 서

공급자	등록번호	101-81-83017		공급받는자	등록번호	105-81-47288	
	상호	(주)부가가치세	성명	부가세		상호	(주)한강무역	성명	박은성
	주소	서울 금천구 독산로 90길 27			주소	서울 금천구 시흥대로 429	
	업태	제조업외	종목	신발		업태	제조업외	종목	신발
	E-Mail	vat@bill36524.com			E-Mail	12456@bill36524.com	

거래일자	미수금액	공급가액	세액	합계금액(VAT 포함)
2024-01-20	₩ 4,350,000	₩ 4,350,000	0	₩ 4,350,000

년	월	일	품목	규격	수량	단가	금액
2024	1	20	실내화		30	80,000	2,400,000
			장화		20	97,500	1,950,000

해설_ 1. [매입매출전표입력] 1월 20일 거래자료입력

거래유형	품명	공급가액	부가세	거래처	전자세금
12.영세	실내화 외	4,350,000	0	00133.(주)한강무역	전자발행
분개유형	(차) 108.외상매출금		4,350,000원	(대) 404.제품매출	4,350,000원
2.외상					

2. [부가가치세 Ⅱ] → [전자세금계산서 발행 및 내역관리] 클릭

① 매출 탭에서 기간 '01월 20일~01월 20일'을 입력하고 미전송된 내역이 조회되면 미전송내역을 체크한 후 툴바의 전자발행 ▼ 을 클릭하여 표시되는 로그인 화면에서 확인(TAB) 클릭
② "전자세금계산서 발행" 화면이 조회되면 하단 발행(F3) 버튼을 클릭한 다음 확인 클릭
③ [전자세금계산서 발행 및 내역관리] 국세청란에 "발행대상"으로 표시되면 툴바의 ACADEMY 전자세금계산서 를 클릭
④ [Bill36524 교육용전자세금계산서] 화면에서 [로그인]을 클릭
⑤ 좌측화면 : [세금계산서 리스트]에서 [미전송]으로 체크 후 [매출조회]를 클릭
  우측화면 : [전자세금계산서]에서 발행 을 클릭
⑥ [발행완료되었습니다.] 메시지가 표시되면 확인 클릭
⑦ [매입매출전표입력] 화면에서 전자세금 란에 전자발행 으로 자동표시됨

전자세금계산서 발행 및 전송(9) 월합계 세금계산서

[자료설명]
다나신발(주)에 제품을 공급하고 전자세금계산서를 발급·전송하였다(전자세금계산서는 매월 말일 월합계로 발급하고 대금은 해당월의 다음 달 10일에 입금받기로 하였다).

[평가문제]
1. 거래명세서에 의해 전표를 입력하시오(복수거래로 입력).
2. 전자세금계산서의 발행 및 내역관리를 통하여 발급 및 전송하시오(발행시 결제내역 입력 및 전송일자는 무시).

거 래 명 세 서

공급자	등록번호	101-81-83017		공급받는자	등록번호	214-81-74793		
	상호	(주)부가가치세	성명	부가세		상호	다나신발(주)	성명	최신대
	주소	서울 금천구 독산로 90길 27				주소	서울 강남구 강남대로112길		
	업태	제조업외	종목	신발		업태	도.소매업	종목	신발
	E-Mail	vat@bill36524.com				E-Mail	bull123@bill36524.com		

거래일자	미수금액	공급가액	세액	합계금액(VAT 포함)
2024-01-31		₩ 14,200,000	VAT별도	₩ 15,620,000

년	월	일	품목	규격	수량	단가	금액
2024	1	10	제품 A		200	35,000	7,000,000
	1	20	제품 B		300	24,000	7,200,000

해설_ 1. [매입매출전표입력] 1월 31일 거래자료입력
  ※ 월합계 세금계산서의 경우 한달치 거래를 합계하여 월말일자로 발행하므로 1월 31일이 세금계산서 작성일자가 된다.

거래유형	품명	공급가액	부가세	거래처	전자세금
11.과세	제품A 외	14,200,000	1,420,000	00103.다나신발(주)	전자발행
분개유형	(차) 108.외상매출금		15,620,000원	(대) 404.제품매출	14,200,000원
2.외상				255.부가세예수금	1,420,000원

2. [부가가치세 Ⅱ] → [전자세금계산서 발행 및 내역관리] 클릭
  ① 매출 탭에서 기간 '01월 31일~01월 31일'을 입력하고 미전송된 내역이 조회되면 미전송내역을 체크한 후 툴바의 전자발행▼ 을 클릭하여 표시되는 로그인 화면에서 확인(TAB) 클릭
  ② "전자세금계산서 발행" 화면이 조회되면 하단 발행(F3) 버튼을 클릭한 다음 확인 클릭
  ③ [전자세금계산서 발행 및 내역관리] 국세청란에 "발행대상"으로 표시되면 툴바의 ACADEMY 전자세금계산서 를 클릭
  ④ [Bill36524 교육용전자세금계산서] 화면에서 [로그인]을 클릭
  ⑤ 좌측화면 : [세금계산서 리스트]에서 [미전송]으로 체크 후 [매출조회]를 클릭
     우측화면 : [전자세금계산서]에서 발행 을 클릭
  ⑥ [발행완료되었습니다.] 메시지가 표시되면 확인 클릭
  ⑦ [매입매출전표입력] 화면에서 전자세금 란에 전자발행 으로 자동표시됨

제2절 수정 전자세금계산서 발행

당초 세금계산서의 기재사항을 착오로 잘못 적거나 세금계산서를 발급한 후에 그 기재사항에 변경사유가 발생하면 수정세금계산서를 발급하여야 한다.

▶ 저자주 : 수정사유별 구체적인 전자세금계산서 발행방법은 실무수행 예제를 통해 설명한다.

[수정세금계산서 작성·교부방법]

구 분		작성·교부방법		
		방 법	작성일자	비고란
환입		환입금액분에 대하여 부(-)의 세금계산서 1장 발행	환입된 날	처음 세금계산서 작성일자
계약의 해제		부(-)의 세금계산서 1장 발행	계약해제일	당초 세금계산서 작성일
공급가액 변동		증감되는 금액만큼 정(+)/부(-) 세금계산서 1장 발행	변동사유 발생일	
내국 신용장 사후개설		부(-)의 세금계산서 발행과 추가하여 영세율 세금계산서 발행(총2장 발행)	당초 세금계산서 작성일	내국 신용장 개설일자
필요적 기재사항 등이 잘못 기재	착오	부(-)의 세금계산서 1장과 추가하여 정확한 세금계산서 1장 발급(총2장 발행)	당초 세금계산서 작성일	
	착오 외			
착오에 의한 이중발급		부(-)의 세금계산서 1장 발행		
면세 등 발급대상이 아닌 거래		부(-)의 세금계산서 1장 발행		
세율을 잘못 적용한 경우		부(-)의 세금계산서 1장과 추가하여 정확한 세금계산서 1장 발급(총2장 발행)		

1. 수정사유 : 환입

당초 공급(예 2월 4일)한 재화가 환입(반품)된 경우에는 재화가 환입(반품)된 날(예 2월 20일)을 작성일자로 기재하고 비고란에 당초 세금계산서 작성일자(예 2월 4일)를 부기(附記)한 후 반품된 금액만큼을 부(-)의 표시를 하여 발급한다.

구 분	작성·교부방법		
	매 수	작성일자	비고란
환입	반품된 금액만큼 (-)로 1장 발급	환입된 날	처음 세금계산서 작성일자

수정 전자세금계산서 (1)환입 → 1장 발행

▶ 저자주 : 부가가치세 관련 실습은 실습데이터 「회사코드 4001.(주)부가가치세」에서 수행한다.

[자료설명]
1. 2월 4일 황금신발에 제품을 공급하고 발급한 전자세금계산서이다.
2. 제품에 하자가 발생하여 반품되었다(환입일자 : 2월 20일, 환입수량 : 20개).

[평가문제]
1. 매출환입에 대한 회계처리를 입력하시오(외상대금 및 제품매출에서 (-)음수로 처리할 것).
2. 수정사유를 선택하여 환입에 따른 수정전자세금계산서를 발급 전송하시오(전자세금계산서 발급시 결제내역 입력 및 전송일자는 무시한다).

전자세금계산서			(공급자 보관용)		승인번호			
공급자	등록번호	101-81-83017			공급받는자	등록번호	120-16-90961	
	상호	(주)부가가치세	성명(대표자)	부가세		상호	황금신발	성명(대표자)	황금발
	사업장주소	서울 금천구 독산로 90길 27				사업장주소	경기 부천시 소사구 범박동	
	업태	제조업외	종사업장번호			업태	도.소매업	종사업장번호
	종목	신발				종목	신발	
	E-Mail	vat@bill36524.com				E-Mail	12456@bill36524.com	
작성일자	2024.02.04	공급가액	12,500,000	세액	1,250,000			
월	일	품목명	규격	수량	단가	공급가액	세액	비고
02	04	키높이구두		100	125,000	12,500,000	1,250,000	
합계금액		현금	수표	어음	외상미수금	이 금액을	○ 영수 ● 청구	함
13,750,000					13,750,000			

해설_ 1. [수정전자세금계산서 발급]
① [매입매출전표입력]에서 2월 4일 전표선택 → 툴바의 수정세금계산서 을 클릭 → 수정사유(3.환입) 선택 → 비고란에 당초세금계산서 작성일(2월 4일) 자동반영 → 확인(Tab) 을 클릭

② 수정세금계산서(매출) 화면 → 수정분 [작성일 2월 20일], [수량 - 20], [단가 125,000원], [공급가액 - 2,500,000원], [세액 - 250,000원]을 입력한 후 → 확인(Tab) 을 클릭

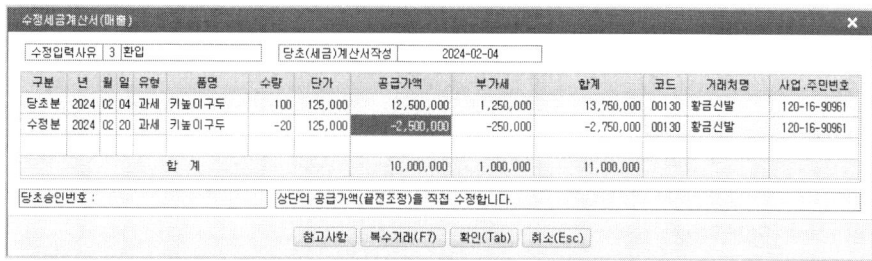

③ 2월 20일자 수정세금계산서 및 회계처리 자동반영

2. [전자세금계산서 발행 및 내역관리]
▶ 저자주 : 수정전자세금계산서의 발급 및 전송절차는 일반적인 전자세금계산서와 동일하다.
① [전자세금계산서 발행 및 내역관리]를 클릭하면 수정전표 1매가 미전송 상태로 조회된다.
② 해당 내역을 클릭하여 전자세금계산서 발급(발행) 및 국세청 전송을 한다.

2. 수정사유 : 계약의 해제

계약의 해제란 당초부터 공급이 없었던 것으로 보는 것이므로 작성일자를 계약의 해제일로 발행하고 비고란에 당초 세금계산서 작성일자를 비고란에 기재하여 부(-)의 수정세금계산서를 교부한다.

구 분	작성·교부방법		
	매 수	작성일자	비고란
계약의 해제	부(-)의 금액으로 1장 발급	계약해제일	처음 세금계산서 작성일자

TAT 2급

 수정 전자세금계산서 (2)계약의 해제 → 1장 발행

[자료설명]
1. 자료 1은 계약금을 수령한 후 발급한 전자세금계산서이다.
2. 자료 2는 원재료 구입처의 파산으로 제품 납품이 지연되어 2월 20일에 (주)대종신발과의 계약을 해제하고, 수령한 계약금을 보통예금 계좌에서 이체하여 반환한 내역이다.

[평가문제]
계약해제에 따른 수정전자세금계산서를 발급 및 전송하시오(전자세금계산서 발급시 결제내역 입력 및 전송일자는 무시한다).

■ 자료 1.

전자세금계산서			(공급자 보관용)				승인번호			
공급자	등록번호	101-81-83017				공급받는자	등록번호	125-81-12255		
	상호	(주)부가가치세	성명(대표자)	부가세			상호	(주)대종신발	성명(대표자)	배지명
	사업장주소	서울 금천구 독산로 90길 27					사업장주소	서울 강서구 화곡로 109		
	업태	제조업외		종사업장번호			업태	도.소매업		종사업장번호
	종목	신발					종목	신발		
	E-Mail	vat@bill36524.com					E-Mail	jk-kim@bill36524.com		
작성일자	2024.02.10		공급가액		5,000,000		세액			500,000
월	일	품목명		규격	수량	단가	공급가액		세액	비고
02	10	계약금					5,000,000		500,000	
합계금액		현금		수표		어음	외상미수금		이 금액을 ● 영수 ○ 청구 함	
5,500,000		5,500,000								

■ 자료 2. 보통예금(국민은행) 거래내역

		내용	찾으신금액	맡기신금액	잔액	거래점
번호	거래일	계좌번호 84861-15-363541 (주)부가가치세				
1	2024-02-20	(주)대종신발	5,500,000		***	***

해설_ 1. [수정전자세금계산서 발급]
① [매입매출전표입력]에서 2월 10일 전표선택 → 툴바의 수정세금계산서 을 클릭 → 수정사유(4.계약의 해제) 선택 → 비고란에 당초세금계산서 작성일(2월 10일) 자동반영 → 확인(Tab) 을 클릭

② 수정세금계산서(매출) 화면 → 수정분 [작성일 2월 20일] 입력, [공급가액 -5,000,000], [세액 -500,000원] 자동반영 → 확인(Tab) 을 클릭

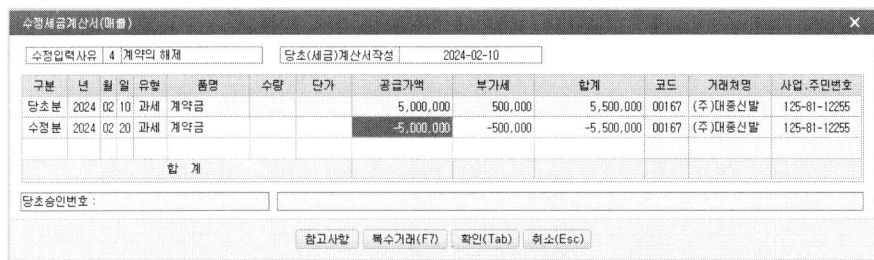

③ 2월 20일자 수정세금계산서 자동반영 확인 후 → 분개유형을 [3.혼합]으로 선택하여 회계처리를 수정

거래유형	품명	공급가액	부가세	거래처	전자세금
11.과세	계약금	-5,000,000	-500,000	00167.(주)대종신발	전자발행
분개유형	(차)			(대) 255.부가세예수금	-500,000원
				259.선수금	-5,000,000원
3.혼합				103.보통예금	5,500,000원
				(98002.국민은행)	
	※ 다음과 같이 분개하여도 된다.				
	(차) 259.선수금		5,000,000원	(대) 255.부가세예수금	-500,000원
				103.보통예금	5,500,000원
				(98002.국민은행)	

2. [전자세금계산서 발행 및 내역관리]
① [전자세금계산서 발행 및 내역관리]를 클릭하면 수정전표 1매가 미전송 상태로 조회된다.
② 해당 내역을 클릭하여 전자세금계산서 발급(발행) 및 국세청 전송을 한다.

3. 수정사유 : 공급가액 변동

공급가액에 추가 또는 차감되는 금액이 발생되는 경우 증감사유가 발생한 날을 작성일자로 기재하고 추가되는 금액은 정(+)의 금액으로, 차감되는 금액은 부(-)의 금액으로 표시하여 수징세금계산서를 교부한다.

구 분	작성 · 교부방법		
	매 수	작성일자	비고란
공급가액 변동	추가 : 정(+)의 금액으로 1장 발행 차감 : 부(-)의 금액을 1장 발행	증감사유 발생일	처음 세금계산서 작성일자

TAT 2급

 수정 전자세금계산서 (3)공급가액 변동 → 추가(+) 또는 차감(-)되는 금액만큼 1장 발행

[자료설명]
1. 3월 2일 (주)신발모아 제품을 외상으로 공급하고 전자세금계산서를 거래일에 발급·전송하였다.
2. 3월 10일 당초의 결제조건(2/10, n/30)에 의하여 2% 할인된 금액만큼 차감하고 국민은행 보통예금 계좌에 입금되었다.

[평가문제]
수정사유를 선택하여 공급가액 변동에 따른 수정전자세금계산서를 발급·전송하시오(공급가액 변동 부분에 대하여만 회계처리하며, 외상대금 및 제품매출에서 음수(-)로 처리하고 전자세금계산서 발급시 결제내역 입력 및 전송일자는 고려하지 말 것).

전자세금계산서				(공급자 보관용)			승인번호			
공급자	등록번호	101-81-83017				공급받는자	등록번호	108-81-54003		
	상호	(주)부가가치세	성명(대표자)	부가세			상호	(주)신발모아	성명(대표자)	김서민
	사업장주소	서울 금천구 독산로 90길 27					사업장주소	서울 노원구 월계로 42길 57		
	업태	제조업외		종사업장번호			업태	도.소매업		종사업장번호
	종목	신발					종목	신발		
	E-Mail	vat@bill36524.com					E-Mail	st3520@bill36524.com		
작성일자	2024.03.02		공급가액		15,000,000		세액			1,500,000
월	일	품목명	규격	수량	단가		공급가액	세액		비고
03	02	운동화		300	50,000		15,000,000	1,500,000		
합계금액		현금		수표		어음	외상미수금	이 금액을	○ 영수	함
16,500,000							16,500,000		● 청구	

해설_ 1. [수정전자세금계산서 발급]
① [매입매출전표입력]에서 3월 2일 전표선택 → 툴바의 수정세금계산서 을 클릭 → 수정사유(2.공급가액 변동) 선택 → 비고란에 당초세금계산서 작성일(3월 2일) 자동반영 → 확인(Tab) 을 클릭

② 수정세금계산서(매출) 화면 → 수정분 [작성일 3월 10일] 입력, [공급가액 -300,000원], [세액 -30,000원]을 입력한 후 → 확인(Tab) 을 클릭
  ※ (2/10, n/30)이란 30일 이내 결제하되, 10일 이내 결제시 2% 할인조건이란 의미이다.
    → 매출할인액 = 15,000,000(공급가액) × 2% = 300,000원

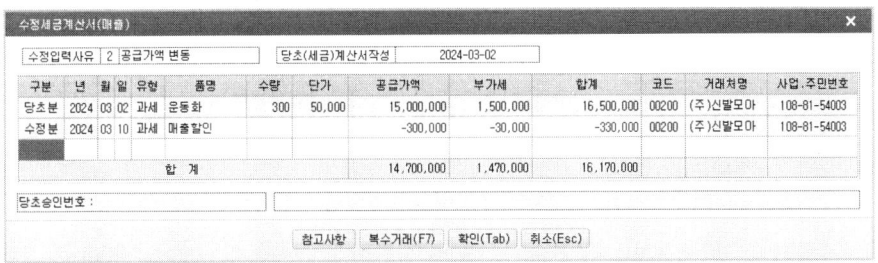

③ [매입매출전표] 3월 10일에 수정분이 입력된다.

거래유형	품명	공급가액	부가세	거래처	전자세금
11.과세	매출할인	-300,000	-30,000	00200.(주)신발모아	전자발행
분개유형	(차) 108.외상매출금		-330,000원	(대) 255.부가세예수금	-30,000원
2.외상				404.제품매출금	-300,000원

2. [전자세금계산서 발행 및 내역관리]
   ① [전자세금계산서 발행 및 내역관리]를 클릭하면 수정전표 1매가 미전송 상태로 조회된다.
   ② 해당 내역을 클릭하여 전자세금계산서 발급(발행) 및 국세청 전송을 한다.

4. 수정사유 : 착오에 의한 이중발급

착오로 세금계산서를 이중으로 발급한 경우에는 처음에 발급한 세금계산서의 내용대로 부(-)의 금액으로 수정세금계산서를 교부한다. 단, 이때 작성일자는 「당초 세금계산서 작성일」임에 주의하여야 한다.

구 분	작성 · 교부방법		
	매 수	작성일자	비고란
이중발급	부(-)의 금액을 1장 발행	★당초 세금계산서 작성일	

수정 전자세금계산서 (4)이중발급 → 1장 발행

[자료설명]
1. 제품을 공급하고 발급한 전자세금계산서이며, 거래는 매입매출전표에 입력되어 있다.
2. 확인결과 전자세금계산서가 이중으로 발급된 것을 확인하고, 수정전자세금계산서를 발급하기로 하였다.

[평가문제]
수정사유를 선택하여 이중발급에 따른 수정전자세금계산서를 발급 및 전송하시오.
(회계처리는 외상대금 및 제품매출에서 (-)음수로 처리하고 전자세금계산서 발급시 결제내역 입력 및 전송일자는 고려하지 말 것)

TAT 2급

전자세금계산서			(공급자 보관용)			승인번호			
공급자	등록번호	101-81-83017			공급받는자	등록번호	113-81-26703		
	상호	(주)부가가치세	성명(대표자)	부가세		상호	(주)서울산업	성명(대표자)	문성훈
	사업장주소	서울 금천구 독산로 90길 27				사업장주소	서울 서대문구 세검정로 3		
	업태	제조업외	종사업장번호			업태	도.소매업	종사업장번호	
	종목	신발				종목	신발		
	E-Mail	vat@bill36524.com				E-Mail	sungwung@bill36524.com		
작성일자	2024.03.08		공급가액		8,400,000		세액		840,000
월	일	품목명		규격	수량	단가	공급가액	세액	비고
03	08	구두			200	42,000	8,400,000	840,000	
합계금액		현금	수표		어음	외상미수금	이 금액을	○ 영수	함
9,240,000						9,240,000		● 청구	

해설_ 1. [수정전자세금계산서 발급]

① [매입매출전표입력]에서 3월 8일 전표선택 → 툴바의 수정세금계산서 을 클릭 → 수정사유(6.착오에 의한 이중발급 등) 선택 → 확인(Tab)을 클릭

② 수정세금계산서(매출) 화면 → 수정분 [작성일 3월 8일], [수량 -200], [단가 42,000원], [공급가액 -8,400,000원], [세액 -840,000원] 반영 → 확인(Tab)을 클릭

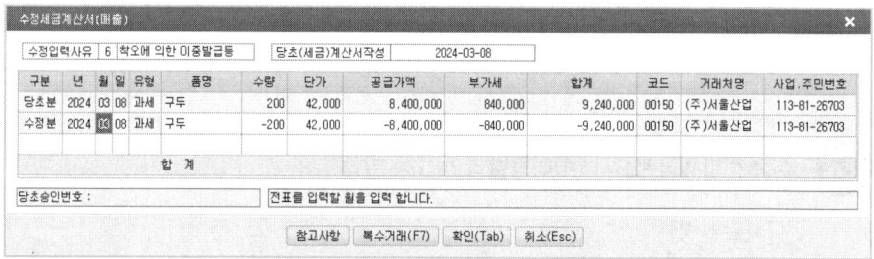

③ [매입매출전표] 3월 8일에 수정분이 입력된다.

	일	유형	품명	수량	단가	공급가액	부가세	합계	코드	거래처명
☐	08	과세	구두	200	42,000	8,400,000	840,000	9,240,000	00150	(주)서울산업
☐	08	과세	구두	200	42,000	8,400,000	840,000	9,240,000	00150	(주)서울산업
☑	08	과세	구두	-200	42,000	-8,400,000	-840,000	-9,240,000	00150	(주)서울산업

거래유형	품명	공급가액	부가세	거래처	전자세금
11.과세	구두	-8,400,000	-840,000	00150.(주)서울산업	전자발행
분개유형	(차) 108.외상매출금		-9,240,000원	(대) 255.부가세예수금	-840,000원
2.외상				404.제품매출	-8,400,000원

2. [전자세금계산서 발행 및 내역관리]
   ① [전자세금계산서 발행 및 내역관리]를 클릭하면 수정전표 1매가 미전송 상태로 조회된다.
   ② 해당 내역을 클릭하여 전자세금계산서 발급(발행) 및 국세청 전송을 한다.

5. 수정사유 : 기재사항 착오정정

구분	작성·교부방법	
	매 수	작성일자
기재사항 착오정정	① 잘못 기재된 세금계산서를 취소하기 위해 부(-)의 금액으로 1장 발행 후 ② 정확한 세금계산서 1장 다시 발행 → 총 2장 발행	★당초 세금계산서 작성일

수정 전자세금계산서 (5)기재사항 착오정정 → 총 2장 발행

[자료설명]
1. 제품을 공급하고 발급한 전자세금계산서이다.
2. 담당자의 착오로 작성연월일 3월 22일이 3월 12일로 잘못 기재되었다.

[평가문제]
수정사유를 선택하여 수정전자세금계산서를 발급·전송하시오.
(전자세금계산서 발급시 결제내역 입력 및 전송일자는 고려하지 말 것)

전자세금계산서				(공급자 보관용)			승인번호			
공급자	등록번호	101-81-83017				등록번호	113-81-26703			
	상호	(주)부가가치세	성명(대표자)	부가세	공급받는자	상호	(주)서울산업	성명(대표자)	문성훈	
	사업장주소	서울 금천구 독산로 90길 27				사업장주소	서울 서대문구 세검정로 3			
	업태	제조업외	종사업장번호			업태	도.소매업	종사업장번호		
	종목	신발				종목	신발			
	E-Mail	vat@bill36524.com				E-Mail	sungwung@bill36524.com			
작성일자		2024.03.12		공급가액		1,000,000	세액		100,000	
월	일	품목명	규격	수량	단가	공급가액	세액		비고	
03	12	실내화		100	10,000	1,000,000	100,000			
합계금액		현금	수표		어음	외상미수금	이 금액을	○ 영수	함	
1,100,000						1,100,000		● 청구		

해설_ 1. [수정전자세금계산서 발급]
① [매입매출전표입력]에서 3월 12일 전표선택 → 툴바의 수정세금계산서 을 클릭 → 수정사유(1.기재사항 착오·정정)를 선택하고 비고란에 [2.작성연월일] 선택 후 → 확인(Tab) 을 클릭

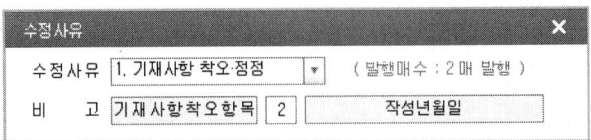

② 수정세금계산서(매출) 화면 → 수정분 [작성일 3월 22일]과 공급가액, 세액을 입력한 후 → 확인(Tab) 을 클릭

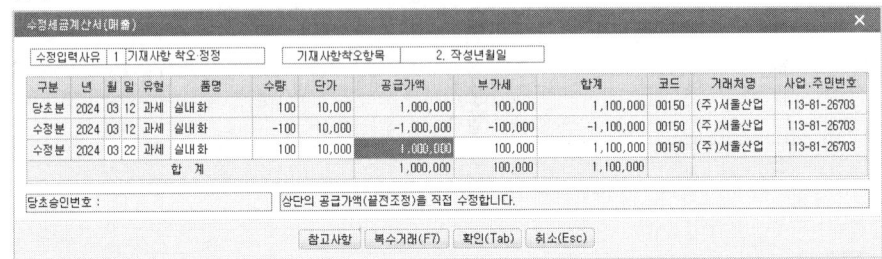

③ 수정세금계산서 2건에 대한 회계처리가 자동반영된다.
→ [3월 12일 당초분 취소 1장] 및 [3월 22일 정확한 세금계산서 1장] 반영→ 총 2장

	12	과세	실내화	100	10,000	1,000,000	100,000	1,100,000	00150	(주)서울산업
	12	과세	실내화	-100	10,000	-1,000,000	-100,000	-1,100,000	00150	(주)서울산업
	22	과세	실내화	100	10,000	1,000,000	100,000	1,100,000	00150	(주)서울산업

2. [전자세금계산서 발행 및 내역관리]
① [전자세금계산서 발행 및 내역관리]를 클릭하면 수정전표 2매가 미전송 상태로 조회된다.
② 해당 내역을 클릭하여 전자세금계산서 발급(발행) 및 국세청 전송을 한다.

6. 수정사유 : 내국신용장 사후개설

내국신용장 및 구매확인서에 의해 공급되는 재화도 영세율 적용대상이다. 이때 은행이 개설하는 내국신용장은 원칙적으로 재화의 공급시기(인도일) 이전에 개설되어 있어야 재화 공급시 영세율을 적용받을 수 있다. 다만 내국신용장 개설에 상당한 시간이 소요되는 업계의 현실을 감안하여 재화의 공급시기 후 당해 재화의 공급시기가 속하는 과세기간 종료 후 25일 이내 개설된 경우에도 영세율을 적용한다.

[내국신용장과 영세율 적용]

구 분	내 용	세금계산서 발행방법
원칙	재화 공급시기 이전에 내국신용장이 개설되어 있어야 영세율 적용가능	처음부터 영세율 대상이므로 영세율(0%)세금계산서 발행
예외	과세기간 종료 후 25일 이내 개설된 경우에도 영세율 적용가능 예 6월 25일 공급한 거래 → 7월 25일까지 내국신용장 개설되면 영세율 적용	공급시기에는 10% 세금계산서 발행 후 → 내국신용장 개설시 수정세금계산서 발행

[수정세금계산서 발행방법]

구분	작성·교부방법		
	매 수	작성일자	비고란
내국신용장 사후개설	① 당초 10%로 발행된 세금계산서에 대해 부(-)의 금액으로 발행 후 ② 0% 세금계산서 1장 다시 발행 → 총 2장 발행	★당초 세금계산서 작성일	내국신용장 개설일

 수정 전자세금계산서 (6)내국신용장 사후개설 → 총 2장 발행

[자료설명]
(주)서울산업에 제품을 공급하고 전자세금계산서를 발급하였다. 본 건에 대하여 내국신용장을 사후개설하고 영세율을 적용하려고 한다.
- 당초공급일자 : 3월 25일
- 내국신용장 개설일자 : 4월 15일
- 개설은행 : 국민은행 서대문지점

[평가문제]
내국신용장 사후개설에 따른 수정전자세금계산서를 발급·전송하시오(전자세금계산서 발급 시 결제내역 입력 및 전송일자는 무시한다).

전자세금계산서		(공급자 보관용)			승인번호			
공급자	등록번호	101-81-83017			공급받는자	등록번호	113-81-26703	
	상호	(주)부가가치세	성명(대표자)	부가세		상호	(주)서울산업	성명(대표자)	문성훈
	사업장주소	서울 금천구 독산로 90길 27				사업장주소	서울 서대문구 세검정로 3	
	업태	제조업외	종사업장번호			업태	도.소매업	종사업장번호
	종목	신발				종목	신발	
	E-Mail	vat@bill36524.com				E-Mail	sungwung@bill36524.com	
작성일자	2024.03.25	공급가액		25,000,000	세액		2,500,000	
월	일	품목명	규격	수량	단가	공급가액	세액	비고
03	25	가죽구두		100	250,000	25,000,000	2,500,000	
합계금액	현금	수표	어음	외상미수금	이 금액을	○ 영수 ● 청구	함
27,500,000				27,500,000			

해설_ 1. [수정전자세금계산서 발급]

① [매입매출전표입력]에서 3월 25일 전표선택 → 툴바의 수정세금계산서 을 클릭 → 수정사유(5.내국신용장 사후개설)를 선택하고 비고란에 [내국신용장 개설일 : 4월 15일] 입력 후 → 확인(Tab) 을 클릭

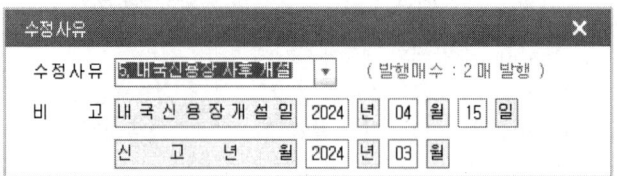

② 수정세금계산서(매출) 화면 → 수정분 [작성일 3월 25일]과 공급가액 [25,000,000]을 입력한 후 → 확인(Tab) 을 클릭

※ 영세율 적용대상이므로 부가세 없음

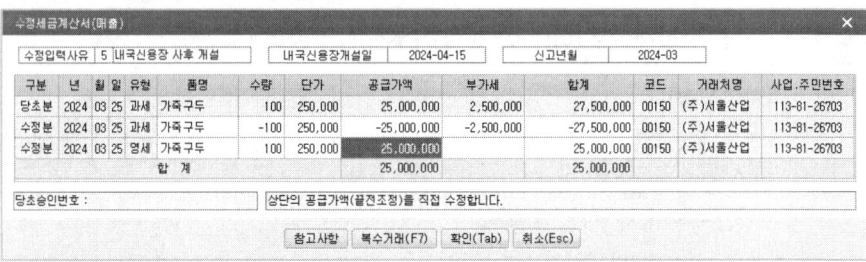

③ 수정세금계산서 2건이 입력이 되는 것을 확인

2. [전자세금계산서 발행 및 내역관리]

① [전자세금계산서 발행 및 내역관리]를 클릭하면 수정전표 2매가 미전송 상태로 조회된다.
② 해당 내역을 클릭하여 전자세금계산서 발급(발행) 및 국세청 전송을 한다.

CHAPTER 04 매출세액과 매입세액의 계산

제1절 매출세액

1. 부가가치세 납부세액 계산구조

법인사업자는 매 3개월마다 부가가치세를 신고·납부하여야 한다. 이때 부가가치세 납부세액은 매출세액에서 매입세액을 차감하여 계산하게 된다.

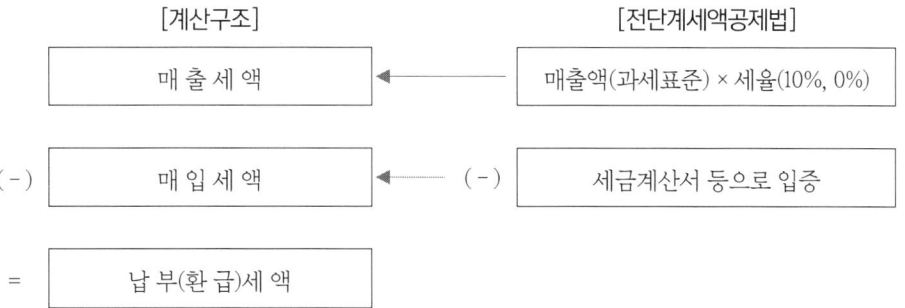

2. 매출세액의 계산

매출세액은 과세표준에 세율을 적용하여 계산한다.

$$\text{매출세액} = \text{과세표준}^{20)} \times \text{세율}(10\%, 0\%)$$

[부가가치세 신고서상 매출세액 계산]

구분		과세표준	세율	세액
과세(10%)	세금계산서	세금계산서발행분 매출	10%	○○○
	매입자발행세금계산서	매입자가 세금계산서를 발행한 경우		
	신용카드, 현금영수증 등	신용카드·현금영수증 발행분 매출		
	기타	소매 등 일반소비자에 대한 매출 및 간주공급(간이영수증 발행 등)		

---

20) 부가가치세 10% 기준이 되는 매출금액을 「매출공급가액」이라고 하며, 이러한 「매출공급가액」을 과세기간동안 합산한 것을 「과세표준」이라고 한다.

구분		과세표준	세율	세액
영세율(0%)	세금계산서	내국신용장과 구매확인서에 의한 국내 사업자 간 수출재화의 거래	0%	
	기타	해외 직수출		
예정신고누락분		예정신고시 누락된 금액을 확정신고시 신고하는 경우		○○○
대손세액가감		외상매출금 등의 대손으로 대손세액공제를 받는 경우		○○○
매출세액				○○○

3. 매출전표입력

- [NCS연계] 세무정보시스템운용_세무관련전표등록하기

(1) 매출전표 유형

매출전표의 유형은 과세여부 및 매출시 발행한 증빙에 따라 다음으로 구분된다.

코드	유형	내용	반영되는 서식
11	과세	일반(10%)매출세금계산서	① 부가가치세신고서 과세매출의 세금계산서 발급분 ② 매출처별세금계산서합계표 ③ 매입매출장
		예 과세제품을 판매하고 전자세금계산서(10%) 발급	
12	영세	영세율(0%)매출세금계산서 ⇨ 내국신용장, 구매확인서에 의한 수출	① 부가가치세신고서 영세매출의 세금계산서 발급분 ② 매출처별세금계산서합계표 ③ 매입매출장
		예 회사가 수출목적으로 삼성전자에 부품 납품 후 영세율(0%)세금계산서 발급	
13	면세	면세매출계산서	① 부가가치세신고서 면세수입금액란 ② 매출처별(면세)계산서합계표 ③ 매입매출장
		예 면세제품을 판매하고 계산서 발급	
14	건별	• 영수증교부대상거래 • 간주공급	① 부가가치세신고서 과세매출의 기타란 ② 매입매출장
		예 일반개인에게 과세상품을 판매하고 간이영수증 발행	
16	수출	외국에 직접 수출하는 경우	① 부가가치세신고서 영세매출의 기타란 ② 수출실적명세서 ③ 매입매출장
		예 삼성전자가 외국에 제품을 직수출(0%)하고 외화수령	
17.	카과 (카드과세매출)	신용카드에 의한 과세매출 입력시 선택	① 부가가치세신고서 과세매출의 신용카드/현금영수증란

제4장 매출세액과 매입세액의 계산

			② 신용카드매출전표 발행집계표 ③ 매입매출장
		예 일반 개인에게 과세제품을 판매하고 카드결제받고 신용카드매출전표 발급	
18	카면	신용카드에 의한 면세매출 입력시 선택	① 부가가치세신고서 면세수입금액란 ② 신용카드매출전표 발행집계표 ③ 매입매출장
		예 일반 개인에게 면세제품을 판매하고 카드결제받고 신용카드매출전표 발급	
19	카영	영세율 적용대상의 신용카드 매출	① 부가가치세신고서 영세매출의 기타란 ② 신용카드매출전표 발행집계표 ③ 매입매출장
20	면건	계산서가 발행되지 않은 면세 적용분	① 부가가치세신고서 면세수입금액란 ② 매입매출장
21	전자	전자화폐, 티머니 등의 전자적 결제수단으로의 매출	① 부가가치세신고서 과세매출의 신용카드/현금영수증란 ② 매입매출장
22	현과	현금영수증에 의한 과세매출	① 부가가치세신고서 과세매출의 신용카드/현금영수증란 ② 신용카드매출전표 발행집계표 ③ 매입매출장
		예 일반 개인에게 과세제품을 판매하고 대금은 현금받고 현금영수증 발행	
23	현면	현금영수증에 의한 면세매출	① 부가가치세신고서 면세수입금액란 ② 신용카드매출전표 발행집계표 ③ 매입매출장
24	현영	영세율 적용대상의 현금영수증 매출	① 부가가치세신고서 영세매출의 기타란 ② 신용카드매출전표발행집계표 ③ 매입매출장

(2) 매출전표 분개유형

매출전표 입력시 회계처리를 위하여 분개유형(0.분개없음, 1.현금, 2.외상, 3.혼합, 4.카드)을 선택하면 해당 유형에 따라 분개의 일부가 자동으로 표시된다.

① 0.분개없음
  ㉠ 실제로 분개가 없는 경우(예 월합계 세금계산서를 발행하는 경우 매일 거래에 대해 거래명세표만 발행하며 일반전표에 입력하여 그때마다 분개하고, 월말에 1장의 세금계산서만 발행하는 경우)
  ㉡ 분개가 필요하나 나중에 처리하고자 하는 경우(예 부가가치세 신고를 급히 하려는 경우, 세금계산서의 공급가액 및 세액만 입력하고 분개는 나중에 일괄적으로 처리하는 경우)

② **1.현금** : 전액 현금거래일 경우 선택

분개사례	(차) 현 금 1,100,000 (대) 제품매출 1,000,000 부가세예수금 100,000				
예시		구분	계정과목		금액
	1	입금	255	부가세예수금	100,000 ⇦ 자동생성(수정불가)
	2	입금	404	제품매출	1,000,000 ⇦ 자동생성(수정가능)

③ **2.외상** : 전액 외상거래(외상매출금계정에 한함)일 경우 선택

분개사례	(차) 외상매출금 1,100,000 (대) 제품매출 1,000,000 부가세예수금 100,000				
예시		구분	계정과목		금액
	1	차변	108	외상매출금	1,100,000 ⇦ 자동생성(수정불가)
	2	대변	255	부가세예수금	100,000 ⇦ 자동생성(수정불가)
	3	대변	404	제품매출	1,000,000 ⇦ 자동생성(수정가능)

단, 외상이라 하더라도 미지급금, 미수금, 일부 현금 또는 어음 등이 포함된 거래일 경우 "3.혼합"을 선택한다.

④ **3.혼합** : 1.현금 및 2.외상 이외의 거래로서 차변이 전액 현금 또는 외상매출금이 아닌 경우에 사용한다.

분개사례 (일부 현금)	(차) 현 금 500,000 (대) 제품매출 1,000,000 외상매출금 600,000 부가세예수금 100,000				
예시		구분	계정과목		금액
	1	대변	255	부가세예수금	100,000 ⇦ 자동생성(수정불가)
	2	대변	404	제품매출	1,000,000 ⇦ 자동생성(수정가능)
	3	차변	101	현 금	500,000 ⇦ 직접입력
	4	차변	108	외상매출금	600,000 ⇦ 직접입력

⑤ **4.카드** : 카드매출 및 카드매입의 분개일 때 사용하며, 자동분개 채권, 채무과목은 [기초정보관리] ⇨ [환경설정] ⇨ [회계]탭 ⇨ [4.매입매출전표입력 자동설정관리] ⇨ [② 신용카드 기본계정설정]에서 설정된 계정과목이 자동입력된다.

매출유형 입력

(주)부가가치세(회사코드 : 4001)의 다음 거래증빙을 매입매출전표에 입력하시오(전자세금계산서의 발급 및 전송업무는 생략하고 전자세금 에서 「1.전자입력」을 선택).

▶ 저자주 : 주요 유형에 대해서만 설명하며 본 실무수행에서 설명하지 않는 「매출유형」 및 「부가가치세신고서 첨부서류」는 후술하는 「제6장 기타의 첨부서류」에서 다루기로 한다.

1. 과세(10%)매출세금계산서 발급
   - 황금신발에 제품을 판매하고 다음과 같이 전자세금계산서를 발급하였다.

전자세금계산서 (공급자 보관용)							승인번호		
공급자	등록번호	101-81-83017			공급받는자	등록번호	120-16-90961		
	상호	(주)부가가치세	대표자	부가세		상호	황금신발	대표자	황금발
	주소	서울 금천구 독산로 90길 27				주소	경기 부천시 소사구 범박동		
	업태	제조업외	종사업장번호			업태	도.소매업	종사업장번호	
	종목	신발				종목	신발		
	E-Mail	vat@bill36524.com				E-Mail	12456@bill36524.com		
작성일자	2024.04.05	공급가액		10,000,000	세액			1,000,000	
월	일	품목명	규격	수량	단가	공급가액	세액		비고
04	05	운동화		100	100,000	10,000,000	1,000,000		
합계금액		현금	수표	어음		외상미수금	이 금액을	○ 영수	함
11,000,000						11,000,000		● 청구	

해설_ [매입매출전표입력] 4월 5일

거래유형	품명	공급가액	부가세	거래처	전자세금
11.과세	운동화	10,000,000	1,000,000	00130. 황금신발	전자입력
분개유형	(차) 108.외상매출금		11,000,000원	(대) 255.부가세예수금	1,000,000원
2.외상				404.제품매출	10,000,000원

2. 과세(10%)매출세금계산서 발급 - 고정자산 매각

- 영업부 업무에 사용하는 승용차를 매각하고 발급한 전자세금계산서이다(매각 직전 차량운반구 취득가액 20,000,000원, 감가상각누계액은 7,000,000원). 매각대금은 말일에 받기로 하였다(양도시점까지 감가상각비는 고려하지 않음).

전자세금계산서 (공급자 보관용)

	공급자		공급받는자	
등록번호	101-81-83017	등록번호	101-81-39258
상호	(주)부가가치세	대표자: 부가세	상호	대우중고차	대표자: 김우중
주소	서울 금천구 독산로 90길 27	주소	서울 강남구 역삼로 541
업태	제조업외	종목	신발	업태	도.소매	종목	자동차
E-Mail	vat@bill36524.com	E-Mail	dw@bill36524.com

작성일자	2024.04.10	공급가액	14,000,000	세액	1,400,000

월	일	품목명	규격	수량	단가	공급가액	세액	비고
04	10	승용차				14,000,000	1,400,000	

합계금액	현금	수표	어음	외상미수금	이 금액을 ○ 영수 / ● 청구 함
15,400,000				15,400,000	

해설_ [매입매출전표입력] 4월 10일

거래유형	품명	공급가액	부가세	거래처	전자세금
11.과세	승용차	14,000,000	1,400,000	00131. 대우중고차	전자입력
분개유형	(차) 209.감가상각누계액	7,000,000원	(대) 255.부가세예수금		1,400,000원
	120.미수금	15,400,000원	208.차량운반구		20,000,000원
3.혼합			914.유형자산처분이익		1,000,000원

3. 영세율(0%)매출세금계산서 발급
- 제품을 판매하고 내국신용장에 의해 영세율전자세금계산서를 발급하였다.

전자세금계산서 (공급자 보관용) 승인번호

공급자	등록번호	101-81-83017			공급받는자	등록번호	120-16-90961		
	상호	(주)부가가치세	성명	부가세		상호	(주)한강무역	성명	박은성
	주소	서울 금천구 독산로 90길 27				주소	서울 금천구 시흥대로 429		
	업태	제조업외	종사업장번호			업태	제조업외	종사업장번호	
	종목	신발				종목	신발		
	E-Mail	vat@bill36524.com				E-Mail	hankang@bill36524.com		

작성일자	2024.04.15	공급가액	500,000	세액	영세율

월	일	품목명	규격	수량	단가	공급가액	세액	비고
04	15	숙녀화		10	50,000	500,000	0	

합계금액	현금	수표	어음	외상미수금	이 금액을	○ 영수 / ● 청구 함
500,000				500,000		

해설_ [매입매출전표입력] 4월 15일

거래유형	품명	공급가액	부가세	거래처	전자세금
12.영세	숙녀화	500,000	-	00133. (주)한강무역	전자입력
분개유형	(차) 108.외상매출금		500,000원	(대) 404.제품매출	500,000원
2.외상					

4. 면세매출계산서 발급

- 면세대상인 제품을 2,000,000원에 판매하고 발급한 전자계산서이다(다만, 본 거래에 한하여 당사는 과세사업과 면세사업을 겸영한다고 가정한다).

전자계산서		(공급자 보관용)			승인번호		
공급자	등록번호	101-81-83017		공급받는자	등록번호	105-81-21518	
	상호	(주)부가가치세	대표자	부가세	상호	풋월드	대표자	서병식
	주소	서울 금천구 독산로 90길 27			주소	서울 강남구 압구정로 344	
	업태	제조업외	종사업장번호		업태	소매업	종사업장번호
	종목	신발			종목	신발	
	E-Mail	vat@bill36524.com			E-Mail	hdy00@bill326524.com	
작성일자	2024.04.20	공급가액		2,000,000	비고	면세	

월	일	품목명	규격	수량	단가	공급가액	비고
04	20	면세제품				2,000,000	

합계금액	현금	수표	어음	외상미수금	이 금액을 ● 영수 함
2,000,000	2,000,000				○ 청구

해설_ [매입매출전표입력] 4월 20일

거래유형	품명	공급가액	부가세	거래처	전자세금
13.면세	면세제품	2,000,000	-	01122. 풋월드	전자입력
분개유형	(차) 101.현금		2,000,000원	(대) 404.제품매출	2,000,000원
1.현금					

제4장 매출세액과 매입세액의 계산 ▶▶

5. 과세 신용카드매출 및 현금영수증매출
[자료 1] 김소월에게 제품(구두)을 판매하고 신용카드매출전표를 발급하였다.
[자료 2] 윤동주에게 제품(고무신)을 현금판매하고 현금영수증을 발급하였다.

[자료 1]

```
            신용카드매출전표
    -----------------------------
    카드종류 : 비씨카드
    회원번호 : 9410-5114-****-8512
    거래일시 : 4.28. 19:05:16
    거래유형 : 신용승인
    매    출 : 200,000원
    부 가 세 :  20,000원
    합    계 : 220,000원
    결제방법 : 일시불
    승인번호 : 85110501
    은행확인 : 국민은행
    가맹점명 : (주)부가가치세
    대 표 자 : 부가세
    사업자NO : 104-81-83017
            - 이 하 생 략 -
```

[자료 2]

```
           ** 현금영수증 **
             (소득공제용)
    사업자등록번호 : 104-81-83017
    사업자명      : (주)부가가치세
    단말기ID      : 73453259(tel:02-345-4546)
    가맹점주소    : 서울 금천구 독산로 90길27

    현금영수증 회원번호
     12345-68781-112541
    승인번호      : 83746302    (PK)
    거래일시      : 4월 29일 16시28분21초

    공급금액                        150,000원
    부가세금액                       15,000원
    총합계                          165,000원
    http://현금영수증.kr
    국세청문의(126)
    38036925-GCA10106-3870-U490
    <<<<<이용해 주셔서 감사합니다.>>>>>
```

해설_ 1. [매입매출전표입력] 4월 28일

거래유형	품명	공급가액	부가세	거래처	전자세금
17.카과	구두	200,000	20,000	00134. 김소월	
분개유형	(차) 108.외상매출금(비씨카드)		220,000원	(대) 255.부가세예수금	20,000원
4.카드				404.제품매출	200,000원

2. [매입매출전표입력] 4월 29일

거래유형	품명	공급가액	부가세	거래처	전자세금
22.현과	고무신	150,000	15,000	00135. 윤동주	
분개유형	(차) 101.현금		165,000원	(대) 255.부가세예수금	15,000원
1.현금				404.제품매출	150,000원

6. 과세 기타매출
- 일반개인인 정지용에게 제품을 현금판매하고 간이영수증을 발행하였다.

```
NO.              영 수 증 (공급받는자용)
                  정지용                        귀하
         등록번호         104-81-83017
  공      상  호    (주)부가가치세    성명    이대호
  급      사업장    서울 금천구 독산로 90길27
  자      업  태      제조업외     종목     신발
         작성일자         공급대가총액          비고
         2024. 5. 10.      ₩ 110,000
                          공 급 내 역
  월/일    품명     수량    단가        금액
  5/10   기능화     1                 110,000

                  위 금액을 영수(청구)함
```

해설_ [매입매출전표입력] 5월 10일

거래유형	품명	공급가액	부가세	거래처	전자세금
14.건별	기능화	100,000	10,000	00136. 정지용	
분개유형	(차) 101.현금		110,000원	(대) 255.부가세예수금	10,000원
1.현금				404.제품매출	100,000원

7. 간주공급(공급의제)
- 5월 20일 생산한 제품(원가 450,000원, 시가 600,000원)을 매출처 황금신발의 접대용으로 제공하였다.

해설_ ▶ 저자주 : 간주공급에 대한 입력사례는 참고만 할 것!
[매입매출전표입력] 5월 20일

거래유형	품명	공급가액	부가세	거래처	전자세금
14.건별	접대용	600,000	60,000	00130. 황금신발	
분개유형	(차) 813.접대비		510,000원	(대) 255.부가세예수금	60,000원
3.혼합				150.제품	450,000원
				(적요8.타계정으로 대체)	

① 간주공급에 대해서는 세금계산서 등의 증빙이 발행되지 않으므로 「14.건별」을 선택한다.
② 간주공급 중 사업상 증여에 해당하는 거래로 시가의 10%가 과세된다. 따라서 공급가액(과세표준)은

시가인 600,000원, 세액은 60,000원이 되도록 입력한다.
③ 실제 제품이 매출되게 아니므로 대변은 「제품매출」이 아닌 「제품」을 원가로 줄여준다(접대용으로 제공한 만큼 제품이 그만큼 줄었음). 또한 타계정으로 대체거래에 해당하므로 제품 계정의 적요란에 "8.타계정으로 대체액"을 걸어줘야 한다.
④ 사업상 증여(접대)로 인해 회사는 부가가치세를 60,000원 내야 하고, 제품이 450,000원이 줄었으므로 회사가 손해보는 총 510,000원을 차변에 접대비로 처리한다.

 부가가치세 신고서 및 매출세금계산서합계표 조회

(주)부가가치세(회사코드 : 4001)의 1기 확정(4월 1일~6월 30일)신고기간의 [매출세금계산서합계표] 및 [부가가치세 신고서]를 조회하시오.

해설_ 매출세금계산서합계표 조회

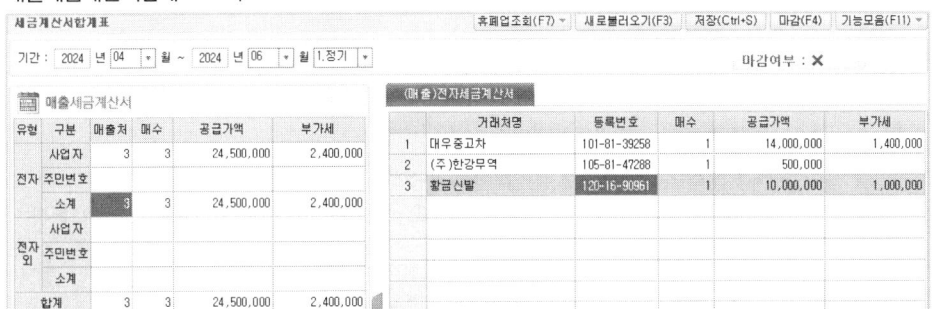

[화면설명]
세금계산서를 집계하는 표로 세금계산서합계표는 매출처별 또는 매입처별로 작성되며, 매출의 경우 11.과세(12.영세)로 입력된 세금계산서가 자동 반영된다.
① 기간 : 조회하고자 하는 해당기간을 월단위로 선택한다.
② 전자세금계산서와 전자세금계산서외(종이세금계산서)로 구분하여 거래처별로 조회가 가능하다.

부가가치세 신고서조회(★조회가 되지 않는 경우 ① 상단 툴바의 [조회] 클릭 → ② 「저장된 내용이 있습니다. 불러오시겠습니까?」란 메시지가 나오면 [아니오]를 클릭해야 데이터가 새롭게 조회됨)

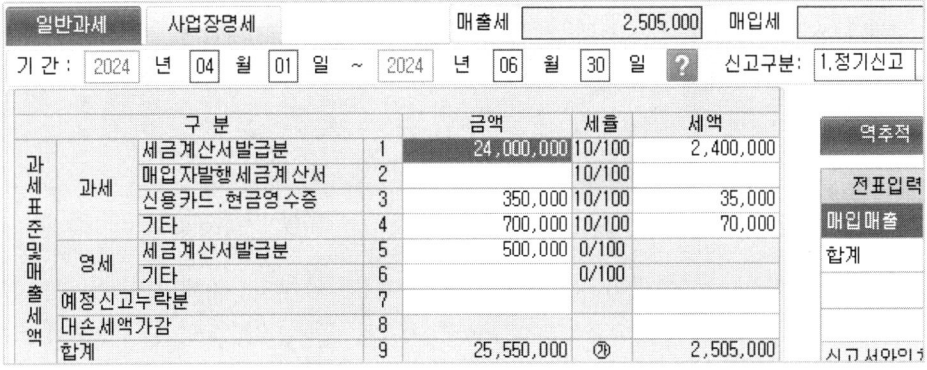

> [화면설명]
> ① 매출유형 중 11.과세(세금계산서 과세매출) → 과세 : 세금계산서발급분(1)란에 반영
>   매출유형 중 12.영세(세금계산서 영세율매출) → 영세 : 세금계산서발급분(5)란에 반영
>   매출유형 중 17.카과(카드 과세매출) 및 22.현과(현금영수증 과세매출) → 과세 : 신용카드·현금영수증(3)란에 반영
>   매출유형 중 14.건별(간이영수증 과세매출 및 무증빙) → 과세 : 기타(4)란에 반영
> ② 과표(F7) 를 클릭하면 다음과 같이 화면이 조회된다.
>
>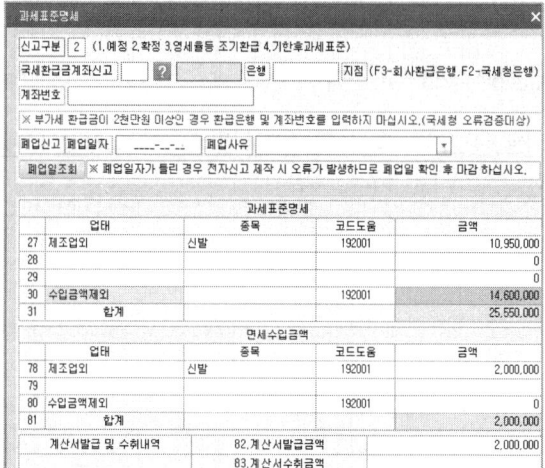
>
> - 과세매출 중 수입금액(제품매출 등)에 해당하는 금액은 (27)~(29)란에 업종별로 구분해서 기재한다.
> - 「(30)수입금액제외」란은 과세표준으로 기재되지만, 수입금액(제품매출 등)이 아닌 고정자산 매각 및 간주공급 등을 기재한다(4월 10일 차량매각 14,000,000원 + 5월 20일 간주공급 600,000원 = 14,600,000원).
> - 면세수입금액 : 부가가치세가 면세되어 부가가치세 신고내용에 기재되지 않는 면세매출액은 업종별로 분류하여 (78)~(80)에 기재한다. ← 13.면세, 18.카면, 20.면건, 23.현면으로 입력한 금액이 반영
> - [82.계산서발급금액]은 면세수입금 중 매출전표에 13.면세로 입력된 내용만 반영된다.

제2절 매입세액의 계산

재화·용역을 공급받을 때 거래징수당한 매입세액은 납부세액 계산시 매출세액에서 차감된다.

```
세금계산서 수취분 매입세액
 (+) 기타공제매입세액         ⇐ 신용카드 및 현금영수증 수취분 매입세액
 (-) 공제받지 못할 매입세액    ⇐ 접대비 관련 매입세액 등
매입세액공제액
```

사업자는 재화·용역을 공급하고 공급가액과 함께 10%의 부가가치세를 거래징수당하게 된다. 이때 이러한 거래내역을 증명하는 증빙이 필요한데 세무상 인정되는 증빙에는 세금계산서·계산서·영수증 등이 있다.

1. 공제되는 매입세액

거래증빙	공급받는자의 매입세액공제 여부
세금계산서	세금계산서를 발급받은 경우 공제가능(단, 불공제사유는 제외)
신용카드전표	부가가치세가 별도로 구분된 경우 공제가능(단, 공급자가 세금계산서 발급금지 업종인 경우는 제외)
현금영수증	예 • 일반과세자인 식당에서 직원식대를 지출하고 카드결제 ⇨ 공제 가능 • 일반과세자인 목욕탕(세금계산서 발급금지업종)에서 직원이 목욕을 하고 카드결제 ⇨ 공제 불가
간이영수증	국세청에 통보되지 않는 증빙으로 공제 불가
계산서	면세이므로 부가가치세와 무관

2. 공제받지 못할 매입세액(불공제사유)

| 원칙 | ➡ | 세금계산서를 수취한 경우 매입세액공제 및 비용으로 인정 |

| 예외 | ➡ | 세금계산서를 수취한 경우에도 매입세액공제가 안 되는 경우 |

① 세금계산서 미수취 또는 부실·허위 기재
② 매입처별세금계산서합계표를 미제출 또는 부실·허위 기재
③ 업무무관지출에 대해 세금계산서를 수취★
④ 비영업용 승용차 관련 지출에 대해 세금계산서를 수취★
⑤ 접대비 지출에 대해 세금계산서를 수취★
⑥ 면세사업 및 토지관련 지출에 대해 세금계산서를 수취
⑦ 사업등록전 지출에 대해 세금계산서를 수취

단, 비용으로는 인정됨

(1) 업무와 관련 없는 지출 관련 매입세액

부가가치세법상 공제대상 매입세액은 사업과 관련된 지출에 대한 매입세액을 의미한다. 따라서 사업과 직접 관련이 없는 대표자의 개인적인 가사비용 등을 지출하고 세금계산서를 수취한 경우에는 해당 매입세액은 공제되지 않는다.

예를 들어 대표이사가 자택에서 사용하기 위한 안마의자를 구입하고 회사명의로 세금계산서를 발급받는 경우 해당 매입세액은 업무와 관련 없는 지출이므로 공제되지 않는다.

(2) 영업용이 아닌 개별소비세 과세대상 승용자동차의 구입과 임차 및 유지(수리, 주유, 세차 등) 관련 매입세액

승용자동차의 경우 사업을 위해 사용될 수도 있으나, 단순히 임직원의 편의를 위해 사용되는 경우가 많고 또한 업무에 직접 사용하는지 여부의 구분이 어렵기 때문에 영업용인 것을 제외하고는 모두 사업과 무관한 것으로 취급한다.

여기서 영업용이란 운수업 등과 승용차를 직접 영업에 사용하는 것(예 택시, 버스)을 의미하므로 운수업 등이 아닌 일반업종의 회사차량은 비록 업무용으로 사용한다고 하더라도 모두 비영업용으로 취급된다는 점에 유의하여야 한다.

[★★차량 종류별 매입세액공제 가능여부]

구 분		매입세액공제 여부
① 개별소비세 과세대상 자동차가 아닌 경우 예 화물차, 경차(1,000cc 이하), 정원 9인 이상의 승용차(카니발 9인승 등)		공제가능
② 개별소비세 과세대상 자동차인 경우	ⓐ 운수업, 자동차판매업, 운전학원업, 자동차 임대업 등 이와 유사한 업종에 직접 영업용으로 사용되는 경우 예 택시, 버스, 렌트카 등	공제가능
	ⓑ 그 외 승용자동차 예 일반회사의 업무용 승용차	공제불가

(3) 접대비(기업업무추진비) 관련 매입세액

접대비도 사업을 위해 사용될 수 있으나 소용승용차와 마찬가지로 단순히 임직원의 개인적 목적으로 지출되는 경우가 많고, 또한 소비성 경비로서 과소비를 조장하는 등 그 지출을 억제하기 위해 현행 부가가치세법에서는 접대비와 관련된 매입세액을 매출세액에서 공제하지 않는다.

(4) 면세사업 관련 매입세액

부가가치세가 면제되는 사업과 관련된 매입세액은 매출세액에서 공제하지 않는다. 예를 들어 쌀(면세품목)을 판매하는 면세사업자가 쌀 배달을 위해 화물차를 구입하는 경우 화물차는 면세사업에 사용되는 재화이므로 화물차 구입시 부담하는 매입세액은 공제되지 않는다.

(5) 토지의 자본적 지출 관련 매입세액

「토지의 자본적 지출 관련 매입세액」이란 토지의 조성 등을 위한 다음의 지출을 의미한다.
① 토지의 취득 및 형질변경, 공장부지 및 택지의 조성 등에 매입세액
② 건축물이 있는 토지를 취득하여 그 건축물을 철거하고 토지만을 사용하는 경우에는 철거한 건축물의 취득 및 철거비용에 관련된 매입세액
③ 토지의 가치를 현실적으로 증가시켜 토지의 취득원가를 구성하는 비용에 관련된 매입세액
토지 자체는 나중에 팔릴 때 면세에 해당하므로 매출세액이 발생하지 않는다. 따라서 토지 구입시 토지 원가 외 각종 지출(예 토지 취득관련 등기대행 법무사수수료)에 대한 매입세액도 일률적으로 공제하지 않는 것이다.

(6) 사업자등록 전 매입세액

사업자등록을 신청하기 전의 매입세액은 매출세액에서 공제하지 않는다. 다만, 공급시기가 속하는 과세기간이 끝난 후 20일 이내에 등록신청한 경우 등록신청일로부터 공급시기가 속하는 과세기간 기산일까지 역산한 이내의 매입세액은 공제가 가능하다.

[부가가치세 신고서상 매입세액 계산]

구 분			금 액		세 율	세 액
매입세액	세금계산서 수취분	일반매입	(10)	10% 세금계산서 매입분		○○○
		고정자산매입	(11)	10% 세금계산서 매입분 중 고정자산구입		○○○
	예정신고누락분		(12)	예정신고시 누락된 금액을 확정신고시 신고하는 경우		○○○
	매입자발행세금계산서		(13)			
	그 밖의 공제매입세액		(14)	10% 신용카드·현금영수증 매입분		+○○○
	합계 (10)+(11)+(12)+(13)+(14)		(15)			
	공제받지못할매입세액		(16)	10% 세금계산서 매입분 중 불공제 금액		-○○○
	차감계 (15) - (16)		(17)		㉴	=○○○

3. 매입전표입력

• [NCS연계] 세무정보시스템운용_세무관련전표등록하기

(1) 매입전표 유형

매입전표의 유형은 과세여부 및 매입시 수취한 증빙에 따라 다음과 같이 구분된다.

코드	유형	내 용	반영되는 서식
51	★과세	매입세액공제되는 10%세금계산서	① 부가가치세신고서 ② 매입처별세금계산서합계표 ③ 매입매출장
		예 과세원재료를 매입하고 세금계산서(10%) 수취	
52	영세	영세율(0%) 매입세금계산서	① 부가가치세신고서 ② 매입처별세금계산서합계표 ③ 매입매출장
		예 수출목적으로 부품을 납품 받고 영세율(0%)세금계산서 수취	
53	★면세	면세사업자가 발행한 매입계산서 (면세품목 매입 + 계산서 수취)	① 부가가치세신고서 ② 매입처별(면세)계산서합계표 ③ 매입매출장
		예 면세물건을 구입하고 계산서 수취	
54	★불공	불공제되는 매입세금계산서	① 부가가치세신고서 ② 매입처별세금계산서합계표 ③ 매입세액불공제내역 ④ 매입매출장
		예 접대비나 차량유지와 관련된 세금계산서 수취	

55	수입	재화 수입시 세관장이 발행한 수입세금계산서	① 부가가치세신고서 ② 매입처별세금계산서합계표 ③ 매입매출장
		예 재화수입시 세관에 부가가치세를 납부하고 수입세금계산서 수취	
56	금전	매입세액공제가 가능한 금전등록기 이면확인영수증 입력시 선택(현재는 해당 사항 없음)	
57	★카과 (카드과세 매입)	매입세액공제되는 신용카드 과세매입	① 부가가치세신고서 기타매입세액공제란 ② 신용카드수령금액합계표 ③ 매입매출장
		예 과세 재화를 구입하고 대금은 카드결제하고 신용카드전표를 수취	
58	카면	신용카드에 의한 면세매입 입력시 선택	① 의제매입세액공제신청서 ② 매입매출장
59	카영	영세율 적용대상의 신용카드 매입	매입매출장
60	면건	계산서가 교부되지 않은 면세적용 매입 입력시 선택	① 의제매입세액공제신청서 ② 매입매출장
61	★현과	매입세액공제되는 현금영수증 과세매입	① 부가가치세신고서 기타매입세액공제란 ② 신용카드수령금액합계표 ③ 매입매출장
		예 과세 재화를 구입 후 현금지급하고 현금영수증 수취	
62	현면	현금영수증에 의한 면세매입	① 의제매입세액공제신청서 ② 매입매출장

(2) 매입전표 분개유형

매입전표도 매출전표와 마찬가지로 회계처리를 위하여 분개유형(0.분개없음, 1.현금, 2.외상, 3.혼합, 4.카드)을 선택하면 해당 유형에 따라 분개의 일부가 자동으로 표시된다.

① **1.현금** : 전액 현금거래일 경우 선택

분개사례	(차) 원 재 료 1,000,000 (대) 현 금 1,100,000 부가세대급금 100,000				
예시	구분		계정과목	금액	
	1	출금	135	부 가 세 대 급 금	100,000 ⇐ 자동생성(수정불가)
	2	출금	153	원 재 료	1,000,000 ⇐ 자동생성(수정가능)

② **2.외상** : 전액 외상거래(외상매입금계정에 한함)일 경우 선택

분개사례	(차) 원　재　료　　1,000,000　　(대) 외 상 매 입 금　　1,100,000
	부가세대급금　　　100,000

예시	구 분		계정과목	금 액	
	1	대변	251	외 상 매 입 금	1,100,000 ⇦ 자동생성(수정불가)
	2	차변	135	부 가 세 대 급 금	100,000 ⇦ 자동생성(수정불가)
	3	차변	153	원　　　재　　　료	1,000,000 ⇦ 자동생성(수정가능)

단, 외상이라 하더라도 미지급금, 일부 현금 또는 어음 등이 포함된 거래일 경우 "3.혼합"을 선택한다.

③ **3.혼합** : 1.현금 및 2.외상 이외의 거래로서 대변이 전액 현금 또는 외상매입금이 아닌 경우에 사용한다.

분개사례 (일부 현금)	(차) 원　재　료　　1,000,000　　(대) 현　　　　　금　　　500,000
	부가세대급금　　　100,000　　　　외 상 매 입 금　　　600,000

예시	구 분		계정과목	금 액	
	1	차변	135	부 가 세 대 급 금	100,000 ⇦ 자동생성(수정불가)
	2	차변	153	원　　　재　　　료	1,000,000 ⇦ 자동생성(수정가능)
	3	대변	101	현　　　　　　　금	500,000 ⇦ 직접입력
	4	대변	251	외 상 매 입 금	600,000 ⇦ 직접입력

④ **4.카드** : 카드매출 및 카드매입의 분개일 때 사용하며, 자동분개되는 채권, 채무과목은 [기초정보관리] ⇨ [환경설정] ⇨ [회계]탭 ⇨ [4.매입매출전표입력 자동설정관리] ⇨ [② 신용카드 기본계정설정]에서 설정된 계정과목이 자동입력된다.

매입유형 입력

(주)부가가치세(회사코드 : 4001)의 다음 거래증빙을 매입매출전표에 입력하시오(전자세금계산서의 발급 및 전송업무는 생략하고 전자세금 에서 「1.전자입력」을 선택).

```
1. 과세(10%) 매입세금계산서 수취
  - 원재료를 구입하고 발급받은 전자세금계산서이다.
```

전자세금계산서 (공급받는자 보관용)					승인번호		
공급자	등록번호	121-81-65110			공급받는자	등록번호	101-81-83017
	상호	(주)호남신발	대표자	오승호		상호	(주)부가가치세	대표자	부가세
	사업장	서울 구로구 디지털로23길				사업장	서울 금천구 독산로 90길 27
	업태	제조	종사업장번호			업태	제조업외	종사업장번호
	종목	신발				종목	신발
	E-Mail	dong77@bill36524.com				E-Mail	vat@bill36524.com
작성일자	2024.05.01	공급가액	2,500,000	세액	250,000		
월	일	품목명	규격	수량	단가	공급가액	세액	비고
05	01	원재료				2,500,000	250,000	
합계금액	현금	수표	어음	외상미수금	이 금액을 ○ 영수 ● 청구 함		
2,750,000				2,750,000			

해설_ [매입매출전표입력] 5월 1일

거래유형	품명	공급가액	부가세	거래처	전자세금
51.과세	원재료	2,500,000	250,000	00104. (주)호남신발	전자입력
분개유형	(차) 135.부가세대급금		250,000원	(대) 251.외상매입금	2,750,000원
2.외상	153.원재료		2,500,000원		

2. 영세율(0%)매입세금계산서 수취

- 내국신용장을 개설하고 원재료를 매입하면서 영세율전자세금계산서를 발급받았다.

영세율전자세금계산서 (공급받는자 보관용)

승인번호:

공급자
- 등록번호: 121-81-65110
- 상호: (주)호남신발
- 대표자: 오승호
- 사업장: 서울 구로구 디지털로23길
- 업태: 제조
- 종목: 신발
- E-Mail: dong77@bill36524.com

공급받는자
- 등록번호: 101-81-83017
- 상호: (주)부가가치세
- 대표자: 부가세
- 사업장: 서울 금천구 독산로 90길 27
- 업태: 제조업외
- 종목: 신발
- E-Mail: vat@bill36524.com

- 작성일자: 2024.05.05
- 공급가액: 2,000,000
- 세액: 영세율

월	일	품목명	규격	수량	단가	공급가액	세액	비고
05	05	원재료				2,000,000	0	

합계금액	현금	수표	어음	외상미수금	이 금액을 ○영수 ●청구 함
2,000,000				2,000,000	

해설_ [매입매출전표입력] 5월 5일

거래유형	품명	공급가액	부가세	거래처	전자세금
52.영세	원재료	2,000,000	-	00104. (주)호남신발	전자입력
분개유형	(차) 153.원재료		2,000,000원	(대) 251.외상매입금	2,000,000원
2.외상					

3. 과세(10%) 매입세금계산서 수취 - 고정자산
- 공장에서 사용할 온풍기를 구입한 거래이다(자산 처리할 것).

전자세금계산서 (공급받는자 보관용)

공급자		공급받는자	
등록번호	105-86-55876	등록번호	101-81-83017
상호	용산전자 / 대표자 차용산	상호	(주)부가가치세 / 대표자 부가세
사업장	서울 용산구 한강대로 25	사업장	서울 금천구 독산로 90길 27
업태	소매 / 종사업장번호	업태	제조업외 / 종사업장번호
종목	전자제품	종목	신발
E-Mail	com@bill36524.com	E-Mail	vat@bill36524.com

작성일자	2024.05.12	공급가액	800,000	세액	80,000

월	일	품목명	규격	수량	단가	공급가액	세액	비고
05	12	온풍기				800,000	80,000	

합계금액	현금	수표	어음	외상미수금	이 금액을 ○영수 ●청구 함
880,000				880,000	

해설_ [매입매출전표입력] 5월 12일

거래유형	품명	공급가액	부가세	거래처	전자세금
51.과세	온풍기	800,000	80,000	00127. 용산전자	전자입력
분개유형	(차) 135.부가세대급금		80,000원	(대) 253.미지급금	880,000원
3.혼합	212.비품		800,000원		

4. 면세 매입계산서 수취
- 영업사원의 마케팅능력 향상을 위해 유통전문가교육을 실시하고 현금 800,000원을 지급하였다.

전자계산서		(공급받는자 보관용)				승인번호		
공급자	등록번호	101-92-11218			공급받는자	등록번호	101-81-83017	
	상호	동아학원	대표자	공무원		상호	(주)부가가치세	대표자	부가세
	사업장	서울 강남구 역삼로 239				사업장	서울 금천구 독산로 90길 27	
	업태	서비스	종사업장번호			업태	제조업외	종사업장번호
	종목	교육				종목	신발	
	E-Mail	edu@bill36524.com				E-Mail	vat@bill36524.com	
작성일자	2024.5.14	공급가액		800,000	비고		면세	
월	일	품목명	규격	수량	단가	공급가액	비고	
05	14	영업의비밀				800,000		
합계금액		현금	수표	어음	외상미수금	이 금액을	● 영수	함
800,000		800,000					○ 청구	

해설_ [매입매출전표입력] 5월 14일

거래유형	품명	공급가액	부가세	거래처	전자세금
53.면세	영업의비밀	800,000	-	00137.동아학원	전자입력
분개유형	(차) 825.교육훈련비(판)		800,000원	(대) 101.현금	800,000원
1.현금					

5. 수입세금계산서 수취

- 미국의 smith사로부터 원재료를 수입하고 부가가치세를 현금으로 납부하였다.
  (부가가치세에 대해서만 회계처리할 것)

	전자수입세금계산서	(공급받는자 보관용)		승인번호	
세관명	등록번호	109-83-43391	공급받는자	등록번호	101-81-83017
	상호	인천세관 / 대표자 김인천		상호	(주)부가가치세 / 대표자 부가세
	사업장	인천 중구 서해대로 399		사업장	서울 금천구 독산로 90길 27
	업태	/ 종사업장번호		업태	제조업외 / 종사업장번호
	종목			종목	신발
	E-Mail	incheon@bill36524.com		E-Mail	vat@bill36524.com

작성일자	2024.05.15	공급가액	3,000,000	세액	300,000
월	일	품목명	규격	수량	단가	공급가액	세액	비고
05	15	원재료수입				3,000,000	300,000	

합계금액	현금	수표	어음	외상미수금	이 금액을 ● 영수 함 ○ 청구
3,300,000					

해설_ [매입매출전표입력] 5월 15일

거래유형	품명	공급가액	부가세	거래처	전자세금
55.수입	원재료수입	3,000,000	300,000	00120.인천세관	전자입력
분개유형	(차) 135.부가세대급금		300,000원	(대) 101.현금	300,000원
1.현금					

※ 수입세금계산서의 공급가액 3,000,000은 세관이 부가가치세 10%를 산출하기 위한 과세표준일 뿐 실제 세관에 지급하는 금액이 아니다. 따라서 실제 세관에 지급하는 부가가치세 300,000원만 분개한다(원재료 대금은 세관이 아닌 실제 외국의 수입업자인 smith에 지급하므로 대금지급에 대해 별도로 회계처리해야 하나, 문제에서 부가가치세만 회계처리하라고 제시하였으므로 부가가치세만 분개한다).

제4장 매출세액과 매입세액의 계산

6. 과세 신용카드매입 및 현금영수증매입

[자료 1] 공장직원 회식비를 법인카드로 결제하고 발급받은 신용카드매출전표이다(차이나는 일반과세자이다).

[자료 2] 영업부 직원이 출장에서 숙박비를 현금지급하고 발급받은 현금영수증이다(제주호텔은 일반과세자이다).

[자료 1]

```
        카드매출전표

카드종류 : 삼성카드
회원번호 : 9410-3256-3333-6834
거래일시 : 05.25. 11:05:16
거래유형 : 신용승인
매   출 : 100,000원
부 가 세 : 10,000원
합   계 : 110,000원
결제방법 : 일시불
승인번호 : 13985995

가맹점명 : 차이나
        - 이하생략 -
```

[자료 2]

```
       ** 현금영수증 **
         (지출증빙용)
사업자등록번호 : 117-12-25864
사업자명      : 제주호텔
단말기ID      : 73453259(tel:02-345-4546)
가맹점주소    : 제주도 제주시 삼무로 1길
승인번호      : 83746302   (PK)
거래일시      : 5월 26일 16시28분21초

공급금액                    50,000원
부가세금액                    5,000원
총합계                       55,000원

http://현금영수증.kr
국세청문의(126)
38036925-GCA10106-3870-U490
<<<<<이용해 주셔서 감사합니다.>>>>>
```

해설_ 1. [매입매출전표입력] 5월 25일

거래유형	품명	공급가액	부가세	거래처	전자세금
57.카과	회식	100,000	10,000	00139. 차이나	
분개유형	(차) 135.부가세대급금		10,000원	(대) 253.미지급금(삼성카드)	110,000원
4.카드	511.복리후생비(제)		100,000원		

2. [매입매출전표입력] 5월 26일

거래유형	품명	공급가액	부가세	거래처	전자세금
61.현과	숙박비	50,000	5,000	00140. 제주호텔	
분개유형	(차) 135.부가세대급금		5,000원	(대) 101.현금	55,000원
1.현금	812.여비교통비(판)		50,000원		

7. 영업부의 전화요금청구서이다(전자세금계산서 발급분). 작성일자를 기준으로 입력하고 납기일에 보통예금통장에서 자동이체된 거래의 입력은 생략한다.

2024년 5월 청구서

작성일자 : 2024. 5.31 납부기한 : 2024. 6.05

금 액	132,000원
고객명	(주)부가가치세
이용번호	02-855-1234
이용기간	5월 1일~5월 31일
5월 이용요금	132,000원
공급자등록번호	114-85-13169
공급받는자등록번호	101-81-83107
공급가액	120,000원
부가가치세(VAT)	12,000원
10원 미만 할인요금	0원
입금전용계좌	국민은행 1002-451-101157

이 청구서는 부가가치세법 시행령 53조 제4항에 따라 발행하는 전자세금계산서입니다.

(주)케이티 금천지점(전화국)장

해설_ [매입매출전표입력] 5월 31일

거래유형	품명	공급가액	부가세	거래처	전자세금
51.과세	전화요금	120,000	12,000	00141. (주)케이티	전자입력
분개유형	(차) 135.부가세대급금		12,000원	(대) 253.미지급금	132,000원
3.혼합	814.통신비(판)		120,000원		

제4장 매출세액과 매입세액의 계산

> **참고** 각종 공과금(전화요금, 전기요금) 관련 분개
>
> 수도요금(면세)을 제외한 전화요금, 전기요금에도 부가가치세 과세가 되며, 해당 고지서(청구서)가 전자세금계산서에 해당이 된다. 따라서 고지서(청구서)의 작성일자를 기준으로 전자세금계산서를 [매입매출전표]에 입력하며, 추후 자동이체일을 기준으로 [일반전표]에 납부분개를 입력한다.
>
> ■ 7번 거래의 전화요금청구서를 기준으로 분개를 정리하면 다음과 같다.

구분	일자	입력방법
작성 일자	05.31	매입매출전표 [51.과세] 선택 후 전자세금계산서 입력 및 전표 [3.혼합]으로 입력 | 구분 | 코드 | 계정과목 | 차변 | 대변 | 코드 | | |---|---|---|---|---|---|---| | 차변 | 135 | 부가세대급금 | 12,000 | | 00141 | (주)케이티 | | 차변 | 814 | 통신비 | 120,000 | | 00141 | (주)케이티 | | 대변 | 253 | 미지급금 | | 132,000 | 00141 | (주)케이티 |
납부 일자	06.05	일반전표에 납부관련 분개 대체전표 입력 | 일 | 번호 | 구분 | 코드 | 계정과목 | 코드 | 거래처 | 적요 | 차변 | 대변 | |---|---|---|---|---|---|---|---|---|---| | 05 | 00001 | 차변 | 253 | 미지급금 | 00141 | (주)케이티 | 전화요금자동이체 | 132,000 | | | 05 | 00001 | 대변 | 103 | 보통예금 | 98002 | 국민은행 | 전화요금자동이체 | | 132,000 | (※ 참고내용이므로 실습과정에선 납부관련 분개는 입력 생략)

8. 불공제 매입세금계산서(1)비영업용 소형승용차 관련

- 영업부용 승용차(2000cc 중형) 타이어 교체에 대해 교부받은 전자세금계산서이다.
  단, (주)공룡신발은 차량유지 관련비용은 "차량유지비"로 회계처리하고 있다.

전자세금계산서 (공급받는자 보관용)　승인번호

공급자			
등록번호	106-11-51782		
상호	기아차	대표자	유명차
사업장	서울 서대문구 가좌로 19		
업태	제조	종사업장번호	
종목	자동차		
E-Mail	car@bill36524.com		

공급받는자			
등록번호	101-81-83017		
상호	(주)부가가치세	대표자	부가세
사업장	서울 금천구 독산로 90길 27		
업태	제조업외	종사업장번호	
종목	신발		
E-Mail	vat@bill36524.com		

작성일자	2024.06.03	공급가액	300,000	세액	30,000

월	일	품목명	규격	수량	단가	공급가액	세액	비고
06	03	타이어				300,000	30,000	

합계금액	현금	수표	어음	외상미수금	이 금액을 ○ 영수 ● 청구 함
330,000				330,000	

해설_ [매입매출전표입력] 6월 3일

거래유형	품 명	공급가액	부가세	거래처	전자세금
54.불공	타이어	300,000	30,000	00142. 기아차	전자입력
불공사유	3.비영업용 소형승용차 구입 및 유지				
분개유형 3.혼합	(차) 822.차량유지비　330,000원			(대) 253.미지급금　330,000원	

9. 불공제 매입세금계산서(2)접대비 관련

- 매출거래처에 증정할 선물을 구매하고 발급받은 전자세금계산서이다. 대금은 월말에 지급하기로 하였다.

전자세금계산서 (공급받는자 보관용) 승인번호

	공급자					공급받는자		
등록번호	101-71-52761			등록번호	101-81-83017			
상호	이마트	대표자	이용품	상호	(주)부가가치세	대표자	부가세
사업장 주소	서울 강남구 역삼로 125			사업장	서울 금천구 독산로 90길 27		
업태	소매	종사업장번호		업태	제조업외	종사업장번호	
종목	잡화			종목	신발		
E-Mail	emart@bill36524.com			E-Mail	vat@bill36524.com		

작성일자	2024.06.04	공급가액	500,000	세액	50,000

월	일	품목명	규격	수량	단가	공급가액	세액	비고
06	04	선물세트		5	100,000	500,000	50,000	

합계금액	현금	수표	어음	외상미수금	이 금액을 ○ 영수 함 ● 청구
550,000				550,000	

해설_ [매입매출전표입력] 6월 4일

거래유형	품 명	공급가액	부가세	거래처	전자세금
54.불공	선물세트	500,000	50,000	00143.이마트	전자입력
불공사유	9.접대비 관련 매입세액				
분개유형 3.혼합	(차) 813.접대비	550,000원	(대) 253.미지급금		550,000원

10. 불공제 매입세금계산서(3)면세사업 관련

- 면세사업에 사용할 컴퓨터를 구입하고 발급받은 세금계산서이다(본 문항에 대하여 과세사업과 면세사업을 겸영한다고 가정한다).

전자세금계산서 (공급받는자 보관용)   승인번호

공급자					공급받는자			
등록번호	105-86-55876				등록번호	101-81-83017		
상호	용산전자	대표자	차용산		상호	(주)부가가치세	대표자	부가세
사업장	서울 용산구 한강대로 25				사업장	서울 금천구 독산로 90길 27		
업태	소매		종사업장번호		업태	제조업외		종사업장번호
종목	전자제품				종목	신발		
E-Mail	com@bill36524.com				E-Mail	vat@bill36524.com		

작성일자	2024.06.05	공급가액	1,200,000	세액	120,000

월	일	품목명	규격	수량	단가	공급가액	세액	비고
06	05	컴퓨터				1,200,000	120,000	

합계금액	현금	수표	어음	외상미수금	이 금액을	○ 영수 / ● 청구 함
1,320,000				1,320,000		

해설_ [매입매출전표입력] 6월 5일

거래유형	품 명	공급가액	부가세	거래처	전자세금
54.불공	컴퓨터	1,200,000	120,000	00127.용산전자	전자입력
불공사유	4.면세사업과 관련된 분				
분개유형	(차) 212.비품		1,320,000원	(대) 253.미지급금	1,320,000원
3.혼합					

11. 불공제 매입세금계산서(4) 사업과 관련 없는 지출

- 대표이사(대표자명 : 부가세)의 자택에서 사용할 안마의자를 구입하고 전자세금계산서를 발급받았다.

전자세금계산서				(공급받는자 보관용)			승인번호		
공급자	등록번호	105-86-55876			공급받는자	등록번호	101-81-83017		
	상호	용산전자	대표자	차용산		상호	(주)부가가치세	대표자	부가세
	사업장	서울 용산구 한강대로 25				사업장	서울 금천구 독산로 90길 27		
	업태	소매	종사업장번호			업태	제조업외	종사업장번호	
	종목	전자제품				종목	신발		
	E-Mail	com@bill36524.com				E-Mail	vat@bill36524.com		
작성일자	2024.06.06		공급가액	600,000			세액	60,000	
월	일	품목명	규격	수량	단가	공급가액	세액		비고
06	06	안마의자				600,000	60,000		
합계금액		현금		수표	어음	외상미수금	이 금액을	● 영수 ○ 청구	함
660,000		660,000							

해설_ [매입매출전표입력] 6월 6일

거래유형	품 명	공급가액	부가세	거래처	전자세금
54.불공	안마의자	600,000	60,000	00127.용산전자	전자입력
불공사유	2.사업과 관련없는 지출				
분개유형	(차) 134.가지급금　　　　　660,000원 　　　(거래처 : 00144.부가세)			(대) 101.현금　　　　　660,000원	
1.현금	※ 가지급금의 거래처는 대표자 성명인 "부가세"로 걸어줘야 함에 주의!!!				

12. 불공제 매입세금계산서(5) 토지의 자본적 지출 관련

- 본사 신축용 토지 취득관련 등기대행 용역을 유능법무사로부터 제공받고 발급받은 전자세금계산서이며 수수료는 국민은행 보통예금 계좌에서 이체하여 지급하였다.

전자세금계산서 (공급받는자 보관용)

	공급자		공급받는자	
등록번호	127-05-17325		등록번호	101-81-83017
상호	유능법무사 / 성명 박유능		상호	(주)부가가치세 / 대표자 부가세
사업장	서울 서초구 서초대로 25		사업장	서울 금천구 독산로 90길 27
업태	서비스 / 종사업장번호		업태	제조업외 / 종사업장번호
종목	교육		종목	신발
E-Mail	park@bill36524.com		E-Mail	vat@bill36524.com

작성일자	2024.06.07	공급가액	400,000	세액	40,000

월	일	품목명	규격	수량	단가	공급가액	세액	비고
06	07	등기대행 수수료				400,000	40,000	

합계금액	보통예금	수표	어음	외상미수금	이 금액을 ● 영수 함 / ○ 청구
440,000	440,000				

해설_ [매입매출전표입력] 6월 7일

거래유형	품명	공급가액	부가세	거래처	전자세금
54.불공	등기대행수수료	400,000	40,000	00145.유능법무사	전자입력
불공사유	0.토지의 자본적 지출 관련				
분개유형	(차) 201.토지　　440,000원			(대) 103.보통예금　　440,000원 (98002.국민은행)	
3.혼합	※ 대행수수료 및 관련 매입세액은 모두 토지를 사용하기 위한 토지의 취득부대비용으로 토지원가에 합산하여 처리한다.				

제4장 매출세액과 매입세액의 계산

실무수행 부가가치세 신고서 및 매입세액 조회

(주)부가가치세(회사코드 : 4001)의 1기 확정(4월 1일~6월 30일)신고기간의 [부가가치세 신고서상의 매입세액]를 조회하시오.

해설_ 부가가치세 신고서조회 – 매입세액(★조회가 되지 않는 경우 ① 상단 툴바의 클릭 → ②「저장된 내용이 있습니다. 불러오시겠습니까?」란 메시지가 나오면 [아니오]를 클릭해야 데이터가 새롭게 조회됨)

	구 분			금액	세율	세액
과세표준및매출세액	과세	세금계산서발급분	1	24,000,000	10/100	2,400,000
		매입자발행세금계산서	2		10/100	
		신용카드.현금영수증	3	350,000	10/100	35,000
		기타	4	700,000	10/100	70,000
	영세	세금계산서발급분	5	500,000	0/100	
		기타	6		0/100	
	예정신고누락분		7			
	대손세액가감		8			
	합계		9	25,550,000	㉮	2,505,000
매입세액	세금계산서수취부분	일반매입	10	9,420,000		742,000
		수출기업수입분납부유예	10-1			
		고정자산매입	11	2,000,000		200,000
	예정신고누락분		12			
	매입자발행세금계산서		13			
	그밖의공제매입세액		14	150,000		15,000
	합계 (10-(10-1)+11+12+13+14)		15	11,570,000		957,000
	공제받지못할매입세액		16	3,000,000		300,000
	차감계 (15-16)		17	8,570,000	㉯	657,000
납부(환급)세액 (㉮매출세액-㉯매입세액)					㉰	1,848,000

[화면설명]

① 매입매출전표입력에서 51.과세, 54.불공으로 입력된 금액 중 고정자산매입(유형자산 등)이 아닌 것은 일반매입에, 분개에서 고정자산코드(201~242)로 입력된 금액은 고정자산매입에 자동반영된다.

② 매입매출전표에서 57.카과(카드 과세매입) 및 61.현과(현금영수증 과세매입)로 입력된 금액이 자동반영되며 더블클릭하면 세부내역이 조회된다.

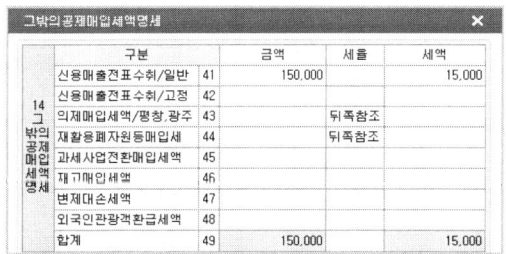

③ 매입매출전표에서 54.불공으로 입력된 금액을 반영한다(※ 주의 : 금액이 자동 반영되지 않는 경우 해당 [16번]란을 더블클릭하여 「공제받지못할매입세액(49)」에 금액 3,000,000원과 세액 300,000원을 직접 입력).

[불공내역] - 6월 3일 비영업용 소형승용차 관련 매입세액 30,000원
- 6월 4일 접대비 관련 매입세액 50,000원
- 6월 5일 면세사업관련 매입세액 120,000원
- 6월 6일 사업과 관련없는 지출 60,000원
- 6월 7일 토지관련 매입세액 40,000원

제3절 부가가치세 신고와 납부

- [NCS연계] 부가가치세 신고_부가가치세 신고하기
- [학습목표] – 부가가치세법에 따른 과세기간을 이해하여 예정·확정신고를 할 수 있다.
  - 부가가치세법에 따라 납세지를 결정하여 상황에 맞는 신고를 할 수 있다.
  - 부가가치세법에 따른 부가가치세의 과세대상인 재화의 공급과 용역의 공급의 범위를 판단할 수 있다.
  - 부가가치세신고요령에 따른 부가가치세 신고서를 작성할 수 있다.

1. 부가가치세 납부세액

부가가치세신고서상에서 납부세액(매출세액 – 매입세액)을 계산한 후에 공제세액 및 예정신고 미환급세액·고지세액과 가산세 등을 가감하여 최종납부할 세액을 구하게 된다.

[계 산 구 조]

	매 출 세 액
(−)	매 입 세 액
=	납 부 (환 급) 세 액
(−)	공 제 세 액
	예 정 고 지 · 미 환 급 세 액
(+)	가 산 세
=	차 가 감 납 부 할 (환 급 받 을) 세 액

(1) 공제세액

① 전자신고세액공제(확정신고시에만 적용)

납세의무자가 직접 전자신고할 경우 신고 건당 1만원을 확정신고시 납부세액에서 공제한다.

② 신용카드매출전표발행세액공제(공급자에 대한 혜택으로 법인사업자는 적용 안 됨)

일반과세자 중 영수증 발급대상 사업자(법인사업자와 직전 연도의 매출공급가액이 사업장을 기준으로 10억원을 초과하는 개인은 제외)와 간이과세자(직전 연도의 공급대가의 합계액이 4,800만원 미만인 자)가 부가가치세가 과세되는 재화·용역을 공급하고 세금계산서 발급시기에 신용카드매출전표·현금영수증 또는 직불카드 영수증·기명식선불카드영수증을 발급하거나 전자화폐로 대금을 결제받는 경우에는 다음의 금액을 납부세액에서 공제한다.

> 발행(결제)금액 × 1.3%(2024년 1월 1일부터는 1%)
> 단, 공제한도는 연간 1,000만원(2024년 1월 1일부터는 500만원)

② 전자세금계산서 발급·전송에 대한 세액공제 특례

직전 연도의 사업장별 재화 및 용역의 공급가액의 합계액이 3억원 미만인 개인사업자가 전자세금계산서를 2022.7.1.부터 2024.12.31.까지 발급하는 경우에는 다음 금액을 해당 과세기간의 부가가치세납부세액에서 공제할 수 있다.

> 전자세금계산서 발급·전송에 대한 세액공제 : MIN(㉮, ㉯)
> ㉮ 해당 과세기간의 전자세금계산서 발급 건수 × 200원
> ㉯ 공제한도액 : 연간 100만원

(2) 예정고지세액

개인사업자에 대해서는 예정신고의무를 면제하며, 그 대신 사업장 관할세무서장이 각 예정신고기간마다 "직전 과세기간에 대한 납부세액의 50%"를 결정하여 고지한다.

개인사업자의 경우 법인사업자에 비해 영세하므로 이러한 영세성을 고려하여 예정신고의무를 면제하여 준 것이다. 따라서 개인사업자는 예정신고분에 대한 부가가치세는 정부가 고지한 세액을 납부하고 확정신고를 할 때 정산하는 방식을 취하고 있다.

① 법인사업자
  ㉠ 예정신고 : 예정신고·납부만 가능(단, 2021년 1월 1일 이후부터는 직전 과세기간 공급가액의 합계액이 1억 5천만원 미만인 법인사업자에 대해서도 예정고지·징수를 적용한다)
  ㉡ 확정신고 : 과세기간 종료 후 25일 이내에 신고 및 납부

② 개인사업자
  ㉠ 예정신고 : 예정고지납부(직전기간 납부세액의 50%를 고지서 수령하여 납부하되, 예정고지납부세액이 50만원 미만이거나 간이과세자에서 일반과세자로 변경된 경우에는 예정고지 하지 않음)가 원칙. 단, 다음의 경우에는 법인사업자와 동일하게 예정신고·납부 가능
    ⓐ 휴업 또는 사업 부진으로 각 예정신고기간의 공급가액(또는 납부세액)이 직전 과세기간의 공급가액(또는 납부세액)의 1/3에 미달하는 자
    ⓑ 각 예정신고기간에 대해 조기환급을 받고자 하는 자

ⓛ 확정신고 : 과세기간 종료 후 25일 이내에 신고 및 납부

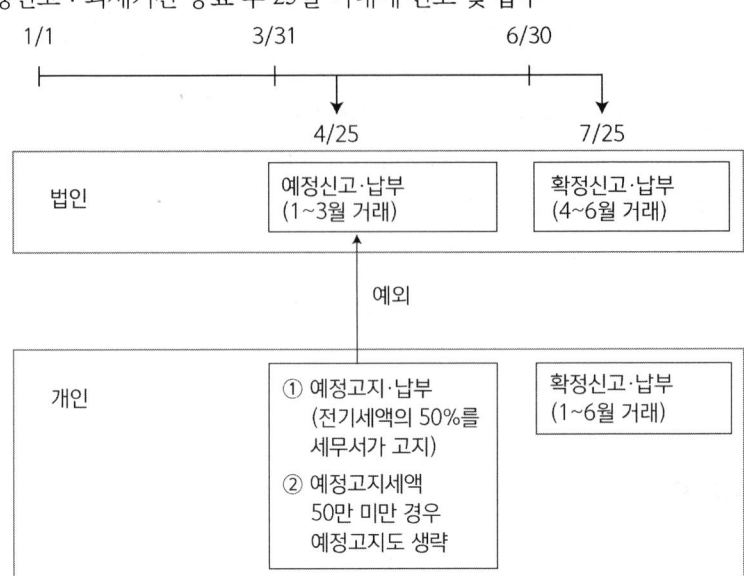

(3) 부가가치세 환급

부가가치세 계산결과 매입세액이 매출세액을 초과하는 경우에는 이를 부가가치세 환급이라고 하며 그 초과금액을 환급세액이라고 한다. 따라서 사업자는 환급세액이 발생하는 경우 해당 금액을 되돌려 받을 수 있다. 현행 부가가치세법상 환급에 대한 규정은 다음과 같다.

구 분	개 념	환급기한
일반환급	과세기간(6개월) 단위로 환급	확정신고기한 경과 후 30일 이내
	예 1기 예정(1~3월) 환급세액 150만원, 1기 확정(4~6월) 납부세액 100만원인 경우 → 예정환급세액은 150만원 바로 환급되지 않고 확정신고 납부세액 100만원에서 차감 → 확정신고 납부세액 100 − 예정신고미환급세액 150 = 최종환급세액 50만원 발생 → 7월 25일 신고시 30일 이내 환급	
조기환급	예정신고기간(3개월) 또는 조기환급기간 (매월 또는 매2월) 단위로 환급	각 조기환급기한 경과 후 15일 이내
	※ 조기환급대상 ① 영세율을 적용받는 경우 ② 사업설비(감가상각자산)을 신설·취득·확장·또는 증축하는 경우 ③ 법원의 인가결정을 받은 회생계획, 기업개선계획의 이행을 위한 약정 및 특별약정을 이행 중인 사업자(취지 : 경영난에 처한 사업자의 경영정상화를 유도)	
	예 매월 단위로 신청 : 1월 1일 ~ 1월 31일 환급세액 발생 → 2월 25일까지 조기환급신고 → 15일 이내 환급 예 매2월 단위로 신청 : 1월 1일 ~ 2월 28일 환급세액 발생 → 3월 25일까지 조기환급신고 → 15일 이내 환급 예 예정신고기간 단위로 신청 : 1월 1일 ~ 3월 31일 환급세액 발생 → 4월 25일까지 조기환급신고 → 15일 이내 환급	

(4) 부가가치세 신고서에 의한 회계처리

부가가치세는 매출세액(부가세예수금)에서 매입세액(부가세대급금)을 차감한 금액을 납부한다. 따라서 부가세 과세기간 종료일(3월말, 6월말, 9월말, 12월말)에 부가세예수금과 부가세대급금을 상계처리한다. 상계 정리한 결과 부가세예수금이 많은 경우에는 그 차액은 납부할 금액이므로 '미지급금(또는 미지급세금)'으로 처리한다. 반대로 부가세대급금이 많은 경우에는 그 차액은 환급받을 금액이므로 '미수금'으로 처리한다.

㉠ 부가세납부시 (매출세액 > 매입세액 = (+)납부세액)

구 분	회계처리
부가세 신고서	2기 확정(10월 1일~12월 31일) 매출세액　　　　　1,200,000　← 부가세예수금 (-)매입세액　　　　1,000,000　← 부가세대급금 = 납부세액　　　　(+)200,000 (-)전자신고세액공제　(-)10,000　← 잡이익 = 최종납부세액　　　190,000　← 미지급세금
① 정리 분개	(차) 255.부가세예수금　1,200,000　(대) 135.부가세대급금　1,000,000 　　　　　　　　　　　　　　　　　　930.잡이익　　　　10,000 　　　　　　　　　　　　　　　　　　261.미지급세금　　190,000 ⇨ 상계 후 '미지급세금' 잔액이 190,000원 납부세액만큼 남는다. 　(미지급세금을 미지급금으로 분개해도 무방하다. 시험에선 제시된 대로 분개하면 된다) ⇨ 전자신고세액공제 10,000원(잡이익)은 확정신고시만 적용한다. 　(예정신고시는 적용되지 않음)
② 납부분개 (통장납부)	(차) 261.미지급세금　190,000　(대) 103.보통예금　190,000

㉡ 부가세환급시 (매출세액 < 매입세액 = (-)환급세액)

구 분	회계치리
부가세 신고서	2기 확정(10월 1일~12월 31일) 매출세액　　　　　700,000원　← 부가세예수금 (-)매입세액　　　　1,000,000원　← 부가세대급금 = 환급세액　　　　(-)300,000 (-)전자신고세액공제　(-)10,000　← 잡이익(환급세액 더 늘어남) = 환급세액　　　　(-)310,000　← 미수금
① 정리분개	(차) 255.부가세예수금　700,000　(대) 135.부가세대급금　1,000,000 　　　120.미 수 금　　310,000　　　　930.잡이익　　　　10,000 ⇨ 상계 후 '미수금' 잔액이 310,000원 환급세액만큼 남는다.
② 환급분개 (통장환급)	(차) 103.보통예금　310,000　(대) 120.미 수 금　310,000

2. 부가가치세 신고서류

법인의 경우 매 분기마다 부가가치세를 신고·납부하여야 한다. 이때 부가가치세 신고와 관련 부속서류를 첨부하여야 한다.

▶ 저자주 : 주요 서식을 먼저 살펴보고 세부적인 작성방법은 「제6장 기타의 첨부서류」에서 다시 설명한다.

(1) 부가가치세신고서

부가가치세 신고시 가장 중요한 서식으로 매입매출전표입력에서 입력된 자료에 의해 자동으로 작성되므로 각 신고기간별로 조회를 하면 된다.

[부가가치세Ⅰ] ⇨ [부가가치세신고서]를 클릭하고 조회하고자 하는 기간(예 04월 01일 ~ 06월 30일)을 조회한다.

① 과세표준 및 매출세액

		구 분		금액	세율	세액
과세표준및매출세액	과세	세금계산서발급분	1	24,000,000	10/100	2,400,000
		매입자발행세금계산서	2		10/100	
		신용카드·현금영수증	3	350,000	10/100	35,000
		기타	4	700,000	10/100	70,000
	영세	세금계산서발급분	5	500,000	0/100	
		기타	6		0/100	
	예정신고누락분		7			
	대손세액가감		8			
	합계		9	25,550,000	㉑	2,505,000

[화면설명]
① 매출유형 중 11.과세(세금계산서 과세매출) → 과세 : 세금계산서발급분(1)란에 반영
② 매출유형 중 17.카과(카드 과세매출) 및 22.현과(현금영수증 과세매출) → 과세 : 신용카드·현금영수증(3)란에 반영
③ 매출유중 중 14.건별(간이영수증 과세매출 및 무증빙) → 과세 : 기타(4)란에 반영
④ 매출유형 중 12.영세(세금계산서 영세율매출) → 영세 : 세금계산서발급분(5)란에 반영

② 매입세액

매입세액	세금계산서 수취부분	일반매입	10	9,420,000	742,000
		수출기업수입분납부유예	10-1		
		고정자산매입	11	2,000,000	200,000
	예정신고누락분		12		
	매입자발행세금계산서		13		
	그밖의공제매입세액		14	150,000	15,000
	합계 (10-(10-1)+11+12+13+14)		15	11,570,000	957,000
	공제받지못할매입세액		16	3,000,000	300,000
	차감계 (15-16)		17	8,570,000	⑭ 657,000
납부(환급)세액 (㉒매출세액-⑭매입세액)				⑮	1,848,000

[화면설명]
① 매입매출전표입력에서 51.과세, 54.불공으로 입력된 금액 중 고정자산매입(유형자산 등)이 아닌 것은 일반매입에, 분개에서 고정자산코드(201~242)로 입력된 금액은 고정자산매입에 자동반영된다.
② 매입매출전표에서 57.카과(카드 과세매입) 및 61.현과(현금영수증 과세매입)로 입력된 금액이 자동반영된다.
③ 매입매출전표에서 54.불공으로 입력된 금액이 자동 반영된다.
③ 매입매출전표에서 54.불공으로 입력된 금액이 반영된다(※ 주의 : 금액이 자동 반영되지 않는 경우 해당 [16번]란을 더블클릭하여 「공제받지못할매입세액(49)」에 금액 3,000,000원과 세액 300,000원을 직접 입력).

부가가치세신고서 조회

(주)부가가치세(회사코드 : 4001)의 제1기 확정(4월~6월) 부가가치세신고서를 조회하여 다음의 물음에 답하시오.

1. 1기 확정 부가가치세신고서의 과세표준과 매출세액은 얼마인가?
2. 1기 확정 부가가치세신고서의 공제받지 못할 매입세액은 얼마인가?
3. 1기 확정 부가가치세신고서의 공제받을 매입세액은 얼마인가?
4. ★ 1기 확정 부가가치세납부세액에 대한 정리분개를 06월 30일자로 일반전표에 입력하시오. (전자신고세액공제 10,000원을 적용하며 부가가치세 납부세액은 미지급세금으로 회계처리하시오)
5. ★ 1기 확정 부가가치세납부에 대한 회계처리를 07월 25일자로 일반전표에 입력하시오. (납부세액은 국민은행 보통예금 계좌에서 이체되었다)

해설 1~3. [부가가치세신고서] 메뉴를 클릭하여 [기간]란에 04. 01 ~ 06. 30을 입력하고 [구분]란에 1.정기신고를 선택하면 부가세신고서에 조회된다.

구분			금액	세율	세액	
과세표준및매출세액	과세	세금계산서발급분	1	24,000,000	10/100	2,400,000	
		매입자발행세금계산서	2		10/100		
		신용카드.현금영수증	3	350,000	10/100	35,000	
		기타	4	700,000	10/100	70,000	
	영세	세금계산서발급분	5	500,000	0/100		
		기타	6		0/100		
	예정신고누락분		7				
	대손세액가감		8				
	합계		9	25,550,000	㉮	2,505,000	❶
매입세액	세금계산서수취부분	일반매입	10	9,420,000		742,000	
		수출기업수입분납부유예	10-1				
		고정자산매입	11	2,000,000		200,000	
	예정신고누락분		12				
	매입자발행세금계산서		13				
	그밖의공제매입세액		14	150,000		15,000	
	합계 (10-(10-1)+11+12+13+14)		15	11,570,000		957,000	
	공제받지못할매입세액		16	3,000,000		300,000	❷
	차감계 (15-16)		17	8,570,000	㉯	657,000	❸
납부(환급)세액 (㉮매출세액-㉯매입세액)					㉰	1,848,000	

화면설명
① 과세표준 25,550,000원, 매출세액 2,505,000원
② 공제받지 못할 매입세액 300,000원
③ 공제받을 매입세액 657,000원

4. 1기 확정 부가가치세 납부세액에 대한 정리분개
① 신고서상의 [18.그밖의 경감·공제세액」을 더블클릭하여 「전자신고세액공제」 10,000원을 입력한다.

납부(환급)세액 (㉮매출세액-㉯매입세액)				㉰	1,848,000
경감공제세액	그밖의경감·공제세액	18			10,000
	신용카드매출전표등발행공제계	19	385,000	[참고]	
	합계	20	385,000	㉱	10,000
예정신고미환급세액		21			
예정고지세액		22			
사업양수자의 대리납부 기납부세액		23			
매입자 납부특례 기납부세액		24			
가산세액계		25			
차가감 납부할세액 (환급받을세액) (㉰-㉱-㉲-㉳-㉴)					

	구분		금액	세율	세액
18 그 밖의 경감공제 세액명세	전자신고및전자고지	54			10,000
	전자세금계산서발급세액	55			
	택시운송사업자경감세	56			
	대리납부 세액공제	57			
	현금영수증사업자세액	58			
	기타	59			
	합계	60			

② 6월 30일자 일반전표를 입력한다.

✓	일	번호	구분	코드	계정과목	코드	거래처	적요	차변	대변
☐	30	00001	차변	255	부가세예수금			01 부가세대급금과 상계	2,505,000	
☐	30	00001	대변	135	부가세대급금			07 부가세 예수금과 상계		657,000
☐	30	00001	대변	930	잡이익			전자신고세액공제		10,000
☐	30	00001	대변	261	미지급세금					1,838,000

5. 1기 확정 부가가치세 납부세액에 대한 납부분개(7월 25일자 일반전표 입력)

✓	일	번호	구분	코드	계정과목	코드	거래처	적요	차변	대변
☐	25	00001	차변	261	미지급세금			1기 확정 부가세 납부	1,838,000	
☐	25	00001	대변	103	보통예금	98002	국민은행			1,838,000

제4장 매출세액과 매입세액의 계산 ▶▶

비대면 시험대비 실무수행평가

평가문제

01 제1기 확정신고기간 부가가치세신고서의 과세_세금계산서발급분(1란) 금액은 얼마인가?
[배점 2]

02 제1기 확정신고기간 부가가치세신고서의 과세_신용카드.현금영수증(3란) 금액은 얼마인가?
[배점 2]

03 제1기 확정신고기간 부가가치세신고서의 과세_기타(4란) 금액은 얼마인가? [배점 2]

04 제1기 확정신고기간 부가가치세신고서의 영세_세금계산서발급분(5란) 금액은 얼마인가?
[배점 2]

05 제1기 확정신고기간 부가가치세신고서에 반영되는 수입금액제외 총액은 얼마인가?
[배점 2]

06 제1기 확정신고기간 부가가치세신고서의 세금계산서수취분_고정자산매입(11란) 금액은 얼마인가?
[배점 2]

07 제1기 확정신고기간 부가가치세신고서의 그밖의공제매입세액(14란) 금액은 얼마인가?
[배점 2]

08 제1기 확정신고기간의 부가가치세신고서에 반영되는 부가율은 얼마인가? (단, 국세청 부가율 적용은 "여"를 선택한다)
[배점 2]

TAT 2급

> 해설

01 제1기 확정신고기간의 부가가치세신고서의 과세_세금계산서발급분(1란) 금액은 얼마인가?
24,000,000원

02 제1기 확정신고기간 부가가치세신고서의 과세_신용카드.현금영수증(3란) 금액은 얼마인가?
350,000원

03 제1기 확정신고기간 부가가치세신고서의 과세_기타(4란) 금액은 얼마인가? 700,000원

04 제1기 확정신고기간 부가가치세신고서의 영세_세금계산서발급분(5란) 금액은 얼마인가?
500,000원

05 제1기 확정신고기간 부가가치세신고서에 반영되는 수입금액제외 총액은 얼마인가?
14,600,000원

06 제1기 확정신고기간 부가가치세신고서의 세금계산서수취분_고정자산매입(11란) 금액은 얼마인가?
2,000,000원

07 제1기 확정신고기간 부가가치세신고서의 그밖의공제매입세액(14란) 금액은 얼마인가?
150,000원

08 제1기 확정신고기간의 부가가치세신고서에 반영되는 부가율은 얼마인가? (단, 국세청 부가율적용은 "여"를 선택한다) 37.26%

(2) 세금계산서합계표

과세사업자가 발행한 세금계산서와 매입시 교부받은 세금계산서를 집계하는 표로서 부가가치세신고서에 첨부하여 제출하여야 한다.

세금계산서합계표는 매출처별 또는 매입처별로 작성되며, 매출은 11.과세(12.영세포함)로 입력된 세금계산서가, 매입은 51.과세(52.영세 및 55.수입포함), 54.불공으로 입력된 세금계산서가 자동 반영된다.

[부가가치세Ⅰ] ⇨ [세금계산서합계표]를 클릭하고 조회하고자 하는 기간(예 04월 01일~06월 30일)을 조회한다.

(3) 계산서합계표

면세계산서를 발행하거나 수취한 경우 (면세)계산서를 집계하는 표로서 부가가치세신고서에 첨부하여 제출하여야 한다.

계산서합계표는 매출처별 또는 매입처별로 작성되며, 매출은 13.면세로 입력된 계산서가, 매입은 53.면세로 입력된 계산서가 자동 반영된다.

[부가가치세Ⅰ] ⇨ [계산서합계표]를 클릭하고 조회하고자 하는 기간(예 04월 01일~06월 30일)을 조회한다.

(4) 매입매출장

매입매출전표입력에 입력된 데이터를 전체, 매출, 매입유형별로 조회할 수 있다.

[화면설명]
조회하고자 하는 기간을 입력하고
① [구분]을 선택한다(예 1.매출).
② 조회하고자 하는 유형을 선택하면(예 11.과세 - 세금계산서 과세매출) 해당 유형에 해당하는 매출(매입) 거래가 조회된다.

(5) 기타 부속서류

① 신용카드매출전표발행집계표

매입매출전표 입력에서 신용카드매출(17.카과) 또는 현금영수증매출(22.현과)로 입력된 금액이 자동으로 집계된다.

[부가가치세Ⅰ] ⇨ [신용카드매출전표발행집계표]를 클릭하고 조회하고자 하는 기간(예 04월 01일~06월 30일)을 선택한 후 상단의 불러오기(F3) 를 클릭한다.

② 신용카드매출전표등 수령금액합계표

매입매출전표 입력에서 신용카드매입(57.카과) 또는 현금영수증매입(61.현과)로 입력된 금액이 자동으로 집계된다.

[부가가치세Ⅰ] ⇨ [신용카드매출전표등 수령금액합계표]를 클릭하고 조회하고자 하는 기간(예 04월 01일~06월 30일)을 선택한 후 상단의 불러오기(F3) 를 클릭한다.

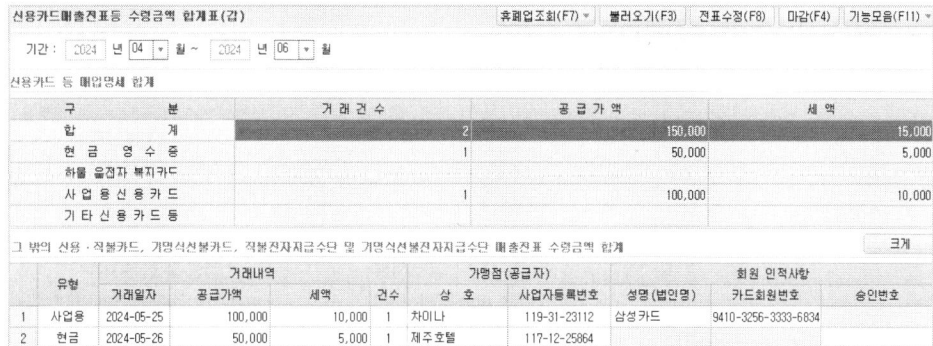

③ 매입세액불공제내역

매입매출전표 입력에서 불공제(54.불공)로 입력된 금액이 자동으로 집계된다.

[부가가치세Ⅰ] ⇨ [매입세액불공제내역]을 클릭하고 조회하고자 하는 기간(예 04월 01일~06월 30일)을 선택한 후 상단의 불러오기(F3) 를 클릭한다.

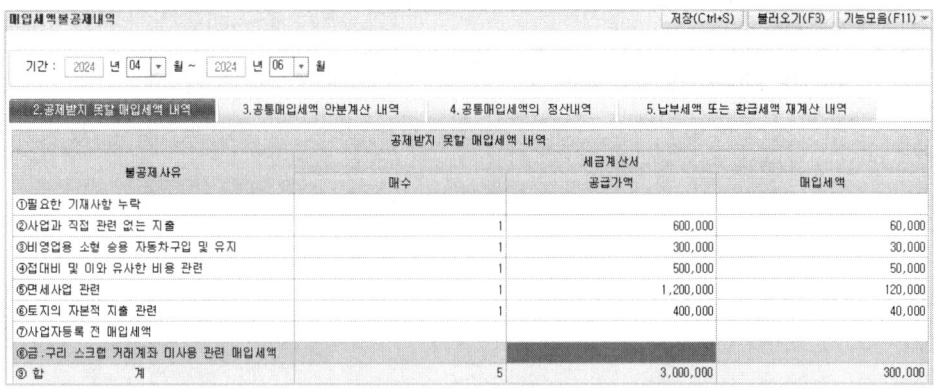

[보론] 부가가치세 신고서 마감과 전자신고

▶ 저자주 : 본 내용은 더존 정품 프로그램에서만 작업이 가능한 기능이므로 실무에서 전자신고시 참고내용임

(1) 부가가치세 신고서 및 부속명세서 마감

매입매출전표에 입력된 자료들은 부가가치세 신고서 및 각종 부속명세서에 반영된다. 부가가치세 신고시 마감을 위해서는 부속명세서가 먼저 작성되어야 한다.

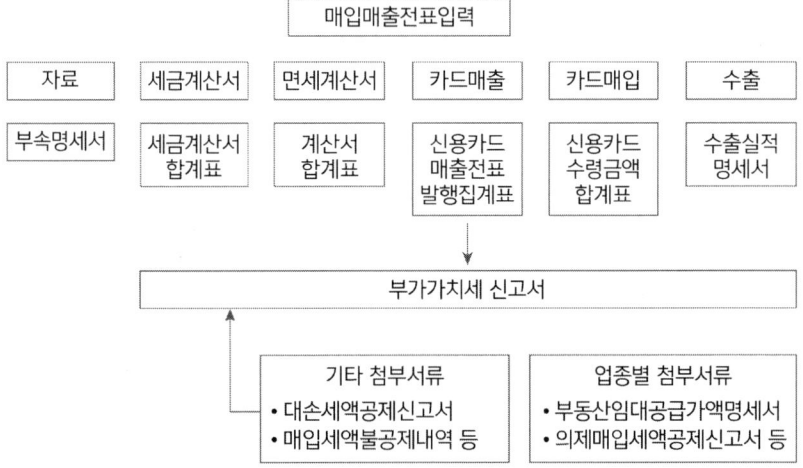

더존 스마트A 프로그램의 경우 부가가치세 신고서 마감시 부속명세서가 누락되는 경우 자동으로 오류를 검증해주며, 대부분의 부속명세서는 매입매출전표 입력데이터를 바탕으로 자동작성된다.

[부가가치세 신고서 마감]

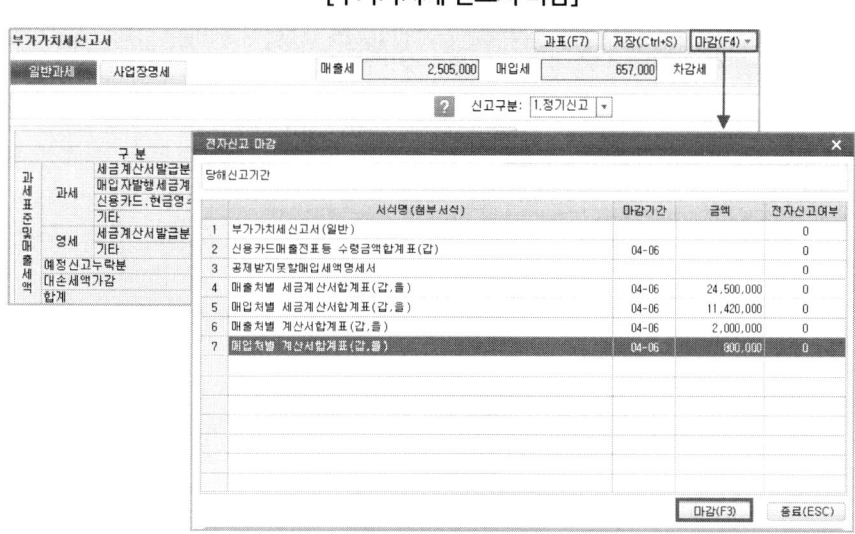

(2) 홈택스 전자신고

마감된 부가가치세 신고서와 부속명세서를 [부가가치세] → [주요신고서류] → [부가가치세전자신고]메뉴를 이용하여 전자신고를 위해 신고용 파일로 제작한다.

[전자신고용 파일제작]

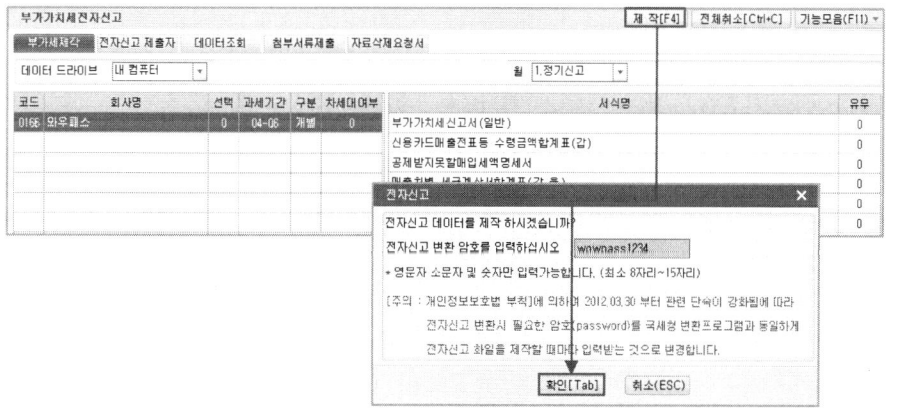

제작된 전자파일을 홈택스(www.hometax.go.kr)에 로그인하여 최종신고한다.

TAT 2급

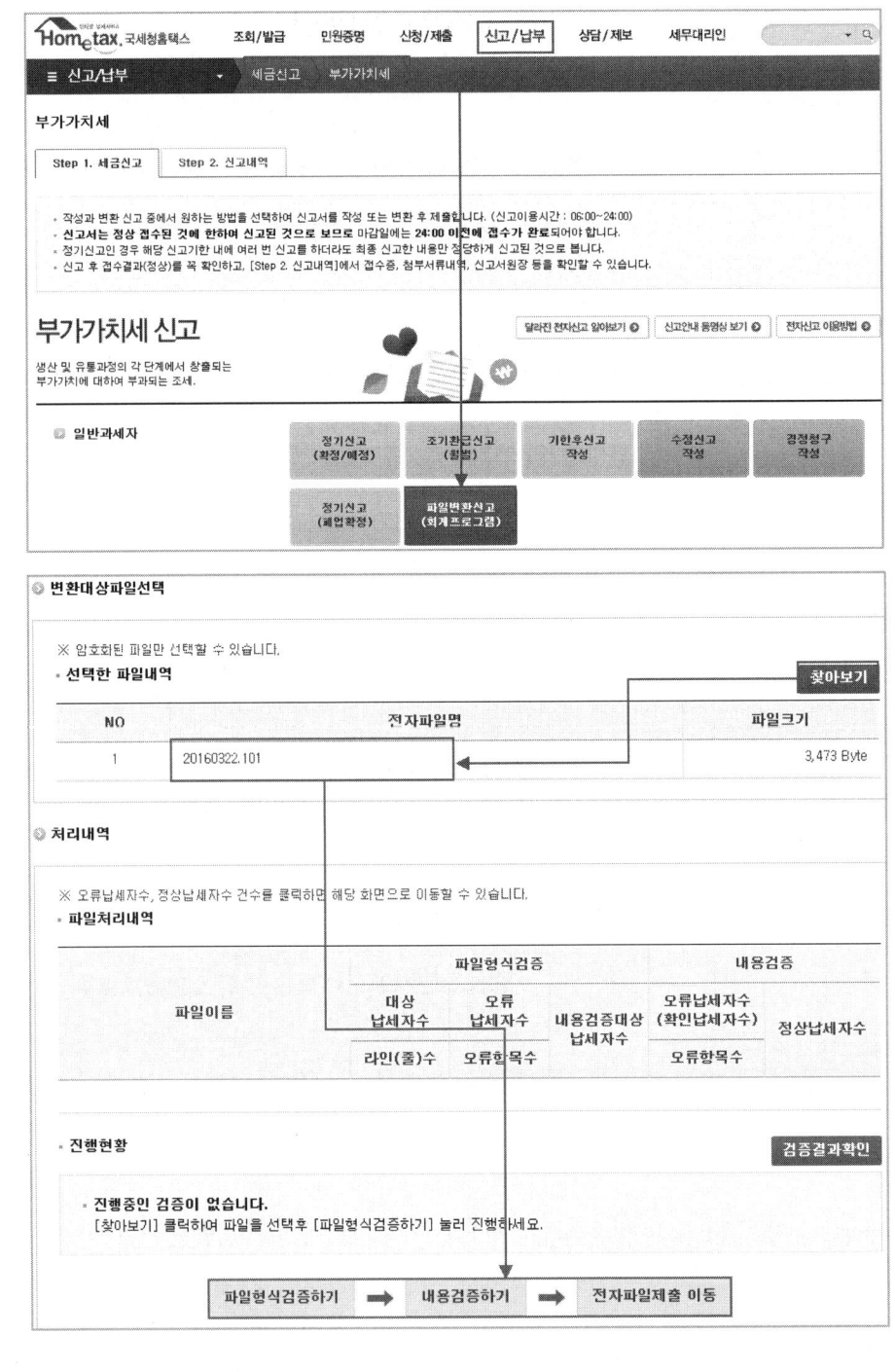

실무이론평가 대비

01 다음 중 부가가치세법상 공제받을 수 있는 매입세액은 얼마인가? • 3회

> 가. 사무용 소모품 구입 관련 매입세액 1,800,000원
> 나. 거래처 증정용 선물세트 구입 관련 매입세액 1,000,000원
> 다. 수입원자재 관련 매입세액 6,000,000원

① 1,800,000원
② 2,800,000원
③ 6,000,000원
④ 7,800,000원

해설
- 1,800,000원 + 6,000,000원 = 7,800,000원
- 사무용 소모품 구입 관련 매입세액과 수입원자재 관련 매입세액은 공제대상이며, 접대비 관련 매입세액은 공제받지 못할 매입세액이다.

02 다음 중 부가가치세 매출세액에서 공제받을 수 있는 매입세액에 해당하는 것은?
(단, 세금계산서는 적법하게 수령하였다) • 43회

① 거래처 체육대회 시 증정한 물품의 매입세액
② 주차장 조성을 위한 정지비 관련 매입세액
③ 당해 과세기간에 매입하였으나 과세기간 말 현재 사용하지 않은 원재료의 매입세액
④ 업무용 승용차(3,000cc) 관련 수선비 매입세액

해설
①·②·④ 공제하지 아니하는 매입세액이다.

ANSWER 01. ④ 02. ③

03 다음 중 매출세액에서 공제받을 수 있는 매입세액은 어느 것인가? • 5회
① 건축물이 있는 토지를 취득하여 그 건축물을 철거하고 토지만 사용하는 경우 철거한 건축물의 취득 및 철거비용과 관련된 매입세액
② 토지의 취득 및 형질변경, 공장부지 및 택지의 조성 등에 관련된 매입세액
③ 과세사업에 사용하여 오던 자기 소유의 노후 건물을 철거하고 새로운 건물을 신축하는 경우 해당 철거비용과 관련된 매입세액
④ 토지의 가치를 현실적으로 증가시켜 토지의 취득원가를 구성하는 비용에 관련된 매입세액

해설

①, ②, ④는 토지 관련 매입세액이므로 매출세액에서 공제하지 아니하나, ③은 손실 관련 매입세액이므로 매출세액에서 공제한다.

04 다음은 일반과세자 (주)한공이 제1기 부가가치세 예정신고기간에 발급받은 세금계산서 내역이다. 매입세액 공제액은 얼마인가? • 12회

내 역	매입세액
• 기계장치 구입	1,000,000원
• 토지조성 관련 비용	4,000,000원
• 제품운반용 소형트럭 구입	1,600,000원
• 거래처 선물 구입	500,000원

① 1,500,000원   ② 2,600,000원
③ 3,100,000원   ④ 7,100,000원

해설

1,000,000원(기계장치) + 1,600,000원(트럭) = 2,600,000원

03. ③ 04. ②

제4장 매출세액과 매입세액의 계산

05 다음 중 제조업을 영위하는 일반과세자인 (주)한공의 부가가치세 신고시 매출세액에서 공제받을 수 있는 매입세액은 얼마인가? (단, 세금계산서는 적법하게 수취하였으며, 매입세액을 공제받기 위한 절차를 모두 이행한다고 가정한다) • 17회, 42회

구 분	공급가액	비 고
원재료를 운반하는 트럭에 대한 수선비 관련 매입세액	19,500,000원	
업무용 승용자동차의 구입에 관련된 매입세액	15,000,000원	2,000CC, 5인승
거래처 체육대회시 증정한 물품 구입 관련 매입세액	5,000,000원	
공장용 토지 조성을 위한 공사비용 관련 매입세액	20,000,000원	

① 1,950,000원
② 2,000,000원
③ 2,450,000원
④ 3,500,000원

해설
- 19,500,000원 × 10% = 1,950,000원
- 원재료를 운반하는 트럭에 대한 수선비 관련 매입세액은 공제가 가능하다. 그러나 소형승용차, 접대비, 토지 조성 공사비(토지의 자본적 지출) 관련세액은 공제하지 아니한다.

06 다음은 (주)한공의 제2기 예정신고기간의 매입세액이다. 부가가치세법상 매출세액에서 공제할 수 없는 매입세액은 얼마인가? (단, 세금계산서는 모두 적법하게 수취하였다) • 20회

> 가. 과세사업에 사용하는 건물에 대한 자본적 지출 관련 매입세액 10,000,000원
> 나. 거래처에 증정한 선물 관련 매입세액 3,000,000원
> 다. 직장체육대회에 사용할 물품 관련 매입세액 5,000,000원
> 라. 공장건설용 토지조성 관련 매입세액 20,000,000원

① 13,000,000원
② 20,000,000원
③ 23,000,000원
④ 25,000,000원

해설
접대비 관련 매입세액과 토지조성 관련 매입세액은 매입세액 불공제 대상이다.
→ 3,000,000원 + 20,000,000원 = 23,000,000원

ANSWER 05. ① 06. ③

TAT 2급

07 다음 중 일반과세자의 부가가치세 신고·납부 및 환급에 대한 설명으로 옳은 것은? •16회
① 총괄납부사업자는 주사업장 관할세무서장에게 종된 사업장분을 합산하여 신고·납부하여야 한다.
② 확정신고를 하는 경우에는 예정신고 시 신고한 내용을 포함하여 신고하여야 한다.
③ 폐업하는 경우 폐업일이 속하는 과세기간의 개시일부터 폐업일까지의 과세기간분에 대한 확정신고를 하여야 한다.
④ 조기환급이 아닌 일반환급의 경우에는 각 과세기간별로 확정신고기한 후 15일 이내에 환급한다.

> **해설**
> ① 주사업장 총괄납부의 경우에는 납부만을 주된 사업장에서 하고, 신고는 각 사업장별로 한다.
> ② 사업자는 예정신고에 있어서 이미 신고한 내용을 제외하고 확정신고하여야 한다.
> ④ 일반환급의 경우에는 확정신고기한이 지난 후 30일 이내에 환급한다.

08 다음 중 부가가치세 환급에 대한 설명으로 옳지 않은 것은? •2회
① 일반환급은 각 과세기간별로 확정신고기한 경과 후 30일 이내에 환급해야 한다.
② 재화 및 용역의 공급에 영세율이 적용되는 경우에는 조기환급이 가능하다.
③ 사업설비를 신설하는 경우 조기환급이 가능하다.
④ 영세율 등 조기환급기간별로 당해 조기환급신고기한 경과 후 25일 이내에 환급해야 한다.

> **해설**
> 영세율 등 조기환급기간별로 당해 조기환급신고기한 경과 후 15일 이내에 환급해야 한다.

09 다음 중 부가가치세 환급에 대한 설명으로 옳지 않은 것은? •12회
① 일반환급의 경우 예정신고시 환급세액은 예정신고기간이 지난 후 30일 이내에 환급한다.
② 영세율을 적용받는 경우에는 조기환급 대상이 된다.
③ 조기환급 신고를 한 경우의 조기환급세액은 조기환급 신고기한이 지난 후 15일 이내에 사업자에게 환급한다.
④ 경정에 의한 환급세액이 있는 경우 관할세무서장은 지체 없이 환급해야 한다.

> **해설**
> 일반환급의 경우 예정신고시 환급세액은 환급하지 아니하고 확정신고시 납부세액에서 차감한다.

ANSWER 07. ③ 08. ④ 09. ①

제4장 매출세액과 매입세액의 계산 ▶▶

10 다음 중 부가가치세법상 매출세액은 얼마인가? • 13회

> 정수기를 생산하는 (주)한공의 제1기 예정신고기간의 거래내역이다. 단, 모든 거래는 부가가치세 별도이다.
> 1. 국내 매출액 : 80,000,000원
> 2. 우수 직원 포상으로 현물(정수기) 지급 : 제조원가 5,000,000원(시가 7,000,000원)
> 3. 수출액 : US22,000달러(환율 : 선적일 3월 10일 1달러당 1,000원, 입금일 3월 15일 1달러당 1,100원)

① 8,000,000원 ② 8,700,000원
③ 10,000,000원 ④ 10,700,000원

해설

• 과세 : (80,000,000 + 7,000,000원) × 10% = 8,700,000원
• 영세율 : 22,000달러 × 1,000원 × 0% = 0

11 일반과세자인 (주)한공의 제1기 부가가치세 확정신고와 관련된 다음 자료로 대손세액공제를 가감한 후의 매출세액을 구하면 얼마인가? • 6회

> 가. 국내매출액 66,000,000원(부가가치세 포함)
> 나. 수출액 40,000,000원
> 다. 전기 부가가치세 신고서에 포함된 국내매출 관련 채권 3,300,000원(부가가치세 포함)이 거래처의 파산으로 당기에 대손확정되었다.

① 5,700,000원 ② 4,700,000원
③ 6,300,000원 ④ 5,300,000원

해설

(66,000,000원 × 10/110) + (40,000,000원 × 0%) - (3,300,000원 × 10/110) = 6,000,000원 + 0원 - 300,000원 = 5,700,000원

ANSWER 10. ② 11. ①

TAT 2급

12 의류도매업을 하는 (주)한공의 제1기 확정신고와 관련된 다음 자료로 대손세액공제 가감 후 매출세액을 구하면 얼마인가?   • 8회

> 가. 내국신용장에 의한 수출액 60,000,000원(세금계산서 발급분)
> 나. 국내매출액 55,000,000원(신용카드매출전표 발급분으로 부가가치세 포함)
> 다. 전기 부가가치세 신고서에 포함된 국내매출 관련 채권 2,200,000원(부가가치세 포함) 이 거래처의 파산으로 당기에 대손확정되었다.

① 4,800,000원 ② 5,300,000원
③ 10,800,000원 ④ 11,300,000원

해설
(60,000,000원 × 0%) + (55,000,000원 × 10/110) − (2,200,000원 × 10/110)
= 0원 + 5,000,000원 − 200,000원 = 4,800,000원

13 다음 자료로 부가가치세 매출세액을 계산하면 얼마인가? (단, 제시된 금액에는 부가가치세가 포함되지 아니하였다)   • 16회

> 가. 상품의 외상판매액 : 150,000원
> 나. 공급받는 자에게 도달하기 전에 파손된 재화의 가액 : 100,000원
> 다. 상가 임대용역에 대한 간주임대료 110,000원

① 15,000원 ② 24,000원
③ 26,000원 ④ 34,000원

해설
• (150,000원 + 110,000원) × 10% = 26,000원
• 외상판매액과 상가 임대용역의 간주임대료는 과세표준에 포함된다.

12. ① 13. ③

14 다음은 완구소매업을 하는 (주)한공의 제1기 과세기간의 자료이다. 이 자료로 대손세액공제를 적용한 후 매출세액을 구하면 얼마인가? •11회

> 가. 완구를 판매하고 받은 대가 11,000,000원(부가가치세가 구분 표시되지 않음)
> 나. 사업용으로 사용하던 토지의 공급가액 500,000원
> 다. 작년 제1기에 외상거래로 발생한 외상매출금 550,000원(부가가치세 포함)이 거래처의 파산으로 당기 제1기 중에 회수불능하게 되었음

① 900,000원 ② 950,000원
③ 1,000,000원 ④ 1,050,000원

해설

11,000,000 × 10/110 - 550,000 × 10/110 = 950,000원(대손세액공제는 후술하는 chapter 05. 기타의 첨부서류에서 설명)

---

15 다음 중 부가가치세법상 매출세액에서 공제 가능한 매입세액은 얼마인가? •7회

> 가. 법인세법상 업무무관비용 관련 매입세액 100,000원
> 나. 접대비 관련 매입세액 500,000원
> 다. 건물(과세사업에 사용)의 자본적 지출 관련 매입세액 200,000원
> 라. 과세사업 및 면세사업의 원재료 매입 관련 공통매입세액 400,000원
>   (실지귀속이 불분명한 공통매입세액이며 해당 과세기간의 과세사업 및 면세사업의 공급가액은 각각 2,000,000원과 3,000,000원이다)

① 200,000원 ② 360,000원
③ 400,000원 ④ 440,000원

해설

- 건물의 자본적 지출 관련 매입세액과 원재료 매입 관련 공통매입세액 중 과세사업분 매입세액은 매출세액에서 공제가능하다(공통매입세액은 후술하는 chapter 05. 기타의 첨부서류에서 설명).
- 200,000원 + 400,000원 × 2,000,000원/5,000,000원 = 360,000원

ANSWER 14. ② 15. ②

16 (주)한공이 제1기 부가가치세 확정신고를 하는 경우 매입세액공제(의제매입세액공제 포함)를 받을 수 없는 것은?
• 7회

① 과세재화의 원재료인 면세농산물을 구입한 경우
② 사업자로부터 부재료를 구입하였으나 세금계산서를 발급받지 못하여 매입자발행세금계산서를 발급한 경우
③ 환경미화 용도로 사용하기 위하여 면세임산물을 구입한 경우
④ 일반과세자로부터 비품을 구입하고 부가가치세가 별도로 구분가능한 신용카드매출전표를 발급받은 경우

해설
①은 의제매입세액공제, ②와 ④은 매입세액공제를 받을 수 있다. 그러나 ③은 환경미화 용도로 사용하기 위하여 면세임산물을 구입한 경우이므로 의제매입세액 공제를 받을 수 없다(의제매입세액공제는 후술하는 chapter 05. 기타의 첨부서류에서 설명).

17 다음 중 부가가치세 신고와 납부에 관한 설명으로 옳지 않은 것은?
• 31회

① 법인사업자는 예정신고기간이 끝난 후 25일 이내에 예정신고기간에 대한 과세표준과 납부세액 또는 환급세액을 신고·납부한다.
② 개인사업자의 경우 관할 세무서장이 각 예정신고기간마다 직전 과세기간에 대한 납부세액의 1/2에 해당하는 금액을 결정하여 징수한다.
③ 개인사업자는 휴업 또는 사업부진 등으로 인하여 각 예정신고기간의 공급가액 또는 납부세액이 직전 과세기간의 공급가액 또는 납부세액의 1/4에 미달하는 경우 예정신고·납부를 할 수 있다.
④ 폐업의 경우 폐업일이 속한 달의 다음 달 25일 이내에 신고·납부하여야 한다.

해설
개인사업자는 휴업 또는 사업부진 등으로 인하여 각 예정신고기간의 공급가액 또는 납부세액이 직전 과세기간의 공급가액 또는 납부세액의 1/3에 미달하는 경우 예정신고납부를 할 수 있다.

ANSWER 16. ③ 17. ③

CHAPTER 05 기타의 첨부서류

- [NCS연계] 부가가치세 신고_부가가치세 부속서류 작성하기

  부가가치세신고시 부가가치세신고서상의 매출 및 매입금액 총액에 대한 상세내역을 기재하여 첨부하게 된다. 이를 부가가치세 부속서류라고 하며 주요 부속서류는 다음과 같다.

[부가가치세 첨부서류(부속서류)]

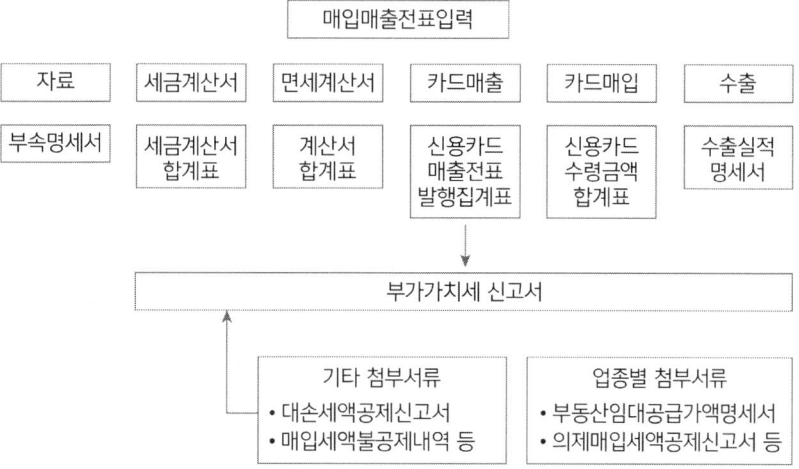

제1절 신용카드매출전표발행집계표

1. 신용카드매출전표발행집계표란?

사업자가 재화나 용역을 공급하고 신용카드매출전표 및 현금영수증을 발행한 경우, 부가가치세신고시 「신용카드매출전표발행집계표」를 작성하여 제출하여야 한다. 카드매출 및 현금영수증매출은 해당 카드사 등을 통해 국세청에 매출자료가 통보되므로 해당 사업자가 신고하는 「신용카드매출전표발행집계표」와 비교·대조하여 매출 누락등을 검증하게 된다.

2. 작성방법

매입매출전표입력에 매출유형 중 카드매출관리 「17.카과」, 「18.카면」, 「19.카드영세」, 「22.현금과세」, 「23.현금면세」, 「24.현금영세」로 입력된 내용이 자동 반영된다. [부가가치세Ⅰ] ⇨ [신용카드매출전표발행집계표]를 클릭하고 조회하고자 하는 기간을 선택한 후 상단의 불러오기(F3) 를 클릭한다.

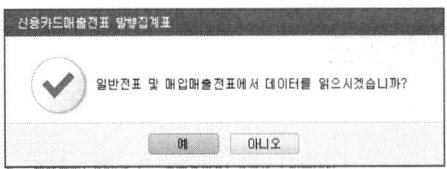

"예(Y)"를 선택하면 매입매출전표입력에서의 신용카드 및 현금영수증 전표데이터가 다음과 같이 집계표에 공급대가로 반영되며 봉사료는 본 서식에서 직접 구분입력한다.

유형	신용카드매출전표발행집계표 반영
11.과세, 12.영세+카드매출	과세매출분 ⑥+⑧세금계산서 발급금액
13.면세+카드매출	면세매출분 ⑥+⑨계산서 발급금액
17.카과, 19.카영	과세매출분 ⑥ 신용·직불·기명식 선불카드
18.카면	면세매출분 ⑥ 신용·직불·기명식 선불카드
22.현금과세	과세매출분 ⑦ 현금영수증
23.현금면세	면세매출분 ⑦ 현금영수증
24.현금영세	과세매출분 ⑦ 현금영수증

 신용카드매출전표발행집계표(1)

[자료설명]

(주)부가가치세(회사코드 : 4001)의 매출자료이다.
1. 자료 1은 황금신발에 제품(신발)을 카드매출한 거래이다.
2. 자료 2는 다나신발(주)에 상품(신발전문잡지)을 카드매출한 거래이다(본 건에 한하여 면세상품을 취급하는 것으로 가정한다).
3. 자료 3은 (주)호남신발에 제품(신발)을 현금으로 매출한 거래이다.

[평가문제]
1. 자료 1~자료 3에 대한 거래를 입력하시오.
2. 신용카드매출전표발행집계표를 작성하고 제2기 부가가치세 예정신고서에 반영하시오.

[자료 1]

```
         신용카드매출전표
---------------------------------
카드종류 : 비씨카드
회원번호 : 3424-3152-****-4**5
거래일시 : 07.04. 21:05:16
거래유형 : 신용승인
매   출 : 300,000원
부 가 세 :  30,000원
합   계 : 330,000원
결제방법 : 일시불
승인번호 : 26785995
은행확인 : 국민은행
---------------------------------
     가맹점명 : (주)부가가치세
         - 이하생략 -
```

[자료 2]

```
         신용카드매출전표
---------------------------------
카드종류 : 국민카드
회원번호 : 5625-1234-****-1**3
거래일시 : 07.05. 21:05:16
거래유형 : 신용승인
매   출 : 500,000원
부 가 세 :       0원
합   계 : 500,000원
결제방법 : 일시불
승인번호 :
은행확인 : 국민은행
=================================
     가맹점명 : (주)부가가치세
         - 이하생략 -
```

[자료 3]

```
         ** 현금영수증 **
           (지출증빙용)

사업자등록번호  : 101-81-83017
사업자명      : (주)부가가치세
단말기ID      : 73453259(tel:02-855-1234)
가맹점주소      서울 금천구 독산로 90길 27

현금영수증 회원번호
 121-81-65110      (주)호남신발
승인번호      : 83746302   (PK)
거래일시      : 07월 06일 16시28분21초

공급금액                    272,728원
부가세금액                    27,272원
총합계                      300,000원

휴대전화, 카드번호 등록
http://현금영수증.kr
국세청문의(126)
38036925-GCA10106-3870-U490
<<<<<<이용해 주셔서 감사합니다.>>>>>>
```

해설_ 1. [매입매출전표입력]
① 7월 4일

거래유형	품명	공급가액	부가세	거래처	전자세금
17.카과	신발	300,000	30,000	00130. 황금신발	
분개유형	(차) 108.외상매출금		330,000원	(대) 255.부가세예수금	30,000원
4.카드	(99600.비씨카드)			404.제품매출	300,000원

② 7월 5일

거래유형	품명	공급가액	부가세	거래처	전자세금
18.카면	신발전문잡지	500,000	-	00103. 다나신발(주)	
분개유형	(차) 108.외상매출금		500,000원	(대) 401.상품매출	500,000원
4.카드	(99602.국민카드)				

③ 7월 6일

거래유형	품명	공급가액	부가세	거래처	전자세금
22.현과	신발	272,728	27,272	00104. (주)호남신발	
분개유형	(차) 101.현금		300,000원	(대) 255.부가세예수금	27,272원
1.현금				404.제품매출	272,728원

2. [신용카드매출전표발행집계표]
① [부가가치세Ⅰ] → [신용카드매출전표발행집계표]
7월~9월까지 선택 후 상단툴바의 「불러오기(F3)」를 클릭한다. → 부가가치세를 포함한 공급대가로 반영됨에 주의!!

구 분	⑤ 합 계	⑥ 신용·직불·기명식 선불카드	⑦ 현금영수증	⑧ 직불·기명식 선불전자지급수단
합 계	1,130,000	830,000	300,000	
과 세 매 출 분	630,000	330,000	300,000	
면 세 매 출 분	500,000	500,000		
봉 사 료				

② 부가가치세 신고서 조회(7월 1일~9월 30일)
신용카드 과세매출 공급가액 300,000원 + 현금영수증 과세매출 공급가액 272,728 = 572,728원이 과세(신용카드·현금영수증 3번란에 반영됨) → 카드면세매출은 3번란에 표기되지 않음에 주의

구 분			금액	세율	세액
과세표준	과세	세금계산서발급분 1		10/100	
		매입자발행 세금계산서 2		10/100	
		신용카드·현금영수증 3	572,728	10/100	57,272
		기타 4		10/100	

제5장 기타의 첨부서류

신용카드매출전표발행집계표(2)

[자료설명]
(주)부가가치세(회사코드 : 4001)의 매출자료이다.
자료 1. 황금신발에 제품(신발)을 판매하고 전자세금계산서 발급 후 비씨카드로 결제를 받았다.
자료 2. 개인 최수미에게 면세상품(신발전문잡지)을 판매하고 발급한 신용카드매출전표이다(본 건에 한하여 면세상품을 취급하는 것으로 가정한다).

[평가문제]
1. 자료 1~자료 2에 대한 거래를 입력하시오(전자세금계산서는 '전자입력'으로 처리).
2. 신용카드매출전표발행집계표를 작성하고 제2기 부가가치세 확정신고서에 반영하시오.

[자료 1] 과세매출분에 대한 전자세금계산서와 관련 신용카드매출전표

```
전자세금계산서                    (공급자 보관용)        승인번호

         등록번호    101-81-83017              등록번호    120-16-90961
         상호    (주)부가가치세  대표자  부가세    상호    황금신발  대표자  황금발
공급자   주소    서울 금천구 독산로 90길 27   공급받는자  주소    경기 부천시 소사구 범박동
         업태    제조업외      종사업장번호            업태    도.소매업  종사업장번호
         종목    신발                                종목    신발
         E-Mail  vat@bill36524.com                 E-Mail  12456@bill36524.com
작성일자     2024.10.01     공급가액    10,000,000    세액     1,000,000
월  일    품목명         규격   수량    단가      공급가액      세액      비고
10  01   운동화                100  100,000   10,000,000   1,000,000
합계금액        현금      수표      어음     외상미수금   이 금액을  ○ 영수  함
11,000,000                                11,000,000            ● 청구
```

```
       신용카드매출전표
------------------------------------
카드종류 : 비씨카드
회원번호 : 3424-3152-****-4**5
거래일시 : 10.01.  18:10:05
거래유형 : 신용승인
매   출 : 10,000,000원
부 가 세 : 1,000,000원
합   계 : 11,000,000원
승인번호 : 26785995
------------------------------------
       가맹점명 : (주)부가가치세
```

[자료2] 신용카드매출전표

```
                        매 출 전 표

    카드종류          거래일자
    국민카드          10.02.13:25:53
    카드번호(CARD NO)
    9410-5114-****-8512
    승인번호          금액       백    천    원
    30010947         AMOUNT         2 0,0 0 0
    일반    할부      부가세
    일시불            V.AT
            신발전문잡지  봉사료
    거래유형          CASHBACK
    신용승인          합계
                     TOTAL          2 0,0 0 0
    가맹점명
    (주)부가가치세
    대표자명          사업자번호
    부가세            101-81-83017
    전화번호          가맹점번호
    02-855-1234      001234123
    주소
    서울 금천구 독산로

    상기의 거래 내역을 확인합니다.     서명 최수미
```

해설_ 1. [매입매출전표입력]
① 10월 1일
세금계산서를 발급한 후 신용카드로 결제받은 경우 세금계산서 발급분으로 신고해야 하므로 '11.과세'를 선택한다. → 분개유형 「4.카드」 선택 후 → 카드사는 「99600.비씨카드」 선택

거래유형	품명	공급가액	부가세	거래처	전자세금
11.과세	운동화	10,000,000	1,000,000	00130. 황금신발	전자입력
분개유형	(차) 108.외상매출금		11,000,000원	(대) 255.부가세예수금	1,000,000원
4.카드	(99600.비씨카드)			404.제품매출	10,000,000원

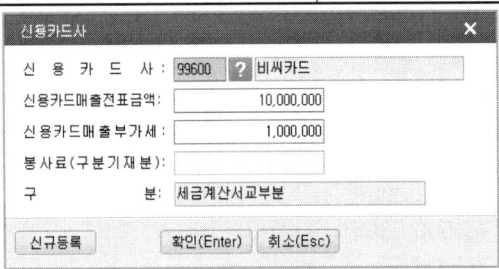

② 10월 2일

거래유형	품명	공급가액	부가세	거래처	전자세금
18.카면	신발전문잡지	20,000	-	01000. 최수미	
분개유형	(차) 108.외상매출금		20,000원	(대) 401.상품매출	20,000원
4.카드	(99602.국민카드)				

2. [신용카드매출전표발행집계표]

① [부가가치세 I] → [신용카드매출전표발행집계표]

10월~12월까지 선택 후 상단툴바의 「불러오기(F3)」를 클릭한다.

→ 신용카드매출전표발행금액 11,020,000원 중 세금계산서가 발급된 11,000,000원은 다음과 같이 반영된다.

② 부가가치세 신고서 조회(10월 1일~12월 31일)

세금계산서가 발급된 카드매출은 「세금계산서발급분 매출」로 [과세 – 세금계산서발급분] 1번란에 반영된다.

과세표준	과세	구 분		금액	세율	세액
		세금계산서발급분	1	10,000,000	10/100	1,000,000
		매입자발행세금계산서	2		10/100	
		신용카드·현금영수증	3		10/100	
		기타	4		10/100	

※ 면세매출은 상단 툴바의 과표(F7) 을 클릭하여 확인할 수 있다.

		면세수입금액		
	업태	종목	코드도움	금액
78	제조업외	신발	192001	20,000
79				

▶ 저자주 : ★부가가치세 신고서의 금액이 제대로 조회되지 않는 경우에는 아래와 같이 작업한다.

① 상단의 조회 버튼을 클릭하였을 때 아래와 같은 메시지가 나타난다. 이때 「아니오」 버튼을 클릭해야 새롭게 입력된 데이터를 반영하여 불러올 수 있다.

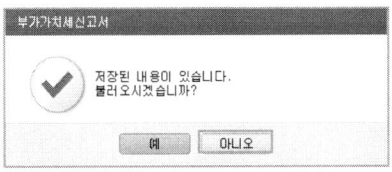

② 시험에선 부가가치세 신고서에 금액이 반영된 것을 확인한 후 반드시 저장(Ctrl+S) 을 클릭하여 데이터를 저장하여야 한다.

TAT 2급

비대면 시험대비 실무수행평가

평가문제

01 [신용카드 매출전표발행집계표 조회] 제2기 예정신고기간 신용카드매출전표발행집계표의 「과세매출분」과 「면세매출분」 금액은 각각 얼마인가? [배점 2]
① 과세매출분 :   ② 면세매출분 :

02 [부가가치세신고서 조회] 제2기 예정신고기간 부가가치세신고서의 과세_신용카드.현금영수증(3란) 금액은 얼마인가? [배점 2]

03 [신용카드 매출전표발행집계표 조회] 제2기 확정신고기간 신용카드매출전표발행집계표의 「과세매출분」과 「면세매출분」 금액은 각각 얼마인가? [배점 2]
① 과세매출분 :   ② 면세매출분 :

04 [부가가치세신고서 조회] 제2기 확정신고기간 부가가치세신고서의 과세_세금계산서발급분(1란) 금액은 얼마인가? [배점 2]

해설

01 제2기 예정신고기간 신용카드매출전표발행집계표의 「과세매출분」과 「면세매출분」 금액은 각각 얼마인가?
① 과세매출분 : 630,000원   ② 면세매출분 : 500,000원

02 제2기 예정신고기간 부가가치세신고서의 과세_신용카드.현금영수증(3란) 금액은 얼마인가?
572,728원

03 제2기 확정신고기간 신용카드매출전표발행집계표의 「과세매출분」과 「면세매출분」 금액은 각각 얼마인가?
① 과세매출분 : 11,000,000원   ② 면세매출분 : 20,000원

04 제2기 확정신고기간 부가가치세신고서의 과세_세금계산서발급분(1란) 금액은 얼마인가?
10,000,000원

제5장 기타의 첨부서류 ▶▶

제2절 부동산임대공급가액명세서

1. 부동산임대공급가액명세서

부동산임대업을 영위하는 사업자는 부동산임대용역의 공급내역을 상세히 기록한 부동산임대공급가액명세서를 부가가치세 신고시 제출해야 한다. 이는 부가가치세 성실신고 여부와 보증금에 대한 간주임대료 계산의 적정 여부 등을 판단하는 자료로 활용된다.

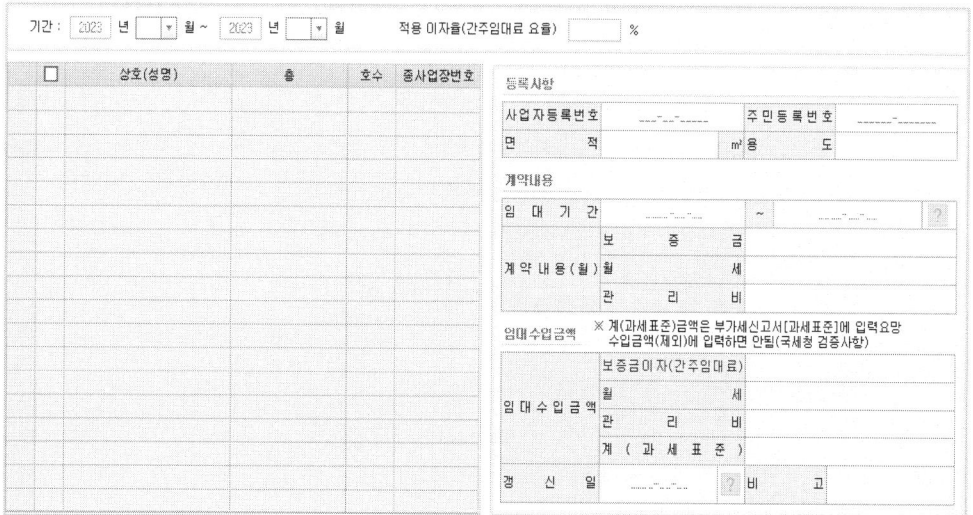

2. 작성방법

① **기간** : 신고기간 또는 조회기간을 입력한다.
② **적용이자율** : 국세청장이 고시한 계약기간 1년만기의 정기예금 이자율이 자동반영된다.
③ **상호(성명)** : 임차인의 상호 또는 이름을 입력하거나 [코드도움 – F2]키를 이용하여 입력하고자 하는 거래처를 선택한다.
④ **층** : 지하는 B1, 지상은 1, 2층으로 입력한다.
⑤ **호수** : 해당 호수를 입력한다.
⑥ **동** : 임대하는 건물의 동을 입력한다(필수사항 아님).
⑦ **사업자등록번호** : 임차인이 사업자이면 사업자등록번호를 입력한다. [F2]코드도움으로도 반영한다.
⑧ **주민등록번호** : 임차인이 개인이면 주민등록번호를 입력한다.
⑨ **면적** : 화면상단의 면적단위(평방미터)에 맞추어 입력하되 소수점 5자리까지 입력할 수 있다.
⑩ **용도** : 임차인이 사용하고 있는 용도를 입력한다. 예 공장, 사무실, 점포, 학원 등
⑪ **임대기간** : 현재 임차인에게 임대한 기간을 입력한다(상단의 과세기간을 입력하지 않도록 주의). 임대기간은 간주임대료 자동계산에 매우 중요한 자료이므로 정확하게 입력해야 한다.
⑫ **임대수입금액** : 과세기간 종료일 현재의 보증금, 월세, 관리비의 각 해당금액을 입력하며,

해당이 없는 경우는 공란으로 둔다.
⑬ 갱신일 : 동일한 임차인과 계약기간의 연장, 금액등이 변동된 경우 임대기간의 시작일 즉 재입주일과 동일한 갱신일을 입력한다(입주일 = 갱신일).

3. 보증금에 대한 간주임대료

간주임대료란 쉽게 얘기하면 보증금에서 발생하는 이자수익을 의미한다. 임차인이 보증금 형태로 임대인에게 일정기간 예치해둘 경우 임대인은 이 보증금을 은행에 예치하여 임대기간 동안 보증금에서 발생하는 이자수익을 취할 수 있게 된다. 즉, 임대인 입장에서는 월 임대료뿐만 아니라 보증금에서 발생하는 이자에서도 임대수익을 올릴 수 있기 때문에, 우리나라 세법에서는 보증금 명목금액에 국세청에서 고시하는 이자율을 곱하여 산정된 금액(이자수익)만큼 임대료를 받은 것으로 간주하고 있다. 따라서 이렇게 산정된 간주임대료를 과세공급으로 봐서 10%만큼을 부가가치세로 신고·납부하도록 규정하고 있다.

$$\text{간주임대료} = \frac{\text{임대보증금}}{\text{(전세금)}} \times \frac{\text{대상기간의 일수}}{365(\text{윤년 } 366)} \times \text{정기예금이자율}$$

부동산임대공급가액명세서

[자료설명]
(주)부가가치세(회사코드 : 4001)의 부동산임대자료이다.
1. (주)부가가치세는 미진빌딩에 대한 부동산임대 계약을 체결하였다. 본 문제에 한하여 부동산임대업이 있다고 가정한다(계정과목은 411.임대료수입으로 선택할 것).
2. 9월 30일 월임대료에 대하여 전자세금계산서를 발급하고 대금은 다음 달 10일에 받기로 하였다('전자입력'으로 처리).
3. 간주임대료에 대한 부가가치세는 임대인이 부담하기로 하였다.

[평가문제]
1. 9월 임대료를 매입매출전표에 입력하시오(전자세금계산서는 '전자입력'으로 처리).
2. 제2기 예정신고에 대한 부동산임대공급가액명세서를 작성하시오(적용이자율 연 2.9%로 가정).
3. 간주임대료에 대한 부가가치세액을 9월 30일자로 매입매출전표에 입력하시오.
4. 부동산임대공급가액명세서의 내용을 부가가치세신고서에 반영하시오.

[자료 1] 부동산 임대계약서

(사무실)월세계약서

■ 임 대 인 용
☐ 임 차 인 용
☐ 사무소보관용

부동산의 표시	소재지	서울특별시 금천구 독산로90길 27 (독산동) 미진빌딩 2층 205호					
	구 조	철근콘크리트조	용도	사무실	면적		113㎡
월 세 보 증 금		금 100,000,000원정			월세 5,000,000원정		

제 1 조 위 부동산의 임대인과 임차인 합의하에 아래와 같이 계약함.
제 2 조 위 부동산의 임대차에 있어 임차인은 보증금을 아래와 같이 지불키로 함.

계 약 금	금 10,000,000원정은 계약시에 지불하고
중 도 금	원정은 년 월 일 지불하며
잔 금	90,000,000원정은 2024년 08월 29일 중개업자 입회하에 지불함.

제 3 조 위 부동산의 명도는 2024년 9월 1일로 함.
제 4 조 임대차 기간은 2024년 9월 1일로부터 (24)개월로 함.
제 5 조 월세금액은 매월 말일에 지불키로 하되 만약 기일내에 지불치 못할 시에는 보증금액에서 공제키로함.
제 6 조 임차인은 임대인의 승인하에 개축 또는 변조할 수 있으나 계약 대상물을 명도시에는 임차인이 일체 비용을 부담하여 원상복구 하여야 함.
제 7 조 임대인과 중개업자는 별첨 중개물건 확인설명서를 작성하여 서명 날인하고 임차인은 이를 확인 수령함. 다만, 임대인은 중개물건 확인설명에 필요한 자료를 중개업자에게 제공하거나 자료수집에 따른 법령에 규정한 실비를 지급하고 대행케 하여야 함.
제 8 조 본 계약을 임대인이 위약시는 계약금의 배액을 변상하며 임차인이 위약시는 계약금은 무효로 하고 반환을 청구 할 수 없음.
제 9 조 부동산 중개업법 제 20 조 규정에 의하여 중개료는 계약당시 쌍방에서 법정수수료를 중개인에게 지불하여야 함.

위 계약조건을 확실히 하고 후일에 증하기 위하여 본 계약서를 작성하고 각 1통씩 보관한다.

2024년 8월 15일

임 대 인	주 소	서울 금천구 독산로 90길 27				
	사업자번호	101-81-83017	전화번호	02-855-1234	성명	(주)부가가치세 ㊞
임 차 인	주 소	서울 구로구 디지털로33길				
	사업자번호	113-81-21111	전화번호	02-847-1234	성명	(주)우리산업 ㊞
중개업자	주 소	서울 용산구 한강로3가 245			허가	92240000-004
	상 호	그린공인중개사	전화번호	02-860-5678	성명	김 종 길 ㊞

[자료 2] 임대료에 대하여 발급한 전자세금계산서

전자세금계산서			(공급자 보관용)			승인번호			
공급자	등록번호	101-81-83017			공급받는자	등록번호	113-81-211111		
	상호	(주)부가가치세	대표자	부가세		상호	(주)우리산업	대표자	고우리
	주소	서울 금천구 독산로 90길 27				주소	경기 부천시 소사구 범박동		
	업태	제조업외	종사업장번호			업태	도.소매업	종사업장번호	
	종목	신발				종목	전자제품		
	E-Mail	vat@bill36524.com				E-Mail	woori@bill36524.com		
작성일자		2024.09.30	공급가액		5,000,000	세액			500,000
월	일	품목명	규격	수량	단가	공급가액	세액		비고
09	30	9월 임대료				5,000,000	500,000		
합계금액		현금	수표		어음	외상미수금	이 금액을	○ 영수	함
5,500,000						5,500,000		● 청구	

해설_ 1. [매입매출전표입력] 9월 30일

거래유형	품명	공급가액	부가세	거래처	전자세금
11.과세	9월 임대료	5,000,000	500,000	00157. (주)우리산업	전자입력
분개유형	(차) 108.외상매출금		5,500,000원	(대) 255.부가세예수금	500,000원
2.외상				411.임대료수입	5,000,000원

2. [부동산임대공급가액명세서] 작성

① 간주임대료 = 100,000,000원 × 2.9% × 30일 / 366일 = 237,704원
② 이자율은 상단 툴바의 이자율(F7) 을 클릭하여 수정할 수 있다.

3. [매입매출전표] 9월 30일 간주임대료 입력

거래유형	품명	공급가액	부가세	거래처	전자세금
14.건별	간주임대료	237,704	23,770	(주)우리산업	
분개유형 3.혼합	(차) 817.세금과공과금		23,770원	(대) 255.부가세예수금	23,770원

① 간주임대료는 실제 받는 임대료가 아닌 부가가치세를 구하기 위해 공식에 따라 산출된 금액일 뿐이다. 따라서 세금계산서가 발급되지 않으므로 「14.건별」을 선택한다.
② 간주임대료 237,704원의 10%를 매출세액에 가산해야 하므로 공급가액 237,704원, 세액 23,770원을 입력한다.
③ 간주임대료에 대한 10% 부가가치세 23,770원은 실제 매출세액으로 납부할 금액이므로 대변에 부가세예수금으로 처리하고 → 차변은 임대인이 부담하는 금액으로 비용(세금과공과)로 처리한다(간주임대료 부가가치세는 부담하는 자의 비용).

※ [추가정리] 간주임대료에 대한 부가가치세 부담

① 임대인 부담시	임대인	(차)세금과공과금	×××	(대)부가세예수금	×××
	임차인	분개 없음			
② 임차인 부담시	임대인	(차)현금 등	×××	(대)부가세예수금	×××
	임차인	(차)세금과공과금	×××	(대)현금 등	×××

4. [부가가치세신고서 7월~9월 조회]
간주임대료는 [과세 - 기타] 4번란에 반영됨

구 분			금액	세율	세액
과세표준및매출세액	과세	세금계산서발급분 1	5,000,000	10/100	500,000
		매입자발행세금계산서 2		10/100	
		신용카드.현금영수증 3	572,728	10/100	57,272
		기타 4	237,704	10/100	23,770
	영세	세금계산서발급분 5		0/100	
		기타 6		0/100	
	예정신고누락분	7			
	대손세액가감	8			
	합계	9	5,810,432	㉑	581,042

저자주 : ★부가가치세 신고시의 금액이 제대로 조회되지 않는 경우에는 아래와 같이 작업한다.

① 상단의 [조회] 버튼을 클릭하였을 때 아래와 같은 메시지가 나타난다. 이때「아니오」버튼을 클릭해야 새롭게 입력된 데이터를 반영하여 불러올 수 있다.

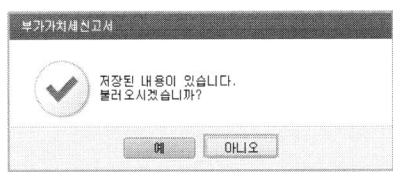

② 시험에선 부가가치세 신고서에 금액이 반영된 것을 확인한 후 반드시 저장(Ctrl+S) 을 클릭하여 데이터를 저장하여야 한다.

TAT 2급

비대면 시험대비 실무수행평가

평가문제

01 [부동산임대공급가액명세서 조회] 제2기 예정신고기간 부동산임대공급가액명세서의 간주임대료 금액은 얼마인가? [배점 2]

02 [부가가치세신고서 조회] 제2기 예정신고기간 부가가치세신고서의 과세_세금계산서발급분(1란) 금액은 얼마인가? [배점 2]

03 [부가가치세신고서 조회] 제2기 예정신고기간 부가가치세신고서의 과세_기타(4란) 금액은 얼마인가? [배점 2]

> **해설**
>
> 01 제2기 예정신고기간 부동산임대공급가액명세서의 간주임대료 금액은 얼마인가? *237,704원*
>
> 02 제2기 예정신고기간 부가가치세신고서의 과세_세금계산서발급분(1란) 금액은 얼마인가? *5,000,000원*
>
> 03 제2기 예정신고기간 부가가치세신고서의 과세_기타(4란) 금액은 얼마인가? *237,704원*

제3절 수출실적명세서

1. 수출실적명세서

부가가치세 신고시 영세율 적용에 따른 근거서류로 수출실적명세서를 제출하여야 한다. 특히 재화의 수출시 관세청으로부터 부여받은 수출신고번호를 수출실적명세서에 기재하여 신고하면 국세청은 해당 수출신고번호를 검증하여 수출의 적정성 및 수출매출누락 여부등을 검증하게 된다.

2. 작성방법

구분	건 수	외화금액	원화금액	비 고
⑨합 계				
⑩수 한 재 화				
⑪기타영세율적용				기타영세율은 하단상세내역에 입력

NO	□	수출신고번호	기타영세율건수	(14)선(기)적일자	(15)통화코드	(16)환율	(17)외화	(18)원화

① **기간** : 입력하고자 하는 기간의 월을 입력한다(참고 : 1개월 또는 1~3월 등 기간단위로 조회해도 입력가능).
② **기타영세율적용** : 관세청에 수출신고 후 외국으로 직접 분출(수출)하는 재화 이외의 영세율적용분(국외제공용역등)으로 세금계산서를 교부하지 않는 분의 건수, 외화금액, 원화금액의 합계를 집계한다(참고 : 기타영세율은 하단 상세내역에서 건별 또는 총계를 입력).
③ **수출신고번호(기타영세율건수)** : 수출신고서의 신고번호 15자리를 기재한다.
④ **기타영세율건수** : 기타영세율 건수(15자리 미만)를 기재한다(하단에 입력한 기타영세율 정보는 화면상단 및 인쇄물에 총집계로 반영).
⑤ **선(기)적일자** : 수출재화(물품)를 실질적으로 선(기)적한 일자를 기재한다.
⑥ **통화 코드** : 수출대금을 결제받기로 한 외국통화의 코드를 영문자 3자로 기재한다. 툴바의 '코드도움'키를 클릭하거나, 기능키 F2 이용).
⑦ **환율** : 수출재화의 선(기)적일자에 한국외환은행에서 고시하는 매매기준율을 기재한다.
⑧ **금액(외화)** : 수출물품의 인도조건에 따라 지급받기로 한 전체 수출금액으로 수출신고서의 (48)번 항목의 금액이며 소수점 미만 2자리까지 기재한다.
⑨ **금액(원화)** : (17)항란의 금액을 (16)항란의 환율로 곱한 환산금액 또는 선(기)적일 전에 수출대금(수출선수금, 사전송금방식 수출 등)을 원화로 환가한 경우에는 그 금액을 원단위 미만은 절사하고 기재한다.

수출실적명세서(1)

[자료설명]
(주)부가가치세(회사코드 : 4001)의 수출자료이다.
1. 자료 1은 미국의 BUB Co.,Ltd에 제품 $49,000을 외상으로 직수출하고 신고한 수출신고 필증이다.
2. 자료 2는 기준환율 내역이다(선적일 : 9월 23일).

[평가문제]
1. 매입매출자료를 입력하시오.
2. 수출실적명세서를 작성하시오.
3. 제2기 부가가치세 예정신고서에 반영하시오.

[자료 1] 수출신고필증(갑지)

수 출 신 고 필 증 (갑지)

제출번호 0426-02-6032785	⑤ 신고번호 071-10-09-0055857-4	⑥ 신고일자 2024/09/20	⑦ 신고구분 H	⑧ C/S구분
① 신 고 자 인천 관세법인 관세사 최고봉				
② 수 출 대 행 자 (주)부가가치세 수출자구분 A	⑨ 거래구분 11	⑩ 종류 A	⑪ 결제방법 TT	
	⑫ 목적국 US USA	⑬ 적재항 INC 인천항	⑭ 선박회사 (항공사) HJSC	
수 출 화 주 (주)부가가치세 (통관고유부호) (주소) 서울 금천구 독산로 (대표자) 부가세 (소재지) (사업자번호) 101-81-83017	⑮ 선박명(항공편명) HANJIN	⑯ 출항예정일자 20240925	⑰ 적재예정보세구역 03012202	
	⑱ 운송형태 10 BU		⑲ 검사희망일 2024/09/22	
	⑳ 물품소재지 한진보세장치장 인천 중구 연안동 245-1			
㉙ 모델·규격 ONE PRECE 18"	㉚ 성분	㉛ 수량 25(EA)	㉜ 단가(US$) 100	㉝ 금액(US$) 500,000
㉞ 세번부호 1234.12-12	㉟ 순중량 500KG	㊱ 수량 300(EA)	㊲ 신고가격 (FOB)	$49,000 ₩56,354,900
㊳ 송품장번호 AC-2014	㊴ 수입신고번호	㊵ 원산지 Y	㊶ 포장갯수	300C/T
㊷ 수출요건확인 (발급서류명)				
㊸ 총중량 550	㊹ 총포장갯수		㊺ 총신고가격 (FOB)	$49,000 ₩56,354,900
㊻ 운임(₩)	㊼ 보험료(₩)		㊽ 결제금액	FOB-$49,000

[자료 2] 기준환율 내역

9월 20일(신고일)	9월 23일(선적일)	9월 25일(출항일)
1,145.50원/US$	1,149.50원/US$	1,150.10원/US$

제5장 기타의 첨부서류

해설_ 1. [매입매출전표입력] 9월 23일
   ※ 과세표준 = 수출신고필증의 (48)결제금액 × 선(기)적일의 기준환율
               = US$49,000 × 1,149.50 = 56,325,500원

거래유형	품명	공급가액	부가세	거래처	전자세금
16.수출	제품	56,325,500	–	03008. BUB Co.,Ltd	
분개유형 2.외상	(차) 108.외상매출금		56,325,500원	(대) 404.제품매출	56,325,500원

   ※ 주의 1) 수출의 경우 영세율과세표준, 즉 매출액의 계산은 선적일 현재의 기준환율 또는 재정환율로 환산하도록 하고 있다(단, 선적일 전에 환가한 경우에는 그 환가한 금액). 따라서 세관신고일(9월 20일) 또는 출항일(9월 25일)이 아닌 선적일(9월 23일) 현재 환율을 적용해야 한다.
   ※ 주의 2) 외화는 수출금액에 해당하는 (48번)결제금액을 기재하며, (45번)총신고가격은 수출통계를 위한 참고금액에 불과하므로 이를 영세율매출로 신고해서는 안 된다.

2. [수출실적명세서] 작성

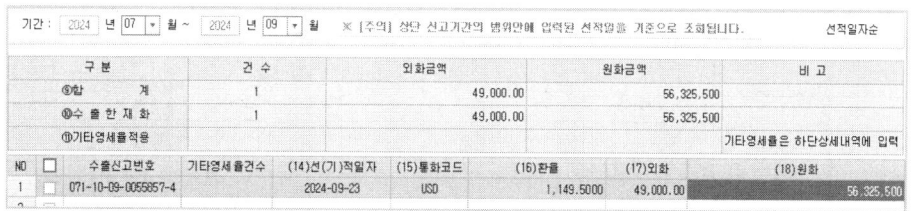

3. [부가가치세신고서 7월~9월 조회]

영세	세금계산서발급분	5		0/100
	기타	6	56,325,000	0/100

 수출실적명세서(2)

[자료설명]
(주)부가가치세(회사코드 : 4001)의 수출자료이다.
 - 중국의 Alibaba에 제품을 직수출하고 신고한 수출신고필증이다. 대금은 다음 달 말일에 거래은행을 통하여 송금받기로 하였다.

[평가문제]
1. 거래자료를 입력하시오.
2. 수출실적명세서를 작성하시오.
3. 제2기 부가가치세 확정신고서에 반영하시오.

TAT 2급

[자료 1] 수출신고필증(갑지)

수 출 신 고 필 증 (갑지)

제출번호 32245-69-1111001		⑤ 신고번호 322-45-12-1111000-1	⑥ 신고일자 2024/10/13	⑦ 신고구분 H	⑧ C/S구분
① 신 고 자 인천 관세법인 관세사 최고봉					
② 수 출 대 행 자 (주)부가가치세 수출자구분 A		⑨ 거래구분 11	⑩ 종류 A	⑪ 결제방법 TT	
		⑫ 목적국 CN CHINA	⑬ 적재항 INC 인천항	⑭ 선박회사 (항공사) HJSC	
수 출 화 주 (주)부가가치세 (통관고유부호) (주소) 서울 금천구 독산로 (대표자) 부가세 (소재지) (사업자번호) 101-81-83017		⑮ 선박명(항공편명) HANJIN	⑯ 출항예정일자 20241014	⑰ 적재예정보세구역 03012202	
		⑱ 운송형태 10 BU		⑲ 검사희망일 2024/10-13	
		⑳ 물품소재지 한진보세장치장 인천 중구 연안동 245-1			
㉙ 모델 · 규격 ONE PRECE 18"		㉚ 성분	㉛ 수량 25(EA)	㉜ 단가(US$) 100	㉝ 금액(US$) 500,000
㉞ 세번부호		㉟ 순중량 500KG	㊱ 수량 300(EA)	㊲ 신고가격 (CIF)	元188,400 ₩31,679,470
㊳ 송품장번호	AC-2014	㊴ 수입신고번호	㊵ 원산지 Y	㊶ 포장갯수	300C/T
㊷ 수출요건확인 (발급서류명)					
㊸ 총중량	550	㊹ 총포장갯수		㊺ 총신고가격 (CIF)	元188,400 ₩31,679,470
㊻ 운임(₩)		㊼ 보험료(₩)	₩550,000	㊽ 결제금액	元188,400

[자료 2] 기준환율 내역

외화금액	선적일	10월 13일 기준환율	10월 14일 기준환율
CNY188,400	10월 14일	168.15원/CNY	169.55원/CNY

해설_ 1. [매입매출전표입력] 10월 14일

　　　※ 과세표준 = 수출신고필증의 (48)결제금액 × 선적일의 기준환율
　　　　　　　　 = 元188,400 × 169.55원 = 31,943,220원

거래유형	품명	공급가액	부가세	거래처	전자세금
16.수출	제품	31,943,220	-	00146.Alibaba	
분개유형 2.외상	(차) 108.외상매출금	31,943,220원	(대) 404.제품매출		31,943,220원

2. [수출실적명세서] 작성

구분	건수	외화금액	원화금액	비고
⑨합 계	1	188,400.00	31,943,220	
⑩수 출 한 재 화	1	188,400.00	31,943,220	
⑪기타영세율적용				기타영세율은 하단상세내역에 입력

NO	수출신고번호	기타영세건수	(14)선(기)적일자	(15)통화코드	(16)환율	(17)외화	(18)원화
1	322-45-12-1111000-1		2024-10-14	CNY	169.5500	188,400.00	31,943,220

3. [부가가치세신고서 10월~12월 조회]

영세	세금계산서발급분	5		0/100
	기타	6	31,943,220	0/100

 수출실적명세서(3)

[자료설명]
(주)부가가치세(회사코드 : 4001)의 수출자료이다.
1. 자료 1은 환율 및 통장거래 내역이다.
2. 자료 2는 12월 25일 선적한 MAC Co., Ltd.의 수출신고필증이다.
3. 12월 15일 MAC Co., Ltd.에 제품 $10,000를 수출하기로 계약하였다.
4. 12월 20일 계약금 $1,000를 받아 환전하여 보통예금통장(국민은행)에 입금하였다.
5. 수출대금 잔액은 2025년 1월 31일에 받기로 하였다.

[평가문제]
1. 12월 20일 계약금 입금에 대한 거래를 일반전표에 입력하시오.
2. 수출거래 내역을 매입매출전표에 입력하시오.
3. 제2기 부가가치세 확정신고서에 반영하시오.

[자료 1]
■ 환율내역

12월 15일	12월 20일	12월 25일
950원/USD	900원/USD	1,000원/USD
매입환율	매입환율	기준환율

■ 보통예금(국민은행) 거래내역

번호	거래일	내용	찾으신금액	맡기신금액	잔액	거래점
		계좌번호 84861-15-363541 (주)부가가치세			
1	2024-12-20	MAC Co., Ltd.		900,000	***	***

[자료 3] 수출신고필증(갑지)

수 출 신 고 필 증 (갑지)

제출번호 32245-69-1111001	⑤ 신고번호	⑥ 신고일자	⑦ 신고구분	⑧ C/S구분
① 신 고 자 인천 관세법인 관세사 최고봉	071-12-18-0055857-4	2024/12/20	H	

② 수출 대행자 (주)부가가치세 수출자구분 A	⑨ 거래구분 11	⑩ 종류 A	⑪ 결제방법 TT	
	⑫ 목적국 CN CHINA	⑬ 적재항 INC 인천항	⑭ 선박회사 (항공사) HJSC	
수 출 화 주 (주)부가가치세 (통관고유부호) (주소) 서울 금천구 독산로 (대표자) 부가세 (소재지) (사업자번호) 101-81-83017	⑮ 선박명(항공편명) HANJIN	⑯ 출항예정일자 2024/12/27	⑰ 적재예정보세구역 03012202	
	⑱ 운송형태 10 BU		⑲ 검사희망일 2024/12/20	
	⑳ 물품소재지 한진보세장치장 인천 중구 연안동 245-1			

㉙ 모델·규격 GORE-TEX	㉚ 성분	㉛ 수량 500(EA)	㉜ 단가(US$) 20	㉝ 금액(US$) 10,000
㉞ 세번부호	㉟ 순중량 870KG	㊱ 수량 500(BOX)	㊲ 신고가격 (FOB)	$10,000 ₩9,500,000
㊳ 송품장번호 AC-2014	㊴ 수입신고번호	㊵ 원산지 Y	㊶ 포장갯수	500(BOX)
㊷ 수출요건확인 (발급서류명)				
㊸ 총중량 950	㊹ 총포장갯수	㊺ 총신고가격 (FOB)		$10,000 ₩9,500,000
㊻ 운임(₩)	㊼ 보험료(₩)	㊽ 결제금액	FOB-$10,000	

해설_ 1. [일반전표입력] 12월 20일

    (차) 103.보통예금   900,000원   (대) 259.선수금   900,000원
       (98002.국민은행)   (00600.MAC Co.,Ltd.)
       → 선수금 : $1,000 × 900원 = 900,000원

2. [매입매출전표입력] 12월 25일
    과세표준 : ($1,000 × 900원) + ($9,000 × 1,000원) = 9,900,000원
    방법1. 일반기업회계기준에 의한 회계처리

거래유형	품명	공급가액	부가세	거래처	전자세금
16.수출	GORE-TEX	9,900,000	-	00600.MAC Co., Ltd.	

분개유형
 	
3.혼합
	(차) 108.외상매출금
	     259.선수금
	     932.외환차손
		9,000,000원
		900,000원
		100,000원
				(대) 404.제품매출	10,000,000원

    → 제품매출액 : ($10,000 × 1,000원) = 10,000,000원
    ※ 일반기업회계기준에 따른 '제품매출'은 무조건 인도기준에 따라 선적일 환율을 적용함. 따라서 전체 $10,000 × 선적일 환율 1,000원 = 10,000,000원이 제품매출로 계상됨

방법2. 부가가치세법에 의한 회계처리

거래유형	품명	공급가액	부가세	거래처	전자세금
16.수출	GORE - TEX	9,900,000	-	00600.MAC Co., Ltd.	
분개유형	(차) 108.외상매출금		9,000,000원	(대) 404.제품매출	9,900,000원
2.외상	259.선수금		900,000원		

→ 제품매출액 : ($1,000 × 900원) + ($9,000 × 1,000원) = 9,900,000원

※ 부가가치세법 따른 '제품매출'은 선적일 환율을 적용하되, 그 전에 선수금으로 환가한 금액(900,000원)이 있으면 해당 금액을 수출매출액에 반영함. 따라서 선수금 900,000원 + 선적일 현재 외상매출금 $9,000 × 선적일 환율 1,000원 = 9,900,000원이 제품매출로 계상됨

3. [부가가치세신고서 10월~12월 조회]

영세	세금계산서발급분	5		0/100
	기타	6	41,843,220	0/100

TAT 2급

비대면 시험대비 실무수행평가

평가문제

01 [수출실적명세서 조회] 제2기 예정신고기간의 수출실적명세서 ⑩ 수출한재화 원화금액은 얼마인가? [배점 2]

02 [부가가치세신고서 조회] 제2기 예정신고기간 부가가치세신고서의 영세_기타(6란) 금액은 얼마인가? [배점 2]

03 [수출실적명세서 조회] 제2기 확정신고기간의 수출실적명세서 ⑩ 수출한재화 원화금액은 얼마인가? [배점 2]

04 [부가가치세신고서 조회] 제2기 확정신고기간의 부가가치세신고서에 반영되는 영세율 과세표준은 얼마인가? [배점 2]

해설

01 제2기 예정신고기간의 수출실적명세서 ⑩ 수출한재화 원화금액은 얼마인가? 56,325,500원

02 제2기 예정신고기간 부가가치세신고서의 영세_기타(6란) 금액은 얼마인가? 56,325,500원

03 제2기 확정신고기간의 수출실적명세서 ⑩ 수출한재화 원화금액은 얼마인가? 31,943,220원

04 제2기 확정신고기간의 부가가치세신고서에 반영되는 영세율 과세표준은 얼마인가?
41,843,220원

제4절 대손세액공제신고서

1. 대손세액공제

사업자가 부가가치세가 과세되는 재화 또는 용역을 공급하는 경우 공급을 받는 자의 파산·강제집행 기타 이와 유사한 사유로 인하여 당해 재화 또는 용역의 공급에 대한 외상매출금(부가가치세를 포함한 것)이 대손되어 회수할 수 없는 경우에는 대손금액에 10/110을 곱하여 계산한 금액을 그 대손이 확정된 날이 속하는 과세기간의 매출세액에서 차감할 수 있는데 이를 대손세액공제라 한다.

> 대손세액공제 = 대손금액(부가가치세 포함) × 10/110

2. 대손세액공제 요건

구분	내용
대손사유	① 소멸시효의 완성채권 ② 부도발생일로부터 6개월 이상 지난 수표 또는 어음상의 채권 및 외상매출금(중소기업의 외상매출금으로서 부도발생일 이전의 것에 한함). 다만, 사업자가 채무자의 재산에 대하여 저당권을 설정하고 있는 경우에는 제외한다. 예 부도발생일 : 20X1년 6월 30일 → 6개월이 된 날 20X1년 12월 31일 → 지난 날 20X2년 1월 1일 → 20X2년 1기 대손세액공제 ③ 채무자의 파산, 강제집행, 형의 집행, 사업의 폐지, 사망, 실종, 행방불명으로 인하여 회수할 수 없는 채권 ④ 회수기일이 6월 이상 경과한 채권 중 *30만원*(채무자별 채권가액의 합계) 이하인 채권 ⑤ 중소기업의 외상매출금 및 미수금으로서 회수기일이 2년 이상 지난 외상매출금 등. 다만, 특수관계인과의 거래로 인하여 발생한 외상매출금 등은 제외한다. ⑥ 채무자회생 및 파산에 관한 법률에 의한 회생계획인가의 결정 또는 법원의 면책결정에 따라 회수불능으로 확정된 채권 ⑦ 민사집행법 제102조에 따라 채무자의 재산에 대한 경매가 취소된 압류채권 ⑧ 재판상 화해 등 확정판결과 같은 효력을 가지는 것에 따라 회수불능으로 확정된 채권
대손확정기한	공급일로부터 10년이 되는 날이 속하는 과세기간에 대한 확정신고기한까지 (대손확정기간 경과하여 대손확정시 대손세액공제 불가)
공제시기	대손이 확정된 과세기간이 확정신고시만 적용(예정신고시에는 적용 불가)

※ 대손세액공제는 예정신고시에는 적용되지 않고, 확정신고시에만 적용됨에 주의

3. 대손세액공제의 처리

구 분	공급하는 사업자	공급받는 사업자
① 대손 확정시(발생시)	★매출세액에서 차감	매입세액에서 차감
② 대손금 회수시(변제시)	매출세액에 다시 가산	매입세액에 다시 가산

4. 작성방법

[대손발생탭]
① **기간** : 신고기간 및 조회기간을 입력한다.
② **대손사유** : 대손사유 클릭시 나타나는 선택 박스 중 하나를 선택한다.
③ **대손확정일** : 대손확정일자를 입력한다.
④ **대손금액** : 공급가액과 세액을 포함한 대손확정금액을 입력한다.
⑤ **대손세액** : 입력된 대손금액에 공제율 10/110을 적용하여 자동계산된다.
⑥ **코드 및 거래상대방 상호** : [F2]코드도움하면 거래처코드도움 화면이 실행되므로, 해당 거래처를 선택하여 반영한다.
⑦ **대손기준일** : 대손사유 5.부도(6월 되는 날)를 선택하면 6개월을 계산하여 반영한다.

[대손변제탭]
① **기간** : 신고기간 및 조회기간을 입력한다.
② **대손변제일** : 대손변제일자를 입력한다.
③ **변제금액** : 공급가액과 세액을 포함한 대손변제금액을 입력한다.
④ **변제세액** : 입력된 금액에 공제율 10/110을 적용 자동 계산된다.
⑤ **코드 및 거래상대방 상호** : [F2]코드도움하면 거래처코드도움 화면이 실행되므로, 해당 거래처를 선택하여 반영한다.
⑥ **변제사유** : 변제사유를 직접 입력한다.

제5장 기타의 첨부서류

 대손세액공제신고서(1)

> [자료설명]
> (주)부가가치세(회사코드 : 4001)의 대손관련 자료이다.
> 1. 자료는 힘든상사(주)에 외상으로 판매하고 발급했던 전자세금계산서이다.
> 2. 본 거래의 채권이 소멸시효가 완성(2024년 12월 20일)되어 전액 대손으로 확정되었다.
>
> [평가문제]
> 1. [대손세액공제신고서]를 작성하시오(당초공급일 및 대손기준일 2021.12.20.).
> 2. 대손세액을 제2기 부가가치세 확정신고서에 반영하시오.
> 3. 12월 20일자 대손세액공제액 및 대손채권(외상매출금)에 대한 회계처리를 입력하시오.
>   (대손충당금 잔액 400,000원).

[자료]

전자세금계산서			(공급자 보관용)				승인번호			
공급자	등록번호	101-81-83017			공급받는자	등록번호	120-16-90961			
	상호	(주)부가가치세	대표자	부가세		상호	힘든상사(주)	대표자	김도망	
	주소	서울 금천구 독산로 90길 27				주소	서울 금천구 금하로 30길			
	업태	제조업외	종사업장번호			업태	도.소매업	종사업장번호		
	종목	신발				종목	신발			
	E-Mail	vat@bill36524.com				E-Mail	run@bill36524.com			
작성일자	2021.12.20		공급가액	4,500,000		세액	450,000			
월	일	품목명	규격	수량	단가	공급가액	세액	비고		
12	20	제품				4,500,000	450,000			
합계금액		현금	수표	어음		외상미수금	이 금액을	○ 영수		함
4,950,000						4,950,000		● 청구		

해설_ **1. [대손세액공제신고서] 작성**

당초공급일	대손사유	대손기준일	대손확정일	대손금액	대손세액	코드	거래상대방 상호	사업자등록번호	주민등록번호	성명
1	2021-12-20	채권시효 소멸	2021-12-20	2024-12-20	4,950,000	450,000	00109	힘든상사(주)	119-15-50400		김도망

기간: 2024년 10월 ~ 2024년 12월   공제율 : 10/110

2. [부가가치세신고서] 작성
과세표준 및 매출세액/대손세액가감(8란) 세액 -450,000원 입력(또는 다시 조회시 자동반영)

예정신고누락분	7		
대손세액가감	8		-450,000

3. [일반전표입력] 12월 20일 (대손충당금 잔액 확인후, 입력)

(차)	255.부가세예수금	450,000	(대)	108. 외상매출금	4,950,000
	109.대손충당금	400,000		(힘든상사(주))	
	835.대손상각비	4,100,000			

※ 비교) 대손세액공제액에 대해서만 회계처리를 요구한 경우

(차)	255.부가세예수금	450,000	(대)	108. 외상매출금	450,000
				(힘든상사(주))	

 대손세액공제신고서(2)

[자료설명]

(주)부가가치세(회사코드 : 4001)의 대손관련 자료이다.

1. 자료 1은 (주)신발모아와의 거래내역으로, 2023년 12월 29일 어음에 대한 부도 확인을 받았다.
2. 자료 2는 (주)신발나라와의 거래내역으로, 2024년 3월 20일 어음에 대한 부도 확인을 받았다.

이와 관련하여 제1기 부가가치세 확정신고시 대손세액공제신청을 하려고 한다.

[평가문제]

1. [대손세액공제신고서]를 작성하시오.
2. 대손세액을 제1기 부가가치세 확정신고서에 반영하시오.

[자료 1]

전자세금계산서			(공급자 보관용)			승인번호			
공급자	등록번호	101-81-83017			공급받는자	등록번호	108-81-54003		
	상호	㈜부가가치세	대표자	부가세		상호	㈜신발모아	대표자	김서민
	주소	서울 금천구 독산로 90길 27				주소	서울특별시 노원구 월계로42길 57		
	업태	제조업외	종사업장번호			업태	도.소매업	종사업장번호	
	종목	신발				종목	신발		
	E-Mail	vat@bill36524.com				E-Mail	st3520@bill36524.com		
작성일자	2023.11.30		공급가액	1,500,000		세액	150,000		
월	일	품목명	규격	수량	단가	공급가액	세액	비고	
11	30	제품		100	15,000	1,500,000	150,000		
합계금액		현금	수표	어음		외상미수금	이 금액을	○ 영수	함
1,650,000				1,650,000				● 청구	

제5장 기타의 첨부서류 ▶▶

[자료 2]

전자세금계산서			(공급자 보관용)			승인번호		
공급자	등록번호	101-81-83017			공급받는자	등록번호	127-81-91751	
	상호	㈜부가가치세	대표자	부가세		상호	㈜신발나라	대표자	장석호
	주소	서울 금천구 독산로 90길 27				주소	서울특별시 강남구 삼성로 541	
	업태	제조업외	종사업장번호			업태	도.소매업	종사업장번호
	종목	신발				종목	신발	
	E-Mail	vat@bill36524.com				E-Mail	nara@bill36524.com	
작성일자	2023.12.30		공급가액	2,000,000		세액	200,000	
월	일	품목명	규격	수량	단가	공급가액	세액	비고
12	30	제품		100	20,000	2,000,000	200,000	
합계금액	현금	수표	어음	외상미수금	이 금액을 ○ 영수 ● 청구 함
2,200,000			2,200,000		

해설_ 1. [대손세액공제신고서] 작성

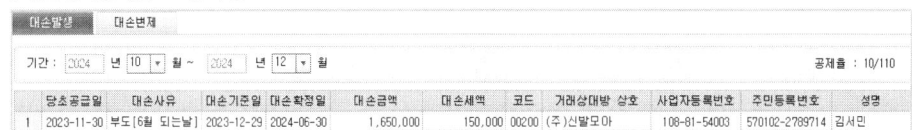

부도발생일로부터 6개월 이상 지난 경우만 대손세액공제가 가능하므로 2024년 1기 확정신고시 6개월 이상이 지나지 않은 [자료 2]는 대손세액공제 대상에 해당되지 않는다.

2. [부가가치세신고서] 작성

과세표준 및 매출세액/대손세액가감(8란) 세액 -150,000원 입력(또는 다시 조회시 자동반영)

예정신고누락분	7			
대손세액가감	8			-150,000

TAT 2급

비대면 시험대비 실무수행평가

평가문제

01 [대손세액공제신고서 조회] 제2기 확정신고기간 대손세액공제신고서의 '대손사유'에 해당하는 것은? [배점 2]

02 [부가가치세신고서 조회] 제2기 확정신고기간 부가가치세신고서의 대손세액가감(8란) 세액은 얼마인가? [배점 2]

03 [대손세액공제신고서 조회] 제1기 확정신고기간 대손세액공제신고서의 '대손확정일'은? [배점 2]

04 [부가가치세신고서 조회] 제1기 확정신고기간 부가가치세신고서의 대손세액가감(8란) 세액은 얼마인가? [배점 2]

해설

01 제2기 확정신고기간 대손세액공제신고서의 '대손사유'에 해당하는 것은? 6.채권시효소멸

02 제2기 확정신고기간 부가가치세신고서의 대손세액가감(8란) 금액은 얼마인가? -450,000원

03 제1기 확정신고기간 대손세액공제신고서의 '대손확정일'은? 2024 - 06 - 30

04 제1기 확정신고기간 부가가치세신고서의 대손세액가감(8란) 금액은 얼마인가? -150,000원

제5절 건물등감가상각취득명세서

1. 건물등감가상각취득명세서

건물등 감가상각자산 취득명세서는 신고대상기간 중 취득한 건물·구축물·기계장비·차량운반구 등 감가상각자산을 취득한 경우 기재하여 신고서에 첨부하여 제출하는 서류이다.

2. 작성방법

① **불러오기** : 불러오기 보조화면에 설정한 계정과목의 매입매출전표 데이터를 반영한다.
② **취득일자** : 교부받은 세금계산서상의 작성일자를 입력한다.
③ **상호** : 교부받은 세금계산서상의 상호를 입력한다.
④ **사업자등록번호** : 세금계산서상의 상대방 사업자번호를 입력한다.
⑤ **자산구분** : 자산구분을 선택한다(1.건물/구축물 2.기계장치 3.차량운반구 4.기타감가상각자산).
⑥ **공급가액, 세액** : 세금계산서상의 공급가액과 세액을 입력한다.

건물등감가상각취득명세서

[자료설명]
(주)부가가치세(회사코드 : 4001)의 매입자료이다.
자료 1. 생산부에서 사용할 기계장치(편직기)를 구입하였다.
자료 2. 관리부에서 사용할 승용차(2,000cc)를 구입하였다.
자료 3. 사무실에서 사용할 에어컨을 구입하였다.

[평가문제]
1. 자료 1~자료 3의 거래를 매입매출전표에 입력하시오(전자세금계산서 관련거래는 전자입력으로 처리).
2. 제2기 예정신고기간의 건물등감가상각자산취득명세서를 작성하고 부가가치세 예정신고서에 반영하시오.

[자료 1]

전자세금계산서				(공급받는자 보관용)			승인번호		
공급자	등록번호	124-81-00440			공급받는자	등록번호	101-81-83017		
	상호	(주)삼일기계	대표자	권영기		상호	(주)부가가치세	대표자	부가세
	사업장	서울 구로구 도림로 19				사업장	서울 금천구 독산로 90길 27		
	업태	제조	종사업장번호			업태	제조업외	종사업장번호	
	종목	기계				종목	신발		
	E-Mail	samil@bill36524.com				E-Mail	vat@bill36524.com		
작성일자	2024.08.10		공급가액	50,000,000		세액	5,000,000		
월	일	품목명	규격	수량	단가	공급가액	세액	비고	
08	10	편직기				50,000,000	5,000,000		
합계금액		현금	수표	어음	외상미수금	이 금액을	○ 영수	함	
55,000,000					55,000,000		● 청구		

제5장 기타의 첨부서류

[자료 2]

전자세금계산서 (공급받는자 보관용) 승인번호

공급자	등록번호	106-11-51782			공급받는자	등록번호	101-81-83017		
	상호	기아차	대표자	유명차		상호	(주)부가가치세	대표자	부가세
	사업장	서울 서대문구 가좌로 19				사업장	서울 금천구 독산로 90길 27		
	업태	제조	종사업장번호			업태	제조업외	종사업장번호	
	종목	자동차				종목	신발		
	E-Mail	car@bill36524.com				E-Mail	vat@bill36524.com		

작성일자	2024.08.11	공급가액	20,000,000	세액	2,000,000

월	일	품목명	규격	수량	단가	공급가액	세액	비고
08	11	승용차(2,000cc)				20,000,000	2,000,000	

합계금액	현금	수표	어음	외상미수금	이 금액을 ○ 영수 / ● 청구 함
22,000,000				22,000,000	

[자료 3]

```
            카드매출전표
---------------------------------
카드종류 : 삼성카드
회원번호 : 9410-3256-3333-6834
거래일시 : 08.12. 11:05:16
거래유형 : 신용승인
매    출 : 2,500,000원
부 가 세 :   250,000원
합    계 : 2,750,000원
결제방법 : 일시불
품    명 : 에어컨
---------------------------------
가맹점명 : 용신전자 105-86-55876
         - 이하생략 -
```

해설 1. [매입매출전표입력]
① 8월 10일

거래유형	품명	공급가액	부가세	거래처	전자세금
51.과세	편직기	50,000,000	5,000,000	00121. (주)삼일기계	전자입력
분개유형	(차) 135.부가세대급금		5,000,000원	(대) 253.미지급금	55,000,000원
3.혼합	206.기계장치		50,000,000원		

② 8월 11일

거래유형	품명	공급가액	부가세	거래처	전자세금
54.불공	승용차	20,000,000	2,000,000	00142.기아차	전자입력
불공제사유	3.비영업용 소형승용차 구입 및 유지				
분개유형	(차) 208.차량운반구		22,000,000원	(대) 253.미지급금	22,000,000원
3.혼합					

③ 8월 12일

거래유형	품명	공급가액	부가세	거래처	전자세금
57.카과	에어컨	2,500,000	250,000	00127.용산전자	
분개유형	(차) 135.부가세대급금		250,000원	(대) 253.미지급금	2,750,000원
4.카드	212.비품		2,500,000원	(99608.삼성카드)	

2. [건물등감가상각취득명세서] 작성

[부가가치세 I] → [건물등감가상각취득명세서]를 클릭하여 상단의 「불러오기」를 클릭한다.

기간: 2024년 07월 ~ 2024년 09월

	감가상각자산 종류	건 수	공급가액	세액	비고
취득내역	합 계	3	72,500,000	7,250,000	
	(1) 건 물·구 축 물				
	(2) 기 계 장 치	1	50,000,000	5,000,000	
	(3) 차 량 운 반 구	1	20,000,000	2,000,000	
	(4) 기타감가상각자산	1	2,500,000	250,000	

거래처별 감가상각자산 취득명세

일련번호	취득일자 월	일	상 호	사업자등록번호	자 산 구 분	공 급 가 액	세 액	건 수	유 형
1	08	10	(주)삼일기계	124-81-00440	2 기 계 장 치	50,000,000	5,000,000	1	세금계산서
2	08	11	기아차	106-11-51782	3 차 량 운 반 구	20,000,000	2,000,000	1	세금계산서
3	08	12	용산전자	105-86-55876	4 기타감가상각자산	2,500,000	250,000	1	신용카드 등

3. [부가가치세신고서 7월~9월] 조회

매입세액	세금계산서 수취부분	일반매입	10		
		수출기업수입분납부유예	10-1		
		고정자산매입	11	70,000,000	7,000,000
	예정신고누락분		12		
	매입자발행세금계산서		13		
	그밖의공제매입세액		14	2,500,000	250,000
	합계 (10-(10-1)+11+12+13+14)		15	72,500,000	7,250,000
	공제받지못할매입세액		16	20,000,000	2,000,000
	차감계 (15-16)		17	52,500,000 ㉯	5,250,000

「그밖의공제매입세액(14번란)」을 더블클릭하면 신용카드매입분 고정자산을 조회할 수 있다.

	구분		금액	세율	세액
14	신용매출전표수취/일반	40			
	신용매출전표수취/고정	41	2,500,000		250,000

비대면 시험대비 실무수행평가

평가문제

01 [건물등감가상각취득명세서 조회] 제2기 예정신고기간의 건물등감가상각취득명세서에서 조회되는 감가상각자산별 공급가액은 얼마인가? [배점 2]
① 건물.구축물 :   ② 기계장치 :
③ 차량운반구 :   ④ 기타감가상각자산 :

02 [부가가치세신고서 조회] 제2기 예정신고기간 부가가치세신고서의 세금계산서수취분_고정자산매입(11란) 금액은 얼마인가? [배점 2]

03 [부가가치세신고서 조회] 제2기 예정신고기간 부가가치세신고서의 그밖의공제매입세액_고정자산매입(42란) 금액은 얼마인가? [배점 2]

해설

01 제2기 예정신고기간의 건물등감가상각취득명세서에서 조회되는 감가상각자산별 공급가액은 얼마인가?
① 건물.구축물 : 0원   ② 기계장치 : 50,000,000원
③ 차량운반구 : 20,000,000원   ④ 기타감가상각자산 : 2,500,000원

02 제2기 예정신고기간 부가가치세신고서의 세금계산서수취분_고정자산매입(11란) 금액은 얼마인가?
70,000,000원

03 제2기 예정신고기간 부가가치세신고서의 그밖의공제매입세액_고정자산매입(42란) 금액은 얼마인가? 2,500,000원

제6절 신용카드수령금액합계표

1. 신용카드수령금액합계표

재화 또는 용역을 구입하고 공급자로부터 수취한 신용카드·직불카드 및 기명식 선불카드매출전표 또는 현금영수증상에 부가가치세를 매입세액으로 공제된다.

본 메뉴는 매입매출전표에서 [57 : 카과, 59 : 카영, 61 : 현과]로 입력된 내용이 반영되며, 세액공제를 받고자 하는 경우에 제출한다. 또한 매입매출전표에서 [58 : 카면 62 : 현면] 선택 후 하단 분개에서 계정코드 [146,153,162,174,175]를 입력하고 적요코드는 「06. 의제매입세액 원재료 차감(부가)」가 선택된 경우에 반영된다.

부가가치세 신고서상에는 그밖의공제매입세액 중 「신용카드매출전표수취분」에 자동으로 반영된다.

2. 작성방법

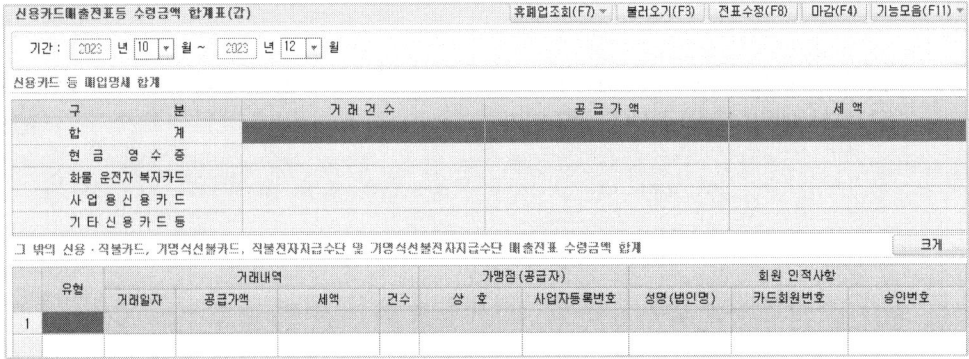

① **불러오기(F3)** : 모든 데이터를 삭제하고 매입매출전표입력에서 거래 내용을 새로 불러온다.
② ㉠ **현금영수증** : 61.현과, 62.현면(06적요 등록)
　㉡ **화물운전자 복지카드** : 63.복지(환경설정에서 사용여부 설정), 기능모음에서 복지카드 사용여부 및 계정과목 등록
　㉢ **사업용신용카드** : 57.카과, 58.카면(06적요 등록), 59.카영 거래 중 매입카드 거래처가 입력된 전표데이터
　㉣ **기타신용카드** : 57.카과, 58.카면(06적요 등록), 59.카영 거래 중 일반거래처만 입력된 전표데이터

신용카드수령금액합계표

[자료설명]
(주)부가가치세(회사코드 : 4001)의 매입자료이다.
1. 자료 1은 영업부 업무용 승용차(배기량 1,800cc)에 주유하고 결제한 법인구매전용카드 영수증이다.
2. 자료 2는 공장 종업원 작업복을 구입하고 결제한 법인구매전용카드 영수증이다.
3. 자료 3은 관리부에서 사용할 복사용지 및 사무용품을 구입하고 수취한 현금영수증이다 (소모품비로 처리할 것).
4. 자료 4는 고기천국에서 영업부 회식을 하고 법인카드로 결제한 영수증이다(고기천국의 사업자번호를 조회한 결과 세금계산서 발급이 불가능한 간이과세자에 해당한다).

[평가문제]
1. 자료 1~자료 4를 일반전표 및 매입매출전표에 입력하시오.
2. 「신용카드매출전표등 수령금액합계표」를 작성하시오.
3. 제2기 부가가치세 확정신고서에 반영하시오.

[자료 1]

매 출 전 표

카드종류	거래일자
삼성카드	10월 10일

카드번호(CARD NO)
9410-3256****-6834

승인번호	금액 AMOUNT	백	천	원
30010947		6 0 0 0 0		
일반 할부	부가세 V.AT		6 0 0 0	
일시불				
무연	봉사료 CASHBACK			
거래유형				
신용승인	합계 TOTAL	6 6 0 0 0		

가맹점명
(주)경인주유소

대표자명	사업자번호
추상춘	125-81-28548
전화번호	가맹점번호
02-457-8004	312110073

주소
서울 구로구 경인로 100(오류동)

상기의 거래 내역을 확인합니다. 서명 (주)부가가치세

[자료 2]

신 용 카 드 매 출 전 표

가 맹 점 명   (주)백원상사
사업자번호   119-81-10121
대 표 자 명   백종원
주   소   서울 서대문구 연희로 103
             (연희동)

현대카드   신용승인
거래일시   10-11 오후 14:08:04
카드번호   5555-6666-****-8888
유효기간   **/**
가맹점번호   123460001
매입사 : 현대카드(전자서명전표)

상 품 명	금액
작 업 복	150,000

공 급 금 액   150,000원
부가세금액   15,000원
합   계   165,000원

[자료 3]

** 현금영수증 **
(지출증빙용)

사업자등록번호	: 220-81-12128 이수아
사업자명	: (주)사계절사무기
단말기ID	: 73453259(tel:02-257-1004)
가맹점주소	: 서울 강남구 테헤란로51길

현금영수증 회원번호
101-81-83017   (주)부가가치세
승인번호거래일시 : 57231010
             : 10월 12일 10시10분10초

공급금액	200,000원
부가세금액	20,000원
총 합 계	220,000원

휴대전화, 카드번호 등록
http://현금영수증.kr
국세청문의(126)
38036925-GCA10106-3870-U490
<<<<<이용해 주셔서 감사합니다.>>>>>

[자료 4]

신용카드매출전표

카드종류	: 현대카드
회원번호	: 5555-6666-****-8888
거래일시	: 10월 13일
일거래유형	: 신용승인
매 출	: 150,000원
부 가 세	:
합 계	: 150,000원
결제방법	: 일시불
승인번호	: 85110501
은행확인	: 국민은행
가맹점명	: 고기천국
주 소	: 서울 강남구 테헤란로 27길 4
대 표 자	: 박노봉
사업자NO: 214-12-67864	

- 이 하 생 략 -

해설_ **1. 거래자료 입력**

① [일반전표입력] 10월 10일

(차) 822.차량유지비(판)   66,000원   (대) 미지급금   66,000원
                                                    (99608.삼성카드)

- 개별소비세 과세대상 자동차의 구입, 임차 및 유지와 관련된 매입세액은 공제가 불가능하므로 일반전표에 입력한다(※ 주의 : 카드매입 불공제의 경우에는 매입매출전표 「54.불공」으로 입력하지 않고 일반전표에서 입력한다. 「54.불공」은 세금계산서 중 불공제 대상을 입력할 때 사용한다).

② [매입매출전표입력] 10월 11일

거래유형	품명	공급가액	부가세	거래처	전자세금
57.카과	작업복	150,000	15,000	00148. (주)백원상사	
분개유형	(차) 135.부가세대급금		15,000원	(대) 253.미지급금	165,000원
4.카드	511.복리후생비(제)		150,000원	(99609.현대카드)	

③ [매입매출전표입력] 10월 12일

거래유형	품명	공급가액	부가세	거래처	전자세금
61.현과	문구 등	200,000	20,000	00149. (주)사계절사무기	
분개유형	(차) 135.부가세대급금		20,000원	(대) 101.현금	220,000원
1.현금	830.소모품비(판)		200,000원		

④ [일반전표입력] 10월 13일

(차) 811.복리후생비(판)   150,000원   (대) 미지급금   150,000원
                                                       (99609.현대카드)

- 세금계산서 발급이 불가능한 간이과세자에 해당하여 매입세액공제가 되지 않으므로 일반전표에 입력한다.

2. [신용카드수령금액합계표] 작성

[부가가치세 I] → [신용카드매출전표등 수령금액합계표]를 클릭하여 상단의 「불러오기」를 클릭한다.

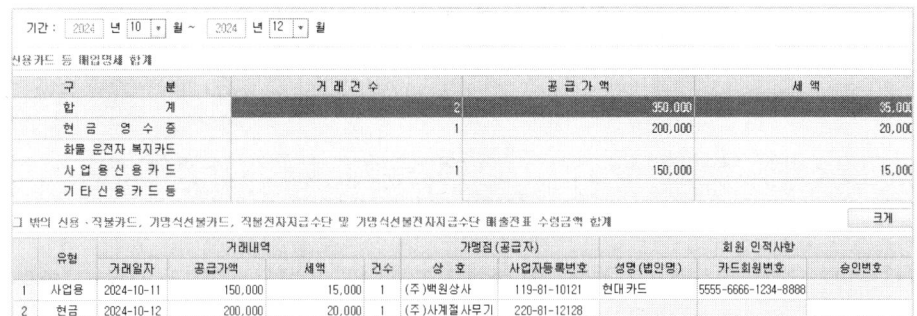

3. [부가가치세신고서 10월~12월] 조회

① 상단의 조회 버튼을 클릭하였을 때 아래와 같은 메시지가 나타난다.
이때 「아니오」 버튼을 클릭해야 새롭게 입력된 데이터를 반영하여 불러올 수 있다.

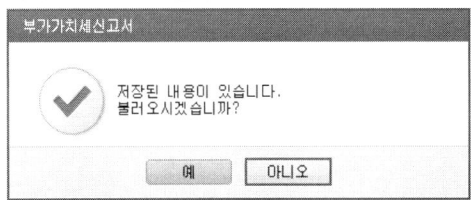

② 「그밖의공제매입세액(14번란)」을 더블클릭하면 신용카드수취금액을 조회할 수 있다.

	구분		금액	세율	세액
14	신용매출전표수취/일반	40	350,000		35,000
	신용매출전표수취/고정	41			

TAT 2급

비대면 시험대비 실무수행평가

평가문제

01 [신용카드매출전표등 수령금액 합계표 조회] 제2기 확정신고기간 신용카드매출전표 수령금액 합계표(갑)에 반영되는 신용카드 매입명세 합계액의 현금영수증 및 사업용신용카드 금액(공급가액)은 각각 얼마인가? [배점 2]
① 현금영수증 :   ② 사업용신용카드 :

02 [부가가치세신고서 조회] 제2기 확정신고기간 부가가치세신고서의 그밖의공제매입세액(14란) 금액은 얼마인가? [배점 2]

해설

01 제2기 확정신고기간 신용카드매출전표 수령금액 합계표(갑)에 반영되는 신용카드 매입명세 합계액의 현금영수증 및 사업용신용카드 금액(공급가액)은 각각 얼마인가?
① 현금영수증 : *200,000*원   ② 사업용신용카드 : *150,000*원

02 제2기 확정신고기간 부가가치세신고서의 그밖의공제매입세액(14란) 금액은 얼마인가?
*350,000*원

제7절 의제매입세액공제

1. 의제매입세액공제

사업자가 면세농산물 등을 원재료로 하여 제조·가공한 재화 또는 창출한 용역의 공급에 대하여 과세되는 경우에는 면세농산물 등을 공급받거나 수입할 때 매입세액이 있는 것으로 보아 일정한 금액을 매입세액으로 공제할 수 있다.

본래 매입세액공제를 받기 위해서는 매입세액을 부담하고 세금계산서를 수취하여야 한다. 그러나 이 제도는 면세농산물 등에 대하여 매입세액이 없음에도 일정한 금액을 매입세액으로 의제(간주)하여 공제해주는 것이므로 '의제매입세액공제'라고 한다.

2. 공제요건

구 분	내 용
요 건	면세농산물 등을 과세사업의 원재료로 하여 제조한 재화 또는 용역의 공급이 과세되는 경우(면세농산물 등 : 면세대상인 미가공 식료품 및 비식용 농·축·수·임산물)
증빙서류제출	① 면세계산서 수취 → 매입처별 면세계산서합계표 ② 신용카드·현금영수증 매입 → 신용카드수령금액합계표 ③ 단, 제조업자가 농·어민으로부터 면세농산물을 직접 공급받은 경우 증빙서류 없이 의제매입세액공제 신고서 제출만으로 공제가능(제조업 특례)
공제대상금액	① 의제매입세액 = 공제대상금액 × 공제율 　여기서 '공제대상금액'과 '공제율'은 다음과 같다. ② 공제대상금액 = MIN(ⓐ, ⓑ) 　ⓐ 해당 과세기간의 면세농산물 등의 매입가액 : 운임 등의 부대비용을 제외한 매입원가로 계산 　ⓑ 공제한도 : 해당 과세기간의 해당 사업자가 면세농산물 등과 관련하여 공급한 과세표준 × 한도율

구분(일반과세자)		한도율	
		음식점업	일반 업종
개인사업자	과세표준 1억원 이하	75%	65%
	과세표준 2억원 이하	70%	
	과세표준 2억원 초과	60%	55%
법인사업자		50%	

공제율	구분(일반과세자)				공제율	
	① 음식점업	★ⓐ 법인			6/106	개별소비세 과세유흥업 : 2/102
		ⓑ 개인	해당 과세기간 과세표준	2억원 이하	9/109	
				2억원 초과	8/108	
	② 제조업	ⓐ 과자점업, 도정업, 제분업 및 떡류 제조업 중 떡방앗간을 경영하는 개인사업자			6/106	
		★ⓑ 위 ⓐ 외의 제조업을 경영하는 사업자 중 중소기업 및 개인사업자			4/104	
		ⓒ 위 ⓐ·ⓑ 외의 사업자			2/102	
	③ 그 외의 사업자				2/102	

3. 작성방법

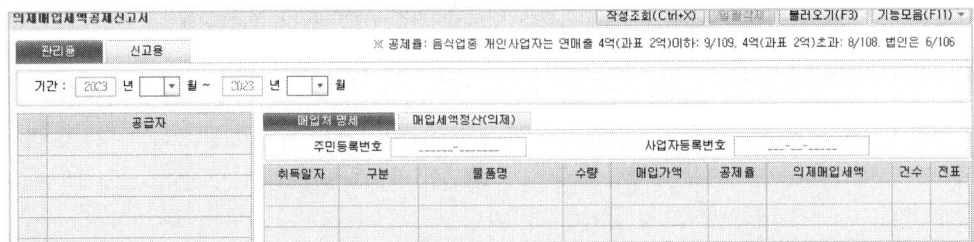

① 일반전표입력, 매입매출전표입력에서 해당 계정의 적요번호 「6번.의제매입세액 원재료차감」 으로 입력된 자료가 반영되어 자동 작성되며, 수정 또는 추가입력이 가능하다.
　→ 의제매입세액공제 자동반영 해당 계정코드 : 146.상품, 153.원재료, 162.부재료 등
② **기간** : 신고기간 해당 기수 및 1 : 예정 또는 2 : 확정을 선택하고 그에 해당하는 기간을 입력하거나 선택한다.
③ **공급자** : 면세 재화공급자의 성명 또는 상호를 입력한다.
④ **주소** : 공급자의 주소를 입력한다(사업자인 경우는 사업장 소재지).
⑤ **주민등록번호(사업자등록번호)** : 공급자가 사업자이면 사업자등록번호, 사업자가 아니면 주민등록번호를 입력한다.
⑥ **취득일자** : 면세 재화의 매입일자를 입력한다.
⑦ **물품명** : 재화의 품명을 입력한다(전자신고시 반드시 입력되어 있어야 함).
⑧ **수량** : 매입한 재화의 수량을 입력한다.
⑨ **취득가액** : 매입가격에 대한 공제율을 선택하여 적용하면 의제매입세액이 자동계산된다.

 의제매입세액공제신고서(1)

> [자료설명]
> (주)부가가치세(회사코드 : 4001)의 통조림 제조에 사용하기 위한 원재료 매입자료이다. 본 문제에 한해서 (주)부가가치세는 통조림 제조업을 영위한다고 가정한다(단, 중소기업에 해당함).
> 자료 1. 사과 150상자를 외상으로 구입하고 전자계산서를 수취하였다.
> 자료 2. 배 500상자를 농민(한세민)으로부터 계약서대로 구입하고 대금은 다음 달 10일까지 지급하기로 하였다.
> 자료 3. 포도 40상자를 현금으로 구입하고 현금영수증을 수취하였다.

제5장 기타의 첨부서류

[평가문제]
1. 자료 1~자료 3의 거래를 검토하여 매입매출전표에 입력하시오.
   (전자계산서 거래는 '전자입력'으로 입력하고, 의제매입세액공제신고서에 자동반영되도록 적요를 선택할 것)
2. 제2기 부가가치세 예정 신고기간의 의제매입세액공제신고서 및 부가가치세신고서를 작성하시오.
3. 의제매입세액과 관련된 회계처리를 일반전표입력에 9월 30일자로 입력하시오.
   (공제세액은 '부가세대급금'으로 회계처리하고 원재료는 관련된 적요를 선택할 것)

[자료 1] 농산물 구입관련 자료(전자계산서 수취)

전자계산서 (공급받는자 보관용)

승인번호:

공급자			공급받는자		
등록번호	108-91-31256		등록번호	101-81-83017	
상호	남부수협	대표자 박수혁	상호	(주)부가가치세	대표자 부가세
사업장	서울 금천구 독산로 100		사업장	서울 금천구 독산로 90길 27	
업태	도.소매업	종사업장번호	업태	제조업외	종사업장번호
종목	농/축/수/임산물		종목	식품가공외	
E-Mail			E-Mail	vat@bill36524.com	

작성일자	2024.07.15	공급가액	12,000,000	비고	면세

월	일	품목명	규격	수량	단가	공급가액	비고
07	15	사과		150	80,000	12,000,000	

합계금액	현금	수표	어음	외상미수금	이 금액을	○ 영수 함
12,000,000				12,000,000		● 청구

[자료 2] 농산물 구입관련 자료(농민과의 거래)

농산물 공급 계약서

■ 공급자 인적사항

성 명	주민등록번호
한세민	810101-1032548

■ 계약내역

품목	공급량	납품일자	금액
배	500상자	8월 20일	25,000,000
합계금액			25,000,000

■ 대금지급조건 : 공급시기 해당 월의 다음 달 10일까지 지급

485

[자료 3] 농산물 구입관련 자료(현금영수증 수취)

```
** 현금영수증 **
(지출증빙용)

사업자등록번호 : 101-73-21113 이은영
사업자명      : 하나마트
단말기ID      : 73453259(tel:02-345-4546)
가맹점주소    : 서울 종로구 종로1길 45

현금영수증 회원번호
101-81-*****        (주)부가가치세
승인번호      : 83746302    (PK)
거래일시      : 9월 24일 16시28분21초

품 명                              포도
공 급 금 액                     800,000원
부 가 세 금 액
총 합 계                       800,000원
```

해설_ 1. [매입매출전표입력]

① 7월 15일

거래유형	품명	공급가액	부가세	거래처	전자세금
53.면세	사과	12,000,000	-	00152. 남부수협	전자입력
분개유형	(차) 153.원재료	12,000,000원		(대) 251.외상매입금	12,000,000원
2.외상	(적요6.의제매입세액원재료차감)				

② 8월 20일

거래유형	품명	공급가액	부가세	거래처	전자세금
60.면건	배	25,000,000	-	00154. 한세민	
분개유형	(차) 153.원재료	25,000,000원		(대) 251.외상매입금	25,000,000원
2.외상	(적요6.의제매입세액원재료차감)				

③ 9월 24일

거래유형	품명	공급가액	부가세	거래처	전자세금
62.현면	포도	800,000		00153. 하나마트	
분개유형	(차) 153.원재료	800,000원		(대) 101.현금	800,000원
1.현금	(적요6.의제매입세액원재료차감)				

2. [의제매입세액공제신고서] 작성

[부가가치세Ⅰ] → [의제매입세액공제신고서]를 클릭하여 [7월~9월] 선택 후 상단의 「불러오기」를 클릭한다. → 제조업을 영위하는 중소기업이므로 공제율은 4/104을 적용

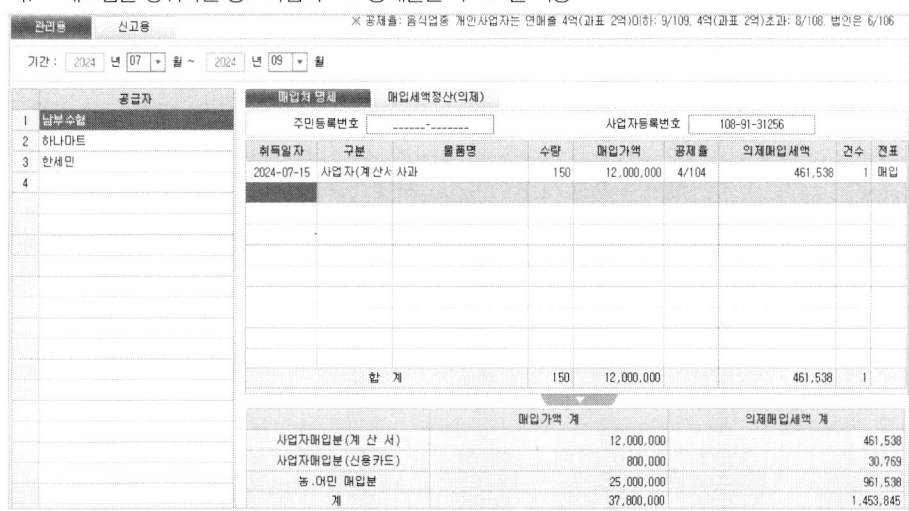

3. [부가가치세신고서 7월~9월] 조회

① 상단의 [조회] 버튼을 클릭하였을 때 아래와 같은 메시지가 나타난다.
이때 「아니오」 버튼을 클릭해야 새롭게 입력된 데이터를 반영하여 불러올 수 있다.

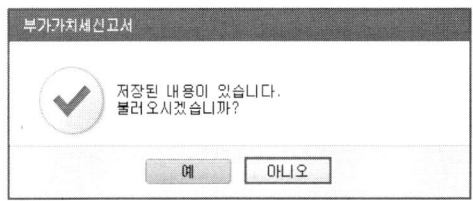

② 「그밖의공제매입세액(14번란)」을 더블클릭하면 [의제매입세액공제]금액을 조회할 수 있다.

의제매입세액	42	37,800,000	뒤쪽참조	1,453,845
재활용폐자원등매입세	43		뒤쪽참조	

4. [일반전표입력] 09월 30일 의제매입세액공제 회계처리

(차) 135.부가세대급금   1,453,845원   (대) 153.원재료   1,453,845원
(적요8.타계정대체)

- 의제매입세액공제금액만큼 매입세액에 추가되므로 차변에는 부가세대급금을, 해당 금액만큼은 원재료를 싸게 구입한 것으로 보아 대변은 원재료 금액을 줄여준다.

TAT 2급

 의제매입세액공제신고서(2)

[자료설명]
(주)부가가치세(회사코드 : 4001)의 양념육 제조에 사용하기 위한 원재료 매입자료이다. 본 문제에 한해서 (주)부가가치세는 농축산물을 구입하여 양념육을 제조한다고 가정한다(단, 중소기업에 해당함).
1. [자료 1]은 닭다리 정육을 현금으로 구입하고 수취한 전자계산서이다.
2. [자료 2]는 마늘을 농민으로부터 현금으로 직접 구입하고 수취한 농산물 거래내역서이다.
3. [자료 3]은 생강을 현금으로 구입하고 수취한 영수증이다.
4. [자료 4]는 제2기 의제매입세액 정산에 필요한 부가가치세 자료이다.
5. (주)육공상사는 중소기업에 해당한다.

[평가문제]
1. [자료 1]~[자료 3]의 거래를 매입매출전표 및 일반전표에 입력하시오(의제매입세액공제신고서에 자동반영 되도록 적요를 선택하고, 전자계산서와 관련된 거래는 '전자입력'으로 처리할 것).
2. [자료 1]~[자료 4]를 참고하여 제2기 부가가치세 확정 신고기간의 의제매입세액공제신고서(매입세액정산 포함)를 작성하시오(의제매입세액 정산시 기존 데이터는 무시하고, 자료 4를 반영할 것).
3. 의제매입세액공제내역을 제2기 부가가치세 확정 신고서에 반영하시오.
4. 의제매입세액과 관련된 회계처리를 일반전표입력에 입력하시오.

[자료 1] 면세매입계산서

전자계산서				(공급받는자 보관용)			승인번호		
공급자	등록번호	108-91-31256			공급받는자	등록번호	101-81-83017		
	상호	남부수협	대표자	박수혁		상호	(주)부가가치세	대표자	부가세
	사업장	서울 금천구 독산로 100				사업장	서울 금천구 독산로 90길 27		
	업태	도.소매업	종사업장번호			업태	제조업외	종사업장번호	
	종목	농/축/수/임산물				종목	식품가공외		
	E-Mail					E-Mail	vat@bill36524.com		
작성일자	2024.11.25		공급가액		80,000,000	비고		면세	
월	일	품목명	규격	수량	단가	공급가액	비고		
11	25	닭다리 정육	kg	8,000	10,000	80,000,000			
합계금액		현금		수표	어음	외상미수금	이 금액을	◉ 영수	함
80,000,000		80,000,000						○ 청구	

[자료 2] 농산물 거래 내역서

농산물 공급 계약서

■ 공급자 인적사항

성 명	주민등록번호
한세민	810101-1032548

■ 계약내역

품목	공급량	납품일자	금액
마늘	100kg	2024.12.13	2,000,000
합계금액			2,000,000

■ 대금지급조건 : 납품시 현금결제

[자료 3] 수산물 구입관련 자료(영수증 수취)

영수증 (공급받는자용)

(주)부가가치세 귀하

공급자	사업자번호	105-91-21517		
	상 호	식자재마트	성 명	한복주
	사 업 장	서울 강남구 압구정로 344		
	업 태	도·소매	종 목	농·축·수산물

작성일자	공급대가총액	비고
12.20	₩ 100,000	

공 급 내 역

월/일	품명	수량	단가	금액
12.20	생강	10kg		100,000
합 계			₩ 100,000	

위 금액을 영수(청구)함

[자료 4] 의제매입세액 정산 관련자료

- 2024년 2기(7.1~12.31)의 양념육 제조와 관련한 과세표준은 800,000,000원(2기 예정 : 450,000,000원, 2기 확정 : 350,000,000원)이다.
- 예정신고시 면세매입금액 : 125,000,000원
- 예정신고시 의제매입세액공제액 : 4,807,692원

해설_ 1. 거래자료의 입력
① [매입매출전표] 11월 25일

거래유형	품명	공급가액	부가세	거래처	전자세금
53.면세	닭다리 정육	80,000,000	-	00152. 남부수협	전자입력
분개유형	(차) 153.원재료	80,000,000원	(대) 101.현금		80,000,000원
1.현금	(적요6.의제매입세액원재료차감)				

② [매입매출전표] 12월 13일
제조업을 영위하는 사업자의 경우 농·어민으로부터 직접 구입하는 경우에도 의제매입세액 공제대상임 → 상대방이 사업자인 경우에는 면세계산서, 신용카드 등을 수취가능하나, 상대방이 농·어민인 경우에는 증빙발행이 불가능한 현실을 감안

거래유형	품명	공급가액	부가세	거래처	전자세금
60.면건	마늘	2,000,000	-	00154. 한세민	
분개유형	(차) 153.원재료	2,000,000원	(대) 101.현금		2,000,000원
1.현금	(적요6.의제매입세액원재료차감)				

③ [일반전표] 12월 20일
사업자로부터 간이영수증을 수취한 경우 의제매입세액 공제대상이 아니므로 일반전표에 입력하여야 한다(※ 간이영수증 또는 증빙이 없는 경우에는 제조업자가 농어민으로부터 직접 구입한 경우에만 공제가능함에 주의).

　(차) 153.원재료　　　　100,000원　　(대) 101.현금　　　　100,000원

2. [의제매입세액공제신고서] 작성
[부가가치세Ⅰ] → [의제매입세액공제신고서]를 클릭하여 [10월~12월] 선택 후 상단의 「불러오기」를 클릭한다. → 제조업을 영위하는 중소기업이므로 공제율은 4/104를 적용

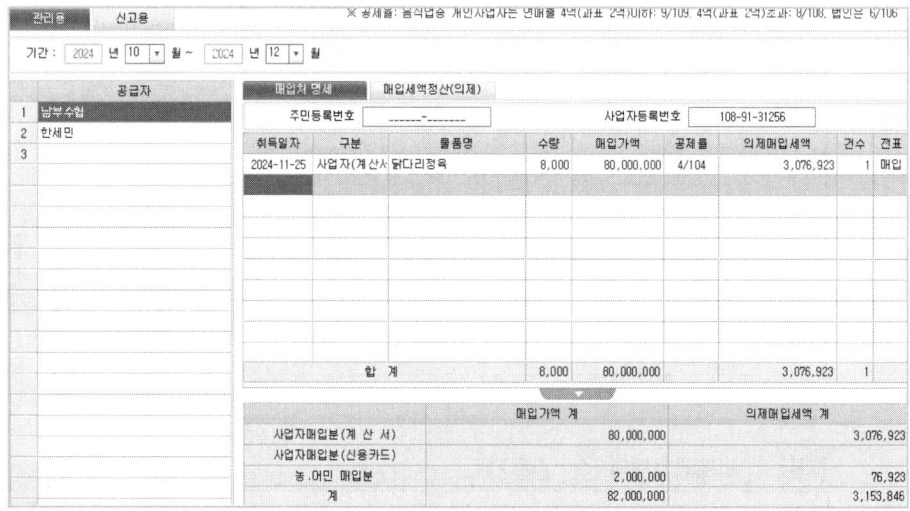

제5장 기타의 첨부서류

매입처 명세	매입세액정산(의제)				
구분	매입처수	건수	매입가액	공제율	의제매입세액
합 계	2	2	82,000,000	4/104	3,153,846
사업자매입분(계 산 서)	1	1	80,000,000	4/104	3,076,923
사업자매입분(신용카드)					
농·어민 매 입 분	1	1	2,000,000	4/104	76,923

3.면세농산물등 의제매입세액 4.매입시기 집중제조업 면세농산물등 ※ 확정(폐업)신고시 3번을 작성하셔야 합니다.

가. 과세기간 과세표준 및 공제가능한 금액 등   한도율편집(확정신고)

과세표준			대상액한도계산	
14.합계	15.예정분	16.확정분	17.한도율	18.한도액
800,000,000	450,000,000	350,000,000	50%	400,000,000

가. 과세기간 과세표준 및 공제가능한 금액 등

19. 당기 매입액				20.공제대상금액
합계	월별 조기분	예정분	확정분	(=18과 19의 금액 중 적은금액)
207,000,000		125,000,000	82,000,000	207,000,000

나. 과세기간 공제할 세액

공제대상세액		이미 공제받은 세액			26.공제
21.공제율	22.공제대상액	23.합계	24.예정신고분	25.월별조기분	(납부)할 세액(=22-23)
4/104	7,961,538	4,807,692	4,807,692		3,153,846

3. [부가가치세신고서] 10월~12월

의제매입세액/평창,광주	43	82,000,000	뒤쪽참조	3,153,846
재활용폐자원등매입세	44		뒤쪽참조	

4. [일반전표입력] 12월 31일 의제매입세액공제 회계처리

    (차) 135.부가세대급금   *3,153,846원*   (대) 153.원재료   *3,153,846원*
                                                                                                   (적요8.타계정대체)

    또는
    (차) 135.부가세대급금   *3,153,846원*
          153.원재료   *-3,153,846원*

비대면 시험대비 실무수행평가

평가문제

01 [의제매입세액공제신고서 조회] 제2기 예정신고기간 의제매입세액공제신고서의 의제매입세액은 얼마인가? [배점 2]

02 [부가가치세신고서 조회] 제2기 예정신고기간 부가가치세신고서의 그밖의공제매입세액_의제매입세액(43란) 금액은 얼마인가? [배점 2]

03 [의제매입세액공제신고서 조회] 제2기 확정신고기간 의제매입세액공제신고서의 의제매입세액은 얼마인가? [배점 2]

04 [부가가치세신고서 조회] 제2기 확정신고기간 부가가치세신고서의 그밖의공제매입세액_의제매입세액(43란) 금액은 얼마인가? [배점 2]

해설

01 제2기 예정신고기간 의제매입세액공제신고서의 의제매입세액 금액은 얼마인가?
   1,453,845원

02 제2기 예정신고기간 부가가치세신고서의 그밖의공제매입세액_의제매입세액(43란) 금액은 얼마인가? *37,800,000원*

03 제2기 확정신고기간 의제매입세액공제신고서의 의제매입세액 금액은 얼마인가? *3,153,846원*

04 제2기 확정신고기간 부가가치세신고서의 그밖의공제매입세액_의제매입세액(43란) 금액은 얼마인가? *82,000,000원*

제5장 기타의 첨부서류 ▶▶

제8절 매입세액불공제내역

1. 매입세액불공제내역

매입매출전표 입력에서 불공제(54.불공)로 입력된 금액이 자동으로 집계된다.
[부가가치세Ⅰ] ⇨ [매입세액불공제내역]을 클릭하고 조회하고자 하는 기간을 선택한 후 상단의 불러오기(F3) 를 클릭한다.

매입세액불공제내역 작성하기(1)

[자료설명]
(주)부가가치세(회사코드 : 4001) 매입자료이다.
모든 거래는 외상이다(전자세금계산서는 "전자입력"으로 처리).

[평가문제]
1. 거래자료를 입력하시오.
2. [매입세액불공제내역]을 작성하시오(기존 입력된 자료는 무시).
3. 제2기 부가가치세 확정신고서에 반영하시오.

[자료 1] 전자세금계산서 수취자료(모두 외상거래임)

일자	거래처	품목	공급가액	세액	비고
11월 5일	리베가구	책상	1,500,000원	150,000원	대표이사(부가세)의 개인적 사용(가지급금으로 회계처리)
11월 6일	(주)현대차	승용차	20,000,000원	2,000,000원	관리부 업무용 승용차(2,000cc)
11월 7일	(주)현대산업	철거비용	3,000,000원	300,000원	자재창고 신축을 위하여 취득한 건물의 철거비용
11월 8일	신화유통	선물세트	4,000,000원	400,000원	매출거래처 증정선물

493

[자료 2] 신용카드(삼성카드) 매입자료

일자	거래처	품목	공급가액	세액	비고
11월 9일	차이나	식사접대	100,000원	10,000원	매출거래처 식사접대비

해설_ **1. 거래자료의 입력**

① [매입매출전표] 11월 5일

거래유형	품명	공급가액	부가세	거래처	전자세금
54.불공	책상	1,500,000	150,000	00158. 리베가구	전자입력
불공제사유	2.사업과 관련없는 지출				
분개유형 3.혼합	(차) 134.가지급금 (00144.부가세)	1,650,000원		(대) 253.미지급금	1,650,000원

※ 대표이사의 개인적 사용은 매입세액이 공제되지 않으며 가지급금으로 처리한다.

② [매입매출전표] 11월 6일

거래유형	품명	공급가액	부가세	거래처	전자세금
54.불공	승용차	20,000,000	2,000,000	00160. (주)현대차	전자입력
불공제사유	3.비영업용 소형승용차 구입 및 유지				
분개유형 3.혼합	(차) 208.차량운반구	22,000,000원		(대) 253.미지급금	22,000,000원

※ 개별소비세 과세대상 자동차의 관련매입세액은 공제되지 않는다.

③ [매입매출전표] 11월 7일

거래유형	품명	공급가액	부가세	거래처	전자세금
54.불공	철거비용	3,000,000	300,000	00159. (주)현대산업	전자입력
불공제사유	0.토지의 자본적 지출관련				
분개유형 3.혼합	(차) 201.토지	3,300,000원		(대) 253.미지급금	3,300,000원

※ 토지의 자본적 지출 관련 매입세액은 공제되지 않는다. 건물신축을 위해 토지·건물을 일괄취득한 경우 기존 구건물의 철거비용은 토지원가로 처리한다.

④ [매입매출전표] 11월 8일

거래유형	품명	공급가액	부가세	거래처	전자세금
54.불공	선물세트	4,000,000	400,000	00161. 신화유통	전자입력
불공제사유	9.접대비 관련 매입세액				
분개유형 3.혼합	(차) 813.접대비(판)	4,400,000원		(대) 253.미지급금	4,400,000원

⑤ [일반전표] 11월 9일

접대비 관련 매입세액은 공제되지 않는다. 단, 세금계산서가 아닌 카드 불공제 매입은 일반전표에 입력한다.

(차) 813.접대비　　　　110,000원　　(대) 253.미지급금　　　　110,000원
　　　　　　　　　　　　　　　　　　　　(99608.삼성카드)

2. [매입세액불공제내역] 작성

[부가가치세 I] → [매입세액불공제내역]을 클릭하여 [10월~12월] 선택 후 상단의 「불러오기」를 클릭한다.

2.공제받지 못할 매입세액 내역	3.공통매입세액 안분계산 내역	4.공통매입세액의 정산내역	5.납부세액 또는 환급세액 재계산 내역

불공제 사유	공제받지 못할 매입세액 내역		
	세금계산서		
	매수	공급가액	매입세액
①필요한 기재사항 누락			
②사업과 직접 관련 없는 지출	1	1,500,000	150,000
③비영업용 소형 승용 자동차구입 및 유지	1	20,000,000	2,000,000
④접대비 및 이와 유사한 비용 관련	1	4,000,000	400,000
⑤면세사업 관련			
⑥토지의 자본적 지출 관련	1	3,000,000	300,000
⑦사업자등록 전 매입세액			
⑧금.구리 스크랩 거래계좌 미사용 관련 매입세액			
⑨합 계	4	28,500,000	2,850,000

3. [부가가치세신고서 10월~12월] 조회

① 상단의 조회 버튼을 클릭하였을 때 아래와 같은 메시지가 나타난다.
이때 「아니오」 버튼을 클릭해야 새롭게 입력된 데이터를 반영하여 불러올 수 있다.

② 「공제받지못할매입세액(16번란)」을 더블클릭하면 [공제받지못할매입세액] 금액을 조회할 수 있다.

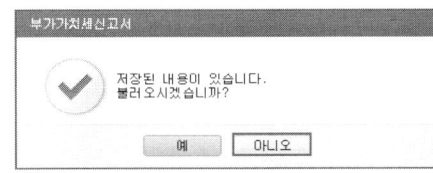

	구분		금액	세액
16 공제받지 못할매입 세액명세	공제받지못할매입세액	50	28,500,000	2,850,000
	공통매입세액면세사업	51		
	대손처분받은세액	52		
	합계	53	28,500,000	2,850,000

2. 공통매입세액의 안분 및 정산

(1) 공통매입세액이란?

사업자가 과세사업과 면세사업을 겸영하는 경우 납부세액을 계산할 때 과세사업 관련 매입세액은 공제되지만, 면세사업과 관련된 매입세액은 공제되지 않는다. 따라서 과세사업과 면세사업에 공통으로 사용되는 재화나 용역의 경우에는 매입세액 공제여부의 판단이 문제가 된다. 이 경우 ① 원칙적으로는 과세사업과 면세사업에 관련된 매입세액 계산은 실지귀속에 따라 공제여부를 판단한다. ② 그러나 실지귀속을 구분할 수 없는 매입세액(공통매입세액)은 부득이 획일적인 공통매입세액 안분기준을 적용하여 안분계산할 수 밖에 없는데 이것을 '공통매입세액의 안분계산'이라고 한다.

(2) 공통매입세액의 안분(예정신고)

구분	내용
① 원칙	과세사업과 면세사업을 겸영하는 경우에는 면세사업에 관련된 매입세액의 계산은 실지귀속에 따라 과세(면세사업관련 매입세액 → 불공제, 과세사업관련 매입세액 → 공제)
② 공통매입세액 안분 (매출액 비례 안분)★	ⓐ 과세사업과 면세사업이 공통으로 사용되어 실지귀속을 구분할 수 없는 공통매입세액은 안분하여 계산한다. $$\text{면세사업관련매입세액 (매입세액불공제액)} = \text{공통매입세액} \times \frac{\text{면세공급가액(당해 과세기간)}}{\text{총공급가액(당해 과세기간)}}$$ ⓑ 예정신고기간 매입은 3개월 공급가액비율로 안분계산하고 확정신고시 정산한다.
③ 예외적인 안분계산방법	과세사업 공급가액 또는 면세사업 공급가액이 없는 경우 공급가액(매출액) 대신 다음의 대용치 비율순서대로 적용 ⓐ 개별 매입가액 비율(공통매입가액 제외) ⓑ 예정공급가액 비율 ⓒ 예정사용면적 비율(건물로서 예정사용면적을 구분할 경우 예정사용면적비율 우선 적용)
④ 안분계산 배제 (→ 안분 없이 매입세액 전액 공제)	다만, 다음의 경우에는 안분계산을 배제한다. ⓐ 공통매입세액이 5백만원 미만이고 당기 면세공급가비율 5% 미만 ⓑ 당기 공통매입세액 합계액이 5만원 미만 ⓒ 신규사업 개시한 과세기간에 처분한 경우

(3) 공통매입세액의 정산(확정신고)

공통매입세액은 해당 과세기간(6개월분)의 공급가액비율로 안분계산하여야 한다. 그러나 예정신고기간에 재화나 용역을 공급받은 경우에 예정신고를 할 때에는 공통매입세액을 6개월치 공급가액비율로 안분계산할 수가 없다.

따라서 예정신고기간에 발생한 공통매입세액은 ① 예정신고할 때에는 예정신고기간(3개월분)의 공급가액비율로 안분계산하고 ② 확정신고를 할 때에는 과세기간(6개월분)의 공급가액비율로 정산한다.

즉, 예정신고시 실지귀속을 구분할 수 없어 공통매입세액을 안분한 경우에는 해당 재화의 취득으로 ① 과세사업과 면세사업의 공급가액 ② 과세사업과 면세사업의 사용면적이 확정되는 과세기간에 대한 납부세액을 확정신고할 때 다음 각 계산식에 따라 정산한다.

제5장 기타의 첨부서류 ▶▶

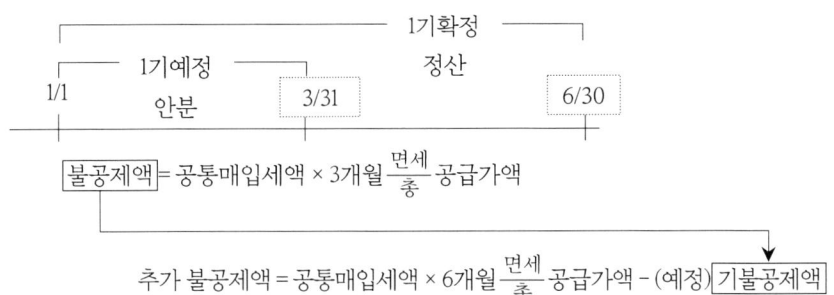

① 처음에 예정공급가액(매출)비율로 공통매입세액을 안분한 경우

> ★면세사업 관련 매입세액 = 총공통매입세액 × 6개월 × $\dfrac{면세공급가액}{총공급가액}$ − 기불공제매입세액

② 처음에 예정사용면적의 비율로 공통매입세액을 안분한 경우

> 면세사업 관련 매입세액 = 총공통매입세액 × 6개월 × $\dfrac{면세사용면적}{총사용면적}$ − 기불공제매입세액

 공통매입세액 안분 및 정산(1)

[자료설명]
본 문제에 한하여 (주)부가가치세(회사코드 : 4001)는 과세사업과 면세사업을 겸영하고 있다.
1. 자료 1은 제1기 부가가치세 예정 및 확정신고기간의 매출공급가액이다.
2. 자료 2는 제1기 예정 및 확정신고기간의 과세사업과 면세사업에 공통으로 사용할 원재료 매입내역이다.

[평가문제]
자료를 참고하여 매입세액불공제내역에서 (1) 예정신고시 공통매입세액에 대한 안분명세를 작성하고 (2) 확정신고시 공통매입세액에 대한 정산명세를 작성하시오(전표입력 및 기타 회계처리는 생략하기로 하며, 기존의 입력된 데이터는 무시함).

[자료 1] 1기 예정 및 확정신고기간 매출공급가액

	구 분	1기 예정	1기 확정	계
매출내역 (공급가액)	과세분	7,000,000	5,000,000	12,000,000
	면세분	3,000,000	5,000,000	8,000,000
	계	10,000,000	10,000,000	20,000,000

[자료 2] 공통매입내역

공통매입	구 분	1기 예정	1기 확정	계
	매입공급가액	400,000	600,000	1,000,000
	매입세액	40,000	60,000	100,000

해설_ 1. 예정신고시 공통매입에 대한 안분명세
 ① 예정신고시 불공제액 계산

 공통매입세액 40,000원 × $\dfrac{\text{면세매출 } 3{,}000{,}000원}{\text{총매출 } 10{,}000{,}000원}$ = 불공제액 12,000원

 ② 공통매입세액 안분계산 내역(1기 예정)
  [부가가치세Ⅰ] → [매입세액불공제내역]을 클릭하여 [3.공통매입세액 안분계산내역]을 선택한다.

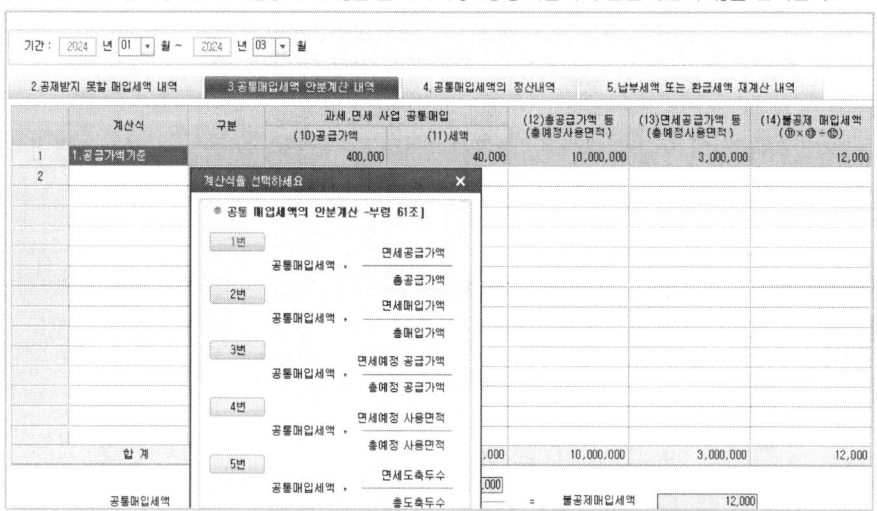

[화면설명]
① [1~3월]을 선택한다.
② 계산식에서 [F2]를 클릭하여 안분계산식 [1번 - 공급가액기준]을 선택한다.
③ 공통매입(공급가액 및 세액)과 매출공급가액 등을 입력한다.
 ★ 주의) 기존에 불러오거나 입력된 데이터는 모두 삭제 후 문제의 제시된 자료에 맞게 다시 입력한다.

2. 확정신고시 공통매입에 대한 정산명세
 ① 확정신고시 불공제액 계산

 총공통매입세액 100,000원 × 6개월 $\dfrac{\text{면세매출 } 8{,}000{,}000원}{\text{총매출 } 20{,}000{,}000원}$ - 기불공제 매입세액 12,000원

 = 추가불공제 28,000원

② 공통매입세액 정산 내역(1기 확정)
[부가가치세Ⅰ] → [매입세액불공제내역]을 클릭하여 [4.공통매입세액 정산내역]을 선택한다.

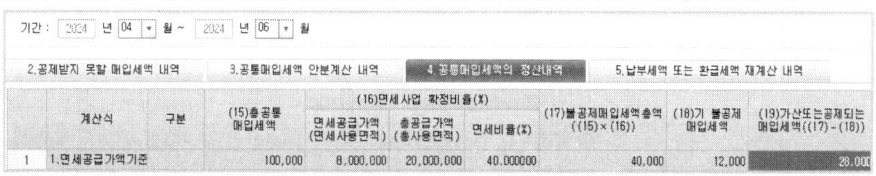

[화면설명]
① [4~6월]을 선택한다.
② 예정신고시 공급가액 비율로 안분하였으므로 확정신고시에도 공급가액기준으로 정산한다.
③ 총공통매입세액 및 매출공급가액 등을 입력한다.
★ 주의) 기존에 불러오거나 입력된 데이터는 모두 삭제 후 문제의 제시된 자료에 맞게 다시 입력하며, 확정신고시는 6개월을 정산하므로 1~6월까지의 금액을 입력한다.

공통매입세액 안분(2)

[자료설명]
본 문제에 한하여 (주)부가가치세(회사코드 : 4001)는 과세사업과 면세사업을 겸영하고 있다.
1. 자료 1은 제2기 부가가치세 예정신고기간의 공급가액이다.
2. 자료 2는 제2기 부가가치세 예정신고기간의 과세사업과 면세사업에 공통으로 사용할 원재료 매입자료이다.

[평가문제]
1. 자료 2의 거래자료를 입력하시오('51.과세매입'으로 유형을 입력하고, '전자입력'으로 처리한다).
2. 제2기 부가가치세 예정신고기간의 매입세액불공제내역(공통매입세액 안분계산 내역)을 작성하시오(단, 자료 1과 자료 2에서 주어진 공급가액으로 계산하기로 한다).
3. 공통매입세액 안분계산에 대한 회계처리를 9월 30일자로 입력하시오.

[자료 1] 공급가액(제품)내역 (7월 1일 ~ 9월 30일)

구 분		계
매출내역	과세분(전자세금계산서)	118,400,000원
	면세분(계산서)	29,600,000원
	합 계	148,000,000원

[자료 2] 원재료 매입금액 중 안분대상내역

전자세금계산서		(공급받는자 보관용)				승인번호		
공급자	등록번호	121-81-65110			공급받는자	등록번호	101-81-83017	
	상호	(주)호남신발	대표자	오승호		상호	(주)부가가치세	대표자	부가세
	사업장	서울 구로구 디지털로23길				사업장	서울 금천구 독산로 90길 27	
	업태	제조	종사업장번호			업태	제조업외	종사업장번호
	종목	신발				종목	신발	
	E-Mail	dong77@bill36524.com				E-Mail	vat@bill36524.com	
작성일자	2024.09.30	공급가액	15,000,000		세액	150,000		
월	일	품목명	규격	수량	단가	공급가액	세액	비고
09	30	원재료				15,000,000	1,500,000	
합계금액		현금	수표	어음	외상미수금	이 금액을 ○ 영수 함 ● 청구		
16,500,000					16,500,000			

해설_ 1. [매입매출전표] 9월 30일

거래유형	품명	공급가액	부가세	거래처	전자세금
51.과세	원재료	15,000,000	1,500,000	00104.(주)호남신발	전자입력
분개유형	(차) 135.부가세대급금		1,500,000원	(대) 251.외상매입금	16,500,000원
2.외상	153.원재료		15,000,000원		

2. [공통매입세액 안분계산 내역] (2기 예정)
   ① 계산식(1번) 선택 → ② 자동[불러오기]되는 데이터는 무시하고 문제에 제시된 금액을 기준으로 입력한다. → ③ 불공제 매입세액 "300,000원" 확인

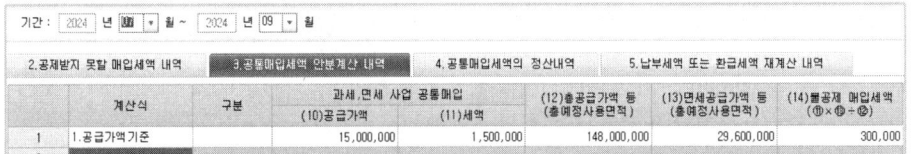

3. 공통매입세액 불공제액 [일반전표] 09월 30일 입력
   불공제 매입세액만큼 부가세대급금을 취소하고, 해당 금액만큼은 매입한 자산(원재료)의 취득원가에 합산한다.

   (차) 153.원재료   300,000원   (대) 135.부가세대급금   300,000원

제5장 기타의 첨부서류 ▶▶

공통매입세액 정산(3)

[자료설명]
본 문제에 한하여 (주)부가가치세(회사코드 : 4001)는 과세사업과 면세사업을 겸영하고 있다.
1. 자료 1은 공통매입자료에 대한 내용이다.
2. 자료 2는 제2기 과세기간의 공급가액이다.
3. 자료 3은 제2기 예정신고기간의 공통매입세액안분명세 중 불공제처리내역이며 일반전표에 회계처리는 적절히 되어 있다고 가정한다.

[평가문제]
1. 제2기 확정 과세기간 동안에 대한 [매입세액불공제내역]의 공통매입세액정산명세를 작성하시오(기존에 입력된 자료는 무시하고 주어진 자료의 내용대로 입력한다).
2. 제2기 부가가치세확정신고서에 반영하시오.
3. 공통매입세액정산명세에 의한 회계처리를 12월 31일자로 일반전표에 입력하시오.

[자료 1] 유형자산 구입 내역

전자세금계산서			(공급받는자 보관용)			승인번호			
공급자	등록번호	124-81-00440				등록번호	101-81-83017		
	상호	(주)삼일기계	대표자	권영기	공급받는자	상호	(주)부가가치세	대표자	부가세
	사업장	서울 구로구 도림로 19				사업장	서울 금천구 독산로 90길 27		
	업태	제조	종사업장번호			업태	제조업외	종사업장번호	
	종목	기계				종목	신발		
	E-Mail	samil@bill36524.com				E-Mail	vat@bill36524.com		
작성일자	2024.08.10		공급가액	50,000,000		세액		5,000,000	
월	일	품목명	규격	수량	단가	공급가액	세액	비고	
08	10	편직기				50,000,000	5,000,000		
합계금액		현금	수표	어음		외상미수금	이 금액을	○ 영수	함
55,000,000						55,000,000		● 청구	

[자료 2] 공급가액(제품)내역

구 분	7.1 ~ 9.30	10.1 ~ 12.31	계
과세분(전자세금계산서)	98,000,000원	142,000,000원	240,000,000원
면세분(전자계산서)	42,000,000원	118,000,000원	160,000,000원
계	140,000,000원	260,000,000원	400,000,000원

501

[자료 3] 제2기 예정신고기간의 공통매입세액 안분계산 내역

$$5,000,000원 \times \frac{42,000,000원}{140,000,000원} = 불공제액\ 1,500,000원$$

해설_ 1. 공통매입세액 정산내역(2기 확정) → 입력 후 상단바 [저장] 클릭

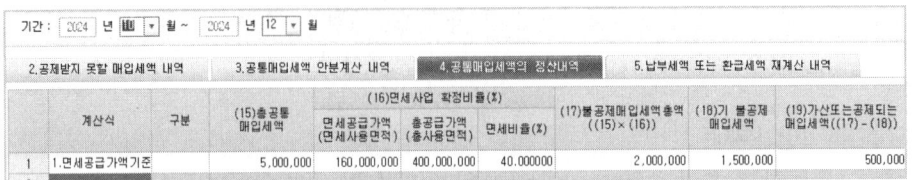

2. [부가가치세신고서](10월~12월)

「공제받지못할매입세액(16번란)」을 더블클릭하면 [공통매입세액면세사업분] 금액을 조회할 수 있다.

	구분		금액	세액
16 공제받지 못할매입 세액명세	공제받지못할매입세액	50	28,500,000	2,850,000
	공통매입세액면세사업	51	5,000,000	500,000
	대손처분받은세액	52		
	합계	53	33,500,000	3,350,000

3. 공통매입세액 불공제액 [일반전표] 12월 31일 입력

불공제 매입세액만큼 부가세대급금을 취소하고, 해당 금액만큼은 매입한 자산(기계장치)의 취득원가에 합산한다.

(차) 206.기계장치　　　500,000원　　　(대) 135.부가세대급금　　　500,000원

비대면 시험대비 실무수행평가

평가문제

01 [매입세액불공제내역 조회] 제2기 예정신고기간 매입세액불공제내역_3.공통매입세액 안분계산 내역의 불공제 매입세액은 얼마인가? [배점 2]

02 [매입세액불공제내역 조회] 제2기 확정신고기간의 공통매입세액 정산내역에 반영되는 면세비율은 몇 %인가? [배점 2]

03 [부가가치세신고서 조회] 제2기 확정신고기간 부가가치세신고서의 공제받지못할매입세액명세_공통매입세액면세사업(51란) 금액은 얼마인가? [배점 2]

04 [부가가치세신고서 조회] 제2기 확정신고기간 부가가치세신고서의 공제받지못할매입세액명세_공제받지못할매입세액(50란) 금액은 얼마인가? [배점 2]

해설

01 제2기 예정신고기간 매입세액불공제내역_3.공통매입세액 안분계산 내역의 불공제 매입세액은 얼마인가? *300,000*원

02 제2기 확정신고기간의 공통매입세액 정산내역에 반영되는 면세비율은 몇 %인가? *40%*

03 제2기 확정신고기간 부가가치세신고서의 공제받지못할매입세액명세_공통매입세액면세사업(51란) 금액은 얼마인가? *5,000,000*원

04 제2기 확정신고기간 부가가치세신고서의 공제받지못할매입세액명세_공제받지못할매입세액(50란) 금액은 얼마인가? *28,500,000*원

3. 공통매입세액 재계산(납부세액 또는 환급세액의 재계산)

일반과세자의 경우 과세와 면세를 겸영하는 경우 감가상각자산의 구입시 공통매입세액 안분계산방법에 의하여 매입세액을 공제받은 후, 그 이후의 과세기간에 총공급가액(총사용면적)에 대한 면세사업의 공급가액(면세사용면적) 비율이 증감한 경우 면세사업에 관련된 매입세액을 재계산하여 재계산한 사업연도의 납부세액 또는 환급세액에서 차가감하여 자진신고하여야 하는바 이를 납부(환급)세액의 재계산이라 한다.

구 분	내 용
(1) 재계산 요건	① 공통사용재화일 것 ② 감가상각자산일 것(비상각자산은 제외) ③ 면세비율이 5% 이상 차이날 것 : 당기 면세비율과 안분계산했던 면세비율이 5% 이상 증감된 경우(∴ 당기비율과 전기비율의 차이가 아니라는 점에 유의할 것)
(2) 재계산 방법	다음 산식에 의한 금액을 납부세액에 가산 또는 공제하거나 환급세액에 가산 또는 공제한다. 재계산세액 = 공통매입세액 × (1 − 감가율❶ × 경과된 과세기간의 수❷) × 증감된 면세비율 ❶ 감가율 : 건물 또는 구축물은 5%, 그 밖의 감가상각자산은 25% ❷ 과세기간 개시일 후에 취득하거나 재계산을 하게된 경우에는 그 과세기간의 개시일에 해당 재화를 취득하거나 재계산을 하게 된 것으로 본다. ⇒ 초기산입, 말기불산입 예 20×1.3.1 취득, 20×3.4.1. 재계산하는 경우 → 20×1.1.1 취득, 20×3.1.1. 공급의제로 간주 → 경과된 과세기간수 총4기(20×1년 제1기, 제2기 + 20×2년 제1기, 제2기) 취득↓ 재계산↓ | 20×1 −1기 | 20×1 −2기 | 20×2 −1기 | 20×2 −2기 | 20×3 −1기 | → 경과된 과세기간수 : 총4기
(3) 재계산 시점	납부·환급세액의 재계산은 확정신고시에만 적용한다.

(4) 재계산 배제	① 재화의 공급의제에 해당하는 경우
	   (∴ 공급의제 적용시에는 매입세액이 모두 추징되는 효과이므로)
	② 공통사용재화의 공급에 해당하는 경우
	   (∴ 처분은 전기의 과세비율로 안분하였으므로 매입세액의 정산도 전기까지만 이루어져야 처분과 매입의 안분비율이 동일하게 됨)

제5장 기타의 첨부서류

 공통매입세액 재계산(1)

[자료설명]
본 문제에 한하여 (주)부가가치세(회사코드 : 4001)는 과세사업과 면세사업을 겸영하고 있다(기존의 입력자료는 무시하고, 문제에서 주어진 자료를 기준으로 한다).
1. 제2기 면세공급가액의 증가로 공통매입세액을 재계산하기로 하였다.
2. 자료 1은 공통매입내역으로 제1기 과세기간에 정상적으로 안분계산되었다.
3. 자료 2는 과세기간별 공급가액의 내역이다(기존의 자료는 무시하고 본 문제에 한해서 주어진 공급가액으로 재계산하기로 함).

[평가문제]
1. 공통매입세액 재계산을 하여 매입세액불공제내역서(10월 ~ 12월)를 작성하시오.
2. 공통매입세액 재계산관련 회계처리를 일반전표입력에 12월 31일자로 입력하시오.

[자료 1] 제1기 공통매입내역

일 자	품 목	공급가액	세 액
2024.1.15	건물	160,000,000원	16,000,000원
2024.4.20	세단기(기계장치)	40,000,000원	4,000,000원

[자료 2] 과세기간별 제품매출(공급가액)내역

구 분	2024년 제1기 (1월~6월)	비율	2024년 제2기 (7월~12월)	비율
과세공급	560,000,000원	70%	520,000,000원	65%
면세공급	240,000,000원	30%	280,000,000원	35%
총공급가액	800,000,000원	100%	800,000,000원	100%

해설_ 1. 공통매입세액의 재계산
① 면세증가비율 : 제2기 면세공급비율 35% − 제1기 면세공급비율 30% = 5%
② 감가율 : 건물 5%, 기계장치 25%
③ 경과된 과세기간수 : 2024년 1기 중 취득~2024년 2기 재계산하므로 (2024.1.1.취득간주~2024.07.01. 재계산 가정 → 기초취득·기초재계산 가정임) → 1과세기간 경과한 것으로 간주
④ 재계산내역 → 재계산산식 : 정산대상공통매입세액 × (1 − 감가율 × 경과된 과세기간의 수) × 증감된 면세비율

구 분	계산내역	추가납부세액
건물	16,000,000 × (1 − 5% × 1) × 5%	760,000
기계장치	4,000,000 × (1 − 25% × 1) × 5%	150,000

2. [부가가치세Ⅰ] → [매입세액불공제내역]을 클릭하여 [5.납부세액 또는 환급세액 재계산 내역]을 선택한 후 입력한다.

계산식	구분	(20)해당재화의 매입세액	(21)경감률(%) (1- 체감률 × 과세기간수)			(22)증가또는감소된면세 공급가액(사용면적)비율(%)	(23)가산또는공제되는 매입세액(20 × 21 × 22)
			체감률	경과된과세기간수	경감률		
1	1.건축.구축물		16,000,000	5/100	1	95	5	760,000
2	2.기타 감가상각		4,000,000	25/100	1	75	5	150,000

3. 추가납부세액 [일반전표] 12월 31일 입력

추가납부세액(매입세액 불공제 효과)만큼 부가세대급금을 취소하고, 해당 금액만큼은 매입한 자산(기계장치)의 취득원가에 합산한다.

(차) 202.건물   760,000원   (대) 135.부가세대급금   760,000원
(차) 206.기계장치   150,000원   (대) 135.부가세대급금   150,000원

공통매입세액 재계산(2)

[자료설명]

본 문제에 한하여 (주)부가가치세(회사코드 : 4001)는 과세사업과 면세사업을 겸영하고 있다(기존의 입력자료는 무시하고, 문제에서 주어진 자료를 기준으로 한다).

1. 자료 1은 과세사업과 면세사업에 공통으로 사용되는 자산의 구입내역이다.
   (취득일자에 과세매입으로 회계처리되었음)
2. 자료 2는 2024년 제1기 및 2024년 제2기의 제품매출내역이다.
   (기입력된 데이터는 무시할 것)

[평가문제]

1. 공통매입세액 재계산을 하여 제2기 확정신고기간의 [매입세액불공제내역]을 작성하시오.
2. 제2기 부가가치세 확정신고서에 공통매입세액 재계산 결과를 반영하시오.
3. 공통매입세액 재계산관련 회계처리를 일반전표입력에 12월 31일자로 입력하시오.

[자료 1] 제1기 공통매입내역

계정과목	취득일자	공급가액	부가가치세
건물	2022.6.2	800,000,000원	80,000,000원
원재료	2023.9.30	30,000,000원	3,000,000원

[자료 2] 과세기간의 제품매출(공급가액)내역

일자	과세사업	면세사업	총공급가액	면세비율
2024년 제1기	700,000,000원	300,000,000원	1,000,000,000원	30%
2024년 제2기	500,000,000원	500,000,000원	1,000,000,000원	50%

해설_ 1. [매입세액불공제내역] 10월~12월
   [5.납부세액 또는 환급세액 재계산 내역]
   - 면세증가비율 : 2024년 2기 면세비율 - 2024년 1기 면세비율 = 50% - 30% = 20%
   - 건물 : $80,000,000$원 × $(1 - 5\% \times 5기)$ × 20%(면세증가비율) = $12,000,000$원

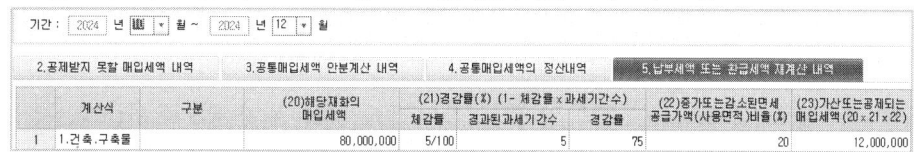

2. [부가가치세신고서] 10월 1일 ~ 12월 31일

공제받지못할매입세액명세				
	구분		금액	세액
16 공제받지 못할매입 세액명세	공제받지못할매입세액	50		
	공통매입세액면세사업	51	120,000,000	12,000,000
	대손처분받은세액	52		
	합계	53	120,000,000	12,000,000

3. [일반전표입력] 12월 31일

(차) 202.건물 $12,000,000$원   (대) 135.부가세대급금 $12,000,000$원

06 간이과세

간이과세제도는 일정규모 이하의 영세사업자의 납세편의를 위한 제도로 세금계산서의 발급 · 거래징수 및 신고와 납부를 위한 과정과 절차 등을 간소화하여 적용하는 제도를 말한다.

▶ 저자주 : 간이과세의 내용은 객관식 문제로 정리할 것!

1. 간이과세자의 특징

구 분	일반과세자	간이과세자
(1) 거래증빙	세금계산서 발급이 원칙	영수증 발급이 원칙 다만, 직전 연도의 공급대가의 합계액이 4,800만원 이상 1억 400만원 미만인 간이과세자는 세금계산서를 발급하여야 한다.
(2) 납부세액	매출세액 − 매입세액	공급대가 × 업종별부가가치율 × 세율(10% · 0%)
(3) 영세율과 면세규정	적용	적용

2. 간이과세자의 범위

구 분	내 용
(1) 의의	영세한 소규모 개인사업자의 부가가치세 신고납부부담을 덜어주기 위한 제도
(2) 대상자	직전 1역년의 재화와 용역의 공급대가의 합계액이 1억 400만원에 미달하는 개인사업자 ⇨ 법인사업자는 간이과세자가 될 수 없음
(3) 적용제외	① 간이과세 배제업종을 영위하는 사업자 ② 간이과세가 적용되지 아니하는 다른 사업장을 보유하고 있는 사업자 ③ 부동산 임대업 또는 과세유흥장소를 경영하는 사업자로서 해당 업종의 직전 연도의 공급대가의 합계액이 4,800만원 이상인 사업자→ 부동산임대업 · 과세유흥장소 경영 사업자의 간이과세기준금액은 4,800만원임(2021.1.1.부터 시행) ④ 둘 이상의 사업장이 있는 사업자로서 그 둘 이상의 사업장의 직전 연도의 공급대가의 합계액이 1억 400만원 이상인 사업자
(4) 적용배제업종	① 광업, 제조업(주로 최종소비자에게 직접 재화를 공급하는 양복점, 과자점 등은 제외), 부동산매매업 ② 도매업, 상품중개업, 전기 · 가스 · 증기 및 수도 사업

③ 일정지역 내에서 개별소비세 대상이 되는 과세유흥장소를 영위하는 사업
④ 일정한 부동산임대업
⑤ 변호사업, 공인회계사업, 세무사업, 의사업 등 기타 이와 유사한 사업서비스업
⑥ 전문·과학 및 기술서비스업, 사회시설 관리·사업지원 및 임대서비스업
⑦ 일반과세자로부터 양수한 사업
⑧ 사업장 소재 지역 사업의 종류, 규모 등을 감안하여 국세청장이 정하는 기준에 해당하는 것

3. 납부세액 계산구조

구 조	내 용
과세표준	공급대가(공급가액 + 부가가치세)
(×) 부가가치율	당해 업종별의 부가가치율(15%~40%)
(×) 세율	10% · 0%
납부세액	
(−) 세액공제	① (세금계산서 + 신용카드)매입세액 × 공제율 ② 신용카드매출전표 발행세액공제 ③ 전자신고세액공제 등 적용 ※ 2021.7.1. 이후부터 간이과세자에 대한 의제매입세액공제 폐지
(−) 예정고지세액	
(+) 가산세	
차감납부할 세액	

4. 간이과세자의 과세기간

(1) 과세기간

간이과세자의 과세기간은 1월 1일부터 12월 31일(1년)을 1과세기간으로 한다.

(2) 예정부과와 납부

① 간이과세자는 직전 납부세액의 1/2을 예정부과기간(1월 1일~6월 30일)이 끝난 후 25일 이내(예정부과기한)까지 고지하여 징수한다(단, 징수금액 *50만원* 미만은 징수하지 아니함).
② 단, 휴업 또는 사업부진 등으로 인하여 예정부과기간의 실적이 직전예정부과기간의 1/3에 미달하는 간이과세자는 예정부과기간의 과세표준과 납부세액을 예정부과기간까지 신고·납부할 수 있다.

(3) 신고와 납부

과세기간(1월 1일~12월 31일)이 끝난 후 25일 이내(그 다음 해 1월 25일)까지 신고·납부한다.

(4) 납부의무의 면제

간이과세자의 해당 과세기간에 대한 공급대가의 합계액이 4,800만원 미만이면 그 과세기간의 납부세액의 납부의무를 면제한다.

5. 간이과세의 포기

간이과세자가 일반과세자로 적용받고자 할 경우에는 간이과세를 포기함으로써 일반과세자가 될 수 있다.

(1) 포기의 절차

간이과세를 포기하고자 하는 경우에는 그 적용을 받고자 하는 달의 전달 말일까지 간이과세포기신고서를 사업장 관할세무서장에게 제출하여야 한다.

(2) 간이과세적용의 제한

간이과세를 포기한 사업자는 일반과세자로 취급받으며 그 적용받고자 하는 달의 1일부터 3년이 되는 날이 속하는 과세기간까지는 일반과세를 적용받아야 한다.

6. 전자세금계산서 발급·전송에 대한 세액공제

> 전자세금계산서 발급·전송에 대한 세액공제 : MIN(①, ②)
> ① 해당 과세기간 전자세금계산서 발급건수 × 200원
> ② 공제한도액 : 연간 100만원

제6장 간이과세

실무이론평가 대비

01 다음 중 부가가치세법상 간이과세자에 대한 설명으로 옳지 않은 것은? • 4회

① 재화를 수출한 경우에는 간이과세자도 영세율을 적용받을 수 있다.
② 간이과세자는 직전연도 공급대가가 1억 400만원(부동산임대업·과세유흥장소 경영 사업자는 4,800만원) 미만의 개인사업자와 법인사업자를 말한다.
③ 간이과세자는 의제매입세액공제를 받을 수 없다.
④ 간이과세자의 과세표준은 부가가치세를 포함한 공급대가이다.

해설

법인사업자는 간이과세자가 될 수 없다.

02 다음 중 부가가치세법상 간이과세자와 관련하여 잘못 설명하고 있는 사람은? • 44회

- 수진 : 공인회계사나 변호사는 간이과세자가 될 수 없어.
- 성준 : 간이과세자는 간이과세를 포기하고 일반과세자가 될 수 있어.
- 진희 : 중소기업에 해당하는 법인사업자는 간이과세자가 될 수 있어.
- 병훈 : 간이과세자는 매년 1월 1일부터 12월 31일까지를 부가가치세 과세기간으로 해.

① 수진　　　　　　　　② 성준
③ 진희　　　　　　　　④ 병훈

해설

법인사업자는 간이과세자가 될 수 없다.

ANSWER　01. ②　02. ③

TAT 2급

03 부가가치세법의 일반과세자와 간이과세자에 대한 비교 설명으로 옳지 않은 것은? • 13회

① 2021년 7월 1일부터 간이과세자는 의제매입세액공제를 적용받을 수 없다.
② 일반과세자의 과세기간은 1월 1일부터 6월 30일을 제1기 과세기간, 7월 1일부터 12월 31일을 제2기 과세기간으로 하나 간이과세자는 1월 1일부터 12월 31일까지를 과세기간으로 한다.
③ 거래상대방이 세금계산서의 발급을 요구하는 경우 일반과세자는 세금계산서를 발급하는 것이 원칙이며, 간이과세자도 직전 연도의 공급대가가 4,800만원 이상인 경우 세금계산서를 발급하여야 한다.
④ 일반과세자는 부가가치세를 포함한 공급대가를 과세표준으로 하나 간이과세자는 부가가치세를 포함하지 않은 공급가액을 과세표준으로 한다.

> **해설**
> 일반과세자는 부가가치세를 포함하지 않은 공급가액을 과세표준으로 하나, 간이과세자는 부가가치세를 포함한 공급대가를 과세표준으로 한다.

04 다음 중 부가가치세법상 간이과세제도에 대한 설명으로 옳지 않은 것은? • 33회

① 법인사업자는 간이과세에 대한 규정을 적용받지 못한다.
② 간이과세를 포기하고 일반과세자가 되면 간이과세를 포기한 날부터 5년이 되는 날까지는 간이과세자에 대한 규정을 적용받지 못한다.
③ 직전연도 공급대가가 1억 400만원(부동산임대업·과세유흥장소 경영 사업자는 4,800만원)에 미달하는 개인사업자는 간이과세자가 될 수 있다.
④ 간이과세자의 해당 과세기간에 대한 공급대가의 합계액이 4,800만원 미만이면 납부의무를 면제한다.

> **해설**
> 간이과세를 포기하고 일반과세자 사업자로 신고한 자는 간이과세자를 포기한 날부터 3년이 되는 날이 속하는 과세기간까지는 간이과세자에 대한 규정을 적용받지 못한다.

ANSWER   03. ④ 04. ②

제6장 간이과세

05 다음의 대화를 통해 간이과세자에 대해 잘못 설명한 사람을 고르면? • 20회

> • 철수 : 법인사업자는 간이과세자가 될 수 없어.
> • 영희 : 해당 과세기간의 공급가액합계액이 과세표준이야.
> • 재영 : 간이과세자에 관한 규정의 적용을 포기할 수 있어.
> • 희수 : 세금계산서 불성실가산세를 적용받지 않아.

① 철수 ② 영희
③ 재영 ④ 희수

해설
간이과세자는 해당 과세기간의 공급대가의 합계액을 과세표준으로 한다.

ANSWER 05. ②

제 5 편

결산관리와 전산실무

제1장 결산이론
제2장 결산자료입력

C/H/A/P/T/E/R 01 결산이론

- [NCS연계] 결산관리_결산분개하기
- [학습목표] – 회계 관련 규정에 따라 제반 서류를 준비할 수 있다.
  – 손익 계정에 관한 결산 정리 사항을 분개할 수 있다.
  – 자산·부채 계정에 관한 결산 정리 사항을 분개할 수 있다.

제1절 회계순환과정과 결산

▶ 저자주 : 결산이론은 이미 FAT 2급 및 1급에서 학습한 내용으로 기본적인 내용을 요약식으로 정리한다.

1. 회계순환과정

회사는 매일 발생하는 거래를 분개(=전표입력)한다. 그러나 회사는 설립 후 망할 때까지 계속해서 영업활동을 수행하므로 인위적으로 회계기간을 구분(=보통 1년마다)하여 재무제표를 만든다. 이러한 재무제표가 만들어지는 과정은 다음과 같다.

회계기간 동안에는 거래가 발생할 때마다 분개를 해서 분개장에 기록하고 분개장의 내용은 전기를 통해서 총계정원장에 기록한다. 회계기말이 되면 결산을 수행하는데 결산을 위해서는 우선 수정전시산표를 작성해서 회계기간 중에 수행한 회계절차에 오류가 없는지를 확인하고 다음으로 기말수정분개를 추가적으로 총계정원장에 반영한 후에 수정후시산표를 작성하고 장부를 마감한다. 마지막으로 수정후시산표를 기초로 재무상태표와 손익계산서 등 재무제표를 작성하는 것으로 회계순환과정이 마무리된다.

[회계순환과정]

```
거래의 발생
   ↓         ┐
 분 개 장     │---→ 분개   ┐
   ↓         │           │ 기중 회계처리
 총계정원장  │---→ 전기   ┘
   ↓
 수정전시산표  ┐
   ↓          │
 기말수정분개  │
   ↓          │ 기말 결산
 수정후시산표  │
   ↓          │
 장 부 마 감   │
   ↓          │
 재무제표 작성 ┘
```

2. 결산의 의의

회계연도 말에 1년치 장부기록을 정리하여 재무제표를 확정하는데 이러한 일련의 절차를 결산이라고 하고, 일반적으로 1년을 기준으로 결산을 수행하므로 매 연말(일반적으로 12월 31일)을 결산일(기말)이라 부른다. 즉, 결산이란 장부기록한 1년간의 거래를 종합·정리해서 회사의 재무제표를 만들고 장부를 마감하는 작업이다.

3. 결산의 필요성

연중에 거래는 전표입력을 통해 장부에 기록되어 있으므로 이러한 기록을 토대로 재무제표를 만들어낼 수 있다. 그러나 이러한 기중의 거래기록만으로는 기업의 제대로 된 재산상태와 이익을 나타낼 수 없다.

왜냐하면 연중에 미처 기록하지 못하는 재산의 변동이 발생했기 때문이다. 예를 들어 보유하고 있는 자산의 가치가 감소(보유하고 있는 건물이나 주식가치의 하락 등)한 경우, 연중에는 구입한 가격으로 장부에 기록하였으므로 연말의 실제 자산의 가치와 차이가 발생한다.

또한, 수익과 비용을 미리 받거나 지급하는 경우(보험료 1년분을 미리 지급하거나 임대료 1년 치를 미리 받는 경우 등)에는 비록 올해 현금을 모두 수취하거나 지급하였더라도 그 현금 중 일부분은 내년에 대한 몫을 미리 수취·지급한 것이므로 정확한 올해의 이익이라고 할 수 없다. 따라서 연말에 이러한 재산의 변동을 파악하여 추가로 거래기록을 수정하여야 한다.

4. 결산의 절차

결산은 일반적으로 다음과 같은 순서로 행한다.

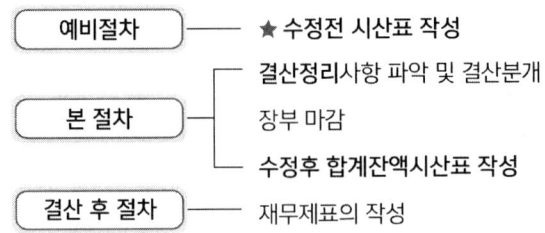

구체적인 세부 업무는 다음과 같다.

▶ 저자주 : 결산의 세부업무는 가볍게 읽고 넘어갈 것!!

구 분	업 무	
결산 예비절차	① 시산표의 작성 ② 보조장부와의 계정잔액 대조 ③ 재고조사표의 작성	
결산 본 절차	① 결산정리사항 파악과 분개	• 기말재고액(원재료, 재공품, 제품 등) 파악 • 유·무형자산의 감가상각 • 대손충당금 / 퇴직급여충당금 설정 • 선급비용, 선수수익 • 미지급비용, 미수수익 • 기타(소모품 정리 등)
	② 장부마감	• 수익, 비용을 손익계정에 대체 • 자산, 부채, 자본을 잔액계정에 대체 • 총계정원장과 분개장, 보조부의 마감 • 수정후시산표 작성
결산 후 절차 (결산보고서의 작성)	재무제표의 작성	

제2절 결산의 예비절차

1. (합계잔액)시산표의 작성

시산표란 분개부터 전기에 이르기까지 한 해 동안의 모든 거래가 정확하게 장부기록되었는가를 조사하기 위하여 작성하는 집계표이다. 시산표는 총계정원장(= T자 계정)의 모든 계정의 차변금액과 대변금액을 한곳에 모아 정리한 표로서, 분개와 전기를 통한 장부기록의 정확성을 검증할 수 있을 뿐 아니라 모든 계정이 하나의 표에 요약·집계되므로 거래를 한눈에 파악할 수 있다.

- 수정전 (합계잔액)시산표 = 결산작업 전 만드는 시산표
- 수정후 (합계잔액)시산표 = 모든 결산을 완료 후 최종적으로 만드는 시산표

이러한 시산표는 필요에 따라 매일, 또는 매월 말 또는 회계연도 말에 작성되는데 매일 작성되는 시산표를 일계표(日計表), 매월 말에 작성되는 시산표를 월계표(月計表)라고 한다.
전산 프로그램의 경우 [전표입력]을 통해 자동적으로 작성된다.

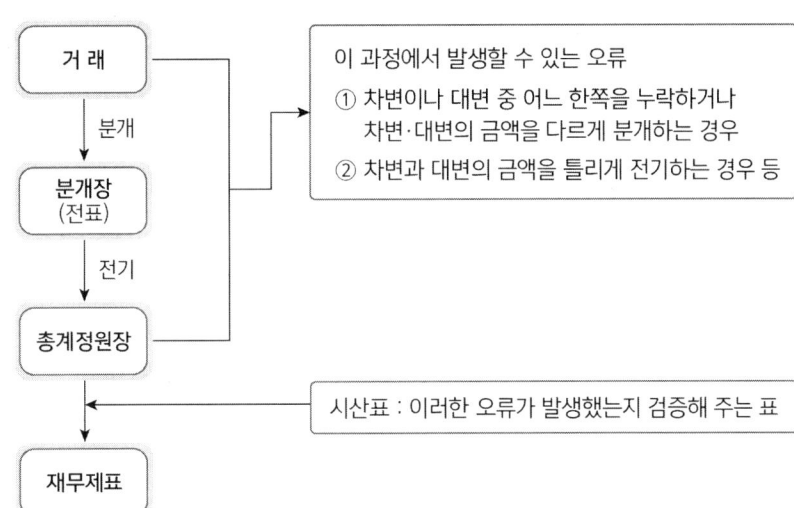

[합계잔액시산표(예시)]

차 변		계 정 과 목	대 변	
잔 액	합 계		합 계	잔 액
		<자　　　산>		
835,000	10,050,000	현　　　　　금	9,215,000	
9,000,000	9,000,000	보　통　예　금		
250,000	300,000	외 상 매 출 금	50,000	
500,000	500,000	원　재　　　료		
100,000	100,000	비　　　　　품		
		<부　　　채>		
		외 상 매 입 금	500,000	500,000
		<자　　　본>		
		자　본　　　금	10,000,000	10,000,000
		<수　　　익>		
		제　품　매　출	300,000	300,000
		<비　　　용>		
50,000	50,000	급　　　　　여		
5,000	5,000	복 리 후 생 비		
60,000	60,000	보　험　　　료		
10,800,000	20,065,000	합　　　　　계	20,065,000	10,800,000

시산표상 검증의 방법은 시산표상 차변과 대변의 합계금액의 일치여부를 통하여 이루어진다.

회계에서는 거래를 차변과 대변으로 나누어 기록하는 복식부기 방식을 이용한다. 이때 차변과 대변에 기록되는 금액은 항상 동일하다. 따라서 모든 거래를 올바르게 분개했다면 차변의 총합계금액과 대변의 총합계금액은 당연히 일치하게 되는데 이를 「대차평균의 원리」라고 한다.

즉, 시산표는 계정과목 전체의 차변합계와 대변합계는 항상 같아야 한다는 대차평균의 원리를 이용하여 총계정원장(T계정)상의 모든 계정과목을 하나의 표로 모아 정리하여 차변합계액과 대변합계액이 일치하는지를 확인하는 표이다.

> 시산표 등식 : 기말자산 + 총비용 = 기말부채 + 기초자본 + 총수익

그리고 합계금액의 일치여부를 통하여 거래의 분개와 전기가 올바르게 되었는지를 점검할 수 있게 되는 것이다.

2. 보조장부와 계정잔액 대조

총계정원장(계정별원장)만으로는 거래내용을 정확히 파악하기가 불가능한 경우 보조장부를 작성한다. 보조장부에는 매출처원장, 매입처원장, 기타 거래처원장(예금 통장별원장, 차입금별원장 등), 지급어음관리대장, 받을어음관리대장 등이 있으며 계정별원장 잔액과 보조장부 금액(채권·채무조회 및 거래처별 잔액 및 합계금액) 일치여부를 대조한다.

제3절 결산분개

- [NCS연계] 결산관리_결산분개하기

- [학습목표] – 회계 관련 규정에 따라 제반 서류를 준비할 수 있다.
  – 손익 계정에 관한 결산 정리 사항을 분개할 수 있다.
  – 자산·부채 계정에 관한 결산 정리 사항을 분개할 수 있다.

결산분개란 결산일에 회사의 정확한 기말 자산, 부채와 수익, 비용을 산정하기 위해 수행하는 분개를 말한다. 결산분개의 성격에 따라 다음과 같이 구분된다.

자산의 결산	손익(수익 및 비용)의 결산	기 타
① 제품매출원가 ② 외상매출금의 대손충당금 분개 ③ 유형자산의 감가상각 분개	① 선급비용 및 선수수익 분개 ② 미수수익 및 미지급비용 분개	① 소모품 정리분개 ② 단기매매/매도가능증권 평가 ③ 퇴직급여충당부채 설정분개 ④ 법인세등 계상

▶ 저자주 : 제품매출원가 계산을 포함한 자산의 결산 내용은 「제2장 결산자료입력」에서 실습을 통해 설명한다.

1. 손익의 이연과 발생

① 선급비용(보험료 납부시 비용 처리 후 → 결산시 선급비용 처리하는 경우)

구 분		회계처리			
ⓐ 지급시		20×1년 7월 1일 1년치 보험료 120,000원을 현금지급하고 전액 비용처리하다.			
		(차) 보험료	120,000	(대) 현금	120,000
ⓑ 결산시		결산일에 기간미경과(차기분)에 대하여 정리분개를 하시오(보험기간으로 월할계산).			
		(차) 133.선급비용(자산)	60,000	(대) 보험료	60,000
		* 120,000원 × 6/12 = 60,000원			

② 선급비용(보험료 납부시 선급비용 처리 후 → 결산시 보험료 처리하는 경우)

구 분		회계처리			
ⓐ 지급시		20×1년 7월 1일 1년치 보험료 120,000원을 현금지급하고 전액 자산처리하다.			
		(차) 133.선급비용	120,000	(대) 101.현금	120,000
ⓑ 결산시		결산일에 기간미경과(차기분)에 대하여 정리분개를 하시오(보험기간으로 월할계산).			
		(차) 보험료	60,000	(대) 133.선급비용	60,000
		* 120,000원 × 6/12 = 60,000원			

③ 선수수익

구 분		회계처리			
ⓐ 수취시		20×1년 7월 1일 1년치 임대료 240,000원을 현금으로 수취하다.			
		(차) 101.현금	240,000	(대) 904.임대료	240,000
ⓑ 결산시		결산일에 기간미경과(차기분)에 대하여 정리분개를 하시오(임대기간으로 월할계산).			
		(차) 904.임대료	120,000	(대) 263.선수수익(부채)	120,000
		* 240,000원 × 6/12 = 120,000원			

④ 미수수익

구 분		회계처리			
ⓐ 예금시		20×1년 7월 1일 1,000,000원의 정기예금(만기 1년)을 연 12% 이자율로 예금하다.			
		(차) 104.정기예금	1,000,000	(대) 101.현금	1,000,000
ⓑ 결산시		결산일에 기간경과분(당기분)에 이자수익에 대하여 정리분개를 하시오(예금기간으로 월할계산).			
		(차) 116.미수수익	60,000	(대) 901.이자수익	60,000
		* 1,000,000 × 12% × 6/12 = (+)60,000원			

⑤ 미지급비용

구분	회계처리
ⓐ 차입시	20×1년 7월 1일에 현금 1,000,000원을 차입(만기 1년, 연 12% 이자율)하고 이자는 만기 때 전액 지급하기로 하다. (차) 101.현금　　　　1,000,000　　　(대) 260.단기차입금　　1,000,000
ⓑ 결산시	결산일에 기간경과분(당기분) 이자비용에 대하여 정리분개를 하시오(차입기간으로 월할계산). (차) 931.이자비용　　　60,000　　　(대) 262.미지급비용　　60,000 * 1,000,000 × 12% × 6/12 = (-)60,000원

2. 기타결산

(1) 소모품 정리

비용처리법	구입시 소모품비(비용)처리 ⇨ 결산시 미사용액을 소모품(자산)처리
자산처리법	구입시 소모품(자산)처리 ⇨ 결산시 사용액을 소모품비(비용)처리

① 비용처리법

소모품을 구입한 때 소모품비(비용)로 처리했다가 기말에 미사용액을 소모품비에서 차감하고 소모품(자산)을 잡는다(결산시 미사용액 분개).

구분	회계처리
ⓐ 구입시	사무용 소모품 50,000원을 현금으로 구입하다. (차) 830.소모품비　　　50,000　　　(대) 101.현금　　　　50,000
ⓑ 결산시	결산일에 소모품의 미사용잔액은 20,000원이다. (차) 172.소모품(자산)　20,000　　　(대) 830.소모품비　　20,000

② 자산처리법

소모품을 구입한 때 소모품(자산)으로 처리했다가 결산시 당기 사용액을 소모품비(비용)로 인식하는 방법이다(결산시 사용액 분개).

구분	회계처리
ⓐ 구입시	사무용 소모품 50,000원을 현금으로 구입하다. (차) 172.소모품(자산)　50,000　　　(대) 101.현금　　　　50,000
ⓑ 결산시	결산일에 소모품의 미사용잔액은 20,000원이다(= 사용액 30,000원). (차) 830.소모품비　　　30,000　　　(대) 172.소모품(자산)　30,000

(2) 단기매매증권 평가

단기매매증권은 공정가치법을 적용하여 평가한다. 공정가치(= 시가)란 매일 변동하나, 재무제표는 1년에 한 번 작성하므로 일반적으로 결산일인 12월 31일의 공정가치로 평가한다. 단기매매증권의 평가에 있어서 평가손익은 영업외손익으로서 당기손익으로 반영한다.

구 분	회계처리
ⓐ 결산전	보유중인 (주)삼성전자 주식의 장부금액은 700,000원이다(취득시 단기매매증권 처리).
ⓑ 결산시	(주)삼성전자의 주식의 기말 공정가치가 800,000원으로 상승한 경우 (차) 107.단기매매증권　　100,000　(대) 905.단기매매증권평가이익　100,000 cf) 기말 공정가치가 600,000원으로 하락한 경우 (차) 937.단기매매증권평가손실　100,000　(대) 107.단기매매증권　100,000

(3) 매도가능증권평가

구 분	회계처리
ⓐ 결산전	보유중인 (주)삼성전자 주식의 장부금액은 700,000원이다(취득시 매도가능증권 처리).
ⓑ 결산시	(주)삼성전자의 주식의 기말 공정가치가 800,000원으로 상승한 경우 (차) 178.매도가능증권　　100,000　(대) 981.매도가능증권평가익　100,000 cf) 기말 공정가치가 600,000원으로 하락한 경우 (차) 982.매도가능증권평가손실　100,000　(대) 178.매도가능증권　100,000 ※ 매도가능증권 평가시 평가이이익과 평가손실은 상계한다. ① 매도가능증권평가손실 있는 상태에서 매도가능증권평가이익 발생 → 매도가능증권평가손실 잔액 먼저 상계 후 이익 인식 ② 매도가능증권평가이익 있는 상태에서 매도가능증권평가손실 발생 → 매도가능증권평가이익 잔액 먼저 상계 후 손실 인식

(4) 퇴직급여충당부채

퇴직금은 직원이 퇴직시 일시에 지급하는 금액이나, 직원이 근무하는 기간 동안 발생한 것을 퇴직시 일시에 지급하는 것이므로 직원의 근속연수 동안 나누어서 비용처리하고 동 금액을 퇴직급여충당부채로 쌓아둔다. 이때 결산시점에서 직원이 퇴사한다고 가정했을 때 지급할 퇴직금총액을 퇴직금추계액이라고 한다.

구 분	회계처리
결산시	20×2년 12월 31일 당기말 현재 퇴직금추계액은 다음과 같으며 회사는 퇴직금추계액 전액에 대하여 퇴직급여충당부채를 설정한다(설정전 퇴직급여충당부채 잔액은 6,000,000원이다). [퇴직금추계액 내역] <table><tr><th>성 명</th><th>퇴직금추계액</th><th>퇴직급여충당부채 잔액</th></tr><tr><td>김하늘(관리부)</td><td>5,500,000원</td><td>4,000,000원</td></tr><tr><td>이수영(생산부)</td><td>3,000,000원</td><td>2,000,000원</td></tr></table> (차) 806.퇴직급여(판) 1,500,000 (대) 295.퇴직급여충당부채 2,500,000원 508.퇴직급여(제) 1,000,000원 ※ 퇴직급여충당부채 추가설정액 = 당기말 퇴직금 추계액 - 결산전 퇴직급여충당부채 잔액 ⇨ ① 관리부 : 5,500,000원 - 4,000,000원 = 1,500,000원 ⇨ ② 생산부 : 3,000,000원 - 2,000,000원 = 1,000,000원

(5) 부가가치세 정리

부가가치세는 매출세액(부가세예수금)에서 매입세액(부가세대급금)을 차감한 금액을 납부한다. 따라서 부가세 과세기간 종료일(3월말, 6월말, 9월말, 12월말)에 부가세예수금과 부가세대급금을 상계처리한다. 상계 정리한 결과 부가세예수금이 많은 경우에는 그 차액은 납부할 금액이므로 '미지급금(또는 미지급세금)'으로 처리한다. 반대로 부가세대급금이 많은 경우에는 그 차액은 환급받을 금액이므로 '미수금'으로 처리한다.

① 부가세납부시 (매출세액 > 매입세액 = (+)납부세액)

구 분	회계처리
부가세 신고서	2기 확정(10월 1일~12월 31일) <table><tr><td>매출세액</td><td>1,200,000원</td><td>← 부가세예수금</td></tr><tr><td>(-)매입세액</td><td>1,000,000원</td><td>← 부가세대급금</td></tr><tr><td>= 납부세액</td><td>(+)200,000</td><td></td></tr><tr><td>(-)전자신고세액공제</td><td>(-)10,000</td><td>← 잡이익</td></tr><tr><td>= 최종납부세액</td><td>190,000</td><td>← 미지급세금</td></tr></table>

① 정리분개	(차) 255.부가세예수금 1,200,000 (대) 135.부가세대급금 1,000,000
	                                              930.잡이익 10,000
	                                              261.미지급세금 190,000
	⇨ 상계 후 '미지급세금' 잔액이 190,000원 납부세액만큼 남는다.
	   (미지급세금을 미지급금으로 분개해도 무방하다. 시험에선 제시된 대로 분개하면 된다)
	⇨ 전자신고세액공제 10,000원(잡이익 처리)은 확정신고시만 적용한다(예정신고
	   시는 적용되지 않음).

② 납부분개 (통장 납부)	(차) 261.미지급세금 190,000 (대) 103.보통예금 190,000

② 부가세환급시 (매출세액 < 매입세액 = (-)환급세액)

구 분	회계처리
부가세 신고서	2기 확정(10월 1일~12월 31일) 매출세액　　　　　　　700,000원　← 부가세예수금 (-)매입세액　　　　　1,000,000원　← 부가세대급금 = 환급세액　　　　　　(-)300,000 (-)전자신고세액공제　　(-)10,000　← 잡이익(환급세액 더 늘어남) = 환급세액　　　　　　(-)310,000　← 미수금
① 정리분개	(차) 255.부가세예수금　700,000　　(대) 135.부가세대급금　1,000,000 　　　120.미수금　　　　310,000　　　　　930.잡이익　　　　　10,000 ⇨ 상계 후 '미수금' 잔액이 310,000원 환급세액만큼 남는다.
② 환급분개 (통장 환급)	(차) 103.보통예금　　　310,000　　(대) 120.미 수 금　　　310,000

(6) 외화자산·부채의 평가

① 외화자산 : 자산(채권)의 경우 환율이 오르면 이익, 떨어지면 손실

구 분	회계처리
ⓐ 발생시	8월 10일 상품을 수출하고 대금 $1,000는 외상으로 하다. (수출시 환율 1,000원/$) (차) 108.외상매출금　1,000,000원　(대) 401.상품매출　1,000,000원
ⓑ 결산시	12월 31일 기말 외화 외상매출금에 대한 환산을 하시오. (12월 31일 환율 1,100원/$) (차) 108.외상매출금　100,000원　(대) 910.외화환산이익　100,000원 * 결산시 환산금액($1,000 × 1,100원) - 결산전 장부금액($1,000 × 1,000원) 　= 100,000원

② 외화부채 : 부채(채무)의 경우 환율이 오르면 손실, 떨어지면 이익

구 분	회계처리
ⓐ 발생시	8월 10일 미국은행에서 외화 $1,000를 현금으로 단기차입하다. (차입시 환율 1,000원/$) (차) 101.현금　　　1,000,000원　(대) 260.단기차입금　1,000,000원
ⓑ 결산시	12월 31일 기말 외화차입금 $1,000에 대해 외화환산을 하시오. (12월 31일 환율 1,100원/$) (차) 935.외화환산손실　100,000원　(대) 260.단기차입금　100,000원 * 결산시 환산금액($1,000 × 1,100원) - 결산전 장부금액($1,000 × 1,000원) 　= 100,000원

(7) 유동성대체

유동성대체는 당초 차입시는 장기부채(장기차입금)였으나, 시간이 경과하여 만기가 1년 이내로 도래하여 상환될 부채를 의미한다. 장기간 갚을 빚이 1년 이내에 갚을 날짜가 되면 결산일에 '유동성장기부채'로 계정을 변경하여야 한다.

구 분	회계처리
ⓐ 발생시	우리은행에서 현금 1,000,000원을 차입하다(만기 3년). (차) 101.현금 1,000,000원 (대) 293.장기차입금 1,000,000원
ⓑ 유동성 대체시	우리은행 차입금의 만기가 내년 5월에 도래한다. (차) 293.장기차입금 1,000,000원 (대) 264.유동성장기부채 1,000,000원

(8) 현금과부족

현금과부족은 기중에 현금의 장부금액과 실제금액이 다른 경우(=적거나 많을 때) 사용하는 임시계정으로, 결산일에 해당 계정과목으로 대체하여야 하며 이유를 찾지 못하는 경우 부족액은 '잡손실'로, 더 많은 경우 '잡이익'으로 처리한다.

① 현금의 부족시

구 분	회계처리
ⓐ 기중	장부상의 금액은 300,000원이나 실제금액은 250,000원으로 50,000원이 부족 (차) 141.현금과부족 50,000 (대) 101.현 금 50,000
ⓑ 결산시	결산일까지 현금부족의 원인이 판명되지 아니하였다. (차) 960.잡 손 실 50,000 (대) 141.현금과부족 50,000

② 현금의 과잉시

구 분	회계처리
ⓐ 기중	장부상의 금액은 300,000원이나 실제금액은 350,000원으로 50,000원이 많다. (차) 101.현 금 50,000 (대) 141.현금과부족 50,000
ⓑ 결산시	결산일까지 현금과다의 원인이 판명되지 아니하였다. (차) 141.현금과부족 50,000 (대) 930.잡 이 익 50,000

(9) 선납세금의 정리

법인은 1년간의 소득에 대한 최종 법인세를 다음 해 3월 31일까지 납부한다. 연도중에 일부의 법인세를 미리 납부(중간예납세액이나 이자수익 등에 대한 원천징수세액)하면서「선납세금」으로 처리한 계정은「법인세 등」이란 비용으로 계정대체하여야 한다.

구 분	회계처리
ⓐ 연도중 법인세 선납시	보통예금에 대한 이자 100,000원이 발생하여 원천징수세액 14,000원을 제외한 금액이 통장에 입금되었다. (차) 103.보통예금　　86,000　　(대) 901.이자수익　　100,000 　　　136.선납세금　　14,000
ⓑ 결산시	당기말 법인세추산액은 100,000원이다. ① (차) 998.법인세 등　　14,000　　(대) 136.선납세금　　14,000 ② (차) 998.법인세 등　　86,000　　(대) 261.미지급세금　　86,000 *「법인세 등」이란 법인세비용 및 법인세에 부가되는 세액을 합계액을 의미한다. * ① 선납세금 정리분개는 더존프로그램 '수동결산' 항목임 　② 선납세금을 제외한 추가납부액에 대한 미지급세금분개는 더존프로그램 '자동결산' 항목임

CHAPTER 02 결산자료입력

제1절 수동결산

더존 프로그램에 의한 결산방법은 수동결산방법과 자동결산방법이 있다.

[더존 프로그램 결산구분]

구 분	입력방법
수동결산	일반전표입력의 12월 31일자로 직접 전표입력
자동결산	「결산자료입력」메뉴에서 해당 금액만 입력하면 자동전표 생성

```
                    결산자료 입력 방법
                   ┌──────┴──────┐
              1단계                    2단계
             수동결산                  자동결산
    (12월 31일자로 일반전표 직접 입력)   (결산자료입력메뉴에서 금액만 입력)

    1. 선급비용 및 선수수익 분개      1. 제품매출원가 계산
    2. 미수수익 및 미지급비용 분개       (기말원재료, 재공품, 제품입력)
    3. 소모품(비) 분개               2. 유형자산의 감가상각비 분개
    4. 단기매매증권 평가 분개         3. 외상매출금의 대손충당금 분개
    5. 매도가능증권평가              4. 퇴직급여충당부채 분개
    6. 비유동부채의 유동성대체        5. 법인세등 추가계상
    7. 재고자산감모손실(비정상 감모)
    8. 기타(현금과부족 등)
```

결산작업 순서

결산사항 구분(수동결산과 자동결산) ➡ 수동결산(12월 31일 일반전표입력) ➡ 자동결산(결산자료입력 메뉴) ➡ 손익계산서 당기순이익 확정 ➡ 재무상태표 확정

제2장 결산자료입력 ▶▶

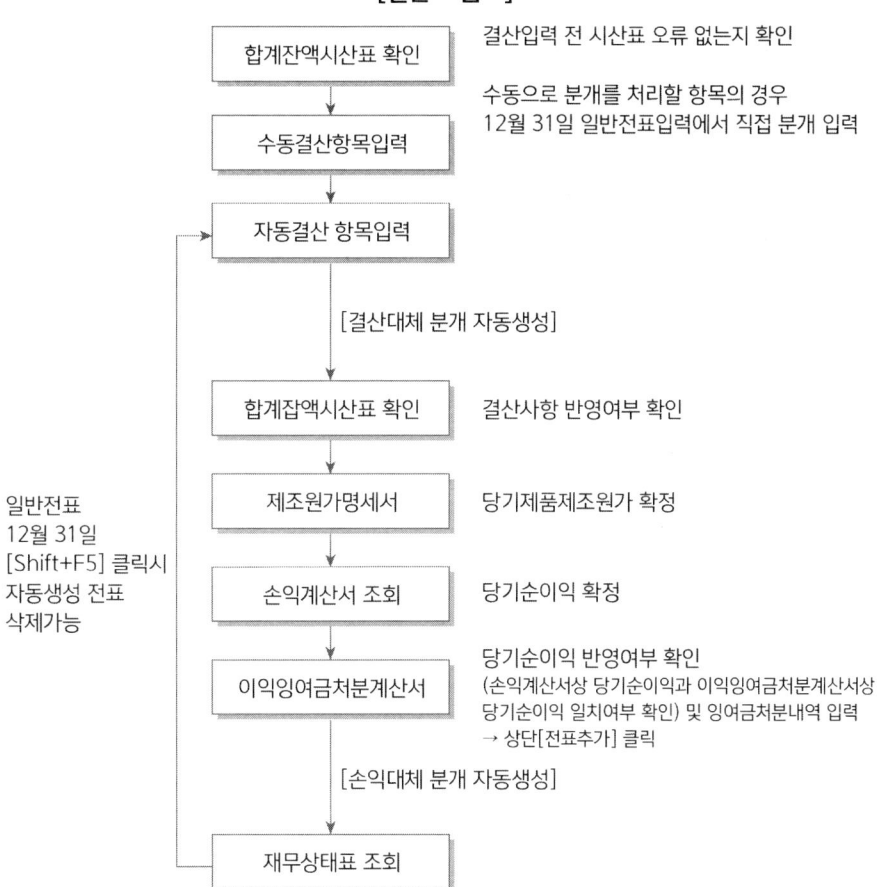

 수동결산(1)

다음 결산자료를 참고로 (주)결산(회사코드 : 4002)의 결산을 수행하시오.

1. 동부화재보험(주)에 공장 트럭에 대한 자동차보험을 가입하고 보험료를 납부하였다. 결산정리 분개를 입력하시오(본 문제에 한하여 월할 계산하기로 한다).

> ① 보험료 : 납부일 9월 1일
> ② 납부보험료 : 816,000원
> ③ 보험기간 : 2024. 9. 1~2025. 8. 31

2. 동부화재보험(주)에 관리부 승용차에 대한 자동차보험을 다음과 같이 가입하고 보험료 납부액을 전액 선급비용으로 회계처리하였다. 당기 기간 경과분 보험료(판)를 12월 31일자로 입력하시오(본 문제에 한하여 월할 계산하기로 한다).

① 보험료 : 납부일 10월 1일
② 납부보험료 : 800,000원
③ 보험기간 : 2024. 10. 1~2025. 9. 30

3. 결산일 현재 정기예금에 대한 내용이다. 당기분 경과이자를 인식하고자 한다(단, 이자계산은 월할계산한다).

거래처	발생일자	만기일자	금액	이자율	이자지급일
신한은행	2024.7.1	2025.6.30	20,000,000	4%	2025.6.30

4. 회사운영자금으로 차입한 장기차입금 거래내역이다. 유동성 대체 및 미지급이자에 대한 결산정리분개를 입력하시오.

	거래일	거래유형	원금	이자	원금잔액
1	2022.6.30.	차입	100,000,000	–	100,000,000
2	2023.6.30.	이자		4,000,000	
3	2024.6.30.	원리금상환	50,000,000	4,000,000	50,000,000

- 은행명 : 기업은행
- 차입원금 : 100,000,000원
- 차입기간 : 2022년 6월 30일~2025년 6월 30일
- 상환조건 : 1년거치 2년 분할상환
- 이자지급조건 : 매년 6월 30일 후불, 연 4%(본 문제에 한하여 월할 계산함)

5. 결산일 현재 보유한 외화부채는 다음과 같다. 결산정리분개를 입력하시오.

계정과목	금액	거래처	발생일 적용환율	결산일 적용환율
장기차입금	US$ 50,000	BLUE	US$1당 1,000원	US$1당 1,350원

6. 결산일 현재 외상매출금 잔액에는 2024년 12월 28일 GM사에 매출(US$ 58,500)한 금액이 포함되어 있고 이 매출대금은 2025년 1월 3일에 대금을 회수할 예정이다.

- 일자별 적용환율
  - 2024년 12월 28일 적용환율 : US $1 = 1,195원
  - 2024년 12월 31일 적용환율 : US $1 = 1,205원

제2장 결산자료입력

7. 매도가능증권에 대한 결산정리분개를 입력하시오.

계정과목	종목명	취득금액	2024.12.31. 공정가치
178.매도가능증권	(주)삼성전자	4,000,000원	2,000,000원

8. 자료는 당사가 보유하고 있는 매도가능증권 명세(종목명 : (주)LG전자)이며 전기말 평가는 일반기업회계기준에 따라 적절하게 이루어졌다. 결산정리분개를 입력하시오(7번 문제와 무관하다고 가정).

	일 자	내 역	수 량	취득단가	공정단가
1	2023.3.25	취득	1,000주	8,000원	
2	2023.12.31	평가	1,000주		7,500원
3	2024.12.31	평가			8,700원

9. 선납세금(중간예납세액 및 이자원천징수세액) 원장을 조회하여 12월 31일자로 회계처리한다. 단, 당기에 부담할 법인세(법인지방소득세 포함)는 1,500,000원이다.

10. 재고자산 실사내역이다.

구 분	취득단가 (단위당)	순실현가능가치 (단위당)	장부수량	장부금액	실사수량	비 고
원재료	20,000원	23,000원	500개	10,000,000원	450개	50개 수량부족

(1) 재고 부족분 중 30개는 본사 연구소에서 사용된 것으로 확인되어 경상연구개발비로 회계처리한다.
(2) 20개 부족분은 원가성이 없는 것으로 확인되었다.
(3) 당사는 저가법으로 재고자산을 평가하고 있다.

해설_ 수동결산은 [전표입력/장부] ⇨ [일반전표입력] 메뉴에서 12월 31일자로 직접 입력한다.

▶ 저자주 :

① 결산분개를 [3.차변]과 [4.대변]이 아닌 [5.결산차변]과 [6.결산대변]으로 입력해야 하지 않느냐는 의문이 들 수 있다. 수동결산항목은 [3.차변]과 [4.대변]으로 입력하면 된다. [5.결산차변]과 [6.결산대변]은 자동결산항목에서 프로그램이 자동으로 생성해주는 전표를 의미한다.

② 실무에선 원가대체분개(예 매출원가 산정)의 경우 반드시 [5.결차]와 [6.결대]로 입력되어야 재무제표에 반영이 된다(수험목적과는 무관하다).

③ 따라서 시험에선 수동결산분개는 [3.차변]과 [4.대변]를 이용한 대체전표로 입력하면 된다.

1. (차) 133.선급비용　　　　　　544,000　　　(대) 521.보험료(제)　　　544,000
   ※ (차기분) 선급비용 = 816,000 × 8개월/12개월 = 544,000
   ※ 시험문제에서 월할계산이 아닌 일할계산하라고 제시한 경우에는 일할(일수/365일)로 계산함에 주의!

2. (차) 821.보험료(판)　　　　　200,000　　　(대) 133.선급비용　　　　200,000
   ※ 당기 보험료 = 800,000 × 3개월/12개월 = 200,000
   ※ 보험료 납부시 전액 선급비용(차기분)으로 회계처리한 경우 결산시는 당기분 보험료를 계산하여 "보험료(판)"으로 비용처리한다.

3. (차) 116.미수수익　　　　　　400,000　　　(대) 901.이자수익　　　　400,000
   ※ 미수이자 = 20,000,000원 × 4% × 6/12 = 400,000원

4. (차) 931.이자비용　　　　　1,000,000　　　(대) 262.미지급비용　　　1,000,000
   　　293.장기차입금　　　　50,000,000　　　　　264.유동성장기부채　50,000,000
   　　　(98004.기업은행)　　　　　　　　　　　　　(98004.기업은행)
   ※ 이자비용 : 50,000,000원 × 4% × 6개월/12개월 = 1,000,000원

5. (차) 935.외화환산손실　　　17,500,000　　　(대) 293.장기차입금　　17,500,000
   　　　　　　　　　　　　　　　　　　　　　　　　(00162.BLUE)
   ※ 손실 : US$50,000 × (1,350원 - 1,000원) = 17,500,000원
   ※ 차입시 「305.외화장기차입금」 계정과목을 사용했는지, 「293.장기차입금」을 사용했는지 확인 후 입력할 것

6. (차) 108.외상매출금　　　　　585,000　　　(대) 910.외화환산이익　　585,000
   　　　(00163.GM)
   ※ 외화환산이익 : US$58,500 × (1,205원 - 1,195원) = 585,000원

7. (차) 982.매도가능증권평가손실　2,000,000　(대) 178.매도가능증권　2,000,000

8. (차) 178.매도가능증권　　　　1,200,000　　(대) 982.매도가능증권평가손　500,000
   　　　　　　　　　　　　　　　　　　　　　　　　981.매도가능증권평가익　700,000
   ※ 매도가능증권평가손실과 매도가능증권평가이익은 반드시 상계 후 잔액만 재무상태표에 기재하여야 한다.

[참고] 8번. 매도가능증권의 일자별 회계처리내역

2023.3.25　(차) 178.매도가능증권　　　8,000,000　　(대) 101.현금　　　8,000,000
2023.12.31 (차) 982.매도가능증권평가손　500,000　　(대) 178.매도가능증권　500,000
　　　　　　① 2023.12.31. 공정가치　　7,500,000 (= 1,000주 × @7,500)
　　　　　　② 평가전 금액　　　　　　8,000,000
　　　　　　③ 평가손실　　　　　　　　(-)500,000

2024.12.31 ① 2024.12.31. 공정가치　　8,700,000 (= 1,000주 × @8,700)
　　　　　　② 평가전 금액　　　　　　7,500,000
　　　　　　③ 평가이익　　　　　　　　1,200,000

9. 법인세등 분개

   합계잔액시산표 12월 31일 조회하여 선납세금 1,000,000원을 먼저 확인
   ① 선납세금의 대체(수동결산)
      (차) 998.법인세등   1,000,000   (대) 136.선납세금   1,000,000
   ② 추가계상액 분개 (자동결산)
      → 법인세등 추산액 1,500,000 - 선납세금 1,000,000 = 미지급세금 500,000
      (차) 998.법인세등   500,000   (대) 261.미지급세금   500,000

* 「998.법인세등」이란 '법인세비용 및 법인세비용에 부가되는 각종 세액'의 합계액을 의미한다.

* 법인세추산액(총세금) 1,500,000원 중 연도 중 미리 납부한 선납세금 1,000,000원은 「법인세등」으로 대체하고, 아직 납부하지 않은 금액 500,000원은 당기말 현재 내년 3월에 납부해야 할 세금이므로 「미지급세금」으로 분개한다.

다만, 더존 프로그램은 ①은 수동결산항목으로 직접 일반전표에 입력하나, ②는 후술하는 자동결산항목이므로 ①만 일반전표에 입력한다(※ ①. ② 분개 모두 수동결산으로 직접 입력해도 무관하나, 자동결산기능을 익히기 위해 ①만 수동결산으로 일반전표 입력함).

일	번호	구분	코드	계정과목	코드	거래처	적요	차변	대변
31	00001	차변	998	법인세등				1,000,000	
31	00001	대변	136	선납세금					1,000,000

10. (차) 823.경상연구개발비   600,000   (대) 153.원재료   600,000
                                              (적요8.타계정으로 대체)

    (차) 939.재고자산감모손실   400,000   (대) 153.원재료   400,000
                                              (적요8.타계정으로 대체)

    ※ 경상연구개발비 = 30개 × 단위당 취득원가 20,000원 = 600,000원
    ※ 재고자산감모손실 = 20개 × 단위당 취득원가 20,000원 = 400,000원
    ※ "순실현가능가치"가 취득원가보다 크므로 저가법에 따른 재고자산평가손실은 계상하지 않는다.

제2절 자동결산

1. 자동결산항목

자동결산이란 결산항목에 따른 금액을 화면의 해당란에 입력하면 자동으로 분개되어 결산이 완료되는 방법으로 [결산/재무제표] ⇨ [결산자료입력] 메뉴에서 작업한다.

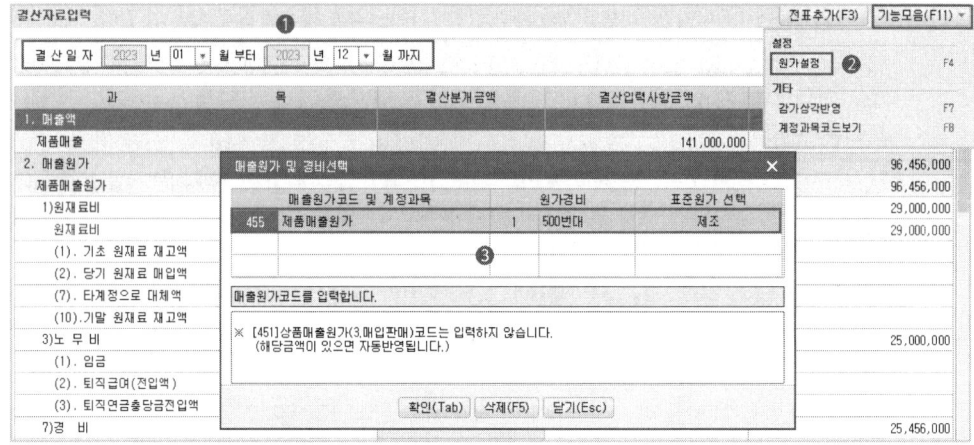

[화면설명]
① [결산/재무제표] ⇨ [결산자료입력] 메뉴를 선택한다.
② 결산일자를 「1월부터 12월까지」선택하고, 기능모음의 [원가설정]을 클릭하면 [매출원가 및 원가경비선택] 보조화면이 나타난다.
③ 제조업의 경우에는 [매출원가코드 : 455.제품매출원가], [원가경비 : 1번 500번대]를 선택 후 확인(Tab) 을 클릭한다.

> **참고** 결산자료입력화면에서 입력할 자동분개항목
>
> ① 제품매출원가 분개(기말재고금액의 입력)
> ② 유형·무형자산의 감가상각비 분개(감가상각비 입력)
> ③ 외상매출금의 대손충당금 분개(대손상각비 입력)
> ④ 퇴직급여충당부채 분개(퇴직급여 입력)
> ⑤ 법인세등 추산(법인세등 입력) → 선납세금정리는 수동결산사항임

2. 항목별 입력방법

① 제품매출원가 분개(기말재고금액의 입력)

화면에서 기말재고액(기말원재료, 기말재공품, 기말제품)을 입력한 후 툴바의 전표추가(F3)를 클릭하면 제품매출원가 분개가 자동 생성된다.

ⓐ 상품매출원가

> 상품매출원가 = 기초상품재고액 + 당기상품매입액 - 기말상품재고액

ⓑ 제품매출원가

> 제품매출원가 = 기초제품재고액 + 당기제품제조원가[1] - 기말제품재고액

[입력 전 화면]

제품매출원가		96,456,000	96,456,000
1)원재료비			29,000,000
원재료비		29,000,000	29,000,000
(1). 기초 원재료 재고액		20,000,000	
(2). 당기 원재료 매입액		10,000,000	
(7). 타계정으로 대체액		1,000,000	
(10).기말 원재료 재고액			
3)노 무 비			25,000,000
8)당기 총제조비용			79,456,000
(1). 기초 재공품 재고액		5,000,000	
(4). 기말 재공품 재고액			
9)당기완성품제조원가		84,456,000	84,456,000
(1). 기초 제품 재고액		12,000,000	
(5). 제품평가손실			
(7). 기말 제품 재고액			

[입력방법]

① 기초재고액, 당기매입액, 매입환출과 에누리, 매입할인, 타계정대체, 관세환급금 등은 전표입력된 데이터에서 자동으로 반영된다.
② 기말원재료재고액, 기말재공품재고액, 기말제품재고액등 재고자산의 기말 재고액란에 각각 기말재고액을 입력한다.
③ 제품평가손실이 발생한 경우 「(5).제품평가손실」란에 평가손실금액을 입력한다. 이때 「(7).기말 제품 재고액」란에는 평가손실 발생 전 장부금액을 입력함에 유의하여야 한다.

[자동분개]

| 매출원가 : | (차) | 제 품 매 출 원 가 | ××× | (대) | 제   품 | ××× |
| 평가손실 : | (차) | 재고자산평가손실 | ××× | (대) | 제품평가충당금 | ××× |

---

1) 당기제품제조원가는 제품을 생산하기 위해 당기 소비된 총제조비용(원재료비 + 노무비 + 제조간접비)에 기초재공품원가를 가산하고 기말재공품원가를 차감하여 계산한다.

② 유형자산의 감가상각비 분개(감가상각비 입력)

화면에서 해당하는 유형자산의 감가상각비 금액을 입력한 후 툴바의 전표추가(F3) 를 클릭하면 감가상각 분개가 자동 생성된다.

[입력 전 화면]

제품매출원가			
7)경 비			25,456,000
(2). 일반감가상각비			
건물			
기계장치	제조경비		
차량운반구			
비품			

4. 판매비와 일반관리비			
1). 급여 외			
4). 감가상각비			
건물			
기계장치	판매관리비		
차량운반구			
비품			

[입력방법]

① 유형자산 계정과목 중 각 계정에 금액 있는 계정과목만 표시되어 나타나며 해당 유형자산의 감가상각 금액을 입력한다.
② 감가상각비의 성격에 따라 제조경비(예 공장건물, 공장기계장치)와 판매관리비(예 사무실 비품 등)로 구분하여 입력한다.

[자동분개]

유형자산 : (차) 감 가 상 각 비 ×××   (대) 감가상각누계액 ××× ⇦ 간접법
무형자산 : (차) 무형자산상각비 ×××   (대) 무 형 자 산 ××× ⇦ 직접법

③ 외상매출금의 대손충당금 분개(대손상각비 입력)

결산일 현재 채권잔액에 대하여 대손충당금의 추정액을 산정하여 해당 계정과목란에 추가 설정액금액을 입력한 후 툴바의 전표추가(F3) 를 클릭하면 대손충당금 분개가 자동 생성된다.

> 대손충당금 추가설정액 = 기말 매출채권 잔액 × 대손설정률 - 결산전 대손충당금 잔액

[입력 전 화면]	[입력방법]
4. 판매비와 일반관리비 　5). 대손상각 　　외상매출금 　　받을어음 　　미수수익 　　선급금 7. 영업외 비용 　2). 기타의 대손상각비 　　단기대여금 　　미수금	대손충당금 추가설정액을 해당 채권 계정과목에 입력한다. (매출채권은 「4.판매비와관리비 - 대손상각」란에, 기타채권은 「7.영업외비용 - 기타의 대손상각비」란에 각각 입력한다.

[자동분개]

매출채권 : (차) 대손상각비　　　　×××　　　（대) 대 손 충 당 금　×××
　　　　　　　 (판매관리비)

기타채권 : (차) 기타의대손상각비　×××　　　（대) 대 손 충 당 금　×××
　　　　　　　 (영업외비용)

④ 퇴직급여충당부채 분개(퇴직급여 입력)

결산일 현재 퇴직금추계액에 상당하는 금액을 "퇴직급여충당부채"로 설정하여야 한다. 이때 퇴직금추계액 전액이 아닌 결산 전에 이미 설정된 퇴직급여충당부채잔액을 차감한 금액을 입력한 후 툴바의 전표추가(F3) 를 클릭하면 해당 분개가 자동 생성된다.

> 퇴직급여충당부채 추가설정액 = 당기말 퇴직급여 추계액 - 결산전 퇴직급여충당부채 잔액

[입력 전 화면]	[입력방법]
제품매출원가 　1)원재료비 　3)노 무 비　　제조경비　　25,000,000 　(1). 임금 외　　　　　25,000,000 　(2). 퇴직급여(전입액) 4. 판매비와 일반관리비 　2). 퇴직급여(전입액)　　　　판매관리비 　3). 퇴직보험충당금전입액	퇴직급여충당부채 추가설정액을 "퇴직급여(전입액)"란에 입력한다. 이때 퇴직보험충당금전입액에 입력하지 않도록 주의한다. 퇴직급여도 성격에 따라 제조경비(공장직원)와 판매관리비(사무실직원)의 퇴직급여로 구분입력한다.

[자동분개]

　(차) 퇴직급여　　　　×××　　　（대) 퇴직급여충당부채　×××

⑤ 법인세 등 입력

법인세추산액에서 기중에 납부한 법인세(선납세금)을 제외한 금액을 추가로 계상한다. 화면에서 '법인세 계상'액을 입력한 후 툴바의 전표추가(F3) 를 클릭하면 자동으로 관련분개가 생성된다.

[입력 전 화면]	[입력방법]
법인세 추가계상액(미지급세금) = 법인세등 추산액 − 선납세금	

[입력 전 화면]	[입력방법]
9. 법인세등 1,000,000 1). 법인세등 1,000,000 2). 법인세 계상	법인세 추가계상액을 "법인세 계상"란에 입력한다. 이때 이미 계상된 "1)법인세등" 1,000,000원은 선납세금을 수동결산한 것이 대체된 금액이다.

[자동분개]

(차) 법인세등 ×××   (대) 미지급세금 ×××

자동결산

다음 결산자료를 참고로 (주)결산(회사코드 : 4002)의 결산을 수행하시오.

1. 제시된 자산에 대해서만 감가상각을 하기로 한다. [고정자산등록] 메뉴에 자료1, 자료2의 자산을 입력하여 유형자산에 대한 감가상각비를 계산하고 결산에 반영하시오.

[자료1]

계정과목	자산코드	자산명	취득일자	취득가액	전기말감가상각누계액	상각방법	내용연수	사용부서
건물	101	제품판매장	2023.2.10	120,000,000	3,000,000	정액법	30년	영업부

※ 2024.6.30. 에스컬레이터 설치비 20,000,000원을 지출하였으며, 회계처리는 적절하게 입력되었다고 가정한다.

[자료2]

계정과목	자산코드	자산명	취득일자	취득가액	전기말감가상각누계액	상각방법	내용연수	사용부서
기계장치	201	포장용기계	2024.10.1	20,000,000		정액법	5	제조부

2. 기말 현재 퇴직급여추계액 및 당기 결산전의 퇴직급여충당부채잔액은 다음과 같으며, 회사는 기말 현재 퇴직급여추계액을 전액을 퇴직급여충당부채로 설정한다.

부서	퇴직금추계액	퇴직급여충당부채잔액
생산부	3,000,000	2,000,000원
관리부	5,500,000	4,000,000원

3. 기말에 외상매출금과 받을어음 잔액에 대하여 매년 1%의 대손충당금을 보충법으로 설정한다.

제2장 결산자료입력

4. 기말재고액을 결산자료입력에 반영하여 결산을 완료하시오.

[재고 실사내역]

구 분	수량	단위당원가	금액
원재료	450개	20,000원	9,000,000
재공품	-	-	6,000,000
제품	1,000개	50,000원	49,500,000

① 원재료 기말재고에는 운송 중인 도착지 인도조건의 미착품 2,000,000원이 포함되어 있다.
② 원재료 기말재고에는 선적지인도조건에 의해 운송 중인 원재료 1,000,000원이 포함되어 있다.
③ 제품 중 위탁판매를 위하여 발송한 제품으로 현재 수탁자가 보관중에 있는 500,000원이 포함되어 있지 않다.

5. 당기 법인세추산액은 1,500,000원이다.

해설_ [결산/재무제표] ⇨ [결산자료입력] 메뉴를 선택한다.

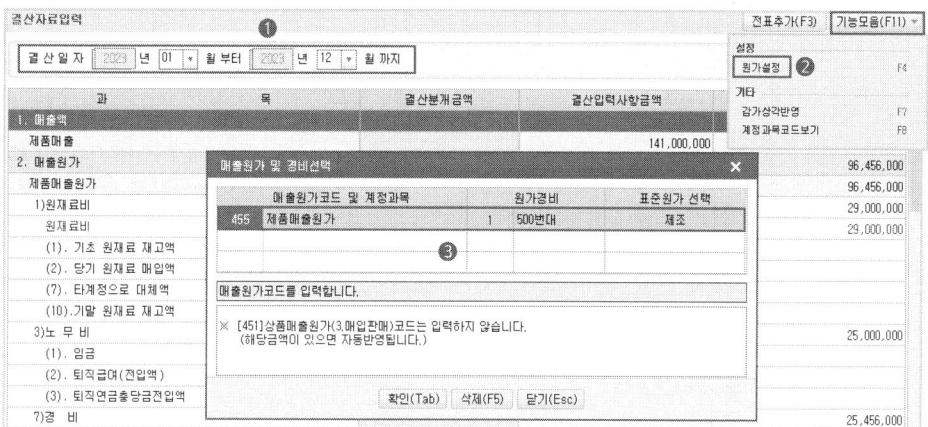

[화면설명]
① [결산/재무제표] ⇨ [결산자료입력] 메뉴를 선택한다.
② 결산일자를 「1월부터 12월까지」 선택하고, 기능모음의 [원가설정]을 클릭하면 [매출원가 및 원가경비선택] 보조화면이 나타난다.
③ 제조업의 경우에는 [매출원가코드 : 455.제품매출원가], [원가경비 : 1번 500번대]를 선택 후 확인(Tab) 을 클릭한다.

TAT 2급

1. 감가상각비 입력
(1) 고정자산 등록
① 건물등록

[화면설명]
① 전기에 이미 취득한 건물의 경우 취득가액을 1.기초가액란에, 전기말감가상각누계액을 2.전기말상각누계액에 입력한다. 에스컬레이터 설치비용은 자본적 지출액에 해당하므로 4.신규 취득 및 증가에 입력한다.
② 상각방법은 (0.정률법, 1.정액법) 중 선택하여야 하나 건물은 정액법으로 고정되어 수정이 불가능하다 (세법상 건물은 정액법만 인정되어 프로그램에서도 수정불가). 내용연수를 입력하면 「19.당기상각범위액」이 ₩4,760,000원 계산된다.
③ 영업부에서 사용하므로 [판매관리비]에 해당하며, 경비구분은 [0.800번대]를 선택한다.
④ 20.회사계상상각비가 실제 감가상각비로 반영될 금액이며, 19.당기상각범위액과 일치하나 원하는 경우 수정이 가능하다. ⇨ 자격시험에선 별도 요구사항이 없는 한 수정할 필요 없음

② 기계장치 등록

(2) 감가상각비 입력
- 결산자료입력에서 ① 제품매출원가 경비에 기계장치 1,000,000원 ② 판매비와 일반관리비에 건물 4,760,000원을 각각 입력한다.

① 기계장치 감가상각비(제조)입력

제품매출원가		97,456,000	97,456,000
1)원재료비			29,000,000
(2). 일반감가상각비		1,000,000	1,000,000
건물			
기계장치		1,000,000 ❶	

② 건물 감가상각비(판매관리비)입력

4. 판매비와 일반관리비			
4). 감가상각비			4,760,000
건물		❷ 4,760,000	

2. 퇴직급여입력
(1) 추가설정액 계산

> 퇴직급여충당부채 추가설정액 = 당기말 퇴직급여 추계액 - 결산전 퇴직급여충당부채 잔액
> ⇨ ① 생산부 : 3,000,000원 - 2,000,000원 = 1,000,000원
> ⇨ ② 관리부 : 5,500,000원 - 4,000,000원 = 1,500,000원

(2) 퇴직급여 입력
- 결산자료입력에서 ① 제품매출원가 경비에 퇴직급여 1,000,000원 ② 판매비와 일반관리비에 퇴직급여 1,500,000원을 각각 입력한다.

① 퇴직급여(제조) 입력

제품매출원가		
1)원재료비		
3)노 무 비		
(1). 임금 외		25,000,000
(2). 퇴직급여(전입액)		❶ 1,000,000
(3). 퇴직연금충당금전입액		

② 퇴직급여(판매관리비) 입력

4. 판매비와 일반관리비		
2). 퇴직급여(전입액)		❷ 1,500,000
3). 퇴직연금충당금전입액		

3. 대손충당금 추가설정
(1) 추가설정액 계산

> 대손충당금 추가설정액 = 기말 매출채권 잔액 × 대손설정률 - 결산전 대손충당금 잔액
> ⇨ 외상매출금 대손충당금 추가설정액 = 204,585,000 × 1% - 400,000 = 1,645,850원 입력
> ⇨ 받을어음 대손충당금 추가설정액 = 19,000,000 × 1% - 0 = 190,000 입력

(2) 대손상각(판매관리비) 입력

5). 대손상각		1,835,850	1,835,850
외상매출금		1,645,850	
받을어음		190,000	
단기대여금			
미수수익			
미수금			

4. 기말재고액의 입력

① 기말 원재료 = 9,000,000원 - 2,000,000원 = 7,000,000원
→ 도착지 인도조건 미착품 2,000,000원은 기말재고에서 제외되어야 한다.
→ 선적지 인도조건의 미착품 1,000,000원은 기말재고에 포함되어야 하며, 제시된 자료가 포함된 금액을 제시하였으므로 고려하지 않는다.

② 기말재공품은 제시된 6,000,000원을 입력한다.

③ 기말제품 = 49,500,000원 + 500,000원 = 50,000,000원
→ 위탁판매제품 중 수탁자 미판매분은 기말재고에 포함하여야 한다.

① 기말원재료 입력

1)원재료비		
원재료비		22,000,000
(1). 기초 원재료 재고액		20,000,000
(2). 당기 원재료 매입액		10,000,000
(7). 타계정으로 대체액		1,000,000
(10).기말 원재료 재고액		❶ 7,000,000

② 기말재공품 입력

8)당기 총제조비용		
(1). 기초 재공품 재고액		5,000,000
(4). 기말 재공품 재고액		❷ 6,000,000

③ 기말제품 입력

9)당기 완성품제조원가		75,456,000
(1). 기초 제품 재고액		12,000,000
(5). 제품평가손실		
(7). 기말 제품 재고액		❸ 50,000,000

5. 법인세등 추가계상

- 결산자료입력화면의 가장 하단 [9.법인세등] ⇨ 2)법인세 계상란에 입력한다.
- 법인세 추가계상액(미지급세금) 500,000 = 법인세등 추산액 1,500,000 - 선납세금 1,000,000

9. 법인세등			1,500,000
1). 법인세등		1,000,000	
2). 법인세 계상		500,000	

6. 자동결산항목 금액을 모두 입력한 후 상단의 전표추가(F3) 를 클릭

결산자료 해당 사항을 모두 입력한 후 툴바의 전표추가(F3) 를 클릭하면 아래 메시지가 나타나고 「예(Y)」버튼을 선택하면 해당분개가 결산월의 일반전표에 추가되며 결산이 완료된다.

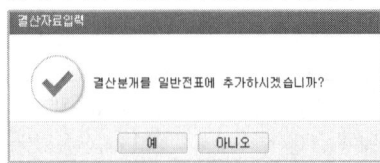

[제조관련 입력화면]

과 목	결산분개금액	결산입력사항금액	결산금액(합계)
1. 매출액			141,000,000
제품매출		141,000,000	
2. 매출원가			35,456,000
제품매출원가		35,456,000	35,456,000
1)원재료비			22,000,000
원재료비		22,000,000	22,000,000
(1). 기초 원재료 재고액		20,000,000	
(2). 당기 원재료 매입액		10,000,000	
(7). 타계정으로 대체액		1,000,000	
(10).기말 원재료 재고액		7,000,000	
3)노 무 비			26,000,000
(1). 임금 외		25,000,000	
(2). 퇴직급여(전입액)		1,000,000	
(3). 퇴직연금충당금전입액		중략	
7)경 비			26,456,000
(1). 복리후생비 외		25,456,000	25,456,000
(2). 일반감가상각비		1,000,000	1,000,000
건물			
기계장치		1,000,000	
차량운반구			
8)당기 총제조비용			74,456,000
(1). 기초 재공품 재고액		5,000,000	
(4). 기말 재공품 재고액		6,000,000	
9)당기완성품제조원가		73,456,000	73,456,000
(1). 기초 제품 재고액		12,000,000	
(5). 제품평가손실			
(7). 기말 제품 재고액		50,000,000	

[판매관리비 입력화면]

과 목	결산분개금액	결산입력사항금액	결산금액(합계)
4. 판매비와 일반관리비			80,385,850
1). 급여 외		72,290,000	
2). 퇴직급여(전입액)		1,500,000	
3). 퇴직연금충당금전입액		중략	
4). 감가상각비		4,760,000	4,760,000
건물		4,760,000	
기계장치			
차량운반구			
비품			
5). 대손상각		1,835,850	1,835,850
외상매출금		1,645,850	
받을어음		190,000	
5. 영업이익			25,158,150
6. 영업외 수익			3,105,000
1). 이자수익외			3,105,000

7. 영업외 비용			23,805,000
1). 이자비용외			23,805,000
이자비용		5,905,000	
외화환산손실		17,500,000	
재고자산감모손실		400,000	
7. 영업외 비용			23,805,000
1). 이자비용외			23,805,000
이자비용		5,905,000	
외화환산손실		17,500,000	
재고자산감모손실		400,000	
8. 법인세차감전이익			4,458,150
9. 법인세등			1,500,000
1). 법인세등		1,000,000	
2). 법인세 계상		500,000	

매출액 : [141,000,000] 당기 순이익 : [2,958,150] 소득평률 : 2.09%

[제조원가 흐름]

기말재고 및 제조관련 경비를 입력함으로써 당기제품매출원가는 자동으로 산출된다.

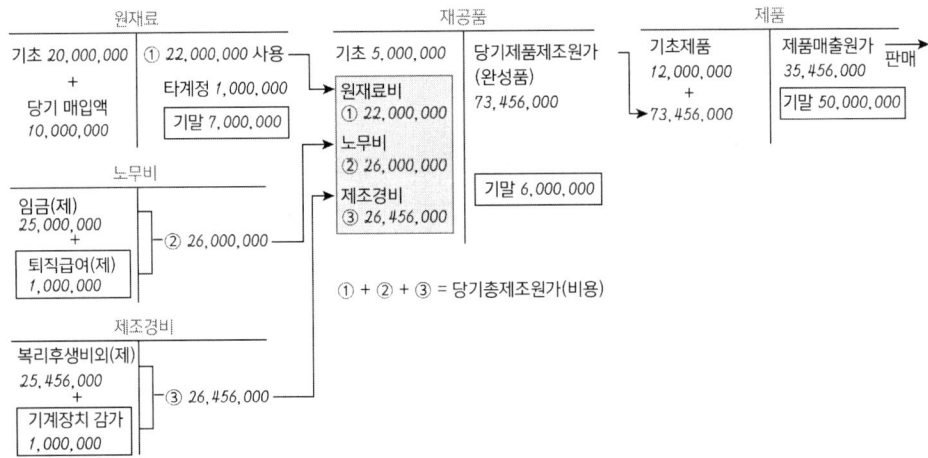

참고 원가대체분개

[결산/재무제표] ⇨ [결산자료입력] 메뉴에서 기말원재료·기말재공품·기말제품 및 제조관련 경비를 해당란에 입력하고 상단 툴바의 전표추가(F3) 를 클릭하면 아래에서 예시하는 원가대체 분개가 자동으로 이루어진다.

※ ①~③ 기중 전표 입력

① 원재료매입시

  (차) 153.원재료　　　　　10,000,000　　(대) 101.현금 등　　　　　10,000,000

② 노무비(임금) 발생시

  (차) 504.임금　　　　　　25,000,000　　(대) 101.현금 등　　　　　25,000,000

③ 제조경비 발생시

  (차) 511.복리후생비 등　 25,456,000　　(대) 101.현금 등　　　　　25,456,000
  　　 (500번대 제조경비)

※ ④~⑧ 기말 자동결산항목

④ 기말원재료재고액 및 원재료비의 확정·대체

  → 원재료비 = 기초원재료재고액 + 당기원재료매입액 − 타계정으로대체액 − 기말원재료재고액
  → 22,000,000원 = 20,000,000 + 10,000,000 − 1,000,000 − 7,000,000

  (차) 169.재공품　　　　　22,000,000　　(대) 501.원재료비　　　　 22,000,000

⑤ 퇴직급여(제)충당부채계상 및 노무비의 확정·대체

  (차) 508.퇴직급여(제)　　 1,000,000　　(대) 295.퇴직급여충당부채　1,000,000

  (차) 169.재공품　　　　　26,000,000　　(대) 504.임금　　　　　　25,000,000
  　　　　　　　　　　　　　　　　　　　　　　508.퇴직급여　　　　　1,000,000

⑥ 감가상각비계상 및 제조경비의 확정·대체

  (차) 518.감가상각비　　　 1,000,000　　(대) 207.감가상각누계액　　1,000,000

  (차) 169.재공품　　　　　26,456,000　　(대) 518.감가상각비　　　　1,000,000
  　　　　　　　　　　　　　　　　　　　　　　511.복리후생비 등　　25,456,000
  　　　　　　　　　　　　　　　　　　　　　　(500번대 제조경비)

⑦ 기말재공품재고액 및 당기제품제조원가의 확정·대체

  → 당기제품제조원가 = 기초재공품재고액 + 당기총제조경비 − 기말재공품재고액
  → 73,456,000원 = 5,000,000 + 74,456,000 − 6,000,000

  (차) 150.제품　　　　　　73,456,000　　(대) 169.재공품　　　　　 73,456,000

⑧ 제품매출원가의 확정·대체

  → 제품매출원가 = 기초제품재고액 + 당기제품제조원가 − 기말제품재고액
  → 35,456,000원 = 12,000,000 + 73,456,000 − 50,000,000

  (차) 455.제품매출원가　　35,456,000　　(대) 150.제품　　　　　　 35,456,000

[자동결산이 모두 완료된 후 12월 31일자 일반전표 화면]

	31	00010	차변	998	법인세등			1,000,000	
	31	00010	대변	136	선납세금				1,000,000
	31	00011	차변	823	경상연구개발비			600,000	
	31	00011	대변	153	원재료		08 타계정으로 대체액		600,000
	31	00012	차변	939	재고자산감모손실			400,000	
	31	00012	대변	153	원재료		08 타계정으로 대체액		400,000
	31	00013	결차	501	원재료비		01 원재료사용분 재료비대체	22,000,000	
	31	00013	결대	153	원재료		04 원재료사용분 재료비대체		22,000,000
	31	00014	결차	169	재공품		**자동결산 추가항목**	22,000,000	
	31	00014	결대	501	원재료비		02 재료비 제조로 대체		22,000,000
	31	00015	결차	169	재공품			25,000,000	
	31	00015	결대	504	임금		08 제조로 대체		25,000,000
	31	00016	결차	508	퇴직급여		01 퇴직충당금 당기분전입액	1,000,000	
	31	00016	결대	295	퇴직급여충당부채		04 퇴직충당부채의당기설정액		1,000,000
	31	00017	결차	169	재공품			1,000,000	
	31	00017	결대	508	퇴직급여		08 제조로 대체		1,000,000
	31	00018	결차	169	재공품			25,456,000	

[자동결산분개의 삭제]

자동결산항목의 금액을 잘못 입력하는 경우 등으로 자동결산분개를 다시 하고자 할 경우 반드시 자동결산분개를 먼저 삭제하여야 한다.

12월의 일반전표입력에서 Shift + F5 를 누르면 [일반전표입력 – 일괄자동분개삭제]창이 나타난다.

[결산분개] 항목에 체크표시가 되어 있는 상태에서 [삭제] 버튼을 클릭하면 다시 삭제여부를 묻는 메시지가 나타나므로 삭제를 원할 때는 [예] 버튼을, 삭제를 원치 않을 때는 [아니오] 버튼을 클릭한다.

제3절 재무제표 확정

- [NCS연계] 결산관리_재무제표 작성하기

1. 재무제표 확정 순서

재무제표의 확정이란 모든 결산을 완료한 후 제조원가명세서, 손익계산서, 이익잉여금처분계산서 및 재무상태표를 만드는 작업이다. [결산/재무제표 I] 메뉴에서 재무제표확정작업을 수행한다.

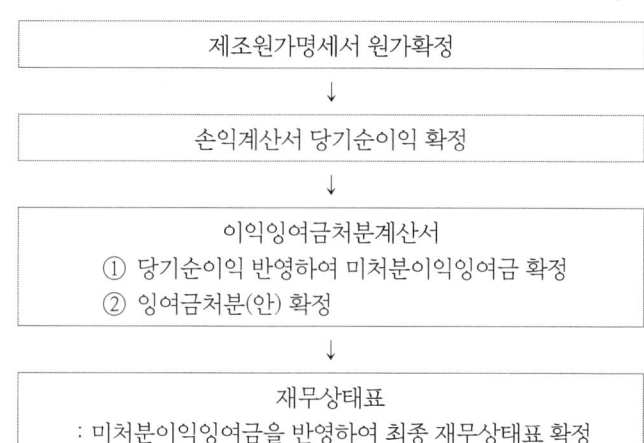

작업순서	상기업(법인)	제조기업(법인)
1	수동 및 자동결산 입력 완료 후	
2	-	제조원가명세서(선택)
3	손익계산서	손익계산서
4	이익잉여금처분계산서	이익잉여금처분계산서
5	재무상태표	재무상태표

▶ 저자주

① 자격시험에서는 재무제표확정을 수행하지 않아도 되며, 자동결산까지만 작업하면 된다.
② 자격시험의 경우 각각의 문제가 독립적이므로 본 종합문제의 재무제표가 실습결과와 일치하지 않더라도 무방하다.

2. 수정후시산표 : 합계잔액시산표

총계정원장의 전기가 정확한지를 검증하기 위하여 총계정원장의 각 계정금액을 모아 합계와 잔액으로 작성하는 표를 합계잔액시산표라 한다. 따라서 결산 전에 작성되는 시산표를 수정전합계잔액시산표라 하고 결산 후에 작성되는 시산표를 수정후합계잔액시산표라 한다.
결산정리분개를 완료하였으면 먼저 [결산/재무제표] ⇨ [합계잔액시산표]를 클릭하고 12월 31일자로 조회하여 대차차액은 없는지, 결산정리사항이 정확하게 반영되었는지 등을 확인한다.

3. 제조원가명세서 : 당기제품제조원가 확정

제조원가명세서는 손익계산서의 당기제품제조원가가 어떻게 산출된 것인지 그 내역을 보여주는 재무제표 부속명세서이다. [결산/재무제표Ⅰ] ⇨ [제조원가명세서] 메뉴를 클릭하고 12월 말일자로 당기제품제조원가를 확인(확정)한다.

Ⅰ. 원 재 료 비		22,000,000		45,000,000
기 초 원재료재고액	20,000,000		15,000,000	
당 기 원재료매입액	10,000,000		50,000,000	
타 계 정으로대체액	1,000,000		0	
기 말 원재료재고액	7,000,000		20,000,000	
Ⅱ. 노 무 비		26,000,000		8,000,000
임 금	25,000,000		8,000,000	
퇴 직 급 여	1,000,000		0	
Ⅲ. 경 비		26,456,000		17,000,000
복 리 후 생 비	3,000,000		1,200,000	
여 비 교 통 비	1,800,000		200,000	
가 스 수 도 료	0		8,500,000	
전 력 비	0		500,000	
세 금 과 공 과 금	0		800,000	
감 가 상 각 비	1,000,000		1,800,000	
수 선 비	2,400,000		1,200,000	
보 험 료	6,672,000		1,500,000	
차 량 유 지 비	3,500,000		700,000	
운 반 비	1,000,000		400,000	
도 서 인 쇄 비	4,000,000		0	
소 모 품 비	3,084,000		200,000	
Ⅳ. 당기총제조비용		74,456,000		70,000,000
Ⅴ. 기초재공품재고액		5,000,000		0
Ⅵ. 합 계		79,456,000		70,000,000
Ⅶ. 기말재공품재고액		6,000,000		5,000,000
Ⅷ. 타계정으로대체액		0		0
Ⅸ. 당기제품제조원가		73,456,000		65,000,000

4. 손익계산서 : 당기순이익 확정

[결산/재무제표Ⅰ] ⇨ [손익계산서] 메뉴를 클릭하고 12월 말일자로 당기순이익을 확인(확정)한다. 프로그램에서의 손익계산서는 관리용, 제출용, 표준[법인]용으로 구성되어 있다.
① **관리용** : 내부관리용으로 당해 회계기간의 계정과목 통합 전 손익계산서가 작성된다.
② **제출용** : 공시용으로 기업회계기준을 준용하여 손익계산서가 작성된다.
③ **표준용** : 법인세신고시 조정계산서 부속서류로 제출되는 법인세사무처리규정에 의한 손익계산서가 작성된다.

Ⅰ. 매　　출　　액		141,000,000	80,000,000
제　품　매　출	141,000,000		80,000,000
Ⅱ. 매　　출　　원　　가		35,456,000	63,000,000
제　품　매　출　원　가		35,456,000	63,000,000
기　초　제　품　재　고　액	12,000,000		10,000,000
당　기　제　품　제　조　원　가	73,456,000		65,000,000
기　말　제　품　재　고　액	50,000,000		12,000,000
Ⅲ. 매　　출　　총　　이　　익		105,544,000	17,000,000
Ⅳ. 판　매　비　와　관　리　비		80,385,850	12,020,000
급　　　　　　　　　　여	47,600,000		1,500,000
퇴　　직　　급　　여	1,500,000		0
복　　리　　후　　생　　비	3,748,500		2,500,000
여　　비　　교　　통　　비	1,103,500		0
접　　　　대　　　　비	1,711,500		0
통　　　　신　　　　비	774,720		1,000,000
수　　도　　광　　열　　비	3,468,280		2,000,000
세　　금　　과　　공　　과　금	749,000		800,000
감　　가　　상　　각　　비	4,760,000	중　략	1,200,000
수　　수　　료　　비　　용	0		250,000
대　　손　　상　　각　　비	1,835,850		0
잡　　　　　　　　비	86,000		0
Ⅴ. 영　　업　　이　　익		25,158,150	4,980,000
Ⅵ. 영　　업　　외　　수　　익		3,105,000	5,500,000
이　　자　　수　　익	2,520,000		5,500,000
외　　화　환　산　이　익	585,000		0
Ⅶ. 영　　업　　외　　비　　용		23,805,000	480,000
이　　자　　비　　용	5,905,000		480,000
외　　화　환　산　손　실	17,500,000		0
재　고　자　산　감　모　손　실	400,000		0
Ⅷ. 법　인　세　차　감　전　이　익		4,458,150	10,000,000
Ⅸ. 법　　인　　세　　등		1,500,000	1,000,000
법　　인　　세　　등	1,500,000		1,000,000
Ⅹ. 당　　기　　순　　이　　익		2,958,150	9,000,000

5. 이익잉여금처분계산서 : 잉여금처분의 확정

이익잉여금처분계산서는 기초의 이익잉여금에서부터 기말의 이익잉여금으로 변화되기까지의 이익잉여금(결손금)의 증감내역을 표시하는 표이다. 더존 프로그램에서는 손익계산서에서 손익을 확정시킨 후 이익잉여금처분계산시 조회시 당기순이익이 자동으로 불려온다. 다만, 잉여금처분에 관한 내용은 해당란에 직접 처분예정금액을 입력해야 한다.

이익잉여금처분계산서

(주)결산의 다음의 잉여금처분내역을 입력하여 이익잉여금처분계산서를 작성한 후 손익대체분개를 하시오.

잉여금처분일자	당기 : 2025년 3월 1일, 전기 2024년 3월 1일
처분내역	현금배당 1,000,000원 이익준비금 100,000원

해설_ [결산/재무제표Ⅰ] ⇨ [이익잉여금처분계산서] 메뉴를 클릭한다.
① 손익계산서의 당기순이익이 정상적으로 반영이 되는지를 먼저 확인한다.

Ⅰ. 미처분이익잉여금				23,958,150		21,000,000
1. 전기이월미처분이익잉여금			21,000,000		12,000,000	
2. 회계변경의 누적효과	369	회계변경의누적효과	0		0	
3. 전기오류수정이익	370	전 기 오 류 수 정 이 익	0		0	
4. 전기오류수정손실	371	전 기 오 류 수 정 손 실	0		0	
5. 중간배당금	372	중 간 배 당 금	0		0	
6. 당기순이익			2,958,150		9,000,000	

↑
손익계산서 당기순이익 자동반영

② 처분예정일 및 이익잉여금처분액을 입력한다.

> * 주의 : 잉여금처분계산서에 입력하는 현금배당 1,000,000원, 이익준비금 100,000원은 결산일이 아닌 다음 해 주주총회를 통하여 사외유출되는 금액이므로 재무상태표상에는 배당전 미처분이익잉여금(23,958,150)이 표시가 된다.

Ⅰ. 미처분이익잉여금				23,958,150		21,000,000
1. 전기이월미처분이익잉여금			21,000,000		12,000,000	
2. 회계변경의 누적효과	369	회계변경의누적효과	0		0	
3. 전기오류수정이익	370	전 기 오 류 수 정 이 익	0		0	
4. 전기오류수정손실	371	전 기 오 류 수 정 손 실	0		0	
5. 중간배당금	372	중 간 배 당 금	0		0	
6. 당기순이익			2,958,150		9,000,000	
Ⅱ. 임의적립금 등의 이입액				0		0
1.			0		0	
2.			0		0	
합 계				23,958,150		21,000,000
Ⅲ. 이익잉여금처분액				1,100,000		0
1. 이익준비금	351	이 익 준 비 금	100,000		0	
2. 기업합리화적립금	352	기 업 합 리 화 적 립 금	0		0	
3. 배당금			1,000,000			
가. 현금배당	265	미 지 급 배 당 금	1,000,000			
나. 주식배당	387	미 교 부 주 식 배 당 금	0		0	
4. 사업확장적립금	356	사 업 확 장 적 립 금	0		0	
5. 감채 적립금	357	감 채 적 립 금	0		0	
6. 배당평균적립금	358	배 당 평 균 적 립 금	0		0	
Ⅳ. 차기이월미처분이익잉여금				22,858,150		21,000,000

③ 입력완료 후 상단툴바의 전표추가(F3) 를 클릭한다.
이익잉여금처분계산서에서 전표추가(F3) 는 모든 손익을 대체하고, 미처분이익잉여금을 확정시킨다는 의미이다.

> **참고** 손익대체와 손익계정의 이익잉여금 대체

이익잉여금처분계산서 확정후 상단의 전표추가(F3) 는 모든 손익을 대체하고, 미처분이익잉여금을 확정시켜 차기로 이월시킨다는 의미이다.
여기서 손익대체의 의미는 다음과 같다.
수익과 비용계정은 당기의 경영성과를 나타내 주는 것으로 다음 기의 경영성과를 파악할 때 영향을 미쳐서는 안 된다. 따라서 수익·비용계정은 한 회계기간이 끝나면 잔액을 '0'으로 만들어서 다음 기의 손익계정은 '0'에서 출발하도록 해야 한다. 또한 올해 발생한 손익계산서상 당기순이익은 재무상태표의 이익잉여금으로 대체되어야 한다.

[1단계] 수익계정의 마감
수익계정잔액은 대변에 나타나므로 이를 '0'으로 만들기 위해 차변에 수익계정잔액을 기록하고 대변에 (집합)손익계정을 기록하는 분개를 해서 수익계정잔액을 (집합)손익계정의 대변에 대체한다. 여기서 (집합)손익이란 수익, 비용계정과목을 모두 모으기 위해 사용하는 임시계정이다.

(차) 수　　　　　　익　　A　　　　　(대) (집 합) 손 익　　A

[2단계] 비용계정의 마감
비용계정잔액은 차변에 나타나므로 이를 '0'으로 만들기 위해 대변에 비용계정잔액을 기록하고 차변에 집합손익계정을 기록하는 분개를 해서 비용계정잔액을 집합손익계정의 차변에 대체한다.

(차) (집 합) 손 익　　B　　　　　(대) 비　　　　　용　　B

[3단계] (집합)손익계정(= 당기순이익)의 미처분이익잉여금 대체
(집합)손익의 차변잔액(A − B = 당기순이익)의 상대계정에 동일금액을 기록하여 (집합)손익계정의 잔액을 '0'으로 만들고 그 금액은 미처분이익잉여금계정에 대체된다.

(차) (집 합) 손 익　　A − B　　　(대) 미 처 분 이 익 잉 여 금　　A − B

[4단계] 당기말 미처분이익잉여금의 이월이익잉여금 대체
'당기 중 잉여금 처분후 남은 전기이월이익잉여금'과 '당기순이익'의 합계액이 최종적으로 당기말 현재 차기로 이월될 이월이익잉여금으로 대체된다.

(차) 미 처 분 이 익 잉 여 금　　×××　　(대) 이 월 이 익 잉 여 금　　×××

[12월 31일 손익대체분개 확인]

	31	00029	차변	400	손익		당기순손익 잉여금에 대체	2,958,150	
	31	00029	대변	377	미처분이익잉(		당기순손익 대체		2,958,150
	31	00030	차변	375	이월이익잉여(		미처분 미익잉금에서 대체	21,000,000	
	31	00030	대변	377	미처분이익잉(		이월이익잉여금에 대체		21,000,000
	31	00031	차변	377	미처분이익잉(		이월이익잉여금에서 대체	23,958,150	
	31	00031	대변	375	이월이익잉여(		차기이월이익잉여금		23,958,150

6. 재무상태표 확정

손익계산서와 이익잉여금처분계산서 확정후 재무상태표를 조회한다.

프로그램에서의 재무상태표는 입력된 자료에 의하여 특별한 작업 없이도 매월 말의 재무상태표를 조회, 출력할 수 있으며, 관리용, 제출용, 표준[법인]용으로 구성되어 있다.

① **관리용** : 내부관리용으로 당해 회계기간의 계정과목 통합전 재무상태표가 작성된다.
② **제출용** : 공시용으로 기업회계기준을 준용하여 재무상태표가 작성된다.
③ **표준용** : 소득세신고시 조정계산서 부속서류로 제출되는 소득세사무처리규정에 의한 재무상태표가 작성된다.

자 산				
Ⅰ. 유 동 자 산		813,383,400		921,296,510
(1) 당 좌 자 산		750,383,400		884,296,510
현 금		7,162,980		58,360,000
당 좌 예 금		73,500,000		73,500,000
보 통 예 금		412,277,270		654,800,000
정 기 예 금		20,000,000		0
외 상 매 출 금	204,585,000		75,172,000	
대 손 충 당 금	2,045,850	202,539,150	400,000	74,772,000
받 을 어 음	19,000,000		19,864,510	
대 손 충 당 금	190,000	18,810,000		19,864,510
단 기 대 여 금		1,000,000		1,000,000
미 수 수 익		400,000		0
미 수 금		2,000,000		2,000,000
선 급 금		10,050,000		0
선 급 비 용		1,144,000		0
부 가 세 대 급 금		1,000,000		0
주.임.종단기채권		500,000		0
(2) 재 고 자 산		63,000,000		37,000,000
제 품		50,000,000		12,000,000
원 재 료		7,000,000		20,000,000
재 공 품		6,000,000		5,000,000
Ⅱ. 비 유 동 자 산		432,450,850		283,010,850
(1) 투 자 자 산		10,700,000		11,500,000
매 도 가 능 증 권		10,700,000		11,500,000
부 채 총 계		282,036,100		242,667,360
자 본				
Ⅰ. 자 본 금		926,000,000		926,000,000
자 본 금		926,000,000		926,000,000
Ⅱ. 자 본 잉 여 금		40,000		40,000
감 자 차 익		40,000		40,000
Ⅲ. 자 본 조 정		0		0
Ⅳ. 기타포괄손익누계액		△1,300,000		△500,000
매도가능증권평가익		700,000		0
매도가능증권평가손		△2,000,000		△500,000
Ⅴ. 이 익 잉 여 금		39,058,150		36,100,000
이 익 준 비 금		15,100,000		15,100,000
미처분이익잉여금		23,958,150		21,000,000
(당 기 순 이 익)				
당기 : 2,958,150 원				
전기 : 9,000,000 원				
자 본 총 계		963,798,150		961,640,000
부채및자본총계		1,245,834,250		1,204,307,360

비대면 시험대비 실무수행평가

평가문제

01 [거래처원장 조회] 12월 31일 현재 BLUE의 장기차입금 잔액은 얼마인가? [배점 2]

02 [손익계산서 조회] 당기에 발생한 영업외수익 및 영업외비용 총액은 얼마인가? [배점 2]
① 영업외수익 :　　　　　　　　② 영업외비용 :

03 [제조원가명세서 및 손익계산서 조회] 당기에 발생한 제조원가명세서에 반영되는 보험료 금액과 손익계산서에 반영되는 보험료 금액은 각각 얼마인가? [배점 2]
① 보험료(제) :　　　　　　　　② 보험료(판) :

04 [제조원가명세서 및 손익계산서 조회] 결산작업 후 확인되는 당기완성품제조원가와 제품매출원가의 금액은 각각 얼마인가? [배점 2]
① 당기완성품제조원가 :　　　　② 제품매출원가 :

05 [재무상태표 조회] 12월 31일 현재 이월이익잉여금(미처분이익잉여금) 잔액은 얼마인가? [배점 2]

해설

01 12월 31일 현재 BLUE의 장기차입금 잔액은 얼마인가? 67,500,000원

02 당기에 발생한 영업외수익 및 영업외비용 총액은 얼마인가?
　① 영업외수익 : 3,105,000원　　② 영업외비용 : 23,805,000원

03 당기에 발생한 제조원가명세서에 반영되는 보험료 금액과 손익계산서에 반영되는 보험료 금액은 각각 얼마인가?
　① 보험료(제) : 6,672,000원　　② 보험료(판) : 4,160,000원

04 결산작업 후 확인되는 당기완성품제조원가와 제품매출원가의 금액은 각각 얼마인가?
　① 당기완성품제조원가 : 73,456,000원　② 제품매출원가 : 35,456,000원

05 12월 31일 현재 이월이익잉여금(미처분이익잉여금) 잔액은 얼마인가? 23,958,150원

제 6 편

원천징수와 연말정산

제1장 소득세와 원천징수 기초
제2장 근로소득 원천징수
제3장 근로소득 연말정산

CHAPTER 01 소득세와 원천징수 기초

제1절 소득세의 기초이론

1. 소득세의 의의와 특징

「소득세(所得稅)」란 개인이 얻은 소득을 과세대상으로 하는 조세이다. 따라서 법인의 소득에 대해 부과되는 법인세(法人稅)와 구분된다.

(1) 소득의 열거주의 과세방식(이자·배당은 유형별 포괄주의)

개인은 1년간 다양한 소득을 얻을 수 있으나 이러한 모든 소득이 과세대상이 되는 것은 아니다. 현행 소득세법에서는 개인의 소득 중 과세대상 소득을 구체적으로 열거하고 있으며 개인은 일정한 원천에서 계속하여 발생하는 소득에 대해서만 소득세 납세의무를 지게 된다(소득원천설 → 열거주의 과세가 원칙[1]).

[과세대상 소득의 종류]

구 분			내 용
종합소득		이자소득	은행 예금 등을 하여 받는 이자
		배당소득	주식 등에 투자하여 받는 배당금
	사업소득	부동산임대소득	개인사업자가 부동산임대사업을 하여 얻는 소득
		부동산임대소득 외	개인사업자가 부동산임대 이외의 사업을 하여 얻는 소득
		근로소득	근로자가 근로를 제공하고 받는 월급·상여금·수당 등(근로자)
		연금소득	노후에 연금을 지급받음으로써 얻는 소득
		기타소득	상금, 복권, 경품, 뇌물 등으로 얻는 소득
퇴직소득			근로자가 퇴직시 받는 퇴직금
양도소득			부동산·비장상주식 등을 양도함으로써 얻는 소득

※ 주요 비열거소득
 ① 소액주주의 상장주식의 양도차익(∵주식시장 활성화 목적)
 ② 차량, 기계 등의 고정자산 양도차익(다만, 복식부기의무자의 사업용 유형고정자산 양도는 사업소득으로 과세하며, 토지·건물 등 부동산 양도차익은 양도소득 과세)

---

[1] 열거주의란 열거된 소득에 한하여 과세한다는 의미이다. 소득세는 원칙적으로 열거주의에 의해 과세하되, 이자소득·배당소득은 열거되지 않은 것이라도 유사한 소득에 대하여 과세하는 포괄주의를 일부 적용하고 있다.

(2) 누진세율

소득세는 소득의 증가에 비례하여 세금이 누진적으로 증가하는 누진세율을 채택하고 있다. 현행 소득세 세율은 최저 6%에서 45%까지 8단계 누진세율 구조로 되어 있다.

[소득세 누진세율 구조]

과세표준	세 율
1,400만원 이하	6%
1,400만원 초과~5,000만원 이하	15%
5,000만원 초과~8,800만원 이하	24%
8,800만원 초과~1억5천만원 이하	35%
1억5천만원 초과~3억원 이하	38%
3억원 초과~5억원 이하	40%
5억원 초과~10억원 이하	42%
10억원 초과	45%

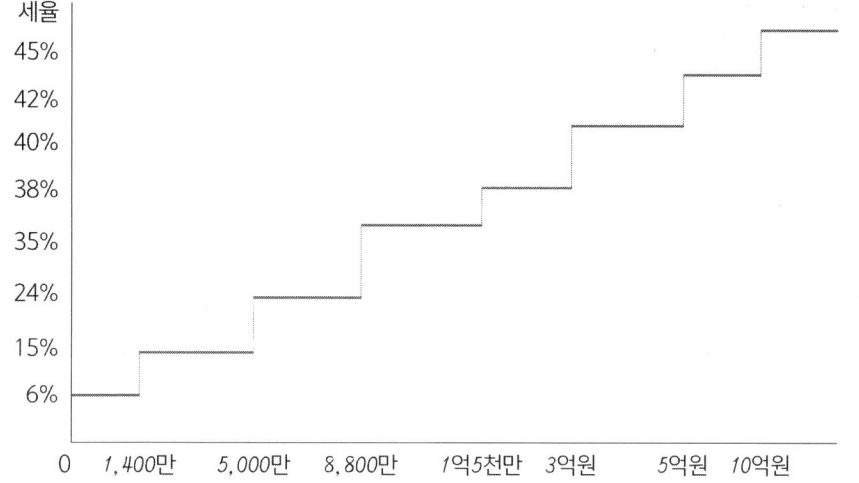

(3) 자진신고 · 납부(신고납세제도)

현행 소득세법은 개인이 ① 다음 해 5월 1일부터 5월 31일까지 본인의 주소지관할세무서에 지난 1년간의 소득을 신고하고 세금을 납부하는 「자진신고 · 납부제도」를 원칙으로 하고 있다. ② 그러나 일부 소득에 대해서는 원천징수제도를 도입하여 이러한 자진신고 · 납부의무를 면제하여 주고 있다.

예를 들어 급여생활자의 경우 본인의 1년치 연봉에 대한 소득세를 개인이 직접 자진하여 신고 · 납부하는 것이 원칙이나 세무지식이 부족한 개인들이 직접 자신의 세금을 신고하는 것이 어려우므로 재직 중인 회사에서 연말정산이란 절차를 통하여 근로자를 대신하여 세금을 신고하여 준다. 또한 은행에서 지급받는 예금이자의 경우에도 은행이 이자지급시 일정금액을 세금을 미리 떼는데(이것을 원천징수라고 부른다) 이 경우 이자가 일정금액 이하인 경우 원천징수로써 납세의무는 종결되며 소득자 본인은 세금을 별도로 신고하지 않도록 하고 있다.

(4) 원천징수제도

개인의 소득에 과세되는 소득세법의 특성상 소득세 납세의무자는 그 숫자가 대단히 많고 대부분은 비사업자이다. 따라서 세원의 탈루를 최소화하고 납세편의를 도모하기 위해 현행 소득세법은 원천징수제도를 광범위하게 적용하고 있다.

(5) 개인별 과세

소득세는 개인별 과세를 원칙으로 하므로 부부 또는 가족의 소득을 합산하여 과세하지 않고 개인별 소득을 기준으로 세금을 구하게 된다. 예를 들어 맞벌이 부부의 경우 남편과 아내의 연봉이 각각 4천만원이라면 남편과 아내는 각자의 연봉 4천만원에 대하여 각자 별도로 소득세를 구하여 납부하게 된다. 다만 예외적으로 가족이 지분비율을 허위로 정하여 공동사업을 하는 경우 주된 소득자에게 합산하여 과세하는 「공동사업합산과세」 규정이 있기도 있다.

2. 소득세의 기본 계산구조

(1) 종합과세와 분류과세

소득세법에서는 소득을 8가지로 구분한 후, 이를 다시 종합소득·퇴직소득·양도소득의 3가지로 분류하여 각 소득에 대한 소득세 계산에 차별을 두고 있다.

① 이때 「종합소득」이란 8가지 소득 중 퇴직소득과 양도소득을 제외한 6가지 소득을 모두 합산한 소득을 의미한다. 즉, 개인의 소득 중 이자·배당·사업소득(부동산임대소득 포함)·근로·연금·기타소득의 6가지는 세금을 별도로 구하지 않고 모두 합산한 금액에 누진세율을 적용하여 세금을 구한다. 이를 「종합과세」라고 하며 쉽게 표현하자면 "더하여, 즉 합산하여 세금을 구한다."는 의미이다. ② 반면, 퇴직소득과 양도소득은 위 6가지 소득과 합산하지 않고 각각 별도로 세금을 구하게 되는데 이를 " 따로 떼서, 즉 분류하여 세금을 구한다."고 하여 「분류과세」라고 한다.

[종합과세와 분류과세]

구 분		과세방법
종합과세	이자소득	6가지 소득을 합산하여 종합소득으로 과세 '종합소득 × 기본세율 = 종합소득세'
	배당소득	
	사업소득(부동산임대소득 포함)	
	근로소득	
	연금소득	
	기타소득	
분류과세	퇴직소득	따로 분류하여 퇴직소득세 별도 계산 '퇴직소득 × 기본세율 = 퇴직소득세'
	양도소득	따로 분류하여 양도소득세 별도 계산 '양도소득 × 양도세율 = 양도소득세'

(2) 종합과세의 특징

소득세는 개인의 소득을 8가지로 구분한 후 그중 6가지 소득을 다시 종합소득으로 묶어 세금을 구하게 된다. 이것을 종합과세라 하며 이러한 종합과세의 결과로 계산된 세금을 「종합소득세」라고 한다.

현행 소득세법이 6가지 소득을 합산하여 세액을 계산하는 종합과세를 채택하고 있는 것은 누진세율 구조와 연관이 있다. 소득세는 최저 6%에서 최고 45%의 누진세율 구조를 채택하고 있으며 누진세율하에서는 소득금액의 크기가 커짐에 따라 세금이 누진적으로 증가하게 됨으로써 세금부담이 늘어나기 때문이다.

예를 들어 사업소득과 근로소득이 각각 1,400만원인 개인의 경우 각각의 소득에 세율을 곱할 경우 1,400만원에 대하여 6%의 세율이 적용이 되지만, 사업소득과 근로소득을 합하여 종합소득에 세율을 곱할 경우 종합소득 중 1,400만원이 초과되는 금액에 대하여 15%의 세율이 적용되게 된다.

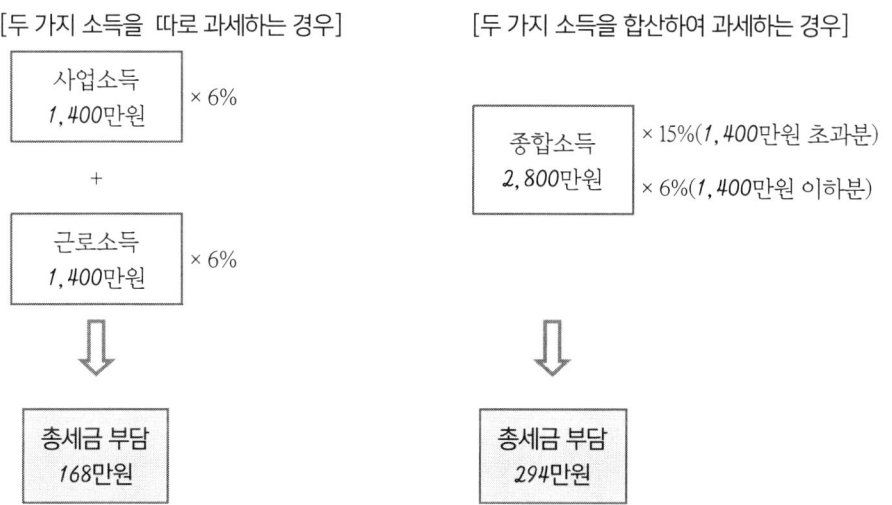

퇴직·양도소득은 위 종합소득에 포함하지 않는데 퇴직소득은 장기간 형성된 소득의 특성상 소득세를 경감시켜 주기 위한 목적이며, 양도소득은 불로소득이므로 소득세를 중과하기 위하여 각각 별도로 세금을 계산하게 되는 것이다.

(3) 종합소득세 계산구조

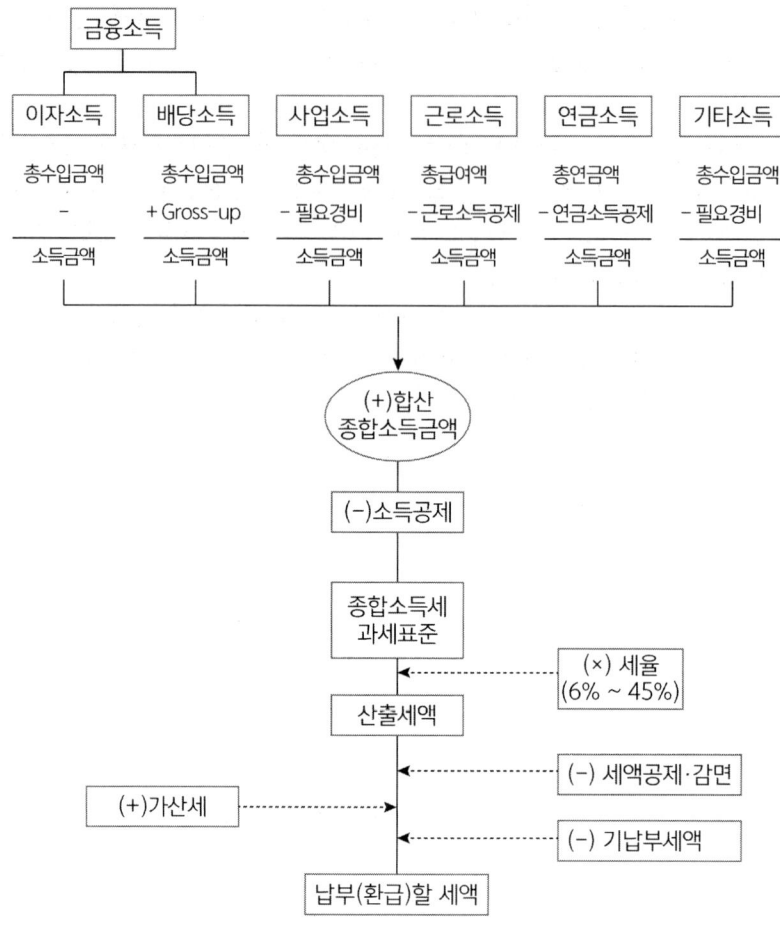

제2절 원천징수의 이해

1. 원천징수의 개요

원천징수란 소득의 "원천"이 되는 지급자가 지급시점에서 일정금액의 세금을 징수하는 제도이다. 예를 들어 회사는 근로자에게 매월의 급여를 지급할 때 일정금액의 세금을 떼며 이렇게 뗀 세금을 회사가 세무서에 신고하고 납부하게 되는데 이를 「원천세 신고」라 한다.

그리고 회사의 경우처럼 소득을 지급할 때 일정액의 세금을 떼서 납부하는 의무가 있는 자를 「원천징수의무자」라고 하며 회사에서 급여를 받는 근로자처럼 소득을 지급받는 자를 「소득자」라고 표현한다.

제1장 소득세와 원천징수 기초

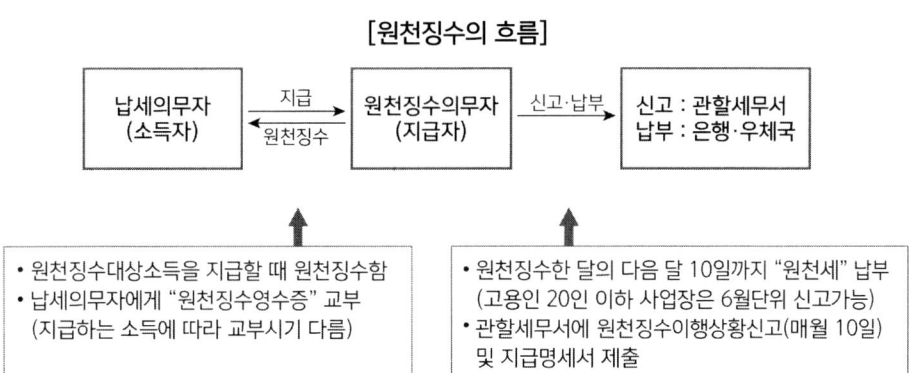

2. 원천징수해야 할 소득

개인에게 소득을 지급하는 자(원천징수의무자)는 일정금액의 세금을 원천징수하여야 하는데 이 경우 원천징수의무자가 원천징수를 하여야 하는 소득은 다음과 같다.

[원천징수대상소득]

구 분		원천징수 유무
이자소득		○
배당소득		○
근로소득(국내)		○
사업소득	일반(부동산임대소득 포함)	×
	특정인적용역(프리랜서 등)	○
연금소득		○
기타소득		○
퇴직소득(국내)		○
양도소득		×

3. 원천징수의 의의

소득세는 원칙적으로 1년간의 소득에 대하여 그 다음 해 5월 말까지 소득자 본인이 직접 자신의 세금을 계산하여 자진신고 · 납부하는 것이 원칙이다. 그렇다면 왜 소득을 지급받는 시점에서 회사가 미리 일정금액의 세금을 떼는 것일까?

① 첫째는 탈세를 방지하기 위해서이다. 소득세는 세금을 자진신고 · 납부하는 방식이므로 소득자가 제대로 자신의 세금을 신고하지 않거나 납부를 하지 않을 경우 국가입장에서는 조세수입확보에 어려움을 겪게 된다. 이러한 경우를 대비하여 아예 소득을 지급하는 자에게 지급시점에서 세금을 떼게 함으로써 국가는 일정액의 세금을 미리 확보할 수 있게 된다. 뿐만 아니라 원천징수와 함께 소득을 받아간 소득자의 인적사항 등을 동시에 신고하도록 하여 소득자료를 확실히 포착할 수 있도록 하고 있다.

② 둘째, 납세자에게 편의를 제공하기 위한 것이다. 개인의 소득에 부과되는 소득세의 특성상 개인의 수는 법인과 비교하여 월등히 많으며, 또한 일반적으로 개인은 세무지식이 부족하여

자진신고·납부시 여러 가지 어려움이 따르기 마련이다. 이러한 문제점을 해소하고자 소득을 지급하는 자가 지급시점에서 미리 일정액의 세금을 징수하여 소득자를 대신하여 납부하면 납세의무자인 개인은 자진신고·납부의 부담을 어느 정도 덜 수 있다.

4. 원천징수의 종류

> 완납적 원천징수제도는 원천징수로 세금의 신고·납부의무가 종결된다.

원천징수는 소득자가 소득을 지급받는 시점에서 세금의 일정부분을 미리 떼어 납부하는 제도이다. 소득세는 종합과세를 원칙으로 하므로 원천징수와는 무관하게 소득자는 다음 해 5월 말까지 자신의 소득을 직접 세무서에 신고하고 세금을 자진납부하여야 한다. 이것을 「예납적 원천징수」라 하며 여기서 예납(豫納)이란 세금의 일정부분을 미리 납부한다는 의미이다. 그러나 예외적으로 원천징수로 과세가 종결되는 경우가 있는데 이것을 「완납적 원천징수」라 하며 현행 소득세법에서의 이자소득의 분리과세 등이 여기에 속한다. 완납적 원천징수는 세무지식이 부족한 납세자의 자진신고납부 부담을 덜어주고 조세징수의 간편성을 위한 것이다.

(1) 예납적 원천징수 – 종합과세

예납적 원천징수란 원천징수로 과세가 종결되지 않으며 다음 해 5월 말까지 따로 확정신고납부를 통해 정산과정을 거쳐 소득세 납세의무가 종결되는 것을 말한다.

소득세법상 원천징수는 분리과세되는 것을 제외하곤 원칙적으로 예납적 원천징수에 속한다. 이 경우 소득을 지급받는 시점에서 납부한 원천징수세액은 이미 납부한 세액으로서 추후 확정신고시 기납부세액이란 명칭으로 총납부할 세액에서 차감하여 준다.

(2) ★완납적 원천징수 – 분리과세[2]

소득지급자가 소득지급시 원천징수함으로써 납세의무가 종결되며 소득자는 확정신고시 따로 신고·납부할 필요가 없다. 현행 소득세법에서 규정하고 있는 분리과세소득은 다음과 같다.

구 분	분리과세 대상소득
이자소득	① 금융소득(이자·배당소득)의 연간 합계액이 2천만원 이하인 경우
배당소득	② 특정 금융소득
사업소득	주택임대소득 연간 합계액이 2천만원 이하인 경우
근로소득	일용근로자의 근로소득
연금소득	① 사적연금소득의 합계액이 연간 1,500만원 이하인 경우(선택적 분리과세) ② 특정 연금소득
기타소득	① 기타소득금액이 3백만원 이하인 경우(선택적 분리과세) ② 복권당첨금 및 서화·골동품 양도 등 특정 기타소득

---

[2] 분리과세란 원천징수로 과세가 종결되는 것이다. 원천징수된 소득 중 금액적으로 별로 중요하지 않아 굳이 다시 신고할 필요가 없는 소득에 대해서 주로 적용된다.

따라서 위 외의 소득은 원천징수와 무관하게 소득자가 별도로 1년간의 소득총액을 다음 해 5월 말까지 주소지 관할세무서에 직접 확정신고 납부하여야 한다.

[원천징수의 구분]

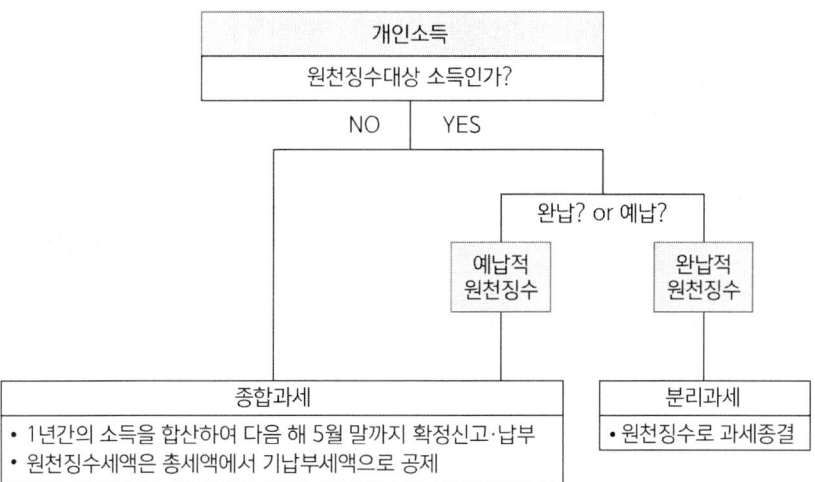

5. 원천징수세액의 납부

> 원천징수의무자는 매달 10일까지 원천징수세액을 납부하여야 한다.

원천징수의무자는 원천징수한 세액을 다음 달 10일까지 은행·우체국 등 가까운 금융기관에 납부하고, 원천징수이행상황신고서를 세무서에 제출하여야 한다.

다만, 반기별납부 승인을 받은 자(직전사업연도 매월 말 상시고용인원의 평균인원수가 20인 이하인 사업자) 또는 관할세무서장으로부터 지정을 받은 자는 상반기 원천징수한 세액은 7월 10일까지, 하반기 원천징수한 세액은 다음 해 1월 10일까지 납부하면 된다.

[원천징수 세액의 납부]

구 분	원천징수일	원천징수세액의 납부기한
일반 사업자	소득지급일	소득지급일의 다음 달 매월 10일까지
반기별납부승인사업자	소득지급일	1기분(1월~6월분) → 7월 10일까지
		2기분(7월~12월분) → 다음 연도 1월 10일까지

※ 신고시 제출서류 : 원천징수이행상황신고서를 세무서(홈택스)에 제출한다.

6. 소액부징수

> 원천징수할 금액이 1,000원 미만이면 세금을 떼지 않는다.

소액부징수란 원천징수의무자가 징수할 세액이 법 소정금액에 미달하는 경우 이를 징수하지 않는 것으로 원천징수세액이 1,000원 미만인 경우(이자소득 제외) 원천징수하지 않는다.

7. 원천징수하지 않았을 경우

> 원천징수를 제대로 하지 않으면 불이익을 받게 된다.

소득세의 원천징수세액을 납부기한 내(다음 달 10일까지) 납부하지 아니하거나 미달 납부한 경우 다음 금액 중 작은 금액을 가산세로 납부하여야 한다.

가산세 = Min(①, ②)

① ⓐ + ⓑ
  ⓐ 미납세액 · 과소납부세액 × 3%
  ⓑ 미납세액 · 과소납부세액 × 납부기한 다음 날부터 자진납부일 또는 납세고지일까지의 기간 × 2.2/10,000

② 한도 : 미납부 · 과소납부분 세액 × 50%("위 ⓐ의 금액"과 "위 ⓑ 중 법정납부기한 다음 날부터 납부고지일까지의 기간에 해당하는 금액"을 합한 금액은 10%)

8. 원천징수 관련서류

원천징수의무자(회사)는 원천징수를 할 때 원천징수영수증을 작성하여 교부하여야 한다. 그리고 그 내역을 원천징수이행상황신고서로 국세청에 신고하면서 원천징수한 세액을 납부하여야 한다. 또한 1년에 한 번씩 원천징수영수증을 국세청에 전자신고를 통하여 제출하며 이를 지급명세서(또는 지급조서)의 제출이라고 한다.

(1) 원천징수영수증

원천징수의무자가 소득자에게 소득을 지급하고 원천징수세액을 징수하였다는 것을 증명하기 위해 작성 · 교부하는 서류가 「원천징수영수증」이다.

일반적으로 원천징수영수증은 3부(발행자보관용, 소득자보관용, 발행자보고용)가 작성되며, 원천징수의무자가 1부를 보관하고, 소득자에게 1부를 교부하며, 추후 세무서에 1부를 지급조서의 형태로 제출하게 된다. 이자 · 배당소득은 같은 양식을 사용하며 그 외 근로 · 사업 · 기타 · 퇴직소득은 별도의 원천징수영수증을 사용하도록 양식이 각각 구분되어 있다.

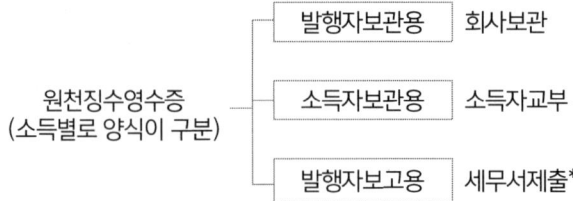

* 원천징수영수증 중 「발행자보고용」은 세무서 제출용으로 「지급명세서」라는 명칭을 사용한다.

(2) 납부서

> 원천징수세액은 다음 달 10일까지 납부서와 함께 납부한다.

원천징수의무자는 원천징수세액을 다음 달 10일까지 납부서를 작성하여 관할세무서·은행·우체국에 납부하여야 한다. 다만 직전연도의 상시고용인원이 20인 이하 사업장의 경우 세무서장의 승인을 얻은 경우 반기별로 납부할 수도 있다.

납부서는 총 3장으로 구성되어 있으며 영수증서는 납세자가 영수증으로 갖고, 영수필통지서는 세무서에 통지하며, 납부서는 은행이 한국은행에 납부통지를 하는 데 이용된다.

납 부 서 (수납기관용)

(전자)납부번호					수입징수관서	계좌번호	
분류기호	서코드	납부년월	납부구분	세목			
0126					세무서		
상호(성명)		사업자(주민)등록번호			일반회계	재정경제부 소관	조세
사업장(주소)				전화	회계연도		

귀속연도/기분	년 귀 속 기 분	왼쪽의 금액을 한국은행 국고(수납)대리점인 은행 또는 우체국에 납부하시기 바랍니다. (인터넷 등에 의한 전자납부 가능)
세목명	납부금액 조천백십억천백십만천백십원	
세		납부기한 년 월 일
농어촌특별세		년 월 일 은 행 지점 우체국
계		

수납받을 때 납부자 실명번호인 **"주민/사업자 등록 번호"**를 반드시 입력하여야 합니다.

(3) 원천징수이행상황신고서

> 원천징수의무자는 매월 원천징수이행상황신고서를 세무서에 제출하여야 한다.

원천징수의무자는 매월 지급한 소득 및 원천징수 내역을 정리하여 집계한 표를 다음 달 10일까지 세무서에 제출하여야 하는데 이를 원천징수이행상황신고서라 한다. 원천징수영수증과 달리 원천징수이행상황신고서는 소득자 개인별로 작성하지 않고 총계를 한 장의 서식에 종괄하여 요약하여 기록하도록 구성되어 있다.

①신고구분						☑원천징수이행상황신고서 ☑원천징수세액환급신청서			② 귀속연월	20×1년2월	
매월	반기	수정	연말	소득 처분	환급 신청				③ 지급연월	20×1년2월	
원천 징수 의무자		법인	한강건설(주)			대표자(성명)		김대진	일괄납부	여, 부	
									사업자단위	여, 부	
		사업자 번호	123-81-12345			사업장소재지		서울 종로	전화번호	02-123-1234	
									전자우편주소		

❶ 원천징수 명세 및 납부세액 (단위 : 원)

소득자 소득구분			코드	원천징수명세					⑨ 당월조정 환급세액	납부 세액	
				소득지급(과세 미달, 일부 비과세 포함)		징수세액				⑩ 소득세 등 (가산세 포함)	⑪ 농어촌 특별세
				④ 인원	⑤ 총지급액	⑥ 소득세등	⑦ 농어촌 특별세	⑧ 가산세			
개 인	근로 소득	간이세액	A01	8	22,230,000	1,198,170					
		중도퇴사	A02								
		일용근로	A03								

		연말정산	A04	8	323,231,250	-3,901,030				
		가감계	A10	16	345,461,250	-2,702,860				
	퇴직소득	연금계좌	A21							
		그 외	A22							
		가감계	A20							
	사업소득	매월징수	A25							
		연말정산	A26							
		가감계	A30							
	기타소득	연금계좌	A41							
		그 외	A42	1	1,000,000	40,000				
		가감계	A40	1	1,000,000	40,000		40,000		
	연금소득	매월징수	A48							
		공적연금	A45							
		연말정산	A46							
		가 감 계	A47							
	이자소득		A50							
	배당소득		A60							
	저축해지추징세액		A69							
	비거주자양도		A70							
법인	내·외국법인원천		A80							
	수정신고(세액)		A90							
총 합 계			A99	17	346,461,250	40,000		40,000		

❷ 환급세액 조정 (단위 : 원)

전월 미환급 세액의 계산			당월 발생 환급세액				⑱ 조정대상 환급세액 (⑭+⑮+⑯+⑰)	⑲ 당월조정 환급세액계	⑳ 차월이월 환급세액 (⑱-⑲)	㉑ 환 급 신청액
⑫ 전월미환급 세 액	⑬ 기 환 급 신청세액	⑭ 차감잔액 (⑫-⑬)	⑮ 일반환급	⑯ 신탁재산 (금융회사 등)	⑰그밖의 환급세액					
					금융 회사 등	합병 등				
			2,702,860				2,702,860	40,000	2,662,860	2,662,860

(4) 지급명세서

> 원천징수의무자는 1년에 한 번 지급명세서를 세무서에 제출하여야 한다.

지급명세서란 원천징수의무자가 소득자의 인적사항·소득금액·지급시기 및 원천징수내역을 기재하여 세무서에 제출하도록 한 서류이다. 즉 지급명세서란 어떤 사람이 얼마의 소득을 언제 받아갔다는 일종의 개인별 소득에 대한 과세자료라고 할 수 있다. 이러한 지급명세서는 그 지급일이 속하는 연도의 다음 연도 2월 말까지(근로·퇴직·사업소득지급명세서의 경우 3월 10일까지) 세무서에 제출한다. 다만, 일반적으로 지급명세서는 원천징수영수증의 양식과 동일하므로 별도의 지급명세서를 작성하는 것이 아니라 원천징수영수증을 제출하게 된다. 따라서 원천징수영수증 중 세무서에 보고하는 「발행자보고용」 서식을 지급명세서라고 부르는 것이 일반적이다.

10. 전자신고와 납부

원천징수의무자는 매월 10일까지 원천징수이행상황신고서를, 그리고 다음 해 2월 말까지는 지급명세서(근로·퇴직·사업소득지급명세서의 경우 3월 10일까지)를 세무서에 제출하여야 한다. 이때 서면이나 우편제출을 이용하지 않고 인터넷을 이용한 전자신고가 가능하다. 현재 국세청에서는 세금의 신고·납부 및 민원증명을 등을 인터넷으로 처리할 수 있도록 「국세청 홈택스 서비스(www.hometax.go.kr)」를 제공하고 있다.

[근로소득지급명세서 양식]

[ ]근로소득 원천징수영수증 [ ]근로소득 지 급 명 세 서	거주구분		거주자1 /비거주자2	
	거주지국		거주지국코드	
	내 · 외국인			
	외국인단일세율적용		여 1 / 부 2	

징 수 의무자	① 법인명(상 호)	② 대 표 자(성 명)
	③ 사업자등록번호	④ 주 민 등 록 번 호
	⑤ 소 재 지(주소)	
소득자	⑥ 성 명	⑦ 주 민 등 록 번 호
	⑧ 주 소	

	구 분	주(현)	종(전)	종(전)	⑯-1 납세조합	합 계
근무처별소득명세	⑨ 근 무 처 명					
	⑩ 사업자등록번호					
	⑪ 근무기간	~	~	~	~	~
	⑫ 감면기간	~	~	~	~	~
	⑬ 급 여					
	⑭ 상 여					
	⑮ 인 정 상 여					
	⑮-1 주식매수선택권행사이익					
	⑮-2 우리사주조합인출금					
	⑮-3 임원 퇴직소득 한도초과액					
	⑮-4					
	⑯ 계					

비과세 및 감면소득명세	⑱ 국외근로	M0X					
	⑱-1 야간근로수당	O0X					
	⑱-2 출산 보육수당	Q0X					
	⑱-4 연구보조비	H0X					
	⑱-5						
	⑱-6						
	~						
	⑱-25						
	⑲ 수련보조수당	Y22					
	⑳ 비과세소득 계						
	⑳-1 감면소득 계						

				(80) 소 득 세	(81) 지방소득세	(82) 농어촌특별세
세액명세	구 분					
	(74) 결 정 세 액					
	기납부 세 액	(75) 종(전)근무지 (결정세액란의 세액 기재)	사업자등록번호			
		(76) 주(현)근무지				
	(77) 납부특례세액					
	(78) 차 감 징 수 세 액((74)-(75)-(76)-(77))					

위의 원천징수액(근로소득)을 정히 영수(지급)합니다.

년 월 일

징수(보고)의무자 (서명 또는 인)

세 무 서 장 귀하

실무이론평가 대비

01 다음 중 소득세에 대한 설명으로 옳지 않은 것은? • 3회
① 소득세는 납세의무자와 담세자가 일치할 것으로 예정된 직접세이다.
② 비거주자는 국내원천소득에 대해 소득세 납세의무가 있다.
③ 거주자가 사망한 경우에 소득세 과세기간은 1월 1일부터 사망한 날까지로 한다.
④ 소득세는 과세기간의 다음연도 5월 31일까지 정부가 부과·고지함으로써 확정된다.

해설

소득세는 납세의무자가 과세기간의 다음연도 5월 1일부터 5월 31일까지 과세표준 확정신고를 함으로써 확정된다.

※ 소득세 과세기간

구 분		과세기간
원 칙		1월 1일~12월 31일(임의변경불가)
예 외	① 사망시	1월 1일~사망일
	② 출국시	1월 1일~출국일

02 다음 중 소득세에 대한 설명으로 옳지 않은 것은? • 9회
① 퇴직소득과 양도소득은 다른 소득과 합산하지 아니하고 분류과세한다.
② 비거주자는 국내원천소득에 대하여만 소득세 납세의무를 진다.
③ 소득세는 부과과세제도를 채택하고 있으므로 정부의 결정으로 납세의무가 확정된다.
④ 분리과세소득은 원천징수로써 소득세의 과세가 종결된다.

해설

소득세는 신고납세제도를 채택하고 있으므로 납세의무자의 확정신고에 의하여 납세의무가 확정된다.

ANSWER 01. ④ 02. ③

제1장 소득세와 원천징수 기초

03 종합소득 과세표준 확정신고에 대한 설명으로 옳지 않은 것은? • 10회

① 소득세는 납세의무자의 확정신고로 과세표준과 세액이 확정된다.
② 거주자가 사망한 경우 소득세 과세기간은 1월 1일부터 사망한 날까지로 한다.
③ 분리과세 이자소득만 있는 거주자는 과세표준 확정신고를 하지 아니할 수 있다.
④ 소득세의 모든 소득은 종합과세, 분리과세 중 어느 한 방법으로 과세된다.

해설
소득세의 모든 소득은 종합과세, 분리과세, 분류과세 중 어느 한 방법으로 과세된다.

04 소득세법에 대한 내용으로 옳지 않은 것은? • 11회

① 소득세는 신고납세주의를 채택하고 있으며, 납세자가 과세표준 확정신고를 함으로써 소득세의 납세의무가 확정된다.
② 거주자는 국내외 원천소득에 대한 납세의무가 있으나, 비거주자는 국내원천소득에 대한 납세의무만 있다.
③ 소득세의 과세기간은 1월 1일부터 12월 31일까지이나, 1년 이내의 기간을 한도로 과세기간을 변경할 수 있다.
④ 계속하여 183일 이상 국내에 거주할 것을 통상 필요로 하는 직업을 가진 자는 국내에 주소가 있는 것으로 본다.

해설
소득세의 과세기간은 소득세법에 획일적으로 규정되어 있고, 변경이 불가능하다.

ANSWER 03. ④ 04. ③

TAT 2급

05 다음 중 소득세와 관련된 설명으로 옳지 않은 것은? • 14회

① 확정신고기간은 다음연도 5월 1일부터 5월 31일(성실신고확인대상사업자는 6월 30일)까지이다.
② 거주자가 사망한 경우의 소득세 과세기간은 1월 1일부터 사망한 날까지로 한다.
③ 원천징수에는 예납적 원천징수와 완납적 원천징수가 있다.
④ 비거주자는 국내외 모든 소득에 대해 소득세 납세의무가 있다.

해설

비거주자는 국내원천소득에 대해 소득세 납세의무가 있다.
※ 소득세 납세의무자 구분

구분	개념	과세대상소득 범위
거주자	국내에 주소나 183일 이상 거소를 둔 개인(국적과 무관)	국내 및 국외 모든 원천소득
비거주자	거주자가 아닌 개인	국내원천소득

06 다음 중 소득세에 관한 설명으로 옳은 것은? • 21회

① 거주자가 폐업하는 경우의 과세기간은 1월 1일부터 폐업일까지이다.
② 사업소득에 대해 원천징수하는 경우는 없다.
③ 이자소득은 다른 종합소득과 합산하지 않고 별도로 과세하는 분류과세대상 소득이다.
④ 비거주자도 국내원천소득에 대해서는 소득세를 납부할 의무가 있다.

해설

① 폐업하는 경우에도 과세기간은 1월 1일부터 12월 31일까지이다.
② 부가가치세 면세대상인 의료보건용역과 인적용역에 대한 수입금액은 원천징수대상이다.
③ 이자소득은 종합과세 또는 분리과세 대상이나, 분류과세대상은 아니다.

ANSWER 05. ④ 06. ④

제1장 소득세와 원천징수 기초

07 다음 중 원천징수에 대한 설명으로 옳지 않은 것은? •3회
① 분리과세대상소득은 별도의 확정신고절차 없이 원천징수로써 납세의무가 종결된다.
② 금융소득이 연간 1,500만원을 초과하는 경우에는 원천징수 후 종합소득에 합산된다.
③ 연 300만원 이하의 기타소득금액은 거주자의 선택에 의하여 분리과세하거나 종합과세한다.
④ 근로소득에 대해서는 매월 원천징수 후 다음연도 2월분 근로소득 지급시 연말정산한다.

해설

금융소득이 연간 2천만원을 초과하는 경우에는 원천징수 후 종합소득에 합산된다.

08 다음 중 소득세 신고 및 납부에 대한 설명으로 옳지 않은 것은? •20회
① 사업소득이 있는 거주자의 중간예납기간은 1월 1일부터 6월 30일까지이다.
② 퇴직소득과 양도소득에 대해서는 중간예납을 하지 않는다.
③ 납부할 세액이 500만원을 초과하는 경우 분납을 할 수 있다.
④ 연말정산한 근로소득만 있는 자는 과세표준확정신고를 하지 않아도 된다.

해설

납부할 세액이 1,000만원을 초과하는 경우 분납을 할 수 있다.

※ 소득세 중간예납 및 확정신고

구 분		내 용
중간예납	대상자	사업소득이 있는 거주자
	신고대상기간	1월 1일~6월 30일
	납부기한	11월 30일
	소액부징수	50만원 미만인 경우 징수하지 않음
확정신고	대상자	종합소득금액이 있는 거주자
	확정신고기한	다음 연도 5월 1일부터 5월 31일까지
	분납	납부할 세액이 1,000만원 초과인 경우 분납가능
	분납기한	2개월

ANSWER 07. ② 08. ③

09 다음 중 소득세에 대한 설명으로 옳지 않은 것은? • 38회

① 소득세의 과세기간은 1월 1일부터 12월 31일을 원칙으로 하며, 거주자가 출국하여 비거주자가 되는 경우에는 1월 1일부터 출국일까지로 한다.
② 해당 과세기간의 신규사업개시자는 중간예납의무를 지지 않는다.
③ 퇴직소득과 양도소득은 종합소득과 합산과세하지 않는다.
④ 부부가 공동사업을 영위하는 경우에는 부부단위로 합산하여 과세하는 것이 원칙이다.

해설

우리나라의 경우에는 원칙적으로 개인단위과세를 채택하고 있으므로 부부나 가족의 소득을 합산하여 과세하지 않는다. 그러나 공동사업자의 동거가족이 손익분배비율을 허위로 정하는 경우에는 그렇지 아니한다.

09. ④

CHAPTER 02 근로소득 원천징수

- [NCS연계] 원천징수_근로소득 원천징수하기
- [학습목표] - 임직원의 인적공제사항을 소득세법에 따라 세무정보시스템 또는 급여대장을 작성·관리할 수 있다.
  - 회사의 급여규정에 따라 임직원 및 일용근로자의 기본급, 수당, 상여금 등의 급여금액을 정확하게 계산할 수 있다.
  - 세법에 의한 임직원 및 일용근로자의 급여액에 대한 근로소득금액을 과세 근로소득과 비과세 근로소득으로 구분하여 계산할 수 있다.
  - 간이세액 기준에 따라 급여액에 대한 산출된 세액을 공제 후 지급할 수 있다.
  - 중도퇴사자에 대한 근로소득 정산에 의한 세액을 환급 또는 추징할 수 있다.
  - 근로소득에 대한 원천징수 결과에 따라 원천징수이행상황신고서를 작성 및 신고 후 세액을 납부할 수 있다.

제1절 근로소득 원천징수 기본

1. 일반급여자의 근로소득 원천징수

(1) 의의

① 소득세 납부의무자인 개인은 1년(매년 1월 1일~12월 31일)간의 소득에 대한 소득세를 다음해 5월 말까지 주소지 관할세무서에 자진신고·납부하여야 한다.
근로소득 또한 종합소득의 일부이므로 근로소득이 있는 개인은 회사로부터 수령한 총급여에 대한 소득세를 직접 계산하여 자진신고·납부하여야 한다.

② 그러나 근로자들의 경우 대부분 비사업자이고 세무지식이 부족하다. 또한 약 1,500만명에 달하는 근로자들이 직접 자진신고·납부한다는 것은 세무행정상으로도 비효율적이다.

③ 이러한 문제점을 해결하기 위해 소득의 지급자인 회사가 근로자를 대신하여 세금을 납부하도록 하고 있는데 「매월 급여지급시 간이세액표에 의한 원천징수」와 「연말정산」제도가 바로 그것이다.

(2) 1~12월 매월분의 근로소득에 대한 원천징수

① 근로자의 1년간 총급여는 12월 말이 되어서야 비로소 확정이 되므로 회사는 해당 근로자의 1년간 세금을 다음 해 1월이 되어서야 정확히 계산할 수 있다. ② 그러나 1년간 소득에 대한 세금을 한꺼번

에 납부하도록 한다면 세부담이 특정시점에 가중될 수 있다(예를 들어 지난 1년간의 소득세를 12월 급여지급시 한꺼번에 징수한다면 12월 급여의 대부분이 소득세로 징수되는 결과를 초래하게 된다). 따라서 현행 소득세법에서는 매월 급여지급시 대략적인 한 달분 세금을 원천징수하여 납부하도록 하고 있으며 이 경우 매월 납부하는 세금은 정확히 계산된 것이 아니므로 세액을 별도로 계산하지 않고 「근로소득 간이세액표」에 의해서 원천징수한다.

(3) 다음 해 2월 연말정산

근로자에게 급여를 지급하는 회사는 매월 급여지급시 대략적인 세금을 「간이세액표」에 의해 원천징수하여 납부한다.

이 경우 매월 급여지급시 원천징수된 세액은 정확히 계산된 것이 아니므로 1년간 총급여가 확정되는 시점(다음 해 2월 급여지급시)에서 회사는 지금까지 납부한 원천징수세액과 최종계산된 소득세를 비교하여 정산하여야 한다. 이것을 「연말정산」이라고 한다.

[근로소득원천징수의 흐름]

```
        회사              급여 지급         근로자
   (원천징수의무자)    ──────────▶    (소득세납세의무자)
         ▲                                    ▲
         │                                    │
• 매월 급여지급시 「간이세액표」에 의해      • 연말정산으로 소득세 납세의무종결
  원천징수                                  • 단, 다른 종합소득이 있는 경우 별도로 5월 말
• 당해연도의 다음연도 2월분 급여 지급시       확정신고
  지난 1년의 근로소득에 대한 소득세 정산
```

[연말정산 예시]

```
  1.1                        12.31      2월
   ├──────────────────────────┼─────────┤
                                        총급여
   ◀──────────────────────▶              ...
   매월급여(1,000,000원) 지급시 원천징수    × 누진세율
   → 10,000 × 12 = 120,000(가정)         결정세액    90,000원(가정)
                                         (−)기납부세액 120,000원
                                         = 환급세액   (−)30,000원
```

2. 월급여지급시 간이세액표에 의한 원천징수

(1) 의의

국내근로소득 중 일반근로자가 받는 근로소득의 경우 매월 급여지급시 간이세액표에 따라 일정액을 원천징수하여야 한다. 이때 「간이세액표」란 매월 급여지급시 회사가 해당 근로자별로 원천징수세액을 별도로 계산하는 불편을 해소하기 위해 부양가족수와 근로자가 받는 월급여 및 제수당 총액에 대하여 근로자가 납부하여야 할 연근로소득세를 월단위로 환산하여 정리한 속산표이다.

(2) 간이세액표 적용방법

[1 단계] 월급여 산정(월급여총액 - 비과세소득)

회사 자체적인 월급여액을 산정해 낸다. 단, 급여총액에는 비과세급여를 포함하지 아니한다. 또한 원천징수의무자가 근로소득에 해당하는 학자금을 지급하는 때 원천징수하는 소득세의 계산은 해당 학자금을 제외한 월급여액(비과세소득 제외)을 기준으로 하여 계산할 수 있다.

[2 단계] 부양가족수 산정

소득자의 부양가족에 따른 공제대상 인원을 파악한다.
① 본인 및 배우자도 각각 1명으로 보아 공제대상가족의 수를 계산한다.
② 자녀세액공제 적용 방법(공제대상가족 중 8세 이상 20세 이하 자녀가 있는 경우)

> 자녀세액공제 적용 시 공제대상가족의 수 = 실제 공제대상가족의 수 + 8세 이상 20세 이하 자녀의 수

<적용사례>
(1) 공제대상가족의 수가 3명(8세 이상 20세 이하 자녀가 1명)인 경우에는 "4명"의 세액을 적용함
(2) 공제대상가족의 수가 4명(8세 이상 20세 이하 자녀가 2명)인 경우에는 "6명"의 세액을 적용함
(3) 공제대상가족의 수가 5명(8세 이상 20세 이하 자녀가 3명)인 경우에는 "8명"의 세액을 적용함

[3 단계] 월급여와 부양가족수에 따른 간이세액 산정

간이세액표상의 행에서 해당 급여를 찾고, 열에서 공제 가능 인원수를 찾는다.
예를 들어 자신의 월급여가 월 290만원이며, 본인을 포함한 부양가족수가 3인(20세 이하 자녀가 없는 경우)인 경우 간이세액표상 월급여는 290만원이고 부양가족수가 3인이므로 원천징수할 세액은 소득세는 28,480원이고 지방소득세 2,840원(소득세의 10%로 원단위 절사)이다.

[근로소득 간이세액표(가상의 수치임)]

월급여액(천원) [비과세및학자금 제외]		공제대상가족의 수							
이 상	미 만	1	2	3	4		9	10	11
2,850	2,860	71,580	54,080	26,830	21,580	중 략	3,690	0	0
2,860	2,870	72,440	54,940	27,160	21,910		3,910	0	0
2,870	2,880	73,290	55,790	27,490	22,240		4,120	0	0
2,880	2,890	74,150	56,650	27,820	22,570		4,330	0	0
2,890	2,900	75,010	57,510	28,150	22,900		4,540	1,170	0
2,900	2,910	75,860	58,360	28,480	23,230		4,750	1,380	0
2,910	2,920	76,720	59,220	28,810	23,560		4,970	1,590	0
2,920	2,930	77,570	60,070	29,140	23,890		5,180	1,800	0

TAT 2급

> **참고** 근로소득 간이세액표 조회
>
> 실무상 적용하는 근로소득 간이세액표는 [국세청 홈택스 (www.hometax.go.kr)] → [조회/발급] → [기타 조회] → [근로소득간이세액표]에서 다운로드받을 수 있다.

3. 일용직근로자의 과세방법

(1) 일용근로자란?

① 근로계약을 1일 단위로 체결하고 계속 고용이 보장되지 않는 근로자로서 근로를 제공한 날 또는 시간에 따라 근로대가를 계산하거나 근로성과에 따라 급여를 계산하여 받는 사람을 의미한다. ② 동일한 고용주에게 3월(건설노무자는 1년) 이상 계속 고용되어 있지 아니한 자를 일용근로자로 규정하므로 3월(1년) 이상 계속 동일한 고용주에게 고용된 경우, 계속 고용으로 3월(1년)이 되는 날이 속하는 월부터 일반급여자로 보아 근로소득에 대해 원천징수한다.

(2) 일용근로자 과세방법

일용근로자의 근로소득은 종합소득 과세표준에 합산하지 않고 원천징수로써 과세를 종결한다.(완납적 원천징수)

구 분		원천징수 여부	종합과세 여부
국내 근로소득	일반근로자	○ (예납적, 간이세액표)	종합과세
	일용근로자	○ (완납적, 6%)	분리과세

원천징수세액은 1일 급여액을 기준으로 다음과 같이 과세한다.

계산구조	사 례
일급여액	200,000원
− 근로소득공제(일 15만원)	150,000원
= (일용)근로소득금액	50,000원
× 세율(6%)	
= 산출세액	3,000원
− 근로소득세액공제 (산출세액의 55%)	1,650원
= 결정세액	1,350원

* 원천징수세액 : 1,350원 (지방소득세 130원)

제2절 근로소득의 범위와 비과세

1. 근로소득의 범위

'근로소득'이란 근로자가 고용계약에 의하여 종속적인 지위에서 근로를 제공하고 대가로 받는 모든 금품을 말한다. 근로의 대가로 근로자가 받는 것이면 급여·수당 등 명칭 또는 지급방법(현금은 물론 현물도 포함)에도 불구하고 모두 근로소득이 된다.

(1) 근로소득의 개념

근로소득은 원천징수대상여부에 따라 국내근로소득, 국외근로소득으로 구분된다.

구 분	내 용
(1) 국내근로소득	① 근로의 제공으로 인하여 받는 봉급·급료·세비·임금·상여·수당과 이와 유사한 성질의 급여 ② 법인의 주주총회·사원총회 등 의결기관의 결의에 의하여 상여로 받는 소득

	③ 법인세법에 의하여 상여로 처분된 금액(인정상여)
	④ 퇴직함으로써 받는 소득으로서 퇴직소득에 속하지 아니하는 소득
(2) 국외근로소득[3]	① 외국기관·우리나라에 주둔하는 국제연합군(미국군 제외)으로부터 받는 소득
	② 국외에 있는 외국인·외국법인(국내지점·국내영업소 제외)으로부터 받는 급여

(2) 근로소득에 포함되는 것

근로소득에는 다음의 소득이 포함된다.
① 기밀비, 교제비 등의 명목으로 받는 것으로서 업무를 위하여 사용된 것이 분명하지 아니한 급여
② 종업원이 받는 공로금·위로금·학자금·장학금(종업원의 자녀가 사용자로부터 받는 학자금·장학금 포함) 등 이와 유사한 성질의 급여 및 각종수당
③ 사택제공이익. 다만, 비출자임원(상장소액주주 포함)과 임원이 아닌 종업원이 사택을 제공받는 경우는 과세 제외함 ← 사택이란 회사가 집세나 유지비의 전부 또는 일부를 부담하면서 종업원이 거주하는 주택을 의미한다.
④ 종업원이 주택의 구입·임차에 소요되는 자금(주택자금대여액)을 저리 또는 무상으로 제공받음에 따라 받은 이익(모든 임직원)

구 분	출자임원(소액주주임원 제외)	비출자임원·종업원·소액주주임원
사택제공이익	근로소득 ○	근로소득 ×
주택자금대여이익	근로소득 ○	근로소득 ○**

** 단, 중소기업 종업원이 주택의 구입·임차자금을 무상·저리로 대여받음으로써 얻는 이익은 제외

⑤ 주식매수선택권(stock-option) 행사로 얻은 이익(법인의 임직원이 해당 법인의 근무기간 중에 행사함으로써 얻은 이익)

주식매수선택권 구분	과세여부	비 고
근무기간 중 행사이익	근로소득 과세	단, 벤처기업 임직원의 행사이익은 연간 2억원까지 비과세(요건 있음)
퇴직후 행사 이익 또는 고용관계없이 부여받은 주식매수선택권 행사이익	기타소득	

(3) 근로소득으로 보지 않는 것

구 분	내 용
사택제공이익	사택을 종업원 및 임원에게 무상 또는 저가로 제공 (비출자임원 및 사용인·상장법인의 소액주주만 해당)
경조금	사회통념상 타당하다고 인정되는 범위 내의 금액
단체순수보장성보험 등	종업원의 사망·상해 또는 질병을 보험금의 지급사유로 하고 종업원을 피보험자와 수익자로 하는 보험으로 단체순수보장성보험과 단체환급부보장성보험의 보험료 중 연 70만원 이하의 금액

---

[3] 원천징수의 대상이 아닌 국외근로소득이 되기 위해서는 다음 두 가지 요건을 모두 충족해야 한다.
   ① 국외에 있는 비거주자 또는 외국법인으로부터 지급받을 것
   ② 국내사업장의 필요경비 또는 손금으로 계상되지 않을 것

2. ★비과세 근로소득

▶ 저자주 : 수험목적으로 ★ 위주로 학습할 것

회사는 매월 급여지급시 매월분 급여에 대한 세액을 간이세액표에 의해 원천징수를 하여야 한다. 이 경우 간이세액표상 「월급여」는 회사에서 지급받는 급여 총액을 의미하는 것이 아니라 세법에서 규정하고 있는 비과세를 제외한 금액을 의미한다.

> 간이세액표상 월급여 = 당해 월급여총액(근로소득) - 비과세근로소득

(1) 실비변상적 성질의 급여

회사 업무 중 발생하는 실경비성격의 급여로서 다음의 금액을 말한다.
① 일직료 · 숙직료
② ★자가운전보조금 월 20만원 이내
  - ㉠ 종업원이 소유하거나 본인명의로 임차한 차량을 종업원이 직접 운전하여 사용자의 ㉡ 업무수행에 이용하고 ㉢ 시내출장 등에 소요된 실제여비를 지급받는 대신에 그 소요경비를 당해 사업체의 규칙 등에 의하여 정하여진 지급기준에 따라 지급받는 금액 중 월 20만원 이내의 금액
  - 종업원이 부부 공동명의로 된 차량을 업무에 이용하고 지급기준에 따라 받은 월 20만원 이내의 금액은 비과세 적용 가능

[자가운전보조금의 유형별 비과세 여부]

유 형	비과세 여부
규정에 따라 본인 소유의 차량에 대해 차량보조금을 지급하고 있으며, 시내출장 등에 소요된 실제 여비는 지급하지 않는다.	비과세
차량을 소유하고 있는 직원에게 자가운전보조금을 지급하고 있으며, 시내출장 시 별도의 출장비를 지급하고 있다.	과세
본인 명의 소유 차량을 직접 운전하여 업무상 이용하고 매월 고정비로 받는다.	비과세

③ 제복 · 제모 · 제화 · 작업복
④ 벽지근무수당(20만원 이내)
⑤ 각종위험수당(군인이 받는 낙하산강하위험수당, 항공수당 등)
⑥ 교원 및 ★연구원(중소기업 · 벤처기업의 기업부설연구소 · 연구전담부서의 연구종사자 포함)의 연구활동비 월 20만원 이내의 금액
⑦ 선원이 받는 월 20만원 이내의 승선수당
⑧ 기자 등이 받는 취재수당 중 월 20만원 이하의 금액

(2) ★다음의 식사 또는 식대

① 현물식대
② 20만원 이하 현금식대(단, 현물식대 제공시는 과세)

[식대의 유형별 과세여부]

유 형	비과세여부
매월 지급하고 있으며, 별도의 음식물은 제공하고 있지 않다.	비과세
매월 지급하고 있으며, 회사 구내식당에서 중식을 제공하고 있다.	과세
매월 지급하고 있으며, 야근시 석식을 제공하고 있다.	비과세

(3) ★출산 및 보육수당 월 20만원 이내

근로자 또는 그 배우자의 출산이나 6세 이하의 자녀의 보육과 관련하여 사용자로부터 지급받는 급여로서 월 20만원 이내의 금액
① 맞벌이부부가 6세 이하의 자녀 1인에 대하여 각 근무처로부터 보육수당을 수령하는 경우에는 각각 월 20만원 이내의 금액을 비과세
② 근로자가 6세 이하의 자녀 2인을 둔 경우에는 자녀수에 상관없이 월 20만원 이내의 금액을 비과세
③ 사용자가 분기마다 보육수당을 지급하는 경우에는 지급 월에 20만원 이내의 금액을 비과세함(3달분을 한꺼번에 60만원 지급시 해당 월의 20만원만 비과세)
④ 자녀보육수당 지급시 만 6세 이하 기준의 적용은 과세기간 개시일을 기준으로 판단

(4) 비과세 학자금(대학원 포함)

학교 및 직업훈련시설의 교육비 중 다음 요건을 갖춘 학자금
① 업무와 관련있는 교육·훈련을 위하여 지급받는 학자금으로서
② 당해 업체의 규칙 등에 정해진 지급기준에 의하여 지급되고
③ 교육기간이 6월 이상인 경우에는 교육 후 교육기간을 초과하여 근무하지 않는 경우 반환하는 조건일 것
   ※ 학교 등이 아닌 사설어학원 수강료를 지원받는 금액은 과세
   ※ 본인이 아닌 자녀학자금은 과세

(5) ★국외(북한지역 포함)에서 근로를 제공하는 받는 다음의 급여

① 일반적인 경우 : 월 100만원
② 원양어업선박, 국외항행선박 또는 국외 건설현장 근로(감리업무 포함)인 경우 : 월 500만원

(6) 건강보험법, 고용보험법에 따라 사용자가 부담하는 부담금

(7) 법률에 따라 받는 일정 급여

① 고용보험법에 의하여 받는 실업급여, 육아휴직급여, 출산전후휴가급여, 육아기 근로시간 단축급여 등

② 교육기본법에 따라 받는 대학생의 근로장학금

(8) ★직무발명보상금

발명진흥법(제2조 제2호)에 따라 종업원 등이 사용자 등으로부터 받는 보상금으로 연 700만원 이하

(9) ★생산직근로자 등의 연장(초과)근로수당

① ㉠ 생산직 근로자로서 ㉡ 월정액 급여가 210만원 이하이고 ㉢ 직전 과세기간의 총급여액이 3,000만원 이하인 경우 다음의 금액을 비과세한다.

구분	내용	비과세한도
(1) ① 공장에서 근로를 제공하는 생산 및 관련 종사자 ② 운전 및 운송관련직 종사자, 운송·청소·경비 관련 단순 노무직 종사자 ③ 조리 및 음식서비스직 종사자 등의 단순 노무직 종사자 중 일정한 요건을 모두 갖춘 사업주에게 고용된 자	근로기준법에 따른 연장근로·야간근로·휴일근로를 하여 통상임금에 더하여 받는 급여	연 240만원
(2) 광산근로자·일용근로자		해당 급여총액
(3) 어선에 승무하는 선원(선장 제외)	선원법에 따라 받는 생산수당	연 240만원

② 월정액 급여는 다음과 같이 계산한다.

> 월정액급여 = 매월 급여총액 – 상여 등 부정기적인 급여 – 실비변상적 성격의 비과세급여 – 연장(초과)근로수당

참고 생산직 근로자의 월정액 급여

생산직 근로자 연장근로수당 비과세 판단시「월정액급여」는 과세되는 소득을 구하는게 아니므로 과세소득과 비과세소득을 모두 매월의 급여에 포함하여 판단한다.
예를 들어, 생산직 근로자의 1월, 2월의 급여가 다음과 같을 경우 "월정액급여"계산 및 비과세여부 판단을 예시하면 아래와 같다.

월	기본급 (과세)	상여 (과세)	식대 (비과세)	자가운전보조금 (비과세)	연장근로수당 (과세 or 비과세 판단)	급여합계
1월	190만원	50만원	10만원	20만원	40만원	310만원
2월	210만원	50만원	10만원	20만원	30만원	320만원

(1) 1월분 급여지급시
① 월정급액 210만원까지는 연장근로수당이 비과세된다.
(※ 주의 : 식대는 실비변상적 성질의 급여가 아니므로 월정액급여 판단시 제외해서는 안 됨)

② 1월은 월정액급여가 200만원이므로 연장근로수당 40만원은 비과세된다.

급여합계	310만원
(-) 상여 등 부정기적 급여	50만원
(-) 실비변상적 비과세급여 (자가운전보조금)	20만원
(-) 연장근로수당	40만원
=월정액급여	200만원

(2) 2월분 급여지급시
① 월정급액 210만원 초과시는 연장근로수당은 과세된다.

급여합계	320만원
(-) 상여 등 부정기적 급여	50만원
(-) 실비변상적 비과세급여	20만원
(-) 연장근로수당	30만원
=월정액급여	220만원

② 2월은 월정액급여가 220만원이므로 연장근로수당 30만원은 과세된다.

3. 근로소득의 수입시기

구 분	근로소득의 수입시기
급여	근로를 제공한 날
잉여금처분에 의한 상여	당해 법인의 잉여금처분 결의일
인정상여	해당 사업연도 중의 근로를 제공한 날
주식매수선택권	주식매수선택권을 행사한 날

실무이론평가 대비

01 다음 중 근로소득에 해당하지 않는 것은? •1회

① 법인의 주주총회, 이사회 등 의결기관 결의에 의하여 받는 상여
② 비출자임원과 종업원이 사택을 제공받음으로써 얻는 이익
③ 연 또는 월단위로 받는 여비
④ 업무를 위해 사용된 것이 분명하지 않은 기밀비, 판공비, 교제비

해설

비출자임원과 종업원이 사택을 제공받음으로써 얻는 이익은 근로소득으로 보지 아니한다.
※ 사택제공이익의 구분 ← 사택이란 회사가 집세나 유지비의 전부 또는 일부를 부담하면서 종업원이 거주하는 주택을 의미한다.

구 분	근로소득 해당 여부	비 고
출자임원	근로소득 ○	N/A
상장 소액주주	근로소득 ×	지분율 1% 미만
비출자임원, 종업원		N/A

02 다음 중 소득세법상 근로소득에 해당하지 않는 것은? •4회

① 회사에서 지급받은 휴가비
② 출자임원이 회사로부터 사택을 무상으로 제공받음으로써 얻은 이익
③ 종업원이 회사로부터 주택구입자금을 무상으로 대여받아 얻은 이익
④ 회사에서 지급받은 사회통념상 타당한 범위의 경조금

해설

사회통념상 타당한 범위의 경조금은 근로소득에 해당하지 아니한다.

ANSWER 01. ② 02. ④

TAT 2급

03 (주)한공의 임원인 우수남 씨(주주는 아님)가 회사에서 받은 금품이나 이익은 다음과 같다. 다음 중 우수남 씨의 근로소득에 해당하는 것은?   • 5회
   ① 우수남 씨가 사택을 제공받음으로써 얻은 이익
   ② 사회통념상 타당한 범위의 경조금
   ③ 임직원의 고의(중과실 포함) 외의 업무상 행위로 인한 손해의 배상청구를 보험금의 지급사유로 하고 우수남 씨를 피보험자로 하는 보험의 보험료
   ④ 우수남 씨가 퇴직함으로써 받는 소득으로서 퇴직소득에 속하지 아니하는 소득

   해설
   ①, ②, ③은 근로소득에 해당하지 않으나 ④는 근로소득이다.

04 다음 중 소득세법상 과세대상 근로소득에 해당하는 것은?   • 43회
   ① 법인세법에 따라 상여로 처분된 금액
   ② 대학에 재학하는 대학생이 근로의 대가로 지급받는 교육기본법에 따른 장학금
   ③ 6세 이하 자녀보육과 관련하여 받는 급여로서 월 10만원 이내의 금액
   ④ 건강보험법에 따라 사용자가 부담하는 부담금

   해설
   ② 대학에 재학하는 대학생이 근로의 대가로 지급받는 교육기본법에 따른 장학금은 비과세 근로소득이다.
   ③ 6세 이하 자녀보육과 관련하여 받는 급여로서 월 10만원 이내의 금액은 비과세 근로소득이다.
   ④ 건강보험법에 따라 사용자가 부담하는 부담금은 비과세 근로소득이다.

05 다음 중 근로소득에 해당하지 않는 것은?   • 11회
   ① 법인의 주주총회 결의에 의하여 상여로 받는 소득
   ② 여비의 명목으로 받는 월액의 급여
   ③ 법인세법에 따라 상여로 처분된 금액
   ④ 근로제공의 대가로 받은 주식매수선택권을 퇴직 후 행사하여 얻은 이익

   해설
   근로제공의 대가로 받은 주식매수선택권을 퇴직 후 행사하여 얻은 이익은 기타소득에 해당한다(※ 근무기간 중 행사한 경우에는 직원이므로 근로소득이며, 퇴직 후 행사하면 직원이 아니므로 기타소득으로 과세).

ANSWER   03. ④   04. ①   05. ④

06
다음 자료를 토대로 (주)한공에 근무하는 김한공 씨의 2024년도 총급여액을 계산하면 얼마인가?
• 38회

> 가. 기본급 : 24,000,000원(주휴수당 포함)
> 나. 직책수당 : 3,600,000원
> 다. 식대보조금 : 1,800,000원(월 15만원, 별도의 식사를 제공받았음)
> 라. 자가운전보조금 : 2,400,000원(월 20만원, 실제 여비를 받지 않았음)

① 25,800,000원 ② 28,200,000원
③ 29,400,000원 ④ 31,800,000원

해설
- 24,000,000원 + 3,600,000원 + 1,800,000원 = 29,400,000원
- 식대보조금은 별도의 식사를 제공받았으므로 전액 과세임
  자가운전보조금은 전액 비과세임

07
다음 중 소득세 과세대상 근로소득에 해당하지 않는 것은?
• 15회
① 사용인이 사택을 제공받음으로써 얻는 이익
② 연 또는 월 단위로 받는 여비
③ 법인세법에 따라 상여로 처분된 금액
④ 근로제공의 대가로 받은 주식매수선택권을 근로 중 행사하여 얻은 이익

해설
사용인이 사택을 제공받음으로써 얻는 이익은 소득세 과세대상 근로소득에 해당하지 않는다.

08
(주)한공의 영업과장으로 근무하고 있는 김한국 씨가 2024년에 회사에서 지급(또는 제공)받은 금액 및 이익은 다음과 같다. 다음 중 소득세 과세대상 근로소득에 해당하는 것을 모두 고르면?
• 17회

> 가. 사택을 제공받음으로써 얻은 이익
> 나. 사내에서 신입사원들에게 직무교육을 하고 받은 수당
> 다. 김한국 씨의 자녀에 대한 학자금 수령액
> 라. 월 20만원씩 받은 자가운전보조금(김한국 씨는 차량을 소유하고 있지 않음)

① 가, 나 ② 나, 다, 라
③ 나, 라 ④ 가, 나, 다

ANSWER 06. ③ 07. ① 08. ②

해설

사택을 제공받음으로써 얻은 이익은 근로소득에 해당하지 아니한다. 김한국 씨는 차량을 소유하고 있지 않으므로 자가운전보조금이 과세대상이다.

09 (주)한공의 생산팀 과장으로 근무하고 있는 김한공 씨가 20×1년에 회사에서 지급(또는 제공)받은 금액 및 이익은 다음과 같다. 다음 중 소득세 과세대상 근로소득에 해당하는 것을 모두 고르면?
• 21회

> 가. 사택을 무상으로 제공받음으로써 얻은 이익
> 나. 사보에 배낭여행기를 기고하고 받은 금액
> 다. 월 20만원씩 받은 자가운전보조금(김한공 씨는 차량을 소유하고 있지 않음)
> 라. 월 20만원씩 지급받은 식대(별도로 식사를 제공받음)

① 가, 나 ② 다, 라
③ 가, 다 ④ 나, 라

해설

가. 종업원이 사택을 무상으로 제공받음으로써 얻는 이익은 근로소득이 아니다.
나. 사보에 배낭여행기를 기고하고 받은 금액은 기타소득에 해당한다.
다. 김한공 씨는 차량을 소유하고 있지 않으므로 자가운전보조금은 과세대상 근로소득이다.
라. 식사를 별도로 제공받으므로 식대는 과세대상 근로소득이다.

10 다음 중 비과세 근로소득에 해당하지 않는 것은?
• 1회
① 종업원에게 지급하는 공로금, 위로금, 학자금, 장학금
② 법령 등에 의하여 제복을 착용해야 하는 자가 받는 제복 및 제모
③ 천재지변 기타 재해로 인하여 받는 급여
④ 근로자가 사내급식을 통해 제공받는 식사 또는 기타 음식물

해설

종업원에게 지급하는 공로금, 위로금, 학자금, 장학금은 과세되는 것이 원칙이다.

11 다음 중 비과세 근로소득에 해당하지 않는 것은?
• 3회
① 법령 등에 의하여 제복을 착용해야 하는 자가 받는 제복
② 종업원이 사택을 제공받음으로써 얻는 이익
③ 법인세법에 따라 상여로 처분된 금액
④ 천재지변 기타 재해로 인하여 받는 급여

ANSWER 09. ② 10. ① 11. ③

해설

법인세법에 따라 상여로 처분된 금액은 과세된다.

12 소득세법상 비과세 근로소득이 아닌 것은? · 7회

① 고용보험법에 따른 실업급여
② 전투경찰순경이 받는 급여
③ 종업원이 받는 자녀학자금
④ 실비변상 정도의 숙직료

해설

종업원이 받는 자녀학자금은 과세 대상 근로소득이다.

13 다음 중 근로소득의 귀속시기로 옳지 않은 것은? · 2회

① 근로소득으로 보는 퇴직위로금 : 지급받거나 지급받기로 한 날
② 잉여금의 처분에 의한 상여 : 해당 법인의 잉여금처분 결의일
③ 인정상여 : 해당 법인의 결산확정일
④ 급여 : 근로를 제공한 날

해설

인정상여의 귀속시기는 해당 법인의 사업연도 중 근로를 제공한 날이 된다.

14 다음 중 근로소득의 귀속시기로 옳지 않은 것은? · 14회

① 주식매수선택권을 행사함으로써 얻은 이익 : 주식매수선택권을 부여받은 날
② 임원의 퇴직소득 한도초과액 : 지급받거나 지급받기로 한 날
③ 인정상여 : 해당 법인의 사업연도 중 근로를 제공한 날
④ 잉여금의 처분에 의한 상여 : 해당 법인의 잉여금처분 결의일

해설

주식매수선택권을 행사함으로써 얻은 이익은 주식매수선택권을 행사한 날을 수입시기로 한다.

ANSWER 12. ③ 13. ③ 14. ①

15 다음 중 소득세법상 일용근로소득에 대한 설명으로 옳은 것은? • 42회

① 일용근로소득은 다른 소득과 합산하여 종합과세된다.
② 일용근로소득에 대해서는 근로소득세액공제를 적용하지 않는다.
③ 일용근로소득금액은 1일 급여액에서 근로소득공제(일 15만원)를 차감하여 계산한다.
④ 일용근로소득에 대한 원천징수세율은 10%를 적용한다.

해설
① 일용근로소득은 분리과세 소득으로 종합소득 과세표준에 합산하지 아니한다.
② 일용근로소득에 대해서도 근로소득세액공제(산출세액의 55%)를 적용한다.
④ 일용근로소득에 대한 원천징수세율은 6%를 적용한다.

16 소득세법상 일용근로자에 대한 설명으로 옳은 것은? • 10회

① 근로소득공제로 일 15만원을 공제한다.
② 산출세액 계산시 10%의 세율을 적용한다.
③ 근로소득세액공제는 산출세액의 45%를 적용한다.
④ 동일한 고용주에게 6개월 미만 고용된 근로자를 말한다.

해설
일용근로자는 동일한 고용주에게 3개월(건설공사 종사자는 1년, 하역작업 종사자는 근무기간의 제한이 없음) 미만 고용된 근로자를 말한다.
일용근로소득의 산출세액 계산 시 6%의 세율을 적용하며, 근로소득세액공제는 산출세액의 55%를 적용한다.

17 다음 중 일용근로소득에 대한 설명으로 옳지 않은 것은? • 18회

① 동일한 고용주에게 계속하여 1년 이상 고용된 건설공사 종사자는 일용근로자에 해당하지 아니한다.
② 일용근로자의 근로소득에 대해서도 근로소득세액공제가 적용된다.
③ 일용근로자의 근로소득공제액은 1일 10만원이다.
④ 일용근로자는 원천징수로써 납세의무가 종결된다.

해설
일용근로자의 근로소득공제액은 1일 15만원이다.

ANSWER 15. ③ 16. ① 17. ③

18 다음 중 일용근로소득과 관련된 설명으로 옳은 것은? • 20회

① 일용근로자의 근로소득공제액은 1일 10만원이다.
② 일용근로자에게도 신용카드 등 사용금액에 대한 소득공제가 적용된다.
③ 일용근로자의 근로소득에 대해서는 근로소득세액공제가 적용되지 않는다.
④ 일용근로소득은 원천징수로써 납세의무가 종결된다.

해설

① 일용근로자의 근로소득공제액은 1일 15만원이다.
② 일용근로자에게는 신용카드 등 사용금액에 대한 소득공제가 적용되지 않는다.
③ 일용근로자의 근로소득에 대해서도 근로소득세액공제가 적용된다.

19 다음 중 소득세법상 연말정산에 대한 설명으로 옳지 않은 것은? • 9회

① 원천징수의무자는 매월 급여 지급시 간이세액표에 따른 소득세를 원천징수하고 다음 연도 2월분 급여 지급시 연말정산을 한다.
② 일용근로자의 근로소득은 연말정산에 의해 납세의무가 종결되므로 과세표준 확정신고를 할 필요가 없다.
③ 근로소득 이외에 종합과세 대상 기타소득이 있는 거주자는 근로소득과 기타소득을 합산하여 과세표준 확정신고를 하여야 한다.
④ 이미 원천징수하여 납부한 소득세의 과오납으로 인한 환급액은 납부할 소득세에서 조정하여 환급한다.

해설

일용근로자의 근로소득은 분리과세되므로 연말정산 대상이 아니다.

ANSWER   18. ④   19. ②

제3절 급여자료입력

근로소득에 대한 매월 원천징수와 관련한 업무흐름도는 다음과 같다.

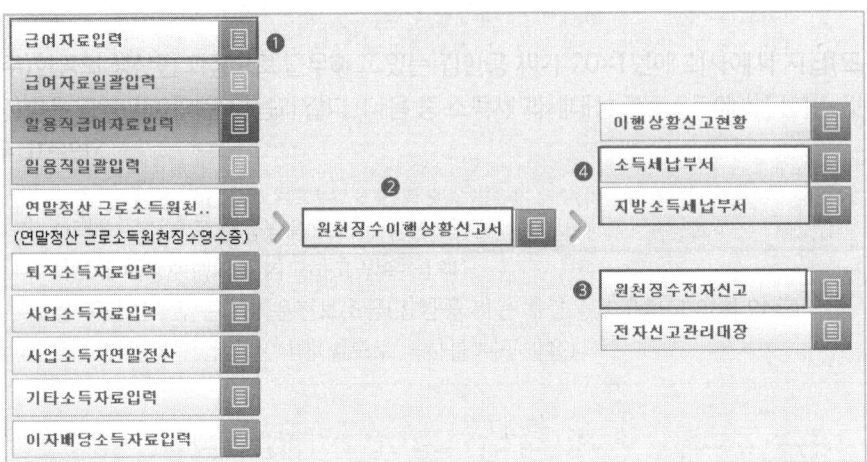

일반적인 업무흐름은 ① 급여자료입력(사원등록 후 작업) → ② 원천징수이행상황신고서작성 → ③ 원천징수전자신고 → ④ 소득세 및 지방소득세 납부의 순서로 진행된다.

▶ 저자주 : 자격시험에서는 ① 급여자료입력(사원등록 포함) 및 ② 원천징수이행상황신고서 작성이 출제대상이다. 메뉴에 관한 세부적인 설명은 실무수행예제를 통해 학습할 것!

1. 인사급여 프로그램 구성

더존 프로그램의 [인사급여]를 선택하면 아래와 같은 메뉴로 구성이 되어 있다.

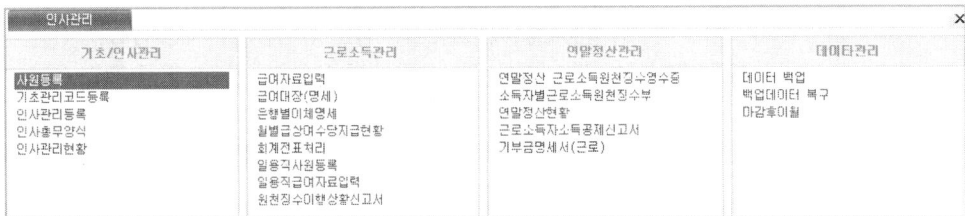

(1) 기초/인사관리

① **사원등록** : 일용직이 아닌 정규직 사원을 등록하는 메뉴이다.
② **기초관리코드등록** : 인사관리에 적용할 기초코드가 등록되어 있으며 추가등록을 하는 메뉴이다.
③ **인사관리등록** : 사원의 인사기록카드관리를 위한 추가정보를 등록한다.
④ **인사총무양식** : 사원의 경력증명서 등 총무서식을 작성 및 조회한다.
⑤ **인사관리현황** : 자격면허 등 사원별 정보를 조회한다.

(2) 근로소득관리

① 급여자료입력 : 사원의 급여를 입력한다.
② 급여대장 : 사원의 급여명세서와 급여대장을 조회한다.
③ 은행별이체명서 : 급여지급시 은행별 이체명세를 조회한다.
④ 월별급상여수당지급현황 : 월별로 급상여, 수당의 지급현황을 조회한다.
⑤ 회계전표처리 : 급여내역에 따른 자동분개를 통해 회계전표를 작성한다.
⑥ 일용직사원등록 : 일용직사원을 등록한다.
⑦ 일용직급여자료입력 : 일용직사원에 지급할 급여를 등록하고 세액을 계산한다.
⑧ 원천징수이행상황신고서 : 원천징수내역을 전체 조회하여 세무보고서를 작성한다.

(3) 연말정산관리

① 연말정산 근로소득원천징수영수증 : 정규직 근로자의 연말정산관련 정보를 입력한다.
② 소득자별근로소득원천징수부 : 소득자별 근로소득 원천징수관련정보를 조회한다.
③ 연말정산현황 : 연말정산 결과를 조회한다.
④ 근로자소득공제신고서 : 연말정산을 위한 소득공제신고서를 작성한다.
⑤ 기부금명세서 : 기부금공제를 위한 정보를 입력한다.

2. 기초코드관리등록

인사급여 메뉴 중 사원등록 및 인사관리등록의 기초코드를 등록하는 메뉴이다. 입력한 사항은 [급여자료입력] [인사관리] [일용직급여자료입력]에서 사용된다.

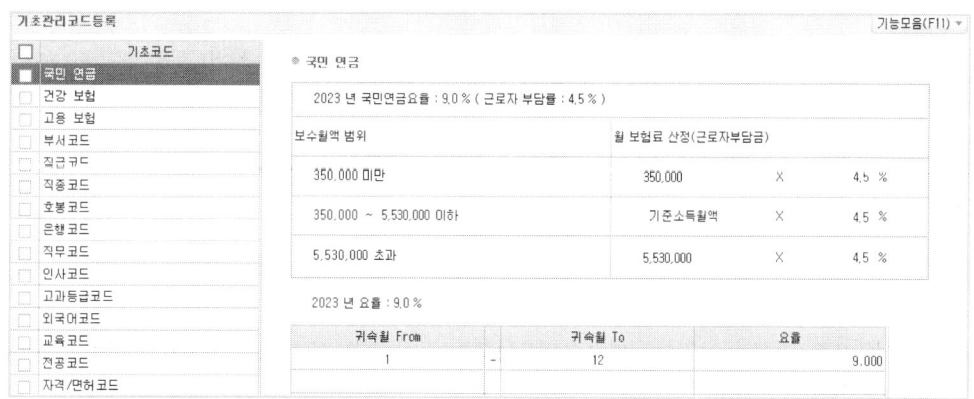

① 국민연금

국민연금에 의한 자료가 반영되어 있다. 요율에 의하여 급여입력에서 자동으로 기준소득월에 따라 국민연금보험료가 반영된다.

② 건강보험

건강보험에 의한 자료가 반영되어 있다. 요율에 의하여 급여자료입력에서 자동으로 기준소득월액에 따라 건강보험료가 반영된다.

③ **고용보험**

사업장에 적용되는 고용보험 요율을 입력한다. 요율에 의하여 급여입력에서 자동으로 고용보험료를 산출한다.

④ **사원등록 메뉴에서 사용하는 기초코드를 등록**

부서코드, 직급코드, 직종코드, 호봉코드, 은행코드

⑤ **인사관리등록 메뉴에서 사용하는 기초코드를 등록**

직무, 인사, 고과등급, 외국어, 교육, 전공, 자격, 면허등록코드

3. 사원등록

사원등록은 근로소득 및 퇴직소득에 해당되는 사원을 등록하는 메뉴로 각 사원에 대한 주요 인적사항 및 세법에 의해 소득공제가 되는 인적공제사항과 현 근무처 관련사항을 입력한다. 이는 급여관련업무, 근로소득원천징수 및 연말정산, 퇴직소득원천징수와 관련된 가장 기본적인 등록사항이다.

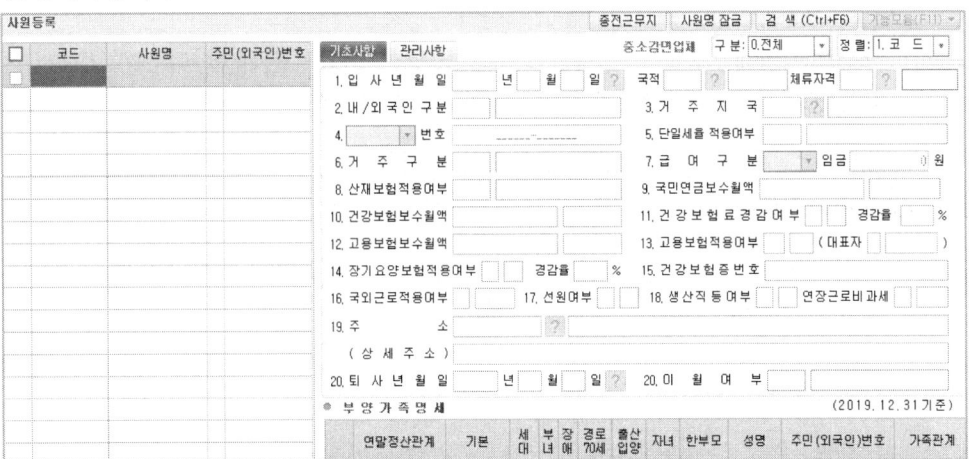

(1) 기초정보의 등록

① **코드** : 숫자 또는 문자를 이용하여 10자 이내의 사원코드를 입력한다.
② **사원명** : 사원명을 20자 이내로 입력한다.
③ **주민번호** : 0.내국인 1.외국인으로 내/외국인 구분을 먼저 선택한다. 0.내국인일 경우 주민등록번호를 입력하며, 1.외국인일 경우 외국인등록번호를 입력한다(※ 주민(외국인)번호는 세무신고 시 중요한 자료이므로 정확하게 입력하며 주민등록번호인 경우 잘못된 번호일 경우 텍스트박스가 붉은색으로 변한다. 따라서 입력 시 붉은색이 되면 확인 후 재입력하도록 한다).
④ **입사연월일** : 사원관리의 기준이 되는 중요한 입력항목이다.
⑤ **거주구분** : 거주자인 경우 "0", 비거주자인 경우 "1"로 입력한다.

제2장 근로소득 원천징수

[소득세 납세의무자 구분]

구 분	개 념	과세대상소득 범위
거주자	국내에 주소나 183일 이상 거소를 둔 개인 (국적과 무관)	국내 및 국외 모든 원천소득
비거주자	거주자가 아닌 개인	국내원천소득

⑥ **단일세율적용여부** : [2.내/외국인구분]에서 [2.외국인]인 경우에는 단일세율적용을 선택한다(※ 외국인근로자의 경우 국내근무함으로써 받는 근로소득에 대해 소득세법 규정에 불구하고 해당 근로소득에 19%를 곱한 금액으로 할 수 있다). → 19%의 단일세율을 적용할 경우 [1.여]를 선택하고, 국내근로자와 같은 연말정산절차를 선택하는 경우에는 [0.부]를 선택한다.

⑦ **국민연금보수월액** : 기준소득월액을 입력하면 기초관리코드등록에 등록된 요율에 따라 국민연금보험료를 자동으로 계산한다.

⑧ **건강보험보수월액** : 보수월액을 입력하면 기초관리 코드등록에 등록된 요율에 따라 건강보험료를 자동으로 계산한다.

⑨ **고용보험보수월액** : 고용보험 보수월액을 입력하면 고용보험 납부액이 계산된다(※ 외국인근로자나 대표자 등의 사유로 적용대상이 아닌 경우에는 [13.고용보험적용여부]에서 [1.부]로 입력하고 대표자인 경우는 대표자 여부에 체크한다).

⑩ **생산직 여부** : 근로자의 연장근로수당 등에 비과세(연간 240만원 한도)를 적용하기 위한 구분란이다. 생산직사원에 해당되면 [1.여]를, 사무직에 해당되면 [0.부]를 입력한다.

⑪ **국외근로적용여부** : 국외근로소득 중 원양어업선박 또는 국외 등을 항행하는 선박 또는 국외 등의 건설현장에서 근로소득이 있으면 [2번 – 300만원비과세]를, 그 외 국외근로소득이 있으면 [1번 – 100만원비과세]를, 없으면 [0.부]를 입력한다.

⑫ **퇴사연월일** : 퇴사일자를 입력하며 퇴사일 입력시 이월여부는 자동으로 1.부로 변경된다.

⑬ **우편번호** : 주소입력시 주소검색(F2) 키를 누르고 해당 주소를 선택하면 자동으로 입력된다.

⑭ **퇴사일** : 사원이 퇴사한 경우, 해당 연월일을 입력한다. 퇴사일은 중도퇴사자의 중도연말정산과 퇴직소득에 반영됨으로 반드시 입력하여야 한다. 퇴사 후 재입사한 사원은 입사일을 수정하지 말고 새로운 사원코드를 사용하여 입력한다.

⑮ **이월여부** : 다음연도 사원등록에서 필요한 사원을 이월하여 사용할 지 여부를 결정하는 메뉴로 "0.여"로 되어 있는 사원을 이월한다.

(2) 부양가족명세

▶ 저자주 : 부양가족명세에 관한 상세설명은 「연말정산이론」에서 상세히 설명한다.

소득자 본인을 포함한 부양가족에 대한 내역을 입력하며, 입력된 사항을 바탕으로 급여자료를 입력, 연말정산자료입력의 인적공제 내역에 반영된다.

① **연말정산관계** : 0.본인, 1.소득자의 직계존속, 2.배우자직계존속, 3.배우자, 4.직계비속(자녀, 입양자), 5.직계비속(4.제외), 6.형제자매, 7.수급자(1 – 6제외), 8.기타(위탁아동)

② **기본** : 기본공제 대상자 항목 중에 선택하여 입력한다. 기본공제 대상자가 아닌 경우에는

0.부를 입력한다.
③ **세대** : 본인이 세대주인 경우 선택하며 해당시는 숫자 "1"을, 해당하지 않으면 "0"을 입력한다.
④ **부녀** : 본인이 부녀자인 경우 선택한다(※ 본인이 여성인 경우만 선택가능하며 해당 과세기간에 종합소득금액이 3,000만원 이하인 거주자로 ㉠ 배우자가 없는 여성으로서 부양가족이 있는 세대주이거나 ㉡ 배우자가 있는 여성인 경우 선택한다).
⑤ **장애** : 본인, 부양가족 중 장애인복지법에 의한 장애인, 항시치료를 요하는 중증환자이면 선택한다.
⑥ **경로70세** : 본인을 포함하여 기본공제대상자가 만 70세 이상인 경우 해당하면 숫자 "1"을, 해당하지 않으면 "0"을 입력한다.
⑦ **출산입양** : 당해 연도 중 출산·입양 자녀의 경우 추가세액공제대상에 해당하므로 해당하면 출생 또는 입양신고한 자녀의 순서에 따라 [1.첫째], [2.둘째], [3.셋째]를 선택한다.
⑧ **자녀** : 자녀세액공제에 해당하는 경우 입력한다(1 : ○(해당), 0 : 공란(비해당)).
⑨ **한부모** : 해당 거주자가 배우자가 없는 사람으로 기본공제대상자인 직계비속 또는 입양자가 있는 경우에 선택한다(※ 한부모공제와 부녀자공제 모두 해당하는 경우에는 한부모공제를 적용).
⑩ **위탁자관계** : 도움키를 이용하여 코드를 입력한다.

제2장 근로소득 원천징수

> **참고** 근로계약체결 및 4대보험 신고

실무에서 신규직원 채용시는 아래와 같은 절차에 따라 인건비를 처리하여야 한다.

1. 근로계약체결 및 4대보험 신고
    (1) 근로계약서 및 연봉계약서 작성
    (2) 세무처리 및 4대보험 신고를 위한 기초자료 수집
        (직원의 주민등록등본 및 가족관계증명서에 건강보험 피부양자로 올릴 부양가족 체크)
    (3) 4대보험 취득신고
        채용일 이후 14일 이내 4대보험 취득신고를 하여야 한다. 각 공단마다 팩스접수도 가능하나, 온라인 접수를 이용하시면 일괄처리할 수 있다.
        ① www.4insure.or.kr 접속
            4대보험 포털사이트(www.4insure.or.kr)에서 신규사업장의 성립 / 자격취득 신고 모두 가능하며, 단 반드시 사업장회원가입 및 공인인증서 등록 후 이용이 가능하다.

▶ 사업장을 최초 설립한 경우 "사업장성립신고"를 함
    ① 신고방법 : 4대보험 포털사이트 메뉴 중 [전자민원] → [사업장성립신고]에서 4대보험을 모두 선택 후 필수입력사항 입력하고 저장하면 [가입자자격취득신고] 버튼이 나오고, 클릭하면 가입자 자격취득신고 가능
    ② 자격 취득신고 입력시 대표자는 국민연금/건강보험만 체크 후 입력, 직원은 4대보험 모두 입력하고 저장 후 → {전송}
    ③ 전송 후 [전자민원] → [민원처리현황조회] 메뉴에서 신고서가 접수된 인근지사명 및 접수상태가 나오고 최종적으로 [처리완료]상태가 되면 완료된 상태

▶ 오프라인 신고시는 [자료실—서식자료실]에서 "사업장성립신고서" 및 "사업장(직장)가입자자격취득신고서"를 다운받아 인근관할지사에 팩스 신고(인근관할지사는 메인화면의 좌측 하단메뉴의 [4대사회보험기관 지사찾기]를 이용)

2. 급여지급 및 원천징수 신고
    (1) 급여대장 작성
    (2) 급여 지급시 근로소득세 및 4대보험 공제 후 지급
    (3) 급여지급일의 다음 달 10일까지 근로소득세 원천신고
        (4대보험료는 공단에서 고지서를 받아 다음 달 10일까지 납부)

사원등록 기초

다음 자료를 이용하여 (주)재무회계(회사코드 : 4000)의 사원등록을 하시오. 단, 주소입력시 우편번호입력은 생략하며 제시된 본인 외 부양가족은 없는 것으로 가정한다.

1. 사원코드 : 101

성명	김대표	입사연월일	2024.01.01
주민등록번호	700312 - 1728326	국민연금보수월액	5,000,000
건강보험보수월액	5,000,000	고용보험보수월액	적용제외(대표자)
장기요양보험적용여부	여	생산직여부	부
국외근로적용여부	부	연장근로비과세적용	부
주소	서울 금천구 금하로 601		

2. 사원코드 : 102

성명	김한국	입사연월일	2024.01.01
주민등록번호	830107 - 1056214	국민연금보수월액	3,000,000
건강보험보수월액	3,000,000	고용보험보수월액	3,000,000
장기요양보험적용여부	여	생산직여부	부(사무직)
국외근로적용여부	부	연장근로비과세적용	부
주소	경기 부천시 오정구 부천로 145		

3. 사원코드 : 103

성명	박공장	입사연월일	2024.01.01
주민등록번호	650521 - 1052511	국민연금보수월액	1,400,000
건강보험보수월액	1,400,000	고용보험보수월액	1,400,000
장기요양보험적용여부	여	생산직여부	여
국외근로적용여부	부	연장근로비과세적용	여(전년도 급여총액이 3,000만원 이하)
주소	서울 노원구 덕릉로 100		

4. 사원코드 104

성명	김연구	입사연월일	2024.01.01
주민등록번호	760825 - 1111114	국민연금보수월액	2,500,000
건강보험보수월액	2,500,000	고용보험보수월액	2,500,000
장기요양보험적용여부	여	생산직여부	부 (기업부설연구소 연구직원)
국외근로적용여부	부	연장근로비과세적용	부
주소	서울 강남구 테헤란로8길 33		

제2장 근로소득 원천징수

5. 사원코드 : 105

성명	장지영	입사연월일	2024.01.01
주민등록번호	781111 - 2222220	국민연금보수월액	3,000,000
건강보험보수월액	3,000,000	고용보험보수월액	3,000,000
장기요양보험적용여부	여	생산직여부	부 (사무직)
국외근로적용여부	여	연장근로비과세적용	부
추가사항	국외 지사에서 근무중이며 국외근로 월 100만원까지 비과세 적용대상이며 배우자가 있는 기혼여성이다(부녀자공제 적용).		
주소	서울 강남구 개포로 204		

해설_ [인사급여] → [기초/인사관리] → [사원등록] 메뉴를 클릭한다.

1. 「사원코드 101.김대표」 등록화면

※ 제시된 자료 외 다른 입력사항은 고려하지 않는다.

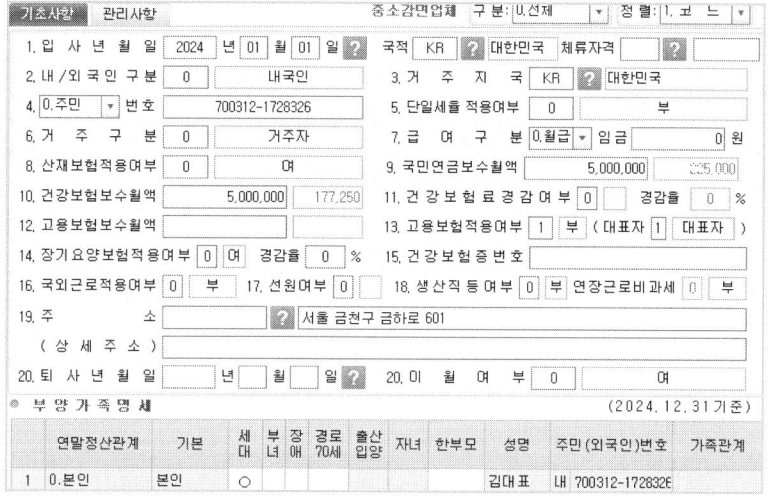

→ 대표자의 경우 산재보험 가입대상이 아니므로 [8.산재보험적용부 : 부]를 적용한다. 다만, 시험에선 별도 입력을 요구하지 않는 한 생략해도 무방하다.

2. 「사원코드 102.김한국」 등록화면

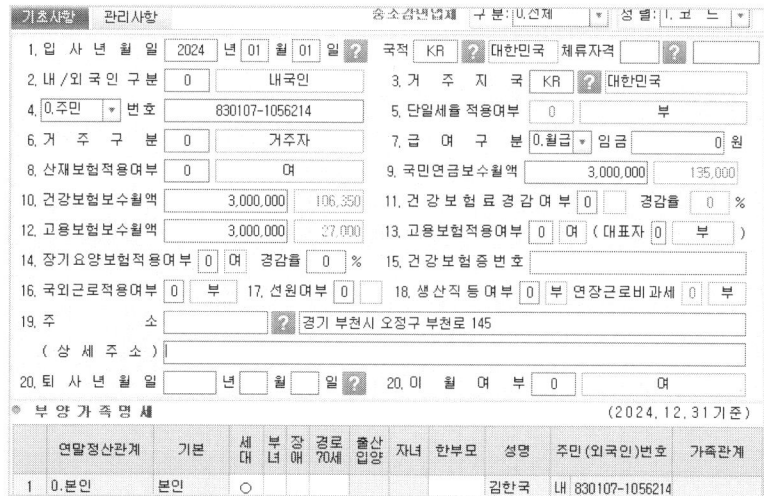

3. 「사원코드 103.박공장」 등록화면

→ 생산직근로자(월정액 급여 210만원 이하로서 직전 과세기간의 총급여액이 3,000만원 이하인 근로자)가 받는 연장근로 비과세 대상인 경우 [15.생산직여부 : 여] 및 [연장근로비과세적용 : 여]로 체크한다.

4. 「사원코드 104.김연구」 등록화면

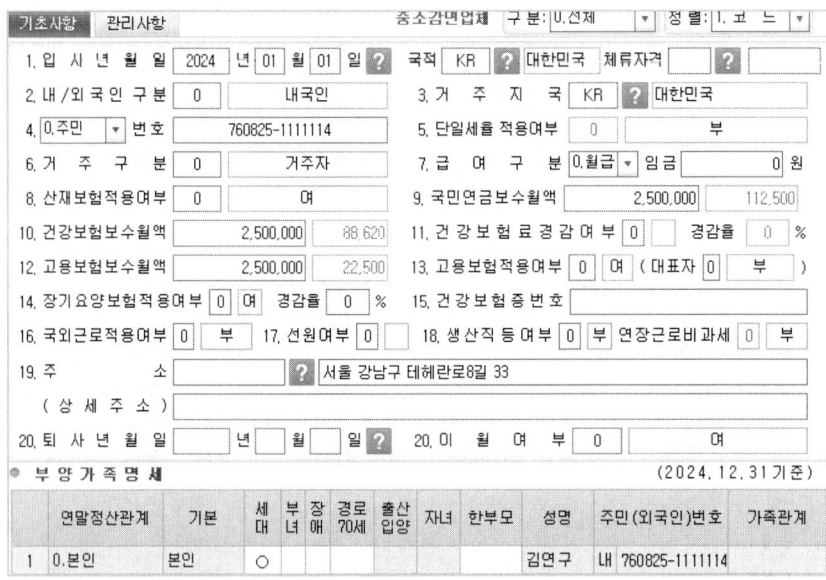

5. 「사원코드 105.장지영」 등록화면

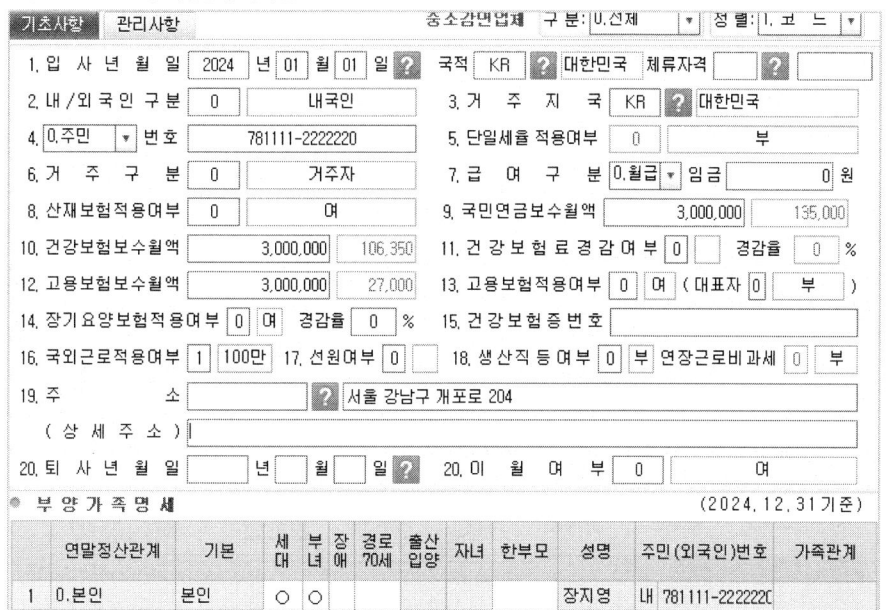

→ 국외근로소득이 있으므로 [16.국외근로적용여부 - 1번 *100만원* 비과세]를 선택한다(※ 일반 국외근로는 *100만원* 비과세를 적용하며 국외근로 중 원양어업 선박, 국외 건설현장 등은 *500만원*까지 비과세).

→ 배우자가 있는 기혼여성인 경우 본인에 대하여 부녀자 공제를 적용하므로 [부양가족명세]에서 본인에 대하여 [1.부녀]를 체크한다(부녀자 공제에 대해서는 인적공제에서 설명한다).

4. 급여자료입력

[급여자료입력]은 사원의 월별 급여를 입력하는 메뉴로 급여대장과 각 사원별 급여명세서를 작성하며 간이세액표에 의한 매월의 갑종근로소득세를 원천징수하는 메뉴이다. 또한 「원천징수이행상황신고서」 및 [연말정산자료입력], [소득자별 근로소득 원천징수부]에 반영된다. 매달 급여입력 전에 사원등록 및 본 메뉴 툴바의 「수당공제등록」 「지급일자」 작업이 반드시 선행되어야 한다.

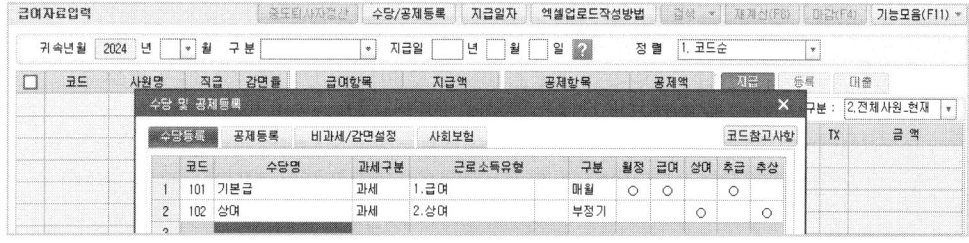

TAT 2급

(1) 수당등록

① 코드 : 자동으로 부여된다.
② 수당명 : 10자, 영문 20자를 입력한다(기본급 및 상여항목은 자동설정되어 있다).
③ 과세구분 : ㉠ 과세구분을 [과세]로 선택한 경우 → 근로소득유형의 유형을 선택한다. 자격시험에선 「3.인정상여」~「6.임원퇴직소득금액」은 사용하지 않는다. ㉡ 과세구분을 [비과세]로 선택한 경우 → 비과세유형을 입력한다. 비과세설정의 비과세항목이 도움코드로 나타나면 해당 비과세항목을 클릭한다.

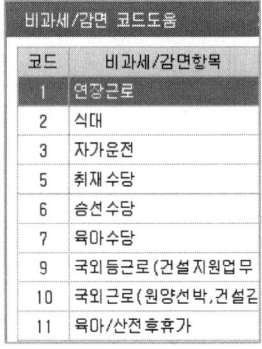

※ 주요 비과세 항목
① 생산직 근로자 연장근로 비과세 → 1.연장근로
② 식대 월 20만원 한도로 비과세 → 2.식대
③ 자가운전보조금 월 20만원 한도로 비과세 → 3.자가운전
④ 출산 또는 6세 이하 자녀 육아수당 월 20만원 한도로 비과세 → 7.육아수당
⑤ 국외근로 중 월 100만원 한도로 비과세 → 9.국외등근로
⑥ 국외근로 중 월 500만원 한도로 비과세 → 10.국외근로

④ 월정액 여부 : 월정액급여 포함여부를 선택하는 항목으로 과세구분이 비과세인 경우 월정액 계산시 포함여부 [1.여 0.부]를 선택한다. 예를 들어 실비변상적 성질의 자가운전보조금은 월정액급여에서 제외되나 식대는 포함한다.
⑤ 급여구분 등 : 해당 수당이 급여, 상여 지급시 지급되는 수당항목인지 [1.여 0.부]를 체크한다.

(2) 공제등록

공제등록은 근로자의 급여에서 공제할 각종 공제항목(국민연금, 건강보험, 고용보험, 장기요양보험료 등)을 등록하는 화면이다.

① **공제항목명** : 등록할 공제명을 입력한다.
② **공제소득유형** : "공제항목명"란에 입력된 항목을 [급여자료입력]메뉴에서 "공제항목"란에 표시할지 여부를 선택한다.

5. 원천징수이행상황신고서

소득세법 규정에 의한 원천징수대상소득을 지급하는 거주자 또는 법인세법 규정에 의하여 법인세를 원천징수하는 법인은 원천징수납부(환급)세액 유무와 관계없이 「원천징수이행상황신고서」를 원천징수월이 속하는 달의 다음 달 10일, 공휴일(법정공휴일로서 근로자의 날 포함)인 경우 그 다음 날까지 제출한다.

① **귀속기간 및 지급기간**
  ㉠ 귀속시기 : 어느 사업연도에 발생한 소득인가? 즉, 세법의 적용시점을 정하는 기준이 된다(일반적인 근로소득의 경우에는 근로제공일을 의미한다). [급여자료입력메뉴]에서 급여자료 입력시의 귀속연월을 입력한다.
  ㉡ 지급시기 : 어느 사업연도에 지급한 소득인가? 즉, 원천징수시점을 정하는 기준이 된다(원천징수는 지급일 속하는 날에 하여 지급일의 다음 달 10일까지 신고함을 원칙으로 한다). [급여자료입력메뉴]에서 급여자료 입력시의 지급일을 입력한다.

② **신고구분란**

신고구분					
매월	반기	수정	연말	소득처분	환급신청

매월분 신고서는 "매월"에, 반기별 신고서는 "반기"에, 수정신고서는 "수정"에, 인정상여 등 소득처분에 따른 신고시에는 "소득처분"에 "○"표시

③ 원천징수명세 및 납부세액
  ㉠ 인원란 : 원천징수대상 소득을 지급받는 자의 인원수를 기재
  ㉡ 총지급액란 : 비과세 및 과세미달을 포함한 총지급액을 기재
  ㉢ 징수세액(6번~ 8번)란은 원천징수의무자가 소득을 지급시 원천징수하는 「6.소득세 등 (원천징수한 법인세 포함)」, 「7.농어촌특별세」, 「8. 가산세」로 구성
  ㉣ 원천징수의무자는 원천징수 대상 소득별로 해당되는 코드에 맞추어 각 소득별로 발생한 납부 또는 환급할 세액을 기재. 환급할 세액은 해당란에 "△" 표시하여 기재
  ㉤ 가산세란은 원천징수 대상 세액을 과소납부하거나 지연납부에 따른 원천징수납부불성실가산세로 소득세·법인세 또는 농어촌특별세의 가산세가 있는 경우 이를 기재
  ㉥ 총합계(A99)행의 6 ~ 8란에 소득별 가감계(A10, A20, A30)를 합산기재하며, 이때 「6.소득세 등」란에 "△"표시된 세액은 총합계(A99의 6 ~ 11번란) 계산시에는 포함하지 아니하고, 그 합계액은 [2.환급세액조정 15번 일반환급]란에 별도로 기재
  ㉦ 소득세등 징수세액의 총합계가 「18번.조정대상환급세액」보다 많은 경우에는 「18번. 조정대상환급세액」란의 금액을 「9번.당월조정환급세액」란에 코드[A10, A20]순서대로 적어 조정환급하고, 잔액은 납부세액(10,11번)란에 기재. 납부세액란에는 △세액이 기재되지 않음

④ ★근로소득 개별 항목 및 코드

근로소득	간 이 세 액	A01			
	중 도 퇴 사	A02			
	일 용 근 로	A03			
	연말정산합계	A04			
	연말분납금액	A05			
	연말납부금액	A06			
	가 감 계	A10			

간이세액(A01)	매월 급여 지급액 및 원천징수한 내역을 기재
중도퇴직(A02)	연도 중 중도퇴사자의 연말정산 내역을 기재
일용근로(A03)	일용근로자에게 지급한 일당 및 원천징수 내역을 기재
연말정산(A04)	연도말까지 계속 근로자에 대한 연말정산한 내역을 기재

⑤ 신고서 부표 작성 여부란
  원천징수이행상황신고서(부표) 작성 여부란에는 원천징수이행상황신고서(부표) 작성 여부를 해당란에 "○"표시. 다만, 이자소득(A50), 배당소득(A60), 법인원천(A80)에 해당하는 소득을 지급하거나 저축해지추징세액(A69) 및 연금저축해지가산세를 징수한 원천징수의무자와 비거주자 또는 외국법인에게 국내원천소득을 지급한 원천징수의무자는 반드시 원천징수이행상황신고서(부표)를 작성하여 신고

⑥ 국세환급금 계좌신고
  국세환급금 계좌신고란은 환급금액이 2천만원 미만인 경우에 적고, 2천만원 이상인 경우 별도 "계좌개설신고서"[국세기본법 시행규칙 별지 제22호 서식(1)]를 원천징수 관할 세무서에 제출

제2장 근로소득 원천징수

 급여자료 입력(1)

[자료설명]
(주)재무회계(회사코드 : 4000) 사원의 1월분 급여자료이다.
1. 급여지급일은 매월 25일이다.
2. 사회보험료는 자동 계산된 금액으로 공제한다.
3. 당사는 반기별 원천징수 납부대상자가 아니다.

[평가문제]
1. 급여자료입력 메뉴에 수당 및 공제등록을 하시오.
2. 1월분 급여자료를 입력하시오(구분은 1.급여로 선택하여 입력하며 사회보험료는 자동 계산된 금액으로 공제한다).
3. 1월분 원천징수이행상황신고서를 작성하시오(전월 미환급세액 46,000원이 있다고 가정한다).

[자료 1] 1월 급여자료 명세   (단위 : 원)

사 원	수당항목				
	기본급	직책수당	자격수당	육아수당	자가운전보조금
	국외근로수당	연구수당	식 대	야간근로수당	총합계
김대표	4,500,000	300,000	-	-	200,000
	-	-	200,000	-	5,200,000
김한국	2,700,000	200,000	100,000	-	-
	-	-	200,000	-	3,200,000
박공장	1,400,000				
			200,000	500,000	2,100,000
김연구	2,500,000				
		200,000	200,000		2,900,000
장지영	1,500,000	-		100,000	
	500,000		200,000	-	2,300,000

[자료 2] 수당 및 공제요건

구분	코드	수당 및 공제명	내 용
수당등록	101	기본급	설정된 그대로 사용한다.
	102	상여	
	200	직책수당	직책수당은 사원부터 차등 지급된다.

	201	자격수당	회계 관련 자격증을 취득하고 관련 서류를 총무부에 제출하는 경우 매월 지급하고 있다.
	202	육아수당	출산 및 6세 이하 자녀를 양육하는 경우 매월 고정적으로 지급하고 있다.
	203	자가운전보조금	위 자료 1에 있는 사원들은 본인 소유의 차량을 출퇴근 목적으로만 사용하고 있다.
	204	국외근로수당	국외 지사에 근무하는 근로자에게 지급된다.
	205	연구수당	벤처기업으로 연구개발전담부서에서 연구활동에 직접 종사하는 직원에게 매월 지급하고 있다(비과세코드 「H10」).
	206	식대	매월 지급하고 있으며, 별도의 음식물은 제공하고 있지 않다.
	207	야간근로수당	생산직 사원에게 연장근로시간에 대해 수당을 지급하고 있다.
공제등록	600	기부금	당사는 임직원을 대상으로 자매결연기관인 사회복지공동모금회에 매월 급여 지급시 일정액(기본급의 0.1%)을 공제하고 있다. → 공제등록의 공제소득유형을 [3.기부금]으로 선택한다.

해설_ 1. 수당 및 공제등록

[인사급여] → [근로소득관리] → [급여자료입력]메뉴에서 상단툴바의 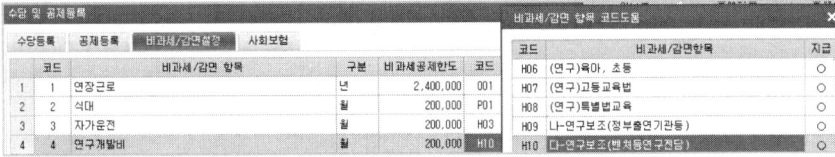 수당/공제등록 을 클릭하여 수당등록과 공제등록을 한다.

(1) 수당등록

① 연구개발비(연구수당) 비과세코드가 입력되어 있지 않은 경우 해당 비과세코드를 먼저 입력한다.

	코드	비과세/감면 항목	구분	비과세공제한도	코드
1	1	연장근로	년	2,400,000	001
2	2	식대	월	200,000	P01
3	3	자가운전	월	200,000	H03
4	4	연구개발비	월	200,000	H10

코드	비과세/감면항목	지급
H06	(연구)육아, 초등	○
H07	(연구)고등교육법	○
H08	(연구)특별법교육	○
H09	나-연구보조(정부출연기관등)	○
H10	다-연구보조(벤처등연구전담)	○

[화면설명]
① [비과세/감면설정]을 선택한다. ② 연구개발비 코드란에서 [F2]을 클릭한다.
③ 비과세코드 중 문제에서 제시된 「H10」을 입력한다. ★ 자격시험에서 연구개발비 비과세코드가 입력되어 있는 경우에는 생략!

② 과세 및 비과세 여부를 판단하여 수당등록을 한다.

	코드	수당명	과세구분	근로소득유형	
1	101	기본급	과세	1.급여	
2	102	상여	과세	2.상여	
3	200	직책 수당	과세	1.급여	
4	201	자격 수당	과세	1.급여	
5	202	육아수당	비과세	7.육아수당	Q01
6	203	자가운전보조금	과세	1.급여	
7	204	국외 근로수당	비과세	9.국외등근로(	M01
8	205	연구 수당	비과세	4.연구개발비	H10
9	206	식대	비과세	2.식대	P01
10	207	야간근로수당	비과세	1.연장근로	001

→ 자가운전보조금의 경우 업무수행에 사용하는 경우에만 비과세 적용이 가능하며, 단순히 출퇴근 목적으로만 사용하는 경우에는 과세된다.

③ 공제등록에서 "기부금"을 등록한다.

	코드	공제항목명	공제소득유형	급여
1	501	국민연금	0.무구분	○
2	502	건강보험	0.무구분	○
3	503	고용보험	0.무구분	○
4	504	장기요양보험료	0.무구분	○
5	505	학자금상환액	0.무구분	○
6	903	농특세	0.사용	○
7	600	기부금	3.기부금	○

2. 급여자료입력

[급여자료입력]에서 「귀속년월 : 1월」, 「구분 : 1.급여」 및 「지급일 : 1월 25일」을 입력하여 주어진 자료에 따라 급여자료를 입력한다(공제항목 중 "기부금"은 기본급의 0.1% 직접 입력).

▶ 저자주 : 세법개정 및 프로그램 업데이트 등으로 자동으로 산출되는 공제항목(사회보험 및 소득세 등) 금액이 화면과 맞지 않더라도 무방하다. 제시된 급여금액만 정확하게 입력하면 된다.

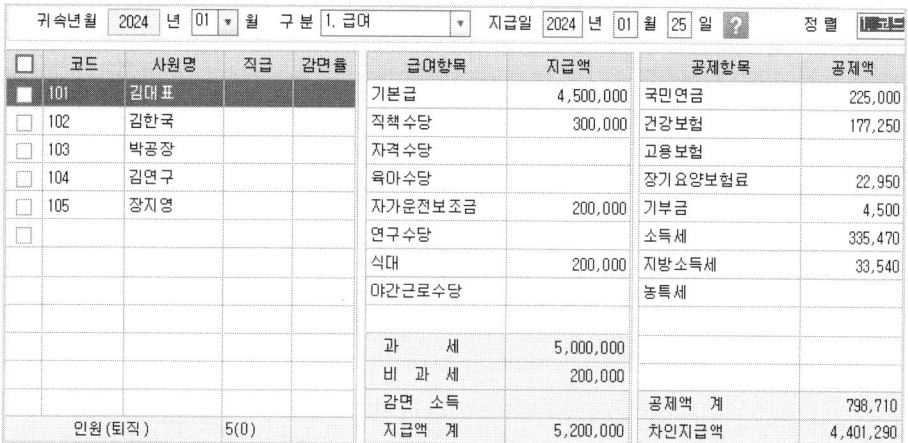

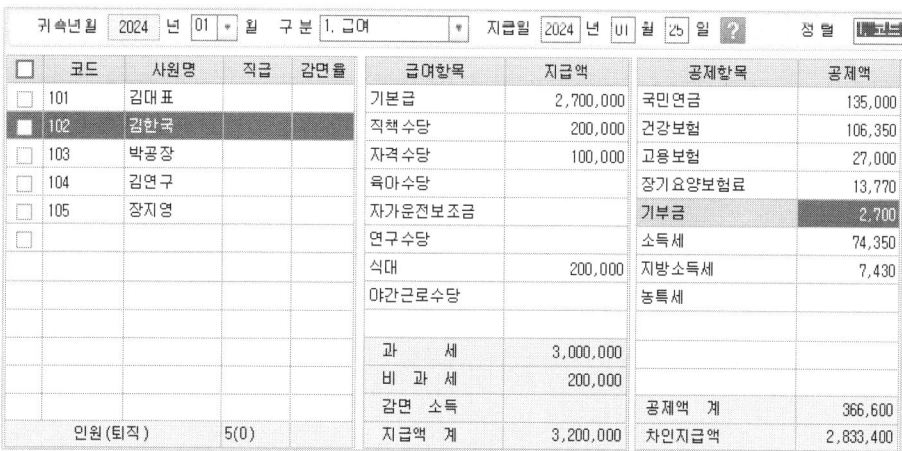

TAT 2급

3. 1월 원천징수이행상황신고서 작성

[근로소득관리] → [원천징수이행상황신고서]에서 「귀속기간 : 1월~1월」 및 「지급기간 : 1월~1월」를 입력하여 원천징수이행상황신고서를 조회한다.

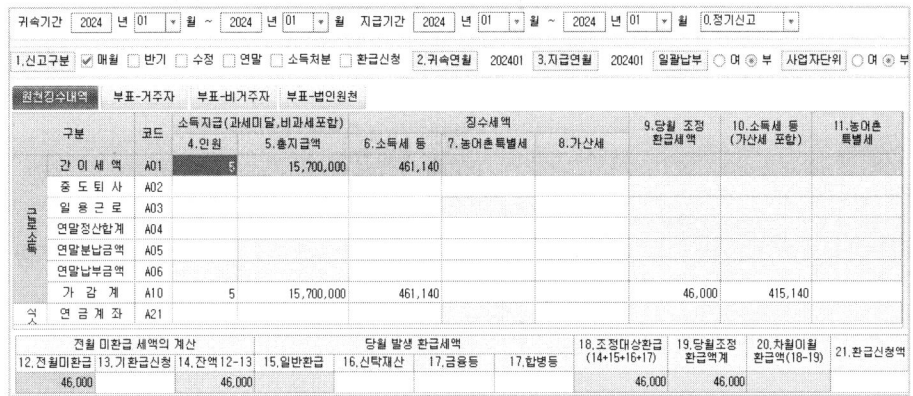

[화면설명]
① 1월분 총지급액과 소득세금액이 자동으로 표기된다.
② 전월미환급세액 46,000원을 입력한다.
③ 상단 툴바의 "저장"을 클릭한다.

비대면 시험대비 실무수행평가

평가문제

01 [장지영 1월 급여자료 조회] [배점 10]
① 수당항목 중 식대의 비과세 해당 금액은 얼마인가?
② 수당항목 중 육아수당의 비과세 해당 금액은 얼마인가?
③ 수당항목 중 국외근로수당의 비과세 해당 금액은 얼마인가?
④ 1월분 급여에 대한 차인지급액은 얼마인가?
⑤ 1월분 원천징수이행상황신고서의 근로소득에 대한 10.소득세 등 금액은 얼마인가?

해설

01 [장지영 1월 급여자료 조회]
① 수당항목 중 식대의 비과세 해당 금액은 얼마인가? *200,000원*
② 수당항목 중 육아수당의 비과세 해당 금액은 얼마인가? *100,000원*
③ 수당항목 중 국외근로수당의 비과세 해당 금액은 얼마인가? *500,000원*
④ 1월분 급여에 대한 차인지급액은 얼마인가? *2,020,070원*
⑤ 1월분 원천징수이행상황신고서의 근로소득에 대한 10.소득세 등 금액은 얼마인가?
    415,140원

제2장 근로소득 원천징수

급여자료 입력(2) 중도퇴사직원이 있는 경우

[자료설명]
(주)재무회계(회사코드 : 4000)의 2월분 급여자료(급여지급일 : 매월 25일)이다.
1. 김한국을 제외한 다른 직원의 급여지급액은 1월과 동일하다.
2. 김한국은 2024년 2월 25일에 퇴직하였다. 중도퇴사자 정산시 기등록되어 있는 자료 이외의 공제는 없는 것으로 한다.

[평가문제]
1. 김한국 사원의 퇴사일을 입력하시오.
2. 공제등록에 「601.건강보험료정산」, 「602.장기요양보험정산」을 등록하시오.
3. 2월분 급여자료를 입력하고 중도정산내역 및 사회보험정산 금액을 반영하시오.
4. 2월분 원천징수이행상황신고서를 작성하시오.

[자료] 김한국 2월 급여자료

수당항목		공제항목			
기본급	직책수당	국민연금	건강보험	고용보험	장기요양보험
자격수당	식대	기부금	건강보험료 정산	장기요양보험료 정산	
2,700,000	200,000	135,000	106,350	27,000	13,770
100,000	200,000	2,700	18,210	1,200	

해설_ **1. 사원등록**

사원등록에서 김한국의 퇴사일(2023년 2월 25일) 입력

20. 퇴 사 년 월 일 2024 년 02 월 25 일

2. 공제등록

	코드	공제항목명	공제소득유형	급여
1	501	국민연금	0.무구분	○
2	502	건강보험	0.무구분	○
3	503	고용보험	0.무구분	○
4	504	장기요양보험료	0.무구분	○
5	505	학자금상환액	0.무구분	○
6	903	농특세	0.사용	○
7	600	기부금	3.기부금	○
8	601	건강보험료정산	2.건강보험료정산	○
9	602	장기요양보험정산	4.장기요양보험정산	○

3. 2월분 급여자료입력

① [급여자료입력]에서 「귀속년월 : 2월」, 「구분 : 1.급여」 선택시 "전월데이타 복사하시겠습니까?" 메시지가 나오면 [예]를 선택한다(1월과 급여금액 동일하므로 복사기능 이용).

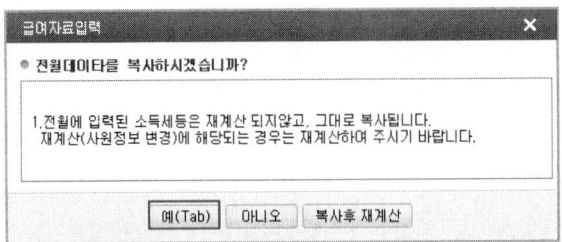

② 김한국 중도정산 자료입력
: 건강보험료정산 및 장기요양보험정산 금액을 입력한 후 [중도퇴사자정산]을 클릭하여 연말정산 결과를 반영한다.

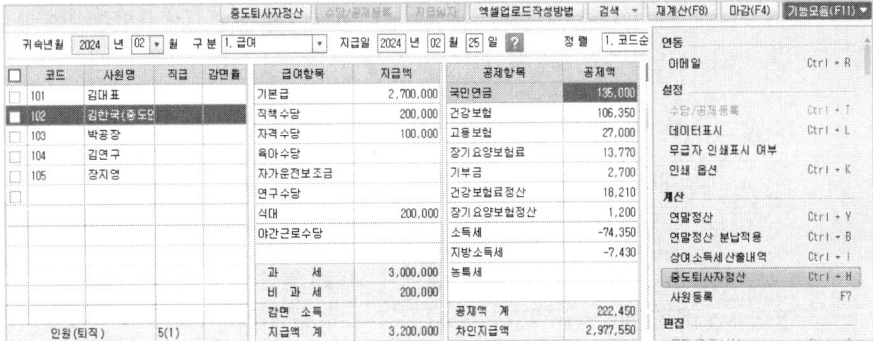

[화면설명]
① 건강보험료정산 및 장기요양보험정산 금액을 입력한다.
② 중도퇴사자정산을 클릭하여 연말정산결과를 반영하면 소득세 및 지방소득세가 자동계산된다.

4. 2월 원천징수이행상황신고서 작성

[근로소득관리] → [원천징수이행상황신고서]에서 「귀속기간 : 2월~2월」 및 「지급기간 : 2월~2월」을 입력하여 원천징수이행상황신고서를 조회한다. → "저장" 클릭

	구분	코드	소득지급(과세미달,비과세포함)		징수세액			9.당월 조정 환급세액	10.소득세 등 (가산세 포함)	11.농어촌 특별세
			4.인원	5.총지급액	6.소득세 등	7.농어촌특별세	8.가산세			
근로소득	간이세액	A01	5	15,700,000	386,790					
	중도퇴사	A02	1	6,400,000	-74,350					
	일용근로	A03								
	연말정산합계	A04								
	연말분납금액	A05								
	연말납부금액	A06								
	가 감 계	A10	6	22,100,000	312,440				312,440	
	연금계좌	A21								

제2장 근로소득 원천징수

비대면 시험대비 실무수행평가

평가문제

01 [김한국 2월 급여자료 조회] [배점 10]
① 중도퇴사자정산을 통해 반영되는 공제액 합계는 얼마인가?
② 원천징수이행상황신고서에 확인되는 당사의 2월 근로소득 지급 총액은 얼마인가?
③ 원천징수이행상황신고서에서 확인되는 10.소득세 등은 얼마인가?

해설

01 [김한국 2월 급여자료 조회]
① 중도퇴사자정산을 통해 반영되는 공제액 합계는 얼마인가? *222,450원*
② 원천징수이행상황신고서에 확인되는 당사의 2월 근로소득 지급 총액은 얼마인가?
22,100,000원
③ 원천징수이행상황신고서에서 확인되는 10.소득세 등은 얼마인가? *312,440원*

TAT 2급

 급여자료 입력(3) 일용근로자의 경우

[자료설명]
(주)재무회계(회사코드 : 4000)의 일용직사원 김소신의 기본자료와 임금에 관한 자료이다.

[평가문제]
1. 일용직사원 김소신(사원코드 : 5001)의 관리사항과 급여사항을 등록하시오.
2. 김소신의 3월 급여를 입력하시오.
3. 일용직급여 3월 귀속분에 대한 원천징수이행상황신고서를 작성하시오.

[자료]

입사연월일	주민번호	주 소	직 종
2024.03.01	600521-1052515	서울 은평구 가좌로 10길 11	생산직
급여지급방법		3월 근무일자(총 10일)	
매일 지급(1일 200,000원)		3일~7일, 10~14일	

해설_ 1. 일용직 사원등록

[근로소득관리] → [일용직사원등록]을 클릭하여 인적사항을 등록한다.

2. 일용직 급여입력

※ 원천징수세액은 1일 급여액을 기준으로 다음과 같이 과세한다.

계산구조	사 례
일급여액	200,000원
− 근로소득공제(일 15만원)	150,000원
= (일용)근로소득금액	50,000원
× 세율(6%)	
= 산출세액	3,000원
− 근로소득세액공제(산출세액의 55%)	1,650원
= 결정세액	1,350원

* 원천징수세액 : 일 1,350원 × 10일 근무 = 총 13,500원(지방소득세 1,350원)

3. 3월 원천징수이행상황신고서 작성

[근로소득관리] → [원천징수이행상황신고서]에서 「귀속기간 : 3월~3월」 및 「지급기간 : 3월~3월」를 입력하여 원천징수이행상황신고서를 조회한다.

	구분	코드	소득지급(과세미달,비과세포함)		징수세액		
			4.인원	5.총지급액	6.소득세 등	7.농어촌특별세	8.가산세
근로소득	간이세액	A01					
	중도퇴사	A02					
	일용근로	A03	1	2,000,000	13,500		
	연말정산합계	A04					
	연말분납금액	A05					
	연말납부금액	A06					
	가 감 계	A10	1	2,000,000	13,500		

03 근로소득 연말정산

[NCS연계] 원천징수_근로소득 연말정산하기

- [학습목표] - 근로자의 근로소득원천징수부를 확인하여 총 급여 및 원천징수세액을 계산할 수 있다.
  - 세법에 따라 연말정산대상자의 소득공제신고서와 소득공제증명자료를 접수할 수 있다.
  - 소득공제 요건에 따라 소득공제신고서가 작성되고 증명서류가 제출되었는지 검토할 수 있다.
  - 소득공제신고서의 내용에 따라 세액을 계산하고 근로소득 지급명세서를 근로자에게 발급할 수 있다.
  - 연말정산결과에 따라 원천징수이행상황신고서와 지급명세서를 작성하여 전자신고 및 전자제출할 수 있다.

제1절 연말정산(1) 과세표준

1. 연말정산의 의의

① 연말정산이란 근로소득(일반적으로 월급·봉급생활자가 지급받는 급여 등을 말함)을 지급하는 자(원천징수의무자인 회사)가 당해연도의 다음 연도 2월분의 급여를 지급하는 때에 1년간의 총급여액에 대한 근로소득세액을 세법에 따라 정확하게 계산한 후, 매월 급여지급시 간이세액표에 의하여 이미 원천징수한 세액과 비교하여 많이 징수한 경우에는 돌려 주고 부족하게 징수한 경우에는 추가 징수하여 납부하는 절차를 말한다.

② 종합소득이 있는 거주자는 매년 1월 1일~12월 31일까지 발생한 소득을 다음연도 5월 1일부터 5월 31일까지 개인별로 종합소득세 확정신고를 하여야 하는 것이나,

③ 근로소득만 있는 자에 대하여는 근로소득을 지급하는 자(원천징수의무자인 회사)가 근로소득연말정산을 하는 경우에 한하여 근로자 각 개인별로 종합소득세 확정신고를 하는 번거로움을 생략할 수 있도록 하기 위한 것이다.

2. 연말정산간소화 서비스

근로자는 소득공제를 위한 증빙서류를 해당기관에서 직접 발급받아 제출하여야 한다. 그러나 2006년부터는 소득공제 및 세액공제 항목에 대해 증빙서류를 발급하는 자가 법에 정하는 자료집중기관을 통하여 국세청에 관련 자료를 제출하는 경우, 근로소득자는 국세청연말정산간소화서비스 사이트(국세청 홈택스 www.hometax.go.kr 접속 → [조회·발급] → [연말정산간소

제3장 근로소득 연말정산 ▶▶

화])에서 일괄 기재된 본인의 「소득공제내역 집계표(내역서)」를 조회·출력하여 원천징수의무자에게 제출하도록 하였다. 따라서 근로자는 증빙서류 발급을 위하여 해당 기관에 방문하지 않고도 간편하게 증빙자료를 제출할 수 있게 되었다. 또한 본인의 소득공제 내역뿐 아니라 사전에 해당가족의 동의가 있으면 부양가족의 소득공제내역도 조회가 가능하다.

[연말정산에 의한 근로소득세 계산흐름]

총급여액(비과세 소득 제외)

(−) 근로소득공제

총급여액	근로소득공제금액(2,000만원 한도)
500만원 이하	총급여 × 70%
500만원 ~ 1,500만원	350만원 + (총급여 − 500만원) × 40%
1,500만원 ~ 4,500만원	750만원 + (총급여 − 1,500만원) × 15%
4,500만원 ~ 1억원	1,200만원 + (총급여 − 4,500만원) × 5%
1억원 초과	1,475만원 + (총급여 − 1억원) × 2%

근로소득금액

(−) 인적공제

기본공제(1인당 150만원)	추가공제
• 본인 • 배우자 • 부양가족	• 경로우대자 • 한부모 • 장애인 • 부녀자

(−) 연금보험료공제

(−) 특별소득공제
• 보험료(건강보험료·장기요양보험료·고용보험료)
• 주택자금(주택마련저축, 주택임차원리금상환액, 장기주택저당차입금 이자상환액)

(−) 기타소득공제
• 신용카드등 사용금액
• 주택담보노후연금이자비용공제
• 소기업·소상공인 공제부금

(=) 과세표준

(×) 세율

과세표준 구간	세율
1,400만원 이하	6%
1,400만원 초과 5,000만원 이하	84만원 + 1천400만원 초과금액의 15%
5,000만원 초과 8,800만원 이하	624만원 + 5,000만원 초과금액의 24%
8,800만원 초과 1억5천만원 이하	1,536만원 + 8천800만원 초과금액의 35%
1억5천만원 초과 3억원 이하	3,706만원 + 1.5억원 초과금액의 38%
3억원 초과 5억원 이하	9,406만원 + 3억원 초과금액의 40%
5억원 초과 10억원 이하	1억7,406만원 + 5억원 초과금액의 42%
10억원 초과	3억8,460만원 + 10억원 초과금액의 45%

(=) 산출세액

(−) 세액공제·감면
• 근로소득세액공제 • 자녀세액공제 • 연금계좌세액공제
• 특별세액공제(보험료·의료비·교육비·기부금) 등

(=) 결정세액

(−) 기납부세액
• 매월 급여에 대해 근로소득 간이세액표에 따라 원천징수한 세액의 연간 합계액

(=) 차감징수세액
• 결정세액 > 기납부세액 : 차액을 납부
• 결정세액 < 기납부세액 : 차액을 환급

3. 근로소득금액의 계산

총급여(비과세제외)에서 근로소득공제를 차감하여 근로소득금액을 구한다.

> 총급여(비과세제외) - 근로소득공제 = 근로소득금액

(1) 총급여액

'총급여액'이란 해당 과세기간에 발생한 근로소득의 합계액(비과세소득은 제외)을 말한다.

(2) 근로소득공제

근로소득공제란 근로소득을 얻기 위해 소요되는 경비성격으로 급여의 일정액을 공제해주는 것을 말한다(다만, 공제액이 2,000만원을 초과하는 경우에는 2,000만원을 공제한다).

총급여액	공제액
500만원 이하	총급여액의 70%
500만원 초과~1,500만원 이하	350만원 + {(총급여액 - 500만원) × 40%}
1,500만원 초과~4,500만원 이하	750만원 + {(총급여액 - 1,500만원) × 15%}
4,500만원 초과~1억원 이하	1,200만원 + {(총급여액 - 4,500만원) × 5%}
1억원 초과	1,475만원 + {(총급여액 - 1억원) × 2%}

4. 과세표준의 계산

> 근로소득금액 - 소득공제 = 과세표준

총급여에서 근로소득공제를 공제하여 계산된 근로소득금액에서 소득공제를 다시 차감하게 되는데 이러한 소득공제는 정책상의 목적에 따라 소득세법에서 열거하고 있다.

근로소득공제가 근로소득을 얻기 위해 지출한 경비성 성격이라면 소득공제란 부양가족에 따른 부양비·가사경비 등 최저생계비의 원칙에 따라 세무정책상으로 공제해 주는 항목을 말한다.

[소득공제 구분]

구 분		내 용
인적공제	기본공제	부양가족대상자 1명당 150만원
	추가공제	• 경로우대자공제(1인당 100만원) • 장애인공제(1인당 200만원) • 한부모공제(연 100만원) • 부녀자공제(연 50만원)
물적공제	연금보험료 공제	연금보험료 납입액 전액
	특별소득공제	• 건강·고용보험료 등 소득공제 • 주택자금 소득공제
	기타소득공제	• 신용카드등 사용금액에 대한 소득공제 • 주택담보노후연금이자비용공제 • 소기업·소상공인 공제부금공제

제2절 연말정산(2) 인적공제

1. 인적공제

(1) 기본공제(공제의 첫걸음)

본인과 부양가족의 인원수에 대해 1인당 150만원을 공제하는 것이다.

$$기본공제 = 부양가족수(본인 포함) \times 150만원$$

구분	대상자	나이요건	소득금액요건
본인	당해 거주자	–	–
배우자	거주자의 배우자	–	연 100만원 이하 (근로소득만 있는 배우자는 총급여액 500만원 이하)
부양가족	① 직계존속(배우자 직계존속 포함)	만 60세 이상	연 100만원 이하 (근로소득만 있는 부양가족은 총급여액 500만원 이하)
	② 직계비속·입양자	만 20세 이하	
	③ 형제자매	만 20세 이하 또는 만 60세 이상	
	④ 국민기초생활보장법상 수급자	–	
	⑤ 위탁아동	–	

▶ 중점사항 1 - 부양가족의 범위
① 배우자 및 직계비속·존속, 형제자매만 해당되므로 삼촌, 조카, 이모 등은 나이 및 소득과 무관하게 부양가족에 무조건 포함되지 않음
② 직계존속에는 배우자의 직계존속(장인, 장모 등)뿐만 아니라 직계존속이 재혼한 경우 직계존속의 배우자로서 혼인(사실혼 제외) 중임이 증명되는 사람(계부 또는 계모) 포함
③ 근로자 및 배우자의 형제자매는 기본공제대상에 포함될 수 있으나, 형제자매의 배우자(제수, 형수 등)는 기본공제대상에 포함하지 아니함
④ 직계비속에는 근로자의 배우자가 재혼한 경우로서 해당 배우자가 종전의 배우자와의 혼인 중에 출산한 자(의붓자녀)를 포함 → 재혼으로 인한 부양가족도 포함
⑤ 직계비속과 그 배우자가 모두 장애인에 해당하는 경우에는 그 배우자도 기본공제대상자에 포함됨
　예 자녀(남성)가 장애인이고 며느리도 장애인인 경우 며느리도 기본공제대상자에 포함
⑥ 위탁아동이란 아동복지법에 따른 가정위탁을 받아 양육하는 아동으로서 해당 과세기간에 6개월 이상 직접 양육한 위탁아동[아동복지법에 따라 보호기간이 연장된 경우로서 20세 이하인 위탁아동을 포함한다]을 말함. 다만, 직전 과세기간에 소득공제를 받지 못한 경우에는 해당 위탁아동에 대한 직전 과세기간의 위탁기간을 포함하여 계산함

예 위탁아동 양육기간 : 20X1. 7.1~20X2.6.30 → 20X1년 공제 ×(∵ 6개월 양육),
20X2년 공제 ○(∵ 6개월 + 6개월 = 1년 양육)
⑦ ★부양가족이 장애인에 해당되는 경우 나이의 제한을 받지 않음(소득금액요건은 제한받음)

▶ 중점사항 2 – 소득금액의 계산
연간소득금액이란 종합소득금액, 퇴직소득금액, 양도소득금액의 연간 합계액을 말함 → 분리과세 및 비과세 제외, 필요경비 차감 후 금액)

소득종류		소득금액 계산	소득금액 100만원 이하 사례
① 종합소득	근로소득	총급여액(비과세제외) − 근로소득공제	★ 총급여액(3,333,333) − 근로소득공제 (3,333,333 × 70%) = 1,000,000
			★ 단, 근로소득만 있는 경우에는 근로소득금액이 아닌 "총급여액" 기준으로 500만원 이하인 경우 공제가능
			★ 일용근로소득은 분리과세대상이므로 일용근로소득만 있는 경우 공제가능
			예 총급여만 500만원인 경우 또는 분리대상인 일용근로소득만 있는 경우 → 공제가능
			예 총급여 500만원 + 사업소득금액 100만원 → 공제불가능
	연금소득	총연금액 − 연금소득공제	• 공적연금: 총연금액 516만원 − 연금소득공제 416만원 = 100만원
			• 사적연금: 총연금액 1,500만원 이하로서 분리과세로 선택한 경우 종합소득금액에서 제외되어 기본공제 가능(특정한 사적연금의 선택적 분리과세 적용시)
	사업소득	총수입금액 − 필요경비	㉠ ★총수입금액에서 필요경비를 차감한 금액이 100만원 이하인 경우
			㉡ 총수입금액 − 필요경비 = 사업소득금액으로 판단
			예 사업소득금액이 100만원 → 공제가능
			예 총수입금액 1,200만원 − 필요경비 1,100만원 = 사업소득금액 100만원 → 공제가능
	기타소득	총수입금액 − 필요경비	㉠ 복권당첨소득 등은 무조건 분리과세되므로 공제가능
			㉡ 기타소득금액 300만원 이하로서 분리과세를 선택한 경우 종합소득에서 제외되어 공제 가능
			㉢ 총수입금액 − 필요경비 = 기타소득금액으로 판단하되, 문예창작소득과 일정한 인적용역은 수입금액의 60%를 필요경비로 인정(다수가 순위경쟁하는 대회의 상금 및 부상은 수입금액의 80%를 필요경비로 인정)
			예 분리과세대상인 복권당첨소득 1억원만 있는 경우 → 공제가능
			예 문예창작소득 또는 일시적 인적용역 소득 900만원 있는 경우 → 총수입금액 900만원 − 필요경비(60%) 540만원 = 기타소득금액 360만원 → 300만원 초과되므로 종합과세되므로 공제 불가능
			예 문예창작소득 또는 일시적 인적용역 소득 750만원 있는 경우 → 총수입금액 750만원 − 필요경비(60%) 450만원 = 기타소득금액 300만원 → 300만원 이하로 분리과세선택시 공제가능

		예 경진대회 상금 1,000만원 있는 경우 → 총수입금액 1,000만원 - 필요경비(80%) 800만원 = 기타소득금액 200만원 → 300만원 이하로 분리과세선택시 공제가능	
	이자·배당 소득	총수입금액	★ 이자소득과 배당소득의 합계금액이 2천만원 이하인 경우 → 분리과세소득으로 종합소득금액에서 제외되어 공제 가능
		예 이자소득만 2,000만원 있는 경우 → 분리과세대상이므로 공제가능	
	소 계	위의 소득금액의 합계액이 종합소득금액이 된다.	종합소득금액 100만원(단, 비과세 및 분리과세소득은 제외)
② 퇴직소득		퇴직소득 = 퇴직소득금액	비과세소득을 제외한 금액이 100만원인 퇴직금
③ 양도소득		양도가액 - 필요경비 - 장기보유 특별공제	필요경비와 장기보유특별공제금액을 차감한 금액이 100만원인 양도소득금액
연간 소득금액의 합계액 (①+②+③)			종합소득·퇴직소득·양도소득이 있는 경우 각 소득금액을 합계한 금액으로 함

▶ 중점사항 3 - 생계를 같이 하는 부양가족의 범위

① 「생계를 같이하는 부양가족」이란 주민등록표상의 동거가족으로서 현실적으로 생계를 같이 하는 자를 말한다.
② 배우자 및 직계비속·입양자는 항상 생계를 같이 하는 부양가족으로 보므로 주민등록이 따로 되어 있더라도 공제가 가능하다.
③ 직계존속의 경우는 주거의 형편에 따라 별거하는 경우도 공제가 가능하다.
④ 일시퇴거(취학, 요양, 근무, 사업상의 형편 등)의 경우도 입증되면 공제가 가능하다.

(2) 추가공제(공제 한번 더)

구 분	공제대상자	추가공제액
① 경로우대자공제	70세 이상인 기본공제대상자인 경우	1명당 100만원
② 장애인공제	장애자인 기본공제대상자인 경우(연령제한 없음)	1명당 200만원
③ 한부모공제	본인이 배우자가 없는 사람으로서 기본공제대상자인 직계비속 또는 입양자가 있는 경우	연 100만원
④ 부녀자공제	본인이 다음 중 어느 하나에 해당하는 경우(단, 종합소득금액이 3천만원 이하인 경우만 적용) ⓐ 배우자가 있는 여성 ⓑ 배우자가 없는 여성으로서 부양가족이 있는 세대주	연 50만원

▶ 중점사항 1 - 장애인의 범위

㉠ 「장애인복지법」에 의한 장애인 및 「장애아동 복지지원법」에 따른 장애아동
㉡ 「국가유공자 등 예우 및 지원에 관한 법률」에 의한 상이자 및 이와 유사한 자로서 근로능력이 없는 자
㉢ 기타 항시 치료를 요하는 중증환자

▶ **중점사항 2 – 추가공제의 중복적용**

추가공제는 원칙적으로 중복적용이 가능하나, 추가공제 중 ③ 한부모공제와 ④ 부녀자공제 모두 해당하는 경우에 ③ 한부모공제를 적용한다.

<예> 본인(남성근로자) + 배우자 없음 + 직계비속 있음 : 한부모공제 적용
　　본인(여성근로자) + 배우자 없음 + 직계비속 있음 : 한부모공제 적용
　　본인(여성근로자) + 배우자 없음 + 직계존속 있음 : 부녀자공제 적용

(3) 인적공제의 판정시기

공제대상 배우자·부양가족·장애인 또는 경로우대자에 해당하는지 여부의 판정은 해당 과세기간의 종료일인 12월 31일 현재의 상황에 따른다(예 12월 1일 이혼시 → 배우자는 공제불가). 다만, 여기에는 다음과 같은 예외가 있다.

① 과세기간 종료일 전에 사망한 사람 또는 장애가 치유된 사람에 대해서는 사망일 전날 또는 치유일 전날의 상황에 따른다(예 12월 1일에 부친 사망시 → 나이 및 소득금액 충족시는 기본공제 가능).
② 공제대상 부양가족을 판정할 때 적용대상 나이가 정해진 경우에는 해당 과세기간의 과세기간 중에 해당 나이에 해당되는 날이 있는 경우에 공제대상자로 본다(예 12월 31일 현재 만 20세 1개월인 자녀 → 기본공제 가능).

(4) 2명 이상의 공제대상가족에 해당하는 경우의 공제방법

① 1인이 동시에 2인 이상의 공제대상에 해당시 1인에게만 공제(예 맞벌이 부부의 자녀 1인은 남편 또는 아내 중 한명의 부양가족으로만 공제가능)
② 2 이상의 거주자가 서로 자기의 공제대상으로 신고한 경우 거주자의 공제대상 배우자가 다른 거주자의 공제대상 부양가족에 우선(예 어머니를 아버지와 아들이 동시에 공제대상으로 신고한 경우 아버지가 우선 적용)

 인적공제(1)

다음의 부양가족 자료에 의하여 박민태 씨의 2024년 인적공제액을 계산하시오(단, 부양가족은 생계를 같이 한다).

가족관계	나이	비고
본인(남성)	50세	
배우자	45세	1월 퇴직시 급여 3,000,000원과 퇴직금 12,000,000원을 받았고, 이후 가사에 전념하고 있음
부	72세	당해연도 5월 31일 사망하였고 소득 없음
모	69세	일용근로소득 9,200,000원
자녀1	21세	항시 치료를 요하는 중증환자로 소득 없음
자녀2	15세	

해설_ 1. 기본공제
① 본인 : 나이·소득금액에 관계없이 기본공제 가능
② 배우자 : 퇴직소득금액이 100만원을 초과하므로 기본공제 불가능
③ 부 : 당해 연도에 사망하였으나 소득 없는 60세 이상이므로 기본공제 가능
④ 모 : 60세 이상이며, 일용근로소득(분리과세)만 있으므로 기본공제 가능
⑤ 자녀1 : 20세 초과되지만 장애인이므로 나이와 관계없이 기본공제대상 가능
⑥ 자녀2 : 만 20세 이하로 기본공제 가능
 → 기본공제 : 총 5인(배우자 제외) × 150만원 = 750만원

2. 추가공제
① 부친(72세)은 사망 당시 70세 이상이므로 경로우대자공제 100만원 가능
② 자녀1은 중증환자이므로 장애인공제 200만원 가능
 → 추가공제 : 경로우대자 100만원 + 장애인 200만원 = 300만원

 인적공제(2)

다음의 부양가족 자료에 의하여 정진수 씨의 2024년 인적공제액을 계산하시오.

가족관계	나 이	비 고
본인(남성)	40세	
배우자	38세	보험모집인으로 연간 소득금액은 2,400,000원이다.
모	65세	주거형편상 별거하고 있으며, 생활비 400,000원을 매월 부담해주고 있다.
자녀1	11세	초등학생으로 별다른 소득은 없다.
자녀2	8세	
형제	33세	언어장애인으로 장애1급 등록증을 소지하고 있으며 총급여액 8,000,000원이 있다.

해설_ 1. 기본공제
① 본인 : 나이·소득금액에 관계없이 기본공제 가능
② 배우자 : 소득금액이 100만원을 초과하므로 기본공제 불가능
③ 모 : 어머니는 주거형편상 별거 중이며, 다른 형제 등의 공제대상이 아니므로 기본공제 가능
④ 자녀1 : 20세 이하이므로 기본공제 가능
⑤ 자녀2 : 20세 이하이므로 기본공제 가능
⑥ 형제 : 장애인에 해당하지만 총급여액이 500만원을 초과하므로 기본공제 불가능(장애인은 나이제한이 없을 뿐 소득금액 제한은 있음)
 → 기본공제 : 총 4인(배우자, 형제 제외) × 150만원 = 600만원

2. 추가공제
 : 해당사항 없음

인적공제(3)

다음의 부양가족 자료에 의하여 송민준 씨의 2023년 인적공제액을 계산하시오(단, 부양가족은 생계를 같이 한다).

가족관계	나이	비고
본인(남성)	48세	
배우자	49세	은행예금이자 2,000,000원과 복권당첨소득 10,000,000원이 있다.
자녀1	21세	
자녀2	19세	서울교육청에서 주관한 소년로봇발명대회에 참가하여 상금 1,200,000원의 소득이 발생
동생	39세	청각장애인으로 일용근로소득 1,000,000원이 있다.

해설_ 1. 기본공제
① 본인 : 나이·소득금액에 관계없이 기본공제 가능
② 배우자 : 이자소득 200만원과 복권당첨소득은 분리과세되므로 기본공제 가능
③ 자녀1 : 나이 제한으로 기본공제 불가능
④ 자녀2 : 기타소득금액이 300만원 이하로서 분리과세대상이므로 기본공제 가능
⑤ 동생 : 일용근로소득은 분리과세 되므로 기본공제 가능
→ 기본공제 : 총 4인(자녀1 제외) × 150만원 = 600만원
2. 추가공제
① 동생은 청각장애인이므로 장애인공제 200만원 가능
→ 추가공제 : 장애인공제 200만원

 인적공제(4)

다음의 부양가족 자료에 의하여 김성희 씨의 2023년 인적공제액을 계산하시오.

가족관계	나이	비고
본인(여성)	33세	세대주 김성희는 배우자의 사망으로 사별을 한 상태이며 총급여가 25,000,000원이다.
조모(할머니)	77세	소득이 없으며, 주거형편상 별거중이다.
모	53세	일용직근로소득 5,000,000원이 있다.
동생1	27세	시각장애인이며, 소득은 없다.
동생2	19세	원고공모에 당선되어 원고료 5,000,000원의 기타소득이 있다.
이모	56세	소득이 없는 청각장애인으로 집안의 모든 가사일을 전담하고 있다.

해설_ 1. 기본공제
① 본인 : 나이·소득금액에 관계없이 기본공제대상 가능
② 조모 : 60세 이상이고 소득이 없으므로 기본공제 가능
③ 모 : 60세 미만으로 연령요건을 충족하지 못하므로 기본공제 불가능
④ 동생1 : 소득이 없는 장애인으로 연령에 관계없이 기본공제 가능
⑤ 동생2 : 20세 이하이고 기타소득금액(총수입금액 $5,000,000$ − 필요경비(80%) $4,000,000 = 1,000,000$)이 100만원 이하이므로 기본공제 가능 ← 다수가 경쟁하는 대회에서 받는 상금은 기타소득으로 수입금액의 80%를 필요경비로 인정

기타소득 종류	필요경비	비고
① 「공익법인의 설립·운영에 관한 법률」을 적용받는 공익법인이 주문관청의 승인을 받아 시상하는 상금 및 부상 ② 다수가 경쟁하는 대회에서 받는 상금 및 부상 ③ 계약의 위약(해약)으로 받는 위약금과 배상금 중 주택입주 지체상금	Max(실제경비, 수입금액 × 80%)	기타소득금액(수입금액 − 필요경비)이 300만원 이하인 경우 분리과세 선택 가능 → 부양가족으로 공제가능
④ 일시적 문예창작소득 ⑤ 일시적 인적용역 제공대가 ⑥ 산업재산권 등을 양도·대여하고 그 대가로 받는 금품	Max(실제경비, 수입금액 × 60%)	

⑥ 이모 : 부양가족의 범위에 속하지 않으므로 기본공제 불가능 ← 이모, 삼촌 등은 부양가족의 범위에 속하지 않음
→ 기본공제 : 총 4인(모, 이모 제외) × 150만원 = 600만원

2. 추가공제
① 본인은 부양가족이 있는 세대주로서 부녀자공제 50만원 가능
② 조모는 70세 이상이므로 경로우대자공제 100만원 가능
③ 동생1은 시각장애인이므로 장애인공제 200만원 가능
→ 추가공제 : 부녀자공제 50만원 + 경로우대자공제 100만원 + 장애인공제 200만원 = 350만원

2. 부양가족명세 작성

[인사급여] → [기초/인사관리] → [사원등록] 클릭시 부양가족을 등록하는 화면이다.
소득자 본인을 포함한 배우자 및 부양가족에 대한 내역을 입력하며 입력된 사항을 바탕으로 급여자료입력, 연말정산자료입력의 인적공제 내역에 반영된다.

부양가족명세

연말정산관계	기본	세대	부녀	장애	경로 70세	출산 입양	자녀	한부모	성명	주민(외국인)번호	가족관계
❶					❷					❸	❹

[화면설명]
① 연말정산관계 / 기본(기본공제대상자 해당여부)
연말정산관계를 입력한다. [F2]버튼을 누르면 보조창에서 연말관계를 선택할 수 있다.

[연말정산관계]

코드	연말정산 관계
1	소득자의 직계존속
2	배우자의 직계존속
3	배우자
4	직계비속(자녀,입양자)
5	직계비속(4제외)
6	형제자매
7	수급자(1-6 제외)
8	기타(위탁아동)

[기본]
0. 부
1. 본인
2. 배우자
3. 20세이하
4. 60세이상
5. 장애인
6. 기초생활대상
7. 자녀장려금수급자

나이제한 또는 소득금액제한으로 기본공제대상자에 해당하지 않는 경우에는 「0.부」를 선택한다. 기본공제대상자에 해당하지 않더라도 연말정산시 의료비 등의 일부 공제는 적용받을 수 있으므로 입력하는 것이다.

② 세대주 여부 및 추가공제
  ㉠ 세대주 : 본인이 세대주인 경우 숫자 「1」 선택, 해당되지 않는 경우 「0」을 선택
  ㉡ 부녀 : 종합소득금액 3천만원 이하 거주자로서 배우자가 있는 여성근로자이거나 배우자 없이 부양가족이 있는 여성근로자이면서 여성근로자 자신이 주민등록등본상 세대주인 경우에 해당되면 숫자 「1」 선택, 해당되지 않는 경우 「0」을 선택
  ㉢ 장애 : 기본공제대상이 되는 장애자의 수를 체크하는 란으로 부양가족명세 입력시 기본에 「5. 장애인」을 입력하면 자동으로 체크되며, 사유별로 「1.장애인복지법에 따른 장애인」, 「국가유공자등 근로능력없는 자」, 「3.항시치료를 요하는 중증환자」로 구분 선택한다.
  ㉣ 경로 70세 : 본인을 포함하여 배우자 및 부양가족이 70세 이상 경로에 해당하면 숫자 「1」 선택, 해당되지 않는 경우 「0」을 선택
  ㉤ 출산입양 : 해당 과세기간에 출산하거나 입양한 신고한 공제대상 자녀가 있는 경우 출산 등의 순서에 따라 「1.첫째」, 「2.둘째」, 「3.셋째 이상」을 선택
  ㉥ 자녀 : 자녀세액공제에 해당하는 경우에는 숫자 「1」 선택, 해당되지 않는 경우 「0」을 선택
  ㉦ 한부모 : 본인이 배우자가 없는 경우로 20세 이하 기본공제대상자인 직계비속 또는 입양자가 있는 경우 숫자 「1」 선택, 해당되지 않는 경우 「0」을 선택

③ 가족관계 : 본인과 [연말정산관계]에 입력된 자와 관계를 [F2]키를 누르고 선택한다.

부양가족명세(1)

▶ 저자주 : 부양가족명세 및 연말정산자료입력의 실습은 회사코드 「4003.(주)원천징수」로 회사를 변경하여 실습한다.

[자료설명]
사무직 직원 김철수(1001)의 주민등록표이다.
1. 처 김지영은 이자소득 28,000,000원이 있다.
2. 부 김성일은 일용근로소득 3,500,000원이 있다.
3. 모 윤순자는 복권당첨금 30,000,000원이 있다.
4. 자녀 김지한은 소득이 없다.
5. 형제 김희곤은 장애인복지법에 따른 장애인이다.
6. 세부담을 최소화하는 방법을 선택한다.

[평가문제]
사원등록에서 김철수(1001)의 부양가족명세를 작성하시오.

문서확인번호 1/1

주 민 등 록 표
(등 본)

이 등본은 세대별 주민등록표의 원본내용과 틀림없음을 증명합니다.
담당자 : 　　전화 :
신청인 : (　　　　　　　　)
용도 및 목적 :
　　　　　　　　　년 월 일

세대주 성명(한자)	김철수 (金鐵水)	세대 구성 사유 및 일자	전입 2010-10-24

현주소 : 서울특별시 구로구 도림로7 105동 805호(구로동, 행복아파트)

번호	세대주 관 계	성 명 주민등록번호	전입일 / 변동일	변동사유
1	본인	김철수 611111-1111119		
2	처	김지영 650321-2222229	2010-10-24	전입
3	부	김성일 420211-1101105	2010-10-24	전입
4	모	윤순자 461110-2856911	2010-10-24	전입
5	자	김지한 080505-3032566	2010-10-24	전입
6	형제	김희곤 710916-1011451	2010-10-24	전입

TAT 2급

해설_

	연말정산관계	기본	세대	부녀	장애	경로70세	출산입양	자녀	한부모	성명	주민(외국인)번호	가족관계
1	0.본인	본인	○							김철수	내 611111-1111119	
2	3.배우자	부								김지영	내 650321-2222229	02.처
3	1.(소)직계존속	60세이상				○				김성일	내 420211-1101105	03.부
4	1.(소)직계존속	60세이상				○				윤순자	내 461110-2856911	04.모
5	4.직계비속(자녀)	20세이하						○		김지한	내 080505-3032566	05.자
6	6.형제자매	장애인			1					김희곤	내 710916-1011451	22.제

① 김지영(배우자) : 이자소득이 2,000만원을 초과하므로 기본공제 불가능
② 김성일(부) : 일용근로는 분리과세소득이므로 기본공제, 경로우대공제 가능
③ 윤순자(모) : 복권당첨소득은 분리과세소득이므로 기본공제, 경로우대공제 가능
④ 김지한(자녀) : 만 20세 이하이므로 기본공제 가능(2024년 – 2008년 = 만 16세), 8세 이상 자녀로 자녀세액공제 적용
⑤ 김희곤(형제) : 장애인은 나이제한이 없으므로 기본공제, 장애인공제 가능
※ 나이계산방법 : 기준연도(2024년) – 생년(1942년) = 만 82세

부양가족명세(2)

▶ 저자주 : 부양가족명세 및 연말정산자료입력의 실습은 회사코드 「4003.(주)원천징수」로 회사를 변경하여 실습한다.

[자료설명]
사원 임성준(세대주)이 제출한 가족관계증명서이다.
1. 모 김은자는 별도의 소득이 없으며 주거형편상 별거하고 있던 중 당해연도에 사망하였다.
2. 배우자 장인혜는 복권당첨소득 20,000,000원과 기타소득 2,500,000원(분리과세 선택)이 있다.
3. 자녀 임영준은 초등학생으로 별도의 소득이 없다.
4. 자녀 임소리는 미취학 아동으로 별도의 소득이 없다.
5. 형제 임도일은 장애인복지법에 따른 청각장애인이며 퇴직소득금액 1,500,000원이 있다.
6. 세부담을 최소화하는 방법을 선택한다.

[평가문제]
사원등록에서 임성준(1002)부양가족명세를 작성하시오.

가족관계증명서

등록기준지	서울시 강남구 삼성로 212, 103동 506호

구분	성 명	출생연월일	주민등록번호	성별	본
본인	임성준	1983년 01월 07일	830107-1056214	남	恩津

가족사항

구분	성 명	출생연월일	주민등록번호	성별	본
모	김은자 사망	1940년 11월 12일	401112-2075529	여	恩津
배우자	장인혜	1980년 01월 17일	800117-2247093	여	仁同
자녀	임영준	2007년 02월 03일	070203-3023180	남	恩津
자녀	임소리	2017년 01월 23일	170123-4070781	여	恩津
형제	임도일	1975년 09월 15일	750915-1927317	남	恩津

해설_

	연말정산관계	기본	세대	부녀	장애	경로70세	출산입양	자녀	한부모	성명	주민(외국인)번호	가족관계
1	0.본인	본인	○							임성준	내 830107-1056214	
2	3.배우자	배우자								장인혜	내 800117-2247093	02.배우자
3	1.(소)직계존속	60세이상				○				김은자	내 401112-2075529	04.모
4	4.직계비속((손	20세이하						○		임영준	내 070203-3023180	05.자녀
5	4.직계비속((손	20세이하								임소리	내 170123-4070781	05.자녀
6	6.형제자매	부								임도일	내 750915-1927317	20.형

① 김은자(모) : 별도의 소득이 없고, 연도 중 사망했으나 당해연도까지는 기본, 경로우대공제 대상임
② 장인혜(배우자) : 복권당첨소득은 무조건분리과세 대상이며, 기타소득금액은 분리과세를 선택하였으므로 기본공제 대상임
③ 임영준(자녀 17세) : 소득이 없는 20세 이하로 기본공제 및 자녀세액공제(8세 이상) 대상임
④ 임소리(자녀 7세) : 소득이 없는 20세 이하로 기본공제 대상임
⑤ 임도일(형제) : 장애인복지법에 따른 장애인이나 퇴직소득금액이 *100만원*을 초과하므로 기본공제 대상이 아님

TAT 2급

 부양가족명세(3)

[자료설명]
김해강의 주민등록표이다.
1. 김해강(본인)은 장애인복지법에 의한 장애인에 해당하며, 총급여액은 3,000만원 이하이다. (근로소득 외의 다른 종합소득금액은 없다)
2. 최진언(배우자)은 복권당첨소득 3,000,000원이 있다.
3. 김미자(모)는 암환자로서 항시 치료를 요하는 중증환자이다.
4. 자녀인 최영서와 최준서는 소득이 없다.
5. 세부담을 최소화하는 방법을 선택한다.

[평가문제]
사원등록에서 김해강(1003)부양가족명세를 작성하시오.

문서확인번호   1/1

주 민 등 록 표
(등 본)

이 등본은 세대별 주민등록표의 원본내용과 틀림없음을 증명합니다.
담당자 :   전화 :
신청인 :   (   )
용도 및 목적 :
                                    년 월 일

세대주 성명(한자)	김해강 (金海强)	세 대 구 성 사유 및 일자	전입 2000-10-24

현주소 : 서울특별시 구로구 구로동로47길 10-5 (구로동, 경남웰스힐)

번호	세대주 관 계	성 명 주민등록번호	전입일 / 변동일	변동사유
1	본인	김해강 770202-2045678		
2	배우자	최진언 721010-1774918	2008-10-30	전입
3	모	김미자 540201-2222229	2011-04-15	전입
4	자	최영서 130310-4231451	2013-03-10	전입
5	자	최준서 240101-4231454	2024-01-01	출생

해설_

	연말정산관계	기본	세대	부녀	장애	경로 70세	출산 입양	자녀	한부모	성명	주민(외국인)번호	가족관계
1	0.본인	본인	○							김해강	내 770202-2045678	
2	3.배우자	배우자								최진언	내 721010-1774918	02.배우자
3	1.(소)직계존속	60세이상				○				김미자	내 540201-2222229	04.모
4	4.직계비속((손	20세이하						○		최영서	내 130310-4231451	05.자녀
5	4.직계비속((손	20세이하					○(2)			최준서	내 240101-4231454	05.자녀

① 김해강(본인) : 부녀자세대주 공제와 장애인 공제가능
② 최진언(배우자) : 복권당첨소득은 분리과세대상이므로 기본공제 가능
③ 김미자(모) : 60세 이상이므로 기본공제 및 장애인공제 가능
④ 최영서(자) : 20세 이하이므로 기본공제 가능
⑤ 최준서(자) : 20세 이하이므로 기본공제 및 출산입양(2.둘째) 적용

TAT 2급

 부양가족명세(4)

[자료설명]
영업부 이강훈의 주민등록표이다.
1. 배우자 김숙희는 총급여액 *18,000,000원*이 있다.
2. 장인 김문근은 항시 치료를 요하는 중증장애인이며 소득이 없다.
3. 장모 장유라는 소득이 없다.
4. 동생 이유림은 대학생으로 일용근로소득 *1,100,000원*이 있다.
5. 조모 김순자는 소득이 없다.
※ 세부담을 최소화하는 방법을 선택한다.

[평가문제]
[사원등록]메뉴의 부양가족명세를 작성하시오.

문서확인번호				1/1
주 민 등 록 표 (등 본)			이 등본은 세대별 주민등록표의 원본내용과 틀림없음을 증명합니다. 담당자 : 전화 : 신청인 : ( ) 용도 및 목적 : 년 월 일	
세대주 성명(한자)	이강훈 (李康勳)		세 대 구 성 사유 및 일자	전입 2015-07-07
현주소 : 서울특별시 구로구 구로동로47길 10-5 (구로동, 경남웰스힐)				
번호	세대주 관 계	성 명 주민등록번호	전입일 / 변동일	변동사유
1	본인	이강훈 860303-1567111		
2	배우자	김숙희 880414-2174126	2015-07-07	전입
3	장인	김문근 651204-1773211	2015-07-07	전입
4	장모	장유라 650508-2087121	2015-07-07	전입
5	동생	이유림 960211-2235215	2015-07-07	전입
6	조모	김순자 431102-2211009	2015-07-07	전입

해설_

	연말정산관계	기본	세대	부녀	장애	경로 70세	출산입양	자녀	한부모	성명	주민(외국인)번호	가족관계
1	0.본인	본인	○							이강훈	내 860303-1567111	
2	3.배우자	부								김숙희	내 880414-2174126	02.배우자
3	2.(배)직계존속	장애인			3					김문근	내 651204-1773211	12.장인
4	2.(배)직계존속	부								장유라	내 650508-2087121	13.장모
5	6.형제자매	부								이유림	내 960211-2235215	30.누이
6	1.(소)직계존속	60세이상				○				김순자	내 431102-2211009	51.조모

① 김숙희(배우자) : 총급여액 500만원을 초과하므로 기본공제 대상이 아님
② 박문근(장인) : 60세 미만이나 소득이 없는 장애인이므로 기본공제 및 장애인 공제가능
③ 장유라(장모) : 60세 미만이므로 기본공제 불가능(2024년 - 1965년 = 만 59세)
④ 이유림(동생) : 만 20세 초과로 기본공제 불가능
⑤ 김순자(조모) : 소득이 없고 70세 이상이므로 기본공제 및 경로우대 공제가능

TAT 2급

실무수행 부양가족명세(5)

[자료설명]
김미숙의 주민등록표이다.
1. 배우자와는 2015년에 이혼하였으며, 자녀를 부양하고 있다.
2. 모 박미순은 사업소득금액이 10,000,000원 있으며, 생활비의 일부를 부담하고 있다.
3. 황말순은 장애인복지법에 따른 장애인이다.

[평가문제]
[사원등록]메뉴의 부양가족명세를 작성하시오.

문서확인번호			1/1
주 민 등 록 표 (등 본)		이 등본은 세대별 주민등록표의 원본내용과 틀림없음을 증명합니다. 담당자 : 전화 : 신청인 : ( ) 용도 및 목적 : 년 월 일	
세대주 성명(한자)	김미숙 (金美淑)	세대 구 성 사유 및 일자	전입 2005-10-24
현주소 : 서울시 마포구 어울마당로 16(당인동, 현대타운)			
번호	세대주 관 계	성 명 주민등록번호	전입일 / 변동일	변동사유
1	본인	김미숙 781111-2222220		
2	모	박미순 440402-2022349	2015-07-07	전입
3	자	강지은 031212-4773212	2015-07-07	전입
4	자	강지수 071001-4023453	2015-07-07	전입
5	이모	황말순 520226-2111112	2015-07-07	전입

해설_

	연말정산관계	기본	세대	부녀	장애	경로 70세	출산 입양	자녀	한부모	성명	주민(외국인)번호	가족관계
1	0.본인	본인	O						O	김미숙	내 781111-2222220	
2	1.(소)직계존속	부								박미순	내 440402-2022349	04.모
3	4.직계비속	(자녀)20세이하						O		강지은	내 031212-4773212	05.자녀
4	4.직계비속	(자녀)20세이하						O		강지수	내 071001-4023453	05.자녀

① 김미숙(본인) : 배우자가 없는 사람으로서 기본공제대상자인 직계비속이 있으므로 한부모공제 가능
② 박미순(모) : 사업소득금액이 100만원 초과되므로 기본공제 불가능
③ 강지은(자녀), 강지수(자녀) : 만 20세 이하이므로 기본공제 가능 및 8세 이상 자녀세액공제 적용
④ 이모 : 이모는 부양가족에 해당하지 않음(이모, 삼촌, 고모 등은 부양가족에 해당되지 않음)

비대면 시험대비 실무수행평가

평가문제

01 [김미숙 근로소득원천징수영수증 조회] [배점 10]
① 기본공제 대상 인원수(본인 포함)는 총 몇 명인가?
② 26.부양가족 공제대상액은 얼마인가?
③ 27.경로우대 공제대상액은 얼마인가?
④ 29.부녀자 공제대상액은 얼마인가?
⑤ 30.한부모 공제대상액은 얼마인가?
⑥ 56.자녀세액공제 대상액은 얼마인가?

해설

01 [김미숙 근로소득원천징수영수증 조회]
① 기본공제 대상 인원수(본인 포함)는 총 몇 명인가? *3명*
② 26.부양가족 공제대상액은 얼마인가? *3,000,000원*
③ 27.경로우대 공제대상액은 얼마인가? *0원*
④ 29.부녀자 공제대상액은 얼마인가? *0원*
⑤ 30.한부모 공제대상액은 얼마인가? *1,000,000원*
⑥ 56.자녀세액공제 대상액은 얼마인가? *300,000원*

제3절 연말정산(3) 물적공제

1. 연말정산 근로소득원천징수영수증

「연말정산 근로소득원천징수영수증」메뉴는 본 프로그램으로 사원등록을 하고 매월 급여자료를 입력한 경우 연말정산에 필요한 추가자료(특별공제, 기타소득공제, 세액공제, 감면세액, 종(전)근무지 자료 등)를 입력받아 중도퇴사자 또는 12월 계속근로자의 연말정산 작업을 하기 위한 메뉴이다. [인사급여] → [연말정산관리] → [연말정산근로소득원천징수영수증] 메뉴에서 사원 불러오기를 선택한 후 수행한다.

▶ 저자주 : 상세한 입력방법은 후술하는 실무수행을 통해 실습한다.

2. 물적공제

부양가족의 인적사항에 따라 적용하는 인적공제와 달리 물적공제는 근로자의 특정한 지출(건강보험료, 주택자금, 신용카드사용액 등)에 대하여 소득공제를 적용해주는 것이다.

```
    총급여액(비과세제외)
(-) 근로소득공제
  = 근로소득금액                    ┌─ 인적공제 ─┬─ 기본공제
                                   │            └─ 추가공제
(-) 소득공제 ─────────────┤
                                   │            ┌─ 연금보험료공제
  = 과세표준                        └─ 물적공제 ─┼─ 특별소득공제
  ×  세율                                         └─ 기타소득공제
  =  산출세액
(-) 세액공제 및 감면
  =  결정세액
```

(1) 연금보험료 공제

종합소득이 있는 거주자가 공적연금 관련법에 따른 기여금 또는 개인부담금을 납입한 경우 해당 과세기간의 종합소득금액에서 그 과세기간에 납입한 연금보험료를 공제한다.

> 공제액 = 공적연금 관련법에 따른 연금보험료(기여금 또는 개인부담금) 전액

프로그램 입력방법

연금보험료공제	31.국민연금보험료	
	32.공적연금보험공제	가. 공무원연금
		나. 군인연금
		다. 사립학교교직원연금
		라. 별정우체국연금

내 역	지 출 액	공제대상금액
현 근 무 지		
국민연금(지역)		
종(전)근무지		
납 세 조 합		
국세청간소화		
합 계		

① 「31.국민연금보험료」: 매월 급여자료입력의 공제항목 중 "국민연금"란에 입력된 금액이 자동반영되며, 국민연금 지역가입자 등으로 납부한 국민연금보험료가 있는 경우 ▷을 클릭하여 해당 금액을 입력한다.

② 「32.공적연금보험공제」: 공무원연금법·군인연금법·사립학교교직원연금법·별정우체국법에 의하여 근로자 본인이 부담하는 기여금 또는 부담금이 있는 경우 반영된다. (※ 자격시험과 무관)

(2) 특별소득공제

① 보험료 공제

근로소득 있는 거주자(일용근로자는 제외함)가 해당 과세기간에 국민건강보험법, 노인장기요양보험법, 고용보험법에 따라 근로자가 부담하는 보험료를 지급한 경우 그 금액을 해당 과세기간에서 공제한다.

> 보험료공제 = 건강·고용보험료·노인장기요양보험료 근로자 부담분(전액)

프로그램 입력방법

33. 보험	가.건강	0	→
	나.고용	0	→

내 역	지출액	공제대상금액
건강보험료		
현근무지		
종(전)근무지		
납세조합		
국세청간소화등		
건 강 보 험 료(연말입력)		
장기요양보험료		
현근무지		
종(전)근무지		
납세조합		
국세청간소화등		
장 기 요 양 보 험 료(연말입력)		
건강보험료합계		
고 용 보 험 료		
현근무지		
종(전)근무지		
납세조합		
고 용 보 험 료(연말입력)		
고 용 보 험 료 합 계		
건강(장기요양) + 고용보험합계		

① 「33.보험. - 가.건강」: 급여자료입력에서 입력된 매월 건강보험료, 장기요양보험료 공제액이 자동으로 집계되어 반영되며, 한도 없이 전액 소득공제된다.
② 「33.보험. - 나.고용」: 급여자료입력에서 입력된 매월 고용보험료 공제액이 자동으로 집계되어 반영되며 한도 없이 전액 소득공제된다.

② 주택자금공제
[공제금액]

구분	소득공제액	한도	
(1) 주택마련저축 (청약저축·주택 청약종합저축포함)	① 납입액(300만원까지 인정) × 40%	①+②를 합하여 연 400만원	①+②+③을 합하여 600만원~2,000만원 한도
(2) 주택임차차입금 원리금상환액	② 원리금상환액 × 40%		
(3) 장기주택저당 차입금이자상환액[4]	③ 이자상환액 전액		

---

[4] 장기주택저당차입금이 다음에 해당하는 경우에는 경우별로 공제한도를 적용한다.
① 만기 15년 이상 + 고정금리 + 비거치식 분할상환 : 2,000만원
② 만기 15년 이상 + 고정금리 또는 비거치식 분할상환 : 1,800만원
③ 만기 15년 이상 + ① 및 ②에 해당하지 않는 경우 : 800만원
④ 만기 10년 이상 + 고정금리 또는 비거치식 분할상환 : 600만원

[공제대상자]

구 분	공제대상 주택자금
① 주택마련 저축공제	무주택 세대주로서 해당과세기간의 총급여액이 7,000만원 이하인 자
② 주택임차 차입금 원리금상환액	㉮ 과세기간 종료일 현재 무주택 세대의 세대주(세대주가 미적용시는 세대의 구성원) + 국민주택규모 이하 주택 임차 ㉯ 대부업 하지 않는 거주자로부터의 차입금 : 총급여액이 5,000만원 이하인 자만 가능
③ 장기주택 저당차입금 이자상환액	무주택 또는 1주택 보유 세대주(세대주가 미적용시는 세대의 구성원) + 취득당시 기준시가 6억원 이하인 주택

프로그램 입력방법 - 청약저축 등

40. 주택마련저축	가.청약저축 나.주택청약종합저축 다.근로자주택마련저축			

구분	금융회사등	계좌번호	불입금액
1. 청약저축			
2. 주택청약종합저축			
3. 근로자주택마련저축			
청약저축합계	※ 청약저축 및 주택청약종합저축 소득공제금액은 총급여 7천만원 이하이고 세대주만 해당됨		
주택청약종합저축계			
근로자주택마련저축			
합 계			

① 「40.주택마련저축」: ▶을 클릭하여 저축 종류 및 금융회사, 계좌번호 및 불입액을 입력한다.

프로그램 입력방법 - 주택임차차입금원리금상환액 등

34.주택 - 가.주택임차차입금원리금상환액		대출기관	▶
		거주자	
34.주택 나.장기주택저당차입금이자상환액	11년이전 차입분	15년미만	▶
		15~29년	
		30년이상	
	12년이후 차입분 (15년이상)	고정 or비거치	▶
		기타대출	
	15년이후 차입분 (15년이상)	고정&비거치	
		고정or비거치	
		기타대출	▶
	15년이후 차입분 (10~15년)	고정or비거치	

내 역		불입/상환액	공제대상금액
①청약저축(연 납입 240만원 한도)			
②주택청약종합저축(무주택확인서 제출후 연 납입 240만원 한도)			
③근로자주택마련 저축(월 납입 15만원 한도), 연 180만원 한도)			
1.주택마련저축공제계(①~③) 연 300만원 한도			
주택임차 차입금 원리금상환액	①대출기관		
	②거주자(총급여액 5천만원 이하)		
2.주택임차차입금원리금상환액계(①+②) 1 + 2 <= 연 300만원			
장기주택저당차입금이자상환액	2011년 이전 차입분	상환 15년미만(한도600)	
		상환 15년~29년(한도1,000)	
		상환 30년이상(한도1,500)	
	2012년 이후차입	고정금리 or 비거치 (1,500)	
		기타상환(한도500)	
	2015년 이후 차입분	15년 이상	고정and비거치 (한도1,800)
			고정or비거치 (한도1,500)
			기타상환 (한도500)
		10~15	고정금리or비거치(한도300)
3.장기주택저당차입금 이자 상환액계			
합 계 (1+2+3)			

① 「34.주택 – 가.주택임차차입금원리금상환액 – 대출기관」: 대출기관에서 차입한 주택임차차입금 원리금상환액이 있는 경우 입력
② 「34.주택 – 가.주택임차차입금원리금상환액 – 거주자」: 대부업 등을 영위하지 아니하는 거주자로부터 차입한 주택임차차입금 원리금상환액이 있는 경우 입력

③ 「34.주택 – 나.장기주택저당차입금이자상환액」: 장기주택저당차입금의 이자상환액이 있는 경우에는 차입연도와 상환기간 및 상환방식에 해당하는 칸에 이자상환액을 입력한다.

(3) 기타소득공제 – 신용카드 등 사용금액에 대한 소득공제

▶ 저자주 : 표에서 "신용카드등 사용금액에 대한 소득공제 계산산식"은 참고로만 볼 것!

구 분	내 용
신용카드 등 범위	신용카드 + 직불카드 + 기명식 선불카드 등 + 현금영수증 사용액 등
공제대상 카드사용자의 범위	본인 + 배우자 + 직계존비속(나이제한 없음. 단, 소득제한은 있음) ※ 형제자매 사용액은 포함되지 않음에 주의 예 소득 없는 만 58세 아버지→ 기본공제 불가, 단 아버지 카드사용액은 합산하여 소득공제 가능 예 소득 없는 만 19세 동생→ 기본공제 가능, 단 동생의 신용카드사용액은 소득공제 불가능
공제대상 제외 사용금액	① 사업소득 관련 비용, 법인의 비용에 해당하는 경우 ② 가공신용카드 사용액, 위장가맹점 명의 사용액 등 비정상적인 사용액 ③ 보험료, 세금, 공과금, 아파트관리비, TV시청료, 도로통행료 등 ④ 교육비(어린이집, 유치원, 초·중·고·대학교·대학원). 단, 사설학원 수강료, 취학전아동에 대한 학원수강료·체육시설수강료는 공제대상 ⑤ 정당에 대한 정치자금(기부정치자금세액공제를 적용받은 경우) ⑥ 현금서비스, 유가증권(상품권 포함), 리스료 ⑦ 신규출고 자동차 구입비용. 단 중고자동차 경우 구입금액의 10%를 사용금액에 포함 ⑧ 취득세가 부과되는 재산(차량, 부동산, 골프장회원권 등) ⑨ 국외사용액 ⑩ 월세세액공제를 적용받는 월세액 및 면세점 사용금액 ⑪ 국가 등에 지급하는 사용료·수수료 등의 대가(부가가치세 과세업종 제외) → 공영주차장 주차료, 휴양림 이용료 등 ※ 신용카드 등 사용금액 소득공제와 특별세액공제 중복 적용여부

신용카드 사용금액		특별세액공제	신용카드 공제
ⓐ 보험료		보험료세액공제 ○	×
ⓑ 의료비		의료비 세액공제 ○ (미용 등은 제외)	○
교육비	ⓒ 유치원·학교	교육비 세액공제 ○	×
	ⓓ 학원(취학전아동)	교육비 세액공제 ○	○
	ⓔ 학원(그외)	교육비 세액공제 ×	○
	ⓕ 교복구입	교육비 세액공제 ○ (중·고등학생만 가능)	○

소득공제액 계산	**1. 신용카드 사용대금의 구분** ① 전통시장사용액 ② 대중교통이용액 ③ 직불카드·현금영수증사용액 ④ 도서·공연·박물관·미술관사용액(총급여액이 7,000만원 이하인 경우만 구분하여 적용) ⑤ 신용카드사용액(①~④를 제외한 일반사용액) **2. 최저사용금액 : 총급여액 × 25%** ※ 1의 합계액이 2의 최저사용금액을 초과하는 경우에만 공제가능 **3. 소득공제 가능금액 계산** | 구분	사용액	(−)최저사용금액	=공제대상사용액	공제율	=공제액
---	---	---	---	---	---
전통시장사용액	①		Ⓐ	×40%	ⓐ
대중교통이용액	②		Ⓑ	×40%	ⓑ
도서공연사용액	③		Ⓒ	×30%	ⓒ
직불카드사용액	④		Ⓓ	×30%	ⓓ
신용카드사용액	⑤	(−)총급여액×25%	Ⓔ	×15%	ⓔ
				합계	ⓕ | ※ 최저사용금액은 "신용카드 사용분 → 직불카드·현금영수증 사용분 → 도서등 사용분 → 대중교통사용분 → 전통시장 사용분으로 사용한 것으로 본다. **4. 공제액 계산 = (1) + (2)** (1) 기본공제액 = min(①, ②) 　① 신용카드 등 공제액의 합계액(ⓕ) 　② 한도 : 다음의 구분에 따른 한도액 | 해당 과세연도의 총급여액	공제한도
7,000만원 이하	연간 300만원
7,000만원 초과	연간 250만원 | (2) 추가공제액 = min(①, ②) 　① 한도초과액 : (1)의 ① − ② 　② • 총급여 7,000만원 이하 : (전통시장사용액 × 40% + 대중교통이용액 × 80% + 도서공연등사용액 × 30%, 연간 300만원 한도) 　　• 총급여 7,000만원 초과 : (전통시장사용액 × 40% + 대중교통이용액 × 80%, 연간 200만원 한도)

예제 신용카드등 사용액 소득공제

다음 근로소득자 김철수 씨의 신용카드등 사용액 소득공제금액을 계산하시오.

- 총급여 40,000,000원
- 신용카드등 사용액 15,000,000원(전통시장 사용액 3,000,000원 포함)
- 직불카드 사용액 9,000,000원

해설_ [1단계] 신용카드 등 사용금액의 구분 및 소득공제 가능금액 계산

구분	사용금액	최저사용금액	공제대상사용액	공제율	=공제액
① 전통시장	3,000,000		= 3,000,000	× 40%	1,200,000
② 직불카드	9,000,000		= 9,000,000	× 30%	2,700,000
③ 일반신용카드	12,000,000	− 10,000,000	= 2,000,000	× 15%	300,000
		총급여액 × 25% = 40,000,000 × 25% = 10,000,000		합계	Ⓐ 4,200,000

※ 최저사용금액은 "신용카드 사용분 → 직불카드·현금영수증 사용분 → 대중교통사용분 → 전통시장 사용분으로 사용한 것으로 본다.

[2단계] 소득공제액 계산
(1) 기본공제액 = min(①, ②) = 3,000,000원
  ① 신용카드 등 공제액의 합계액(Ⓐ) = 4,200,000원
  ② 공제한도액 : 연간 3,000,000원
(2) 전통시장 추가공제액
  if (1)에서 한도초과액(공제가능금액Ⓐ − 공제한도액) 발생시 다음을 추가로 공제 = Min(①, ②) = 1,200,000원
  ① 한도초과액 : 4,200,000원 − 3,000,000원 = 1,200,000원
  ② (전통시장사용액 × 40%, 연간 300만원 한도)
    (3,000,000원 × 40%, 연간 300만원 한도) = 1,200,000원
(3) 최종공제액 = (1) 3,000,000원 + (2) 1,200,000원 = 4,200,000원

(4) 기타소득공제 − 소기업·소상공인 공제부금에 대한 소득공제

거주자가 중소기업협동조합법에 따른 소기업·소상공인공제(노란우산공제)에 가입하는 납부하는 공제부금에 대해서는 다음의 금액을 종합소득금액에서 공제한다.

해당 과세연도의 사업소득금액	소득공제액(부동산임대업은 소득공제 배제)
4천만원 이하	Min(해당연도 공제부금 납부액, 500만원)
4천만원 초과 1억원 이하	Min(해당연도 공제부금 납부액, 300만원)
1억원 초과	Min(해당연도 공제부금 납부액, 200만원)

제4절 연말정산(4) 세액공제

```
    총급여액(비과세제외)
(-) 근로소득공제
 =  근로소득금액
(-) 소득공제
 =  과세표준
 ×  세율(6%~45%)
 =  산출세액
(-) 세액공제 및 감면 ── 근로소득세액공제
                      자녀세액공제
                      연금계좌세액공제
                      특별세액공제
                      월세/정치자금 세액공제
 =  결정세액
```

1. 산출세액의 계산

근로소득금액에서 소득공제를 차감한 과세표준에 세율을 곱하여 산출세액을 계산하게 된다. 과세표준별 기본세율은 다음과 같다.

과세표준	세율
1,400만원 이하	6%
1,400만원 초과 ~ 5,000만원 이하	15%
5,000만원 초과 ~ 8,800만원 이하	24%
8,800만원 초과 ~ 1억5천만원 이하	35%
1억5천만원 초과 ~ 3억원 이하	38%
3억원 초과 ~ 5억원 이하	40%
5억원 초과 ~ 10억원 이하	42%
10억원 초과	45%

2. 세액공제

산출세액이 계산되면 여기에 세액공제액과 세액감면액을 차감하여 결정세액을 계산하여야 한다. 여기서 세액공제 및 세액감면은 일정액의 세액을 경감시켜주거나 면제시켜주는 것으로 그 종류는 다음과 같다.

구 분	종 류
소득세법상 세액공제	① 근로소득세액공제 ② 자녀세액공제 ③ 연금계좌세액공제 ④ 특별세액공제 　㉠ 보장성보험료 세액공제 　㉡ 의료비 세액공제 　㉢ 교육비 세액공제 　㉣ 기부금 세액공제(10년간 이월공제)
조세특례제한법 세액공제	① 정치자금세액공제(10만원까지, 10만원 초과분은 기부금 세액공제 적용) ② 월세 세액공제

3. 근로소득세액공제

근로소득의 경우 다른 소득에 비해 세원의 포착이 확실하므로 세금부담이 무겁다는 점을 고려하여 다음의 산식에 따라 계산된 금액을 산출세액에서 공제한다.

[근로소득 세액공제액]

산출세액	금 액
130만원 이하인 경우	근로소득에 대한 산출세액 × 55%
130만원 초과하는 경우	715,000원 + (근로소득산출세액 − 1,300,000원) × 30%

[공제한도]

총급여액	공제한도
3,300만원 이하	74만원
3,300만원 초과 ~ 7,000만원 이하	Max(①, ②) ① 74만원 − {(총급여액 − 3,300만원) × 0.8%}, ② 66만원
7,000만원 초과 ~ 1억2천만원 이하	Max(①, ②) ① 66만원 − {(총급여액 − 7,000만원) × 50%}, ② 50만원
1억2천만원 초과	Max(①, ②) ① 50만원 − {(총급여액 − 1억2천만원) × 50%}, ② 20만원

프로그램 입력방법	

55.근 로 소 득	1. 감면급여비율 :
	 {(100% 감면대상 총급여액 / 근로자 총급여) ×100% } +
	 {(50% 감면대상총급여액 / 근로자 총급여) ×50% } +
	 {(70% 감면대상총급여액 / 근로자 총급여) ×70% }
	 2. 근로소득세액공제 계산값 (②번 계산값)
	 ① 산출세액(항목121)이
	   130만원 이하 : 산출세액 × 55%
	   130만원 초과 : 71만5천원 + (130만원초과금액의 30%)
	 ② (①번 계산값)×(1-감면급여비율)
	 A. 총급여액이 3,300만원 이하인경우
	   ① 계산금액 => (74만원한도)
	 B. 총급여액이 3,300만원 초과 7,000만원 이하인경우
	   ① 계산금액 => (66만원한도)
	   74만원 - [(총급여액 - 3,300만원) × 0.008]
	   ※ 계산금액 < 66만원인 경우 (66만원 적용)
	 C. 총급여액이 7,000만원 초과인경우
	   66만원 - [(총급여액 - 7,000만원) × 0.5]
	   ※ 계산금액 < 50만원인 경우 (50만원 적용)

① 「55.근로소득」: 산출된 세액에 따라 자동으로 계산되어 반영된다.

4. 자녀세액공제

(1) 기본세액공제

종합소득이 있는 거주자의 기본공제대상자에 해당하는 자녀 및 손자녀(입양 및 위탁아동을 포함)로서 8세 이상인 사람에 대해서는 다음의 구분에 따른 금액을 공제한다.

기본공제대상 자녀수	자녀세액공제액
1명	연 15만원
2명	연 35만원
3명 이상	연 35만원 + 연 30만원 × (자녀수 - 2명)

(2) 출생·입양 자녀

해당 과세기간에 출산·입양신고한 공제대상 자녀가 있는 경우

출산·입양신고 자녀	세액공제액
첫째인 경우	연 30만원
둘째인 경우	연 50만원
셋째 이상인 경우	연 70만원

프로그램 입력방법

56 자녀 세액 공제	공제대상자녀 출산입양	__명 1명(둘째)	500,000

연말정산관계	기본	세대	부녀	장애	경로 70세	출산 입양	자녀	한부모
0.본인	본인	○	○		1			
4.직계비속(자녀 20세이하)								
4.직계비속(자녀 20세이하)						○(2)		

① 「56.자녀세액공제」: 사원등록의 부양가족명세에서 4.직계비속의 「출산입양」 및 「자녀」에서 체크된 내용이 자동반영된다.

5. 연금계좌세액공제(본인명의만 가능)

종합소득이 있는 거주자가 연금계좌(연금저축·퇴직연금계좌)에 납입한 금액이 있는 경우에는 다음의 금액을 종합소득산출세액에서 공제한다.

※ 연금계좌세액공제 = 공제대상 연금계좌 납입액 × 12%(또는 15%)
→ 연금계좌 납입액 = Min(①, ②)
① 연금저축계좌 납입액(연 600만원 한도) + 퇴직연금계좌납입액
② 총한도 : 연 900만원

해당 과세기간의 종합소득금액이 4,500만원 이하(근로소득만 있는 경우에는 총급여액 5,500만원 이하)인 경우 15% 적용, 그 외는 12%를 적용한다(한도 있음).

프로그램 입력방법

연금계좌	57.과학기술인공제				
	58.근로자퇴직급여보장법	구분	금융회사등	계좌번호	불입금액
	59.연금저축	3.연금저축	1. 퇴직연금		
	59-1. ISA만기시연금계좌		2. 과학기술인공제회		
			3. 연금저축		
			4. ISA만기시 연금저축		
			5. ISA만기시 퇴직연금		

① 연금계좌 「59.연금저축 - 3.연금저축」: 연금저축계좌에 납입한 금액이 있는 경우 해당 내용과 불입금액을 입력한다.
② 연금계좌 「59.연금저축 - 1.퇴직연금」: 근로자퇴직급여보장법에 따른 확정기여형 퇴직금연금제도 및 개인형 퇴직연금제도에 따라 설정하는 계좌에 근로자가 부담하는 부담금이 있는 경우 해당 내용과 불입금액을 입력한다.

6. 특별세액공제

(1) 특별세액공제의 적용

구 분	특별세액공제의 적용
① 항목별 특별세액공제 신청한 경우	항목별 특별세액공제 = 보험료 + 의료비 + 교육비 + 기부금
② 항목별 특별세액공제 및 특별소득공제를 신청하지 않은 경우	표준세액공제(연 13만원)

(2) 항목별 특별세액공제 대상 지출액의 기본공제대상자 요건

구 분	나이제한	소득제한	비 고
① 보험료 세액공제			
• 일반보장성 보험료	○	○	
• 장애인전용 보장성보험료	×	○	
② 의료비 세액공제	×	×	
③ 교육비 세액공제			직계존속 일반 교육비는 무조건 공제 제외 (단, 장애인 특수교육비는 가능)
• 일반교육비	×	○	
• 장애인 특수교육비	×	×	
④ 기부금 세액공제	×	○	

(3) 보험료 세액공제(보장성 보험만 가능, 저축성 보험은 제외)

구 분	내 용
공제대상 보험료	근로소득이 있는 거주자가 보장성보험(만기에 환급되는 금액이 납입보험료를 초과하지 않는 보험)의 보험계약에 따라 보험료를 지급한 경우
보험료 세액공제액	세액공제액 = (① + ②) × 12%(장애인전용 보장성 보험료는 15%) ① 일반보장성 보험료(연 100만원 한도) ② 장애인전용 보장성 보험료(연 100만원 한도) 예 일반보장성보험료 지출액 120만원인 경우 → 100만원 × 12% = 12만원 세액공제

▶ 중점사항 – 공제대상 보험료
1. 일반보장성 보험 : 기본공제대상자를 피보험자로 하는 보험(생명보험·상해보험·손해보험등)으로 보험기간에 관계없이 납입연도에 공제
2. 장애인전용보장성 보험료 : 기본공제대상자 중 장애인을 피보험자 또는 수익자로 하는 장애인보험료(보험료납입영수증에 장애인전용보험으로 표시되는 것)

프로그램 입력방법

관계코드	성명	기본	부녀자	한부모	장애	경로70-	출산입양	자녀	구분	보험료 건강	보험료 고용	보장성	장애인
0	박도훈	본인/세대주							국세청			1,000,000	
1	830303-1212116								기타	2,151,840	429,000		
3	이예은	배우자							국세청				
1	850202-2111505								기타				
1	박광훈	60세이상							국세청			1,000,000	
1	560101-1567209								기타				

정산명세 → 60.보장성보험 2,000,000 > 120,000

① [소득공제]탭에서 개인별로 지출한 보험료를 입력한다.
② [정산명세]탭의 「60.보장성보험」란에 자동으로 세액공제액이 계산되어 반영된다.

(4) 의료비 세액공제

[공제대상 의료비 종류]

공제대상 의료비	공제불가 의료비
① 진찰·치료·질병예방을 위해 의료법에 의한 의료기관에 지급하는 비용 ② 치료·요양을 위하여 「약사법」 제2조의 규정에 의한 의약품(한약 포함)을 구입하고 지급하는 비용 ③ 장애인보장구 및 의사·치과의사·한의사 등의 처방에 따라 의료기기를 직접 구입 또는 임차하기 위하여 지출한 비용 ④ ★시력보정용 안경 또는 콘택트렌즈 구입비용(1명당 연 50만원 한도) ⑤ 보청기 구입을 위하여 지출한 비용 ⑥ 「노인장기요양보험법」에 따라 실제 지출한 본인일부부담금 ⑦ ★산후조리원에 산후조리 및 요양 대가로 지급하는 비용(출산 1회당 200만원 이내)	① ★미용·성형수술을 위한 비용 ② 건강증진을 위한 의약품 구입비용 ③ 국외소재 의료기관에 지급한 의료비 ④ 의료비에 실손의료보험금을 지급받은 경우 그 실손의료보험금

[의료비 세액공제액]

구 분	금 액
의료비 세액공제액	(① + ②) × 15% 단, 난임시술비는 30% 적용 　　　　　　　　미숙아·선천성이상아 의료비는 20% 적용
① 본인 등 의료비(특정의료비)	공제대상 의료비 = 의료비 지출액 다만, '②'의 의료비금액이 총급여액 × 3%에 미달하는 경우에는 그 미달하는 금액을 차감
② '①'을 제외한 기본공제대상자의 의료비(일반의료비)	Min(ⓐ, ⓑ) ⓐ 공제대상 의료비 = 의료비 지출액 - 총급여액 × 3% ⓑ 연 700만원

→ ① 본인 등 의료비의 범위 = 해당 거주자 + 과세기간 종료일 현재 65세 이상인 사람 + 장애인 + 중증질환자, 희귀난치성질환자, 결핵환자 의료비 + 6세 이하인 사람

[사례] 의료비 세액공제(총급여액 1억 가정)

구 분	본인 등 의료비	기타가족 의료비	의료비 세액공제액
Case 1	250만	50만	(① + ②) × 15% = 0 ① 250만 ② Min(50만 - 1억 × 3% = △250만, 700만) = △250만
Case 2	300만	200만	(① + ②) × 15% = 30만 ① 300만 ② Min(200만 - 1억 × 3% = △100만, 700만) = △100만
Case 3	300만	1,100만	(① + ②) × 15% = 150만 ① 300만 ② Min(1,100만 - 1억 × 3% = 800만, 700만) = 700만

※ 의료비는 총급여액 3% 초과지출시만 공제가능

(5) 교육비 세액공제

근로소득자가 본인 및 부양가족(직계존속은 제외되며 소득금액 제한은 있으나 연령제한 없음)을 위해 지출한 일정한 교육비에 대하여 일정액을 근로소득에서 공제한다. 연령제한으로 기본공제를 받지 못하는 부양가족에 지출한 교육비가 있는 경우에도 세액공제는 가능하다.

[교육비 세액공제액]

구분	금액
교육비 세액공제	① 세액공제 대상 교육비 × 15% ② 세액공제대상 교육비 = 교육비 지출액 − 소득세·증여세가 비과세되는 학자금 ③ 세액공제대상 교육비 한도 {표 아래 참조}
★공제대상 교육비 범위	① 직계존속의 일반교육비는 불가(장애인 특수교육비는 직계존속도 가능) ② 대학원 학비는 본인만 가능하며, 부양가족은 불가 ③ 교복구입비용(중·고등학생만 해당되며, 학생 1명당 연 50만원 한도)도 포함 ④ 초·중·고등학교·특수학교 현장체험학습비(학생 1명당 연 30만원 한도, 취학전아동은 제외)도 포함 ⑤ 학원, 체육시설 교육비 등은 취학전아동에 한해 공제가능 ⑥ 본인의 학자금 대출원리금 상환액도 공제가능

구분	한도
근로자 본인	전액(대학원교육비, 직업능력개발훈련시설 수강료 포함)
부양가족 (★직계존속 제외)	① 유치원·영유아·취학전아동(학원 포함): 1인당 연 300만원 ② 초·중·고등학생(학원 제외): 1인당 연 300만원 ③ 대학생(학원 제외): 1인당 900만원 ④ 대학원생: 공제대상 아님
직계존속	공제대상 아님
장애인 특수교육비	전액(직계존속도 가능)

[항목별 교육비 공제가능 여부]

공제대상학생		취학전아동	초등학생	중학생	고등학생
급식비(학교지급)		○	○	○	○
교과서대(학교구입)		×	○	○	○
방과후과정 방과후학교	수업료·특별활동비	○	○	○	○
	도서구입비(학교구입)	○	○	○	○
	도서구입비(학교외구입)	×	○	○	○
교복구입비(1인당 연 50만원 한도)		×	×	○	○

프로그램 입력방법

관계코드 내외국인	성 명 주민등록번호	기본	의료비 장애인,건보산정특례자	교육비 구분	교육비 일반	교육비 장애인특수교육
1	0 박도훈	본인/세대주		본인	8,000,000	
	1 830303-1212116					
2	3 이예은	배우자		1. 취학전		
	1 850202-2111505			2. 초중고		
				3. 대학생		
3	1 박광훈	60세이상				
	1 560101-1567209					
4	4 박사랑	20세이하		취학전	4,000,000	
	1 190211-4001001					

정산명세
62.교육비 12,000,000 > 1,650,000

① [소득공제]탭에서 개인별로 지출한 교육비를 입력한다(초·중·고·대학생 등 학생구분을 선택입력).
② [정산명세]탭의 「62.교육비」란에 자동으로 세액공제액이 계산되어 반영된다.

(6) 기부금 세액공제

기부문화의 활성화를 위해 거주자가 지출한 아래 공제대상 기부금은 종합소득금액에서 일정 금액을 공제하며, 기부금은 법정기부금·우리사주조합기부금·지정기부금으로 구분된다.

[기부금의 구분]

구분	종류
특례기부금	① 국가 또는 지방자치단체에 기부한 금품 및 국방헌금과 위문금품 ② 천재·지변 그 밖에 특별재난지역으로 선포된 경우 그 선포의 사유가 된 재난으로 생긴 이재민을 위한 구호금품 ③ 특별재난지역 복구를 위하여 자원봉사한 경우 그 용역의 가액 ④ 사립학교 등에 시설비, 교육비, 장학금 또는 연구비로 지출하는 기부금 ⑤ 사회복지공동모금회·대한적십자사에 지출하는 기부금 ⑥ 「정치자금법」에 의하여 정당(후원회 및 선관위 포함)에 기부한 금액 중 10만원을 초과하는 금액 → 10만원까지는 기부정치자금 세액공제(기부정치자금 × 100/110)을 적용하고, 10만원 초과액은 특례기부금과 동일하게 취급 ⑦ 고향사랑기부금을 지방자치단체에 기부한 경우 기부한 금액 중 10만원을 초과하는 금액 → 10만원까지는 세액공제(고향사랑기부금 × 100/110)을 적용하고, 10만원 초과액은 특례기부금과 동일하게 취급
우리사주 조합기부금	우리사주조합에 지출하는 기부금(우리사주조합원의 지출액은 우리사주조합출연금 소득공제를 적용하므로 기부금 세액공제에서 제외)
일반기부금	① 사회복지법인 ② 노동조합에 가입한 사람이 납부한 회비 ③ 종교의 보급 기타 교화를 목적으로 설립하여 주무관청에 등록된 단체

[기부금 공제한도]

구 분	한도액
① 기부금 세액공제액	㉠ 세액공제 대상 기부금 × 15% 　(기부금이 1천만원을 초과하는 경우에는 그 초과분에 대해서는 30%, 3천만원 초과분은 40%) ㉡ 세액공제 대상 기부금 = ⓐ + ⓑ 　ⓐ 정치자금기부금·고향사랑기부금·특례기부금 　ⓑ 일반기부금(한도 내) | 구 분 | 지정기부금 한도액 | |---|---| | 종교단체기부금이 없는 경우 | 소득금액 × 30% (소득금액 = 근로소득금액 - 특례기부금) | | 종교단체기부금이 있는 경우 | 소득금액 × 10% + Min (소득금액 × 20%, 종교단체 외 일반기부금) |
② 기부금의 이월공제	기부금한도액을 초과하여 공제받지 못한 금액은 해당 과세기간의 다음 과세기간의 개시일부터 10년 이내에 이월하여 공제 가능

[사례] 기부금 세액공제(근로소득금액 47,250,000원, 종교단체기부금 5,000,000원 가정)

(1) 세액공제대상 기부금 = ① + ②
　① 특례기부금 = 0
　② 일반기부금(한도 내) = 4,725,000

구 분	지정기부금 한도액
종교단체기부금이 없는 경우	소득금액 × 30% (소득금액 = 근로소득금액 - 특례기부금)
종교단체기부금이 있는 경우	소득금액 × 10% + Min (소득금액 × 20%, 종교단체 외 일반기부금) = 47,250,000 × 10% + Min(47,250,000 × 20%, 0) = 4,725,000

(2) 기부금 세액공제 = 세액공제 대상 기부금 × 15%
　= 4,725,000 × 15%
　= 708,750

(7) 월세액 세액공제

구 분	종 류
공제대상자	무주택 세대주로서 다음에 해당하는 자 : 근로소득자 + 총급여액 8,000만원 이하 + 종합소득금액 7,000만원 이하인 자
임차주택 범위	국민주택규모의 주택(오피스텔 포함) 또는 기준시가 4억 이하 주택
세액공제액	월세액 지급액(한도 1,000만원) × 공제율(17%, 15%)

구 분	공제율
총급여액이 5,500만원 이하	17%
총급여액이 5,500만원 초과~7,000만원 이하	15%

프로그램 입력방법

임대인성명(상호)	주민(사업자)등록번호	주택유형	임대차계약서상 주소지	임대차계약기간 시작	임대차계약기간 종료	월세액
김창수	700312-1272832	아파트	금천구 금하로 601	2018-01-01	2018-12-31	6,000,000
합계						6,000,000

69.월세액 → 600,000

주택유형: 1.단독주택 2.다가구 3.다세대주택 4.연립주택 5.아파트 6.오피스텔 7.고시원 8.기타

① [정산명세]탭의 「69.월세액」▷를 클릭한다.
② 임차내역 및 월세액(총액)을 입력하면 자동으로 세액공제액이 계산되어 반영된다.

(8) 정치자금 세액공제

구 분	종 류
정치자금 중 10만원까지	기부정치자금 × $\frac{100}{110}$ = 기부정치자금 세액공제
정치자금 중 10만원 초과금액	특례기부금과 동일하게 취급하여 기부금 세액공제 적용

(9) 고향사랑 기부금 세액공제

구 분	종 류
10만원까지	고향사랑기부금 × $\frac{100}{110}$ = 고향사랑기부금 세액공제
10만원 초과금액	특례기부금과 동일하게 취급하여 기부금 세액공제 적용

연말정산(1)

▶ 저자주 : 연말정산자료입력의 실습은 회사코드 「4003.(주)원천징수」로 회사를 변경하여 실습한다.

[자료설명]
사무직 박도훈의 연말정산을 위한 자료이다.
1. [자료 1]은 박도훈의 부양가족현황으로 입력된 내용이다.
2. 부양가족은 박도훈과 생계를 같이 한다.
3. 부(박광훈)는 2018년 정년퇴직으로 무직 상태이다.
4. 배우자(이예은)는 무급출산휴가로 인하여 소득이 없다.
5. 자녀(박사랑)는 당해연도 출생하고 출생신고하였다.
6. [자료 2]는 연말정산을 위한 국세청 제공 자료이다.

[평가문제]
1. [사원등록] 메뉴에 부양가족명세를 수정하시오(세부담을 최소화하는 방법으로 선택한다).
2. [연말정산근로소득원천징수영수증] 메뉴를 이용하여 연말정산을 완료하시오.
   - 연금저축세액공제는 [정산명세]탭에서, 보험료세액공제는 [소득공제]탭에서 각각 입력한다.
   - 의료비세액공제는 [의료비] 탭에서 입력하며, 국세청자료는 공제대상 합계금액을 1건으로 집계하여 입력한다.
   - 기부금세액공제는 [기부금] 탭에서 입력한다.

[자료 1] 박도훈 부양가족등록 현황

연말정산관계	기본공제	추가공제	성 명	주민등록번호
0.본인	본인		박도훈	830303-1212116
1.소득자의 직계존속	60세 이상		박광훈	560101-1567209
3.배우자	배우자		이예은	850202-2111505
4.직계비속(자녀,입양자)	20세 이하		박사랑	240211-4001003

[자료 2] 박도훈의 국세청 간소화 서비스 자료 및 기타자료

2024년 귀속 소득·세액공제증명서류 : 기본내역[연금저축]

■ 불입자 인적사항

성 명	주 민 등 록 번 호
박도훈	830303-*******

■ 연금저축 지출내역

상 호 계좌번호	당해연도 납입금액	당해연도 납입액 중 인출금액	순납입금액
(주)우리은행 01320776373	4,000,000	1,500,000	2,500,000

 국 세 청
National Tax Service

- 본 증명서류는 『소득세법』 제165조 제1항에 따라 영수증 발급기관으로부터 수집한 서류로 소득·세액공제 충족 여부는 근로자가 직접 확인하여야 합니다.
- 본 증명서류에서 조회되지 않는 내역은 영수증 발급기관에서 직접 발급받으시기 바랍니다.

2024년 귀속 소득·세액공제증명서류 : 기본내역[보험료]

■ 계약자 인적사항

성 명	주 민 등 록 번 호
박도훈	830303-1******

■ 보장성보험(장애인전용보장성보험) 납입내역

| 종류 | 상 호 | 보험종류 | 주피보험자 | | 납입금액계 |
	사업자번호	증권번호	종피보험자		
보장성	삼성화재보험(주)	에듀카개인용	830303-1******	박도훈	1,000,000
	220-81-25***	C20120525***			
보장성	알리안트(주)	ARE도우미	560101-1******	박광훈	1,000,000
	104-81-30***	000005523***			
저축성	KEB자녀사랑보험	**생명보험	220211-4******	박사랑	1,080,000
	108-81-15***	24451255**			
인별합계금액					3,080,000

- 본 증명서류는『소득세법』제165조 제1항에 따라 영수증 발급기관으로부터 수집한 서류로 소득·세액공제 충족 여부는 근로자가 직접 확인하여야 합니다.
- 본 증명서류에서 조회되지 않는 내역은 영수증 발급기관에서 직접 발급받으시기 바랍니다.

2024년 귀속 소득·세액공제증명서류 : 기본(지출처별)내역 [의료비]

■ 환자 인적사항

성 명	주 민 등 록 번 호
이예은	850202-2******

■ 의료비 지출내역

사업자번호	상 호	종류	납입금액 계
109-04-15***	**산부인과	일반	5,200,000
106-05-81***	**한의원	보약	150,000
109-91-23***	**안경	일반	600,000
106-05-81***	***산후조리원	일반	2,000,000
의료비 인별합계금액			5,350,000
안경구입비 인별합계금액			600,000
산후조리원 인별합계금액			2,000,000
인별합계금액			7,950,000

- 본 증명서류는『소득세법』제165조 제1항에 따라 영수증 발급기관으로부터 수집한 서류로 소득·세액공제 충족 여부는 근로자가 직접 확인하여야 합니다.
- 본 증명서류에서 조회되지 않는 내역은 영수증 발급기관에서 직접 발급받으시기 바랍니다.

2024년 귀속 소득·세액공제증명서류 : 기본(지출처별)내역 [의료비]

■ 환자 인적사항

성 명	주 민 등 록 번 호
박사랑	220211-4******

■ 의료비 지출내역

사업자번호	상 호	종류	납입금액 계
106-05-81***	**소아과	일반	150,000
의료비 인별합계금액			150,000
안경구입비 인별합계금액			0
산후조리원 인별합계금액			0
인별합계금액			150,000

- 본 증명서류는 『소득세법』 제165조 제1항에 따라 영수증 발급기관으로부터 수집한 서류로 소득·세액공제 충족 여부는 근로자가 직접 확인하여야 합니다.
- 본 증명서류에서 조회되지 않는 내역은 영수증 발급기관에서 직접 발급받으시기 바랍니다.

2024년 귀속 소득·세액공제증명서류 : 기본(지출처별)내역 [기부금]

■ 기부자 인적사항

성 명	주 민 등 록 번 호
이예은	850202-2******

■ 기부금 지출내역

사업자번호	상 호	종류	기부금액 계
116-82-14426	사회복지공동모금회	법정(특례)기부금	1,440,000
인별합계금액			1,440,000

- 본 증명서류는 『소득세법』 제165조 제1항에 따라 영수증 발급기관으로부터 수집한 서류로 소득·세액공제 충족 여부는 근로자가 직접 확인하여야 합니다.
- 본 증명서류에서 조회되지 않는 내역은 영수증 발급기관에서 직접 발급받으시기 바랍니다.

해설_ 1. [사원등록] 메뉴의 부양가족명세

	연말정산관계	기본	세대	부녀	장애	경로70세	출산입양	자녀	한부모	성명	주민(외국인)번호	가족관계
1	0.본인	본인	○							박도훈	내 830303-1212116	
2	3.배우자	배우자								이예은	내 850202-2111505	
3	1.(소)직계존속	60세이상								박광훈	내 560101-1567209	
4	4.직계비속((손	20세이하					O(1)			박사랑	내 240211-4001003	05.자녀

※ 부 박광훈은 만 60세 이상으로 기본공제 가능
※ 배우자 이예은은 소득금액이 없으므로 기본공제 가능
※ 자녀 박사랑은 기본공제, 출산·입양 가능

2. [연말정산자료입력] 메뉴의 정산명세

[연말정산관리] → [연말정산 근로소득원천징수영수증] 메뉴를 클릭 → 사원코드에서 [F2]를 클릭하여 사원 [박도훈] 검색 후 입력

(1) 연금계좌세액공제

① [정산명세] → [59.연금저축]란의 ▶을 클릭하여 납입액을 입력하면 자동계산되어 반영된다.

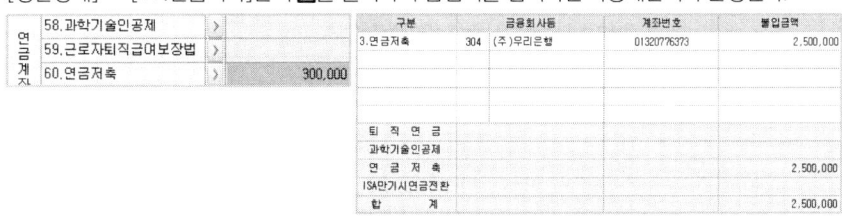

※ 연금계좌세액공제 = 납입액(*250만원*) × 12% = *300,000*원

(2) 보험료세액공제

① [소득공제]탭에서 '피보험자'별로 보험료 지출액을 "국세청"란에 입력(저축성 보험은 제외)

정산명세	소득명세	소득공제	의료비	기부금	신용카드	연금투자명

	관계코드	성 명	기본	보험료			의료비
	내외국인	주민등록번호		보장성	장애인	일반	미숙아 선천성 이상아
1	0	박도훈	본인/세대주	1,000,000			
	1	830303-1212116					
2	3	이예은	배우자				
	1	850202-2111505					
3	1	박광훈	60세 이상	1,000,000			
	1	560101-1567209					
4	4	박사랑	20세 이하				
	1	240211-4001003					

※ 2건의 보험료 모두 계약자는 "박도훈(본인)"이나 보장성 보험료란에는 피보험자별로 '박도훈(본인) : *1,000,000*원, 박광훈(직계존속) : *1,000,000*원'을 각각 입력해야 함

② [정산명세]탭에서 [61.보장성보험]란의 세액공제액 반영 확인

| 61.보장성보험 | 2,000,000 | ▶ | 120,000 |

▶을 클릭하면 세부내역을 확인할 수 있다.

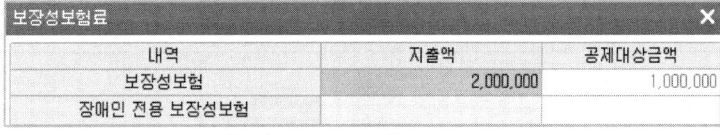

※ 보험료 세액공제액 = 지출액(*100만원* 한도) × 12% = *120,000*원

(3) 의료비세액공제

① [의료비]탭의 "부양가족 관계코드"에서 F2를 클릭하여 부양가족 검색 → 의료비 지출액 입력(의료증빙코드 "1.국세청"으로 입력하며 지급처 상호, 사업자번호 입력하지 않아도 됨)

※ 배우자 이예은의 보약구입비는 공제대상이 아니며, 안경구입비는 50만원만 공제 가능
  → 일반의료비 5,200,000원 + 안경구입비 500,000원 = 5,700,000원

※ 배우자 이예은의 산후조리원 비용은 "산후조리원에 지출한 산후조리 및 요양과 관련한 비용으로서 출산 1회당 200만원의 한도"로 의료비 세액공제대상에 해당
  → 산후조리원 비용 2,000,000원 별도로 공제대상임

※ 의료증빙코드 : [1.국세청 : 국세청 연말정산 간소화서비스에서 출력한 의료비 자료], [2.건강보험 : 국민건강보험공단의 의료비부담명세서], [3.진료 · 약제 : 진료비계산서, 약제비계산서], [4.장기요양 : 장기요양급여비용명세서], [5.기타 : 기타 의료비 영수증]

② [정산명세]탭에서 [62.의료비]란의 ▷을 클릭하여 세액공제액 반영 확인

내 역	지 출 액	실손의료보험금	공제대상금액	세액공제액
본인 · 6세이하 · 장애인 · 65세이상 · 중증질환,결핵환자 등	150,000		150,000	22,500
난임시술자				
미숙아 · 선천성이상아				
그 밖의 공제대상자 의료비	7,700,000		5,720,000	858,000
합 계	7,850,000		5,870,000	880,500

(4) 기부금세액공제

① [기부금]탭을 클릭하여 기부금 내역 입력

② [기부금 조정명세]를 클릭하여 [공제액계산 정산명세 보내기] 클릭

③ 하단 [불러오기] 및 [공제금액+정산명세 반영] 버튼을 차례대로 클릭

④ [정산명세]탭에서 [64.기부금]란의 ▷을 클릭하여 세액공제액 반영 확인

64 기부금	고향사랑	10만 이하	▷	
		10만 초과	▷	
	다.특례(법정)기부금		▷	216,000
	라.우리사주기부금		▷	
	마.일반기부금(종교외)		▷	
	바.일반기부금(종교)		▷	

제3장 근로소득 연말정산

 연말정산(2)

[자료설명]
사무직 이영화의 연말정산을 위한 자료이다.
1. 사원등록의 부양가족현황은 사전에 입력되어 있다.
2. 부양가족은 이영화와 생계를 같이 한다.
3. 이영화의 신용카드 사용액에는 이영화의 의료비 60만원이 포함되어 있다.
4. 의료비 지출액 중 1,000,000원은 국민건강보험공단에서 지급받는 본인부담금 상한액을 초과하여 환급받은 금액으로 실손의료보험금에 해당된다.

[평가문제]
1. [사원등록] 메뉴에 부양가족명세를 수정하시오.
    (세부담을 최소화 하는 방법으로 선택한다)
2. [연말정산근로소득원천징수영수증] 메뉴를 이용하여 연말정산을 완료하시오.
    - 신용카드소득공제는 [신용카드] 탭에서 입력한다.
    - 보험료세액공제는 [소득공제] 탭에서 입력한다.
    - 의료비세액공제는 [의료비] 탭에서 입력하며, 국세청자료는 공제대상 합계금액을 1건으로 집계하여 입력한다.
    - 교육비세액공제는 [소득공제] 탭에서 입력한다.

[자료 1] 이영화의 부양가족등록 현황

연말정산관계	기본공제	추가공제	성 명	주민등록번호
0.본인	본인	한부모	이영화	811212-2111117
1.소득자의 직계존속	60세 이상	경로	홍미자	440402-2022349
4.직계비속	20세 이하		김혜진	041212-4774911
6.형제자매	장애인	장애인(1)	이수형	930603-1171340

[자료 2] 이영화의 국세청 간소화 서비스 자료 및 기타자료

2024년 귀속 소득·세액공제증명서류 : 기본(사용처별)내역 [신용카드 등]

■ 사용자 인적사항

성 명	주민등록번호
이영화	811212-*******

■ 신용카드 지출내역 (단위 : 원)

사업자번호	상 호	종류	공제대상금액
213-86-15***	현대카드주식회사		253,000
214-81-**315	국민카드주식회사		4,000,000
235-81-**612	롯데카드주식회사		11,000,000
일반 인별합계금액			15,000,000
대중교통이용액			-
전통시장			253,000
직불카드사용금액			-
인별합계금액			15,253,000

국 세 청
National Tax Service

- 본 증명서류는 『소득세법』제165조 제1항에 따라 영수증 발급기관으로부터 수집한 서류로 소득·세액공제 충족 여부는 근로자가 직접 확인하여야 합니다.
- 본 증명서류에서 조회되지 않는 내역은 영수증 발급기관에서 직접 발급받으시기 바랍니다.

2024년 귀속 소득·세액공제증명서류 : 기본내역[보험료]

■ 계약자 인적사항

성 명	주민등록번호
이수형	930603-1******

■ 보장성보험(장애인전용보장성보험) 납입내역

종류	상 호	보험종류	주피보험자		납입금액계
	사업자번호	증권번호	종피보험자		
장애인 보장성	삼성생명보험(주)	휴먼건강보험	930603-1******	이수형	1,200,000
	104-81-30***	F2057200***			
인별합계금액					1,200,000

국 세 청
National Tax Service

- 본 증명서류는 『소득세법』제165조 제1항에 따라 영수증 발급기관으로부터 수집한 서류로 소득·세액공제 충족 여부는 근로자가 직접 확인하여야 합니다.
- 본 증명서류에서 조회되지 않는 내역은 영수증 발급기관에서 직접 발급받으시기 바랍니다.

2024년 귀속 소득·세액공제증명서류 : 기본(지출처별)내역 [의료비]

■ 환자 인적사항

성 명	주 민 등 록 번 호
이영화	811212-*******

■ 의료비 지출내역

사업자번호	상 호	종류	납입금액 계
1-15-16*	연세****	일반	5,800,000
의료비 인별합계금액			5,800,000
안경구입비 인별합계금액			0
산후조리원 인별합계금액			0
인별합계금액			5,800,000

- 본 증명서류는 「소득세법」 제165조 제1항에 따라 영수증 발급기관으로부터 수집한 서류로 소득·세액공제 충족 여부는 근로자가 직접 확인하여야 합니다.
- 본 증명서류에서 조회되지 않는 내역은 영수증 발급기관에서 직접 발급받으시기 바랍니다.

2024년 귀속 소득·세액공제증명서류 : 기본(지출처별)내역 [교육비]

■ 학생 인적사항

성 명	주 민 등 록 번 호
이영화	811212-*******

■ 교육비 지출내역

교육비구분	학교명	사업자번호	납입금액 계
대학원	***대학 경영대학원	**9-83-00***	2,300,000
인별합계금액			2,300,000

- 본 증명서류는 「소득세법」 제165조 제1항에 따라 영수증 발급기관으로부터 수집한 서류로 소득·세액공제 충족 여부는 근로자가 직접 확인하여야 합니다.
- 본 증명서류에서 조회되지 않는 내역은 영수증 발급기관에서 직접 발급받으시기 바랍니다.

교 육 비 납 입 증 명 서			
① 상호 : 탑스쿨영어학원		② 사업자등록번호 : 106-90-20115	
③ 대표자 : 김시원		④ 전화번호 : 578-9515	
⑤ 주소 : 서울 강남구 대치동 154			
신청인	⑥ 성명 : 이영화	⑦ 주민등록번호 811212-211117	
	⑧ 주소 : 서울 영등포구 영등포로 112		
대상자	⑨ 성명 : 김혜진(고등학생)	신청인과의 관계 : 자	

■ 교 육 비 부 담 내 역

납부연월	종류	구분	총교육비	교육비부담금액
10월	학원	수업료	378,000	378,000
11월	학원	수업료	350,000	350,000
12월	학원	수업료	420,000	420,000
계			1,148,000	1,148,000

해설_ 1. [사원등록] 메뉴의 부양가족명세

	연말정산관계	기본	세대	부녀	장애	경로70세	출산입양	자녀	한부모	성명	주민(외국인)번호	가족관계
1	0.본인	본인	○						○	이영화	내 811212-2111117	
2	1.(소)직계존속	60세이상				○				홍미자	내 440402-2022349	
3	4.직계비속((손	20세이하						○		김혜진	내 041212-4774911	05.자녀
4	6.형제자매	장애인			1					이수형	내 930603-1171340	22.제

2. [연말정산자료입력] 메뉴의 정산명세

[연말정산관리] → [연말정산 근로소득원천징수영수증] 메뉴를 클릭 → 사원코드에서 [F2]를 클릭하여 사원 (이영화) 검색 후 입력

(1) 신용카드등 사용금액 소득공제

① [신용카드]탭을 클릭하여 입력

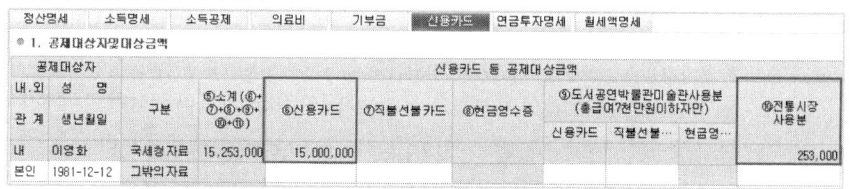

※ 의료비는 의료비세액공제와 신용카드등 소득공제가 중복공제된다.

② [정산명세]탭의 [42.신용카드등]란의 ▶을 클릭하여 자동계산·반영된 금액을 확인가능

정산명세	소득명세	소득공제	의료비
42.신용카드등	15,253,000	▶	513,700
43.우리사주조합 출연금		▶	
44.고용유지중소기업근로자		▶	

(2) 보험료 세액공제

① [소득공제]탭에서 장애인보장성 보험료 지출액을 "국세청 – 장애인"란에 입력

정산명세	소득명세	소득공제	의료비	기부금	신용카드	연금투자명세
관계코드	성명	기	구	보험료		
내외국인	주민등록번호	본	분	건강	고용	보장성	장애인
1	0 이영화	본인/세대주	국세청				
	1 811212-2111117		기타	1,564,920	318,500		
2	1 홍미자	60세이상	국세청				
	1 440402-2022349		기타				
3	4 김혜진	20세이하	국세청				
	1 041212-4774911		기타				
4	6 이수형	장애인	국세청				1,200,000
	1 930603-1171340		기타				

② [정산명세]탭에서 [61.보장성보험]란의 세액공제액 반영 확인

| 61.보장성 보험 | 1,200,000 | ▶ | 150,000 |

(3) 의료비 세액공제

① [의료비]탭의 "부양가족 관계코드"에서 [F2]를 클릭하여 부양가족 검색 → 의료비 지출액 입력(의료증빙코드 "1.국세청"으로 입력하며 지급처 상호, 사업자번호는 입력하지 않아도 됨)

※ 국민건강보험공단으로부터 수령한 1,000,000원 공제 불가능

정산명세	소득명세	소득공제	의료비	기부금	신용카드	연금투자명세	월세액명세
지급내역 ※ 의료비지출액 합계금액에서 실손의료보험금 합계금액을 차감하여 공제대상금액에 반영됩니다.							
공제대상자				지급처		지급명세	
부양가족관계코드	성명	내외	주민등록번호	본인등해당여부	상호	사업자번호	의료증빙코드	건수	지급액	실손의료보험금	난임시술비해당여부	중증질환결핵환자등	산후조리원해당여부(7천만원이하)
1	본인	이영화	내 811212-2111117	○			국세청	1	5,800,000	1,000,000	X	X	X

② [정산명세]탭에서 [62.의료비]란의 ▶을 클릭하여 세액공제액 반영 확인

내역	지출액	실손의료보험금	공제대상금액	세액공제액
본인·장애인·65세이상·중증질환,결핵환자 등	5,800,000	1,000,000	3,330,000	499,500
난임시술자				
미숙아·선천성이상아				
그 밖의 공제대상자 의료비				
합계	5,800,000	1,000,000	3,330,000	499,500

(4) 교육비 세액공제

① [소득공제]탭에서 본인 대학원 학비를 "국세청 – 교육비"란에 입력

관계코드	성명	기본	자녀	구분	교육비 일반	교육비 장애인 특수교육
내외국인	주민등록번호					
0	이영화	본인/세대주		국세청	2,300,000	
1	811212-2111117			기타		

※ 본인의 대학원 학비는 공제가능(부양가족은 대학교까지만 공제가능)
※ 자녀 김혜진(고등학생)의 학원비는 공제 불가하므로 입력하지 않음(학원비는 취학전아동만 공제가능)

② [정산명세]탭에서 [63.교육비]란의 ▶을 클릭하여 세액공제액 반영 확인

내역		지출액	공제대상금액	세액공제액
소득자 본인		2,300,000	2,300,000	345,000
배우자	부			
취학전 아동	_명			
초·중·고등학교	_명			
대학생(대학원 불포함)	_명			
장애인	_명			
합계		2,300,000	2,300,000	345,000

연말정산(3) 중도 입사

[자료설명]
사무직 김수환의 연말정산을 위한 국세청 제공자료 및 기타자료이다.
1. 사원등록의 부양가족명세에는 본인 외에는 입력되어 있지 않다.
2. 신혜정(배우자)은 일시적 문예창작소득 4,000,000원이 있다(실제 필요경비는 확인되지 않음).
3. 배우자 외의 부양가족은 소득이 없으며 김수환과 생계를 같이한다.
4. 김수환은 (주)만수에스폼에서 2024년 7월 31일 퇴직한 후 (주)원친징수에는 2024년 8월 1일부터 입사하여 근무하고 있다.
5. 신혜정의 의료비 중 2,530,000원은 미용목적의 성형수술비용이다.
6. 김은애(자녀)의 초등학교 교육비에는 방과후 수업료 30,000원이 포함되어 있다.

[평가문제]
1. [사원등록] 메뉴의 부양가족명세를 수정하시오.
2. [연말정산근로소득원천징수영수증] 메뉴를 이용하여 연말정산을 완료하시오.
   - 전근무지 자료는 [소득명세] 탭에서 입력한다.
   - 의료비세액공제는 [의료비] 탭에서 입력하며, 국세청자료는 공제대상 합계금액을 1건으로 집계하여 입력한다.
   - 교육비세액공제는 [소득공제] 탭에서 입력한다.
   - 신용카드소득공제는 [신용카드] 탭에서 입력한다.
   - 월세액 세액공제 및 주택자금소득공제는 [정산명세] 탭에서 입력한다.

[자료 1] 김수환 사원의 부양가족내역

연말정산관계	성 명	주민등록번호	비 고
0.본인	김수환	771010-1111111	세대주
3.배우자	신혜정	790502-2222221	
4.직계비속	김은애	121215-4094119	
1.소득자 직계존속	박숙희	501111-2222225	

[자료 2] 김수환 사원의 전근무지 정산내역

관리번호		[✔]근로소득 원천징수영수증 [✔]근로소득 지급명세서 ([✔]소득자 보관용 [ ]발행자 보관용 [ ]발행자 보고용)		거주구분	거주자1 / 비거주자2
				거주지국	대한민국 거주지국코드 kr
				내·외국인	내국인1 / 외국인9
				외국인단일세율적용	여 1 / 부 2
				국적	대한민국 국적코드 kr
				세대주 여부	세대주1, 세대원2
				연말정산 구분	계속근로1, 중도퇴사2

징수 의무자	① 법인명(상 호)	(주)만수에스품	② 대 표 자(성 명)	박만수
	③ 사업자등록번호	127-81-34653	④ 주 민 등 록 번 호	
	⑤ 소 재 지(주소)	서울 금천구 시흥대로 429		
소득자	⑥ 성 명	김수환	⑦ 주 민 등 록 번 호	771010-1111111
	⑧ 주 소	서울 강남구 압구정로 344		

	구 분	주(현)	종(전)	종(전)	⑯-1 납세조합	합 계
Ⅰ 근무처별소득명세	⑨ 근 무 처 명	(주)만수에스품				
	⑩ 사업자등록번호	127-81-34653				
	⑪ 근무기간	2024.01.01. ~2024.07.31	~	~	~	~
	⑫ 감면기간	~	~	~	~	~
	⑬ 급 여	30,000,000				
	⑭ 상 여	18,000,000				
	⑮ 인 정 상 여					
	⑮-1 주식매수선택권 행사이익					
	⑮-2 우리사주조합인출금					
	⑮-3 임원 퇴직소득금액 한도초과액					
	⑮-4					
	⑯ 계					

	구 분			⑳ 소 득 세	㉑ 지방소득세	㉒ 농어촌특별세
Ⅲ 세액명세	⑭ 결 정 세 액			620,000	62,000	
	기납부 세 액	⑮ 종(전)근무지 (결정세액란의 세액 기재)	사업자 등록 번호			
		⑯ 주(현)근무지		760,000	76,000	
	⑰ 납부특례세액					
	⑱ 차 감 징 수 세 액(⑭-⑮-⑯-⑰)			-140,000	-14,000	

건강보험료: 135,000원
고용보험료: 30,000원
장기요양보험료: 4,400원
국민연금보험료: 250,000원

위의 원천징수액(근로소득)을 정히 영수(지급)합니다.

2024년 7월 31일

징수(보고)의무자 (주)만수에스품 (서명 또는 인)

세 무 서 장 귀하

2024년 귀속 소득·세액공제증명서류 : 기본(지출처별)내역 [의료비]

■ 환자 인적사항

성 명	주 민 등 록 번 호
신혜정	790502-2******

■ 의료비 지출내역

사업자번호	상 호	종류	납입금액 계
1-81-16*	한양****	일반	4,680,000
의료비 인별합계금액			4,680,000
안경구입비 인별합계금액			0
산후조리원 인별합계금액			0
인별합계금액			4,680,000

- 본 증명서류는 『소득세법』 제165조 제1항에 따라 영수증 발급기관으로부터 수집한 서류로 소득·세액공제 충족 여부는 근로자가 직접 확인하여야 합니다.
- 본 증명서류에서 조회되지 않는 내역은 영수증 발급기관에서 직접 발급받으시기 바랍니다.

2024년 귀속 소득·세액공제증명서류 : 기본(지출처별)내역 [교육비]

■ 학생 인적사항

성 명	주 민 등 록 번 호
김은애	121215-4******

■ 교육비 지출내역

교육비구분	학교명	사업자번호	납입금액 계
초등학교	**초등학교	**8-83-15***	890,000
교복	***사	**6-52-23***	600,000
인별합계금액			1,490,000

- 본 증명서류는 『소득세법』 제165조 제1항에 따라 영수증 발급기관으로부터 수집한 서류로 소득·세액공제 충족 여부는 근로자가 직접 확인하여야 합니다.
- 본 증명서류에서 조회되지 않는 내역은 영수증 발급기관에서 직접 발급받으시기 바랍니다.

2024년 귀속 소득·세액공제증명서류 : 기본(사용처별)내역 [신용카드 등]

■ 사용자 인적사항

성 명	주 민 등 록 번 호
김수환	771010-1111111

■ 신용카드 지출내역
(단위 : 원)

사업자번호	상 호	종류	공제대상금액
213-86-15***	현대카드주식회사		8,200,000
214-81-**315	국민카드주식회사		5,400,000
235-81-**612	롯데카드주식회사		3,750,000
일반 인별합계금액			17,350,000
대중교통이용액			0
전통시장			2,820,000
직불카드사용금액			2,500,000
인별합계금액			22,670,000

국세청 National Tax Service

- 본 증명서류는 『소득세법』 제165조 제1항에 따라 영수증 발급기관으로부터 수집한 서류로 소득·세액공제 충족 여부는 근로자가 직접 확인하여야 합니다.
- 본 증명서류에서 조회되지 않는 내역은 영수증 발급기관에서 직접 발급받으시기 바랍니다.

2024년 귀속 소득·세액공제증명서류 [현금영수증]

■ 사용자 인적사항

성 명	주 민 등 록 번 호
김수환	771010-1111111

■ 현금영수증 사용내역

현금영수증	종류	월별 공제대상금액				공제대상금액
		1월	2월	3월	4월	
		5월	6월	7월	8월	
		9월	10월	11월	12월	
현금영수증	일반	-	159,000	41,000	-	720,000
		30,000	-	-	120,000	
		-	-	60,000	310,000	
일반 인별합계금액						620,000
전통시장 인별합계금액						100,000
대중교통 인별합계금액						
인별합계금액						720,000

국세청 National Tax Service

- 본 증명서류는 『소득세법』 제165조 제1항에 따라 영수증 발급기관으로부터 수집한 서류로 소득·세액공제 충족 여부는 근로자가 직접 확인하여야 합니다.
- 본 증명서류에서 조회되지 않는 내역은 영수증 발급기관에서 직접 발급받으시기 바랍니다.

월 세 납 입 영 수 증

■ 임대인

성명(법인명)	서재현	주민등록번호(사업자번호)	460901-2122786
주소	경기도 수원시 영통구 덕영대로 1503		

■ 임차인

성명	김수환	주민등록번호	771010-1111111
주소	서울 강남구 압구정로 344		

■ 세부내용
- 기 간 : 2024년 1월 1일~2024년 12월 31일
- 월세금액 : 300,000원(연 3,600,000원)
- 주택유형 : 아파트, 계약면적 59㎡

[자료 4] 기타연말정산자료

내용	금액	참고사항
주택자금	2,500,000	• 주택청약종합저축 납입(국세청자료) • 국민은행 계좌번호 1251485410 • 김수환은 현재 무주택 세대주임

해설_ 1. [사원등록] 메뉴의 부양가족명세

	연말정산관계	기본	세대	부녀	장애	경로70세	출산입양	자녀	한부모	성명	주민(외국인)번호
1	0.본인	본인	○							김수환	내 771010-1111111
2	3.배우자	배우자								신혜정	내 790502-2222221
3	4.직계비속(자녀	20세이하						○		김은애	내 121215-4094119
4	1.(소)직계존속	60세이상				○				박숙희	내 501111-2222225

※ 신혜정(배우자)의 문예창작소득 : 총수입금액 400만원 - 필요경비(60%) 240만원 = 기타소득금액 160만 원 → 기타소득금액 300만원 이하로 분리과세 선택가능 → 기본공제가능

※ 기타소득으로 분류되는 일시적 문예창작소득 및 일시적 인적용역은 필요경비가 최소 60% 적용된다.

2. [연말정산자료입력] 메뉴의 정산명세

[연말정산관리] → [연말정산 근로소득원천징수영수증] 메뉴를 클릭 → 사원코드에서 [F2]를 클릭하여 사원 (김수환) 검색 후 입력

TAT 2급

(1) [연말정산자료입력] 메뉴의 소득명세(전근무지 입력화면)
   ① [소득명세]탭 상단 툴바의 종전근무지입력 를 클릭하여 전근무지 급여내역 등을 입력한다.

정산명세	소득명세	소득공제	의료비	기부금	신용카드
구분/항목		계	연말		종전1
근무처명					(주)만수에스폼
사업자등록번호(숫자10자리입력)					127-81-34653
13.급여		42,000,000			30,000,000
14.상여		18,000,000			18,000,000
15.인정상여					
15-1.주식매수선택권행사이익					
15-2.우리사주조합인출금					
15-3.임원퇴직소득한도초과액					
15-4.직무발명보상금					
16.급여계		60,000,000			48,000,000
미제출비과세					
건강보험료		441,000			135,000
장기요양보험료		24,400			4,400
국민연금보험료		700,000			250,000
고용보험료		108,000			30,000
소득세		909,240			620,000
지방소득세		90,910			62,000
근무기간(시작일)					2024-01-01
근무기간(종료일)					2024-07-31

※ 전근무지 "소득세 및 지방소득세"란은 전근무지의 근로소득원천징수영수증의 「⑭결정세액」 – 소득세 620,000원과 지방소득세 62,000원을 입력해야 함

(2) 의료비 세액공제
   ① [의료비]탭의 "부양가족 관계코드"에서 [F2]를 클릭하여 부양가족 검색 → 의료비 지출액 입력(의료증빙코드 "1.국세청"으로 입력하며 지급처 상호, 사업자번호는 입력하지 않아도 됨)

정산명세	소득명세	소득공제	의료비	기부금	신용카드	연금투자명세	월세액명세
● 지급내역							

	공제대상자			지급처			지급명세		난임시술비 해당여부	중증질환 결핵환자등	산후조리원 해당여부 (7천만원이하)
	부양가족 관계코드	성명	내외	주민등록번호	본인등 해당여부	상호	사업자번호	의료증빙 코드	건수	지급액	실손의료보험금			
1	배우자	신혜정	내	790502-2222221	X			국세청	1	2,150,000		X	X	X

※ 배우자 의료비 총 4,680,000원 – 미용목적 성형수술비 2,530,000원 = 2,150,000원 입력

   ② [정산명세]탭에서 [62.의료비]란의 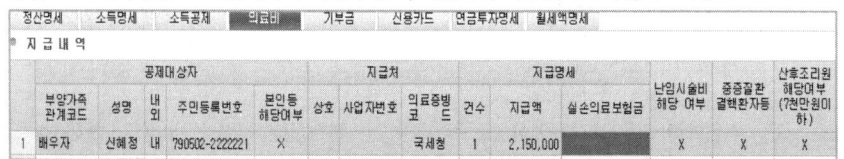을 클릭하여 세액공제액 반영 확인

내 역	지 출 액	실손의료보험금	공제대상금액	세액공제액
본인 · 장애인 · 65세이상 · 중증질환,결핵환자 등				
난임시술자				
미숙아 · 선천성이상아				
그 밖의 공제대상자 의료비	2,150,000		350,000	52,500
합 계	2,150,000		350,000	52,500

(3) 교육비 세액공제

① [소득공제]탭에서 김은애(자녀) 초등학교 수업료를 "국세청 - 교육비"란에 입력

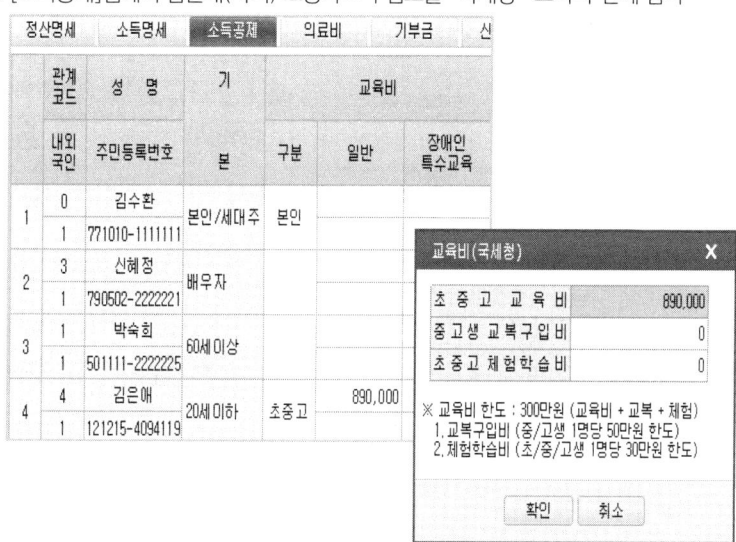

※ 방과후 수업료도 공제대상에 포함
※ 자녀 김혜진(초등학생)의 교복은 공제불가(교복은 중·고등학생에 한해 1명당 연 50만원까지 공제 가능)

② [정산명세]탭에서 [63.교육비]란의 ▶을 클릭하여 세액공제액 반영 확인

내역		지출액	공제대상금액	세액공제액
소득자 본인				
배우자	부			
취학전 아동	_명			
초·중·고등학교	1명	890,000	890,000	133,500
대학생(대학원 불포함)	_명			
장애인	_명			
합	계	890,000	890,000	133,500

(4) 신용카드등 사용금액 소득공제

① [신용카드]탭을 클릭하여 사용액 입력

공제대상자			신용카드 등 공제대상금액							
내.외 관계	성명 생년월일	구분	⑤소계(⑥+⑦+⑧+⑨+⑩+⑪)	⑥신용카드	⑦직불선불카드	⑧현금영수증	⑨도서공연박물관미술관사용분 (총급여7천만원이하자만)			⑩전통시장 사용분
							신용카드	직불선불	현금영...	
내 본인	김수환 1977-10-10	국세청자료	23,390,000	17,350,000	2,500,000	620,000				2,920,000
		그밖의자료								

※ 신용카드사용금액(일반) = 17,350,000
  현금영수증(일반) = 620,000
  직불카드(일반) = 2,500,000
  전통시장사용액 = 신용카드 2,820,000 + 현금영수증 100,000 = 2,920,000

② [정산명세]탭 - [42.신용카드등]란의 ▶을 클릭하여 자동계산 반영 확인

42.신용카드등	23,390,000	>	2,456,500

(5) 월세액 세액공제

① [정산명세]탭의 「70.월세액」 ▶를 클릭한다.
② 임차내역 및 월세액(총액)을 입력하면 자동으로 세액공제액이 계산되어 반영된다.

2. 월세액 세액공제 명세					무주택자해당여부	● 여 ○ 부	
임대인성명 (상호)	주민(사업자)등록번호	주택유형	주택계약 면적(㎡)	임대차계약서상 주소지	임대차계약기간		월세액
					시작	종료	
서재현	460901-2122786	아파트	59.00	서울 강남구 압구정로 344	2024-01-01	2024-12-31	3,600,000

69.외 국 납 부	▶	
70.월세액	▶	540,000

(6) 주택마련저축 공제

① [정산명세]탭의 「40.주택마련저축」란의 ▶를 클릭한다.
② 저축종류 및 금융회사, 계좌번호, 불입금액을 입력하면 자동으로 세액공제액이 계산되어 반영된다.

구분		금융회사등	계좌번호	불입금액
2.주택청약종합저축	306	(주)국민은행	1251485410	2,500,000
	1. 청약저축			
	2. 주택청약종합저축			
	3. 근로자주택마련저축			

40. 주택 마련 저축	가.청약저축	▶	
	나.주택청약종합저축	▶	960,000
	다.근로자주택마련저축	▶	

비대면 시험대비 실무수행평가

평가문제

01 [김수환 근로소득원천징수영수증 조회] [배점 12]
① 37.차감소득금액은 얼마인가?
② 42.신용카드등 공제대상액은 얼마인가?
③ 62.의료비의 공제대상금액은 얼마인가?
③ 63.교육비의 세액공제액은 얼마인가?
④ 70.월세액 세액공제액은 얼마인가?
⑤ 77.차감징수세액(소득세)은 얼마인가?

해설

01 [김수환 근로소득원천징수영수증 조회]
① 37.차감소득금액은 얼마인가? *38,976,600*원
② 42.신용카드등 공제대상액은 얼마인가? *2,456,500*원
③ 62.의료비의 공제대상금액은 얼마인가? *350,000*원
③ 63.교육비의 세액공제액은 얼마인가? *133,500*원
④ 70.월세액 세액공제액은 얼마인가? *540,000*원
⑤ 77.차감징수세액(소득세)은 얼마인가? *1,628,770*원

7. 연말정산의 마무리

(1) 근로소득원천징수영수증의 작성 및 교부

회사는 연말정산의 결과를 반영한 근로소득원천징수영수증을 작성하여 근로자에게 교부하여야 한다. 근로소득원천징수영수증은 3부가 작성이 되며, 그중 1부를 근로자에게 교부하고 1부는 회사가 보관하며 나머지 1부는 지급명세서(지급조서)로 세무서에 제출하여야 한다.

(2) 연말정산세액의 납부 및 환급

연말정산결과 납부할 세액이 있는 경우에는 2월 지급분 급여에 대한 징수세액과 연말정산분 징수세액을 납부서 한 장에 작성하여 3월 10일까지 납부해야 한다. 다만, 반기납부신고자는 7월 10일까지 납부하면 된다.

반면, 연말정산결과 원천징수의무자가 환급할 세액이 연말정산하는 달에 원천징수하여 납부할 세액를 초과하는 경우에는 다음 달 이후에 납부할 소득세에서 조정하여 환급하고 조정환급은 세목(소득세, 법인세, 농특세) 간에도 가능하다. 다만, 당해 원천징수의무자의 환급신청이 있는 경우에는 원천징수 관할세무서장이 그 초과액을 환급하여야 한다.

연말정산 환급신청은 「원천징수세액환급신청서」에 의하며, 환급세액이 2,000만원 미만인 경우 환급신청서상 "국세환급금계좌신고"란에 기재된 계좌로 이체되고 신고일로부터 30일 이내에 환급금을 돌려받을 수 있다.

환급세액이 2,000만원 이상인 경우 별도의 계좌개설신고를 해야 한다.

예를 들어 2월분 급여에 대한 원천징수 납부액이 100만원이고 연말정산 결과 환급세액이 200만원인 경우 3월 10일 납부시 납부액 100만원을 환급세액 200만원에서 차감을 하고, 나머지 환급세액 100만원은 다음 달(4월 10일) 납부시 납부액에서 차감을 하거나 원천징수세액환급신청서를 작성·제출해서 환급신청을 한다.

(3) 원천징수이행상황신고서의 제출

원천징수의무자는 2월 지급분에 대한 신고서상 연말정산란에 연말정산결과를 기재하여 3월 10일까지 제출해야 한다.

(4) 근로소득지급명세서(지급조서)의 제출

원천징수의무자는 근로소득지급명세서를 3월 10일까지 세무서에 제출하여야 하며 이때 근로소득지급명세서를 별도로 작성하지 않고 근로소득원천징수영수증(발행자보고용)을 제출하면 된다.

[신고·납부 및 지급명세서 제출]

구 분	월별납부자	반기별 납부자
연말정산	다음연도 2월 말까지	좌동
원천징수이행상황신고서 제출 원천징수세액 납부	다음연도 3월 10일까지	다음연도 7월 10일까지 (환급신청시는 익년 3월 10일까지)
원천징수세액 환급	다음연도 3월 10일부터	좌동
근로소득지급명세서 제출	다음연도 3월 10일까지	좌동
의료비지급명세서, 기부금지급명세서 제출	다음연도 3월 10일까지	좌동

실무이론평가 대비

01 소득세법상 종합소득공제 중 인적공제에 대한 설명으로 옳은 것은? · 21회
① 기본공제대상자가 아닌 경우에도 추가공제대상자가 될 수 있다.
② 배우자가 양도소득금액만 200만원이 있는 경우 기본공제대상자가 될 수 있다.
③ 해당 과세기간 중 20세가 된 직계비속은 기본공제대상자가 될 수 있다.
④ 기본공제대상자가 장애인인 경우 100만원을 추가로 공제한다.

해설
① 기본공제대상자가 아닌 경우 추가공제대상자가 될 수 없다.
② 양도소득금액 200만원이 있는 경우 기본공제대상자가 될 수 없다.
④ 기본공제대상자가 장애인인 경우 200만원을 추가로 공제한다.

02 다음은 근로소득자인 김진주 씨(여성)의 2024년 12월 31일 현재 생계를 같이하는 부양가족 현황이다. 김진주 씨가 연말정산시 적용받을 수 있는 인적공제액을 계산하면 얼마인가? · 43회

이름(나이)	관계	소득내역	비고
김진주(35세)	본인	종합소득금액 20,000,000원	
정우람(37세)	배우자	사업소득금액 1,000,000원	
김정연(31세)	동생	근로소득 총급여 10,000,000원	장애인
정태범(9세)	자녀	소득 없음	

① 3,500,000원 ② 5,000,000원
③ 8,000,000원 ④ 8,500,000원

해설
• 기본공제 : 3명(본인, 배우자, 자녀) × 1,500,000원 = 4,500,000원
 추가공제 : 500,000원(부녀자공제)
 인적공제 : 4,500,000원 + 500,000원 = 5,000,000원
• 총급여가 500만원을 초과하는 형제자매는 장애 여부와 관계없이 기본공제대상자가 아님

ANSWER 01. ③ 02. ②

제3장 근로소득 연말정산

03 사업소득자인 왕건이 씨가 2024년 12월 31일 현재 부양하고 있는 가족은 다음과 같다. 이 중에서 왕건이 씨의 2024년 귀속 소득세 신고 시 소득세법상 기본공제 대상이 될 수 있는 사람만 모은 것은? (단, 부양가족은 모두 소득이 없다) • 16회

> 가. 2024년 10월 31일에 이혼한 배우자
> 나. 주거의 형편상 별거하고 있는 75세 모친
> 다. 2024년 1월 2일에 사망한 76세인 아버지
> 라. 미국에 유학 중인 19세인 자녀

① 가
② 가, 나
③ 나, 다
④ 나, 다, 라

해설

과세기간 중에 이혼한 배우자는 기본공제대상이 아니나, 제시된 그 밖의 사람은 기본공제대상이다.

04 다음 중 소득세법상 종합소득공제에 관한 설명으로 옳지 않은 것은? • 12회

① 과세기간 종료일 전에 장애가 치유된 경우 장애인공제를 적용받을 수 없다.
② 거주자의 배우자가 양도소득금액만 200만원이 있는 경우 거주자는 배우자공제를 받을 수 없다.
③ 거주자의 직계존속이 주거 형편에 따라 별거하고 있는 경우에는 거주자와 생계를 같이 하는 사람으로 보아 부양가족공제를 한다.
④ 거주자의 공제대상가족이 동시에 다른 거주자의 공제대상에 해당되는 경우에는 과세표준확정신고서 등에 기재된 바에 따라 그중 1인의 공제대상가족으로 한다.

해설

과세기간 종료일 전에 장애가 치유된 자에 대하여는 치유일 전일의 상황에 따라 공제 여부를 판정한다.

ANSWER 03. ④ 04. ①

05 종합소득공제에 대한 설명으로 옳은 것은? • 10회

① 기본공제대상자가 부녀자공제와 한부모공제에 모두 해당되는 경우 둘 다 적용한다.
② 계부·계모는 직계존속이 아니므로 실제 부양하는 경우에도 기본공제대상이 아니다.
③ 장애인은 나이와 소득에 관계없이 기본공제대상이다.
④ 해당 과세기간에 사망한 자도 기본공제대상이 될 수 있다.

해설
① 기본공제대상자가 부녀자공제와 한부모공제에 모두 해당되는 경우 한부모공제를 적용한다.
② 계부·계모는 직계존속과 동일하게 보아 기본공제대상인지 판정한다.
③ 장애인은 나이의 제한이 없으나, 소득금액의 제한은 있다.
④ 해당 과세기간에 사망한 자는 사망일 전날의 상황에 따라 기본공제 여부를 판단하므로 기본공제대상이 될 수 있다.

06 다음 중 소득세법상 인적공제에 대한 설명으로 옳지 않은 것은? • 38회

① 연간 총급여액 500만원 이하의 근로소득만 있는 공제대상 부양가족에 대하여는 소득금액의 요건을 충족한 것으로 본다.
② 거주자의 공제대상 배우자가 다른 거주자의 공제대상 부양가족에 해당하는 경우에는 공제대상 배우자로 한다.
③ 국내 은행이자만 연간 1,800만원이 있는 생계를 같이 하는 63세의 모친에 대하여는 기본공제를 적용받을 수 없다.
④ 부녀자공제와 한부모 소득공제에 모두 해당되는 경우에는 한부모 소득공제를 적용한다.

해설
국내 은행이자만 연간 1,800만원이 있는 생계를 같이 하는 모친(63세)의 소득은 전액 분리과세되므로 기본공제를 적용받을 수 있다.

05. ④ 06. ③

제3장 근로소득 연말정산

07 다음 중 소득세법상 종합소득공제에 대한 설명으로 옳은 것은?   •41회

① 기본공제대상자에 대하여는 부양기간이 1년 미만이어도 월할계산하지 아니하고 연 150만원을 공제한다.
② 거주자의 배우자가 양도소득금액만 200만원이 있는 경우 배우자공제를 받을 수 있다.
③ 종합소득금액에서 공제받지 못한 종합소득공제는 퇴직소득금액과 양도소득금액에서 공제받을 수 있다.
④ 기본공제대상자 판단시 장애인에 해당하는 경우에는 나이 및 소득금액의 제한을 받지 아니한다.

해설

② 종합소득공제 요건 중 해당 과세기간의 소득금액 합계액이란 종합소득·퇴직소득·양도소득금액의 합계액을 말한다.
③ 종합소득금액에서 공제받지 못한 종합소득공제는 퇴직소득금액과 양도소득금액에서 공제되지 않고 소멸한다.
④ 장애인에 해당하는 경우에는 나이 제한은 없으나 소득금액의 제한은 받는다.

08 다음 중 신용카드 등 사용금액에 대한 소득공제 적용시 신용카드 등 사용금액에 포함되는 것은?   •1회, 43회

① 소득세법에 따라 월세세액공제를 적용받은 월세액
② 지방세법에 의하여 취득세가 부과되는 재산의 구입비용
③ 학원의 수강료
④ 상품권 등 유가증권구입비

해설

학원의 수강료로 납부한 금액은 신용카드 소득공제 대상이다.

ANSWER   07. ① 08. ③

TAT 2급

09 다음의 신용카드 사용액 중에서 신용카드 등 사용금액에 대한 소득공제대상인 것은?

• 12회

① 법인의 손금 또는 개인사업의 필요경비인 것
② 취득세 과세대상 재산의 구입액
③ 국민건강보험료 지출액
④ 미용을 위한 성형수술 비용

> **해설**
> 미용을 위한 성형수술 비용은 신용카드 등 사용금액에 대한 소득공제대상이나, 그 밖의 것은 신용카드 등 사용금액에 대한 소득공제대상이 아니다.

10 근로자 김한공 씨는 배우자를 위하여 다음과 같은 지출을 하였다. 이 중 의료비세액공제 대상이 아닌 것은?

• 11회

| 가. 시력보정용 안경구입비(연 50만원) | 나. 장애인 보장구 구입비 |
| 다. 외국대학병원에서의 치료비 | 라. 미용을 위한 성형수술비 |

① 가, 다
② 나, 라
③ 다, 라
④ 나, 다

> **해설**
> 외국대학병원에서의 치료비와 미용을 위한 성형수술비는 의료비세액공제 대상이 아니다.

11. 다음 중 소득세법상 특별세액공제에 대한 설명으로 옳지 않은 것은? • 13회

① 직계존속의 대학등록금은 교육비세액공제 대상이 아니다.
② 보험료세액공제의 대상인 장애인전용보장성 보험료는 연간 100만원을 초과할 수 없다.
③ 본인의 대학원 등록금은 교육비세액공제 대상이 아니다.
④ 의료비세액공제는 총급여액의 3%를 초과하는 의료비 지출액에 한하여 적용한다.

해설

교육비세액공제의 경우 본인의 대학원 등록금은 세액공제 대상이다.

12. 다음 중 소득세법상 특별세액공제에 대한 설명으로 옳지 않은 것은? • 17회

① 본인의 의료비는 총급여액의 3%를 초과하지 않는 경우에도 의료비세액공제를 적용받을 수 있다.
② 직계존속의 대학등록금은 교육비세액공제 대상이 아니다.
③ 장애인전용보장성보험료로 납입한 금액이 100만원을 초과하는 경우 100만원을 초과하는 금액은 세액공제 대상이 아니다.
④ 초등학생의 교복구입비는 교육비세액공제 대상이 아니다.

해설

의료비세액공제는 총급여액의 3%를 초과하는 의료비지출액에 한하여 적용한다.

ANSWER 11. ③ 12. ①

13 다음 중 소득세법상 특별세액공제 대상에 해당하는 지출은?

• 15회

① 사업소득자가 지출한 보장성 보험료 50만원
② 근로소득자가 지출한 외국병원 진찰료 100만원
③ 연금소득자가 지출한 대학원 교육비 200만원
④ 근로소득자가 지출한 종교단체 기부금 70만원

> **해설**
> ① 사업소득자가 지출한 보험료는 특별세액공제 대상이 아니다.
> ② 근로소득자가 국내병원에서 지출한 의료비는 특별세액공제 대상이나 외국병원에서 지출한 의료비는 특별세액공제 대상이 아니다.
> ③ 연금소득자가 지출한 교육비는 특별세액공제 대상이 아니다.

14 다음 자료를 이용하여 (주)한공의 근로자인 이민기 씨(총급여액 50,000,000원)의 종합소득세 특별세액공제액을 계산하면 얼마인가?

• 21회

> 가. 이민기 씨는 소득이 없는 자녀 대학교등록금으로 5,000,000원을 지출하였다.
> 나. 본인 소유의 승용차에 대한 자동차보험료 1,200,000원을 지출하였다.
> 다. 소득이 없는 배우자(장애인)에 대한 의료비로 600,000원을 지출하였다.

① 750,000원   ② 870,000원
③ 894,000원   ④ 966,000원

> **해설**
> • 보장성보험료는 100만원을 한도로 하며, 의료비는 총급여액의 3%에 미달하므로 세액공제액은 없다.
> • 5,000,000원 × 15% + 1,000,000원 × 12% = 870,000원

ANSWER 13. ④ 14. ②

MEMO

참.고.문.헌

김태식, 일반기업회계기준 해설, 삼일인포마인, 2013
더존비즈온, 더존 스마트A 사용설명서, 2015
박호근, 중급회계, 제3판, 한성문화, 2003
송상엽, IFRS회계원리, 웅지, 2014
연말정산 신고안내, 국세청 법인납세국 원천세과, 2023
이병권, 재무회계, 새로운제안, 2006
이영우, 알기쉬운 지출증명서류, ㈜영화조세통람, 2023
이창희, 세법강의, 박영사, 2023
이학성·박금주·김정호, 법인결산과 개인결산, 도서출판다음, 2012
이형래·전병린, 알기쉬운 회계실무, 어울림, 2013
임상엽·정정운, 세법개론, 상경사, 2024
이철재·정우승·유은종, 세법워크북, 상경사, 2024
정민웅, IFRS회계원리, ㈜영화조세통람, 2018
천승호, 재무회계, 제11판, 리북스, 2014
최남규, 최대리 전산세무2급, 도서출판 최대리, 2024
최창우, 기초회계실무/기초세무실무, 한성재경아카데미, 2007
표영인·김평기·이윤원·최종원 중급회계, 제3판, 명경사, 2011
한국공인회계사회, NCS적용 가이드북
한국상장사협회 내부회계관리제도운영위원회, 내부회계관리제도모범규준, 2013
한국직업능력개발원, NCS 학습모듈
한국회계기준원 회계기준위원회, 일반기업회계기준, 2020
한장석·김용관, 부가가치세, 광교이택스, 2023

저.자.약.력

최 창 우 공인회계사/세무사

▌학력
- 아주대학교 경영학 학사

▌경력사항
- (현)오늘회계법인 근무
- (현)와우패스 재경관리사/회계관리 교수
- 국가직무능력표준(NCS) 세무분야 개선위원
- 서울특별시 사회복지시설 선정위원
- 한국데이터산업진흥원 DB-stars 자문위원
- 삼성전자 C-Lab 세무회계 교육강사
- 한성재경아카데미(주) 세무회계 전임강사
- ㈜디지털소프트웨어 전략기획실 근무

▌저서
- <전산세무 1급>, 도서출판 최대리(2023, 2022, 2021, 2020, 2019)
- <TAT 세무실무 2급>, 와우패스(2023, 2022, 2021, 2020, 2019, 2018, 2017)
- <FAT 회계실무 2급>, <FAT 회계실무 1급>, 와우패스(2022, 2021, 2020, 2019, 2018, 2017)
- <EBS FAT 1·2급 통합대비서>, 와우패스(2016, 2015)
- <더존 법인중급결산실무> 공저, 한성재경아카데미(2009)
- <더존 부가가치세 신고실무> 공저, 한성재경아카데미(2009)
- <기초세무실무>, 한성재경아카데미(2008)
- <기초회계실무>, 한성재경아카데미(2007)

국가공인 TAT 세무실무 2급 [NCS 적용]

발 행 일   2024년 6월 15일 개정 8판 1쇄
저   자   최창우
발 행 인   임재환
발 행 처   와우패스
등   록   제12-563호(2008.1.28.)
주   소   서울시 구로구 디지털로34길 27 대륭포스트타워 3차 601호
전   화   1600-0072 (학습 및 교재 문의)
　　　　　02-2023-8788 (현매거래 문의)
팩   스   02-6020-8890 (위탁 및 현매거래)
I S B N   978-89-6613-834-0 (13320)

※ 정가는 뒤표지에 있습니다.
※ 낙장이나 파본은 교환해 드립니다.
※ 문의 : www.wowpass.com